譯註
禮記補註

9

儒行·大學·冠義·昏義·鄕飮酒義
射義·燕義·聘義·喪服四制

譯註
禮記補註
⑨

儒行·大學·冠義·昏義·鄕飮酒義
射義·燕義·聘義·喪服四制

김재로金在魯 저
정병섭鄭秉燮 역

學古房

　본 역서는 조선 후기 때의 학자인 김재로(金在魯)의 『예기보주(禮記補註)』를 번역한 것이다. 역자는 2009년부터 『예기집설대전(禮記集說大全)』의 번역을 시작하였고, 2017년 구정연휴기간에 『예기집설대전』의 49번째 편인 「상복사제(喪服四制)」의 역서를 탈고하였다. 8년 이상 지속해온 작업을 마무리하고 나니 나도 모르는 사이 정신이 풀어지며 의욕이 생기지 않았다. 본래는 『예기』 번역을 마무리하고, 이어서 『의례정의』와 『주례정의』 번역에 착수하려고 계획했으나 좀처럼 몸이 움직이지 않았다. 고백하자면 이 책을 번역하기 시작한 것은 순전히 나태해진 몸과 마음을 일깨우기 위한 것이었다. 흐느적거리는 정신을 붙잡고 다시 책상에 앉아 번역의 즐거움을 만끽하기 위한 지극히도 사사로운 목적이었다. 본래의 계획은 삼례(三禮)의 번역을 마치고 한국 유학자들의 예학 관련 저서들을 번역하기로 계획했었으나 삼례 자체가 워낙 방대한 양이어서 막연한 기약만 했었는데, 사사롭기는 하지만 막상 책상 앞에 앉아 번역을 시작하니, 얼마 되지 않아 한 권 분량의 번역서가 완성되었다. 다시 열정이란 돌멩이가 뜨겁게 달궈지는 기분이다. 지극히도 개인적이며 이기적인 목적으로 작성된 역서이지만, 이 책을 발판으로 더 좋은 번역이 나왔으면 하는 바람이다. 끝으로 『예기보주』를 출판할 수 있도록 허락해주신 도서출판 학고방의 하운근 사장님께도 감사를 전한다.

▌일러두기

- 본 책은 역주서(譯註書)로써, 『예기보주(禮記補註)』를 완역하고, 자세한 주석을 첨부했다.

- 『예기보주』는 『예기집설대전(禮記集說大全)』에 대한 주석서로, 『예기』의 경문(經文) 및 진호(陳澔)의 『집설(集說)』, 호광(胡廣)의 『대전(大全)』 기록 중에서 일부 표제어만 제시하고, 『보주(補註)』를 기록하고 있다. 표제어만 제시되어 있으므로, 『예기보주』의 본래 기록만 가지고는 관련 『보주』가 본래의 주석과 어떤 차이점이 있는지 확인하기 어렵다. 이러한 점을 해결하기 위해 표제어 앞에 관련 경문, 『집설』, 『대전』의 본문과 번역문을 함께 수록하였다.

- 『예기보주』에 기록된 표제어는 참고로 수록한 경문, 『집설』, 『대전』의 원문에 밑줄로 표시하고, 같은 문장에 여러 표제어를 제시했을 경우, ①·②·③ 등의 표시를 붙여 구분하였다.

- 『예기』 경문의 해석에 있어서 다양한 이견이 있는 경우가 있는데, 『예기보주』는 『예기집설대전』에 대한 주석서이므로, 진호의 『집설』에 따른 경문 번역을 수록하였다.

- 『예기보주』의 본래 목차는 『예기』 각 편에 대한 간략한 목차이므로, 『예기』 각 편의 장을 분류하여 별도의 목차를 수록하였다.

- 본 역서의 『예기보주(禮記補註)』 원문과 표점은 한국유경편찬센터의 자료를 사용하였다. (http://ygc.skku.edu)

- 『예기보주』의 주석 대상이 되는 『예기집설대전』의 저본은 다음과 같다. 『禮記』, 서울: 保景文化社, 초판 1984 (5판 1995)

- **원문**으로 표시된 것은 『예기보주』에 기록된 본래의 기록이다.

- 補註로 표시된 것은 『예기보주』에 기록된 주석의 기록이다.

- 참고-經文으로 표시된 것은 『보주』의 내용이 『예기』 경문에 대한 것일 경우, 관련 경문을 수록해둔 것이다.

- 참고-集說로 표시된 것은 『보주』의 내용이 진호의 『집설』에 대한 것일 경우, 관련 『집설』의 기록을 수록해둔 것이다.

- 참고-大全으로 표시된 것은 『보주』의 내용이 호광의 『대전』에 대한 것일 경우, 관련 『대전』의 기록을 수록해둔 것이다.

- ① 등으로 표시된 것은 『예기보주』에 표시된 표제어에 해당한다. 관련 경문에 대한 첫 번째 표제어인 경우 ①로 표시하고, 두 번째 표제어인 경우 ② 등으로 표시했다.

- 원문 및 번역문 중 '▼'로 표시된 부분은 한글로 표기할 수 없는 한자를 기록한 부분이다. 예를 들어 '▼(㘳/皿)'의 경우 맹(盟)자의 이체자인데, '明'자 대신 '㘳'자가 들어간 한자를 프로그램상 삽입할 수가 없어서, '▼(㘳/皿)'으로 표시한 것이다. 즉 '▼(A/B)'의 형식으로 기록된 경우, A에 해당하는 글자가 한 글자의 상단 부분에 해당하고, B에 해당하는 글자가 한 글자의 하단 부분에 해당한다는 표시이다. 또한 '▼(A+B)'의 형식으로 기록된 경우, A에 해당하는 글자가 한 글자의 좌측 부분에 해당하고, B에 해당하는 글자가 한 글자의 우측 부분에 해당한다는 표시이다. 또한 '▼((A-B)/C)'의 형식으로 기록된 경우, A에 해당하는 글자에서 B 부분을 뺀 글자가 한 글자의 상단 부분에 해당하고, C에 해당하는 글자가 한 글자의 하단 부분에 해당한다는 표시이다.

목차

禮記補註卷之三十
『예기보주』 30권

「사의(射義)」제46편 • 156

禮記補註 人名 및 用語 辭典 · 283

禮記補註卷之二十九

『예기보주』 29권

「유행(儒行)」 제41편

補註 按: 語類說在樂記補註, 當參考.
번역 살펴보니, 『어류』에서 이에 대해 설명한 것은 『예기』「악기(樂記)」편
의 보주에 수록되어 있으니, 마땅히 참고해야만 한다.

補註 ○鄭註: 儒行之作, 蓋孔子自衛反魯時也.
번역 ○정현의 주에서 말하길, 「유행」편을 지은 것은 공자가 위나라로부터
노나라로 되돌아왔을 때이다.

「유행」1장

참고—經文

魯哀公問於孔子曰, "夫子之服, 其儒服與?" 孔子對曰, "丘少居
魯, 衣逢掖之衣. 長居宋, 冠章甫之冠. 丘聞之也, 君子之學也
博, 其服也鄉, 丘①不知儒服."

번역 노나라 애공이 공자에게 묻기를 "선생께서 착용한 복장은 유자의 복장입니
까?"라고 하자, 공자는 대답을 하며 "저는 젊어서는 노나라에 살았으므로 소매가
넓은 홑옷을 착용했습니다. 장성해서는 송나라에 살았으므로 장보(章甫)의 관을 썼
습니다. 제가 듣기로 군자의 학문이 넓어진다고 하더라도 그가 착용하는 복장은 살
고 있는 마을의 것이라고 했으나, 저는 유자의 복장에 대해서는 모르겠습니다."라
고 했다.

① 不知儒服.

補註 鄭註: "言不知儒服者, 非哀公意不在於儒, 乃今問其服." 疏曰: "哀
公意若在儒, 孔子新來, 應問以儒行, 今乃問其服, 是欲侮戲夫子, 故非
之也. 下文云, '不敢以儒爲戲', 明此時意以爲戲."

번역 정현의 주에서 말하길, "유자의 복장은 모르겠다고 말한 것은 애공의
관심이 유자에게 있지 않은데도 현재 그 복장에 대해 질문한 것을 비판한
것이다."라고 했다. 소에서 말하길, "애공의 관심이 유자에게 있었다면 공자
가 이제 막 찾아왔을 때, 마땅히 유자의 행실에 대해서 질문을 해야 한다.
그런데 현재는 그 복장에 대해서 질문을 했으니, 이것은 그 의도가 공자를
놀리려고 하는 것이다. 그렇기 때문에 아래문장에서는 '감히 유자를 희롱거
리로 할 수 없다.'라고 말한 것이니, 이것은 곧 지금의 의중이 희롱하는데 있
었음을 나타낸다."라고 했다.

疏曰: 謂肘掖之所寬大, 故①鄭云大袂禪衣也.

번역 소에서 말하길, 팔꿈치와 겨드랑이 부분이 넓고 큰 것을 뜻한다. 그렇기 때문에 정현은 소매가 큰 홑옷이라고 했다.

① 鄭云大袂禪衣也.

補註 按, 鄭註, "大裷之衣", 下有"大袂禪衣也"五字, 故疏說如此. 禪, 單衣也.

번역 살펴보니, 정현의 주에서는 "소매가 넓은 옷을 뜻한다."라고 한 말 뒤에 "소매가 큰 홑옷이다[大袂禪衣也]."라는 5글자가 더 기록되어 있다. 그렇기 때문에 소의 주장이 이와 같다. '단(禪)'자는 홑옷을 뜻한다.

應氏曰: 儒之名始見於周官, 曰①儒以道得名, 末世不充其道, 而徒於其服. 哀公覘孔子之被服儒雅, 而威儀進趨, 皆有與俗不同者, 怪而問之. 孔子不敢以儒自居也, 故言不知儒服.

번역 응씨가 말하길, '유(儒)'라는 명칭은 처음으로 『주례』에 나오며, "유(儒)는 도로써 백성들을 얻는다."[1]라고 했는데, 말세에는 그 도를 확충하지 못하고 단지 그 복장만 착용하는 무리들이 생겨났다. 애공은 공자가 의복을 착용한 것이 단아하고 의젓하며 위엄과 격식을 갖춰 행동하여 모든 면에서 세속과는 다른 점이 있는 것을 보고, 그것을 괴이하게 여겨 질문한 것이다. 공자는 감히 유자로 자처할 수 없었기

---

1) 『주례』「천관(天官)·대재(大宰)」: 以九兩繫邦國之名: 一曰牧, 以地得民; 二曰長, 以貴得民; 三曰師, 以賢得民; 四曰儒, 以道得民; 五曰宗, 以族得民; 六曰主, 以利得民; 七曰吏, 以治得民; 八曰友, 以任得民; 九曰藪, 以富得民.

때문에 유자의 복장에 대해서는 모른다고 대답했다.

① 儒以道得名.

補註 按: 名, 他本作民, 本文亦然. 民字是本文, 見學記補註.

번역 살펴보니, '명(名)'자를 다른 판본에서는 민(民)자로 기록했고, 『주례』
의 본문에도 이처럼 기록되어 있다. '민(民)'자가 본래의 글자이며, 관련내용
은 『예기』「학기(學記)」편의 보주에 나온다.

「유행」 2장

참고-經文

哀公曰, "敢問儒行." 孔子對曰, "遽數之, 不能終其物. 悉數之, ①乃留, 更僕未可終也." 哀公命席, 孔子侍曰, "儒有席上之珍以待聘, 夙夜强學以待問, 懷忠信以待擧, 力行以待取. 其自立有如此者."

번역 애공이 말하길 "감히 유자의 행실에 대해서 묻겠습니다."라고 하자, 공자는 대답하길 "급작스럽게 몇 가지만 열거한다면 그 내용을 모두 설명할 수 없습니다. 그렇다고 모두 열거를 하자면 오래 머물러 계셔야 하니, 부관을 교대시키더라도 끝마칠 수 없을 정도입니다."라고 했다. 애공은 자리를 깔도록 명령하여 공자를 앉도록 하니, 공자는 애공을 모시며 말하길, "유자에게는 자리 위에 보배가 있으면 보배를 사줄 자가 찾아오기를 기다리고, 밤낮으로 학문에 힘써 자문해오길 기다리며, 충심과 신의를 품어서 천거되기를 기다리고, 힘써 실천하여 선택되기를 기다림이 있습니다. 유자는 스스로 확립함에 이와 같은 점이 있는 자들입니다."라고 했다.

① 乃留更僕.

補註 按: 此謂久留而更代擯僕也. 鄭註及家語註, "留, 久也"者, 蓋是時哀公就見孔子於館, 宜不敢以留公爲辭, 故但取遲久爲義也.
번역 살펴보니, 이것은 오래 머무르며 부관들을 교대시킨다는 뜻이다. 정현의 주와 『가어』의 주에서는 "'유(留)'자는 오래도록 머문다는 뜻이다."라고 했는데, 당시 애공은 공자를 만나보기 위해 숙소로 찾아간 상태이므로, 감히 군주를 머물도록 할 수 없다는 뜻으로 말을 했던 것이다. 그래서 단지 오래 머물게 한다는 것에서 뜻을 취한 것이다.

「유행」 3장

참고-經文

儒有①衣冠中, 動作愼. 其②大讓如慢, 小讓如僞, 大則如威, 小則如愧. 其難進而易退也, ③粥粥若無能也. 其容貌有如此者.

번역 공자가 계속하여 말하길, "유자는 의관을 바르게 하고 행동을 신중히 함이 있습니다. 그래서 크게 사양할 때에는 남들이 보기에 마치 거만한 것처럼 보이지만 실제로는 여유롭기 때문이고, 작게 사양할 때에는 남들이 보기에 거짓된 것처럼 보이지만 실제로는 다급하지 않기 때문이며, 크게 나타나는 것에 있어서는 남들이 범할 수 없는 위엄이 있는 것처럼 보이고, 작게 나타나는 것에 있어서는 감히 어찌할 수 없어 부끄러워하는 것처럼 보입니다. 유자는 나아갈 때 신중을 기하여 어렵게 하고, 물러날 때에는 곧바로 하니 쉽게 하며, 유약하여 남들이 보기에는 마치 무능한 것처럼 보입니다. 유자는 행동거지에 이와 같은 점이 있는 자들입니다."라고 했다.

① ○衣冠中.

補註 按: 中字, 方說似長. 張子之訓亦然, 當作去聲.

번역 살펴보니, '중(中)'자에 대해서는 방씨의 주장이 가장 나은 것 같다. 장자의 풀이 또한 이와 같으니, 이 글자는 마땅히 거성으로 읽어야 한다.

② 大讓[止]如僞.

補註 鄭註: "言之不愊怛也." 疏曰: "言語之時, 不切急, 似慢僞然. 庾氏云, '讓大物, 拒於人, 如似傲慢. 讓小物, 初讓後受, 如似僞然.' 非鄭旨也."

번역 정현의 주에서 말하길, "말을 매우 다급하게 하지 않는다는 뜻이다."라고 했다. 소에서 말하길, "말을 할 때 다급하거나 간절하지 않아서 마치 거만한 것처럼 보이고 마치 속이는 것처럼 보인다는 뜻이다. 유씨는 '큰 사물을 사양하여 받지 않는 것은 남에 대해 거절할 때 마치 거만한 것처럼 보인다. 작은 사물을 사양할 때에는 최초 사양을 한 이후에 받아서 마치 거짓된 것처럼 보인다.'라고 했는데, 정현의 본지가 아니다."라고 했다.

③ 粥粥.

補註 陸云: 章六反, 卑謙貌.

번역 육덕명이 말하길, '粥'자는 '章(장)'자와 '六(륙)'자의 반절음이며, 낮추고 겸손하게 대하는 모습을 뜻한다.

참고-集說

方氏曰: 衣冠中者, 言衣之在身, 冠之在首, 皆中於禮也. 動作愼者, 言心之所動, 事之所作, 皆愼其德也. 大讓所以自抗, 故如慢而不敬; 小讓所以致曲, 故如僞而不誠. 方其容貌之大也, 則有所不可犯, 故如威. 及其容貌之小也, 則有不敢爲, 故如愧. ①三揖而後進, 故曰難進. ①一辭而遂退, 故曰易退. 粥粥者, 柔弱之狀, 故若無能也. 是皆禮之所脩, 道之所與也.

번역 방씨가 말하길, "의관이 중(中)하다."라는 말은 의복은 몸에 착용하고 관은 머리에 쓰는데, 둘 모두 예법에 맞다는 뜻이다. "동작이 신(愼)하다."라는 말은 마음이 움직인 것과 사안으로 나타난 것들이 모두 그 덕을 신중히 나타냈다는 뜻이다. 크게 사양함은 스스로를 높이는 것이기 때문에 마치 거만하여 공경하지 않는 것처럼 보이며, 작게 사양함은 세세한 것까지 다하는 것이기 때문에 마치 거짓되어 진실되지 않은 것처럼 보인다. 그 용모의 큰 것을 본받게 된다면, 남이 범할 수 없는 점이 생긴다. 그렇기 때문에 위엄이 있는 것처럼 보인다. 용모의 작은 것에 있어서는 감히 할 수 없는 점이 생기기 때문에 마치 부끄러워하는 것처럼 보인다. 세 차례 읍(揖)을 한 이후에 나아가기 때문에 "나아가기를 어렵게 한다."라고 했다. 한 차례 사양을 하고 곧바로 물러나기 때문에 "물러나길 쉽게 한다."라고 했다. '죽죽(粥粥)'은 유약한 모습을 뜻한다. 그렇기 때문에 마치 무능한 것처럼 보인다. 이것들은 모두 예법에 따라 수양하고 도가 부여된 것이다.

① 三揖而進一辭而退.

補註 表記文.

번역 『예기』「표기(表記)」편의 기록이다.[1]

---

1) 『예기』「표기(表記)」: 子曰, "事君, 難進而易退, 則位有序; 易進而難退, 則亂也. 故君子三揖而進, 一辭而退, 以遠亂也."

「유행」4장

儒有居處齊難. 其坐起恭敬, 言必先信, 行必中正, ①道塗不爭
險易之利, 冬夏不爭陰陽之和. ②愛其死以有待也, 養其身以
有爲也. 其備豫有如此者.

번역 공자가 계속하여 말하길, "유자는 거처함에 가지런함과 장엄함이 있습니다.
앉거나 일어남에는 공경스럽고, 말을 할 때에는 반드시 신의가 앞서며, 행동을 할
때에는 반드시 올바름에 맞고, 도로에서는 험하거나 평이한 이로움을 다투지 않으
며, 겨울과 여름에는 따뜻하거나 시원한 곳을 다투지 않습니다. 자신의 생명을 소중
히 여겨서 등용되기를 기다림이 있고, 자신을 잘 길러서 앞으로 시행할 것들을 갖
춥니다. 유자는 미리 대비함에 이와 같은 점이 있는 자들입니다."라고 했다.

① 道塗不爭[止]之和.

補註 鄭註: "行不爭道, 止不選處, 所以遠鬪訟." 疏曰: "道塗不爭險易之
利者, 不與人爭平易之地, 而避險阻以利己也. 冬夏不爭陰陽之和者, 冬
溫夏凉, 是陰陽之和, 冬日暖處則暄, 夏日陰處則凉. 此竝讓而不爭也."
번역 정현의 주에서 말하길, "움직일 때 도로의 편이를 다투지 않고, 멈췄을
때 자리를 가리지 않는 것은 다툼과 송사를 멀리하는 방법이다."라고 했다.
소에서 말하길, "도로에서는 험하거나 평이한 이로움을 다투지 않는다는 것
은 남과 평이한 길을 다투고 험준한 곳을 피하여 자신만 이롭게 하지 않는다
는 뜻이다. 겨울과 여름에는 따뜻하거나 시원한 곳을 다투지 않는다는 것은
겨울에는 따뜻하고 여름에는 시원한 것이 음양의 조화가 되는데, 겨울에 따
뜻한 곳에 있으면 따뜻하게 되고, 여름에 서늘한 곳에 있으면 시원하게 된
다. 이러한 것들은 모두 사양하여 다투지 않는다."라고 했다.

② 愛其死以有待.

補註 楊梧曰: 不死于其不必死, 將以死于所當死也.

번역 양오가 말하길, 반드시 죽을 필요가 없는 것에 대해서는 목숨을 걸지 않으니, 마땅히 목숨을 바쳐야 하는 곳에 생명을 걸고자 해서이다.

참고—集說

呂氏曰: ①事豫則立, 不豫則廢, 儒者之學皆豫也. ②擬之而後言, 議之而後動, 故學有豫則義精, 義精則用不匱. 若其始也不敬, 則身不立, 不立則道不充. 仲弓問仁, 子曰, "出門如見大賓, 使民如承大祭; 己所不欲, 勿施於人." 居處齊難, 坐起恭敬, 言必先信, 行必中正, 所謂如見大賓, 如承大祭, 敬也. 道塗不爭險易之利, 冬夏不爭陰陽之和, 所謂己所不欲, 勿施於人, 恕也. 惟敬與恕, 則忿懲欲窒, 身立德充, 可以當天下之變而不避, 任天下之重而不辭, 備豫之至有如此者也.

번역 여씨가 말하길, 일은 미리 대비하면 성립되지만 미리 대비하지 못하면 실패하니, 유자의 학문은 모두 미리 대비하는 것에 해당한다. 견준 뒤에 말하고 의논한 뒤에 행동하기 때문에 학문에 미리 대비함이 있다면 뜻이 정밀해지고, 뜻이 정밀해지면 사용함에 다함이 없게 된다. 만약 시작함에 있어서 공경스럽지 못하다면 자신이 확립되지 못하고, 자신이 확립되지 못하다면 도가 확충되지 못한다. 중궁이 인(仁)에 대해서 묻자, 공자는 "대문을 나서게 되면 큰 빈객을 뵌 것처럼 행동하고, 백성들을 부릴 때에는 큰 제사를 받드는 것처럼 해야 하며, 자신이 하고 싶지 않은 것을 남에게 시행해서는 안 된다."라고 했다.[1] 거처를 가지런히 하여 남들이 어렵게 여길만하게 하며, 앉거나 일어날 때 공경스럽고, 말을 할 때 반드시 신의가 앞서며, 행동을 할 때 반드시 올바름에 합당하다는 것은 이른바 큰 빈객을 뵙는 것처럼

---

1) 『논어』「안연(顏淵)」: 仲弓問仁, 子曰, "出門如見大賓, 使民如承大祭, 己所不欲, 勿施於人. 在邦無怨, 在家無怨." 仲弓曰, "雍雖不敏, 請事斯語矣."

하고 큰 제사를 받드는 것처럼 한다는 뜻으로 공경함에 해당한다. 도로를 갈 때 험하거나 평이하다는 이로움을 다투지 않고, 겨울과 여름에는 음양이 조화로운 곳을 다투지 않는다는 것은 이른바 자신이 하고 싶지 않은 것을 남에게 시행하지 않는다는 뜻으로 서(恕)에 해당한다. 경(敬)과 서(恕)를 갖춘다면, 분노가 그치고 욕심이 막히며 자신이 확립되고 덕이 확충되어, 천하의 온갖 변화에 대해서도 피하지 않고 천하의 중책을 맡더라도 사양하지 않을 수 있으니, 미리 대비함을 지극히 함에 이와 같은 점이 있는 자이다.

① 事豫[止]則廢.

補註 中庸文.
번역 『중용』의 기록이다.[2]

② 擬之[止]後動.

補註 易·繫辭傳文.
번역 『역』「계사전(繫辭傳)」의 기록이다.[3]

---

2) 『중용』「20장」: 凡事豫則立, 不豫則廢. 言前定則不跲, 事前定則不困, 行前定則不疚, 道前定則不窮.

3) 『역』「계사상(繫辭上)」: 擬之而後言, 議之而後動, 擬議以成其變化.

「유행」 5장

참고-經文

儒有不寶金玉, 而忠信以爲寶; ①不祈土地, 立義以爲土地; ②
不祈多積, 多文以爲富. 難得而易祿也, 易祿而難畜也. ③非時
不見, 不亦難得乎? 非義不合, 不亦難畜乎? 先勞而後祿, 不亦
易祿乎? 其近人有如此者.

번역 공자가 계속하여 말하길, "유자는 금이나 옥을 보배로 여기지 않고 충심과 신
의를 갖춰서 이것을 보배로 여기며, 토지를 받고자 기원하지 않고 의(義)를 확립하
여 이것을 토지로 삼으며, 많이 축적하기를 기원하지 않고 많은 문채를 갖추는 것
을 부유함으로 여깁니다. 얻는 것을 어렵게 여겨서 녹봉을 쉽게 받으며, 녹봉을 쉽
게 받지만 축적하기를 어렵게 여깁니다. 때가 아니면 나타나지 않으니, 또한 얻기가
어렵지 않겠습니까? 의롭지 않다면 합하지 않으니, 또한 축적하기 어렵지 않겠습니
까? 먼저 수고롭게 일한 뒤에야 녹봉을 받으니, 또한 녹봉을 쉽게 받지 않겠습니
까? 유자는 사람과 가까이 함에 이와 같은 점이 있는 자들입니다."라고 했다.

① 不祈土地.

補註 鄭註: 祈, 猶求也.

번역 정현의 주에서 말하길, '기(祈)'자는 구한다는 뜻이다.

② 不祈多積.

補註 陸音: 積, 子賜反, 又如字.

번역 육덕명의 『음의』에서 말하길, '積'자는 '子(자)'자와 '賜(사)'자의 반절음
이며, 또한 글자대로 읽기도 한다.

③ 非時不見[止]如此者.

補註 楊梧曰: 後面解易祿居後, 而不依前面次第者, 爲近人說也.

번역 양오가 말하길, 뒷부분에서 '이록(易祿)'을 풀이한 것이 뒤에 배치되어 있는데, 이것은 앞부분의 순서에 따르지 않았다는 것이 근래 사람들의 주장이다.

참고─集說

呂氏曰: 儒者之於天下, 所以自爲者德而已, 所以應世者義而已. ①趙孟之所貴, 趙孟能賤之; 我之所可貴, 人不得而奪也. 此金玉土地多積, 不如信義多文之貴也. 難得難畜, 主於義而所以自貴也. 雖曰自貴, 時而行, 義而合, 勞而食, 未始遠於人而自異也.

번역 여씨가 말하길, 유자는 천하에 대해 스스로 행위하는 것은 덕에 따른 것일 뿐이며, 세상에 호응하는 것은 의(義)에 따른 것일 뿐이다. 조맹이 귀하게 해준 것은 또한 조맹이 천하게도 할 수 있지만, 내가 귀하게 여기는 것을 남은 빼앗을 수 없다. 이것은 금·옥·토지나 많이 축적하는 것은 신의·의로움이나 많은 문채를 갖추는 것의 존귀함만 못하다는 뜻이다. 얻기를 어렵게 여기고 축적하기를 어렵게 여기는 것은 의로움을 위주로 하여 스스로를 존귀하게 하는 것이다. 비록 스스로 존귀하게 여긴다고 하지만, 때를 기다려서 시행하고 의로움에 맞아야 화합하며 수고롭게 일한 뒤에 식록을 받으니, 일찍이 사람과 동떨어져서 스스로 차이를 두지 않았던 것이다.

① 趙孟[止]賤之.

補註 孟子·告子文.

번역 『맹자』「고자(告子)」편의 기록이다.[1]

---

1) 『맹자』「고자상(告子上)」: 人之所貴者, 非良貴也. 趙孟之所貴, 趙孟能賤之.

「유행」 6장

儒有委之以貨財, 淹之以樂好, 見利不虧其義, 劫之以衆, 沮之
以兵, 見死不更其守. ①鷙蟲攫搏不程勇者, 引重鼎不程其力,
②往者不悔, ③來者不豫. 過言不再, ④流言不極. ⑤不斷其威,
⑥不習其謀. 其特立有如此者.

번역 공자가 계속하여 말하길, "유자는 재화를 맡기고 즐거운 것으로 그를 빠져들
게 하더라도, 이로움을 봐도 의로움을 훼손시키지 않고, 많은 무리로 겁을 주고 병
사로 겁박을 주더라도, 죽음이 다가와도 지키는 것을 바꾸지 않습니다. 사나운 맹수
가 공격을 한다고 하더라도 용맹한 정도를 헤아리지 않고, 무거운 솥을 끌더라도
힘을 헤아리지 않으니, 가는 것에 대해서는 후회를 하지 않고 올 것에 대해서는 미
리 짐작하지 않습니다. 잘못된 말은 반복하지 않고 떠도는 소문에 대해서는 끝까지
추궁하지 않습니다. 그 위엄스러운 태도는 끊을 수가 없고, 그가 모의한 것은 연습
하지 않아도 됩니다. 유자는 우뚝 섬에 이와 같은 점이 있는 자들입니다."라고 했
다.

① 鷙蟲[止]勇者.

補註 鄭註: "搏猛引重, 不量勇力堪之與否, 當之則往也." 疏曰: "若逢鷙
猛之蟲, 則身往攫搏, 不程量武勇也. 攫搏引鼎, 喩艱難之事, 若春秋夾
谷之會, 孔子欲斬齊之優侏是也, 言儒者有勇."

번역 정현의 주에서 말하길, "공격을 하고 무거운 것을 끌 때 용맹과 힘이
그것을 감당할 수 있는지의 여부를 헤아리지 않고, 그것을 감당하여 떠난
다."라고 했다. 소에서 말하길, "만약 사나운 짐승을 만나게 된다면 본인이
직접 공격을 함에 자신의 무용과 용맹함이 감당할 수 있는지의 여부를 따지
지 않는다. 공격을 한다고 말하고 솥을 끈다고 한 말은 어려운 일을 비유한
것이다. 춘추시대 협곡에서의 회맹 때, 공자가 제나라의 광대들을 베려고 한
것이 바로 이러한 경우에 해당하니, 유자에게도 용맹함이 있다는 뜻이다."라

고 했다.

補註 ○按: 以諸註觀之, 則鷙蟲下諺讀吐, 未是.
번역 ○살펴보니, 여러 주들을 통해 보면 '지충(鷙蟲)' 뒤에 『언독』에서 토를 붙인 것은 잘못된 해석이다.

補註 ○又按: 勇者, 家語作其勇.
번역 ○또 살펴보니, '용자(勇者)'를 『가어』에서는 기용(其勇)으로 기록했다.

補註 ○陽村曰: 鷙蟲攫搏不程勇者, 暴虎之尤也. 引重鼎不程其力, 負且乘之甚也. 此非孔子之言也.
번역 ○양촌이 말하길, 사나운 맹수가 공격함에 용맹한 정도를 헤아릴 수 없다는 것은 난폭함과 용맹이 심한 것이다. 무거운 솥을 끄는데 힘을 헤아릴 수 없다는 것은 짊어지고 받쳐야 할 것이 매우 무겁다는 뜻이다. 이것은 공자의 말이 아니다.

② 往者不悔.

補註 疏曰: 往有過之事, 雖有敗負, 不如其意, 亦不追悔也.
번역 소에서 말하길, 지나간 일에 대해서 비록 실패하여 그의 뜻대로 되지 않았더라도 또한 그 일을 미루어 보며 후회하지 않는다는 뜻이다.

③ 來者不豫.

補註 按: 此謂事至則應不屑, 屑計較憂思於未來之事也.
번역 살펴보니, 이것은 어떤 사안이 다하게 된다면 마음에 담아두지 않아야 하고, 아직 오지 않은 일에 대해서 견주어 살피고 근심하고 생각하는 것을 마음에 담아둔다는 뜻이다.

補註 ○又按: 疏曰, "言已往及未來平行自若也." 觀此, 則所謂不悔, 與過而不知悔, 異矣. 所謂不豫, 與不豫則廢者, 異矣.

번역 ○또 살펴보니, 소에서는 "이미 지나쳤거나 아직 오지 않은 것들에 대해서는 평소처럼 행동하며 침착하다는 뜻이다."라고 했다. 이를 살펴보면 이른바 '불회(不悔)'라는 것은 잘못을 범하더라도 뉘우칠 줄을 모른다는 것과는 다른 말이다. 또 이른바 '불예(不豫)'라는 것은 미리 대비하지 못하면 실패한다는 것과는 다른 말이다.

④ 流言不極.

補註 按: 方氏所解爲長, 古註疏, 亦蓋如此.

번역 살펴보니, 방씨의 풀이가 가장 나은데, 옛 주와 소의 해석 또한 이와 같다.

참고-集說 方氏曰: 鷙猛之蟲, 當攫搏之, 不程量其勇而後往, 此況儒者材足以任事而無顧也. 引重鼎不程其力, 又以況儒者材足以任事而有所勝也. 往者不悔, 非有所吝而不改也, 爲其動則當理而未嘗至於悔. 來者不豫, 非有所忽而不防也. 爲其機足以應變而不必豫耳. 過言則失其正, 流言則失其原, 過言不免乎出, 然一之爲甚也, 矧可再而二乎? 流言不免乎聞, 必止之以智, 詎可極而窮乎?

번역 방씨가 말하길, 사납고 난폭한 짐승이 공격하게 되는데도 자신의 용맹함을 헤아린 뒤에야 가지 않는데, 하물며 유자의 재목이 그 임무를 맡기에 충분하여 돌아봄이 없는 경우에는 어떻겠는가. 무거운 솥을 끌 때에도 자신의 힘을 헤아리지 않는데, 또한 하물며 유자의 재목이 그 임무를 맡기에 충분하여 충분히 해낼 수 있는 경우에는 어떻겠는가. 가는 것을 후회하지 않는 것은 인색한 점에 대해서 고치지 않는 것이 없기 때문이니, 행동을 하게 되면 도리에 합당하게 해서 일찍이 후회하는 지경에 이른 적이 없다. 오는 것을 미리 예상하지 않는 것은 소홀한 점에 대해 방비하지 않은 것이 없기 때문이니, 그 재치가 변화에 호응하기에 충분하여 미리 대비할 필요가 없을 따름이다. 잘못된 말은 바름을 잃어버린 것이고, 떠도는 말은 본래의 의미를 잃은 것인데, 잘못된 말은 내뱉지 않을 수가 없지만 한 번이면 족하다고 여기니, 하물며 재차 반복하겠는가? 떠도는 말은 듣지 않을 수가 없지만 반드시 지혜로움을 발휘하여 그치게 하니, 어찌 끝까지 추궁하여 따질 수 있겠는가?

⑤ 不斷其威.

補註 鄭註: 常可畏也.
번역 정현의 주에서 말하길, 항상 외경할 만하다는 뜻이다.

⑥ 不習其謀.

補註 按: 疏曰, "逢事則謀, 不豫習也", 家語註, "物來順應", 俱勝陳註.
번역 살펴보니, 소에서는 "일에 봉착하게 되면 도모를 하며 미리 연습하지 않는다는 뜻이다."라고 했고, 『가어』의 주에서는 "사물이 찾아오면 순응한다."라고 했는데, 둘 모두 진호의 주보다는 나은 것 같다.

참고−經文

儒有可親而不可劫也, 可近而不可迫也, 可殺而不可辱也. 其居處不淫, 其飮食不溽, 其①過失可微辨而不可面數也. 其剛毅有如此者.

번역 공자가 계속하여 말하길, "유자는 친하게 대하는 것은 괜찮지만 위협해서는 안 되고, 가까이 하는 것은 괜찮지만 다그쳐서는 안 되며, 죽이는 것은 괜찮지만 욕보이게 해서는 안 되는 점이 있습니다. 그의 거처는 사치를 부리지 않고 음식에 있어서도 맛좋은 것만 추구하지 않으며, 잘못을 저질렀을 때에는 은미하게 따지는 것은 괜찮지만 면전에서 하나하나 따져서는 안 됩니다. 유자는 강직하여 굴하지 않음에 이와 같은 점이 있는 자들입니다."라고 했다.

① ○過失可[止]數也.

補註 楊梧曰: 此句要善看, 言心常奮發人敎詔, 卽自新也. 此剛毅之見于處過時.

번역 양오가 말하길, 이 구문은 잘 살펴야 하니, 마음이 항상 분발하고 남이 가르쳐주고 일러준다면 스스로 새롭게 된다는 뜻이다. 이것은 강직함이 과오에 대처하는 때에 드러나는 것이다.

참고−集說

呂氏曰: 儒者之立, 立於義理而已. 剛毅而不可奪, 以義理存焉. 以義交者, 雖疏遠必親. 非義加之, 雖强禦不畏. 故有可親可近可殺之理, 而不可劫迫辱也. 淫, 侈溢也. 溽, 濃厚也. 侈其居處, 厚其飮食, 欲勝之也, 欲勝則義不得立; 不淫不溽, 所以

立義也. 其過失可微辨而不可面數, 此一句尙氣好勝之言, 於
義理未合. 所貴於儒者, 以見義必爲, 聞過而改者也, 何謂可微
辨不可面數? 待人可矣, 自待則不可也. 子路①聞過則喜, 孔子
②幸人之知過, 成湯③改過不吝. 推是心也, 苟有過失, 雖怨詈
且將受之, 況面數乎?

번역 여씨가 말하길, 유자가 스스로를 확립함에는 의리에서 확립할 따름이다. 강직
하여 굴하지 않아서 빼앗을 수 없으니, 의리를 보존하고 있기 때문이다. 의(義)로써
사귀는 경우 비록 소원한 관계라도 반드시 친하게 된다. 의(義)가 아닌 것으로 상
대에게 시행하면 비록 억지로 강요하더라도 외경하지 않는다. 그렇기 때문에 친근
히 할 수 있고 가까이 할 수 있으며 죽일 수 있는 이치는 있지만, 위협하거나 다그
치거나 욕보일 수는 없다. '음(淫)'자는 사치를 부리고 과도하게 한다는 뜻이다. '욕
(溽)'자는 짙고 진하게 한다는 뜻이다. 거처에 대해 사치를 부리고 음식을 맛좋은
것으로만 하는 것은 욕심이 이기는 것이니, 욕심이 이기게 된다면 의(義)가 확립될
수 없다. 따라서 사치를 부리지 않고 음식을 맛좋은 것으로만 하지 않는 것은 의
(義)를 확립하는 방법이다. 과실에 대해서는 은미하게 변별할 수 있지만 면전에서
하나하나 따질 수는 없는데, 이 구문은 혈기를 높이고 이기는 것만 좋아하는 말은
의리에 합치되지 않는다는 뜻이다. 유자에 대해 존귀하게 여기는 것은 의(義)를 보
면 반드시 시행하고 잘못을 듣게 되면 고치는 것인데, 어찌 은미하게 변별하는 것
은 괜찮다고 하며 면전에서 하나하나 따질 수는 없다고 하는가? 이것은 상대를 대
할 때에는 괜찮은 말이지, 스스로에게 적용하는 경우라면 불가하다. 자로는 잘못에
대해 듣게 되면 기뻐하였고,[1] 공자는 남이 자신의 잘못을 알아차리는 것을 다행으
로 여겼으며, 탕임금은 잘못을 고치는데 인색하지 않았다. 이러한 마음을 미루어보
면, 과실이 있어서 비록 책망을 하더라도 받아들이는데, 하물며 면전에서 하나하나
따지는 경우라면 어떻겠는가?

---

1) 『논어』 「공야장(公冶長)」 : 子曰, "道不行, 乘桴浮于海. 從我者其由與?" 子路聞
之喜. 子曰, "由也好勇過我, 無所取材."

① 聞過則喜.

補註 見孟子 · 公孫丑.

번역 『맹자』「공손추(公孫丑)」편에 나온다.[2]

② 幸人之知.

補註 見論語 · 述而.

번역 『논어』「술이(述而)」편에 나온다.[3]

③ 改過不吝.

補註 書 · 仲虺之誥文.

번역 『서』「중훼지고(仲虺之誥)」편의 기록이다.[4]

---

2) 『맹자』「공손추상(公孫丑上)」: 孟子曰, 子路, 人告之以有過, 則喜. 禹聞善言, 則
　 拜. 大舜有大焉, 善與人同, 捨己從人, 樂取於人以爲善.

3) 『논어』「술이(述而)」: 陳司敗問昭公知禮乎, 孔子曰, "知禮." 孔子退, 揖巫馬期
　 而進之, 曰, "吾聞君子不黨, 君子亦黨乎? 君取於吳爲同姓, 謂之吳孟子. 君而知
　 禮, 孰不知禮?" 巫馬期以告. 子曰, "丘也幸, 苟有過, 人必知之."

4) 『서』「상서(商書) · 중훼지고(仲虺之誥)」: 惟王不邇聲色, 不殖貨利. 德懋懋官,
　 功懋懋賞, 用人惟己, 改過不吝, 克寬克仁, 彰信兆民.

「유행」8장

呂氏曰: 忠信則不欺, 不欺者人亦莫之欺也. 禮者敬人, 敬人者
人亦莫之侮也. 忠信禮義, 所以禦人之欺侮, 猶甲冑干櫓可以
捍患也. 行則尊仁, 居則守義, 所以自信者篤, 雖暴政加之, 有
所不變也. 自立之至者也. ①首章言自立, 論其所信所守, 足以
更天下之變而不易. 二者皆自立也, 有本末先後之差焉.

번역 여씨가 말하길, 충심과 신의를 갖췄다면 속이지 않고, 속이지 않는 자에 대해
서는 남들 또한 그를 속이지 않는다. 예(禮)는 남을 공경하는 것이니, 남을 공경하
는 자에 대해서는 남들 또한 그를 업신여기지 않는다. 충심과 신의, 예와 의(義)는
남이 속이거나 업신여기는 것을 막는 방법이니, 마치 갑옷과 방패가 우환을 막을
수 있는 것과 같다. 행동하게 되면 인(仁)을 존숭하고 머물 때에는 의(義)를 지키는
것은 스스로 신의를 지키는 것이 독실한 것으로, 비록 폭정을 그에게 가하더라도
변치 않는 점이 있다. 이것은 스스로 확립함이 지극한 자에 해당한다. 첫 장에서는
스스로 확립하는 것을 말했는데, 이곳에서는 신의를 지키고 고수하는 것을 논의하
여, 이로써 천하의 변화를 고치며 자신은 바꾸지 않을 수 있다고 했다. 두 가지는
모두 스스로 확립하는 것에 해당하는데, 본말과 선후의 차이가 있다.

① 〇首章言自立.

補註 按: 唐本此下有"論其所行所學, 足以應天下之用, 而不窮, 此章言
自立"二十一字, 今當補之.

번역 살펴보니, 『당본』에는 이 구문 뒤에 "배우는 것과 실천하는 것을 논의
하여, 이로써 천하의 쓰임을 대비하지만 스스로 구하지 않는다고 했다. 이곳
에서는 스스로 확립함을 말했다."라는 21개의 글자가 더 기록되어 있는데,
마땅히 이 기록을 보충해야 한다.

「유행」 9장

①儒有一畝之宮, 環堵之室, ②篳門③圭窬, 蓬戶甕牖, 易衣而
出, 幷日而食. 上答之不敢以疑, 上不答不敢以諂. 其仕有如
此者.

번역 공자가 계속하여 말하길, "유자는 1무(畝)의 담장이 있고 1도(堵)로 둘러싼
집에, 가시나무나 대나무로 엮은 대문을 내고 담장을 뚫어 작은 문을 내며, 풀을
엮은 방문과 옹기처럼 둥글게 뚫은 창문을 낸 집에 살며, 공용의 외출복을 갈아입
고 출타하며, 2~3일에 하루치의 음식을 먹는 일이 있습니다. 그렇더라도 윗사람이
자신의 도의에 합치되면 감히 의심하지 않고, 윗사람이 자신의 도의에 합치되지 않
더라도 감히 아첨하지 않습니다. 유자는 벼슬살이함에 이와 같은 점이 있는 자들입
니다."라고 했다.

① 儒有一畝之宮章.

補註 鄭註: "言貧窮屈道, 仕爲小官也." 疏曰: "以經云其仕有如此者, 故
知之也."
번역 정현의 주에서 말하길, "가난하고 궁핍하여 도를 굽혀 벼슬에 나아가
말단 관리가 된다는 뜻이다."라고 했다. 소에서 말하길, "경문에서 벼슬살이
에는 이와 같은 것들이 있다고 했기 때문에 이러한 사실을 알 수 있다."라고
했다.

② 篳門.

補註 疏曰: 杜氏云, "柴門也."
번역 소에서 말하길, 두예는 "사립문이다."라고 했다.

③ 圭窬.

補註 按: 窬字, 本有臾豆二音, 兼欲倣左傳圭竇, 故出豆音. 然恐臾音爲正.

번역 살펴보니, '窬'자에는 본래 '臾(유)'음과 '豆(두)'음의 두 음가가 있는데, 『좌전』에서 '규두(圭竇)'¹⁾라고 한 말에 따르고자 했기 때문에 '豆(두)'음이 도출된 것이다. 그러나 내가 생각하기에 '臾(유)'음이 바른 음인 것 같다.

참고-集說

疏曰: 一畝, 謂徑一步長百步也. 折而方之, 則東西南北各十步. 宮, 牆垣也, ①牆方六丈. 環, 周廻也. 方丈爲堵, 東西南北各一堵. 篳門, 以荊竹織門也. 圭窬, 穿牆爲之, 門旁小戶也, 上銳下方, 狀如圭. 蓬戶, 編蓬爲戶也. 甕牖者, 牕牖圓如甕口也. 又云以敗甕口爲牖. 易衣而出者, 合家共一衣, 出則更著之也. 幷日而食者, 謂不日日得食, 或三日二日, 幷得一日之食也.

번역 소에서 말하길, '일무(一畝)'는 직경 1보(步)²⁾로 길이가 100보(步)인 것을 뜻한다. 그것을 쪼개어 사각형으로 만들면, 동서의 길이와 남북의 길이가 각각 10보(步)가 된다. '궁(宮)'자는 담장을 뜻하니, 담장은 사방 6장(丈)의 길이이다. '환(環)'자는 두른다는 뜻이다. 사방 1장(丈)의 크기가 1도(堵)³⁾가 되니, 동서의 길이

---

1) 『춘추좌씨전』「양공(襄公) 10년」: 王叔之宰曰, "篳門閨竇之人而皆陵其上, 其難爲上矣."
2) 보(步)는 길이를 재는 단위이다. 5척(尺)을 1보(步)로 삼기도 했고, 주(周)나라 때에는 8척을 1보로 삼기도 했으며, 진(秦)나라 때에는 6척을 1보로 삼기도 하여, 단위가 일정하지 않았다.
3) 도(堵)는 성곽이나 담장 등을 측량할 때 사용하는 단위이다. 고대에는 판축법을 사용하여 흙을 쌓아 담을 올렸는데, 1개의 판(版) 길이에 5개 판의 높이가 1도(堵)가 된다.

와 남북의 길이가 각각 1도(堵)이다. '필문(篳門)'은 가사나무와 대나무를 엮어서 만든 문이다. '규두(圭窬)'는 담장을 뚫어서 만드니, 대문의 측면에 낸 작은 문으로, 위로는 뾰족하게 되고 아래로는 사각형이 되어 그 모습이 규(圭)와 비슷하다. '봉호(蓬戶)'는 봉(蓬)이라는 풀을 엮어서 만든 방문이다. '옹유(甕牖)'는 창문을 원형으로 만들어서 항아리의 주둥이처럼 만드는 것이다. 또는 깨진 항아리의 주둥이로 창문대신 단다고도 말한다. "옷을 바꿔 입고서 나간다."는 말은 같은 집에 사는 사람들이 모두 하나의 외출복을 공용으로 사용하고 있어서, 어떤 자가 나가게 되면 그 옷으로 갈아입는다는 뜻이다. "날을 합쳐서 먹는다."는 말은 날마다 음식을 먹는 것이 아니며, 3일이나 2일마다 하루치의 음식을 한꺼번에 먹는다는 뜻이다.

① 墻方六丈.

補註 按: 王制云, "今以周尺六尺四寸爲步." 然則十步爲六十四尺, 而今只言方六丈, 不言四尺者, 擧大數也.

번역 살펴보니, 『예기』「왕제(王制)」편에서는 "지금은 주나라의 척도로 6척 4촌이 1보이다."[4]라고 했다. 그렇다면 10보는 64척이 되는데, 이곳에서 단지 사방 6장이라고만 말하고 4척을 언급하지 않은 것은 큰 수만을 언급했기 때문이다.

---

4) 『예기』「왕제(王制)」: 古者以周尺八尺爲步, <u>今以周尺六尺四寸爲步</u>. 古者百畝, 當今東田百四十六畝三十步. 古者百里, 當今百二十一里六十步四寸二分.

「유행」 10장

儒有今人與居, ①古人與稽, 今世行之, 後世以爲楷. 適弗逢世,
上弗援, 下弗推, 讒諂之民有比黨而危之者, 身可危也, 而志不
可奪也. 雖危起居, 竟信其志, 猶將不忘百姓之病也. 其憂思有
如此者.

번역 공자가 계속하여 말하길, "유자는 오늘날의 사람들과 살면서도 옛 사람들과
도를 상고하여, 현세에 고대의 도리를 시행하고 후세에 법도로 삼도록 합니다. 나아
감에 알맞은 시대를 만나지 못하고, 위로는 당겨주는 이가 없으며, 아래로는 올려주
는 이가 없는데, 헐뜯고 아첨하는 백성들이 무리를 지어 위협하면, 몸을 위태롭게
할 수 있을지라도 뜻은 빼앗을 수 없습니다. 비록 행동하고 머무는데 위협을 가하
더라도 결국 자신의 뜻을 믿으며, 오히려 백성들이 근심하는 일에 대해서는 하루라
도 잊은 적이 없습니다. 유자는 근심하고 생각함에 이와 같은 점이 있는 자들입니
다."라고 했다.

① 古人與稽.

補註 鄭註: 稽, 猶合也.

번역 정현의 주에서 말하길, '계(稽)'자는 합한다는 뜻이다.

「유행」 11장

참고—經文

儒有博學而不窮, 篤行而不倦, 幽居而不淫, ①上通而不困. ② 禮之以和爲貴, 忠信之美, 優游之法. 慕賢而容衆, ③毀方而瓦 合. 其寬裕有如此者.

번역 공자가 계속하여 말하길, "유자는 널리 배우되 중단하지 않고, 독실하게 실천하되 게으름을 피우지 않으며, 쓸쓸하고 궁벽한 곳에 있더라도 음란하게 행동하지 않고, 위로 통달하되 곤궁하지 않음이 있습니다. 예(禮)를 본체로 삼지만 활용에 있어서는 조화로움을 존귀하게 여기고, 충심과 신의를 아름다움으로 삼으며, 관대함을 법도로 삼습니다. 현명한 자를 사모하고 대중들을 포용하며, 헐어서 모나게 만들고 합하여 원형으로 만듭니다. 유자는 관대하게 포용함에 이와 같은 점이 있는 자들입니다."라고 했다.

① ○上通而不困.

補註 鄭註: 旣仕, 則不困於道德不足也.

번역 정현의 주에서 말하길, 이미 벼슬을 했다면 도덕이 부족하다는 것에 곤궁하지 않다.

② 禮之以和爲貴.

補註 按: 此與論語禮之用和爲貴, 槪同. 以, 卽用也, 當句絶. 諺讀六字作一句, 語無著落.

번역 살펴보니, 이것은 『논어』에서 "예의 쓰임은 조화로움을 귀하게 여긴다."[1]라고 한 말과 대략적으로 동일하다. 따라서 '이(以)'자는 용(用)자에 해

---

1) 『논어』「학이(學而)」: 有子曰, "禮之用, 和爲貴. 先王之道, 斯爲美, 小大由之. 有所不行, 知和而和, 不以禮節之, 亦不可行也."

당하므로 여기에서 구문을 끊어야 한다. 『언독』에서는 이 6글자를 하나의 구문으로 보았는데, 말이 맞아떨어지지 않는다.

③ 毀方而瓦合.

補註 鄭註: 毀己之大圭角, 下與衆人小合也. 必瓦合者, 亦君子爲道不遠人.

번역 정현의 주에서 말하길, 자신이 가진 큰 규(圭)의 모서리를 제거해서 밑으로 대중들과 조금 화합한다는 뜻이다. 반드시 조금 합하게 되는 것은 또한 군자는 도를 시행하며 사람과 멀리 떨어지지 않기 때문이다.[2]

참고─集設

博學不窮, ①溫故知新之益也. 篤行不倦, ②賢人可久之德也. 幽居不淫, ③窮不失義也. 上通不困, ③達不離道也. 禮之體嚴, 而用貴於和. 忠信, 禮之質也, 故以忠信爲美. 優游, 用之和也, 故以優游爲法. 賢雖在所當慕, 衆亦不可不容. ④汎愛衆而親仁, 亦是意也. 毀方而瓦合者, 陶瓦之事, 其初則圓, 剖而爲四, 其形則方. 毀其圓以爲方, 合其方而復圓, 蓋於涵容之中, 未嘗無分辨之意也. 故曰其寬裕有如此者.

번역 "널리 배우되 중단하지 않는다."는 말은 옛 것을 익숙히 하고 새로운 것을 아는 것이 확장된 것이다. "독실하게 실천하되 게으름을 피우지 않는다."는 말은 현명한 자 중에서도 오래 지속할 수 있는 덕을 갖춘 것이다. "쓸쓸하고 궁벽한 곳에 있더라도 음란하게 하지 않는다."는 말은 곤궁하더라도 의(義)를 잃지 않는 것이다. "위로 통달하되 곤궁하지 않다."는 말은 영달하게 되어도 도에서 떨어지지 않는다는 것이다. 예(禮)의 본체는 엄중한데 활용에 있어서는 조화로움을 존귀하게 여긴

---

[2] 『중용』「13장」: 子曰, 道不遠人, 人之爲道而遠人, 不可以爲道.

다. 충심과 신의는 예의 본질이다. 그렇기 때문에 충심과 신의를 아름다움으로 삼
는다. 여유로운 것은 활용의 조화로움이다. 그렇기 때문에 여유로움을 법도로 삼는
다. 현명한 자에 대해서는 비록 마땅히 사모해야 할 대상이지만, 대중들 또한 포용
하지 않을 수가 없다. "널리 대중들을 사랑하되 인(仁)한 자를 친근히 대한다."는
말 또한 이러한 의미에 해당한다. "헐어서 모나게 만들고 조각조각 합한다."는 말은
질그릇 및 기와 등을 만들 때, 처음에는 원형으로 만들고 그것을 쪼개어 4조각으로
만드는데, 그 형태는 사각형이 된다. 원형이었던 것을 헐어서 사각형으로 만들고,
사각형인 것을 합하여 다시 원형으로 만드는 것이니, 관대하게 포용하는 가운데에
서도 일찍이 분별의 뜻이 없었던 적이 없다는 의미이다. 그렇기 때문에 "그 관대함
에 이와 같은 점이 있다."라고 했다.

① 溫故知新.

補註 中庸及論語 · 爲政文.

번역 『중용』3) 및 『논어』「위정(爲政)」편4)의 기록이다.

② 賢人可久之德.

補註 易 · 繫辭曰: 可久者, 賢人之德. 可大者, 賢人之業.

번역 『역』「계사전(繫辭傳)」에서 말하길, 오래할 수 있는 것은 현인의 덕이
되고 크게 할 수 있는 것은 현인의 과업이 된다.5)

③ 窮不失義達不離道.

補註 孟子 · 盡心文.

번역 『맹자』「진심(盡心)」편의 기록이다.6)

---

3) 『중용』「27장」: 故君子尊德性而道問學, 致廣大而盡精微, 極高明而道中庸, <u>溫
故而知新</u>, 敦厚以崇禮.

4) 『논어』「위정(爲政)」: 子曰, "<u>溫故而知新</u>, 可以爲師矣."

5) 『역』「계사상(繫辭上)」: 易則易知, 簡則易從, 易知則有親, 易從則有功, 有親則
可久, 有功則可大, <u>可久則賢人之德, 可大則賢人之業</u>.

④ 泛愛衆而親仁.

補註 論語・學而文.

번역 『논어』「학이(學而)」편의 기록이다.[7]

---

6) 『맹자』「진심상(盡心上)」: 尊德樂義, 則可以囂囂矣. 故士<u>窮不失義, 達不離道</u>.
窮不夫義, 故士得己焉, 達不離道, 故民不失望焉.

7) 『논어』「학이(學而)」: 子曰, "弟子, 入則孝, 出則悌, 謹而信, <u>汎愛衆, 而親仁</u>. 行
有餘力, 則以學文."

「유행」 12장

참고-經文

儒有內稱不辟親, 外擧不辟怨. 程功積事, 推賢而進達之, 不望
其報. ①君得其志, 苟利國家, 不求富貴. 其擧賢援能有如此者.

번역 공자가 계속하여 말하길, "유자는 친족 내부에서 천거하더라도 친하다는 이유
로 천거를 피하지 않고, 외적으로 원한이 있는 자를 천거하더라도 원한이 있다는
이유로 천거를 피하지 않습니다. 공적을 헤아리고 실적을 취합하여, 현명한 자를
추대하고 나아가 달통하게 하되 보답을 바라지 않습니다. 군주가 뜻을 실현하여 만
약 국가가 이롭게 되더라도 부귀함을 바라지 않습니다. 유자는 현명한 자를 천거하
고 유능한 자를 발굴함에 이와 같은 점이 있는 자들입니다."라고 했다.

① 君得其志.

補註 按: 家語此下有"民賴其德"一句.

번역 살펴보니, 『가어』에는 이 구문 뒤에 "백성들은 그 덕에 의지한다."라는
구문이 더 기록되어 있다.

「유행」 13장

儒有聞善以相告也, 見善以相示也, ①爵位相先也, 患難相死
也, 久相待也, 遠相致也. 其任擧有如此者.

번역 공자가 계속하여 말하길, "유자는 선함을 들으면 서로에게 알려주고, 선함을
보게 되면 서로에게 보여주며, 작위에 대해서는 서로에게 먼저 하라고 양보하고,
환란에 대해서는 서로 목숨을 던지며, 오래된 관계에서도 서로를 대우하고, 소원한
관계에서도 서로를 이루어줌이 있습니다. 유자는 벗에게 임무를 맡기거나 천거함에
이와 같은 점이 있는 자들입니다."라고 했다.

① ○爵位相先.

補註 鄭註: 相先, 猶相讓也.
번역 정현의 주에서 말하길, '상선(相先)'은 서로에게 양보한다는 뜻이다.

呂氏曰: 擧賢援能, 儒者所以待天下之士也, 任擧者, 所以待其
朋友而已, 必同其好惡也. 故聞善相告, 見善相示. 必同其憂樂
也. 故爵位相先, 患難相死. 彼雖居下, 不待之同升則不升; 彼
雖疎遠, 不致之同進則不進. 此①任擧朋友加重於天下之士者,
義有厚薄故也.

번역 여씨가 말하길, 현명한 자와 유능한 자를 천거하고 발탁하는 것은 유자가 천
하의 사들을 대우하는 것이며, 맡기고 천거하는 것은 벗을 대우하는 것일 따름인데,
반드시 좋아함과 싫어함을 동일하게 해야 한다. 그렇기 때문에 선함을 들으면 서로
알려주고, 선함을 보게 되면 서로 보여준다. 또 반드시 근심과 즐거움을 함께 해야

한다. 그렇기 때문에 작위에 대해서는 서로 먼저 하라고 양보하며, 환란에 대해서는 서로 목숨을 바친다. 상대가 비록 낮은 자리에 있더라도 함께 오르도록 대우하지 않는다면 오르지 않고, 상대가 비록 소원한 관계에 있더라도 함께 나아가도록 하지 않는다면 나아가지 않는다. 이것은 벗에게 임무를 맡기거나 등용할 때 천하의 사보다 비중을 더 두는 것이니, 의(義)에는 두텁고 엷은 차이가 있기 때문이다.

① 任擧朋友[止]之士.

補註 沙溪曰: 君子當唯賢是視, 豈可以朋友之故, 而加重於天下之士乎? 註說可疑.

번역 사계가 말하길, 군자는 마땅히 현명한 점만을 살펴야 할 뿐인데, 어찌 벗이라는 이유 때문에 천하의 사보다도 비중을 더 둘 수 있겠는가? 주의 설명은 의문스럽다.

補註 ○按: 呂氏以此章所言重於上章, 故有加重之說, 義理似爲未安. 而但其以擧賢援能與任擧, 爲有天下之士, 同志之朋之別者, 恐不非也.

번역 ○살펴보니, 여씨는 이 문장에서 언급한 것이 앞 문장보다 중요하다고 생각했기 때문에 가중(加重)이라는 말을 하게 되었는데, 의리상 온당하지 못한 것 같다. 다만 현명한 자와 유능한 자를 천거하고 발탁하는 것과 맡기고 천거하는 것에 있어서 천하의 사와 뜻을 같이 하는 벗 사이에 구별을 두었는데, 아마도 잘못된 말은 아닌 것 같다.

참고-經文

儒有澡身而浴德, 陳言而伏, 靜而正之, ①上弗知也. 麤而翹之,
又不急爲也. ②不臨深而爲高, ③不加少而爲多. ④世治不輕,
世亂不沮. 同弗與, 異弗非也. 其⑤特立獨行有如此者.

번역 공자가 계속하여 말하길, "유자는 몸을 정결히 하고 덕으로 목욕하며, 간언을
올리되 순종하며 따르고, 고요하게 있는 것 같지만 바르게 만드니, 윗사람이 그의
사람됨을 몰라보는 경우도 있습니다. 거칠게 잘못을 지적하는 것 같지만 또한 다급
하게 하지 않습니다. 깊은 곳에 임하지 않고도 높아지며, 작은 것들을 더하지 않고
도 많아집니다. 세상이 다스려질 때에도 경솔하게 나아가지 않고, 세상이 혼란스러
울 때에도 물러나 숨지 않습니다. 자신과 같은 자만을 함께 하지 않고, 자신과 다르
다고 하여 비난하지 않습니다. 유자는 홀로 우뚝 서고 홀로 시행함에 이와 같은 점
이 있는 자들입니다."라고 했다.

① 上弗知也.

補註 按: 諺讀此句著是於等吐, 蓋從方說, 而恐不若依呂氏說著爲㫆吐.
번역 살펴보니, 『언독』에서는 이 구문에 이[是]나 어[於] 등의 토를 붙였는
데, 아마도 방씨의 주장에 따른 것 같다. 그러나 내가 생각하기에 여씨의 주
장에 따라서 하며[爲㫆]토를 붙이는 것만 못한 것 같다.

참고-集說 方氏曰: 靜而正之者, 隱進之也. 麤而翹之者, 明告之也. 靜而
正之, 旣不見知, 然後麤而翹之. 然亦緩而不失節, 故曰不急爲也. 其行
之高, 皆自然而已, 不必臨深以相形, 然後顯其爲高. 其文之多, 皆素有
而已, 不必加少以相益, 然後成其爲多. 世治而德常見重, 故曰不輕. 世
亂而志常自若, 故曰不沮. 與其所可與, 不必同乎己也. 非其所可非, 不
必異乎己也.

번역 방씨가 말하길, "고요하면서도 바르게 한다."는 말은 은밀하게 간언을 올린다는 뜻이다. "거칠게 지적한다."는 말은 분명하게 아뢴다는 뜻이다. 고요하면서도 바르게 하는 것은 이미 그 지혜를 드러내지 않은 것인데, 그런 뒤에는 거칠게 지적을 한다. 그러나 이 또한 느긋하며 절도를 잃지 않는다. 그렇기 때문에 "다급하게 시행하지 않는다."라고 했다. 그 행실이 고원한 것은 모두 자연의 이치에 따른 것일 뿐이니, 반드시 깊은 곳에 임하여 형상화한 뒤에야 높음을 드러낼 필요가 없다. 그 문채가 많은 것은 모두 본래부터 가지고 있던 것일 따름이니, 반드시 적은 것을 더하여 서로 늘린 뒤에야 많게 할 필요가 없다. 세상이 다스려지면 덕은 항상 중시되기 때문에 "경솔하지 않다."라고 했다. 세상이 혼란스러우면 뜻은 항상 태연하기 때문에 "꺾이지 않는다."라고 했다. 함께 할 수 있는 자와 함께 하니, 반드시 나와 같은 자만 고집할 필요가 없다. 비난할만한 자를 비난하니, 반드시 자신과 다른 자를 비난할 필요가 없다.

참고-集說　呂氏曰: 惟大人能格君心之非, 在我者未正, 未有能正人者也, 故澡身浴德者, 所以正己也. 陳言而伏者, 入告嘉謀而順之于外也. 靜而正之者, 將順其美, 匡救其惡, 常在於未形也, 故曰上弗知也.

번역 여씨가 말하길, 오직 대인만이 군주의 잘못된 마음을 바로잡을 수 있는데, 본인에게 있어서 아직 바르지 않음이 있다면, 남에 대해서도 바르게 할 수 없다. 그렇기 때문에 몸을 씻고 덕으로 목욕한다는 것은 자신을 바르게 하는 것이다. "말을 진술하되 엎드린다."는 말은 입조하여 좋은 계획을 아뢰고 밖으로 나가서는 그것을 가르친다는 뜻이다.[1] "고요하면서도 바르게 한다."는 말은 군주의 아름다운 미덕은 순종하여 따르고 잘못된 점은 바로잡아 그만두게 한다는 뜻인데,[2] 항상 드러나지 않기 때문에 "윗사람이 모른다."라고 했다.

---

1) 『예기』「방기(坊記)」 : 子云, "善則稱君, 過則稱己, 則民作忠. 君陳曰, '爾有嘉謀嘉猷, 入告爾君于內, 女乃順之于外, 曰此謀此猷, 惟我君之德. 於乎, 是惟良顯哉.'" / 『서』「주서(周書)·군진(君陳)」 : 爾有嘉謀嘉猷, 則入告爾后于內, 爾乃順之于外, 曰, 斯謀斯猷, 惟我后之德. 嗚呼. 臣人咸若時, 惟良顯哉.

② 不臨深而爲高.

補註 疏曰: 言地旣高矣, 不臨衆人卑賤處, 而益自尊顯也.

번역 소에서 말하길, 그 지위가 이미 높아서 대중들처럼 미천한 자리에 임하여 스스로를 높게 드러내지 않는다는 뜻이다.

③ 不加少而爲多.

補註 按: 此言不以己之多能加於衆人之少能, 以自顯其多也. 蓋臨深則易爲高, 加少則易爲多, 不臨深爲高, 不加少爲多, 皆不矜不衒之意. 方氏解此二句, 未的當.

번역 살펴보니, 이것은 자신의 많은 재능을 일반인들의 적은 재능에 더해서 스스로 자신이 많은 재능을 가지고 있음을 드러내고자 하지 않는다는 뜻이다. 깊은 곳에 임하면 높아지기가 쉽고, 적은 것에 더하면 많아지기가 쉬운데, 깊은 곳에 임해서 높아지려고 하지 않고, 적은 것에 대해서 많아지려고 하지 않는 것은 모두 과시하거나 자랑하지 않는다는 뜻이다. 방씨의 이 두 구문에 대한 해석은 마땅하지 않다.

④ 世治不輕.

補註 鄭註: "世治不輕, 不以賢者並衆, 不自愛重也." 疏曰: "言凡人之情, 若衆人皆賢, 或自替廢, 儒者不以如此, 恒自重也."

번역 정현의 주에서 말하길, "세상이 다스려질 때에도 경솔하게 하지 않는다는 말은 현명한 자를 대중들과 함께 하도록 하여 스스로를 아끼지 않는 일이 없도록 한다는 뜻이다."라고 했다. 소에서 말하길, "사람의 정감에 따르면 많은 사람들이 모두 그를 현명하다고 추켜세우면, 간혹 스스로 그르칠 수도 있는데, 유자는 이처럼 하지 않기 때문에 항상 스스로를 아낀다는 뜻이다."라

---

2) 『효경』 「사군장(事君章)」: 子曰, 君子之事上也. 進思盡忠. 退思補過. <u>將順其美.</u> <u>匡救其惡.</u> 故上不能相親也.

고 했다.

⑤ 特立獨行有如此者.

補註 楊梧曰: 前特立, 則自守之義多, 此加獨行則達道之義多, 此其稍異也.
번역 양오가 말하길, 먼저 홀로 우뚝 선다면 스스로를 지키는 뜻이 많은 것이고, 여기에 홀로 시행함을 추가하게 되면 도에 달통하는 뜻이 많은 것이니, 이것은 약간의 차이점이다.

참고-集說

譑, 與①招其君之過招字同, 擧也, 擧其過而諫之也.

번역 '교(譑)'자는 "군주의 과실을 지적한다."라고 했을 때의 '초(招)'자와 같으니, "낱낱이 드러낸다[擧]."는 뜻으로, 과실을 드러내어 간언을 한다는 의미이다.

① 招其君之過.

補註 按: 此見韓愈爭臣論.
번역 살펴보니, 이것은 한유의 「쟁신론」에 나온다.

補註 ○字彙: 招, 一音橋, 擧也.
번역 ○『자휘』에서 말하길, '招'자의 다른 음은 '橋(교)'이니, 들추어낸다는 뜻이다.

「유행」15장

참고-經文

儒有上不臣天子, 下不事諸侯, 愼靜而尙寬, 强毅以與人, 博學
以知服, ①近文章, 砥厲廉隅. 雖分國如錙銖, 不臣不仕. 其規
爲有如此者.

번역 공자가 계속하여 말하길, "유자는 바르지 않다면 위로 천자의 신하가 되지 않
고, 아래로 제후의 신하가 되지 않으며, 신중하고 고요하여 관대함을 숭상하고, 강
직하고 굳세어 남과 함께 하며, 널리 배워서 요점을 알고, 문채를 가까이 하며, 염
치와 절개를 연마함이 있습니다. 비록 그에게 나라를 나누어 주더라도 바르지 않다
면 미물처럼 여겨서 신하가 되지 않고 벼슬에 오르지 않습니다. 유자는 법도에 맞
게 헤아리고 실천함에 이와 같은 점이 있는 자들입니다."라고 했다.

① 近文章砥厲廉隅.

補註 楊梧曰: 惟博學, 故能近文章, 惟强毅, 故能砥厲廉隅.
번역 양오가 말하길, 널리 배웠기 때문에 문채를 가까이 할 수 있고, 강직하
고 굳세기 때문에 염치와 절개를 연마할 수 있다.

「유행」 16장

참고-經文

儒有合志同方, 營道同術. ①並立則樂, 相下不厭. 久不相見,
②聞流言不信. 其行本方立義, 同而進, 不同而退. 其交友有如
此者.

번역 공자가 계속하여 말하길, "유자는 뜻을 합치시키고 방도를 동일하게 따르며,
도를 영위하고 방법을 동일하게 따름이 있습니다. 뜻을 함께 하는 자와 나란히 동
등한 작위에 오르면 기뻐하고, 상대에 비해 자신이 아랫자리에 있더라도 싫어하지
않습니다. 오래도록 만나보지 못했지만 떠도는 악한 소문을 듣더라도 믿지 않습니
다. 그의 행실은 방정함에 근본을 두고 의(義)에서 확립하여, 의가 같다면 나아가지
만 다르다면 물러납니다. 유자는 벗을 사귐에 이와 같은 점이 있는 자들입니다."라
고 했다.

① ○並立則樂相下不厭.

補註 按: 小註方氏以無忌心有遜志爲解. 楊梧云, "此乃學問有得之意,
非爵位相先之說也." 二說俱通, 陳註襲古註疏而誤.

번역 살펴보니, 소주에서 방씨는 시기하는 마음이 없고 겸손한 뜻이 있기 때
문이라고 풀이했다. 양오는 "이것은 학문을 통해 터득함이 있다는 뜻이니,
작위를 서로에게 양보한다는 말이 아니다."라고 설명했다. 두 주장은 모두
뜻이 통하는데, 진호의 주는 옛 주와 소의 주장을 답습하였으나 잘못된 설명
이다.

② 聞流言不信.

補註 按: 陳註信下句絶, 而韓愈答馮宿書以聞流言不信其行作一句, 用
亦好.

번역 살펴보니, 진호의 주에서는 '신(信)'자 뒤에서 구문을 끊었는데, 한유는 풍숙에게 답한 편지에서 "떠도는 소문만 듣고 그 행실을 믿지 않는대聞流言不信其行]."라는 말을 하나의 구문을 기록하였으니, 이처럼 따르는 것도 괜찮다.

「유행」 17장

참고―經文

溫良者, ①仁之本也. 敬慎者, 仁之地也. 寬裕者, ②仁之作也.
孫接者, 仁之能也. 禮節者, 仁之貌也. 言談者, 仁之文也. 歌樂
者, 仁之和也. 分散者, 仁之施也. ③儒皆兼此而有之, 猶且不
敢言仁也. 其尊讓有如此者.

번역 공자가 계속하여 말하길, "온순하고 어짊은 인(仁)의 근본입니다. 공경하고
신중함은 인의 실천입니다. 관대하고 여유로움은 인의 진작시킴입니다. 겸손하게
상대를 대함은 인을 잘 실천하는 것입니다. 예절은 인의 모습입니다. 말은 인의 무
늬입니다. 노래하고 음악을 연주하는 것은 인의 조화로움입니다. 나누어 베푸는 것
은 인을 베푸는 것입니다. 유자는 모두 이러한 것들을 겸하고 있지만 오히려 감히
자신이 인을 실천한다고 말하지 않습니다. 유자는 인한 자를 존귀하게 높이고 선한
자에게 사양함에 이와 같은 점이 있는 자들입니다."라고 했다.

① ○仁之本也.

補註 疏曰: 仁者之儒, 先從溫良而起, 故云仁之本.
번역 소에서 말하길, 인자한 유자는 우선적으로 온순하고 어진 것을 따라서
일어난다. 그렇기 때문에 인의 근본이라고 했다.

補註 ○徐志修曰: 陳註文勢牽强.
번역 ○서지수가 말하길, 진호의 주는 문장의 흐름상 견강부회인 것 같다.

② 仁之作也.

補註 按: 作, 疏解以動作者, 是. 陳註恐未然.
번역 살펴보니, '작(作)'자를 소에서는 동작으로 풀이했는데 옳은 해석이다.
진호의 주는 아마도 잘못된 것 같다.

③ 儒皆兼此而有之.

補註 鄭註: 此兼上十五儒, 蓋聖人之儒行也. 孔子嫌若斥己, 假仁以爲說. 仁, 聖之次也.

번역 정현의 주에서 말하길, 이 문장은 앞서 말한 15가지 유자의 행실을 모두 포함하고 있으니, 성인다운 유자의 행실이다. 공자는 자신을 가리키는 것처럼 말한다는 혐의를 받게 될까봐 인(仁)이라는 말을 빌려서 설명했다. 인(仁)한 자는 성인(聖人) 다음 서열이 된다.

「유행」 18장

"儒有不隕穫於貧賤, 不充詘於富貴, ①不愿君王, 不累長上, 不閔有司. 故曰儒. 今②衆人之命儒也妄, 常以儒相詬病." 孔子至舍, 哀公館之, 聞此言也, 言加信, 行加義, "③終沒吾世, 不敢以儒爲戲."

번역 공자가 계속하여 말하길, "유자는 가난과 미천함으로 인해 실추되거나 상처를 입지 않고, 부유함과 존귀함으로 인해 교만하거나 인색하지 않으며, 군주를 욕보이지 않고, 윗사람을 얽어매지 않으며, 유사를 근심하게 만들지 않습니다. 그러므로 유자라고 부르는 것입니다. 그런데 현재의 대중들은 스스로를 유자라고 부르니 망령된 짓이며, 항상 유자라는 말로 서로를 업신여기고 욕보이고 있습니다."라고 했다. 공자가 숙소에 도착하자 애공은 그가 잘 머물 수 있도록 배려를 해주었고, 이러한 말을 듣고서 말에 신의가 생겼고 행실에 의(義)가 생겨서, "내 일생토록 감히 유자를 희롱거리로 삼지 않으리라."라고 했다.

① ○不愿[止]有司.

補註 家語註: 言不受愿·累·閔, 傷於君長有司也.

번역 『가어』의 주에서 말하길, 욕·얽매임·근심을 받아, 군주·윗사람·유사에게 해를 끼치지 않는다는 뜻이다.

補註 ○按: 小註晏氏解此最精.

번역 ○살펴보니, 소주에서 안씨가 이 부분을 해석한 것이 가장 정밀하다.

참고-大全 晏子曰: 隕, 如籜之隕而飄零, 穫, 如禾之穫而枯槁. 不隕穫於貧賤, 是貧賤則不能移也. 充則以滿而必溢, 詘則以高而必危. 不充詘於富貴, 是富貴不能淫也. 事父孝, 故忠可移於君, 所以不愿君王. 事兄弟, 故順可移於長, 所以不累長上. 居家理, 故治可移於官, 所以不閔有司.

不愿君王者, 不爲汙吏, 以取辱於君王也. 不累長上者, 不爲過行, 以連及於上也. 不閔有司者, 不被明刑, 以見病於有司也. 衆人之命儒也妄, 爲其非眞儒也, 故或慢詈而相恥, 或深疾而相病矣. 揚子謂, 或問魯用儒而削何也? 曰, 魯不用眞儒也.

번역 안자가 말하길, '운(隕)'은 대나무 껍질이 떨어져서 이리저리 흩날리는 것과 같다는 뜻이며, '확(穫)'자는 벼를 수확하여 볏짚이 말라버리는 것과 같다는 뜻이다. 가난함과 미천함에 운확(隕穫)하지 않는 것은 "빈천함이 바꿀 수 없다."는 뜻이다. 가득 찼다면 가득하여 반드시 넘치게 되고 내친다면 높아져서 반드시 위태롭게 된다. 부유함과 존귀함에 충굴(充詘)하지 않는 것은 "부귀함이 음란하게 만들 수 없다."는 뜻이다.[1] 부모를 섬기는 것은 효이기 때문에 충심이 군주에게로 옮겨갈 수 있으니, 이것이 군주를 욕보이게 하지 않는 이유이다. 형을 섬기는 것은 제(悌)이기 때문에 순종함이 윗사람에게 옮겨갈 수 있으니, 이것이 윗사람을 얽어매지 않는 이유이다. 가정에 머물러 있을 때에는 이치에 따라 다스리기 때문에 다스림이 관직으로 옮겨갈 수 있으니, 이것이 유사(有司)를 근심하게 만들지 않는 이유이다. 군주를 욕보이게 하지 않는 것은 추잡한 관리가 되어 군주를 욕되게 하지 않는다는 뜻이다. 윗사람을 얽매이지 않는 것은 행실을 지나치게 하여 윗사람에게 누를 끼치지 않는다는 뜻이다. 유사를 근심하게 만들지 않는 것은 명백한 형벌을 당하여 유사에게 욕보임을 당하지 않는다는 뜻이다. 대중들이 스스로를 유자라고 부르는 것은 망령되다고 한 것은 진정한 유자가 아니기 때문이다. 그래서 거만하게 꾸짖으며 서로 치욕스럽게 생각하거나 매우 질시하며 서로를 욕되게 한다. 양자가 말하길, 어떤 자가 노나라에서 유자를 등용하면서도 세력이 약화되는 이유는 어째서냐고 묻자, 노나라는 진정한 유자를 등용하지 않았기 때문이라고 했다.

---

1) 『맹자』「등문공하(滕文公下)」: 居天下之廣居, 立天下之正位, 行天下之大道, 得志, 與民由之, 不得志, 獨行其道. <u>富貴不能淫, 貧賤不能移</u>, 威武不能屈, 此之謂大丈夫.

② 衆人之命儒也妄.

補註 按: 妄下如字句絶云者, 鄭註以妄爲亡而連常字爲句, 陳不從故也.
번역 살펴보니, '망(妄)'자 뒤에 "글자대로 읽으며, 여기에서 구문을 끊는다."
라고 말한 것은 정현의 주에서는 '망(妄)'자를 망(亡)자로 보아 상(常)자와
연결해서 구문을 끊었는데, 진호가 그에 따르지 않았기 때문이다.

③ 終沒吾世[止]爲戲.

補註 疏曰: 是哀公之言, 記者述而錄之.
번역 소에서 말하길, 이것은 애공의 말에 해당하니, 『예기』를 기록한 자가
그 말을 조술하여 수록해둔 것이다.

補註 ○按: 家語終沒上有曰字.
번역 ○살펴보니, 『가어』에는 '종몰(終沒)'이라는 말 앞에 왈(曰)자가 기록
되어 있다.

鄭氏曰: 隕穫, 困迫失志之貌. ①充詘, 喜失節之貌. 恩, 猶辱也.
累, 猶係也. 閔, 病也. ②言不爲天子諸侯卿大夫群吏所困迫而
違道, 孔子自謂也.

번역 정현이 말하길, '운확(隕穫)'은 곤궁하고 궁핍하여 뜻을 잃는 모습을 뜻한다.
'충굴(充詘)'은 기쁨이 절도를 잃은 모습을 뜻한다. '흔(恩)'자는 "욕보이다[辱]."
는 뜻이다. '누(累)'자는 "얽어매다[係]."는 뜻이다. '민(閔)'자는 "괴로워한다
[病]."는 뜻이다. 즉 천자·제후·경·대부·뭇 하급 관리로 인해 곤궁하고 궁핍하
게 되더라도 도를 어기지 않는다는 뜻이니, 공자가 본인을 가리켜서 한 말이다.

① 充詘喜失飾之貌.

補註 按: 鄭註本文, 喜上有歡字.

번역 살펴보니, 정현의 주 본문에는 '희(喜)'자 앞에 환(歡)자가 기록되어
있다.

② 言不爲[止]自謂也.

補註 疏曰: 天子·諸侯, 解經君王. 卿·大夫, 解經長上. 群吏, 解經有
司. 按史記, 孔子在魯, 哀公不用, 在齊爲犁鉏所毁, 入楚, 爲子西所譖,
適晉, 趙鞅欲害, 伐樹於宋, 削迹於衛, 畏匡厄陳, 則身被辱累多矣. 故
云不以愿累閔病而違道, 又云孔子自謂也.

번역 소에서 말하길, 천자와 제후는 경문에 나온 '군왕(君王)'을 풀이한 것이
다. 경과 대부는 경문에 나온 '장상(長上)'을 풀이한 말이다. 뭇 관리들은 경
문에 나온 '유사(有司)'를 풀이한 말이다. 『사기』를 살펴보면, 공자가 노나라
에 머물러 있을 때 애공은 그를 등용하지 않았고, 제나라에 있었을 때에는
이서로 인해 비방을 받았으며, 초나라에 들어갔을 때에는 자서에게 참소를
받았고, 진나라에 갔을 때에는 조앙에게 해코지를 당했으며, 송나라에서는
환퇴가 나무를 뽑아서 해하려고 했고, 위나라에서는 등용되지 않았으며, 광
땅의 사람들에게 위협을 받았고 진나라 군대에게 포위를 당했다고 했으니,
공자 본인은 욕보임을 당하거나 억류된 적이 많았다. 그렇기 때문에 욕보임
을 당하고 억류되며 괴롭힘을 당하는 것으로 인해 도를 어기지 않았다고 풀
이한 것이며, 또 공자가 본인을 가리켜서 한 말이라고 한 것이다.

「대학(大學)」 제42편

補註 朱子章句.

번역 주자의 『장구』로 분리되어 있다.

「관의(冠義)」제43편

補註 疏曰: 鄭云, "記冠禮成人之義."
번역 소에서 말하길, 정현은 "관례(冠禮)가 사람을 완성시켜준다는 뜻을 기록했다."라고 했다.

補註 ○通解目錄曰: 蓋漢儒所造.
번역 ○『통해』「목록」에서 말하길, 아마도 한나라 유학자들이 지어낸 글인 것 같다.

疏曰: 冠禮起早晚, 書傳無正文. 世本云: 黃帝造旒冕, 是冕起
於黃帝也. 黃帝以前, 以羽皮爲冠, 以後乃用布帛. 其冠之年,
①天子諸侯皆十二.

번역 소에서 말하길, 관례(冠禮)가 기원하게 된 시점에 대해서, 『서전』에는 관련 기록이 남아 있지 않다. 『세본』[1]에서는 황제가 전면(旒冕)을 만들었다고 했으니,

---

1) 『세본(世本)』은 『세(世)』・『세계(世系)』등으로 일컬어지기도 한다. 선진시대(先秦時代) 때의 사관(史官)이 기록한 문헌이라고 전해지지만, 진위여부를 확인할 수 없다. 『세본』은 고대의 제왕(帝王), 제후(諸侯) 및 경대부(卿大夫)들의 세계도(世系圖)를 기록한 서적이다. 일실되어 현존하지 않지만, 후대 학자들이 다른 문헌 속에 남아 있는 기록들을 수집하여, 일집본(佚輯本)을 남겼다. 이러한 일집본에는 여덟 종류의 주요 판본이 있는데, 각 판본마다 내용상의 차이를 보이고 있다. 1959년에는 상무인서관(商務印書館)에서 이러한 여덟 종류의 판본을 모아서 『세본팔종(世本八種)』을 출판하였다.

이것은 면류관[冕]이 황제 때부터 기원했음을 뜻한다. 황제 이전에는 깃털과 가죽을 이용해서 관(冠)을 만들었는데, 그 이후에는 포(布)와 비단을 이용하게 되었다. 관을 쓰는 나이에 있어서, 천자와 제후의 경우에는 모두 12세 때 쓴다.

① **天子諸侯皆十二.**

補註 疏本文曰: 大夫冠之年無文, 而案喪服大夫爲昆弟之長殤, 旣爲昆弟長殤, 則不二十始冠也. 士則二十而冠, 曲禮云, "二十曰弱冠", 是也.

번역 소의 본문에서 말하길, 대부가 관례를 치르는 나이에 대해서는 관련 기록이 남아 있지 않다. 『의례』「상복(喪服)」편을 살펴보면, 대부는 곤제 중 장상(長殤)인 자들을 위해서 상복을 입는다고 했는데, 대부가 이미 곤제 중 장상인 자들을 위해서 상복을 입었다면, 20세가 되어서야 관을 썼던 것이 아니다. 사의 경우라면 20세가 되어서야 관례를 치르니, 『예기』「곡례(曲禮)」편에서 "20세가 되면 아직 장성한 것이 아니기 때문에 약(弱)이라 부르고 관례를 치러준다."[2]라고 한 말이 바로 이러한 사실을 나타낸다.

---

2) 『예기』「곡례상(曲禮上)」: 人生十年曰幼, 學. 二十曰弱, 冠. 三十曰壯, 有室. 四十曰强, 而仕. 五十曰艾, 服官政. 六十曰耆, 指使. 七十曰老, 而傳. 八十九十曰耄, 七年曰悼, 悼與耄, 雖有罪, 不加刑焉. 百年曰期, 頤.

「관의」1장

凡人之所以爲人者, 禮義也. 禮義之始, 在於正容體, 齊顔色, 順辭令. 容體正, 顔色齊, 辭令順, 而後禮義備, 以①正君臣, 親父子, 和長幼. 君臣正, 父子親, 長幼和, 而后禮義立. 故冠而后服備, ②服備而后容體正, 顔色齊, 辭令順, 故曰冠者禮之始也. 是故古者聖王重冠.

번역 무릇 사람이 사람답게 되는 이유는 예의(禮義)에 있다. 예의의 시작은 행동거지를 바르게 하고, 안색을 가지런히 하며, 말들을 순하게 하는데 달려 있다. 행동거지가 바르게 되고, 안색이 가지런히 되며, 말들이 순하게 된 이후에야 예의가 갖춰지니, 이를 통해서 군신관계를 올바르게 하고, 부자관계를 친근하게 하며, 장유관계를 조화롭게 한다. 군신관계가 올바르게 되고, 부자관계가 친근하게 되며, 장유관계가 조화롭게 된 이후에야 예의가 성립된다. 그렇기 때문에 관(冠)이 있고 난 뒤에야 복식이 갖춰지고, 복식이 갖춰진 이후에야 행동거지가 바르게 되며, 안색이 가지런하게 되고, 말들이 순하게 된다. 그래서 "관례(冠禮)라는 것은 예(禮)의 시작이다."라고 말한 것이다. 그리고 이러한 까닭으로 고대에 성왕(聖王)들은 관례를 중시했던 것이다.

① 正君臣.

補註 按: 士冠禮, 玄冠玄端, 奠贄於君. 正君臣, 指此等事.

번역 살펴보니, 『의례』「사관례(士冠禮)」편에서는 현관(玄冠)[1]과 현단복(玄端服)을 착용하고 군주 앞에 선물로 가져간 꿩을 내려놓는다고 했다. '정군신(正君臣)'은 이러한 등등의 사안을 가리킨다.

---

1) 현관(玄冠)은 흑색으로 된 관(冠)이다. 고대에는 조복(朝服)을 입을 때 착용을 하였다. 『의례』「사관례(士冠禮)」편에는 "主人玄冠朝服, 緇帶素韠."이라는 기록이 있다.

補註 ○徐志修曰: 此似只說禮義功效, 恐非說到冠禮. 此章之意, 蓋曰君臣正等三行在於禮義備, 禮義之備在於三始, 三始在於服備, 服備在於冠禮.

번역 ○서지수가 말하길, 이것은 아마도 예의의 공효를 설명한 것일 뿐이니 관례 자체를 설명한 것은 아닌 것 같다. 이 문장의 뜻은 아마도 군신관계가 바르게 되는 것 등의 세 가지 행실은 예의가 갖춰지는데 달려 있고, 예의를 갖추는 것은 세 가지를 시작점으로 삼는데 달려 있으며, 세 가지를 시작점으로 삼는 것은 복장을 갖추는데 달려 있고, 복장을 갖추는 것은 관례에 달려 있다는 뜻이다.

② **服備而后[止]辭令順.**

補註 鄭註: 言服未備者, 未可求以三始也.

번역 정현의 주에서 말하길, 복식이 아직 갖춰지지 않은 경우에는 세 가지 기반을 통해서 구할 수 없다는 뜻이다.

補註 ○按: 三始, 卽上文所謂"禮義之始, 在於正容體‧齊顏色‧順辭令"也.

번역 ○살펴보니, '삼시(三始)'라는 것은 앞 문장에서 말한 "예의의 시작은 행동거지를 바르게 하고, 안색을 가지런히 하며, 말들을 순하게 하는데 달려 있다."라고 했을 때의 세 가지를 뜻한다.

「관의」 3장

①故冠於阼, 以著代也. 醮於客位, 三加彌尊, ②加有成也. 已冠而字之, 成人之道也.

번역 그렇기 때문에 적자의 경우에는 동쪽 계단 쪽에서 관례(冠禮)를 치러서, 이를 통해서 대를 계승한다는 사실을 드러낸다. 빈객의 위치에서 초(醮)를 하고, 세 차례 관(冠)을 씌워주어, 점진적으로 존귀하게 되니, 이처럼 세 차례 관(冠)을 더해주는 것에는 성인(成人)이 되어, 더욱 공경스럽게 대한다는 뜻이 포함된 것이다. 관례를 치른 뒤에는 그에게 자(字)를 지어주니, 성인의 도리에 해당한다.

① ○故冠於阼[止]道也.

補註 按: 郊特牲, 冠於阼上, 有適子二字, 醮於客位下, 有加有成也一句, 三加彌尊下, 則有喩其志也一句, 冠而字之下, 無成人之道也一句, 而有敬其名也一句. 朱子以郊特牲文爲是. 通解 · 冠義中依此修補.

번역 살펴보니, 『예기』「교특생(郊特牲)」편에는 '관어조(冠於阼)'라는 말 앞에 '적자(適子)'라는 2글자가 기록되어 있고, '초어객위(醮於客位)'라는 말 뒤에 "성인이 된 자에게 해당 예법을 더해주기 때문이다[加有成也]."라는 한 구문이 기록되어 있으며, '삼가미존(三加彌尊)'이라는 말 뒤에 "그 뜻을 확충하여 존귀한 복장에 걸맞게 함을 깨우쳐주기 위함이다[喩其志也]."라는 구문이 기록되어 있고, '관이자지(冠而字之)'라는 말 뒤에 '성인지도야(成人之道也)'라는 구문이 없고, "그의 이름을 공경하기 때문이다[敬其名也]."라는 구문이 있다.[1] 주자는 「교특생」의 기록을 올바른 기록이라고 여겼다. 『통해』「관의중」편에서도 이 기록에 따라 글자를 수정하거나 보충했다.

---

1) 『예기』「교특생(郊特牲)」: 適子冠於阼, 以著代也. 醮於客位, 加有成也. 三加彌尊, 喩其志也. 冠而字之, 敬其名也.

② 加有成也.

補註 郊特牲註: 加禮於有成之人也.

번역 「교특생」편의 주에서 말하길, 성인이 되는 자에게 예법을 더해준다는 뜻이다.

참고-經文

①見於母, 母拜之; 見於兄弟, 兄弟拜之, 成人而與爲禮也. 玄冠玄端, 奠摯於君, 遂以摯見於鄕大夫·鄕先生, 以成人見也.

번역 관례를 치른 자가 모친을 찾아뵙게 되면 모친은 그에게 절을 하고, 형제를 찾아뵙게 되면 형제들은 그에게 절을 하니, 그가 이제 성인(成人)이 되었으므로 그와 함께 예를 시행하는 것이다. 현관(玄冠)과 현단복(玄端服)을 착용하고 군주 앞에 선물로 가져간 꿩을 내려놓으며, 끝으로 이러한 선물을 가지고 향대부(鄕大夫) 및 향선생(鄕先生)을 찾아뵙는 것은 성인의 자격으로 찾아뵙는 것이다.

① ○見於母.

補註 陸云: 見, 賢遍反, 下皆同.

번역 육덕명이 말하길, '見'자는 '賢(현)'자와 '遍(편)'자의 반절음이며, 아래 문장에 나오는 글자들도 모두 그 음이 이와 같다.

참고-集說

母之拜子, 先儒疑焉. ①疏以爲脯自廟中來, 故拜受, 非拜子也. 呂氏以爲母有從子之義, 故屈其②庸敬以伸②斯須之敬. 方氏從疏義, 皆非也. 此因成人而與爲禮一句, 似乎凡冠者皆然, 故啓讀者之疑. 惟石梁王氏云: "記者不知此禮爲適長子代父承祖者, 與祖爲正體, 故禮之異於衆子也." 斯言盡之矣. 玄冠, 齊冠也. 玄端服, 天子燕居之服, 諸侯及卿大夫士之齊服也. 摯用雉. 鄕先生, 鄕之年德俱高者, 或致仕之人也.

번역 모친이 자식에게 절을 하는 것에 대해서 선대 학자들은 의심했다. 공영달의 소에서는 포(脯)가 묘(廟) 안에서 이곳으로 왔기 때문에 절을 하며 받는 것이니, 자식에게 절을 하는 것이 아니라고 여겼다. 여씨는 모친에게는 남편이 죽었을 때 자식을 따르게 되는 도의가 포함되어 있기 때문에, 평상시 자신의 공경스러움을 낮춰서 잠시 자식에 대한 공경함을 펼친다고 여겼다. 방씨도 소의 주장에 따랐는데 이 모두는 잘못된 주장이다. 이러한 주장들은 "성인이 되어서 그와 더불어 예를 시행한다."라는 한 구문에서 연유한 것으로, 아마도 모든 관례를 치른 자들에 대해서는 모두 이처럼 했던 것으로 해석될 수 있다. 그렇기 때문에 이 구문을 풀이하는 자들로 하여금 의문이 들도록 했던 것이다. 다만 석량왕씨만은 "『예기』를 기록한 자는 여기에서 말하는 예법이 적장자가 부친을 대신하여 조부의 뒤를 계승하는 경우 조부와 한 몸이 되므로, 예법에 따라서 나머지 아들들과는 달리한다는 점을 알지 못했기 때문이다."라고 했는데, 이 말이 그 뜻을 모두 나타낸 것이다. '현관(玄冠)'은 재계를 할 때 쓰는 관이다. 현단복(玄端服)은 천자가 편안하게 거처할 때 착용하는 복장이며, 제후 및 경·대부·사에게 있어서는 재계를 할 때 착용하는 복장이다. 선물에는 꿩을 사용한다. '향선생(鄕先生)'은 그 마을에서 나이와 덕이 모두 높은 자를 뜻하며, 혹은 관직에서 퇴임한 자를 가리키기도 한다.

① 疏以爲脯[止]非拜子也.

補註 疏曰: 今唐禮, 母見子, 但起立不拜也. 案儀禮, 廟中冠子, 以酒脯奠廟訖, 子持所奠酒脯以見於母, 母拜其酒脯, 重從尊處來, 故拜之, 非拜子也.

번역 소에서 말하길, 현재 당나라 예법에 따르면, 모친은 자식을 보고 단지 일어나서 서 있기만 하며 절을 하지 않는다. 『의례』를 살펴보면, 묘(廟) 안에서 자식에게 관례를 치러주며, 술과 포(脯)를 묘에 바치는데, 그것이 끝나면 자식은 진설했던 술과 포를 가지고 모친을 찾아뵙게 되며, 모친은 그가 가져온 술과 포에 대해서 절을 하니, 존귀한 자가 거처하던 곳으로부터 온 것에 대해 중시하기 때문에 절을 하는 것이지, 자식에게 절을 하는 것은 아니다.

補註 ○通解曰: 今按疏說, 非本文正意, 恐不然也.

번역 ○『통해』에서 말하길, 현재 소의 주장을 살펴보면, 본문의 바른 뜻이 아니니, 아마도 그렇지 않을 것이다.

補註 ○按: 朱子之意, 雖不明言, 想亦如石梁說.
번역 ○살펴보니, 주자의 뜻이 비록 명확하게 표현되지 않았지만, 아마도 석량왕씨의 주장과 같았을 것이다.

② **庸敬斯須之敬.**

補註 見孟子 · 告子.
번역 『맹자』「고자(告子)」편에 나온다.[1]

---

1) 『맹자』「고자상(告子上)」: 子曰, "惡在其敬叔父也?" 彼將曰, "在位故也." 子亦曰, "在位故也. 庸敬在兄, 斯須之敬在鄕人."

참고-經文

①<u>成人之者</u>, 將責成人禮焉也. 責成人禮焉者, 將責爲人子 ·
爲人弟 · 爲人臣 · 爲人少者之禮行焉. 將責四者之行於人, 其
禮可不重與! 故孝弟忠順之行立, 而后可以爲人; 可以爲人, 而
后可以治人也. ②<u>故聖王重禮</u>. 故曰: 冠者禮之始也, ③<u>嘉事之
重者也</u>. 是故古者重冠, 重冠故行之於廟; 行之於廟者, ④<u>所以
尊重事</u>; 尊重事, 而不敢擅重事; 不敢擅重事, 所以自卑而尊先
祖也.

번역 성인(成人)이 된 자에게는 장차 성인으로서 시행해야 할 예(禮)를 요구하게
된다. 장차 성인으로서 시행해야 할 예를 요구하는 것은 장차 자식된 자로서 따라
야 하는 예, 동생이 된 자로서 따라야 하는 예, 신하된 자로서 따라야 하는 예, 젊은
이가 된 자로서 따라야 하는 예를 시행하도록 요구하는 것이다. 그 사람에 대해서
이러한 네 가지 예의 시행을 요구하게 된다면, 관례(冠禮)에 대해서 중시하지 않을
수 있겠는가! 그렇기 때문에 효(孝) · 제(弟) · 충(忠) · 순(順)의 행실이 확립된 이
후에야 사람답게 될 수 있는 것이고, 사람답게 될 수 있은 이후에야 다른 사람을
다스릴 수 있는 것이다. 그러므로 성왕(聖王)은 예를 중시했던 것이다. 또 이러한
이유 때문에 "관례라는 것은 예의 시작이자 경사스러운 일 중에서도 중대사에 해당
한다."라고 말한 것이다. 그리고 이러한 까닭으로 고대에는 관례를 중시했으니, 관
례 자체를 중시했기 때문에 묘(廟)에서 시행했던 것이고, 묘에서 관례를 시행했던
것은 중대한 사안에 대해서 존귀하게 여기는 방법이 되며, 중대한 일을 존귀하게
여기면서도 감히 제멋대로 처리하지 않았고, 감히 중대사에 대해 제멋대로 처리하
지 않았던 것은 스스로를 낮추며 선조를 높이는 방법이다.

① **成人之者**.

補註 通解曰: 之字, 疑衍.
번역 『통해』에서 말하길, '지(之)'자는 아마도 연문인 것 같다.

② 故聖王重禮.

補註 按: 此吐諺讀, 恐誤.

번역 살펴보니, 이곳에 대한『언독』의 토는 아마도 잘못된 것 같다.

③ 嘉事之重.

補註 鄭註: 嘉事, 嘉禮也. 冠屬嘉禮.

번역 정현의 주에서 말하길, '가사(嘉事)'는 가례(嘉禮)를 뜻하며, 관례는 가례에 해당한다.

④ 所以尊重事[止]擅重事.

補註 按: 此皆承上接下之文法, 諺讀吐多誤.

번역 살펴보니, 이것들은 모두 앞 문장을 이어 뒷문장과 연결시키는 문법에 해당하니,『언독』의 토는 대부분 잘못되었다.

참고―集說

呂氏曰: 所謂成人者, 非謂四體膚革異於童稚也, 必知人倫之備焉. 親親·貴貴·長長, 不失其序之謂備, 此所以爲人子·爲人弟·爲人臣·①爲人少者之禮行, 孝弟忠順之行立也. 有諸己, 然後可以責諸人, 故成人然後可以治人也. 古者重事必行之廟中, 昏禮納采至親迎, 皆主人筵几於廟. 聘禮, 君親拜迎於大門之外而廟受. 爵有德, 祿有功, 君親策命于廟. 喪禮, 旣啓則朝廟, 皆所以示有所尊而不敢專也. 冠禮者, 人道之始, 所不可後也. 孝子之事親也, 有大事, 必告而後行, 沒則行諸廟, 猶是義也. 故大孝終身慕父母者, 非終父母之身, 終其身之謂也.

번역 여씨가 말하길, 이른바 '성인(成人)'이라는 것은 사지나 피부가 어린아이와 다르다는 것을 뜻함이 아니니, 인륜(人倫)을 갖춰야 함을 분명히 아는 것이다. 친근한 자를 친근하게 대하고, 존귀한 자를 존귀하게 대하며, 연장자를 연장자로 우대하여, 그 질서를 잃지 않는 것을 "갖췄다[備]."라고 말하는 것이며, 이것은 자식된 자로서의 입장, 동생이 된 자로서의 입장, 신하가 된 자로서의 입장, 젊은이가 된 자로서의 입장에 따른 예를 시행하여, 효(孝)·제(弟)·충(忠)·순(順)의 행실을 확립하는 방법이 된다. 자신에게 갖춰진 이후에야 남에 대해서도 책망할 수 있는 것이다. 그렇기 때문에 성인이 된 이후에야 다른 사람들을 다스릴 수 있다. 고대에는 중대한 사안에 대해서 반드시 묘(廟) 안에서 시행했으니, 혼례(昏禮)에 있어서 납채(納采)[1]로부터 친영(親迎)에 이르기까지, 모든 절차에 있어서 주인은 묘에 대자리와 안석을 설치하게 된다. 또한 빙례(聘禮)에 있어서도 군주는 직접 대문 밖에서 빈객을 맞이하며 절을 하고 묘에서 빙문을 받는다. 작위를 가진 자는 그에 걸맞은 덕이 있는 것이며, 녹봉을 받는 자는 그에 걸맞은 공적이 있는 것이니, 군주는 직접 묘에서 그에게 관직과 작위를 수여하게 된다. 상례(喪禮)에 있어서도 가매장했던 빈소를 열었다면, 조묘(朝廟)를 했으니, 이 모두는 존귀하게 여겨야 할 대상이 있어서 감히 제 마음대로 할 수 없다는 뜻을 드러내는 방법이다. '관례(冠禮)'라는 것은 인도(人道)의 시작이 되니 뒤로 미룰 수 없다. 자식이 부모를 섬기는 일에 있어서, 중대한 일이 있다면 반드시 아뢴 이후에야 시행하고, 부모가 돌아가셨을 때에는 묘에서 아뢰는 절차를 시행하니, 여전히 이러한 도의가 포함된 것이다. 그렇기 때문에 큰 효도라는 것은 종신토록 부모를 그리워하는 것이니,[2] 이 말은 부모가 돌아가셨을 때를 뜻하는 말이 아니라 본인이 죽을 때까지를 뜻한다.

① **爲人少者之禮行.**

補註 按: 禮行, 窃詳文勢, 與經文禮行不同, 謂四者之禮得行也. 行字, 與孝弟忠順之行立之立字, 相對.

---

1) 납채(納采)는 혼인과 관련된 육례(六禮) 중 하나이다. 청원을 하며 여자 집안에 예물을 보내는 일을 뜻한다.
2) 『맹자』「만장상(萬章上)」: 人少, 則慕父母, 知好色, 則慕少艾, 有妻子, 則慕妻子, 仕則慕君, 不得於君則熱中. <u>大孝終身慕父母</u>. 五十而慕者, 予於大舜見之矣.

번역 살펴보니, '예행(禮行)'에 대해 문맥의 흐름을 자세히 살펴보니, 경문에 나온 '예행(禮行)'이라는 말과 다른 것으로, 네 가지의 예가 시행된다는 의미이다. '행(行)'자는 '효제충순지행립(孝弟忠順之行立)'이라고 할 때의 입(立)자와 서로 대비가 된다.

「혼의(昏義)」 제44편

補註 疏曰: 鄭云, "記取妻之義, 內敎之所由成也."

번역 소에서 말하길, 정현은 "처를 맞이하는 의미를 기록하였고, 집안의 가르침은 이를 통해 완성된다."라고 했다.

補註 ○通解目錄曰: 蓋漢儒所造.

번역 ○『통해』「목록」에서 말하길, 아마도 한나라 유학자들이 지어낸 글인 것 같다.

呂氏曰: ①物不可以苟合而已, 故受之以賁, 天下之情, 不合則不成, 而其所以合也敬則克終, 苟則易離, 必受之以致飾者, 所以敬而不苟也. 昏禮者, 其受賁之義乎?

번역 여씨가 말하길, 사물은 구차하게 합치될 수 없을 따름이다. 그렇기 때문에 비괘(賁卦☲☶)로써 받는 것이고, 천하의 모든 실정상 합치되지 않는다면 완성을 이루지 못하니, 합치하는 것이 공경스러우면 끝맺음을 잘 할 수 있고, 구차하다면 쉽게 떨어지니, 반드시 지극한 문식으로써 받는 것이 바로 공경스러우면서도 구차하지 않는 방법이다. 이것이 '혼례(昏禮)'라는 것을 비괘로 받은 뜻이 아니겠는가?

① 物不可[止]以賁.

補註 易·序卦: 可觀而後有所合, 故受之以噬嗑, 嗑者合也. 物不可以苟合而已, 故受之以賁, 賁者飾也.

번역 『역』「서괘전(序卦傳)」에서 말하길, 볼만한 뒤에야 합함이 있기 때문에 서합괘(噬嗑卦☲)로 받았는데, 합(嗑)은 합함이다. 사물은 구차하게 합할 수 없기 때문에 비괘로 받았으니, 비(賁)는 꾸밈이다.[1]

---

1) 『역』「서괘전(序卦傳)」: 可觀而後有所合, 故受之以噬嗑, 嗑者合也. 物不可以苟合而已, 故受之以賁, 賁者飾也.

「혼의」 1장

참고-經文

昏禮者, 將合二姓之好, 上以事宗廟, 而下以繼後世也, 故君子
重之. 是以昏禮納采, ①問名, 納吉, 納徵, 請期, 皆②主人筵几
於廟, 而拜迎於門外, 入, 揖讓而升, ③聽命於廟, 所以敬愼重
正昏禮也.

번역 혼례(昏禮)라는 것은 장차 성(姓)이 다른 두 집안의 우호를 결합하는 것으로,
위로는 이를 통해 종묘에 안치된 조상을 섬기고, 아래로는 이를 통해 후손을 잇는
다. 그렇기 때문에 군자가 그 예를 중시했던 것이다. 그리고 이러한 까닭으로 혼례
에서는 납채(納采)·문명(問名)1)·납길(納吉)2)·납징(納徵)·청기(請期)3)를 하
게 되니, 이 모든 절차에 있어서 주인은 종묘에 대자리와 안석을 설치하고, 문밖에
서 절을 하며 맞이하고, 안으로 들어와서는 읍과 사양을 하여 당에 오르고, 종묘에
서 명(命)을 받들게 되니, 혼례에 대해서 공경하고 신중히 하며 중시하고 바르게
하는 것이다.

---

1) 문명(問名)은 혼례와 관련된 육례(六禮) 중 하나이다. 여자의 이름 및 출생일 등에
   대해서 묻는 절차를 뜻한다.
2) 납길(納吉)은 혼인과 관련된 육례(六禮) 중 하나이다. 납징(納徵)을 하기 이전에
   남자 집안에서는 이번 혼인이 어떠한가를 종묘(宗廟)에서 점을 치게 되고, 길(吉)한
   징조를 얻게 되면, 혼인을 최종적으로 결정하여, 여자 집안에 알리게 된다. 혼인은
   이 시기부터 확정이 된다. 『의례』 「사혼례(士昏禮)」편에는 "納吉用鴈, 如納采禮."
   라는 기록이 있는데, 이에 대한 정현의 주에서는 "歸卜於廟, 得吉兆, 復使使者往
   告, 婚姻之事於是定."이라고 풀이했다.
3) 청기(請期)는 혼례 절차 중 하나이다. 남자 집안에서 여자 집안에 예물을 보낸 뒤에,
   혼인하기에 좋은 길일(吉日)을 점치게 된다. 길(吉)한 날을 잡게 되면, 여자 집안에
   통보를 하며 가부(可否)를 묻게 되는데, 이 절차가 바로 '청기'이다.

① 問名.

補註 疏曰: 問名者, 問其女所生母之姓名, 故昏禮云"爲誰氏", 言女之母何姓氏也.

번역 소에서 말하길, '문명(問名)'은 여자를 낳은 모친의 성(姓)과 이름을 묻는다는 뜻이다. 그렇기 때문에 『의례』「사혼례(士昏禮)」편에서는 "어느 씨(氏)인가?"4)라고 말한 것이니, 여자의 모친이 어느 성씨(姓氏)인가를 묻는다는 뜻이다.

補註 ○通解曰: 今按, 此說與儀禮疏不同, 未詳孰是.

번역 ○『통해』에서 말하길, 현재 살펴보니 이 주장과 『의례』의 소 주장은 다른데, 어느 것이 옳은지는 모르겠다.

補註 ○儀禮·士昏記: "敢請女爲誰氏." 疏曰: "納采, 則知女之姓矣. 今問爲誰氏者, 不敢必其主人之女, 或是所收養外人之女也. 蓋名有二種, 一是名字之名, 三月之名, 是也. 一是名號之名, 若以姓氏爲名之類也. 故本云問名而云誰氏者, 婦人不以名行, 不問三月之名也."

번역 ○『의례』「사혼례」편의 기문에서 말하길, "감히 청컨대 여식은 무슨 씨입니까?"라고 했고, 소에서는 "납채를 했다면 여자의 성은 이미 알고 있는 상태이다. 그런데 이곳에서는 재차 주인의 여식에 대해서 무슨 씨냐고 물어본 것은 주인의 여식이라고 감히 기필할 수가 없어서이니, 간혹 다른 사람의 여식을 거둬들여 양육했을 수도 있기 때문이다. 명(名)에는 두 종류가 있다. 첫 번째는 이름과 자(字)를 가리킬 때의 명(名)으로 태어난 후 3개월 뒤에 부친이 지어주는 이름이 여기에 해당한다. 다른 하나는 명칭을 뜻하는 명(名)이니, 성씨(姓氏)를 명으로 삼은 부류와 같다. 그러므로 본래는 '문명(問名)'이라고 하는데, '무슨 씨인가?'라고 말한 것은 여자는 이름을 밝혀 어떤 일을 시행하지 않기 때문이니, 본래부터 여식이 태어난 후 3개월 뒤에 부

---

4) 『의례』「사혼례(士昏禮)」: 問名曰, "某旣受命, 將加諸卜, 敢請女爲誰氏?" 對曰, "吾子有命, 且以備數而擇之. 某不敢辭."

여받게 되는 이름을 묻는 것이 아니다."라고 했다.

② 主人筵几於廟.

補註 疏曰: 主人, 謂女父母.

번역 소에서 말하길, '주인(主人)'은 여자 쪽 부모를 뜻한다.

③ 聽命於廟.

補註 鄭註: 主人聽使者所傳婿家之命.

번역 정현의 주에서 말하길, 심부름하는 자가 사위될 집안의 명령 전달한 것을 주인이 듣는다는 뜻이다.

方氏曰: 納采者, ①納鴈以爲采擇之禮也. 問名者, 問女生之母名氏也. 納吉者, 得吉卜而納之也. 納徵者, 納幣以爲昏姻之證也. 請期者, 請昏姻之期日也. 夫采擇自我, 而名氏在彼, 故首之以納采, 而次之以問名, 此資人謀以達之也. 謀旣達矣, 則宜貴鬼謀以決之, 故又次之以納吉焉. 人謀鬼謀皆恊從矣, 然後納幣以徵之, 請日以期之, 故其序如此.

번역 방씨가 말하길, '납채(納采)'라는 것은 기러기를 예물로 보내어서 아내 될 여자를 선택하는 예로 삼는 것이다. '문명(問名)'이라는 것은 아내 될 여자를 낳은 모친의 이름과 씨(氏)를 묻는 것이다. '납길(納吉)'은 길한 점괘를 얻어서 알리는 것이다. '납징(納徵)'은 폐백을 보내서 혼인의 증표로 삼는 것이다. '청기(請期)'는 혼인할 시일을 청해서 묻는 것이다. 무릇 채택하는 것은 나로부터 비롯되지만, 이름과 씨(氏)가 어떻다는 것은 상대방에게 달려 있다. 그렇기 때문에 먼저 납채를 하고 그 다음에야 문명을 하니, 이것은 사람이 수립한 계획에 바탕을 두고 전달하는 것이다. 계획이 전달되었다면, 마땅히 귀신이 세운 계획을 존귀하게 받들어서 결정해야 한다. 그렇기 때문에 또한 그 다음으로 납길을 하는 것이다. 사람의 계획과 귀신의 계획이 모두 맞아서 따르게 된 이후에는 납폐를 하여 징험을 해야 하고, 날짜를 청해 물어서 시일을 정한다. 그렇기 때문에 그 순서가 이와 같은 것이다.

① 納鴈以爲采擇之禮.

補註 按: 方氏只於納采言納鴈, 而儀禮問名·納吉·請期·親迎, 亦皆用鴈. 小註呂氏所謂五禮皆用之者, 是也. 唯納徵不用鴈者, 疏曰: "以其自有幣帛可執故也.

번역 살펴보니, 방씨는 단지 납채에 대해서만 기러기를 예물로 보낸다고 했는데, 『의례』에 따르면 문명·납길·청기·친영을 할 때에도 모두 기러기를 예물로 사용한다. 소주에서 여씨가 "혼례의 다섯 가지 의례 절차에서는 모두 이것을 예물을 사용한다."라고 한 말이 이러한 사실을 나타낸다. 오직 납징에서만 기러기를 예물로 사용하지 않는데, 그 이유에 대해 소에서는 "자체적으로 비단을 폐백으로 들고 가기 때문이다."라고 했다.

補註 ○又按: 儀禮納采·問名, 同使兼行二事.

번역 ○또 살펴보니, 『의례』에 따르면 납채와 문명은 동시에 시켜 이 두 사안을 함께 시행하도록 한다.

참고-大全

藍田呂氏曰: 有夫婦然後有父子, 故天地不合, 萬物不生, 大昏, 萬世之嗣也. 此昏禮, 所以不可不敬也, 故曰: "將合二姓之好, 上以事宗廟, 下以繼後世也." 昏禮之節, 納采·問名·納吉·納徵·請期·親迎, 其別有以必至於六者, 敬則不苟, 別則致詳也. 納采者, ①昏禮下達, 男先下女, 媒妁之言旣達, 則女先許之矣, 男不敢必也, 故納采擇之禮以求之, 故曰納采. 其禮用雁, 五禮皆用之. 雁, 大夫之摯也, 士昏禮而用大夫之摯, 攝盛也, 猶乘墨車而迎也. 其辭曰: "吾子有惠, 貺室某也, 某有先人之禮, 使某也請納采." 言有惠貺室, 則知女氏之前許也. 旣納采, 遂問名者, 不敢必主人之女, 問名, 將卜之也, 故其辭曰: "某旣受命, 將加諸卜, 敢請女爲誰氏?" 對曰: "吾子有命, 且以備數而擇之, 某不敢辭." 則告之矣. 納吉者, 旣問名, 而男氏以吉卜告女氏也. 其辭曰: "吾子有貺命, 某加諸占曰吉, 使某也敢告." 納徵者, 納幣以聘之也. 古之聘士聘女, 皆以幣交, 恭敬不可以虛拘也. 正潔之女, 非禮則不行, 猶正潔之士, 非其招則不往也, 故以聘士之禮聘之, 是以有儷皮束帛, 以摯見之禮見之, 是以用雁敬之如此, 其至則夫婦之不正未之有也. 徵, 成也, 證也, 所以成其信而不渝也. 聘禮, 皆以束帛, 故無過五兩, 諸侯天子至於用玉, 則又所以重其禮也. 請期者, 男氏請昏期於女氏也. 昏期主於男氏, 而必請於女氏, 女氏固辭, 然後告期者, 賓主之義, 不敢先也. 此五者, 行乎親迎之前, 又皆男女受命於廟, 女氏聽命於廟, 筵凡以敬神, 拜迎揖讓以敬賓, 至繁縟也, 至重愼也, 皆所以敬而不苟也.

번역 남전여씨가 말하길, 무릇 부부관계가 성립된 이후에야 부자관계가 성립된다. 그렇기 때문에 천지가 합치되지 않으면 만물이 생겨나지 않는다. 따라서 천지를 상징하는 남녀는 성대한 혼례를 치름으로써 만세를 잇는다.[5] 그러므로 혼례라는 것은 공경스럽게 치르지 않을 수 없는 것이다. 그래서 "장차 성(姓)이 다른 두 집안의 우호를 합하여, 위로는 종묘를 섬기고 아래로는 후세를 잇는다."라고 말한 것이다. 혼례의 절차에는 납채(納采)·문명(問名)·납길(納吉)·납징(納徵)·청기(請期)·친영(親迎)이 있으니, 그 구별에 따르면 반드시 이러한 여섯 단계를 거치게 되므로, 공경스럽게 치른다면 구차하지 않게 되고, 분별한다면 지극히 세밀해진다. '납채

---

5) 『예기』「애공문(哀公問)」: 孔子曰, "天地不合, 萬物不生. 大昏, 萬世之嗣也, 君何謂已重焉?"

(納采)'라는 것은 혼례의 절차가 밑으로 내려가는 것으로, 남자가 먼저 여자보다 낮추니, 중매를 하는 자의 말이 전달된다면 여자 쪽에서는 먼저 허락하니 남자는 감히 기필할 수가 없다. 그렇기 때문에 폐물을 보내서 채택하는 예에 따라 요구하는 것이다. 그렇기 때문에 '납채(納采)'라고 부른다. 그 예물에 있어서는 기러기를 사용하는데, 혼례의 다섯 가지 의례 절차에서는 모두 이 예물을 사용한다. 기러기는 본래 대부가 예물로 사용하는 것인데, 사 계급의 혼례에서 대부가 사용하는 예물을 사용하는 것은 그 예법을 융성하게 끌어올리는 것이니, 마치 묵거(墨車)를 타고 맞이하는 경우와 같다. 그리고 전달하는 말에 있어서는 "그대께서 은혜를 베푸셔서 아무개에게 따님을 처로 주셨습니다. 아무개는 조상께서 시행하던 예법이 있어, 아무개를 시켜서 납채(納采)의 의례를 시행하고자 청합니다."6)라고 말하게 된다. 은혜를 받아서 처를 들이게 되었다고 했다면, 여자 쪽 집안에서 앞서 허락했다는 사실을 알 수 있다. 납채를 끝낸 뒤 이어서 문명(問名)을 하는 것은 감히 주인의 여식이라 기필할 수 없기 때문이다. 이름을 묻는 것은 장차 점을 치기 위해서이다. 그렇기 때문에 전달하는 말에서는 "아무개는 이미 허락의 명령을 받았는데, 장차 점을 치고자 하니, 감히 청컨대 여식은 무슨 씨입니까?"라고 말하고, 대답하는 말에서는 "그대께서 명령을 내려 채택을 하시니 또한 그 수효를 채워 택하시는 것이라 아무개는 감히 사양하지 못하겠습니다."라고 말하게 되니,7) 이러한 사실을 아뢰는 것이다. '납길(納吉)'이라는 것은 문명을 끝내고 남자 집안에서 길한 점괘가 나왔음을 여자 집안에 알리는 것이다. 전달하는 말에서는 "그대께서 따님의 이름을 알려주셔서 아무개가 점을 쳤는데 점괘에서 길하다고 했습니다. 그래서 아무개를 시켜서 감히 아룁니다."8)라고 말하게 된다. '납징(納徵)'은 폐백을 전달하며 빙문을 하는 것이다. 고대에 사 및 여자에게 빙문을 할 때에는 모든 경우에 있어서 폐백을 가지고 교류하였으니, 공경스럽게 행동하여 감히 허망한 예법으로 시행할 수 없기 때문이다. 올바르고 정결한 여인은 예가 아니라면 행동하지 않으니, 마치 올바르고 정결한 사가 초빙을 하지 않았다면 찾아가지 않는 것과 같다. 그렇기 때문에 사를 빙문하는 예법에 따라서 찾아가는 것이니, 이러한 까닭으로 한 쌍의 사슴 가죽과 속백(束

---

6) 『의례』「사혼례(士昏禮)」: 昏辭曰, "吾子有惠, 貺室某也, 某有先人之禮, 使某也, 請納采." 對曰, "某之子惷愚, 又弗能敎. 吾子命之, 某不敢辭." 致命曰, "敢納采."

7) 『의례』「사혼례(士昏禮)」: 問名曰, "某旣受命, 將加諸卜, 敢請女爲誰氏?" 對曰, "吾子有命, 且以備數而擇之. 某不敢辭."

8) 『의례』「사혼례(士昏禮)」: 納吉曰, "吾子有貺命, 某加諸卜, 占曰吉, 使某也敢告." 對曰, "某子之不敎, 唯恐弗堪. 子有吉, 我與在, 某不敢辭."

帛)을 포함시켜서 선물을 가지고 찾아뵙는 예법에 따라 찾아뵙는 것이며, 이러한 까닭으로 기러기를 사용하여 상대방을 공경함이 이와 같은 것이니, 지극히 시행한 다면 부부가 올바르지 않게 되는 일은 발생하지 않는다. '징(徵)'자는 "이루다 [成]."는 뜻이며, "증험한다[證]."는 뜻이니, 그 신의를 이루어 바꾸지 않는 것이다. 빙례(聘禮)9)에서는 모든 경우에 있어서 속백을 폐물로 사용하였기 때문에 5양(兩) 을 넘는 일이 없었는데, 제후와 천자가 옥(玉)을 사용하는 경우에 있어서는 또한 그 예법을 더욱 중시하는 방법이 된다. '청기(請期)'라는 것은 남자 집안에서 혼례 를 치르는 기일을 여자 집안에 청해서 묻는 것이다. 혼례를 치르는 기일은 남자 집 안에서 주관하게 되지만 반드시 여자 집안에 청해서 묻게 되니, 여자 집안에서 자 신들이 정하기를 끝까지 사양하게 된 이후에야 기일을 정해서 알리는 것은 빈객과 주인의 도리에 따른 것으로 감히 상대방보다 먼저 정할 수 없기 때문이다. 이러한 다섯 가지 절차들은 친영(親迎)을 하기 이전에 시행하고, 또한 모든 절차에 대해서 남자와 여자 집안에서는 묘(廟)에서 명(命)을 받들게 되며, 여자 집안에서는 묘에 서 명을 듣고, 대자리와 안석을 설치하여 신을 공경스럽게 대하며, 절을 하여 맞이 하고 읍과 사양을 하여 빈객을 공경스럽게 대하니, 지극히 복잡하며 지극히 중시하 고 신중히 한 것이니, 모든 경우에 대해서 공경스럽게 대하며 구차하게 하지 않았 던 것이다.

① 昏禮下達.

補註 士昏禮: "下達納采用鴈." 註: "達, 通達也. 先使媒氏下通其言." 疏 曰: "下達者, 男爲上, 女爲下, 取陽唱陰和之義, 謂以言辭下通於女氏也."

번역 「사혼례」편에서 말하길, "상대방 신부 집안에 혼사를 맺고 싶다는 소식 을 전하고, 납채를 하며 예물로는 기러기를 사용한다."10)라고 했고, 주에서 는 "'달(達)'자는 통한다는 뜻이다."라고 했으며, 소에서는 "'하달(下達)'이라 고 한 이유는 남자는 위가 되고 여자는 아래가 되니, 양이 선창하면 음이 화 답하는 의미를 취한 것이다. 즉 말을 밑으로 전달해 신부 집안에 전했다는

---

9) 빙례(聘禮)는 제후들이 서로 찾아가서 만나보는 예법을 뜻한다. 또한 제후 이외에 도 각 계층에서 상대방에게 찾아가서 안부를 여쭙는 예법을 빙문(聘問)이라고 부 르는데, '빙례'는 이러한 '빙문' 등의 예법을 총칭하는 용어이다.
10) 『의례』「사혼례(士昏禮)」: 昏禮. 下達. 納采用鴈.

뜻이다."라고 했다.

補註 ○通解曰: 註疏迂滯不通, 下達二字, 本爲用鴈一事而發言. 自士以下, 至於庶人, 皆得用鴈, 亦攝盛之意也.

번역 ○『통해』에서 말하길, 주와 소의 주장은 우활하고 막혀서 뜻이 통하지 않는데, '하달(下達)'이라는 2글자는 본래 기러기를 사용하는 한 사안으로 인해 말한 것이다. 사로부터 그 이하로 서인에 이르기까지 모두 기러기를 사용할 수 있으니, 이 또한 섭성(攝盛)[11]의 의미이다.

---

11) 섭성(攝盛)은 고대에 혼례를 시행할 때, 사용되는 수레와 의복에 있어서 일반적인 규정보다 한 등급을 높여서 치르는 것을 뜻한다.

「혼의」 2장

父親醮子而命之迎, 男先於女也. 子承命以迎, 主人筵几於廟, 而拜迎於門外. 壻執雁入, 揖讓升堂, 再拜奠雁, ①蓋親受之於父母也. 降, 出②御婦車, 而壻授綏, 御輪三周, 先俟于門外. 婦至, 壻揖婦以入. 共牢而食, 合巹而酳, 所以合體同尊卑以親之也.

번역 부친은 직접 자식에게 술을 따라주며, 그에게 명령하여 부인을 맞이하도록 하니, 남자는 부인보다 먼저 하는 것이다. 자식은 부친의 명을 받들어서 부인을 맞이하며, 주인은 묘(廟)에 자리와 안석을 설치하고, 문밖에서 절을 하며 맞이한다. 사위가 될 자는 기러기를 들고 들어가고, 읍과 사양을 하여 당상에 오르며, 올라가서는 재배를 하고 가져갔던 기러기를 내려놓으니, 신부의 부모에게서 아내를 직접 건네받기 때문이다. 당하로 내려가게 되면 밖으로 나와서 부인이 타게 될 수레를 몰게 되는데, 남편은 아내에게 수레에 오를 때 잡는 끈을 건네고, 수레를 직접 몰아서 수레바퀴가 3바퀴 굴러가도록 하고, 그런 뒤에는 먼저 문밖에서 아내를 기다린다. 아내가 도착하면 남편은 아내에게 읍을 하고 들어간다. 남편과 아내는 같은 희생물의 고기를 먹고, 한 쌍의 표주박으로 만든 바가지로 술을 따라 마셔서 입가심을 하니, 몸을 합하고 신분을 동일하게 하여 친근하게 대하는 방법이다.

① 蓋親受之於父母也.

補註 疏曰: 於時女房中南面, 母在房戶外之西, 南面, 壻旣拜訖, 旋降出. 女出房南面, 立於母左, 父西面誡之, 女乃西行, 母南面誡之, 是壻親受之於父母. 非是分明手有親受, 示有親受之義, 故云蓋以疑之.

번역 소에서 말하길, 이 시기에 아내는 방안에서 남쪽을 바라보며 있게 되고, 그녀의 모친은 방문 밖 서쪽에서 남쪽을 바라보며 있게 되며, 사위가 절하는 절차를 끝내면 몸을 돌리고 내려와 나간다. 아내는 방을 빠져나와 남쪽을 바라보게 되고, 모친의 좌측에 서 있게 되며, 부친은 서쪽을 바라보며 그녀에게 훈계를 하고, 그것이 끝나면 여자는 서쪽으로 이동하고, 모친은 남쪽을 바라보며 그녀에게 훈계를 하니, 이것이 바로 사위가 직접 그녀의 부모에게서 아내를 받는다는 뜻이다. 손으로 직접 건네받는다는 뜻이 아니며, 이러한 절차에는 직접 받는다는 뜻이 포함되어 있음을 보이는 것이다. 그렇기 때문에 '개(蓋)'자를 붙여서 단정하지 않았다.

補註 ○按: 親受之於父母, 卽坊記所謂舅姑承子以授婿者也.
번역 ○살펴보니, 직접 부모에게서 받는다는 것은 『예기』「방기(坊記)」편에서 "장인과 장모는 딸자식을 앞으로 나오게 하여 사위에게 전달한다."[1]라고 한 말에 해당한다.

② 御婦車[止]門外.

補註 鄭註: 婿御婦車, 輪三周, 御者代之, 婿自乘其車, 先道之歸也.
번역 정현의 주에서 말하길, 남편이 부인이 탈 수레를 몰아서 수레바퀴가 3바퀴 굴러가게 되면, 수레를 모는 자가 대신 몰게 되고, 남편은 직접 그 수레에 올라타고 앞장서서 부인을 인도하며 돌아간다.

①朱子曰: 取其順陰陽往來之義也.

번역 주자가 말하길, 음양에 따라 왕래한다는 뜻을 취한 것이다.

① 朱子曰[止]義也.

補註 語類: 問, "昏禮用鴈, 或謂取其不再偶, 或謂取其順陰陽往來之義?"

---

1) 『예기』「방기(坊記)」: 子云, "昏禮, 婿親迎, 見於舅姑, <u>舅姑承子以授婿</u>, 恐事之違也. 以此坊民, 婦猶有不至者."

曰, "士昏禮謂之攝盛, 蓋以士而服大夫之服, [爵弁] 乘大夫之車, [墨車] 則當執大夫之贄, 前說恐傅會."

번역 『어류』에서 말하길, "혼례에서 기러기를 예물로 사용하는데, 어떤 자는 그것이 한번 짝을 지으면 재차 짝을 짓지 않는다는 것에서 의미를 취했다고 말하고, 또 어떤 자는 음양에 따라 왕래하는 뜻에서 취했다고 하는데 어떤 뜻이 맞습니까?"라고 묻자 "사의 혼례에서는 이러한 것들을 섭성이라고 부르는데, 사의 신분이면서 대부의 복장을 착용하고 [작변복을 가리킨다.] 또 대부의 수레를 탄다면, [묵거를 가리킨다.] 마땅히 대부가 사용하는 예물을 들어야 하는 것이니, 앞의 설명들은 아마도 견강부회인 것 같다."라고 대답했다.

補註 ○按: 朱子此說, 又在儀禮·士昏禮註, 而今見此小註. 蓋朱子則每以攝盛爲訓, 順陰陽往來之說, 卽斥之以傅會者, 而陳註反以爲朱子說, 誤矣.

번역 ○살펴보니, 주자의 이러한 주장은 또한 『의례』「사혼례」편의 주에도 수록되어 있고, 현재 이곳의 소주에도 나온다. 주자는 매번 섭성으로 풀이를 했고, 음양에 따라 왕래한다는 설명은 곧 견강부회로 배척을 했는데, 진호의 주에서는 반대로 이것을 주자의 주장이라고 여기고 있으니, 잘못된 설명이다.

補註 ○又按: 順陰陽往來云者, 本出鄭註, 而疏曰, "謂木落南翔, 氷泮北徂."

번역 ○또 살펴보니, 음양에 따라 왕래한다는 것은 본래 정현의 주에서 비롯된 것이고, 소에서는 "나뭇잎이 떨어지면 남쪽으로 날아가고 얼음이 녹으면 북쪽으로 간다는 뜻이다."라고 했다.

「혼의」 3장

참고─經文

敬愼重正而后親之, 禮之大體而所以成男女之別, 而立夫婦之
義也. 男女有別, 而後①夫婦有義; 夫婦有義, 而後父子有親;
父子有親, 而後君臣有正, 故曰昏禮者, 禮之本也. 夫禮始於
冠, 本於昏, 重於喪祭, 尊於朝聘, ②和於鄕射, 此禮之大體也.

번역 공경하며 신중히 하고, 중시하고 올바르게 한 이후에야 친근하게 되니, 예의
대체(大體)이고, 남녀의 유별함을 이루고 부부 사이의 도의를 이루는 방법이다. 남
녀사이에 유별함이 있은 뒤에라야 부부사이에 도의가 생기고, 부부사이에 도의가
생긴 이후에야 부자관계에 친근함이 생기며, 부자관계에 친근함이 생긴 이후에야
군신관계에 올바름이 생긴다. 그렇기 때문에 "혼례(昏禮)라는 것은 예의 근본이
다."라고 말한 것이다. 무릇 예라는 것은 관례(冠禮)에서 시작하고, 혼례에 근본을
두며, 상례(喪禮)와 제례(祭禮)를 중시하고, 조빙(朝聘)을 존엄하게 여기며, 사례
(射禮)와 향음주례(鄕飮酒禮)를 화목하게 만드니, 이것이 바로 예의 대체(大體)
이다.

① 夫婦有義[止]有正.

補註 楊梧曰: 鄭註云, "子受氣性純則孝, 孝則忠也." 思之殊有理.

번역 양오가 말하길, 정현의 주에서는 "자식이 부여받은 기운과 성품이 순하
다면 효(孝)를 하게 되고, 효성스럽다면 충(忠)을 하게 된다."라고 했는데,
이 말을 생각해보면 자못 일리가 있는 것 같다.

② 和於鄕射.

補註 鄕射, 他本作射鄕.

번역 '향사(鄕射)'를 다른 판본에서는 사향(射鄕)으로 기록한다.

「혼의」 4장

참고—經文

夙興, 婦沐浴以俟見. 質明, 贊見婦於舅姑, 婦執笲①棗栗段脩
以見. ②贊醴婦, 婦祭脯醢, 祭醴, 成婦禮也. 舅姑入室, 婦以特
豚饋, 明婦順也.

번역 아침 일찍 일어나서 부인은 목욕을 하고 시부모를 뵐 때까지 기다린다. 날이
밝으면 의례의 진행을 돕는 자는 시부모에게 며느리를 보이고, 며느리는 대추·
밤·조미육포 등을 담은 변(笲)을 들고서 시부모를 찾아뵙는다. 의례의 진행을 돕
는 자가 며느리에게 단술을 따라주면, 며느리는 포(脯)와 젓갈로 제사를 지내고 단
술로 제사를 지내니, 이것은 정식 부인이 되는 예를 완성하는 절차이다. 그리고 시
부모가 방으로 들어가면, 부인은 한 마리의 돼지고기를 잡아서 음식으로 바치니,
이것은 며느리의 효성과 순종함을 드러낸다.

① ○棗栗段脩.

補註 按: 儀禮段作腶. 見舅用棗栗, 見姑用腶脩.

번역 살펴보니, 『의례』에서는 '단(段)'자를 단(腶)자로 기록했다. 시아비를
뵐 때에는 대추와 밤을 사용하고, 시어미를 뵐 때에는 조미육포를 사용한다.

② 贊醴婦.

補註 鄭註: 醴, 當作禮, 聲之誤也.

번역 정현의 주에서 말하길, '예(醴)'자는 마땅히 예(禮)자로 기록해야 하니,
소리가 비슷해서 생긴 오류이다.

補註 ○通解曰: 謂以醴禮之也.

번역 ○『통해』에서 말하길, 단술로 예우해준다는 뜻이다.

質明, 昏禮之次日正明之時也. 贊, 相禮之人也. 笄之爲器似
筥, 以竹或葦爲之, 衣以青繒, 以盛此棗栗段脩之贄. 脩, 脯也,
加薑桂治之曰段脩. 贊醴婦者, 婦席於戶牖間, 贊者酌醴置席
前, 婦於席西東面拜受, 贊者西階上北面拜送. 又拜薦脯醢, 婦
升席, 左執觶, 右祭脯醢訖, ①以柶祭醴三. 是祭脯醢祭醴者,
所以成其爲婦之禮也. 舅姑入于室, 婦盥饋特豚, ②合升而分
載之, 左胖載之舅俎, 右胖載之姑俎. 無魚腊, 無稷, 舅姑並席
于奧東面南上. ③饌亦如之, 此明其爲婦之孝順也.

번역 '질명(質明)'은 혼례를 치른 다음날 날이 밝을 때를 뜻한다. '찬(贊)'은 의례
의 진행을 돕는 사람이다. '변(笄)'이라는 기물은 '거(筥)'와 유사한데, 대나무 또
는 갈대를 엮어서 만들고 청색의 비단으로 감싸며, 대추·밤·조미육포 등의 폐백
을 담는다. '수(脩)'자는 포(脯)를 뜻하니, 생강과 계피를 첨가한 것을 '단수(段脩)'
라고 부른다. "의례의 진행을 돕는 자가 부인에게 례(醴)를 한다."는 말은 부인은
방문과 들창 사이에 자리를 잡고, 의례의 진행을 돕는 자가 단술을 따라서 자리 앞
에 놓아두면, 부인은 자리의 서쪽에서 동쪽을 바라보고 절을 하며 받고, 의례의 진
행을 돕는 자는 서쪽 계단 위에서 북쪽을 바라보며 절을 하며 전한다. 또 절을 하며
포와 젓갈을 바치면, 부인은 자리에 올라가서 좌측 손으로 치(觶)를 잡고, 우측 손
으로 포와 젓갈을 가지고 제사를 지내고, 그것이 끝나면 숟가락을 이용하여 단술에
대해서 제사지내길 세 차례 한다. 이것은 포와 젓갈로 제사지내고 단술에 대해 제
사지내는 것으로, 이를 통해 정식 부인이 되는 예법을 완성하는 것이다. 시부모가
방으로 들어가면 부인은 손을 씻고 한 마리의 돼지로 음식을 만들어 바치는데, 한
꺼번에 가지고 올라가서 나누어 담아두니, 희생물의 좌측 부위는 시아비가 받는 도
마에 올려두고, 우측 부위는 시어미가 받는 도마에 올려둔다. 말린 물고기는 포함되
지 않고 기장밥도 없는데, 시부모는 모두 아랫목에 자리를 잡고 동쪽을 바라보며
남쪽 끝에서부터 위치한다. 음식들에 대해서도 이처럼 하니, 이것은 며느리로서 따
르는 효순(孝順)을 드러내는 것이다.

① 以柶祭醴三.

補註 士冠禮鄭註: 柶, 狀如匕, 以角爲之.

번역 『의례』「사관례(士冠禮)」편에 대한 정현의 주에서 말하길, '사(柶)'는 그 모습이 숟가락과 같은데 뿔로 만든다.

② 合升.

補註 士昏禮鄭註: 合升, 合左右胖升於鼎也.

번역 『의례』「사혼례(士昏禮)」편에 대한 정현의 주에서 말하길, '합승(合升)'은 좌측 부위와 우측 부위를 합쳐서 솥에 올려두는 것이다.

③ 饌亦如之.

補註 疏曰: 其饌, 各以南爲上.

번역 소에서 말하길, 그 음식들은 각각 남쪽을 상등의 자리로 삼아 정렬한다.

참고-大全

藍田呂氏曰: 婦入從夫, 與夫同體者也. 夫之所事, 婦亦事之, 夫之所養, 婦亦養之, 故婦之於舅姑, 猶子之於父母也. 夙興, ①沐浴, 執一以見舅姑, 醴婦, 婦祭脯醢, 祭醴, 明敬事自此始矣, 故曰成婦禮也. 舅姑入于室, 婦以特豚饋, 贊成祭卒食, 一酳徹席, 婦餕, 明共養自此始矣, 故曰明婦順也.

번역 남전여씨가 말하길, 부인이 시집을 와서 남편을 따르는 것은 남편과 일심동체이기 때문이다. 남편이 섬기는 대상에 대해서는 부인 또한 섬기는 것이고, 남편이 봉양하는 대상에 대해서는 부인 또한 봉양을 한다. 그렇기 때문에 며느리가 시부모를 대하는 것은 자식이 부모를 대하는 것과 같다. 일찍 일어나서 목욕을 하고, 변

(笄)을 들고서 시부모를 뵈며, 며느리에게 단술을 따라주고, 며느리가 포와 젓갈로 제사지내고 단술에 대해 제사지내는 것은 공경스럽게 섬기는 것이 이 시점으로부터 시작됨을 나타낸다. 그렇기 때문에 "부인의 예를 완성한다."라고 말한 것이다. 시부모가 방으로 들어가면 며느리는 한 마리의 돼지고기를 바치며, 음식 진설하는 것을 도와 음식에 대한 제사를 지내고 식사를 마치면, 한 차례 입가심하는 술을 마시고 자리를 치우며, 며느리는 남은 밥을 먹으니, 이것은 함께 봉양하는 도리가 이 시점으로부터 시작됨을 나타낸다. 그렇기 때문에 "며느리의 순(順)함을 나타낸다."라고 말한 것이다.

① 沐浴執.

補註 按: 新本執下一字脫落, 成空, 必是笄字.

번역 살펴보니, 『신본』에는 '집(執)'자 뒤에 있는 일(一)자가 없어지고 공란으로 두었는데, 이 글자는 분명 변(笄)자에 해당할 것이다.

「혼의」5장

①厥明, 舅姑共饗婦, ②以一獻之禮奠酬. 舅姑先降自西階, 婦降自阼階, 以著代也.

번역 며느리가 시부모를 찾아뵌 그 다음날, 시부모는 함께 며느리에게 잔치를 베풀어주니, 일헌(一獻)의 예로써 전수(奠酬)¹⁾를 한다. 시부모는 먼저 서쪽 계단을 통해서 내려가고, 며느리는 동쪽 계단을 통해서 내려가니, 이를 통해서 세대가 교체됨을 나타낸다.

① 厥明.

補註 鄭註: 士昏禮不言厥明, 此言之者, 容大夫以上禮多, 或異日.

번역 정현의 주에서 말하길, 『의례』 「사혼례(士昏禮)」편에는 '궐명(厥明)'이라는 기록이 없는데, 이곳에서 이 단어를 언급한 것은 대부 이상의 계층은 예법절차가 많아서 간혹 다른 날에 시행하는 경우도 있기 때문이다.

② 以一獻之禮奠酬.

補註 按: 士昏本文, 一獻之禮下·奠酬上, 有"舅洗于南洗, 姑洗于北洗" 十字.

번역 살펴보니, 「사혼례」편의 본문에는 '일헌지례(一獻之禮)'라는 말 뒤와 '전수(奠酬)'라는 말 앞에 "시아비는 남쪽에 설치된 세(洗)에서 술잔을 씻고, 시어미는 북쪽에 설치된 세에서 술잔을 씻는다."라는 10글자가 기록되어 있다.²⁾

---

1) 전수(奠酬)는 술을 마실 때 시행되는 의례 절차이다. 주인(主人)이 공경스러운 태도로 술을 따라주면, 빈객(賓客)은 받은 술잔을 내려놓고 들지 않는데, 이것을 '전수'라고 부른다.

補註 ○士昏禮註: 奠酬者, 明正禮成, 不復擧. 凡酬酒皆奠于薦左, 不擧.

번역 ○「사혼례」편의 주에서 말하길, 전수를 하는 것은 정규 예식이 완성되어 다시 술잔을 들지 않는다는 뜻을 드러내기 위해서이다. 술을 권한 술잔은 모두 음식이 차려진 곳 좌측에 내려놓고 들지 않는다.

補註 ○按: 奠酬者, 姑奠婦所酬之爵, 而不擧也. 以士昏本文及鄭註觀之, 一獻之禮下諺讀吐. 誤.

번역 ○살펴보니, '전수(奠酬)'라는 것은 며느리가 따라준 술잔을 시어미가 내려놓고 들지 않는다는 뜻이다. 「사혼례」편의 본문과 정현의 주를 통해 살펴보면 '일헌지례(一獻之禮)' 뒤에 붙인 『언독』의 토는 잘못되었다.

참고-集說

厥明, 昏禮之又明日也. 昏禮註云: "舅姑共饗婦者, 舅獻爵, 姑薦脯醢." ①又云: "舅洗于南洗, 洗爵以獻婦也. 洗于北洗, 洗爵以酬婦也." ②賈疏云: "舅獻姑酬, 共成一獻, 仍無妨姑薦脯醢", 此說是也. 但③婦酢舅, 更爵自薦. ④又云: 奠酬酬酢, 皆不言處所, 以例推之, 舅姑之位當如婦見, 舅席于阼, 姑席于房外, 而婦行更爵自薦, 及奠獻之禮歟.

번역 '궐명(厥明)'은 혼례를 치른 뒤 시부모를 뵌 그 다음날을 뜻한다. 『의례』「사혼례(士昏禮)」편에 대한 정현의 주에서는 "시부모가 함께 며느리에게 향연을 베푼다는 것은 시아비가 며느리에게 술을 따라주고, 시어미가 포와 젓갈을 올리는 것이다."라고 했고, 또 "시아비는 남쪽 세(洗)에서 술잔을 닦고 술잔을 닦아서 며느리에게 술을 따라준다. 북쪽 세에서 술잔을 닦고 술잔을 닦아서 며느리에게 술을 권한

---

2) 『의례』「사혼례(士昏禮)」: 舅姑共饗婦以一獻之禮. 舅洗于南洗, 姑洗于北洗, 奠酬.

다."라고 했으며, 가공언의 소에서는 "시아비가 술을 따라주고 시어미가 술을 권하여, 함께 일헌(一獻)의 절차를 완성하면, 시어미가 포와 젓갈을 주어도 무방하다."고 했는데, 이 주장은 옳다. 다만 며느리가 시아비에게 술을 따라주고, 잔을 바꿔서 스스로 음식을 바치게 된다. 또 전수(奠酬)와 수초(酬酢)³⁾를 언급하며, 모두 장소에 대해서는 기록하지 않았는데, 용례에 따라 추론해보면, 시부모의 위치는 마땅히 며느리가 찾아뵙는 예법을 시행할 때와 같아서, 시아비는 동쪽 계단에 자리를 마련하고, 시어미는 방밖에 자리를 마련하며, 며느리는 이동하여 술잔을 바꿔 직접 음식을 올리고, 전헌(奠獻)의 예를 시행했을 것이다.

① 又云舅洗[止]禮歟.

補註 按: 此卽楊信齋儀禮圖中附己說者, 而陳註全用之也. 然上引昏禮註, 而繼以又云, 有若自舅洗至酬婦也二十二字, 同是鄭註者, 然可欠. 又信齋洗爵以酬婦之說, 與賈疏姑無洗爵之事云者, 相違矣.

번역 살펴보니, 이것은 양신재의 『의례도』 속에 자신의 주장을 덧붙여둔 부분인데, 진호의 주에서 그것을 그대로 차용한 것이다. 그런데 앞에서는 「사혼례」편의 주를 인용하고, 연이어서 '우운(又云)'이라고 하여 마치 '구세(舅洗)'라는 말로부터 '수부야(酬婦也)'라는 말까지의 22글자가 모두 정현의 주처럼 보이게 되는데 잘못된 기록 방식이다. 또 신재가 술잔을 씻어서 며느리에게 술을 따라준다고 한 주장은 가공언의 소에서 시어미는 술잔을 씻는 일이 없다고 말한 것과 서로 위배된다.

② 賈疏云[止]姑薦脯醢.

補註 賈疏本文曰: 共饗婦者, 舅獻而姑薦也. 姑無洗爵之事, 而設北洗, 爲姑洗, 則是舅獻姑酬, 共成一獻, 仍無妨姑薦脯醢也. 以鄕飮酒之禮約

---

3) 수초(酬酢)는 술을 마실 때 시행되는 의례 절차이다. 주인(主人)과 빈객(賓客)이 상호 공경스러운 태도로 술을 따라줄 때, 주인이 빈객에게 공경스러운 태도로 술을 따라주는 것을 '수(酬)'라고 부르며, 빈객이 재차 공경스러운 태도로 주인에게 술을 따라주는 것을 '초(酢)'라고 부른다.

之, 席在室戶外西, 舅酌酒於阼階獻婦, 婦西階上受飮畢, 又酢, 舅乃先酌自飮畢, 更酌酒以酬姑, 姑受爵奠于薦左, 不舉爵, 正禮畢也.

번역 가공언의 소 본문에서 말하길, 시부모가 함께 며느리에게 향연을 베푼다고 했는데, 시아비는 술을 따라주고 시어미는 음식을 올리기 때문이다. 시어미에게는 술잔을 씻는 일이 없고, 북쪽에 세(洗)를 설치한 것이 시어미를 위해 설치한 세라면, 이것은 시아비가 헌을 하고 시어미가 수을 하는 것이 곧 일헌(一獻)을 이루는 것이니, 시어미가 포나 젓갈을 올린다는 것과 저애가 되지 않는다. 『의례』「향음주례(鄕飮酒禮)」편의 내용으로 요약해보면, 자리는 방문 밖의 서쪽에 있게 되고, 시아비는 동쪽 계단에서 술을 따라 며느리에게 주고, 며느리는 서쪽 계단 위에서 술을 받아 잔을 비우고, 다시 술잔을 돌리게 되면, 시아비는 먼저 술을 따라 스스로 잔을 비우고, 다시 술을 따라서 시어미에게 권하며, 시어미는 술잔을 받아 음식의 좌측에 놓아두고 다시 술잔을 들지 않는데, 이처럼 하게 되면 정규 예법이 끝난다.

補註 ○按: 賈疏之意, 蓋謂姑無洗爵之事, 而猶設姑洗者, 以姑酬時及薦脯醢時, 皆當有盥洗也. 以姑酬二字觀之, 舅獻婦, 婦酢舅訖, 似有姑代舅酬婦之節, 而賈疏只有婦酢舅及酬姑, 元無姑酬婦之文, 姑酬云者, 恐謂姑受酬爵也.

번역 ○살펴보니, 가공언의 소에 나타난 의미는 아마도 시어미는 술잔을 씻는 일이 없지만, 오히려 시어미를 위해 세(洗)를 설치하는 것은 시어미가 술을 권하거나 포와 젓갈 등을 올릴 때에는 모두 손을 씻는 절차가 포함되기 때문이라는 뜻인 것 같다. '고수(姑酬)'라는 두 글자를 통해 살펴보면, 시아비가 며느리에게 헌을 하고 며느리가 시아비에게 술잔 돌리는 일을 마치면, 아마도 시어미가 시아비 대신 며느리에게 술을 권하는 절차가 있었을 것인데, 가공언의 소에서는 단지 며느리가 시아비에게 술잔을 돌리고 시어미에게 술을 권한다고 했고, 본래부터 시어미가 며느리에게 술을 권한다는 기록이 없으니, '고수(姑酬)'라고 말한 것은 아마도 시어미가 권한 술잔을 받는다는 뜻인 것 같다.

③ 婦酢舅更爵自薦.

補註 士昏記: "饗婦, 姑薦焉. 婦酢舅, 更爵自薦." 註: "更爵, 男女不相因
也." 疏曰: "謂舅姑饗婦時, 舅獻姑薦. 今婦酢舅, 婦自薦之也."

번역 「사혼례」편의 기문에서 말하길, "며느리에게 향연을 베풀어줄 때 시어
미는 음식을 올린다. 며느리가 시아비에게 술을 따라서 바칠 때에는 잔을 바
꾸며 직접 음식을 올린다."[4]라고 했고, 주에서는 "술잔을 바꾸는 것은 남녀
가 같은 술잔을 사용할 수 없기 때문이다."라고 했으며, 소에서는 "시부모가
며느리에게 향연을 베풀어 술을 따라줄 때에는 시아비가 술을 따르고 시어
미가 음식을 올린다. 현재는 며느리가 시아비에게 술을 따라 올리는 상황이
니 며느리가 직접 음식을 올린다."라고 했다.

④ 又云奠酬.

補註 按: 奠酬下當句絶, 此二字亦指士昏禮經文.

번역 살펴보니, '전수(奠酬)' 뒤에서는 마땅히 구문을 끊어야 하니, 이 두 글
자는 또한 「사혼례」편의 경문을 가리킨다.

참고-集說

①疏曰: 舅酌酒于阼階獻婦, 婦西階上拜受, 卽席祭薦; 祭酒畢,
於西階上北面卒爵. 婦酢舅, 舅於阼階上受酢, 飮畢②乃酬. 婦
更爵先自飮畢, 更酌酒以酬姑, 姑受爵奠於薦左, 不擧爵, 正禮
畢也. 降階, 各還燕寢也.

번역 소에서 말하길, 시아비는 동쪽 계단에서 술을 따라서 며느리에게 주고, 며느

---

4) 『의례』「사혼례(士昏禮)」: 饗婦, 姑薦焉. 婦洗在北堂, 直室東隅. 篚在東. 北面
盥. 婦酢舅, 更爵自薦.

리는 서쪽 계단 위에서 절을 하며 받고, 자리에 나아가서 제사를 지내고, 술에 대한
제사가 끝나면 서쪽 계단 위에서 북쪽을 바라보며 잔을 비운다. 며느리가 시아비에
게 술을 권하게 되면, 시아비는 동쪽 계단 위에서 따라준 술잔을 받고, 그것을 마시
면 다시 술을 권한다. 며느리는 술잔을 바꾸고 먼저 마시며 그것이 끝나면 다시 술
을 따라서 시어미에게 술을 권하고, 시어미가 술잔을 받아서 음식이 차려진 곳 좌
측에 놓아두고 잔을 들지 않으니, 이것은 정식 의례절차를 끝맺는 것이다. 계단을
내려가서 각각 연침(燕寢)으로 되돌아간다.

① 疏曰[止]畢也.

補註 疏本文曰: 以鄕飮酒禮約之, 蓋士昏禮元不明言其節次, 故以鄕飮
主人獻賓, 賓酢主人, 主人又酬賓之禮, 推知也.

번역 소의 본문에서는 '「향음주례」편의 기록을 통해 요약해보면'이라고 했는
데, 아마도 「사혼례」편에서는 본래부터 그 절차를 명확히 언급하지 않았기
때문에 「향음주례」에서 주인이 빈객에게 헌을 하고, 빈객이 주인에게 술잔
을 돌리며, 주인이 다시 빈객에게 술을 권한다는 예법을 통해 이러한 사실을
미루어 알았던 것이다.

補註 ○按: 此疏說與上賈疏槪同.

번역 ○살펴보니, 이곳 소의 주장은 앞의 가공언 소 내용과 대략적으로 동일
하다.

② 乃酬.

補註 按: 賈疏又酢舅下, 無乃酬二字, 直云乃先酌自飮畢, 更酌以酬姑.
蓋姑無酬婦之節, 乃酬二字, 正是婦之酬姑, 下文婦更爵, 卽酬之節次
也.

번역 살펴보니, 가공언 소에는 또한 '초구(酢舅)'라는 말 뒤에 '내수(乃酬)'라
는 2글자가 없고, 단지 "먼저 술을 따라서 스스로 잔을 비우고, 다시 술을
따라서 시어미에게 술을 권한다."라고만 했다. 아마도 시어미는 며느리에게
술을 권하는 절차가 없었을 것이고, 그렇다면 내수(乃酬)라는 2글자는 곧 며

느리가 시어미에게 술을 권하는 것이 되니, 아래문장에서 며느리가 술잔을 바꾼다는 것이 곧 술을 권하는 절차에 해당한다.

石梁王氏曰: "①此皆爲冢婦也." 今按: 此一節難曉, 儀禮圖亦不詳明, 闕之以俟知者.

번역 석량왕씨가 말하길, "이 내용은 모두 적장자에게 시집 온 며느리에 대한 내용이다."라고 했다. 내가 살펴보니, 이곳 한 문단은 해석하기 어렵고, 『의례도』에도 또한 자세히 나와 있지 않으니, 자세한 해설을 생략하고, 지혜로운 자가 고쳐주기를 기다린다.

① 此皆爲冢婦也.

補註 士昏記: "庶婦, 則使人醮之, 婦不饋." 註: "使人醮之, 不饗也. 婦不饋者, 共養統於適也."

번역 「사혼례」편의 기문에서 말하길, "적부가 아닌 서부의 경우라면 다른 사람을 시켜서 그녀에게 초(醮)를 하고, 서부는 시부모에게 음식을 바치지 않는다."[5]라고 했고, 주에서는 "다른 사람을 시켜서 초(醮)를 하는 것은 향(饗)을 하지 않기 때문이다. 며느리가 음식을 바치지 않는 것은 부모를 공양하는 도리는 적부에게 통솔되기 때문이다."라고 했다.

---

5) 『의례』「사혼례(士昏禮)」: 庶婦, 則使人醮之, 婦不饋.

「혼의」 6장

참고-經文

成婦禮, 明婦順, 又申之以著代, 所以重責婦順焉也. 婦順者, 順於舅姑, ①和於室人而後當於夫, 以成絲麻布帛之事, 以審守②委積③蓋藏. 是故婦順備而後④內和理, 內和理而後家可長久也. 故聖王重之.

번역 정식 며느리가 되는 예(禮)를 이루고, 며느리의 순종함을 드러내며, 또한 세대를 교체한다는 사실로 거듭 밝힌 것은 며느리의 순종이라는 덕목을 중대하게 책무지우기 위해서이다. 며느리가 순종한다는 것은 시부모에 대해서 순종하는 것이고, 집안사람들과 화목하게 된 이후에야 남편에게 합당하게 대하며, 이를 통해 견직물 짜는 일을 이루며, 양식 등을 비축하는 일을 자세히 살피고 지킬 수 있다. 이러한 까닭으로 며느리가 순종하게 된 이후에야 집안이 화목하게 다스려지고, 집안이 화목하게 다스려진 이후에야 그 집안이 오래도록 유지될 수 있다. 그렇기 때문에 성왕은 혼례를 중시했던 것이다.

① 和於室人.

補註 鄭註: "室人, 謂女妐·女叔·諸婦也." 疏曰: "室人, 是在室之人, 非男子也. 女妐, 婿之姊. 女叔, 婿之妹. 諸婦, 娣姒之屬."
번역 정현의 주에서 말하길, "'실인(室人)'은 남편의 누나 및 여동생, 형제들의 처 등을 뜻한다."라고 했다. 소에서 말하길, "'실인(室人)'은 집안에 있는 사람들로 남자를 가리키는 단어가 아니다. '여종(女妐)'은 남편의 누나이다. '여숙(女叔)'은 남편의 여동생이다. '제부(諸婦)'는 손윗동서나 손아랫동서 등을 뜻한다."라고 했다.

② 委積.

補註 周禮·遺人註: 少曰委, 多曰積.

번역 『주례』「유인(遺人)」편의 주에서 말하길, 적은 것을 '위(委)'라 부르고, 많은 것을 '적(積)'이라 부른다.

③ 蓋藏.

補註 月令註: 蓋藏, 謂府庫困倉有藏物.

번역 『예기』「월령(月令)」편의 주에서 말하길, '개장(蓋藏)'은 재물창고나 곡식창고에 보관물품이 있는 것을 뜻한다.

④ 內和理.

補註 按: 內和理, 恐謂內和而理也. 理, 治也. 下文又有內和而家理, 此亦可證. 諺讀內和下著吐, 恐誤.

번역 살펴보니, '내화리(內和理)'라는 말은 아마도 내적으로 조화롭게 다스려진다는 뜻인 것 같다. '이(理)'자는 다스려진다는 뜻이다. 아래문장에 "내적으로 조화롭고 집안이 다스려진다[內和而家理]."[1]라는 말이 나오는 것 또한 그 증거가 될 수 있다. 『언독』에서는 '내화(內和)' 뒤에 토를 붙였는데, 아마도 잘못된 해석인 것 같다.

참고-大全

馬氏曰: 責婦順, 以順舅姑爲至重, 順舅姑而不能和於室人, 則不順乎舅姑矣. 和於室人而不能當於夫, 則不和於室人矣. 當

---

1) 『예기』「혼의」: 古者天子后立六宮·三夫人·九嬪·二十七世婦·八十一御妻, 以聽天下之內治, 以明章婦順, 故天下內和而家理. 天子立六官·三公·九卿·二十七大夫·八十一元士, 以聽天下之外治, 以明章天下之男敎, 故外和而國治. 故曰, "天子聽男敎, 后聽女順; 天子理陽道, 后治陰德; 天子聽外治, 后聽內職. 敎順成俗, 外內和順, 國家理治", 此之謂盛德.

於夫而不能審積蓋藏, 則不當於夫矣. 數者無不備, 然後可以盡婦順之道也. 和於室人, 如詩所謂宜其家人者是也. 當於夫者, 如孟子所謂無違夫子是也. 以成絲麻布帛, 可以無寒也. 以審守委積蓋藏, 則在中饋可以無飢也. 不惟可以不飢不寒也, 大可以供祭祀之羞服矣. 婦順備而後內和理, ①和則有理, 理則有義, 有禮義則家可長久. 聖人重之者, 重其有禮義也.

번역 마씨가 말하길, 며느리의 순종을 요구하는 것은 시부모에게 순종하는 것을 지극히 중대하게 여기기 때문이다. 그런데 시부모에게 순종하지만 집안사람들과 화목할 수 없다면, 시부모에게 순종하는 것이 아니다. 집안사람들에게 화목하지만 남편에게 합당하게 대할 수 없다면, 집안사람들과 화목한 것이 아니다. 남편에게 합당하게 대하지만 곡식 등을 보관하는 일을 자세히 살필 수 없다면, 남편에게 합당한 것이 아니다. 이러한 여러 가지 것들 중 갖춰지지 않은 것이 없게 된 이후에야 며느리가 순종하는 도리를 다할 수 있는 것이다. "집안사람들에게 화목하다."는 것은 『시』에서 "집안사람들에게 화목하게 한다."2)라고 한 말이 바로 이것을 가리킨다. "남편에게 합당하게 하다."는 말은 『맹자』에서 "남편의 뜻을 어기지 말라."3)라고 한 말이 바로 이것을 가리킨다. 이를 통해서 견직물 짜는 일을 이루면 추위를 타지 않을 수 있다. 이를 통해서 곡식 등을 저장하는 일을 자세히 살핀다면 보관된 것을 통해 음식을 바쳐서 굶주리지 않을 수 있다. 단지 굶주리지 않고 추위를 타지 않을 수 있는 것뿐만 아니라, 크게는 제사에 필요한 음식과 의복 등을 공급하게 된다. 며느리의 순종이 갖춰진 이후에야 집안이 화목하게 다스려지는데, 화목하게 되면 예가 지켜지는 것이며, 다스려지게 되면 의(義)가 있는 것이니, 예의가 갖춰지면 그 집안은 오래도록 유지될 수 있다. 성인이 중시했다는 이유는 예의 갖추는 것을 중시했기 때문이다.

---

2) 『시』「주남(周南)·도요(桃夭)」: 桃之夭夭, 其葉蓁蓁. 之子于歸, <u>宜其家人</u>.

3) 『맹자』「등문공하(滕文公下)」: 孟子曰, 是焉得爲大丈夫乎? 子未學禮乎? 丈夫之冠也, 父命之, 女子之嫁也, 母命之, 往送之門, 戒之曰, '往之女家, 必敬必戒, <u>無違夫子</u>!' 以順爲正者, 妾婦之道也.

① 和則有理.

補註 理, 恐禮之誤.

번역 '이(理)'자는 아마도 예(禮)자의 오자인 것 같다.

「혼의」7장

是以①古者婦人先嫁三月, ②祖廟未毁, 教于公宮. ③祖廟旣毁, 教于宗室. 教以婦德·婦言·婦容·婦功. 教成④祭之, 牲用魚, 芼之以蘋藻, 所以成婦順也.

번역 이러한 까닭으로 고대에는 딸아이가 시집가기 3개월 전에, 조묘(祖廟)가 아직 훼철되지 않아서 군주와 사이가 가까운 친족이라면, 공궁(公宮)에서 그녀에 대한 교육을 실시한다. 조묘가 이미 훼철되어서 군주와 사이가 소원해진 친족이라면, 종실(宗室)에서 그녀에 대한 교육을 실시한다. 그녀에게 교육을 할 때에는 아내이자 며느리로서 갖춰야 하는 덕(德), 해야 할 말, 갖춰야 하는 행동거지, 해야 할 일 등을 가르친다. 가르침이 완성되면 자신이 파생하게 된 조상에 대해서 제사를 지내는데, 희생물은 물고기를 사용하고, 빈조(蘋藻)라는 풀로 국을 끓이니, 아내이자 며느리로서 갖춰야 하는 순종의 덕목을 이루었기 때문이다.

① 古者婦人.

補註 鄭註: 謂與天子·諸侯同姓者也.

번역 정현의 주에서 말하길, 천자 및 제후와 동성(同姓)인 자들을 뜻한다.

補註 ○楊梧曰: 此以諸侯之宗女言.

번역 ○양오가 말하길, 이것은 제후와 동종(同宗)인 여자들을 기준으로 한 말이다.

② 祖廟未毁.

補註 疏曰: 此謂與君爲骨肉, 親廟有四, 高祖之廟未毁, 此欲嫁之女教於公宮也.

번역 소에서 말하길, 이것은 군주와 골육지친이 된다는 뜻으로, 제후의 경우

태조의 묘(廟)를 제외하고 대수가 가까운 4개의 묘를 두게 되는데, 그녀의 고조부 묘가 아직 훼철되지 않은 경우이니, 이러한 경우에는 시집을 가게 된 여자에 대해 공궁(公宮)에서 교육을 시키고자 하는 것이다.

③ 祖廟旣毀.

補註 疏曰: 謂與君四從以外, 同高祖之父以上, 其廟旣遷, 此女則敎於大宗子之室.

번역 소에서 말하길, 군주의 4대 조상을 벗어난 그 이외의 친족을 뜻하는 것으로, 제후의 고조부 부친 이상의 조상이 같은 자들이니, 그의 묘가 이미 훼철된 것이다. 이러한 경우에 해당하는 여자에 대해서는 대종자(大宗子)의 집에서 교육을 시킨다.

④ 祭之.

補註 疏曰: 告以敎成也.

번역 소에서 말하길, 가르침이 완성되었다는 사실을 아뢴다.

「혼의」8장

참고-經文

古者①天子后立六宮·三夫人·九嬪·二十七世婦·八十一
御妻, 以聽天下之內治, 以明章婦順, 故天下內和而家理. 天子
立六官·②三公·九卿·二十七大夫·八十一元士, 以聽天下
之外治, 以明章天下之男敎, 故外和而國治. 故曰, "天子聽男
敎, 后聽女順; 天子理陽道, 后治陰德; 天子聽外治, 后聽內職.
敎順成俗, 外內和順, 國家理治", 此之謂盛德.

번역 고대에 천자의 부인인 왕후(王后)는 6궁(宮)·3부인(夫人)·9빈(嬪)·27세
부(世婦)·81어처(御妻)를 세워서, 이를 통해 천하의 내치(內治)를 듣고, 이를 통
해 부녀자가 따르는 순종의 덕목을 드러내었다. 그렇기 때문에 천하가 안으로는
화목하고 가정이 다스려졌던 것이다. 천자는 6관(官)·3공(公)·9경(卿)·27대부
(大夫)·81원사(元士)를 세워서, 이를 통해 천하의 외치(外治)를 듣고, 이를 통해
천하에서 남자들이 따라야 하는 교화를 드러냈다. 그렇기 때문에 천하가 외적으로
는 화목하고 국가가 다스려졌던 것이다. 그래서 "천자는 남자가 따라야 하는 교화
를 듣고 왕후는 여자가 따라야 하는 순종의 덕목을 들으며, 천자는 양(陽)의 도리
를 다스리고 왕후는 음(陰)의 덕을 다스리며, 천자는 외적인 다스림을 듣고 왕후
는 내적인 직무를 듣는다. 순종의 미덕을 가르치고 풍속을 완성하며 내외적으로
화목하고 순종하여 국가가 다스려진다."라고 말한 것이니, 이것은 곧 '성덕(盛德)'
을 뜻한다.

① ○天子后立六宮.

補註 按: 諺讀六宮六官下, 皆著果吐, 恐疏.
번역 살펴보니, 『언독』에서는 육궁(六宮)과 육관(六官) 뒤에 모두 과[果]토
를 붙였는데, 아마도 해석에 저애가 되는 것 같다.

補註 ○又按: 此章當與曲禮下天子有后·有夫人章補註, 參考.

번역 ○또 살펴보니, 이 문장에 대해서는 마땅히 『예기』「곡례하(曲禮下)」편에서 "천자에게는 1명의 왕후가 있고 3명의 부인이 있다."[1]라고 한 문장의 보주를 함께 참고해야 한다.

② 三公九卿[止]元士.

補註 鄭註: "三夫人以下百二十人, 周制也. 三公以下百二十人, 似夏時也. 合而言之, 取其相應, 有象大數也." 疏曰: "周三百, 此百二十, 故云似夏時, 以無正文, 故稱似也."

번역 정현의 주에서 말하길, "3명의 부인(夫人)으로부터 그 이하는 총 120명이 되는데, 이것은 주나라의 제도에 해당한다. 3명의 공(公)으로부터 그 이하는 총 120명이 되는데, 이것은 하나라 때의 관직제도와 유사하다. 이를 합하여 언급한 것은 서로 대응되는 뜻을 취한 것으로, 대수(大數)를 본뜬 의미가 포함되어 있다."라고 했다. 소에서 말하길, "주나라 때에는 300명을 두었고 이곳에서는 120명을 두었다고 했기 때문에, 하나라 때의 제도와 유사하다고 말한 것인데, 관련 기록이 남아있지 않았기 때문에, 유사하다고 말한 것이다."라고 했다.

方氏曰: 六官, 天地四時之官也. 有六卿而又有九卿者, ①兼三公數之, 則謂之九卿. 由公至士, 其數三而倍之, 止於九者, 陽成於三而窮於九, 以其理陽道, 故其數如此. 后治陰德, 而其數亦如之者, 婦人從夫故也. 六宮, 謂大寢一, 小寢五也. 先言六宮而後言六官者, 欲治其國, 先齊其家之意也.

---

1) 『예기』「곡례하(曲禮下)」: 天子有后, 有夫人, 有世婦, 有嬪, 有妻, 有妾.

번역 방씨가 말하길, '육관(六官)'은 천관(天官) · 지관(地官) · 춘관(春官) · 하관(夏官) · 추관(秋官) · 동관(冬官)의 관부를 뜻한다. 육경(六卿)이라는 말이 있고 또 구경(九卿)이라는 말이 있는데, 육경에 삼공(三公)을 함께 셈하면, 이를 '구경(九卿)'이라고 부른다. 공(公)으로부터 사(士)에 이르기까지 그 수는 3배수로 하는데, 9에서 끝나는 것은 양(陽)은 3에서 이루어져서 9에서 다하니, 양(陽)의 도를 다스리기 때문에 그 수 또한 이와 같은 것이다. 왕후는 음(陰)의 덕을 다스리는데 그 수가 천자와 같은 것은 부인은 남편을 따르기 때문이다. '육궁(六宮)'은 대침(大寢)이 1개이고 소침(小寢)이 5개인 것을 뜻한다. 앞서 '육궁(六宮)'이라 말하고 그 이후에 '육관(六官)'을 언급한 것은 그 나라를 다스리고자 할 때에는 그보다 앞서서 그 집안을 다스려야 한다는 뜻 때문이다.

① 兼三公[止]九卿.

補註 按: 方說誤. 今引疏說及考工疏以辨之.

번역 살펴보니, 방씨의 주장은 잘못되었다. 이곳에서는 소의 주장과 『고공기』소의 기록을 인용하여 변론하겠다.

補註 ○疏曰: 三孤亦分主六卿之職, 總謂之九卿.

번역 ○소에서 말하길, 삼고(三孤) 또한 육경(六卿)의 직무를 각각 나눠서 주관하여, 이들을 총괄적으로 '구경(九卿)'이라고 부른다.

補註 ○周禮 · 考工記疏曰: 六卿與三孤爲九卿.

번역 ○『주례』「동관고공기(冬官考工記)」의 소에서 말하길, 육경(六卿)과 삼고(三孤)가 '구경(九卿)'이 된다.

「혼의」 9장

是故, 男敎不脩, 陽事不得, ①適見於天, 日爲之食. 婦順不脩, 陰事不得, 適見於天, 月爲之食. 是故日食, 則天子素服而脩六官之職, 蕩天下之陽事. 月食, 則后素服而脩六宮之職, 蕩天下之陰事. 故天子之與后, 猶日之與月, 陰之與陽, 相須而后成者也. 天子脩男敎, 父道也; 后脩女順, 母道也. 故曰天子之與后, 猶父之與母也. 故爲天王服斬衰, 服父之義也; ②爲后服齊衰, 服母之義也.

번역 이러한 까닭으로 남자들에 대한 교화를 다스리지 않으면, 양(陽)과 관련된 사안을 얻을 수 없어서 그 징조가 하늘에 드러나니 일식이 발생하는 것이다. 아녀자가 따르는 순종의 미덕을 다스리지 않으면, 음(陰)과 관련된 사안을 얻을 수 없어서 그 징조가 하늘에 드러나니 월식이 발생하는 것이다. 이러한 까닭으로 일식이 발생하면, 천자는 소복(素服)을 착용하고 육관(六官)의 직무를 다스려서 천하의 잘못된 양에 대한 일들을 씻어낸다. 또한 월식이 발생하면, 왕후는 소복을 착용하고 육궁(六宮)의 직무를 다스려서 천하의 잘못된 음에 대한 일들을 씻어낸다. 그래서 천자와 왕후의 관계는 해와 달의 관계와 같고 음과 양의 관계와 같으니, 서로를 기다린 뒤에야 완성되는 것이다. 천자가 남자에 대한 교화를 다스리는 것은 부친의 도리에 해당하고, 왕후가 여자의 순종을 다스리는 것은 모친의 도리에 해당한다. 그렇기 때문에 "천자와 왕후의 관계는 부친과 모친의 관계와 같다."라고 말하는 것이다. 그래서 천자가 죽었을 때, 천하의 모든 자들은 천자를 위해서 참최복(斬衰服)을 착용하는데, 이것은 부친을 위해서 참최복을 착용하는 도리에 해당하고, 왕후를 위해서는 자최복(齊衰服)을 착용하는데, 이것은 모친을 위해서 자최복을 착용하는 도리에 해당한다.

① 適見於天.

補註 按: 適與謫同. 小註呂說可考. 字書, "謫與責, 竝側格切", 故出責音.

번역 살펴보니, '적(適)'자는 재앙을 뜻하는 적(謫)자와 같다. 소주에 나온 여씨의 주장은 참고할만하다. 『자서』에서는 "'謫'자와 '責'자는 모두 '側(측)'자와 '格(격)'자의 반절음이다."라고 했다. 그렇기 때문에 '責'자의 음이 도출된 것이다.

② 爲后服齊衰.

補註 按: 齊, 古經作資. 鄭註: "資當爲齊, 聲之誤也." 而今本直作齊, 與古經異.

번역 살펴보니, '자(齊)'자를 『고경』에서는 자(資)자로 기록했다. 정현의 주에서는 "자(資)는 마땅히 자(齊)자가 되어야 하니, 소리가 비슷해서 생긴 오류이다."라고 했다. 그런데 『금본』에는 단지 자(齊)라고 기록하여 『고경』과 차이를 보인다.

「향음주의(鄕飮酒義)」 제45편

補註 疏曰: 鄭云, "記鄕大夫飮賓於庠序之禮."
번역 소에서 말하길, 정현은 "향대부(鄕大夫)[1]가 상서(庠序)에서 빈객들에게 음주를 베푸는 예법을 기록했다."라고 했다.

補註 ○通解曰: 亦漢儒所造.
번역 ○『통해』에서 말하길, 이 또한 한나라 유학자들이 지어낸 글이다.

참고-集說

呂氏曰: 鄕飮酒者, 鄕人以時會聚飮酒之禮也. 因飮酒而射, 則謂之鄕射. 鄭氏謂三年大比, 興賢者能者, 鄕老及卿大夫率其吏與其衆以禮賓之, 則是禮也, 三年乃一行. ①諸侯之卿大夫貢士於其君, 蓋亦如此. ②<u>黨正每歲</u>③<u>國索鬼神而祭祀</u>, 則以禮④<u>屬民</u>而飮酒于序, 但此禮略而不載, 則黨正因蜡飮酒, 亦此禮也. ⑤<u>先儒謂鄕飮有四, 一則三年賓賢能</u>, ⑥<u>二則卿大夫飮國中賢者</u>, 三則州長習射, 四則黨正蜡祭. 然鄕人凡有會聚, 當行此禮, 恐不特四事也. 論語, "鄕人飮酒, 杖者出斯出矣." 亦指鄕人而言之.

번역 여씨가 말하길, '향음주(鄕飮酒)'라는 것은 마을 사람들이 시기마다 모여서 음주하던 예법을 뜻한다. 음주하는 일에 연유하여 활을 쏘면 그것을 '향사(鄕射)'

---

1) 향대부(鄕大夫)는 주대(周代)의 행정단위였던 향(鄕)을 담당하는 관리이다.

라고 부른다. 정현은 3년마다 한 차례 큰 시험을 쳐서 현명한 자와 능력이 있는 자들을 선발하고, 마을의 노인 및 경과 대부들이 아전들을 이끌고서 그 무리들에게 예법에 따라 대우하는 것이 바로 그 의례에 해당한다고 했으니, 그 해석에 따르면 3년마다 한 차례 시행하는 것이 된다. 제후에게 소속된 경과 대부가 그들의 군주에게 사를 선발하여 천거하게 되면, 아마도 이처럼 했을 것이다. 당정(黨正)[2]이 매년 귀신들을 찾아다니며 제사를 지내게 되면, 예법에 따라 백성들을 모으고 서(序)에서 음주를 했는데, 다만 이러한 예법이 간략하여 수록하지 않았다면, 당정은 사(蜡)[3]를 지내는 것에 연유하여 음주를 했던 것 또한 이 의례에 해당한다. 선대 학자들은 향음주에 4종류가 있다고 했으니, 첫 번째는 3년마다 현명한 자와 능력이 출중한 자들을 빈객으로 예우하던 것이고, 두 번째는 경과 대부가 나라 안에 있는 현명한 자들에게 술을 대접하던 것이며, 세 번째는 주장(州長)[4]이 활쏘기를 연습하던 것이며,[5] 네 번째는 당정이 사제사를 지내던 것이다. 그러나 마을 사람들이 모임을 갖게 되면 마땅히 이러한 의례를 시행했던 것이니, 아마도 이러한 네 종류에만 국한되지는 않았을 것이다. 『논어』에서 "마을 사람들과 술을 마실 때에는 지팡이를 잡은 노인이 먼저 나간 뒤에야 나갔다."[6]라고 한 말 또한 바로 마을 사람들

---

2) 당정(黨正)은 주(周)나라 때의 지방 행정구역을 담당했던 수장을 뜻한다. 500가(家)의 규모가 1당(黨)이 되며, 수장을 뜻하는 '정(正)'자를 붙여서, 그곳의 수장을 '당정'이라고 부르는 것이다. 『주례』「지관(地官)・당정(黨正)」편에는 "黨正, 各掌其黨之政令敎治."라는 기록이 있는데, 이에 대한 정현의 주에서는 정사농(鄭司農)의 주장을 인용하여, 五百家爲黨."이라고 풀이했다.

3) 사(蜡)는 연말에 지내는 큰 제사를 뜻한다. 제사 대상은 천제(天帝) 등의 주요 신들을 제외한 나머지 하위 신들에 해당한다. 하위 신들은 그 수가 많아서, 일일이 제사를 지낼 수 없기 때문에, 연말에 합동으로 제사를 지냈던 것이다. 『예기』「잡기하(雜記下)」편에는 "子貢觀於蜡."라는 기록이 있는데, 이에 대한 정현의 주에서는 "蜡也者, 索也. 歲十二月, 合聚萬物而索饗之祭也."라고 풀이했다. 또 『예기』「교특생(郊特牲)」편에는 "蜡之祭也, 主先嗇而祭司嗇也, 祭百種, 以報嗇也."라는 기록이 있다.

4) 주장(州長)은 주(周)나라 때의 관직으로, 1개 주(州)의 수장을 뜻한다. 중대부(中大夫) 1명이 담당을 했으며, 그 주에서 시행하는 교화와 정령을 담당했다. 『주례』「지관(地官)・사도(司徒)」편에는 "州長, 每州中大夫一人."이라는 기록이 있고, 『주례』「지관・주장(州長)」편에는 "各掌其州之敎治政令之法."이라는 기록이 있다.

5) 『주례』「지관(地官)・주장(州長)」: 若以歲時祭祀州社, 則屬其民而讀法, 亦如之. 春秋以禮會民而射于州序.

과 음주를 했던 '향음주'에 기준을 두고 언급한 말이다.

① **諸侯之卿大夫.**

補註 卿, 鄭註作鄕.

번역 '경(卿)'자를 정현의 주에서는 향(鄕)자로 기록했다.[7]

② **黨正[止]飮酒于序.**

補註 周禮·地官·黨正文.

번역 『주례』「지관(地官)·당정(黨正)」편의 기록이다.

補註 ○黨正本文此下曰: "以正齒位. 一命齒于鄕里, 再命齒于父族, 三命而不齒." 註: "黨正飮酒禮亡, 以此事屬於鄕飮酒之義, 微失少矣." 疏曰: "云黨正飮酒禮亡者, 儀禮篇卷竝在之日, 別有黨正飮酒之禮, 見今十七篇內無黨正飮酒之禮, 故云亡也. 云以此屬於鄕飮酒之義微失少矣者, 儀禮未亡之時, 篇內論正齒位之禮, 甚悉. 今將此經[指周禮, 下言此經, 亦同.]之事連屬於鄕飮酒義, 則鄕飮酒義唯有五十以上豆數之言, 此經唯有一命以下觀禮之事, 比於儀禮篇中鄕飮酒法, 義理乃未足, 微失於少也."

번역 ○「당정」편의 본문에는 이 구문 뒤에서 "나이에 따른 서열을 바로잡는다. 1명(命)의 등급을 가진 관리는 향리에서 나이에 따라 서열을 정하고, 2명(命)의 등급을 가진 관리는 부친의 친족들과 나이에 따라 서열을 정하며, 3명(命)의 등급을 가진 관리는 나이에 따라 서열을 정하지 않는다."라고 했다. 주에서는 "당정이 음주를 하는 예법은 망실되었는데, 이 사안을 향음주례의 뜻에 결부시키게 되면 은미한 뜻이 축소되는 잘못을 범하게 된다."라고

---

6) 『논어』「향당(鄕黨)」: 席不正, 不坐. <u>鄕人飮酒, 杖者出, 斯出矣.</u>

7) 『주례』「지관(地官)·당정(黨正)」: <u>國索鬼神而祭祀, 則以禮屬民, 而飮酒于序以</u>正齒位: 壹命齒于鄕里, 再命齒于父族, 三命而不齒.

했고, 소에서는 "당정이 음주를 하는 예법은 망실되었다고 했는데, 『의례』의 편들이 모두 있었을 때에는 별도로 당정이 음주하는 예법이 수록되어 있었던 것인데, 현존하는 17개 편에는 당정이 음주하는 예법이 없다. 그렇기 때문에 망실되었다고 말했다. 이 사안을 향음주례의 뜻에 결부시키게 되면 은미한 뜻이 축소되는 잘못을 범하게 된다고 했는데, 『의례』의 모든 편들이 망실되지 않았을 때, 해당 편에서 나이에 따라 서열을 바로잡는 예법을 논의한 것은 그 의미가 자세히 갖춰져 있었을 것이다. 그런데 지금 이곳 경문[『주례』를 가리키며, 아래문장에서 '차경(此經)'이라고 한 것 또한 『주례』를 가리킨다.]의 사안을 「향음주의」편에 연계시키게 되면, 「향음주의」편에는 단지 50세 이상인 자에게 차려내는 두의 수만을 언급하고 있고, 이곳 경문에는 단지 1명(命) 이하의 자가 의례의 진행을 살펴보는 사안만이 기록되어 있는데, 이 두 기록을 함께 『의례』에 기록된 향음주례의 법도와 비교해보면 의미가 부족하여, 은미하게 축소되는 잘못을 범한다."라고 했다.

補註 ○按: 以此觀之, 呂氏所謂此禮略而不載者, 謂黨正飮酒之禮, 今不載於儀禮也. 黨正因蜡飮酒亦此禮也者, 謂黨正因蜡飮酒之禮, 亦當與鄕飮酒禮同也.

번역 ○살펴보니, 이를 통해 보면 여씨가 "이러한 예법이 간략하여 수록하지 않았다."고 한 것은 당정이 음주를 하는 예법이 현재 『의례』에 수록되지 않았다는 뜻이다. 그리고 "당정이 사(蜡)를 지내는 것에 연유하여 음주를 했던 것 또한 이 의례에 해당한다."라는 말은 당정이 사를 지내는 것에 연유하여 음주를 했던 예법 또한 마땅히 향음주례와 동일하게 해야 한다는 의미이다.

③ **國索鬼神而祭祀.**

補註 疏曰: 郊特牲云, "蜡者索也. 歲十二月合, 聚萬物而索饗之."

번역 소에서 말하길, 『예기』「교특생(郊特牲)」편에서는 "'사(蜡)'라는 것은 찾는다는 뜻이다. 한 해의 12월에 모든 것이 닫히게 되면, 만물을 취합하여 신을 찾아서 제사를 지내는 것이다."[8]라고 했다.

④ 屬民.

補註 鄭註: 屬, 猶合也.
번역 정현의 주에서 말하길, '속(屬)'자는 합한다는 뜻이다.

⑤ 先儒謂鄕飮有四.

補註 按: 此指疏說.
번역 살펴보니, 이것은 소의 주장을 가리킨다.

⑥ 二則鄕大夫[止]賢者.

補註 按: 鄕, 恐是卿之誤. 疏曰, "天子六鄕·諸侯三鄕·卿二鄕·大夫
一鄕", 據此, 則所謂國中, 恐指卿大夫之鄕也.
번역 살펴보니, '향(鄕)'자는 아마도 경(卿)자의 오자인 것 같다. 소에서는
"천자는 육향(六鄕)을 두고, 제후는 삼향(三鄕)을 두며, 경은 이향(二鄕)을
두고, 대부는 일향(一鄕)을 둔다."라고 했는데, 이 말에 근거해보면 '국중(國
中)'이라는 것은 경과 대부가 가지고 있는 향(鄕)을 가리키는 것 같다.

補註 ○後按: 儀禮圖篇題正作卿大夫, 仍詳著其義.
번역 ○이후에 살펴보니, 『의례도』의 편제에서는 '경대부(卿大夫)'로 바로
잡았고 그 의미를 상세히 기술하였다.

---

8) 『예기』「교특생(郊特牲)」: 天子大蜡八, 伊耆氏始爲蜡. 蜡也者, 索也. 歲十二月
合, 聚萬物而索饗之也.

「향음주의」 1장

참고-大全

藍田呂氏曰: 鄕飮之禮, 以謹遜之道尊賓, 始見于拜迎庠門之
外, 三揖三讓而後升, 以潔淸之道接賓, 則見于盥洗揚觶之際,
盥手洗爵, 始獻賓之節也. 旣獻之後, 擧觶酬①賓, 亦盥洗而揚
觶, 不敢慢也. 極其所以賓主之敬, 則見于拜洗·拜受·拜
送·拜旣之節也. 拜洗者, 賓拜主人洗, 主人復拜賓洗, 是也.
拜受·拜送者, 賓受獻, 主人受酢, 賓受酬, 獻酢酬者, 拜送, 受
者, 拜受也. 拜旣者, 賓主獻酬卒爵, 皆拜也. 君子之相接, 尊讓
潔敬如此, 其至雖有爭慢之心, 亦無從生矣. 尊讓潔敬之禮行,
則尊讓潔敬之俗成, 禮行而至於成俗, 則天下之人, 皆將遠於
鬪辨, 而免於人禍, 是則先王制禮也. 有道, 非苟爲繁文飾貌升
降之末也.

번역 남전여씨가 말하길, 향음주례(鄕飮酒禮)에서는 조심하고 공손하게 대하는 도
리로써 빈객을 존귀하게 높이는데, 이것은 상문(庠門) 밖에서 빈객에게 절을 하며
맞이하고, 세 차례 읍을 하고 세 차례 사양을 한 이후에 당상에 오르는 절차에서
처음으로 드러난다. 청결하게 하는 도리로써 빈객을 대접하니, 손과 잔을 씻고서
치(觶)를 드는 절차에 나타나는데, 손을 씻고 잔을 씻는 것은 처음으로 빈객에게
술잔을 바치는 절차이다. 술잔을 바친 이후에 치를 들어서 빈객에게 술을 권할 때
에도 손과 잔을 씻고서 치를 드니, 감히 태만하게 할 수 없기 때문이다. 빈객과 주
인이 공경함을 나타내는 방법을 지극히 하는 것은 배세(拜洗)·배수(拜受)·배송
(拜送)·배기(拜旣)라는 절차에 나타난다. '배세(拜洗)'라는 것은 주인이 잔을 씻
은 것에 대해 빈객이 절을 하고, 빈객이 잔을 씻은 것에 대해 주인이 재차 절을 하
는 절차를 가리킨다. '배수(拜受)'와 '배송(拜送)'이라는 것은 빈객이 건넨 술잔을
받고 주인이 따라준 술잔을 받으며 빈객이 권한 술잔을 받는데, 건네고 따라주며
권할 때, 절을 하며 전하게 되고 받는 자도 절을 하며 받는 것을 뜻한다. '배기(拜
旣)'라는 것은 빈객과 주인이 술을 건네고 권하며 잔을 비운 다음 모두 절을 하는
것을 뜻한다. 군자가 서로 대접할 때에는 존귀하게 대하며 겸양을 하고 청결하게

하며 공경하게 하길 이처럼 하니, 비록 다투려고 하거나 태만한 마음을 가지고 있더라도 또한 비롯되어 생겨날 곳이 없게 된다. 존귀하게 높이며 겸양을 하고 청결하게 하며 공경하는 예를 시행한다면, 존귀하게 높이며 겸양을 하고 청결하게 하며 공경하는 풍속이 완성되는데, 예를 시행하여 풍속이 완성되는 경지에 도달한다면, 천하의 모든 사람들이 다투는 것에서 멀어지게 되어, 사람들이 인위적으로 만들어내는 재앙을 벗어나게 된다. 이것이 바로 선왕이 예를 제정한 이유이다. 또한 이러한 도(道)를 갖춘다는 것은 구차하게 번잡한 형식에 따라 오르고 내리는 말단의 예절을 뜻하는 것이 아니다.

① 賓亦盥洗而揚觶.

補註 按: 呂氏此說, 亦載通解.

번역 살펴보니, 여씨의 이러한 주장 또한 『통해』에 수록되어 있다.

「향음주의」 2장

①故聖人制之以道, 鄉人·士·君子尊於房戶之間, 賓主共之也. 尊有玄酒, 貴其質也. 羞出自東房, 主人共之也. 洗當東榮, 主人之所以自絜而以事賓也.

번역 그렇기 때문에 성인은 도(道)를 통해서 이러한 예법을 제작하였으니, 향대부(鄉大夫)·주장(州長)·당정(黨正)·경(卿)·대부(大夫)가 방(房)과 호(戶) 사이에 술동이를 두는 것은 빈객과 주인이 함께 사용한다는 뜻을 나타내는 것이다. 술동이에는 현주(玄酒)가 포함되어 있으니, 질박함을 귀하게 여기기 때문이다. 음식들은 동쪽 방으로부터 내오니, 주인이 이를 통해 빈객에게 이바지하기 때문이다. 씻는 장소는 동쪽 처마 부근이 되니, 주인이 제 스스로 청결하게 하여, 이를 통해 빈객을 섬기는 방법이 되기 때문이다.

① 故聖人制之以道.

補註 按: 此七字, 古經及通解, 皆屬於上文免於人禍也之下, 而別以鄉人士君子以下, 爲下章起頭.

번역 살펴보니, 이 7글자는 『고경』과 『통해』에서는 모두 앞 문장의 "인위적인 재앙에서 벗어난다."[1]라고 한 말 뒤에 연결시키고, '향인사군자(鄉人士君子)'로부터 그 이하의 문장은 별도로 구분하여 다음 장을 일으키는 말로 기록하였다.

---

1) 『예기』 「향음주의」 : 鄉飮酒之義: 主人拜迎賓于庠門之外, 入, 三揖而后至階, 三讓而后升, 所以致尊讓也. 盥洗揚觶, 所以致絜也. 拜至·拜洗·拜受·拜送·拜旣, 所以致敬也. 尊讓·絜·敬也者, 君子之所以相接也. 君子尊讓則不爭, 絜·敬則不慢; 不慢不爭, 則遠於鬪辨矣. 不鬪辨, 則無暴亂之禍矣. 斯君子所以<u>免於人禍也</u>.

「향음주의」 3장

①賓主, 象天地也. ②介僎, 象陰陽也. ③三賓, 象三光也.

번역 빈객과 주인을 두는 것은 천지(天地)를 본뜬 것이다. 보좌관인 개(介)와 준(僎)을 두는 것은 음양(陰陽)을 본뜬 것이다. 삼빈(三賓)을 두는 것은 삼광(三光)을 본뜬 것이다.

① ○賓主象天地也.

補註 通解曰: 自此至禮以體長幼曰德, 及後章立賓以象天以下, 至篇終, 牽合傅會迂滯之說, 不足深究. 其曰月三日而成魄, 尤爲紕繆. 說見篇末.

번역 『통해』에서 말하길, 이 구문으로부터 "예를 실천하여 장유유서와 같은 인륜의 질서를 체득한 것을 '덕(德)'이라고 부른다."[1]라는 말까지, 또 다음 장에서 "빈객을 세워서 하늘을 본뜬다."[2]라는 말로부터 그 이하로 「향음주의」편의 끝까지는 견강부회와 우활하고 꽉 막힌 기록들이니 깊이 연구할 만한 것이 못 된다. 그 중 "달이 3일이 되어 백(魄)이 드러난다."[3]라는 말 등은

---

1) 『예기』 「향음주의」 : 天地嚴凝之氣, 始於西南而盛於西北, 此天地之尊嚴氣也, 此天地之義氣也. 天地溫厚之氣, 始於東北而盛於東南, 此天地之盛德氣也, 此天地之仁氣也. 主人者尊賓, 故坐賓於西北, 而坐介於西南以輔賓. 賓者, 接人以義者也, 故坐於西北. 主人者, 接人以仁, 以德厚者也, 故坐於東南, 而坐僎於東北以輔主人也. 仁義接, 賓主有事, 俎豆有數, 曰聖, 聖立而將之以敬, 曰禮, 禮以體長幼, 曰德. 德也者, 得於身, 故曰古之學術道者, 將以得身也, 是故聖人務焉.

2) 『예기』 「향음주의」 : 鄕飲酒之義: 立賓以象天, 立主以象地, 設介僎以象日月, 立三賓以象三光. 古之制禮也, 經之以天地, 紀之以日月, 參之以三光, 政敎之本也.

3) 『예기』 「향음주의」 : 讓之三也, 象月之三日而成魄也.

매우 잘못된 말이다. 자세한 설명은 「향음주의」편 끝에 나온다.

② 介僎.

補註 鄭註: 古文禮, 僎, 皆作遵.

번역 정현의 주에서 말하길, 고문의 『예경』에서는 '준(僎)'자를 모두 준(遵)자로 기록했다.

補註 ○鄕飮禮註: "遵者, 諸公大夫也." 又曰: "遵者, 謂此鄕之人仕至大夫者也. 今來助主人樂賓, 主人所榮而遵法者, 因以爲名. 今文遵爲僎, 或爲全."

번역 ○『의례』「향음주례(鄕飮酒禮)」편의 주에서 말하길, "'준(遵)'은 여러 공들과 대부를 뜻한다."라고 했다. 또 말하길, "'준(遵)'은 향리 사람들 중 벼슬에 나아가 대부에 이른 자를 뜻한다. 현재 찾아와서 주인을 도와 빈객을 즐겁게 하고, 주인은 그것을 영예롭게 생각해서 준칙으로 따르는 자이다. 그러므로 이러한 것에 따라서 '준(遵)'이라고 부른다. 금문에서는 '준(遵)'자를 준(僎)자로 기록했으며 혹은 전(全)자로도 기록했다."라고 했다.

補註 ○鄕飮記註: 遵, 謂鄕人爲卿大夫來觀禮者.

번역 ○「향음주례」편의 기문에 대한 주에서 말하길, '준(遵)'은 향인들 중 경이나 대부의 신분을 가진 자로, 그들 중 찾아와서 의례의 진행을 살펴보는 자를 뜻한다.

補註 ○鄕射禮註: 遵, 謂此鄕之人爲大夫者也, 謂之遵者, 方以禮樂化民, 欲其遵法之也. 今文遵或爲僎.

번역 ○『의례』「향사례(鄕射禮)」편의 주에서 말하길, '준(遵)'은 이 향리의 사람들 중 대부가 된 자를 뜻하는데, 그를 '준(遵)'이라고 부르는 것은 예악을 통해서 백성들을 교화함에 그를 모범으로 삼아 따르게 하고자 해서이다. 금문에서는 '준(遵)'자를 간혹 준(僎)자로도 기록한다.

補註 ○少儀註: 遵, 謂鄕人爲卿大夫來觀禮者.

번역 ○『예기』「소의(少儀)」편의 주에서 말하길, '준(遵)'은 향인들 중 경이나 대부의 신분을 가진 자로, 그들 중 찾아와서 의례의 진행을 살펴보는 자를 뜻한다.

補註 ○按: 僎是禮經所不見, 而鄭謂古文禮作遵, 蓋指擧觶乃入之遵者而言也. 然以諸篇註說觀之, 遵者, 是賓之爲諸公大夫者, 而只言來觀禮而已, 則何得爲主人之黨, 而爲輔於主人, 如賓之有介耶? 愚恐僎遵二名有難合而一之, 鄭之云然者, 何據? 甚可疑.

번역 ○살펴보니, 준(僎)이라는 것은 『예경』에 나타나지 않는데, 그런데도 정현이 고문 『예경』에서는 '준(遵)'으로 기록한다고 말한 것은 아마도 치(觶)를 들고서 들어가는 '준자(遵者)'를 가리켜서 말한 것 같다. 그런데 여러 편들에 나온 주와 주장을 통해 살펴보면, '준자(遵者)'라는 것은 빈객들 중 제공이나 대부인 자들로, 단지 찾아와서 의례의 진행을 살펴본다고만 말했으니, 어떻게 주인의 무리가 되어 빈객의 부관을 두는 것처럼 주인을 도울 수 있겠는가? 내가 생각하기에 준(僎)과 준(遵)이라는 두 명칭은 하나로 보기에는 어려운 점이 있는데, 정현이 그처럼 말한 것은 무슨 근거로 인한 것인가? 매우 의심스럽다.

③ 三賓象三光也.

補註 按: 陳註三光訓以三大辰, 乃古註疏說也. 蓋三光, 當訓以日·月·星, 而下文又云介僎以象日·月, 三賓以象三光, 故不得訓以日·月·星也.

번역 살펴보니, 진호의 주에서는 '삼광(三光)'을 심수(心宿)·벌성(伐星)·북진(北辰)을 뜻하는 삼대진(三大辰)으로 풀이했는데, 이것은 옛 주와 소에 나오는 주장이다. 아마도 '삼광(三光)'은 해·달·별로 풀이해야 할 것 같지만, 아래문장에서는 또 "개(介)와 준(僎)을 두어서 해와 달을 본뜨고, 삼빈(三賓)을 세워서 삼광(三光)을 본뜬다."[4]라고 했기 때문에, 해·달·별로 풀이할 수 없다.

①贊皇浩齋曰: 立賓以象天, 所以尊之也. 立主以象地, 所以養
之也. 介以輔賓, 僎以輔主人, 象陰陽之輔天地也. 三賓, 衆賓
之長也. 其以輔賓, 猶三光之輔于天也. 三光, 星之大者有三,
其名不可得而考, 先儒謂三大辰, 心爲大辰, 伐爲大辰, 北辰亦
爲大辰, 理或然也.

번역 찬황호재가 말하길, 빈객을 세워서 하늘을 본뜨는 것은 존귀하게 받들기 위해
서이다. 주인을 세워서 땅을 본뜨는 것은 길러주기 위해서이다. 개(介)를 두어서
빈객을 보좌하고 준(僎)을 두어서 주인을 보좌하는 것은 음양(陰陽)이 천지를 보
좌하는 것을 본뜬 것이다. '삼빈(三賓)'은 빈객 무리들의 수장을 뜻한다. 그를 두어
서 빈객을 보좌하는 것은 삼광(三光)이 하늘을 보좌하는 것과 같다. '삼광(三光)'
은 별 중에서도 거대한 세 가지 별이니, 그 별의 이름에 대해서는 고찰할 수 없는
데, 선대 유학자들은 3개의 대진(大辰)이라고 하여, 심수(心宿)가 대진(大辰)이 되
고, 벌성(伐星)이 대진이 되며, 북진(北辰) 또한 대진이 된다고 했는데,[5] 이치상
혹여 그러하기도 할 것 같다.

① 贊皇浩齋.

補註 按: 首卷引用書目, 有贊皇浩齋集解, 未知何人所撰. 今此所引浩
齋曰者, 與通解所載呂氏大臨說同, 而只字句或異, 蓋旣名集解, 則非必
浩齋之自言故耳.

번역 살펴보니, 첫 권에서 기록한 인용서목에는 찬황호재의 『집해』가 나오
는데, 어떤 사람이 편찬한 것인지는 모르겠다. 현재 이곳에서 '호재왈(浩齋
曰)'로 인용된 것들은 『통해』에 수록된 여대림의 주장과 동일한데, 단지 글
자나 구문 상에 있어서 간혹 차이가 날 뿐이다. 아마도 이미 『집해』라고 명
칭을 지었다면, 이것은 분명 호재가 직접 한 말은 아닐 것이다.

---

4) 『예기』「향음주의」: 鄕飮酒之義: 立賓以象天, 立主以象地, 設介僎以象日月, 立三
賓以象三光. 古之制禮也, 經之以天地, 紀之以日月, 參之以三光, 政敎之本也.

5) 『춘추공양전』「소공(昭公) 17년」: 大火爲大辰, 伐爲大辰. 北辰亦爲大辰.

「향음주의」 4장

讓之三也, ①象月之三日而成魄也.

번역 양보하길 세 차례 하는 것은 달이 3일이 되어 백(魄)이 드러나게 되는 것을 본뜬 것이다.

① 象月之三日而成魄.

補註 類編曰: 疏家生魄之云, 誠誤. 註中劉氏讓魄之說, 自好. 經文主意, 亦是大綱說.

번역 『유편』에서 말하길, 주소가들이 백이 생겨난다고 말한 것은 진실로 잘 못된 설명이다. 주 중에서 유씨가 백에게 양보한다고 한 설명은 옳다. 경문 의 주된 뜻 또한 큰 강령을 설명한 것이다.

補註 ○按: 疏說及朱子之辨, 俱見末章補註.

번역 ○살펴보니, 소의 주장과 주자의 변론은 모두 「향음주의」 편 끝의 보주 에 수록되어 있다.

「향음주의」 5장

①四面之坐, 象四時也.

번역 네 방면에 둘러앉는 것은 사계절을 본뜬 것이다.

① ○四面[止]四時也.

補註 疏曰: 主人東南象夏始, 賓西北象冬始, 僎東北象春始, 介西南象秋始.

번역 소에서 말하길, 주인이 동남쪽에 있는 것은 여름의 시작을 본뜬 것이고, 빈객이 서북쪽에 있는 것은 겨울의 시작을 본뜬 것이며, 준(僎)이 동북쪽에 있는 것은 봄의 시작을 본뜬 것이고, 개(介)가 서남쪽에 있는 것은 가을의 시작을 본뜬 것이다.

「향음주의」 6장

참고―經文

天地嚴凝之氣, 始於西南而盛於西北, 此天地之尊嚴氣也, 此
天地之義氣也. 天地溫厚之氣, 始於東北而盛於東南, 此天地
之盛德氣也, 此天地之仁氣也. 主人者尊賓, 故坐賓於西北, 而
坐介於西南以輔賓. 賓者, 接人以義者也, 故坐於西北. 主人
者, 接人以仁, 以德厚者也, 故坐於東南, 而坐僎於東北以輔主
人也. 仁義接, 賓主有事, 俎豆有數, 曰聖, 聖立而將之以敬, 曰
禮, 禮以體長幼, 曰德. 德也者, 得於身也, 故曰古之學術道者,
①將以得身也, 是故聖人務焉.

번역 천지의 엄준하고 차가운 기운은 서남쪽에서 발원하여 서북쪽에서 융성해지니,
이것은 천지의 존엄한 기운에 해당하며, 또한 천지의 의로운 기운에 해당한다. 천지
의 온화하고 후덕한 기운은 동북쪽에서 발원하여 동남쪽에서 융성해지니, 이것은
천지의 융성한 덕의 기운이고, 또한 천지의 인자한 기운이다. 주인의 역할을 맡은
자는 빈객을 존귀하게 받든다. 그렇기 때문에 서북쪽에 빈객을 앉히고 서남쪽에 개
(介)를 앉혀서 빈객을 보필하게 하는 것이다. 빈객이 된 자는 의로움을 통해 상대
방과 교우하는 자이다. 그렇기 때문에 서북쪽에 앉는 것이다. 또한 주인이 된 자는
인자함과 후덕함으로써 상대방과 교우하는 자이다. 그렇기 때문에 동남쪽에 앉고
동북쪽에 준(僎)을 앉혀서 주인을 보필하게 하는 것이다. 인(仁)과 의(義)를 통해
서로 교우하고, 빈객과 주인에게는 각각 시행하는 일이 있으며, 도마와 두(豆)와
같은 하찮은 기물에 있어서도 합당하게 정해진 수치가 있으니, 이처럼 모든 것에
두루 소통된 것을 '성(聖)'이라 부르고, 성스러움이 성립되고 공경함으로써 이끈
다면 이것을 '예(禮)'라고 부르며, 예를 실천하여 장유유서와 같은 인륜의 질서를
체득한 것을 '덕(德)'이라고 부른다. 덕은 제 자신이 터득한 것이다. 그렇기 때문
에 "고대의 학문·술책·도(道)라는 것은 장차 이를 통해서 제 자신을 터득시키는
것이다."라고 말한 것이다. 그래서 성인(聖人)은 이러한 분야에 대해 노력했던 것
이다.

① ○將以得身.

補註 鄭註: 得身, 謂成己令名, 免於刑罰.

번역 정현의 주에서 말하길, '득신(得身)'이라는 말은 자신의 영예로운 명성을 완성하고 형벌에서 벗어난다는 뜻이다.

「향음주의」 7장

참고-經文

祭薦·祭酒, 敬禮也. 嚌肺, 嘗禮也. 啐酒, 成禮也. 於席末, 言
是席之正, 非專爲飮食也, 爲行禮也. 此所以貴禮而賤財也. 卒
觶·①致實於西階上, 言是席之上, 非專爲飮食也. 此先禮而
後財之義也. 先禮而後財, 則民作敬讓而不爭矣.

번역 주인이 차려준 음식과 술로 빈객이 제사를 지내는 것은 주인이 시행하는 예를
공경하는 것이다. 빈객이 도마 위에 차려진 희생물의 폐(肺)를 가져다가 입으로 씹
어서 맛을 보는 것은 주인이 차려준 예를 맛보는 것이다. 빈객이 술을 입에 대어
조금 마시는 것은 주인이 시행하는 예를 완성하는 것이다. 술을 조금 마실 때에는
자리의 끝단에서 하니, 이것은 자리의 올바름을 뜻하는 것으로, 전적으로 음식을
위해서가 아니며, 예를 시행하기 위해서이다. 따라서 이것은 예를 존귀하게 여기며
재물을 천시하는 방법이다. 서쪽 계단 위에서는 잔을 한꺼번에 비우고, 잔 안에 있
는 술을 모두 마셔버리는데, 이것은 자리의 상단을 뜻하는 것이며, 전적으로 음식을
위해서가 아니다. 따라서 이것은 예를 앞세우고 재물을 뒤로 하는 도의에 해당한다.
예를 앞세우고 재물을 뒤로 한다면, 백성들은 공경함과 겸양의 미덕을 진작시켜서
다투지 않게 된다.

① ○致實.

補註 楊梧曰: 實字, 卽儀禮主人取爵實之, 是也.

번역 양오가 말하길, '실(實)'자는 『의례』에서 "주인이 잔을 가져다가 술을
채운다."[1]고 한 말에 해당한다.

---

1) 『의례』 「향음주례(鄕飮酒禮)」: 主人坐, 取爵實之, 賓席之前西北面獻賓.

疏曰: 祭薦者, 主人獻賓, 賓卽席祭所薦脯醢也. 祭酒者, 賓旣
祭薦, 又祭酒也, 此是賓敬重主人之禮也. 賓旣祭酒之後, 興取
俎上之肺嚌齒之, 所以嘗主人之禮也. 啐, 謂飲主人酒而入口,
所以成主人之禮也. 席末, 席西頭也. 按儀禮, 祭薦祭酒嚌肺,
皆在席之中, 惟啐酒在席末. 又嚌肺在前, 祭酒在後. 此先云祭
酒者, 嚌是嘗嚌之名, 祭酒是未飲之稱, 故祭酒與祭薦相連, 表
其敬禮之事, ①敬主人之物, 故祭薦祭酒嚌肺皆在席中. 啐酒
入於己, 故在席末. ②於席上者, 是貴禮; 於席末啐酒, 是賤財
也. 啐纔始入口, 猶在席末, 卒觶則盡爵, 故遠在西階上. 云卒
觶者, 論其將欲卒觶之事. 致實, 則論其盡酒之體. 酒爲觴中之
實, 今致盡此實也.

번역 소에서 말하길, '제천(祭薦)'은 주인이 빈객에게 술을 따라주면, 빈객은 자리
에 나아가서 차려진 포와 젓갈로 제사를 지낸다는 뜻이다. '제주(祭酒)'는 빈객이
차려진 음식으로 제사를 지내고 나면, 재차 술로 제사를 지낸다는 뜻이니, 이것은
빈객이 주인이 시행하는 예를 공경하고 중시하는 것이다. 빈객이 술로 제사를 지낸
이후, 일어나서 도마 위에 차려진 희생물의 폐(肺)를 가져다가 이빨로 씹으니, 주인
이 차려준 예를 맛보기 위해서이다. '쵀(啐)'자는 주인이 따라준 술을 마셔서 입에
넣는다는 뜻이니, 주인이 차려준 예를 완성시키기 위해서이다. '석말(席末)'은 자리
의 서쪽 끝을 뜻한다. 『의례』를 살펴보면, 차려진 음식으로 제사를 지내고 술로 제
사를 지내며 폐를 맛보는 것은 모두 자리의 중앙에서 시행하는데, 오직 술을 마시
는 것만은 석말(席末)에서 시행하고, 또 폐를 씹어서 맛보는 절차가 그 앞에 놓이
고, 술로 제사를 지내는 절차가 그 뒤에 놓인다. 그런데 이곳에서는 먼저 술로 제사
를 지낸다고 말했다. 그 이유는 '제(嚌)'자는 맛을 본다는 뜻의 명칭이고, 술로 제
사를 지낸다는 것은 아직 술을 마시지 않았을 때 쓰는 명칭이다. 그렇기 때문에 술
로 제사를 지내는 것과 차려진 음식으로 제사를 지낸다는 것을 서로 연이어 기록해
서, 예를 공경하는 사안을 드러낸 것이며, 주인이 차려준 사물을 공경하게 대하기
때문에, 차려진 음식으로 제사를 지내고 술로 제사를 지내며 폐를 씹어서 맛보는
절차를 모두 자리의 중앙에서 시행하는 것이다. 술을 마시는 것은 자신에게 술이
들어가는 것이기 때문에 석말(席末)에서 하는 것이다. 석상(席上)에서 한다는 것

은 예를 존귀하게 대하는 것이며, 석말(席末)에서 술을 마시는 것은 재물을 천시하는 것이다. 술을 입에 대어 적은 양을 처음으로 입에 넣을 때에는 여전히 석말(席末)에 위치하는 것이고, 치(觶)를 비우게 되면, 술잔의 술을 모두 마시기 때문에 멀리 떨어진 서쪽 계단 위에 있게 된다. '졸치(卒觶)'라고 말한 것은 장차 치(觶)를 비우려고 하는 사안을 논의한 것이다. '치실(致實)'이라고 말했으니, 술을 다 비우는 체(體)를 논의한 것이다. 술은 잔 안에 채우는 것이며, 현재 그 채운 것을 모두 비운 것이다.

① 敬主人之物故.

補註 按: 疏本文, 此六字在祭薦祭酒嚌肺下.

번역 살펴보니, 소의 본문에 있어서 이러한 6글자는 "차려진 음식으로 제사를 지내고, 술로 제사를 지내며, 폐를 맛본다."는 말 뒤에 기록되어 있다.

② 於席上者是貴禮.

補註 按: 疏本文, 於席上之下, 有"祭薦祭酒"四字.

번역 살펴보니, 소의 본문에는 '어석상(於席上)'이라는 말 뒤에 "차려진 음식으로 제사지내고 술로 제사지낸다[祭薦祭酒]."라는 4글자가 기록되어 있다.

「향음주의」 8장

참고─經文

鄉飲酒之禮: 六十者坐, 五十者立侍以聽政役, 所以明尊長也.
①六十者三豆, 七十者四豆, 八十者五豆, 九十者六豆, 所以明
養老也. 民知尊長養老, 而后乃能入孝弟, 民入孝弟, 出尊長養
老, 而后成教, 成教而后國可安也. 君子之所謂孝者, 非家至而
日見之也. 合諸鄉射, 教之鄉飲酒之禮, 而孝弟之行立矣.

번역 향음주례(鄉飲酒禮)에서는 나이가 60세인 자들은 당상에 앉고, 50세인 자들
은 당하에 서서 시중을 들며 심부름을 하니, 연장자를 존귀하게 대함을 나타내는
방법이다. 60세인 자에게는 음식을 대접하며 3개의 두(豆)를 내놓고, 70세인 자들
에게는 4개의 두를 내놓으며, 80세인 자들에게는 5개의 두를 내놓고, 90세인 자들
에게는 6개의 두를 내놓으니, 노인을 봉양함을 나타내는 방법이다. 백성들이 연장
자를 존귀하게 대하며 노인을 봉양해야 함을 안 이후에야 집에 들어가서 효제(孝
悌)의 덕목을 실천할 수 있고, 백성들이 집에 들어가서 효제를 실천하고 나와서 연
장자를 존귀하게 대하며 노인을 봉양한 이후에야 교화가 완성되며, 교화가 완성된
이후에야 나라를 편안하게 만들 수 있다. 군자가 말하는 '효(孝)'라는 것은 집집마
다 들어가서 날마다 그 덕목을 드러내는 것이 아니다. 여러 향사례(鄉射禮) 등과
합하여 향음주례를 가르침으로써 효제의 덕행이 성립되는 것이다.

① 六十者三豆.

補註 疏曰: 其五十者, 亦有豆, 但二豆而已, 則鄉飲酒禮衆賓立於堂下
者, 皆二豆.

번역 소에서 말하길, 50세인 자들에게도 두를 차려주는데, 다만 2개의 두만
있을 따름이니, 『의례』「향음주례(鄉飲酒禮)」편에서 빈객 무리들은 당하에
서 있다고 했을 때의 사람들에게는 모두 2개의 두를 차려준다.

坐者, 坐于堂上. 立者, 立于堂下. 豆當從偶數, 此但十年而加
一豆, 非正禮也. 舊說此是黨正屬民飮酒正齒位之禮, ①非賓
興賢能之飮也.

번역 '좌(坐)'라는 것은 당상에 앉는다는 뜻이다. '입(立)'이라는 것은 당하에 서
있다는 뜻이다. 두(豆)는 마땅히 짝수로 맞춰야 하는데, 이곳 기록에서는 단지 10년
단위로 1개의 두를 추가한다고 했으니 정식 예법이 아니다. 옛 학설에서는 이 기록
은 당정(黨正)이 백성들을 불러 모아서 음주를 베풀며, 나이에 따라 서열을 올바르
게 하는 예를 뜻하는 것이지, 현명한 자와 능력이 있는 자를 빈객으로 대접하는 음
주례는 아니라고 주장한다.

① 非賓興賢能之飮.

補註 疏曰: 此明黨正飮酒正齒位之事. 鄕飮酒禮賓賢能, 則用處士爲賓,
其次爲介, 其次爲衆賓, 皆以年少者爲之. 此正齒位之禮, 故賓·介皆用
年老者爲之.

번역 소에서 말하길, 이 문장은 당정(黨正)이 술을 마시며 나이에 따라 서열
을 바르게 한다는 사안을 나타내고 있다. 향음주례에서 현명한 자와 능력이
있는 자를 빈객으로 대접한다면, 처사(處士)를 빈객으로 삼고, 그 다음으로
뛰어난 자를 개(介)로 삼으며, 그 다음으로 뛰어난 자들을 빈객 무리들로 삼
는데, 모두 나이가 어린 자들로 삼게 된다. 이것은 나이에 따라 서열을 바르
게 하는 예에 해당한다. 그렇기 때문에 빈객과 개(介) 등은 모두 나이가 많
은 자들로 삼게 된다.

嚴陵方氏曰: 六十者坐, 則七十以上, 亦坐可知. 五十者立, 則
四十以下, 亦立可知. 聽政者, 聽上之人有所正也. 聽役者, 聽

上之人有所使也. 必五十以下則立, 六十以上則坐, 蓋五十日
艾, 艾則服官政之時, 固宜立侍以聽政役, 六十曰耆, 耆則指使
之時, 固宜坐以加政役於人也. 尊卑在儀, 養老在物, 故坐立之
不同, 所以明尊長. 豆數之不一, 所以明養老也. 唯六十非肉不
飽, 故六十以上, 始有豆數也. 前言俎豆有數, 而此不及俎者,
以俎大而豆小, 由其禮之小, 故止擧器之小者, 以明之也. 民知
尊長, 則能入弟矣. 知養老, 則能入孝矣. 民入而孝弟於其家,
出而尊長養老於其國, 則其敎豈有虧乎? 故曰而後成敎. 敎旣
成矣, 而國豈有危疑之禍乎? 故曰而後國可安也. 之, 禮也, 特
行之於一學而已, 固非家至也. 然敎之所及, 乃與家至不異, 特
行之於一時而已, 固非日見也. 然敎之所形, 乃與日見不殊, 亦
由制之以道而已. 射義①曰鄕大夫士之射也, 必先行飲酒之禮,
故言合諸鄕射也.

번역 엄릉방씨가 말하길, 60세인 자가 앉는다면 70세 이상인 자들 또한 앉는다는
사실을 알 수 있다. 50세인 자가 서 있다면 40세 이하인 자들 또한 서 있게 된다는
사실을 알 수 있다. '청정(聽政)'이라는 말은 당상에 있는 사람들이 올바르게 하는
것들을 듣는다는 뜻이다. '청역(聽役)'이라는 말은 당상에 있는 사람들이 부리는
일들을 듣는다는 뜻이다. 반드시 50세 이하의 자들만 서 있고 60세 이상인 자들만
앉는 것은 50세인 자는 '애(艾)'라고 부르니, 애(艾)에 해당하는 자들은 관료가 되
어 정무에 참여할 때, 마땅히 서서 시중을 들며 정무와 사역을 듣고, 60세인 자를
'기(耆)'라고 부르니, 기(耆)에 해당하는 자들은 남에게 지시할 때, 마땅히 앉아서
다른 사람에게 정무와 사역을 맡기기 때문이다.[1] 신분의 등급을 나누는 것은 의례
절차에 달려 있고 노인을 봉양하는 것은 사물에 달려 있다. 그렇기 때문에 앉거나
서 있는 차이를 두는 것은 연장자를 존귀하게 대함을 나타내는 방법이다. 한편 두
(豆)의 수가 동일하지 않은 것은 노인을 봉양함을 나타내는 방법이다. 다만 60세인

---

1) 『예기』 「곡례상(曲禮上)」: 人生十年曰幼, 學. 二十曰弱, 冠. 三十曰壯, 有室. 四
十曰强, 而仕. 五十曰艾, 服官政. 六十曰耆, 指使. 七十曰老, 而傳. 八十九十曰
耄, 七年曰悼, 悼與耄, 雖有罪, 不加刑焉. 百年曰期, 頤.

자들은 고기를 먹지 않으면 포만감을 느끼지 못한다.[2] 그렇기 때문에 60세 이상인 자들에 대해서만 비로소 두(豆)를 내놓는 수치가 정해져 있는 것이다. 앞에서는 도마와 두에 정해진 수치가 있다고 했는데, 이곳 문장에서 도마를 언급하지 않은 것은 도마는 크고 두는 작은데, 이러한 의례는 예 중에서도 작은 것이기 때문에, 단지 기물 중에서도 작은 것을 제시해서 나타낸 것이다. 백성들이 연장자를 존귀하게 높일 줄을 안다면 집에 들어가서 공손함을 따를 수 있다. 백성들이 노인을 봉양할 줄 안다면 집에 들어가서 효도를 할 수 있다. 백성들이 들어가 집에서 효도와 공손의 덕목을 실천하고, 밖으로 나와 나라에서 연장자를 존귀하게 높이며 노인을 봉양하게 된다면, 그 교화에 어찌 이지러짐이 있겠는가? 그렇기 때문에 "그 이후에야 교화를 이룬다."라고 말한 것이다. 교화가 이미 이루어졌다면, 나라에 어찌 위태로움과 의심을 불러일으키는 재앙이 발생하겠는가? 그렇기 때문에 "그 이후에야 나라를 안정시킬 수 있다."라고 말한 것이다. '지(之)'자는 예(禮)를 뜻하니, 한 가지 배움에 대해서 단지 그 예를 실천할 따름이며, 진실로 집마다 찾아가서 실천하는 것이 아니다. 그리고 교화가 미치는 것은 곧 집안에서 실천하는 것과 다르지 않지만, 단지 한 시기에만 시행할 따름이며, 진실로 날마다 드러내는 것이 아니다. 그런데 교화를 통해 드러나는 것은 곧 날마다 드러나는 것과 차이가 나지 않으니, 또한 도(道)로 제정한 것에서 연유될 따름이다. 『예기』「사의(射義)」편에서는 경·대부·사가 사례(射禮)를 시행할 때에는 반드시 그보다 앞서서 음주의 예법을 시행한다고 한 것이다.[3] 그래서 "여러 향사례를 합한다."라고 말한 것이다.

① 曰鄕大夫.

補註 鄕, 當作卿.

번역 '향(鄕)'자는 마땅히 경(卿)자로 기록해야 한다.

---

2) 『예기』「왕제(王制)」: 五十始衰, <u>六十非肉不飽</u>, 七十非帛不煖, 八十非人不煖, 九十雖得人不煖矣. 五十杖於家, 六十杖於鄕, 七十杖於國, 八十杖於朝, 九十者, 天子欲有問焉, 則就其室, 以珍從. / 『예기』「내칙(內則)」: 凡養老, 有虞氏以燕禮, …… 五十始衰, <u>六十非肉不飽</u>, 七十非帛不煖, 八十非人不煖, 九十雖得人不煖矣.

3) 『예기』「사의(射義)」: 古者諸侯之射也, 必先行燕禮. <u>卿·大夫·士之射也, 必先行鄕飮酒之禮</u>. 故燕禮者, 所以明君臣之義也. 鄕飮酒之禮者, 所以明長幼之序也.

①孔子曰: "吾觀於鄉, 而知王道之易易也." 主人親速賓及介, 而②衆賓自從之, 至于門外, 主人拜賓及介, 而②衆賓自入, 貴賤之義別矣. 三揖至于階, 三讓以賓升, 拜至獻酬辭讓之節繁, 及介省矣, 至于衆賓, 升受坐祭立飲, 不酢而降, 隆殺之義辨矣.

번역 공자가 말하길, "나는 향음주례(鄉飲酒禮)를 관찰하고서 왕도(王道)가 잘 다스려지고 있음을 알았다."라고 했다. 주인이 직접 빈객과 개(介)를 초빙하고, 빈객 무리들은 직접 따라오며, 문밖에 당도하게 되면, 주인은 빈객과 개(介)에게 절을 하고, 빈객 무리들은 직접 들어오니, 이러한 차별을 통해 신분의 차이에 따른 도의가 구별된다. 세 차례 읍을 하여 계단에 당도하고, 세 차례 사양을 하여 빈객이 당에 오르며, 빈객이 당도한 것에 대해 절을 하고 술을 건네 권하며 사양을 하게 되어 그 절차가 복잡한데 개(介)에 대해서는 생략하고, 빈객 무리들에게 있어서는 직접 올라와서 잔을 받고 앉아서 제사를 지내며 서서 술을 마시고, 주인에게 술을 따라주지 않고 내려가니, 이러한 차별을 통해 예법을 융성하게 하느냐 또는 낮춰서 하느냐의 도의가 분별된다.

① 孔子曰[止]易易也.

補註 鄭註: 鄉, 鄉飲酒也. 易易, 謂敎化之本, 尊賢尙齒而已.

번역 정현의 주에서 말하길, '향(鄉)'자는 향음주례(鄉飲酒禮)를 뜻한다. '이이(易易)'는 교화의 근본이 현명한 자를 존중하고 나이가 많은 자를 숭상하는 것일 뿐임을 뜻한다.

補註 ○按: 疏曰, "孔子嘗觀鄉飲酒, 而稱知王道之易易, 故記者引之, 以結鄉飲酒之義." 下文故曰, "吾觀於鄉, 而知王道之易易也." 疏曰, "此又覆說孔子所以知王道之易易也." 此則以主人親速賓以下爲非孔子之言, 而以家語觀之, 首尾皆孔子之言也. 疏說恐誤.

번역 ○살펴보니, 소에서는 "공자가 일찍이 향음주례를 살펴보고, 왕도가 잘 시행되고 있음을 알았다고 칭찬을 했다. 그렇기 때문에 『예기』를 기록한 자가 그 말을 인용하여 향음주례의 뜻을 결론 맺은 것이다."라고 했다. 그렇기 때문에 아래문장에서 "나는 향음주례를 관찰하고서 왕도가 잘 시행되고 있음을 알았다."라고 말한 것이고, 소에서는 "이것은 또한 공자가 왕도가 잘 시행되고 있음을 알았다고 말한 이유를 재차 설명한 것이다."라고 말한 것이다. 그렇다면 "주인이 직접 빈객을 초빙한다."라고 한 말로부터 그 이하는 공자의 말이 아닌 것이 되는데, 『가어』를 기준으로 살펴보면 앞뒤가 모두 공자의 말로 되어 있다. 따라서 소의 주장은 아마도 잘못된 것 같다.

② 衆賓自從之[又]衆賓自入.

補註 疏曰: 衆賓自從之者, 主人親自速賓, 竝往速介, 而衆賓不須往速, 自從賓‧介而來. 衆賓自入者, 謂賓‧介至門, 主人拜賓及介, 而衆賓不須拜, 自入門.

번역 소에서 말하길, 빈객 무리들이 직접 따라온다는 것은 주인이 직접 빈객을 초빙하고, 이울러 찾아가서 개(介)를 초빙하지만, 빈객 무리들에 대해서는 찾아가서 초빙할 필요가 없으니, 그들이 직접 빈객과 개(介)를 따라서 찾아오기 때문이다. 빈객 무리들이 직접 들어온다는 것은 빈객과 개(介)가 문에 당도하면, 주인은 빈객과 개(介)에게 절을 하지만, 빈객 무리들에 대해서는 절을 할 필요가 없으니, 그들은 직접 문으로 들어오기 때문이다.

참고-集說

疏曰: 主人旣拜其來至, 又酌酒獻賓, 賓酢主人, 主人又酌而自飲以酬賓, 介酢主人則止. ①主人不酢介, 是及介省矣. 主人獻衆賓于西階上, 受爵坐祭立飲, 不酢主人而降, 於賓禮隆, 衆賓禮殺, 是隆殺之義別矣.

번역 소에서 말하길, 주인은 이미 빈객이 찾아와 당도한 것에 대해 절을 했는데, 재차 술을 따라 빈객에게 주며, 빈객은 주인에게 술을 권하고, 주인은 또한 술을 따라 제 스스로 마셔 빈객에게 술을 권하고, 개(介)가 주인에게 술을 따라주면 그치게 된다. 주인이 개(介)에게 술을 따라주지 않는 것이 바로 개(介)에 대해서는 생략한다는 뜻이다. 주인이 서쪽 계단 위에서 빈객 무리에게 술을 바치고, 술잔을 받고 자리에 앉아서 제사를 지내며 서서 마시는데, 주인에게 술을 따라주지 않고 내려가니, 빈객에 대해서는 예법을 융성하게 시행하고 빈객 무리들에 대해서는 예법을 낮추기 때문이다. 이것은 융성하게 하며 낮추는 도의가 구별된다는 뜻이다.

① 主人不酢介.

補註 按: 疏本文如是, 而以義則酢改作酬, 恐是.

번역 살펴보니, 소의 본문도 이처럼 기록되어 있지만, 의미로 보자면 '초(酢)'자를 수(酬)자의 뜻으로 고쳐서 보는 것이 옳은 해석인 것 같다.

「향음주의」 10장

工入升歌三終, 主人獻之. 笙入三終, 主人獻之. ①間歌三終,
合樂三終. 工告樂備遂出. ②一人揚觶, 乃立司正焉. 知其能和
樂而不流也.

번역 악공(樂工)이 들어와 당상으로 올라가서 세 차례 노래 부르면, 주인은 술을
따라서 그에게 건넨다. 생황을 연주하는 자가 들어와 당하에서 세 차례 연주하면,
주인은 술을 따라서 그에게 건넨다. 당상과 당하에 있는 악공들이 번갈아가며 연주
와 노래를 세 차례 끝마치고, 또 합주를 세 차례 끝마치게 된다. 이러한 절차가 끝
나면 악공은 악정(樂正)에게 음악을 모두 연주했다고 아뢰고, 악정은 다시 빈객에
게 아뢴 뒤에 나간다. 주인에게 소속된 관리 1명이 치(觶)를 들어 올리면, 주인은
곧 의례를 돕던 자 1명을 사정(司正)으로 삼아서, 음주를 하며 실수하지 못하도록
감독하게 시킨다. 따라서 이처럼 시행하면, 화락하면서도 방탕하게 되지 않을 수
있다는 사실을 알 수 있다.

① 間1)歌三終合樂三終.

補註 楊梧曰: 間言歌, 合言樂, 互文也.

번역 양오가 말하길, 번갈아하는 것에 대해 노래를 언급하고, 합해서 하는
것에 대해 음악을 언급한 것은 상호 그 뜻을 드러내도록 한 것이다.

補註 ○通解曰: 今按, 合樂, 孔疏非是. 當從儀禮賈疏, 謂堂上歌瑟, 堂
下笙磬, 合奏此六詩也. 言三終者, 二南各三終也.

번역 ○『통해』에서 말하길, 현재 살펴보니 합악(合樂)에 대한 공영달의 소
는 잘못되었다. 마땅히 『의례』에 나온 가공언의 소에 따라야 하니, 당상에서

---

1) '간(間)'자에 대하여. '간'자는 본래 '문(聞)'자로 기록되어 있었는데, 『예기』 경문에
   따라 글자를 수정하였다.

노래를 부르고 슬을 연주하며, 당하에서 생과 경을 연주하는데 이러한 여섯 시가에 대해서 합주를 한다는 뜻이다. '삼종(三終)'이라고 말한 것은 주남과 소남에 대해서 각각 세 차례씩 마친다는 뜻이다.

② 一人揚觶.

補註 疏曰: 示將行旅酬也.

번역 소에서 말하길, 장차 서로 술을 권하는 의식을 진행하게 된다는 뜻을 나타내기 위해서이다.

①工入而升堂, 歌鹿鳴·四牡·皇皇者華, 每一篇而一終, 三篇終, 則主人酌以獻工焉. 吹笙者入於堂下, 奏南陔·白華·華黍, 亦每一篇而一終, 三篇終, 則主人亦酌以獻之也. 間者, 代也. 笙與歌皆畢, 則堂上與堂下更代而作, 堂上先歌魚麗, 則堂下笙由庚, 此爲一終. 次則堂上歌南有嘉魚, 則堂下笙崇丘, 此爲二終. 又其次堂上歌南山有臺, 則堂下笙由儀, 爲三終也. 合樂三終者, 謂堂上下歌瑟及笙並作也. 工歌關雎, 則笙吹鵲巢合之. 工歌葛覃, 則笙吹采蘩合之. 工歌卷耳, 則笙吹采蘋合之. 如此皆竟, 工以樂備告樂正, 樂正告於賓而遂出. 蓋樂正自此不復升堂矣, 故云遂出也. 一人者, 主人之吏也. 此人擧觶之後, 主人使相禮者一人爲司正, 恐旅酬時有懈惰失節者以董正之也. 如此, 則雖和樂而不至於流放矣.

번역 악공(樂工)이 들어와 당상에 올라가서 '녹명(鹿鳴)'·'사모(四牡)'·'황황자화(皇皇者華)'를 노래하는데, 각 한 편마다 하나의 종(終)이 되고, 세 편을 모두 마치면 주인은 술을 따라서 악공에게 건넨다. 생(笙)을 부는 자는 당하에 자리하여

'남해(南陔)'·'백화(白華)'·'화서(華黍)'를 연주하는데, 또한 각 한 편마다 하나의 종(終)이 되고, 세 편을 모두 마치면 주인은 또한 술을 따라서 그에게 건넨다. '간(間)'은 "교대하다[代]."는 뜻이다. 생황을 연주하고 노래를 부르는 일이 모두 끝나면, 당상과 당하에 있는 악공들이 번갈아가며 연주와 노래를 하니, 당상에 있는 자들이 먼저 '어려(魚麗)'편을 노래하면, 당하에 있는 자들은 '유경(由庚)'편을 생황으로 연주하니, 이것이 첫 번째 종(終)이 된다. 그 다음으로 당상에 있는 자들이 '남유가어(南有嘉魚)'편을 노래하면, 당하에 있는 자들은 '숭구(崇丘)'편을 생황으로 연주하니, 이것이 두 번째 종(終)이 된다. 또 그 다음으로 당상에 있는 자들이 '남산유대(南山有臺)'편을 노래하면, 당하에 있는 자들은 '유의(由儀)'편을 생황으로 연주하니, 이것이 세 번째 종(終)이 된다. '합악삼종(合樂三終)'이라는 말은 당상과 당하에 있는 자들이 노래하고 슬(瑟)과 생황을 함께 연주한다는 뜻이다. 악공이 '관저(關雎)'편을 노래하면 생황으로는 '작소(鵲巢)'편을 불어서 합주한다. 또 악공이 '갈담(葛覃)'편을 노래하면 생황으로는 '채번(采蘩)'편을 불어서 합주한다. 또 악공이 '권이(卷耳)'편을 노래하면 생황으로는 '채빈(采蘋)'편을 불어서 합주한다. 이처럼 하길 모두 끝마치면, 악공은 음악에 대한 연주가 모두 갖춰졌음을 악정(樂正)에게 아뢰고, 악정은 빈객에게 아뢴 뒤에 결국 밖으로 나가게 된다. 악정은 이 시점부터 재차 당상에 오르지 않기 때문에, '수출(遂出)'이라고 부른 것이다. '일인(一人)'이라는 사람은 주인이 부리는 관리이다. 이 사람이 치(觶)를 든 이후에 주인은 의례의 진행을 돕는 자 1명을 시켜서 사정(司正)으로 삼으니, 서로 술을 권하게 될 때 풀어지고 태만하게 되어 절도를 잃는 자가 발생할 것을 염려하여 감독해서 바로잡고자 했기 때문이다. 이처럼 한다면 비록 화락하더라도 방탕한 곳으로 흐르지 않게 된다.

① 工入[止]采蘋合之.

補註 按: 此全用疏文, 而合樂三終之解, 朱子旣以爲非是, 當以賈疏爲正.

번역 살펴보니, 이것은 전적으로 소의 기록을 가져온 것인데, '합악삼종(合樂三終)'에 대한 풀이에 있어서 주자는 이미 옳지 않다고 여겼으니, 마땅히 가공언의 소를 정론으로 삼아야 한다.

補註 ○又按: 此樂詩及節次, 竝見儀禮.

번역 ○또 살펴보니, 여기에서 말한 음악의 시가 및 악절의 순서에 대해서는 모두 『의례』에 관련 기록이 나온다.

補註 ○儀禮·鄕飮禮: 工入, 升自西階, 北面坐. 相者授瑟. 工歌鹿鳴·四牡·皇皇者華. 卒歌, 主人獻工. 拜送爵, 工一人拜, 不興受爵. 飮不拜. 衆工則不拜受爵, 祭, 飮. 笙入堂下, 磬南北面立. 樂南陔·白華·華黍. 主人獻之拜送爵. 一人拜, 盡階, 不升堂受爵. 坐祭, 立飮, 不拜. 衆笙則不拜受爵, 坐祭, 立飮. 乃間歌魚麗, 笙由庚, 歌南有嘉魚, 笙崇丘, 歌南山有臺, 笙由儀. 乃合樂, 周南關雎·葛覃·卷耳, 召南鵲巢·采蘩·采蘋.

번역 ○『의례』「향음주례(鄕飮酒禮)」편에서 말하길, 악공이 들어서서 서쪽 계단을 통해 당상으로 올라가고, 북쪽을 바라보며 앉는다. 악공을 부축하는 자는 슬을 건넨다. 악공은 「녹명(鹿鳴)」·「사모(四牡)」·「황황자화(皇皇者華)」편을 노래 부른다. 노래를 마치면 주인은 악공에게 술을 따라 바친다. 절을 하여 술잔을 보내면, 악공들의 수장 한 사람이 절을 하며 일어나지 않고 술잔을 받는다. 주인은 동쪽 계단 위에서 절을 하며 술잔을 건넨다. 악공이 술을 마시는데 절을 하지 않는다. 여러 악공들은 절을 하지 않고 술잔을 받아서 제사를 지내고서 마신다. 생황을 연주하는 자는 들어와 당하에 위치하는데, 경(磬)의 남쪽에서 북쪽을 바라보며 선다. 「남해(南陔)」·「백화(白華)」·「화서(華黍)」편을 연주한다. 주인이 술을 바치는데, 절을 하여 술잔을 보낸다. 생황을 연주하는 자들의 수장이 절을 하고 계단 끝가지는 올라가지만 당상으로 올라가지는 않고 잔을 받는다. 앉아서 술로 제사를 지내고 서서 술을 마시며 절을 하지 않는다. 생황을 연주하는 무리들에게 술을 건네는 경우라면, 그들은 절을 하지 않고 술잔을 받으며 앉아서 술로 제사를 지내고 일어나서 마신다. 교대로 연주하여 「어려(魚麗)」편을 노래 부르면 「유경(由庚)」편을 생황으로 연주하고, 「남유가어(南有嘉魚)」편을 노래 부르면 「숭구(崇丘)」편을 생황으로 연주하며, 「남산유대(南山有臺)」편을 노래 부르면 「유의(由儀)」편을 생황으로 연주한다. 합주를 하여, 「주남(周南)」으로는 「관저(關雎)」·「갈담(葛覃)」·「권이(卷耳)」편, 「소남(召南)」으로는 「작소(鵲

巢)」·「채번(采蘩)」·「채빈(采蘋)」편을 합주한다.[2]

2) 『의례』「향음주례(鄕飮酒禮)」: 工入, 升自西階, 北面坐. 相者東面坐, 遂授瑟, 乃
   降. 工歌鹿鳴·四牡·皇皇者華. 卒歌, 主人獻工. 工左瑟, 一人拜, 不興, 受爵.
   主人阼階上拜送爵. 薦脯醢, 使人相祭. 工飮, 不拜旣爵, 授主人爵. 衆工則不拜,
   受爵, 祭飮, 辯有脯醢, 不祭. 大師, 則爲之洗, 賓·介降, 主人辭降. 工不辭洗.
   笙入堂下, 磬南, 北面立. 樂南陔·白華·華黍. 主人獻之于西階上. 一人拜, 盡
   階, 不升堂, 受爵, 主人拜送爵. 階前坐祭, 立飮, 不拜旣爵, 升授主人爵. 衆笙則
   不拜, 受爵, 坐祭, 立飮, 辯有脯醢, 不祭. 乃間歌魚麗, 笙由庚; 歌南有嘉魚, 笙崇
   丘; 歌南山有臺, 笙由儀. 乃合樂, 周南: 關雎·葛覃·卷耳, 召南: 鵲巢·采蘩·
   采蘋.

「향음주의」11장

賓酬主人, 主人酬介, 介酬衆賓, ①少長以齒, 終於沃洗者焉.
知其能弟長而無遺矣.

번역 빈객은 주인에게 술잔을 돌리고, 주인은 개(介)에게 술잔을 돌리며, 개는 빈객 무리에게 술잔을 돌리니, 나이가 어린 자나 많은 자는 나이에 따라 서열을 정해서 술잔을 돌리며, 씻을 물을 따라주는 자에게까지 술잔이 돌아가면 끝낸다. 이를 통해서 나이가 어린 자와 많은 자가 서로 우애롭게 지내면서도 빠트리는 자가 없다는 사실을 알 수 있다.

① 少長以齒[止]洗者焉.

補註 疏曰: 旅酬之時, 賓主人之黨各以少長爲齒, 以次相旅, 至於執掌罍洗之人, 以水沃盥洗爵者, 皆預酬酒之限. 此經主人酬介, 介酬衆賓, 雖據旅酬之時, 其少長以齒, 終於沃洗者, 是無筭爵之節也.

번역 소에서 말하길, 서로 술을 권하게 될 때, 빈객과 주인에게 속한 무리들은 각각 나이에 따라 서열을 정하고, 차등적으로 서로의 무리에게 술을 권하는데, 씻는 일을 담당하는 자에게까지 술이 돌아가게 하니, 물을 이용해서 손을 씻게 하고 잔을 씻게 하는 자이기 때문에, 모든 경우에 있어서 술을 권하는 마지막 단계에 참여한다. 이곳 경문에서는 주인이 개(介)에게 잔을 돌리고, 개가 빈객 무리에게 잔을 돌린다고 했는데, 비록 서로 술을 권하는 시점을 기준으로 하고 있지만, 나이가 어린 자와 많은 자는 나이에 따라 서열을 정하고, 씻을 물을 따라주는 자에게까지 돌아가면 끝이 나니, 이것은 잔의 수를 셈함이 없는 절차에 해당한다.

補註 ○按: 以疏說觀之, 沃洗者, 似不與賓主之黨序齒, 豈或別自爲列而序齒耶?

번역 ○살펴보니, 소의 주장에 따라 보면 씻을 물을 따라주는 자는 아마도 빈객과 주인의 무리가 나이에 따라 서열을 정하는데 참여하지 않는 것처럼 보이는데, 어찌 별도로 그들끼리 나열하여 나이에 따라 서열을 정했겠는가?

참고-集說

①浩齋曰: 前言介之無酬, 衆賓之無酢者, 蓋未歌之時也. 此言賓酬主人, 主人酬介, 介酬衆賓者, 旣歌之後, 行旅酬之時也. 沃洗者, 滌濯之人也. 雖至賤, 旅酬之際, 猶言齒焉, 則貴者可知矣. 自貴及賤無不序齒, 此所以知其能弟長而無遺矣.

번역 호재가 말하길, 앞에서는 개(介)가 술잔을 돌리거나 빈객 무리가 술을 따라주는 일이 없다고 했는데, 아마도 아직 노래를 부르지 않았을 때의 상황인 것 같다. 이곳에서 빈객이 주인에게 술잔을 돌리고, 주인이 개에게 술잔을 돌리며, 개가 빈객 무리에게 술잔을 돌린다고 한 것은 노래가 끝난 이후 여수(旅酬)를 시행하는 때에 해당한다. '옥세자(沃洗者)'는 씻는 일을 담당하는 사람이다. 비록 지극히 미천한 자라 하더라도, 서로 술을 권할 때에는 오히려 나이순으로 한다고 했다면, 존귀한 자에 대한 경우 또한 이처럼 한다는 사실을 알 수 있다. 존귀한 자로부터 미천한 자에 이르기까지, 나이에 따라 서열을 정하지 않는 일이 없으니, 이것은 나이가 어린 자와 많은 자가 서로 우애롭게 지내면서도 빠트리는 자 없음을 알게 되는 이유이다.

① 浩齋曰.

補註 按: 自此以下浩齋曰者, 皆非呂氏說之見於通解者也.

번역 살펴보니, 이곳부터 그 이하로 '호재왈(浩齋曰)'이라고 하는 것들은 모두 『통해』에 나온 여씨의 주장이 아니다.

「향음주의」12장

浩齋曰: 前此皆立而行禮, 未徹俎, 故未說屨. 至此徹俎之後, 乃說屨升坐而坐燕也. 脩, 擧也. 脩爵無數, 無算爵是也. 凡治事者, 朝以聽政, 而鄕飮聽政罷方行, 是朝不廢朝也. 夕以脩令, 而鄕飮禮畢, ①猶可以治私事, 是莫不廢夕也. ②若黨正飮酒, 一國若狂則無不醉矣. 節文終遂者, 終, 竟也. 遂, 猶申也. 言雖禮畢, 主人猶送以拜賓, 節文之禮終申遂而無所缺, 則知其安於燕樂而不至於亂矣.

번역 호재가 말하길, 앞에서 언급한 사안들은 모두 서서 의례를 시행하며, 아직 도마를 치우지 않은 것이다. 그렇기 때문에 아직까지 신발을 벗지 않았다. 이 시점에 이르러 도마를 치운 이후가 되면 곧 신발을 벗고 자리에 올라가서 앉으며, 앉아서 연회를 즐긴다. '수(脩)'자는 "든다[擧]."는 뜻이다. '수작무수(脩爵無數)'는 무산작(無算爵)[1]을 가리킨다. 무릇 정사를 다스리는 자는 아침에 정무를 듣고, 향음주례(鄕飮酒禮)는 정무 듣는 것을 끝낸 이후에 시행하니, 이것이 아침에 조회를 폐지하지 않는다는 뜻이다. 저녁에는 지시할 일들을 확정하고, 향음주례가 끝나더라도 사적인 일들을 처리할 수 있으니, 이것이 저녁에도 처리할 일을 폐하지 않는다는 뜻이다. 만약 당정(黨正)이 음주를 하게 되면, 한 나라 전체가 들떠서 마치 광분한 것처럼 되니, 취하지 않은 자가 없게 된다. '절문종수(節文終遂)'라고 했는데, '종(終)'자는 "끝내다[竟]."는 뜻이다. '수(遂)'자는 "거듭하다[申]."는 뜻이다. 즉 비록 정규 의례는 끝났지만, 주인은 여전히 전송을 하며 빈객에게 절을 하여, 예법

---

1) 무산작(無算爵)은 술잔의 수를 헤아리지 않는다는 뜻이다. 여수(旅酬)를 한 이후에, 빈객들의 제자들과 형제들의 자제들은 각각 그들의 수장에게 술을 따르고, 잔을 들어 올리는 것도 각각 그들의 수장에게 한다. 그리고 빈객들이 잔을 가져다가, 형제들 집단에 술을 권하고, 장형제(長兄弟)들은 잔을 가져다가 빈객의 무리들에게 술을 권하게 된다. 이처럼 여러 차례 술을 따르고 권하기 때문에, 이러한 절차를 '무산작'이라고 부르는 것이다.

절차를 마무리하면서도 거듭 펼쳐서 누락되는 것이 없도록 하니, 안락한 연회에 편안함을 느끼게 되면서도 문란한 지경에 이르지 않는다는 사실을 알 수 있다.

① ○猶可以治私事.

補註 楊梧曰: 政是奉于君而行于己者, 令是出乎身而加乎民者, 修令, 何以言私對君政言耳?

번역 양오가 말하길, 정무라는 것은 군주의 명을 받들어 자신을 통해 시행되는 것이며, 명령은 자신에게서 나와 백성에게 영향을 끼치는 것이다. 명령을 확정하는 것에 대해서 어떻게 사적인 것과 군주의 정무를 대비시켜 말할 수 있단 말인가?

② **若黨正[止]醉矣.**

補註 按: 此註全用疏文, 而若黨正上, 疏有"此謂鄕飮酒之禮"七字. 若黨正飮酒之禮, 則一國皆醉, 故不可謂朝莫不廢事也.

번역 살펴보니, 이 주석은 전적으로 소의 기록을 따르고 있는데, '약당정(若黨正)'이라는 말 앞에 소에서는 "이것은 향음주례를 뜻한다."라는 7글자가 기록되어 있다. 당정이 시행하는 향음주례의 의례라면 한 나라 안의 사람들이 모두 취하게 된다. 그렇기 때문에 아침이나 저녁에 처리할 일을 폐하지 않는다고 말할 수 없다.

참고-集說

浩齋曰: 飲酒之禮, 莫先於賓主. 立賓象天, 立主象地, 禮之經也. 其次立介僎以輔之者, 紀也. 其次立三賓以陪之者, 參也. 政教之立, 必有經有紀有參, 然後可行. 故飲酒之禮, 必有賓主介僎三賓, 然後可行. 故曰政教之本也. ①前言介僎陰陽, 此言象日月者, 前章言氣, 故以陰陽象之; 此章言體, 故以日月象之. 僎在東北, 象日出也; 介在西南, 象月出也. 以三光爲三大辰, ②正義按昭公十七年有星孛于大辰, ③公羊曰: "大辰者, 大火也. 伐爲大辰, 北辰亦爲大辰." 爾雅: "房心尾大火, 謂之大辰. 北極, 謂之北辰." 大火與伐, 天所以示民時早晚, 天下之所取正, ④是亦政教所出也.

번역 호재가 말하길, 술을 마시는 예법에서 빈객과 주인보다 앞서는 것은 없다. 빈객을 세워서 하늘을 본뜨고 주인을 세워서 땅을 본뜨니, 예의 경(經)에 해당한다. 그 다음으로 개(介)와 준(僎)을 세워서 보필하도록 하니, 예의 기(紀)에 해당한다. 그 다음으로 삼빈(三賓)을 세워서 돕도록 하는 것은 예의 참(參)에 해당한다. 정치와 교화를 세울 때에는 반드시 경(經)도 있어야 하고 기(紀)도 있어야 하며 참(參)도 있어야 하니, 그렇게 된 이후에야 시행될 수 있다. 그렇기 때문에 음주를 하는 예법에서는 반드시 빈객·주인·개·준·삼빈을 둔 이후에야 시행할 수 있는 것이다. 그래서 "정치와 교화의 근본이다."라고 말한 것이다. 앞에서는 개와 준은 음양(陰陽)을 본뜬 것이라고 했고, 이곳에서는 해와 달을 본뜬 것이라고 했는데, 앞에서는 기(氣)를 언급했기 때문에 음양으로써 본뜬 것이고, 이곳에서는 체(體)를 언급했기 때문에 해와 달로써 본뜬 것이다. 준이 동북쪽에 있는 것은 해가 떠오름을 본뜬 것이고, 개가 서남쪽에 있는 것은 달이 떠오름을 본뜬 것이다. '삼광(三光)'은 삼대진(三大辰)으로 여기는데, 『정의』에서는 소공(昭公) 17년에 대한 기록을 살펴보면, "혜성이 대진(大辰)에서 출현했다."[1]는 기록이 있고, 『공양전』에서는 "'대진

---

1) 『춘추』 「소공(昭公) 17년」: 冬, <u>有星孛于大辰</u>, 西及漢.

(大辰)'이라는 것은 대화(大火)를 뜻한다. '벌(伐)'도 대진(大辰)이 되고, 북진(北辰) 또한 대진(大辰)이 된다."2)라고 했고, 『이아』에서는 "방(房)·심(心)·미(尾)·대화(大火)를 '대진(大辰)'이라고 부른다. '북극(北極)'을 '북진(北辰)'이라고 부른다."3)라고 했다. 대화(大火)와 벌(伐)은 하늘이 백성들에게 시기의 늦고 빠름을 보여주어서, 천하의 사람들이 올바름으로 삼는 것이다. 이것이 또한 정치와 교화가 도출되는 이유이다.

① ○前言介儐[止]象之也.

補註 按: 此註雖出疏說, 而前章言氣, 此章言體云者, 有病, 不若疏之無病.

번역 살펴보니, 이곳 주는 비록 소의 주장에서 도출된 것이지만, 앞에서 기(氣)라 말하고 이곳에서 체(體)라 말한 것에는 병폐가 있으니, 이러한 병폐가 없는 소만 못하다.

補註 ○疏曰: 象日月者, 卽前章陰陽也. 但陰陽據其氣, 日月言其體.

번역 ○소에서 말하길, 해와 달을 본뜬다는 것은 곧 앞 장에서 언급한 음양에 해당한다. 다만 음양(陰陽)이라는 것은 그것의 기(氣)적인 측면에 기준을 둔 것이고, 일월(日月)은 그것의 체(體)를 언급한 것이다.

② 正義[止]于大辰.

補註 按: 正義, 卽孔疏正義也.

번역 살펴보니, '정의(正義)'는 공영달의 소인 『정의』에 해당한다.

---

2) 『춘추공양전』「소공(昭公) 17년」: 冬, 有星孛于大辰, 孛者何? 彗星也. 其言于大辰何? 在大辰也, 大辰者何? 大火也. 大火爲大辰, 伐爲大辰, 北辰亦爲大辰. 何以書, 記異也.

3) 『이아』「석천(釋天)」: 天駟, 房也. 大辰, 房·心·尾也. 大火謂之大辰.

③ 公羊曰[止]亦爲大辰.

補註 按: 公羊傳文止此. 本文, 大辰者大火也下, 有"大火爲大辰"五字. 註云, "大火謂心, 伐謂參伐也. 大火與伐, 天所以示民時早晚, 天下所取正, 故謂之大辰. 北辰, 北極, 天之中也. 常居其所, 迷惑不知東西者, 須視北辰以別心伐所在, 故加亦. 亦者, 兩相須之意." 又其疏云, "大火者, 蒼龍宿之心, 在中最明, 故以候四時焉. 伐, 謂之參伐也者, 以伐在參傍, 與參連體而六星故也."

번역 살펴보니, 『공양전』의 기록은 여기에서 끝난다. 본문에는 "'대진(大辰)'이란 무엇을 말하는가? 대화성을 뜻한다."라는 기록 밑에 "대화성은 대진이 된다[大火爲大辰]."라는 5글자가 기록되어 있다. 주에서는 "'대화(大火)'는 심수(心宿)를 뜻하며, '벌(伐)'은 삼수(參宿)에 있는 벌(伐)[4]이다. 대화성과 벌성은 하늘이 백성들에게 농사 시기의 빠르거나 늦음을 보여주어, 천하의 사람들이 그에 따라 기준으로 정하는 것이다. 그렇기 때문에 '대진(大辰)'이라고 부른다. '북진(北辰)'은 북극성이니 하늘의 중심이 된다. 항상 제자리에 머물러 있기 때문에, 미혹되어 방위를 알 수 없을 때 북진을 살펴보고서 심수와 벌성의 위치를 구별할 수 있다. 그렇기 때문에 '역(亦)'자를 붙여서 말한 것이다. '역(亦)'은 양쪽 모두 상호 필요로 한다는 뜻이다."라고 했다. 또 그 소에서는 "대화성은 창룡칠수 중의 심수로, 가운데 있어 가장 밝기 때문에 이를 통해 사계절을 살핀다. 벌은 삼수에 있는 벌이라고 했는데, 벌성은 삼수 곁에 있고, 삼수와 연결하면 6개의 별이 되기 때문이다."라고 했다.

④ 是亦政教所出.

補註 疏本文曰: 是天之政教, 出於大辰.

번역 소의 본문에서 말하길, 이것이 바로 하늘의 정치와 교화가 대진(大辰)에서 나타난다는 뜻이다.

---

4) 벌(伐)은 삼수(參宿) 근처에 있는 별자리로, 벌성(伐星)을 뜻한다. '삼수'의 중앙 부분 근처에 있으며, 작은 세 개의 별로 이루어져 있다.

「향음주의」 15장

참고-經文

烹狗于東方, 祖陽氣之發于東方也. ①<u>洗之在阼, 其水在洗東, 祖天地之左海也.</u>

번역 동쪽에서 희생물로 사용할 개를 삶는 것은 양기(陽氣)가 동쪽에서 발생하는 것을 본받은 것이다. 세(洗)를 동쪽 계단에 놓고, 그곳에 채울 물을 세 동쪽에 놓아 두는 것은 천지가 바다를 좌측으로 두고 있음을 본받은 것이다.

① 洗之[止]洗東.

補註 士冠禮: "設洗直于東榮, 水在洗東." 註: "洗, 承盥洗者之棄水器也, 士用鐵. 水器, 尊卑皆用金罍, 大小異." 疏曰: "洗者, 盥手洗爵之時, 恐水穢地, 所用以承其棄水之器也. 士用鐵, 漢制也. 大夫用銅, 諸侯用白銀, 天子用黃金也. 金罍, 亦漢制. 然經直言水, 不言罍, 唯少牢云, '設罍水於洗東, 有枓.' 鄭註云, '設水用罍, 沃盥用枓.'"

번역 『의례』「사관례(士冠禮)」편에서 말하길, "세를 설치하며 동쪽 추녀와 마주하도록 두고, 물은 세의 동쪽에 둔다."[1]라고 했고, 주에서는 "'세(洗)'는 씻고 버리는 물을 받는 그릇인데, 사는 철을 이용해서 만든다. 물을 담는 그릇은 신분의 차이와 상관없이 모두 금뢰(金罍)를 사용하는데, 크기에는 차이가 있다."라고 했으며, 소에서는 "세(洗)라는 것은 손을 씻고 술잔을 씻을 때, 물이 땅을 더럽히게 될 것을 염려하여, 이것을 사용해서 버리는 물을 담도록 했던 그릇이다. 사는 철을 이용해서 만들었다고 하는데, 이것은 한나라 때의 제도이다. 대부는 동으로 만들었고 제후는 백은으로 만들었으며 천자는 황금으로 만들었다. 금뢰라는 것 또한 한나라 때의 제도이다. 그런데 경문에서는 단지 '수(水)'라고만 했고 뢰(罍)를 언급하지 않았는데, 다만 『의례』

---

1) 『의례』「사관례(士冠禮)」: 夙興, <u>設洗, 直于東榮</u>, 南北以堂深. <u>水在洗東</u>.

「소뢰궤식례(少牢饋食禮)」편에서는 '뇌수를 세의 동쪽에 설치하며 뜨는 기구를 둔다.'[2]라고 했고, 정현의 주에서는 '물을 둘 때에는 뇌를 사용하고, 씻을 물을 부을 때에는 두를 이용한다.'"라고 했다.

方氏曰: ①海有四, 正言東者, 取夫水之所歸也. 水位居坎, 而其流歸東者, 由其生于天一, 行於地中故也. 天傾西北而不足, 故水之源自此而生; 地缺東南而不滿, 故水之流順此而行. 天之所傾, 地之所缺, 則其形下矣. 而善下者, 水之性也, 故其理如此. 然則水位居北者, 本天位也. 其流歸東者, 因地勢也. 南與北合, 水位居北而流不歸南者, 蓋東方之德木, 木則水之所生; 南方之德火, 火則水之所勝; 生之爲利, 勝之爲害, 而善利者水之德也, 故趨其所生焉.

번역 방씨가 말하길, 바다는 사면에 포진되어 있는데 동쪽에 있는 것만을 언급한 것은 물이 귀의하는 곳에 따라 그 의미를 취했기 때문이다. 수(水)의 자리는 감괘(坎卦☵)에 위치하는데 그 물의 흐름이 동쪽으로 귀의하는 것은 천(天)의 1에서 생겨나서 지(地) 안에서 행동함에 말미암기 때문이다. 천은 서북쪽으로 기울어서 부족하게 된다. 그렇기 때문에 수의 근원이 이곳으로부터 생겨나는 것이다. 지는 동남쪽으로 틈이 생겨서 가득차지 못하게 된다. 그렇기 때문에 수의 흐름은 그 방향에 따라 흐르는 것이다. 천이 기울어진 것이고 지가 틈이 생긴 것이니, 그 형상은 아래로 내려간다. 그리고 밑으로 잘 내려가는 것은 수의 성질이 된다. 그렇기 때문에 그 이치가 이와 같다. 그렇다면 수의 자리가 북쪽에 있는 것은 천의 자리에 근본을 둔 것이다. 그 흐름이 동쪽으로 귀의하는 것은 지의 형세에 따른 것이다. 남쪽과 북쪽은 합치되는데 수의 자리가 북쪽에 머물지만 그 흐름이 남쪽으로 귀의하지 않는 것은 동쪽의 덕은 목(木)에 해당하고, 목은 수에서 생겨나는 것이며, 남쪽의 덕

---

2) 『의례』「소뢰궤식례(少牢饋食禮)」 : 司宮設罍水于洗東, 有枓.

은 화(火)에 해당하고, 화는 수가 이기는 대상인데, 낮게 하는 것은 이로움이 되고 지는 것은 해로움이 되며, 좋고 이롭게 하는 것은 수의 덕이다. 그렇기 때문에 생겨나는 것을 쫓는 것이다.

① 海有四正.

補註 按: 正下當句, 或云正卽止字之誤, 屬下句.

번역 살펴보니, '정(正)'자 뒤에서 구문을 끊어야만 하는데, 혹자는 정(正)자는 지(止)자의 오자라고 말하며 뒤의 구문에 연결시켰다.

「향음주의」 17장

참고—經文

①賓必南鄉, 東方者春, 春之爲言蠢也, ②産萬物者聖也. 南方
者夏, 夏之爲言假也, ③養之長之假之, 仁也. 西方者秋, 秋之
爲言愁也, 愁之以④時察, 守義者也. 北方者冬, 冬之爲言中也,
中者藏也. ⑤是以天子之立也, 左聖⑥鄉仁, 右義⑦偝藏也.

번역 빈객은 반드시 남쪽을 향해서 위치하니, 동쪽은 봄에 해당하며 '춘(春)'이라는
말은 생동함을 뜻하는 말이고 만물을 낳는 것은 성(聖)에 해당한다. 남쪽은 여름에
해당하며 '하(夏)'라는 말은 크다는 뜻이고 길러주고 장성하게 하며 크게 만드는
것은 인(仁)에 해당한다. 서쪽은 가을에 해당하며 '추(秋)'라는 말은 수렴한다는 뜻
이고 가을의 엄숙한 기운에 따라 거둬들이는 것은 의(義)를 지키는 것이다. 북쪽은
겨울에 해당하며 '동(冬)'이라는 말은 중(中)이라는 뜻이고 중(中)이라는 것은 보
관한다는 뜻이다. 이러한 까닭으로 천자가 위치할 때에는 성(聖)을 좌측에 두고 인
(仁)을 향하며 의(義)를 우측에 두고 장(藏)을 등진다.

① 賓必南鄉.

補註 儀禮圖: 賓居西北隅而正南鄉, 介居西南隅而正東鄉, 主人居東南
隅而正西鄉, 僎居東北隅而正南鄉.

번역 『의례도』에서 말하길, 빈객은 서북쪽 모퉁이에 머물며 정남쪽을 바라
보게 되고, 개는 서남쪽 모퉁이에 머물며 정동쪽을 바라보게 되며, 주인은
동남쪽 모퉁이에 머물며 정서쪽을 바라보게 되고, 준은 동북쪽 모퉁이에 머
물며 정남쪽을 바라보게 된다.

補註 ○按: 下文介必東鄉, 與此圖合. 小註方說, 恐未察.

번역 ○살펴보니, 아래문장에서 "개는 반드시 동쪽을 바라본다."[1]라고 하여

---

1) 『예기』「향음주의」: <u>介必東鄉</u>, 介賓主也. 主人必居東方, 東方者春, 春之爲言蠢

이것의 『의례도』 기록과 부합한다. 소주에 나온 방씨의 주장은 아마도 자세히 살피지 못한 것 같다.

② 産萬物者聖也.

補註 鄭註: 聖之言生也.
번역 정현의 주에서 말하길, '성(聖)'자는 낳는다는 뜻이다.

補註 ○楊梧曰: 聖字屬天地, 元非借聖人之聖字以名也. 註訓以聖人德合天地, 不是.
번역 ○양오가 말하길, '성(聖)'자는 천지에 해당하는 것으로, 본래부터 성인(聖人)의 성자를 빌려서 명명한 것이 아니다. 주에서 성인의 덕이 천지에 합한다고 풀이한 것은 옳지 않다.

③ 養之長之假之仁也.

補註 疏曰: 假, 大也, 謂養育萬物, 長之使大, 亦爲仁. 於五行, 春爲仁, 夏爲禮. 今春爲聖, 夏爲仁者, 春 · 夏皆是生育長養, 俱有仁恩之義, 故此夏亦仁也.
번역 소에서 말하길, '가(假)'자는 크다는 뜻이니, 만물을 양육하여 장성하게 해서 크게 만든다는 의미로, 또한 인(仁)이 된다. 오행(五行)에 있어서, 봄은 인(仁)이 되고 여름은 예(禮)가 된다. 그런데 이곳에서는 봄은 성(聖)이 되고 여름은 인(仁)이 된다고 했다. 그 이유는 봄과 여름은 모두 만물을 낳고 양육하니, 둘 모두에게는 인(仁)과 은(恩)의 도의가 포함되어 있다. 그렇기 때문에 여름은 인(仁)에도 해당하는 것이다.

補註 ○按: 諺讀於長之下著吐, 非.

也, 産萬物者也. 主人者造之, 産萬物者也. 月者, 三日則成魄, 三月則成時. 是以禮有三讓, 建國必立三卿, 三賓者, 政敎之本, 禮之大參也.

번역 ○살펴보니, 『언독』에서는 '장지(長之)'라는 말 뒤에 토를 붙였는데, 잘못된 해석이다.

④ **時察**.

補註 鄭註: 察, 或爲殺.

번역 정현의 주에서 말하길, '찰(察)'자를 다른 판본에서는 '살(殺)'자로 기록하기도 한다.

⑤ **是以天子之立也**.

補註 楊梧曰: 從四方說到天子立處, 見以天子之位處賓, 示尊賓之意.

번역 양오가 말하길, 사방에 대한 설명으로부터 천자의 위치에 대한 설명에 이르기까지는 천자의 위치로 빈객을 처우함을 드러내니, 빈객을 존숭한다는 의미를 보이기 위한 것이다.

⑥ **鄉仁**.

補註 鄭註: 南鄉鄉仁, 貴長大萬物也.

번역 정현의 주에서 말하길, 남쪽을 향하는 것은 인(仁)을 향하는 것이니, 만물을 장성하게 하며 크게 만드는 작용을 존귀하게 여기는 것이다.

⑦ **偝藏**.

補註 偝, 諸本皆誤作偕.

번역 '배(偝)'자를 여러 판본들에서는 모두 해(偕)자로 잘못 기록하고 있다.

「향음주의」 18장

介必東鄉, 介賓主也. 主人必居東方, 東方者春, 春之爲言蠢
也, 産萬物者也. 主人者造之, 産萬物者也. 月者, ①三日則成
魄, 三月則成時. 是以禮有三讓, 建國必立三卿, 三賓者, 政教
之本, ②禮之大參也.

번역 개(介)는 반드시 동쪽을 향해서 위치하니, 빈객과 주인의 사이에 위치하는 것이다. 주인은 반드시 동쪽에 머물게 되니, 동쪽은 봄에 해당하고 춘(春)은 곧 준(蠢)의 뜻이 되니 만물을 낳는 것이다. 주인은 술과 음식 등을 준비하니, 만물을 낳는 자에 해당한다. 달은 3일이 되면 백(魄)이 이루어지고 3개월이 되면 한 계절을 이룬다. 이러한 까닭으로 예에는 세 차례 사양하는 예법이 있는 것이고, 나라를 세울 때에도 반드시 삼경(三卿)을 두는 것이니, '삼빈(三賓)'이라는 것은 정치와 교화의 근본이 되며, 예 중에서도 대참(大參)이 된다.

① ○三日則成魄.

補註 疏曰: 月者三日則成魄者, 謂月盡之後三日乃成魄. 魄, 謂月輪生傍有微光也. 此謂月明盡之後而生魄, 未必三日也. 所以前月大, 則月二日生魄, 前月小, 則月三日乃生魄.

번역 소에서 말하길, 달은 3일이 되면 백(魄)이 이루어진다는 것은 달이 넘어간 이후 3일째가 되면 백이 이루어진다는 뜻이다. '백(魄)'이라는 것은 달의 원형체 주변에 희미하게 빛이 나는 것을 뜻한다. 이 말은 달의 밝음이 다한 이후에 백이 생겨난다는 뜻이지만, 반드시 그 달의 3일째에 생겨나는 것은 아니다. 만약 이전달이 큰달에 해당한다면 그 달 2일째에 백이 생겨나고, 이전달이 작은 달이라면 그 달 3일째에 백이 생겨난다.

補註 ○通解曰: 今按, 魄者, 月之有體, 而無光處也. 故書言哉生明旁死魄, 皆謂月二三日月初生時也. 凡言旣生魄, 卽謂月十六日月始闕時也.

今此篇兩言月三日而成魄, 則是漢儒專門陋學, 未嘗讀尙書者之言耳. 疏知其繆而曲徇之, 故旣有月明盡而生魄之說, 又言月二日三日而生魄, 何相戾之甚邪? 疏於例當刪去, 而特著之, 以明述此義者之繆, 不足深究云.

번역 ○『통해』에서 말하길, 현재 살펴보니, '백(魄)'이라는 것은 달 중에서도 몸체가 있지만 빛이 없는 곳을 뜻한다. 그렇기 때문에서 『서』에서는 재생명(哉生明)과 방사백(旁死魄)이라고 말했는데,[1] 이 모두는 그달의 2~3일째로 달의 빛이 처음으로 생겨나는 때를 뜻한다. 생백(生魄)이라고 말했다면 이것은 곧 그달 16일에 달이 처음으로 어그러지는 때를 뜻한다. 현재 「향음주의」편에서는 두 곳에서 '월삼일이성백(月三日而成魄)'이라고 했는데, 이것은 한대 유학자들이 추잡한 학문에만 전념하고 『상서』에서 말한 것들을 읽어본 적이 없기 때문이다. 소에서는 그것의 오류를 알았지만 왜곡하여 내용을 끼워 맞췄다. 그렇기 때문에 이미 달의 빛이 다하여 백이 생겨난다고 말했으면서 재차 그달의 2일이나 3일에 백이 생겨난다고 했으니, 어찌 이처럼 서로 어긋남이 심하단 말인가? 따라서 소의 내용들은 마땅히 삭제를 해야 하지만 특별히 기술해두는 것은 그 뜻의 잘못을 밝혀서 깊이 따질만한 것이 못됨을 드러내기 위해서이다.

補註 ○按: 三日成魄之說, 終不通朱子辨之明矣. 前章劉氏之說, 雖其解生魄者, 不違於尙書而終失之巧. 今若欲依尙書, 解此魄字, 則唯呂氏說稍簡而不至於巧.

번역 ○살펴보니, 3일에 백을 이룬다는 주장은 결국 주자가 분명하게 변론한 것과는 통하지 않는다. 앞에서 유씨가 말한 것들은 비록 생백(生魄)을 풀이한 것이 『상서』의 기록과 어긋나지 않지만, 끝내 교묘히 말을 꾸미는 잘못을 범했다. 현재 『상서』의 기록에 따라 이곳의 백(魄)자를 풀이하고자 한다면, 여씨의 주장만이 다소 간략하더라도 교묘히 말을 꾸미는 지경에는 이르

---

1) 『서』「주서(周書)·무성(武成)」: 惟一月壬辰旁死魄, 越翼日癸巳, 王朝步自周于征伐商. 厥四月哉生明, 王來自商至于豐, 乃偃武修文, 歸馬于華山之陽, 放牛于桃林之野, 示天下弗服.

지 않았다.

補註 ○呂氏大臨曰: 晦三日而明生於魄, 故曰成魄.
번역 ○여대림이 말하길, 그믐에서 3일이 지나면 밝음이 백에서 생겨난다. 그렇기 때문에 '성백(成魄)'이라고 했다.

補註 ○語類曰: 或云當作月三日而成明, 乃是.
번역 ○『어류』에서 말하길, 혹자는 마땅히 "달은 3일이 되어야 밝음을 이룬다[月三日而成明]."라고 기록해야 한다고 하는데, 그 말이 옳다.

② *禮之大參也.*

補註 按: 參, 卽前章參之以三光之參.
번역 살펴보니, '참(參)'자는 앞에서 "삼광을 참으로 삼다."[2]라고 했을 때의 참에 해당한다.

補註 ○楊梧曰: 經有天地而無以參之, 則賓主孤立於上. 紀有日月而無以參之, 則介僎孤立於下. 禮且不成, 政教何有? 有三賓, 則參錯於賓主介僎之間, 而有輔翼贊助之力, 禮不患于無文, 而政教從此出矣, 與三卿輔諸侯, 以出政教同義.
번역 ○양오가 말하길, 경에 천지만 있고 참함이 없다면 빈객과 주인은 위에서 외로이 있게 된다. 기에 일월만 있고 참함이 없다면 개와 준은 아래에 외로이 있게 된다. 예 또한 이루어지지 않는데 정교가 어떻게 생겨나겠는가? 삼빈이 있은 뒤에야 빈객과 주인 개와 준 사이에 참여하고 섞여서 보조하고 돕는 힘이 생겨나고, 예도 격식이 없음을 걱정하지 않게 되며 정교도 이로부터 나오게 되니, 삼경이 제후를 보좌하여 정교를 내놓는 것과 같은 의미이다.

---

2)『예기』「향음주의」: 鄕飲酒之義: 立賓以象天, 立主以象地, 設介僎以象日月, 立三賓以象三光. 古之制禮也, 經之以天地, 紀之以日月, 參之以三光, 政教之本也.

禮記補註卷之三十

『예기보주』 30권

「사의(射義)」 제46편

補註 疏曰: 鄭云, "記燕射·大射之禮, 觀德行取其士之義."
번역 소에서 말하길, 정현은 "연사례(燕射禮)[1]와 대사례(大射禮)는 덕행을 관찰하여 사를 선발하는 의미를 기록하고 있다."라고 했다.

補註 ○通解目錄曰: 亦漢儒所造.
번역 ○『통해』「목록」에서 말하길, 이 또한 한나라 유학자들이 지어낸 글이다.

補註 ○按: 通解以此篇分作大射義·鄕射義兩篇. 然則此篇實兼大射· 鄕射而言也.
번역 ○살펴보니, 『통해』에서는 「사의」편을 분절하여 「대사의」와 「향사의」 2편으로 만들었다. 그런데 「사의」편은 실제로 대사례와 향사례를 겸해서 말한 내용이다.

---

1) 연사례(燕射禮)는 연회 때 활쏘기를 했던 의례(儀禮)를 가리킨다. 천자는 제후 및 군신(群臣)들에게 연회를 베풀며, 그들의 노고를 치하했는데, 연회를 하며 활쏘기 또한 시행했다. 이처럼 연회 때 활쏘기를 하는 의식을 '연사례'라고 부른다.

「사의」 2장

故射者①進退周還必中禮, 內志正, 外體直, 然後持弓矢審固,
持弓矢審固, 然後可以言中. 此可以觀德行矣.

번역 그러므로 활쏘기를 할 때에는 나아가고 물러나며 행동하는 모든 것들이 예
(禮)에 맞고 내적으로는 뜻이 올바르며 외적으로는 몸이 강직한 뒤에라야 활과 화
살을 잡은 것이 모두 확고하게 되고, 활과 화살을 잡은 것이 모두 확고하게 된 뒤에
라야 적중에 대해 말할 수 있다. 따라서 이를 통해 그의 덕행을 관찰할 수 있다.

① 進退周還.

補註 小學註: 還音旋.

번역 『소학』의 주에서 말하길, '還'자의 음은 '旋(선)'이다.

呂氏曰: 禮射者, 必先比耦, 故①一耦皆有上耦下耦, 皆執弓而
挾矢. 其進也, ②當階及階, 當物及物, 皆揖; 其退也, 亦如之.
其行有左右, 其升降有先後. ③其射皆拾發, 其④取矢于福也.
始進揖, 當福揖, 取矢揖, 旣⑤搢挾揖, 退與將進者揖. ⑥其取
矢也, 有橫弓卻手兼弣順羽拾取之節焉. 卒射而飲, ⑦勝者袒
決遂執張弓, ⑧不勝者襲說決拾加弛弓升飲, 相揖如初, 則進
退周旋必中禮可見矣. 夫先王制禮, 豈苟爲繁文末節, 使人難
行哉? 亦曰以善養人而已. 蓋君子之於天下, 必無所不中節, 然
後成德. 必力行而後有功. 其四肢欲安佚也, 苟恭敬之心不勝,
則怠惰傲慢之氣生, 動容周旋不能中乎節, 體雖佚而心亦爲之

不安; 安其所不安, 則手足不知其所措, 故放辟邪侈, 踰分犯上, 將無所不至, 天下之亂自此始矣. 聖人憂之, 故常謹於繁文末節, 以養人於無所事之時, 使其習之而不憚煩, 則不遜之行, 亦無自而作. 至於久而安之, 則非禮不行, 無所往而非義矣. 君子敬以直內, 義以方外, 所存乎內者敬, 則所以形乎外者莊矣. 內外交修, 則發乎事者中矣. 射, 一藝也, 容比於禮, 節比於樂, 發而不失正鵠, 是必有樂於義理. 久於敬恭, 用志不分之心, 然後可以得之, 則其所以得之者, 其爲德可知矣.

번역 여씨가 말하길, 예법에 따라 활을 쏠 때에는 반드시 그보다 앞서서 두 사람이 짝을 이루게 된다. 그렇기 때문에 두 사람이 이룬 하나의 조에는 모두 상우(上耦)와 하우(下耦)가 있게 되는데, 이들은 모두 활을 잡고 화살을 끼우게 된다. 그들이 나아갈 때에는 계단에 이르러 계단에 오르거나 사대에 이르러 사대에 오를 때에는 모두 읍을 하고, 물러나게 될 때에도 이처럼 한다. 그들이 행동할 때에는 좌우의 순서가 있고, 그들이 오르거나 내려갈 때에도 선후의 순서가 있다. 활을 쏠 때에는 모두 번갈아가며 쏘고 화살통에서 화살을 뽑게 된다. 처음 나아갈 때 읍을 하고 화살통에 이르러서 읍을 하며 화살을 뽑고서 읍을 하고 화살을 끼우고서 읍을 하며 물러가거나 나아가려고 할 때에도 읍을 한다. 화살을 뽑을 때에는 활을 횡으로 눕히고 손을 떼어 활의 중앙 부위를 잡고 화살의 깃털을 정리하는 것이 화살을 번갈아가며 쏘며 화살을 뽑는 절차이다. 활쏘기를 끝내고 술을 마시게 되면, 승자는 단(祖)을 하고 결(決)과 수(遂)를 하고서 활시위를 걸어둔 활을 잡고, 패자는 습(襲)을 하고 결(決)과 습(拾)을 벗고 활시위를 풀어둔 활을 잡고 올라가서 술을 마시는데, 서로 읍을 하며 최초 했던 것처럼 하게 되니, 나아가고 물러나며 움직이는 것들이 반드시 예에 맞게 됨을 확인할 수 있다. 선왕이 예를 제정한 것이 어찌 형식이 번잡한 소소한 예절이 되어 사람들로 하여금 시행하기 어렵도록 만들었겠는가? 그러므로 또한 "선으로써 사람들을 길러준다."[1]라고 했을 따름이다. 군자는 천하를 대함에 반드시 예법 절차에 맞지 않는 바가 없으니, 그런 뒤에라야 덕을 완성할 수 있다. 그리고 반드시 힘써 시행한 이후에야 공적이 생긴다. 자신의 몸이 안락하고

---

1) 『맹자』「이루하(離婁下)」: 孟子曰, "以善服人者, 未有能服人者也, 以善養人, 然後能服天下. 天下不心服而王者, 未之有也."

자 하는데, 만약 공경하는 마음이 이기지 못한다면 게으르고 오만한 기운이 생겨나서 행동하는 것들을 예법 절차에 맞출 수 없어서, 자신의 몸이 비록 편안하다 하더라도 마음은 또한 불안하게 된다. 그리고 불안한 것에 대해 편안하게 여기게 된다면 손발을 둘 곳조차 모르게 된다. 그렇기 때문에 간특하게 되고 신분을 벗어나 윗사람을 침범하게 되어 이르지 못할 데가 없게 될 것이니, 천하의 혼란은 이것으로부터 시작된다. 성인은 이러한 점을 걱정하였기 때문에, 형식이 번잡한 소소한 예절이라 하더라도 항상 이러한 점들을 신중히 대했고, 특별히 일삼을 것이 없는 때에는 이를 통해 사람들을 길러주어, 그들로 하여금 이러한 절차를 익히도록 하여 번잡하다고 느끼거나 꺼리지 않게끔 하였으니, 불손한 행동 또한 생겨날 곳이 없게 되었다. 이처럼 행동하는 것을 오래도록 지속하여 편안하게 여기는 경지에 도달하게 된다면, 예법에 맞지 않는 것은 시행되지 않고, 가는 곳마다 의롭지 못한 것도 없게 된다. 군자는 경(敬)으로 내면을 바르게 하고 의(義)로 외면을 바르게 하였으니,[2] 내면에 보존된 것이 경이라면 겉으로 드러나는 것은 장엄하게 된다. 또 내면과 외면이 서로 배양해주면 사안을 통해 나타나는 것이 합당하게 된다. 활쏘기라는 것은 육예(六藝) 중 하나이지만, 행동거지는 예(禮)에 맞추고 절도는 악(樂)에 맞추어, 활을 쏘아서 정곡을 놓치지 않게 되면, 이것은 반드시 의리(義理)에 대해 즐거워하는 점이 있는 것이다. 공경함을 오래도록 실천하고 자신의 뜻에 따르며 분산되지 않는 마음을 갖춘 뒤에라야 이러한 것들을 터득할 수 있으니, 이처럼 할 수 있는 것이 바로 덕이 된다는 사실을 알 수 있다.

① 一耦皆有上耦下耦.

補註 按: 上耦‧下耦, 卽儀禮上射‧下射也. 通解載呂氏此說, 而上耦‧下耦, 作上射‧下射.

번역 살펴보니, '상우(上耦)'와 '하우(下耦)'라는 것은 『의례』에 나오는 상사(上射)와 하사(下射)에 해당한다. 『통해』에서는 여씨의 이 주장을 수록하며 상우와 하우를 상사와 하사로 기록하였다.

---

2) 『역』「곤괘(坤卦)‧문언전(文言傳)」: "直"其正也, "方"其義也. <u>君子敬以直內, 義以方外</u>. 敬義立而德不孤. "直方大, 不習无不利", 則不疑其所行也.

② 當階[止]皆揖.

補註 鄕射記: "射自楹間. 物長如笴, 其間容弓, 距隨長武." 註: "自楹間者, 謂射於庠也. 楹間, 中央東西之節也. 物, 謂射時所立處也. 謂之物者, 物猶事也, 君子所有事也. 長如笴者, 謂從畫之長短也. 笴, 矢幹也, 長三尺, 與跬相應, 射者進退之節也. 間容弓者, 上下射相去六尺也. 距隨者, 物橫畫也, 始前足至東頭爲距, 後足來合而南面爲隨. 武, 跡也, 尺二寸."

번역 『의례』「향사례(鄕射禮)」편의 기문에서 말하길, "활쏘기를 기둥 사이에서 할 때 물(物)의 길이는 화살대와 같으니, 그 사이에는 활을 놓아둘 수 있고, 가로의 길이는 1개의 발자국이 들어가는 정도이다."[3]라고 했고, 주에서는 "기둥 사이에서 한다는 것은 상(庠)에서 활쏘기를 한다는 뜻이다. 기둥 사이는 기둥 중앙에서 동서 방향을 기준으로 한다. '물(物)'은 활쏘기를 할 때 서게 되는 장소를 뜻한다. 이곳을 '물(物)'이라고 부르는 것은 물(物)자는 일[事]과 같고, 군자가 일삼는 것이 있다는 의미이다. 길이는 화살대와 같다고 했는데, 세로로 금을 그을 때의 길이를 뜻한다. '가(笴)'자는 화살의 대를 뜻하니, 그 길이는 3척으로 반걸음의 길이에 맞는데, 활 쏘는 자가 나아가거나 물러날 때의 기준이 된다. 그 사이에는 활을 놓아둘 수 있다고 했는데, 상사(上射)와 하사(下射)의 거리가 6척이라는 뜻이다. '거수(距隨)'는 물(物)에 가로로 그려진 선이니, 앞발에서 동쪽까지가 거(距)가 되며 뒷발이 따라와 합해져 남쪽을 향하는 것이 수(隨)이다. '무(武)'는 발자국을 뜻하니 1척 2촌이다."라고 했다.

③ 其射皆拾發.

補註 按: 拾, 其劫反, 更也.

번역 살펴보니, '拾'자는 '其(기)'자와 '劫(겁)'자의 반절음이며 교대로 한다는 뜻이다.

---

3)『의례』「향사례(鄕射禮)」: 射自楹間, 物長如笴, 其間容弓, 距隨長武.

④ 取矢于福.

補註 按: 福, 置箭之器.
번역 살펴보니, '복(福)'은 화살을 놓아두는 기구이다.

⑤ 搢挾.

補註 按: 鄕射禮, "搢三而挾一个." 疏曰, "搢, 揷也, 挾, 挾於弦也. 个猶枚也. 蓋一耦四矢, 故揷其三矢而挾其一矢也."
번역 살펴보니, 「향사례」편에서는 "허리에 3대의 화살을 꼽고 1대의 화살은 시위에 건다."⁴⁾라고 했고, 소에서는 "'진(搢)'자는 꼽는다는 뜻이며, '협(挾)'자는 시위에 건다는 뜻이다. '개(个)'자는 낱개를 뜻한다. 한 쌍은 4대의 화살을 쏘게 된다. 그렇기 때문에 3대의 화살을 꼽고 1대의 화살을 거는 것이다."라고 했다.

⑥ 其取矢[止]拾取之節.

補註 鄕射禮: "上射進, 坐橫弓, 郤手自弓下取一个, 兼諸弣, 順羽, 且興, 執弦而左還, 退反位, 東面揖. 下射進, 坐橫弓, 覆手自弓上取一个, 興, 其他如上射. 旣拾取乘矢揖." 註: "橫弓者, 南踣弓也. 郤手自弓下取矢者, 以左手在弓表, 右手從裏取之, 便也. 兼竝矢於弣, 當順羽, 旣又當執弦也. 順羽者, 手放而下, 備不整理也. 覆手由弓上取矢者, 以左手在弓裏, 右手從表取之, 亦便."
번역 「향사례」편에서 말하길, "상사가 나아가 앉아서 활을 가로로 눕히고, 손바닥을 위로 하여 활 밑으로 1대의 화살을 잡고, 이것을 줌통에서 함께 잡으며, 화살의 깃털을 정돈하고서 일어나며, 활시위를 잡고 좌측으로 돌아서, 물러나 자신의 자리로 되돌아가며, 동쪽을 바라보며 읍을 한다. 하사는 나아가 앉아서 활을 가로로 눕히고, 손바닥을 밑으로 하여 활 위로 1대의 화살을

---

4) 『의례』「향사례(鄕射禮)」: 司射東面立于三耦之北, <u>搢三而挾一个</u>.

잡고, 일어나는데, 나머지 절차는 상사가 했던 것처럼 한다. 번갈아가며 4대의 화살을 잡고 서로에게 읍을 한다."[5]라고 했고, 주에서는 "'횡궁(橫弓)'은 활을 남쪽으로 눕힌다는 뜻이다. '극수자궁하취시(郤手自弓下取矢)'라고 했는데, 좌측 손은 활의 줌통 위에 있고 우측 손은 밑으로 해서 화살을 잡는다는 뜻으로, 이처럼 하는 것이 편리하기 때문이다. 줌통에 활과 화살을 함께 잡는데, 화살의 깃털을 정돈해야 하고, 그것이 끝내면 또 활시위를 잡아야 하기 때문이다. '순우(順羽)'는 손을 펴서 밑으로 쓸어내리는 것으로, 정돈되지 못한 곳을 정돈하기 위해서이다. '부수유궁상취시(覆手由弓上取矢)'라고 했는데, 좌측 손을 활 밑에 두고 우측 손을 줌통 위에 두어 화살을 잡는 것으로, 이 또한 이처럼 하는 것이 편리하기 때문이다."라고 했다.

補註 ○按: 以此觀之, 郤手乃上射之事, 下射則覆手, 而其兼弣·順羽·拾取, 則上·下射皆同. 弣, 把中也. 拾, 亦其劫反, 謂更迭取矢也. 乘矢, 四矢也.

번역 ○살펴보니, 이를 통해 보면 극수(郤手)라는 것은 상사가 하는 일이며, 하사의 경우에는 손바닥을 덮게 되고, 활과 화살을 함께 잡는 것, 화살의 깃털을 정돈하는 것, 번갈아가며 화살을 잡는 것은 상사와 하사 모두 동일한 점이다. '부(弣)'는 활 중앙의 잡는 부분이다. '拾'자 또한 '其(기)'자와 '劫(겁)'자의 반절음이며, 번갈아가며 화살을 잡는다는 뜻이다. '승시(乘矢)'는 4대의 화살을 뜻한다.

⑦ 勝者袒[止]張弓.

補註 鄭註: "袒, 左免衣也. 決, 猶闓也, 以象骨爲之, 著右大擘指, 以鉤弦闓體也. 遂, 射韝也, 以韋爲之, 所以遂弦者也. 其非射時, 謂之拾.

---

5) 『의례』「향사례(鄕射禮)」: 上射東面, 下射西面. 上射揖進, 坐, 橫弓, 郤手自弓下取一个, 兼諸弣, 順羽, 且興, 執弦而左還, 退反位, 東面揖. 下射進, 坐, 橫弓, 覆手自弓上取一个, 興, 其他如上射. 既拾取乘矢, 揖, 皆左還, 南面揖, 皆少進, 當楅南, 皆左還, 北面, 搢三挾一个.

拾, 斂也, 所以蔽膚斂衣也. 執張弓, 言能用之也." 疏曰: "射韝著左臂."
번역 정현의 주에서 말하길, "'단(袒)'은 상의의 좌측 팔을 걷어 올리는 것이
다. '결(決)'은 활깍지이니, 상아로 만들며 우측 엄지손가락에 끼우고, 시위에
걸어서 당기는 것이다. '수(遂)'는 활팔찌이니, 가죽으로 만들며 시위가 튕기
는 것을 막는 것이다. 활을 쏠 때가 아니라면 이것을 '습(拾)'이라고 부른다.
습(拾)은 거두어들인다는 뜻이니, 피부를 가리고 옷을 걷는 것이다. 시위를
당긴 활을 잡는 것은 잘 쏠 수 있음을 뜻한다."라고 했다. 소에서 말하길,
"활팔찌는 좌측 팔뚝에 찬다."라고 했다.

⑧ **不勝者襲[止]弛弓.**

補註 鄭註: 固襲說決拾矣, 復言之者, 起勝者也. 執弛弓, 言不能用之也.
兩手執弣, 又不得執弦.
번역 정현의 주에서 말하길, 진실로 이미 걷어 올린 소매를 펴고 활깍지와
활팔찌를 벗어두었는데, 재차 언급한 이유는 승리한 자를 진작시키기 위해
서이다. 시위를 풀어둔 활을 잡는 것은 잘 쏘지 못한다는 뜻이다. 두 손으로
활의 줌통을 잡게 되면 재차 활시위를 잡을 수 없다.

補註 ○按: 襲, 襲其袒衣也. 說, 音脫. 拾, 卽遂也. 勝者則決遂, 不勝者
則說決拾. 加, 謂兩手執弣弓在手上.
번역 ○살펴보니, '습(襲)'은 걷었던 옷을 다시 펴서 가린다는 뜻이다. '說'자
의 음은 '脫(탈)'이다. '습(拾)'은 수(遂)에 해당한다. 승리를 한 자는 활깍지
와 활팔찌를 차고, 승리를 못한 자는 활깍지와 활팔찌를 벗는다. '가(加)'자
는 두 손으로 활의 줌통을 잡아서 손 위에 활을 올려둔다는 뜻이다.

「사의」 3장

其節: 天子以騶虞爲節, 諸侯以貍首爲節, 卿大夫以采蘋爲節, 士以采蘩爲節. 騶虞者, 樂官備也; ①貍首者, 樂會時也; 采蘋者, 樂循法也; 采蘩者, 樂不失職也. 是故天子以備官爲節, 諸侯以時會天子爲節, 卿大夫以循法爲節, 士以不失職爲節. 故②明乎其節之志以不失其事, 則功成而德行立; 德行立, 則無暴亂之禍矣. 功成則國安, 故曰射者, 所以觀盛德也.

번역 절도에 대해서 설명해보자면, 천자는 추우(騶虞)라는 악곡으로 절도를 삼고, 제후는 이수(貍首)라는 악곡으로 절도를 삼으며, 경과 대부는 채빈(采蘋)이라는 악곡으로 절도를 삼고, 사는 채번(采蘩)이라는 악곡으로 절도를 삼는다. '추우(騶虞)'라는 것은 관리가 모두 갖춰진 사실에 대해 기뻐한다는 뜻이고, '이수(貍首)'는 때에 따라 조회를 하는 것에 대해 기뻐한다는 뜻이며, '채빈(采蘋)'은 법에 따르는 것에 대해 기뻐한다는 뜻이고, '채번(采蘩)'은 직무를 잃지 않는 것에 대해 기뻐한다는 뜻이다. 이러한 까닭으로 천자는 관리를 모두 갖춘다는 뜻을 절도로 삼는 것이고, 제후는 때에 따라 천자에게 조회하는 뜻을 절도로 삼는 것이며, 경과 대부는 법에 따른다는 뜻을 절도로 삼는 것이고, 사는 직무를 잃지 않는다는 뜻을 절도로 삼는 것이다. 그래서 절도의 뜻에 해박하여 그 사안을 놓치지 않는다면 공적이 완성되고 덕행이 성립되며, 덕행이 성립되면 난폭하고 혼란스러운 재앙이 없게 된다. 공적이 완성되면 나라가 편안해진다. 그렇기 때문에 "활쏘기는 융성한 덕을 관찰하는 방법이다."라고 말한 것이다.

① 貍首者樂會時也.

補註 鄭註: 樂會時者, 謂貍首曰, "小大莫處, 御于君所."
번역 정현의 주에서 말하길, 때에 따라 모이는 것을 즐거워한다고 한 말은 '이수(貍首)'라는 시에서 "대소 관료를 막론하고 자신의 직무에 매달리지 않고, 군주가 계신 곳에서 군주를 모시는구나."[1]라고 한 말을 가리킨다.

② 明乎其節之志.

補註 楊梧曰: 騶虞・貍首・采蘋・采蘩, 節也. 備官・時會・循法, 不失
職, 節之志也.

번역 양오가 말하길, 추우(騶虞)・이수(貍首)・채빈(采蘋)・채번(采蘩)은
절도에 해당한다. 관리를 모두 갖추는 것, 때에 따라 조회하는 것, 법에 따르
는 것, 직무를 잃지 않는 것은 절도에 대한 의지이다.

節者, 歌詩以爲發矢之節度也, 一終爲一節. 周禮射人云: 騶虞
九節, 貍首七節, 采蘋・采蘩皆五節. 尊卑之節雖多少不同, 而
四節以盡乘矢則同. 如騶虞九節, 則先歌五節以聽, 餘四節則
發四矢也. 七節者, 三節先以聽; 五節者, 一節先以聽也. 四詩
惟貍首亡. ①騶, 廐官; 虞, 山澤之官. 此二職皆不乏人, 則官備
可知.

번역 '절(節)'이라는 것은 시를 노래하여 화살을 쏠 때의 절도로 삼는 것이니, 한
악곡을 끝내는 것을 하나의 절도로 삼는다. 『주례』「사인(射人)」편에서는 추우(騶
虞)라는 악곡은 9절(節)이고, 이수(貍首)는 7절이며, 채빈(采蘋)과 채번(采蘩)은
모두 5절이라고 했다.[2] 신분의 등급에 따른 절에 비록 많고 적은 차이가 있지만,
4절(節)로 모두 올라가서 활을 쏜다는 측면에서는 동일하다. 예를 들어 추우라는
악곡은 9절로 되어 있으니, 앞서 5절을 노래할 때에는 듣기만 하고, 나머지 4절을

---

1) 『예기』「사의」: 故詩曰, "曾孫侯氏, 四正具擧. 大夫君子, 凡以庶士, 小大莫處,
御于君所. 以燕以射, 則燕則譽."

2) 『주례』「하관(夏官)・사인(射人)」: 以射法治射儀. 王以六耦射三侯, 三獲三容,
樂以騶虞, 九節五正; 諸侯以四耦射二侯, 二獲二容, 樂以貍首, 七節三正; 孤卿
大夫以三耦射一侯, 一獲一容, 樂以采蘋, 五節二正; 士以三耦射豻侯, 一獲一容,
樂以采蘩, 五節二正.

노래할 때면 4개의 화살을 쏘게 된다. 그리고 7절로 되어 있는 경우에는 앞의 3절은 듣기만 하고, 5절로 되어 있는 경우에는 앞의 1절은 듣기만 한다. 4개의 시 중 오직 이수(貍首)만이 망실되어 남아있지 않다. '추(騶)'자는 마구간을 담당하는 관리를 뜻하며, '우(虞)'자는 산림과 하천을 담당하는 관리를 뜻한다. 이처럼 하찮은 두 관리의 직무에 대해서도 모두 인원이 부족하지 않다면, 모든 관직이 갖춰져 있다는 사실을 알 수 있다.

① 騶廐官虞山澤之官.

補註 鄕射禮‧通解曰: 據詩, 但取一發五豝之義耳. 騶虞, 則爲仁獸之名, 以庶類蕃殖, 美國君之仁如之也. 樂官備云者, 諸儒有以騶爲文王之囿, 虞爲主囿之官, 故立此義, 而鄭註因之, 與其詩箋自相違異, 今姑存之.

번역 『통해』「향사례」편에서 말하길, 『시』에 근거해보면, 이것은 단지 "한 번 화살을 쏘아서 다섯 마리의 암퇘지를 잡노라."라는 뜻을 취한 것일 뿐이다. '추우(騶虞)'는 인수의 명칭으로 여기는데, 만물이 번식하여 군주의 인함이 이와 같음을 찬미한 것이다. 관리가 모두 갖춰진 것을 기뻐한다고 했는데, 제유들은 추를 문왕의 동산으로 여기고, 우를 동산을 주관하는 관리로 여겼기 때문에 이러한 의론을 세웠던 것이고, 정현의 주에서도 그에 따르고 있지만, 그의 『시전』에서 풀이한 것과는 어긋나며 차이를 보이는데, 여기에서는 일부러 그 기록을 남겨둔다.

補註 ○按: 今稽諸儒說, 則騶虞, 似謂一官之名, 而此註以爲二官, 又各異矣.

번역 ○살펴보니, 제유들의 주장을 따져보면 '추우(騶虞)'는 아마도 한 관직을 뜻하는 이름인 것 같다. 그런데 이곳 주에서는 이것을 두 관직으로 여겼으니, 또한 각각 차이가 난다.

補註 ○又按: 此詩若如朱子說, 但取一發五豝之義, 則無乃以善射者衆多爲官備歟.

번역 ○또 살펴보니, 이 시에 대해서 만약 주자가 말한 것처럼 단지 한 번 화살을 쏘아서 다섯 마리의 암퇘지를 잡는다는 뜻을 취한 것이라고 한다면, 활을 잘 쏘는 자가 많은 것을 관직이 갖춰진 것으로 보았던 것이다.

呂氏曰: ①彼茁者葭, 則草木遂其生矣. 一發五豝, 則鳥獸蕃息矣. 吁嗟乎騶虞者, 所以歸功於二官也. 天子之射以是爲節者, 言天子繼天, 當推天地好生之德以育萬物. 此所以樂官備也. 貍首詩亡, 記有原壞所歌, 及此篇所引曾孫侯氏, 疑皆貍首詩也. 貍首, 田之所獲, 物之至薄者也. 君子相會, 不以微薄廢禮, 諸侯以燕射會其士大夫, 物薄誠至, 君臣相與習禮而結歡, 奉天子而修朝事, 故諸侯之射以是爲節, 所以樂會時也. 采蘋之詩, 言大夫之妻, 能循在家母之法度, 乃可承先祖共祭祀. 猶卿大夫已命, 能循其未仕所學先王之法, 乃可以與國政矣. 故卿大夫之射以是爲節, 所以樂循法也. 采蘩之詩, 言夫人不失職, 蓋夫人無外事, 祭祀乃其職也, 惟敬以從事, 是爲不失職. 士之事君, 何以異此? 故士之射以此爲節者, 所以樂不失職也.

번역 여씨가 말하길, "저 무성한 갈대여"라고 했으니, 초목은 생겨남에 따르게 된다. "한 번 화살을 쏘아서 다섯 마리의 암퇘지를 잡노라."라고 했으니, 조수가 번식했던 것이다. "오호라! 이것이 추우로구나."라고 한 말은 두 관리에게 공적을 돌리는 것이다. 천자는 활쏘기를 할 때 이 악곡을 절도로 삼는다는 것은 천자는 하늘을 계승하였으니 마땅히 천지가 생명을 번식시키는 덕을 미루어서 만물을 양육해야 한다는 뜻이다. 이것이 바로 관리가 모두 갖춰진 것을 기뻐하는 이유이다. 이수(貍首)라는 시는 망실되어 남아있지 않은데, 『예기』에는 원양(原壞)이라는 자가 노래를 부르는 말 속에 '이수(貍首)'가 나오며,3) 이곳 「사의」편에서 인용하고 있는 '증손후씨(曾孫侯氏)'에 대한 노랫말4)은 아마도 모두 이수라는 시에 해당하는 것 같다. '이수(貍首)'라는 동물은 경작지에서 포획되는 것으로 매우 천한 동물에 해당

한다. 군자가 서로 만나볼 때에는 미미하고 천한 것으로 예를 그르쳐서는 안 되는
데, 제후가 연사례(燕射禮)를 하며 사와 대부를 불러 모을 때에는 사물을 적게 쓰
고 정성을 지극히 하며, 군주와 신하가 서로 예를 익히고 우호를 나누며, 천자를
받들어서 조회의 일을 시행한다. 그렇기 때문에 제후들이 시행하는 활쏘기에서 이
악곡을 절도로 삼는 것은 때에 따라 만나보는 것을 즐거워하는 것이다. '채빈(采
蘋)'이라는 시의 내용은 대부의 처가 한 집안의 모친이 되어 해당하는 법도를 따를
수 있다면, 곧 선조를 받들어서 제사에 이바지할 수 있다는 뜻이다. 이것은 마치
경과 대부가 명(命)의 등급을 받게 되었다면, 아직 관직에 나아가지 않았을 때 배웠
던 선왕의 법도에 따를 수 있어서, 곧 국가의 정사에 참여할 수 있다는 의미와 같
다. 그렇기 때문에 경과 대부가 활쏘기를 할 때 이 악곡을 절도로 삼는 것은 곧 법
도에 따르는 것을 즐거워하는 것이다. '채번(采蘩)'이라는 시의 내용은 부인들이
자신의 직무를 잃지 않는다는 뜻이니, 부인들에게는 바깥일이라는 것이 없고 제사
가 곧 그녀들의 직무가 되니, 오직 공경스러운 태도로 종사하는 것만이 직무를 잃
지 않는 것이다. 사가 군주를 섬기는 것이 어찌 이것과 다르겠는가? 그렇기 때문에
사가 활쏘기를 할 때 이 악곡을 절도로 삼는 것은 직무를 잃지 않은 것을 기뻐하는
것이다.

① 彼茁者猳.

補註 詩・召南・騶虞文.
번역 『시』「소남(召南)・추우(騶虞)」편의 기록이다.[5]

補註 ○猳, 當作葭.
번역 ○'가(猳)'자는 마땅히 가(葭)자로 기록해야 한다.

---

3) 『예기』「단궁하(檀弓下)」: 孔子之故人曰原壤, 其母死, 夫子助之沐槨. 原壤登木
曰: "久矣予之不託於音也." 歌曰: "貍首之斑然, 執女手之卷然." 夫子爲弗聞也
者而過之. 從者曰: "子未可以已乎?" 夫子曰: "丘聞之, 親者毋失其爲親也, 故者
毋失其爲故也."

4) 『예기』「사의」: 故詩曰, "曾孫侯氏, 四正具擧. 大夫君子, 凡以庶士, 小大莫處,
御于君所. 以燕以射, 則燕則譽."

5) 『시』「소남(召南)・추우(騶虞)」: 彼茁者葭. 壹發五豝, 于嗟乎騶虞.

「사의」 5장

是故, 古者天子之制: 諸侯①歲獻貢士於天子, 天子試之於射宮, 其容體比於禮, 其節比於樂, 而中多者得與於祭. 其容體不比於禮, 其節不比於樂, 而中少者不得與於祭. 數與於祭而②君有慶, 數不與於祭而②君有讓. 數有慶而益地, ③數有讓則削地. 故曰④射者, 射爲諸侯也. 是以諸侯君臣盡志於射, 以習禮樂. 夫君臣習禮樂而以流亡者, 未之有也.

번역 이러한 까닭으로 고대에 제정된 천자의 제도에서는 제후는 해마다 사를 선발해서 천자에게 바치고, 천자는 그들을 사궁(射宮)에서 시험하는데, 그 용모와 행동거지가 예(禮)에 따르고 그 절도가 악(樂)에 따라서 명중시킨 것이 많은 자는 제사에 참여할 수 있었다. 반면 그 용모와 행동거지가 예에 따르지 못하고 그 절도가 악에 따르지 못하여 명중시킨 것이 적은 자는 제사에 참여할 수 없었다. 자주 제사에 참여하게 되면 군주는 은덕을 받게 되고, 자주 제사에 참여하지 못하면 군주는 책망을 받게 된다. 자주 은덕을 받게 되면 결국 그를 천거했던 제후에 대해 땅을 늘려주게 되고, 자주 책망을 받게 되면 제후의 땅이 삭감된다. 그렇기 때문에 "활쏘기라는 것은 활을 쏘아서 제후를 위하는 것이다."라고 말한 것이다. 이러한 까닭으로 제후국에 소속된 군주와 신하는 모두 사례(射禮)에 대해서 그 뜻을 다하여 예악을 익혔던 것이다. 무릇 군주와 신하들 중 예악을 익히고도 그 땅을 잃고 떠도는 자는 없었다.

① 歲獻貢士於天子.

補註 鄭註: "歲獻, 獻國事之書, 及計偕物也. 三歲而貢士." 疏曰: "漢時謂郡國送文書之使爲計吏, 其貢獻之物與計吏俱來, 故謂之計偕物也. 以經貢士之文, 繫歲獻之下, 恐每歲貢士, 故云三歲而貢士也."

번역 정현의 주에서 말하길, "'세헌(歲獻)'은 제후국에서 일어난 일들을 기록한 문서 및 연말에 바치는 공물을 헌상한다는 뜻이다. 3년마다 사를 뽑아서 바쳤다."라고 했다. 소에서 말하길, "한나라 때에는 군국(郡國)에서 문서를 전달하는 사신을 계리(計吏)라고 했으며, 공납을 하게 되는 물품과 그것을 전달하는 관리가 모두 찾아오기 때문에, '계해물(計偕物)'이라고 부른 것이다. 경문에서 '사를 바친다.'라는 문장이 '세헌(歲獻)' 다음에 연이어 있어서, 해마다 사를 바친다는 뜻으로 오해할 수 있기 때문에, 3년마다 사를 뽑아서 바쳤다고 말한 것이다."라고 했다.

補註 ○按: 以鄭註觀之, 歲獻下當句絶.
번역 ○살펴보니, 정현의 주에 따라 보면 '세헌(歲獻)' 뒤에서 마땅히 구문을 끊어야 한다.

② **君有慶[又]君有讓**.

補註 按: 君, 謂諸侯也. 慶, 賞也. 讓, 責也.
번역 살펴보니, '군(君)'자는 제후를 뜻한다. '경(慶)'자는 상을 뜻한다. '양(讓)'자는 책망을 뜻한다.

③ **數有讓則削地**.

補註 則, 古經及通解, 皆作而.
번역 '즉(則)'자를 『고경』과 『통해』에서는 모두 이(而)자로 기록했다.

補註 ○數, 音朔, 上三數並同.
번역 ○'數'자는 그 음이 '朔(삭)'이며, 앞에 나온 3개의 數자도 그 음이 모두 이와 같다.

④ **射者射爲諸侯**.

補註 見下文.
번역 아래문장에 나온다.[1]

疏曰: ①書傳云, "古者諸侯之於天子也, 三年一貢士, 一適謂
之好德, 再適謂之賢賢, ②三適謂之有功. 一不適謂之過, 再不
適謂之傲, ③三不適謂之誣."

번역 소에서 말하길, 『서전』에서는 "고대에 제후는 천자에 대해서 3년마다 한 차
례 사를 선발해서 바치는데, 한 차례 천거하는 것을 '호덕(好德)'이라 부르며, 두
차례 천거하는 것을 '현현(賢賢)'이라 부르고, 세 차례 천거하는 것을 '유공(有
功)'이라 부른다. 한 차례 천거하지 못하는 것을 '과(過)'라 부르며, 두 차례 천거
하지 못하는 것을 '오(傲)'라 부르고, 세 차례 천거하지 못하는 것을 '무(誣)'라
부른다."라고 했다.

① 書傳.

補註 按: 書傳, 乃書經之古傳, 而未詳何篇之傳.

번역 살펴보니, '서전(書傳)'은 『서경』의 옛 전문에 해당하는데, 어떤 편의
전문인지는 모르겠다.

② 三適謂之有功.

補註 疏本文曰: 天子賜以衣服弓矢, 再賜以秬鬯, 三賜以虎賁百人.

번역 소의 본문에서 말하길, 천자는 의복 및 활과 화살을 하사하고, 두 차례
하사할 때에는 기장으로 만든 울창주를 하사하며, 세 차례 하사할 때에는 용
맹한 무사 100명을 하사한다.

---

1) 『예기』「사의」: 射之爲言者繹也, 或曰舍也. 繹者, 各繹己之志也. 故心平體正,
   持弓矢審固; 持弓矢審固, 則射中矣. 故曰爲人父者以爲父鵠, 爲人子者以爲子
   鵠, 爲人君者以爲君鵠, 爲人臣者以爲臣鵠, 故射者各射己之鵠. 故天子之大射
   謂之射侯. 射侯者, 射爲諸侯也. 射中則得爲諸侯, 射不中則不得爲諸侯.

③ 三不適謂之誣.

補註 疏本文曰: 一紲以爵, 再紲以地, 三紲而地畢.

번역 소의 본문에서 말하길, 한 차례 책망할 때에는 작위에 대해서 하고, 두 차례 책망할 때에는 땅에 대해서 하며, 세 차례 책망할 때에는 땅을 삭감한다.

참고-大全

嚴陵方氏曰: 助祭者, 助天子行禮樂之事也, 故射中多者然後得與於祭焉. 其容體比於禮, 卽進退周旋必中禮也, 其節比於樂, 卽以①采蘩爲節也. 比, 謂與禮樂相比而不失, 必曰比於禮樂, 而後曰中多, 則知不比於禮樂而偶中者, 亦不可以言中矣, 故孔子言射不主皮, 以至投壺而比投不釋者以是而已. 射者, 士也, 貢士者, 諸侯也. 或中或否, 雖在士, 而有慶有讓, 則在諸侯焉, 故曰射者, 射爲諸侯也.

번역 엄릉방씨가 말하길, 제사를 돕는다는 것은 천자가 예악(禮樂)을 시행하는 일에 대해서 돕는다는 뜻이다. 그렇기 때문에 활쏘기를 하여 적중을 많이 시킨 자여야만 제사에 참여할 수 있다. "그 용모와 행동거지를 예(禮)에 맞춘다."는 말은 곧 "나아가고 물러나며 행동을 함에 반드시 예에 맞다."[2]는 뜻이다. 또 "그 절도를 악(樂)에 맞춘다."는 말은 곧 "채번(采蘩)을 절도로 삼는다."[3]는 뜻이다. '비(比)'는 예악에 맞춰서 그 법도를 잃지 않는다는 뜻이다. 그런데 기어코 "예악에 맞춘다."고 말한 이후에야 "적중하는 것이 많다."라고 했으니, 예악에 맞추지 못했는데 우연히 맞춘 것은 또한 적중이라고 말할 수 없다는 사실을 알 수 있다. 그렇기 때문에 공자

---

2) 『예기』「사의」: 故射者進退周還必中禮, 內志正, 外體直, 然後持弓矢審固, 持弓矢審固, 然後可以言中. 此可以觀德行矣.

3) 『예기』「사의」: 其節: 天子以騶虞爲節, 諸侯以貍首爲節, 卿大夫以采蘋爲節, 士以采蘩爲節.

가 "활쏘기에서는 주피를 위주로 하지 않았다."[4]라고 한 말로부터 『예기』「투호(投壺)」편에서 "연속해서 던지면 화살이 들어가더라도 점수로 계산하지 않는다."[5]라고 말한 것 등은 이러한 이유 때문이다. 활쏘기를 하는 자는 사 계급이고 사를 천거하는 자는 제후이다. 어떤 자는 적중을 시키고 또 어떤 자는 그렇지 못한데, 이러한 일들이 비록 사 자신에게 달려 있지만, 은혜를 받고 책망을 받는 일들은 제후에게 해당한다. 그렇기 때문에 "활쏘기는 활을 쏘아서 제후를 위한다."라고 말한 것이다.

① 釆繫.

補註 繫, 當作蘩.

번역 '계(繫)'자는 마땅히 번(蘩)자로 기록해야 한다.

---

4) 『논어』「팔일(八佾)」: 子曰, "射不主皮, 爲力不同科, 古之道也."

5) 『예기』「투호(投壺)」: 請賓, 曰, "順投爲入, 比投不釋, 勝飮不勝者. 正爵旣行, 請爲勝者立馬, 一馬從二馬. 三馬旣立, 請慶多馬." 請主人亦如之.

「사의」 6장

故詩曰: "①曾孫侯氏, 四正具擧. 大夫君子, 凡以庶士. 小大②莫處, 御于君所. 以燕以射, 則燕則譽." 言君臣相與, 盡志於射以習禮樂, 則安則譽也. 是以天子制之, 而諸侯務焉. 此天子之所以養諸侯而兵不用, 諸侯自爲正之具也.

번역 이러한 까닭으로『시』에서는 "증손후씨(曾孫侯氏)여, 사정(四正)을 모두 거행하는구나. 대부인 군자여, 모든 서사(庶士)들까지 참여하여, 대소 관료를 막론하고 자신의 직무에 매달리지 않고 군주가 계신 곳에서 군주를 모시는구나. 연례(燕禮)를 시행한 뒤에 사례(射禮)를 실시하니, 편안하고 영예롭게 된다."라고 했다. 즉이 말은 군주와 신하가 서로 참여하여 활쏘기에서 그 뜻을 다하여 예악(禮樂)을 익히게 된다면, 모두가 편안하게 되고 영예를 얻게 된다는 뜻이다. 이러한 까닭으로 천자는 이러한 예법을 제정한 것이고 제후는 힘써 실천했던 것이다. 이것이 바로 천자가 제후를 보살피면서 병장기를 사용하지 않았던 이유이며, 또한 제후들이 제 스스로 올바르게 되었던 도구이기도 하다.

① 曾孫侯氏.

補註 疏曰: 謂諸侯也.
번역 소에서 말하길, 제후를 뜻한다.

② 莫處.

補註 鄭註: 無安居其官次者也.
번역 정현의 주에서 말하길, 그 관부가 있는 곳에서 편안하게 머물고 있는 자가 없다는 뜻이다.

「사의」 7장

참고—經文

孔子射於矍相之圃, 蓋觀者如堵牆. ①射至于司馬, 使②子路
執弓矢出延射曰: "賁軍之將, 亡國之大夫, ③與爲人後者不入,
其餘皆入." 蓋去者半, 入者半.

번역 공자가 확상(矍相)이라는 땅의 들에서 사례(射禮)를 실시했는데, 지켜보는
자가 많아서 마치 담장처럼 그 주변을 둘러쌌다. 향음주례(鄕飮酒禮)를 끝내고 사
례를 실시하게 되어, 사정(司正)을 재차 사마(司馬)로 정하는 단계까지 진행되었
는데, 공자는 자로를 시켜서 활과 화살을 들고 나가 활쏘기에 참여하려는 자들을
불러오도록 하며, "군대를 패망시킨 장수, 나라를 망친 대부, 자신의 부모도 잊고
남의 후사가 되기로 자청한 자들은 들어오지 못하니, 나머지 사람들은 모두 들어오
도록 하시오."라고 했다. 그러자 그 자리를 떠나는 자가 반이었고 참여한 자가 반이
었다.

① ○射至于司馬.

補註 于, 古經及通解作於.

번역 '우(于)'자를 『고경』과 『통해』에서는 어(於)자로 기록했다.

② 子路[止]出延射.

補註 鄭註: 子路執弓矢出延射, 則爲司射也.

번역 정현의 주에서 말하길, 자로가 활과 화살을 잡고 나가서 활 쏘는 자들
을 나오게끔 했다고 했으니, 활쏘기를 주관하는 자가 되었다는 뜻이다.

③ 與爲人後者不入.

補註 鄭註: "與, 猶奇也. 後人者, 一人而已. 旣有爲者, 而往奇之, 則是

貪財也." 疏曰: "他人無後, 旣有人後之, 相爲合配. 今已更往後之, 是配
合之外, 更有奇也."

번역 정현의 주에서 말하길, "'여(與)'자는 짝을 이룬다는 뜻이다. 남의 후손
이 되는 자는 한 사람일 따름이다. 이미 후손이 되기로 정한 자가 있는데,
그곳에 찾아가서 그와 짝을 이루어 후손이 되었으니, 이것은 재물을 탐한 것
이다."라고 했다. 소에서 말하길, "어떤 자에게 후손이 없어서 어떤 자를 이
미 그의 후손으로 세웠으니 서로 짝을 이룬 것이다. 그런데 다시금 그곳에
찾아가서 그의 후사가 되었으니, 이것은 짝을 이룬 대상 외에도 새로이 짝을
이루는 한 대상이 생긴 것이다.

補註 ○通解呂氏大臨曰: 舍其親而爲人後, 非人子之所欲, 特以大宗無
人, 族人以支子後之, 迫於大宗族人之命不得已也. 有所利之而與求焉,
是與爲人後者, 見利而忘親也.

번역 ○『통해』에서 여대림이 말하길, 자신의 부모를 버리고 남의 후사가 된
자는 사람의 자식들이 하고자 하는 바가 아닌데, 다만 대종에게 후사가 없다
면 족인들은 지자를 그의 후사로 삼으니, 대종과 족인의 명운으로 인해 급박
하여 부득이하게 하는 일이다. 이롭게 여겨서 찾아가 요구하는 경우가 있는
데, 이처럼 하여 남의 후사가 된 자는 이익만 보고 자신의 부모를 잊어버린
것이다.

補註 ○按: 呂說良是. 鄭註太曲, 陳註合鄭·呂爲說, 尤誤.

번역 ○살펴보니, 여씨의 주장은 참으로 옳다. 정현의 주는 매우 왜곡되어
있고, 진호의 주에서는 정씨와 여씨의 주장을 합쳐서 설명했으니 매우 잘못
되었다.

補註 ○語類曰: 與爲人後者, 謂大宗已有後, 而小宗復爲之後, 却無意思.

번역 ○『어류』에서 말하길, 남의 후사가 되었다는 것은 대종에게 이미 후계
자가 있는데, 소종이 재차 그의 후계자가 된 것으로 아무런 의미가 없는 말
이다.

矍相, 地名. 如堵牆, 言圍繞而觀者衆也. 鄕飮之禮, 將旅酬, 使
相者一人爲司正. 至將射, 則①轉司正爲司馬, 故云射至于司
馬也. 延, 進也, 誓衆選賢, 而進其來觀欲射之人也. 賁, 與僨
同, 覆敗也. 亡國, 亡其君之國也. 與爲人後, 言人有死而無子
者, 則宗族旣爲之立後矣, 此人復求爲之後也. 賁軍之將無勇,
亡國之臣不忠, 求爲人後者, 忘親而貪利, 此三等人皆在所當
棄, 故不使之入, 其餘則皆可與之進也.

번역 '확상(矍相)'은 지명이다. "마치 담장과 같았다."라는 말은 둘러싸서 살펴보
는 자가 많았다는 뜻이다. 향음주례(鄕飮酒禮)에서 여수(旅酬)를 시행하려고 하
면, 의식을 돕는 자 1명으로 하여금 사정(司正)의 직책을 수행하도록 한다. 활쏘기
를 시행하게 되면, 사정을 다시 사마(司馬)로 삼는다. 그렇기 때문에 "활쏘기가 사
마(司馬)에 이르렀다."라고 말한 것이다. '연(延)'자는 "나아가다[進]."는 뜻이니,
뭇 대중들에게 맹세를 하고 현명한 자를 선발하고, 가까이 와서 활쏘기를 관찰하고
자 하는 자들을 나오게끔 한 것이다. '분(賁)'자는 '분(僨)'자와 동일하니 패망했다
는 뜻이다. '망국(亡國)'은 자신의 군주가 다스리는 나라를 망쳤다는 뜻이다. '여위
인후(與爲人後)'는 어떤 자가 죽었는데 대를 이을 자식이 없다면, 종족(宗族)은 그
를 위해 후손을 대신 세워주는데, 여기에서 말하는 자는 재차 자신이 요구하여 그
사람의 후손이 된 자를 뜻한다. 군대를 패망하게 만든 장수는 용맹이 없고, 나라를
망친 신하는 충성스럽지 못하며, 자신이 요구하여 타인의 후손이 된 자는 자신의
부모를 잊고 이로움을 탐한 것이니, 이러한 세 부류의 사람들은 모두 내쳐야만 하
는 대상이다. 그렇기 때문에 그들로 하여금 들어오지 못하도록 했으니, 그 나머지
사람들의 경우에는 모두 참여하여 들어올 수 있었던 것이다.

① 轉司正爲司馬.

補註 鄕射禮: "司正爲司馬." 註: "兼官, 由便也. 立司正爲涖酒爾. 今射
司正無事."

번역 『의례』「향사례(鄕射禮)」편에서 말하길, "사정을 사마로 삼는다."[1]라
고 했고, 주에서는 "관직을 겸하게 하는 것은 편리에 따르기 때문이다. 사정

을 세운 것은 음주를 감독하기 위해서이다. 현재는 활쏘기를 하여 사정에게
는 할 일이 없어졌기 때문이다."라고 했다.

---

1)『의례』「향사례(鄕射禮)」: 司正爲司馬.

「사의」 8장

참고-經文

又使公罔之裘·序點揚觶而語. 公罔之裘揚觶而語曰: "幼壯孝
弟, 耆耋好禮, 不從流俗, 修身以俟死者, ①不? 在此位也." 蓋
去者半, 處者半.

번역 또한 공자는 공망구와 서점을 시켜서 치(觶)를 들고 사람들에게 술을 권하며
옛 선왕이 만든 예악(禮樂)을 칭술하도록 시켰다. 공망구가 치를 들고 사람들에게
술을 권하고 어(語)를 하며, "나이가 어리거나 장성한 자들은 효제(孝悌)에 따르
고, 늙은이들은 예(禮)를 좋아하며, 세속의 잘못된 예법에 휩쓸리지 않고, 자신을
수양하여 죽을 때까지 고수하는 자이어야 하는데, 그렇지 않은가? 그런 자는 이 자
리에 있으시오."라고 했다. 그러자 그 자리를 떠나는 자가 반이었고 참여한 자가
반이었다.

① 不在此位也.

補註 呂氏大臨曰: 不在此位也者, 疑詞, 衆之所聚簡別賢不肖人所難言
也, 故以疑詞示之, 猶言文不在玆乎, 蓋言在玆也. 不曰乎而曰也者, 蓋
深示其不斥言也.

번역 여대림이 말하길, '부재차위야(不在此位也)'라는 말은 의문사이니, 여
러 사람이 모여 있는 가운데 현명하거나 그렇지 못한 사람을 간략히 구별해
낼 때에는 뭐라고 말하기 어려운 점이 있다. 그렇기 때문에 의문사로 표현하
여 이러한 뜻을 보인 것이니, 마치 "문이 이 몸에 있지 않은가?"[1]라고 한 말
과 같아 여기에 남아있으라는 뜻인 것 같다. 다만 '호(乎)'라고 말하지 않고
야(也)라고 말한 것은 아마도 배척하지 않으려는 말의 뜻을 깊이 드러내기
위해서일 것이다.

---

1) 『논어』「자한(子罕)」: 子畏於匡, 曰, "文王旣沒, <u>文不在玆乎</u>? 天之將喪斯文也,
後死者不得與於斯文也, 天之未喪斯文也, 匡人其如予何?"

補註 ○通解曰: 鄭註, 者不二字, 文義不通. 家語兩處竝無不字, 亦非是. 當從呂說爲長.

번역 ○『통해』에서 말하길, 정현의 주에서는 '자불(者不)' 두 글자를 붙여서 풀이했는데, 문장의 뜻이 통하지 않는다. 『가어』에서는 두 곳 모두 불(不)자가 없는데, 이 또한 옳지 않다. 여씨의 주장에 따르는 것이 낫다.

補註 ○按: 陳註復依鄭註, 殊未可曉.

번역 ○살펴보니, 진호의 주는 재차 정현의 주에 따르고 있는데, 자못 이해하지 못하는 점이 생긴다.

補註 ○呂氏又曰: 孔子溫良恭讓, 其於鄕黨, 似不能言, 未聞拒人如是之甚, 故儐相之事, 疑不出於聖人. 如記稱孔子曰我戰則克祭則受福, 孔子固優爲之, 而謂孔子言之, 則非也.

번역 ○여씨가 또 말하길, 공자는 온순하고 선량하며 공손하고 겸양하였고,[2] 향당에 있어서는 말을 잘 못하는 것처럼 하였다고 하니,[3] 남에 대해 배격하는 것을 이처럼 심하게 했다는 것은 들어보지 못했다. 그러므로 확상에서의 일화는 아마도 공자에게서 비롯된 것이 아닐 것이다. 예를 들어 『예기』에서 공자가 "나는 전쟁을 하게 되면 반드시 이길 것이고, 제사를 지내게 되면 복을 받게 될 것이다."[4]라고 했다고 했는데, 공자는 진실로 그러한 것들을 할 수 있었겠으나 그것을 공자가 말했다고 한다면 잘못된 것이다.

---

2) 『논어』「학이(學而)」: 子禽問於子貢曰, "夫子至於是邦也, 必聞其政, 求之與? 抑與之與?" 子貢曰, "夫子溫良恭儉讓以得之. 夫子之求之也, 其諸異乎人之求之與?"

3) 『논어』「향당(鄕黨)」: 孔子於鄕黨, 恂恂如也, 似不能言者.

4) 『예기』「예기(禮器)」: 孔子曰: "我戰則克, 祭則受福." 蓋得其道矣.

公罔, 姓; 裘, 名. 之, 語助也. 序, 姓; 點, 名也. 揚, 擧也. 射畢, 則使主人之贊者二人, 擧觶于賓與大夫. 儀禮云: "①古者於旅也語." 故裘擧觶曰: "幼壯而盡孝弟之道, 老耄而守好禮之心, 不與流俗同其頹靡, 而守死善道者." 不, 言今此衆人之中有如此樣人否? 當在此賓位也. 於是先時之入者又半去矣.

번역 '공망(公罔)'은 성(姓)에 해당하고 '구(裘)'는 이름에 해당한다. '지(之)'자는 어조사이다. '서(序)'는 성(姓)에 해당하고 '점(點)'은 이름에 해당한다. '양(揚)'자는 "들다[擧]."는 뜻이다. 활쏘기가 끝나면 주인을 도왔던 자 2명을 시켜서 빈객 및 대부들에게 치(觶)를 들어서 술을 권한다. 『의례』에서는 "고대에는 여수(旅酬)를 할 때 선왕의 예악(禮樂)을 칭술하는 어(語)를 했다."라고 했다. 그렇기 때문에 구가 치를 들어 올려서 술을 권하며, "나이가 어리거나 장성한 자이면서 효제(孝悌)의 도리를 다하고, 노년이 되어서 예(禮)를 좋아하는 마음을 지키며, 세속에 휩쓸려서 쇠퇴함에 따르지 않으며 죽을 때까지 좋은 도리를 지키는 자이다."라고 말한 것이다. '불(不)'자는 "현재 이곳에 모인 많은 사람들 중에 이와 같이 본보기를 보인 자가 있는가? 없는가?"라는 뜻이다. 본보기를 보인 자는 마땅히 이곳에 마련된 빈객의 자리에 머물게 된다. 이때 앞서 들어왔던 자들 중 또한 그 반절이 떠나갔다.

① 古者於旅也語.

補註 鄕射記文.
번역 『의례』「향사례(鄕射禮)」편의 기문이다.[5]

---

5) 『의례』「향사례(鄕射禮)」: <u>古者於旅也語</u>. 凡旅不洗. 不洗者不祭.

「사의」 10장

참고─經文

射之爲言者繹也, 或曰舍也. 繹者, 各繹己之志也. 故心平體
正, 持弓矢審固; 持弓矢審固, 則射中矣. 故曰①爲人父者以爲
父鵠, 爲人子者以爲子鵠, 爲人君者以爲君鵠, 爲人臣者以爲
臣鵠, 故射者各射己之鵠. 故天子之大射謂之射侯. 射侯者, 射
爲諸侯也. ②射中則得爲諸侯, 射不中則不得爲諸侯.

번역 '사(射)'라는 말은 "찾는다[繹]."는 뜻이며, 또한 "머무르다[舍]."라는 뜻으로
말하기도 한다. '역(繹)'이라는 것은 각각 자신의 뜻에 대해 탐구하는 것이다. 그렇
기 때문에 마음이 편안하고 몸이 바르며 활과 화살을 잡은 것이 모두 확고하니, 활
과 화살을 잡은 것이 모두 확고하다면 활을 쏘아서 적중시킨다. 그렇기 때문에 부
친이 된 자는 이것을 부곡(父鵠)으로 삼고, 자식이 된 자는 이것을 자곡(子鵠)으로
삼으며, 군주가 된 자는 이것을 군곡(君鵠)으로 삼고, 신하가 된 자는 이것을 신곡
(臣鵠)으로 삼는다. 그래서 활쏘기는 각각 자신의 곡(鵠)에 활을 쏘는 것이다. 그
렇기 때문에 천자가 제정한 대사례(大射禮)에 대해서는 이것을 사후(射侯)라고 부
르니, '사후(射侯)'라는 것은 활을 쏘아서 제후가 된다는 뜻이다. 활을 쏘아서 적중
을 시킨 자는 제후가 될 수 있고, 활을 쏘아서 적중을 시키지 못한 자는 제후가 될
수 없다.

① 爲人父者[止]臣鵠.

補註 鄭註: "以爲某鵠者, 將射, 還視侯中之時, 意曰此鵠乃爲某之鵠, 吾
中之則成人, 不中則不成人也." 疏曰: "唯大射有鵠, 鵠則上下俱同, 無
復君臣·父子之別. 而言以爲父鵠者, 謂升射之時, 旣身爲人父, 則念之
云, 所射之鵠, 是爲人父之鵠, 中則任爲人父, 不中則不任爲人父, 以下
放此."
번역 정현의 주에서 말하길, "과녁에 있어서 이러한 것들을 아무개의 곡(鵠)
이라고 하는데, 활쏘기를 하려고 하여 과녁의 중간을 두루 둘러보려고 할

때, 그 의도는 곧 이 곡은 아무개의 곡으로 삼으니, 내가 그것을 맞추게 되면 사람으로서의 도리를 이룬 것이며, 맞추지 못한다면 사람으로서의 도리를 이루지 못한 것이라고 여긴다."라고 했다. 소에서 말하길, "오직 대사례에서만 곡을 설치하고, 곡의 경우에는 상하 모든 계층이 동일하여, 군신관계 및 부자관계에 따른 구별을 재차 두지 않는다. 그런데도 이것을 부곡(父鵠)으로 삼는다고 말한 것은 올라가서 활을 쏠 때, 이미 본인이 부친의 입장이라면 다음과 같이 생각하는 것이다. 즉 활을 쏘게 되는 곡은 부친이 된 자의 곡이니, 그것을 명중시키게 된다면 부친의 임무를 맡을 수 있고, 명중시키지 못하면 부친의 임무를 맡을 수 없다. 그 아래의 경우도 모두 이와 같다."라고 했다.

補註 ○按: 子鵠下吐諺讀, 恐誤.
번역 ○살펴보니, '자곡(子鵠)' 뒤에 『언독』에서는 토를 붙였는데, 아마도 잘못된 해석인 것 같다.

② 射中[止]不得爲諸侯.

補註 疏曰: 射中則得爲諸侯者, 數有慶賜, 久爲諸侯也. 射不中則不得爲諸侯者, 數被責讓, 不堪久爲諸侯也. 非爲射中封爲侯, 不中不得爲諸侯也.
번역 소에서 말하길, 활을 쏘아서 적중을 시킨 자는 제후가 될 수 있다고 했는데, 수차례 은덕을 받게 되어, 오래도록 제후의 직책을 맡을 수 있다는 뜻이다. 활을 쏘아 적중을 시키지 못한 자는 제후가 될 수 없다고 했는데, 수차례 책망을 받게 되어, 오래도록 제후의 직책을 감당할 수 없다는 뜻이다. 활쏘기에서 명중을 시킨 자가 반드시 제후로 분봉되는 것은 아니지만, 명중을 시키지 못하면 제후가 될 수 없다.

鄭氏曰: 得爲諸侯, 謂有慶也. 不得爲諸侯, 謂有讓也. ①又司
裘註云: 侯者, 其所射也. 以虎熊豹麋之皮飾其側. 又方制之以
爲準, 謂之鵠, 著于侯中. 謂之鵠者, 取名於鳱鵠. 鳱鵠小鳥, 難
中, 是以中之爲雋.

번역 정현이 말하길, "제후가 될 수 있다."는 말은 은덕을 받는다는 뜻이다. "제후
가 될 수 없다."는 말은 책망을 받는다는 뜻이다. 또 『주례』「사구(司裘)」편에 대한
정현의 주에서는 "'후(侯)'라는 것은 활을 쏘는 과녁이다. 호랑이 · 곰 · 표범 · 사슴
의 가죽으로 그 가장자리를 장식한다. 또한 균등하게 제작하여 판을 만드니, 이것을
'곡(鵠)'이라 부르고, 이것을 '후(侯)' 중앙에 붙인다. 이것을 '곡(鵠)'이라고 부르
는 이유는 간곡(鳱鵠)이라는 새에서 그 명칭을 취한 것이다. '간곡(鳱鵠)'은 작은
새이기 때문에 맞추기가 어렵다. 이러한 까닭으로 그 새를 맞춘 것을 '준(雋)'이라
고 한다."라고 했다.

① 又司裘註[止]爲雋.

補註 按: 此周禮 · 天官 · 司裘鄭註也.
번역 살펴보니, 이것은 『주례』「천관(天官) · 사구(司裘)」편에 대한 정현의
주를 가리킨다.

補註 ○鳱音干.
번역 ○'鳱'자의 음은 '干(간)'이다.

「사의」 11장

天子將祭, 必先習射於澤. 澤者, 所以擇士也. 已射於澤而后射
於射宮. ①射中者得與於祭, 不中者不得與於祭. 不得與於祭
者②有讓, 削以地, 得與於祭者有慶, 益以地. 進爵③絀地是也.

번역 천자가 제사를 지내려고 할 때에는 반드시 그보다 앞서서 택(澤)에서 활쏘기
를 연습한다. 택에서 활쏘기를 하는 것은 사(士)를 선발하기 위해서이다. 택에서
활쏘기 연습을 끝낸 이후에는 사궁(射宮)에서 활쏘기를 한다. 활쏘기를 하여 적중
을 시킨 자는 제사에 참여할 수 있고, 적중시키지 못한 자는 제사에 참여할 수 없
다. 제사에 참여할 수 없는 자의 경우 책망을 받고 땅을 줄이게 된다. 제사에 참여
할 수 있는 자의 경우 은덕을 받고 땅을 늘려주게 된다. 작위를 올려주고 땅을 삭감
한다는 것이 바로 이것을 가리킨다.

① 射中者得與於祭.

補註 語類曰: 射觀德擇人, 是凡與射者, 皆賢者, 可以助祭之類, 但更以
射擇之, 如卜筮決事然. 其人賢不肖, 不是全用射擇之也. 小人更是會
射, 今俗射有許多法, 與古法別, 小人儘會學. 後之說者說得太過了, 謂
全用此射以擇諸侯竝助祭之人, 非也. 大率禮家說話, 多過了.

번역 『어류』에서 말하길, 활쏘기는 덕을 살펴서 사람을 선발하는 것으로, 기
본적으로 활쏘기에 참여하는 자들은 모두 현명한 자들로 제사를 도울 수 있
는 자들이다. 다만 재차 활쏘기를 통해서 그 중에서 선발하는 것이니, 마치
점을 쳐서 일을 결정하는 것과 같다. 따라서 그 사람이 현명한지 또는 그렇
지 못한지는 전적으로 활쏘기만을 통해서 가려내는 것이 아니다. 소인들은
모여서 활을 쏘는데, 현재 세속에서 시행하는 활쏘기는 그 방법이 매우 다양
하지만 고대의 예법과는 다른 것이므로, 소인들은 모두 모여서 이것을 배워
야 한다. 후대에 이것을 설명한 자들은 그 말이 너무 지나쳐서 전적으로 이
러한 활쏘기를 통해 제후를 선발하고 아울러 제사를 도울 자들을 뽑았다는

뜻이라고 하는데 잘못된 설명이다. 대체로 예학가들은 그 말이 전반적으로
지나치다.

② 有讓[止]益以地.

補註 疏曰: 削以地益以地, 謂諸侯也.
번역 소에서 말하길, 땅을 삭감한다거나 땅을 늘려준다는 것은 제후에 대한
내용이다.

補註 ○楊梧曰: 與祭不與祭, 以貢士言, 讓削慶益, 以諸侯言.
번역 ○양오가 말하길, 제사에 참여하거나 참여하지 않는 것은 천거한 사를
기준으로 말한 것이며, 책망을 받아 땅을 삭감하거나 은덕을 받아 땅을 늘려
준다는 것은 제후를 기준으로 말한 것이다.

③ 絀地.

補註 陸音: 絀, 勅律反.
번역 육덕명의 『음의』에서 말하길, '絀'자는 '勅(칙)'자와 '律(률)'자의 반절음
이다.

「사의」12장

참고—經文

①故男子生, 桑弧蓬矢六, 以射天地四方. 天地四方者, 男子之
所有事也. 故必先有志於其所有事, 然後敢用穀也, 飯食之謂
也.

번역 그렇기 때문에 사내아이가 태어나면, 뽕나무로 만든 활과 쑥대로 만든 화살
6대를 가지고, 천지(天地)와 사방(四方)에 각각 한 발씩 쏜다. 천지와 사방은 남자
가 일삼는 대상이 존재하는 장소이다. 그렇기 때문에 반드시 가장 먼저 일삼는 대
상이 존재하는 곳에 뜻을 두게 되고, 그런 이후에야 감히 모유를 먹게 하니, 이것을
'반사(飯食)'라고 부른다.

① ○故男子生章.

補註 楊梧曰: 此自天子達於庶人皆然, 註疏元是統說, 陳註單指臣道, 殊
不合理.

번역 양오가 말하길, 이것은 천자로부터 서인에 이르기까지 모두 이러하다
는 뜻으로, 주와 소도 본래 통괄적으로 설명한 것이다. 그런데 진호의 주에
서는 신하의 도로만 지적을 하고 있으니, 이치에 맞지 않는 점이 있다.

「사의」 13장

射者仁之道也. ①求正諸己, 己正而後發; 發而不中, 則不怨勝
己者, 反求諸己而已矣.

번역 활쏘기는 인(仁)을 시행하는 도리이다. 자신에게서 올바름을 찾고, 자신이 올
바르게 된 이후에야 활을 쏘며, 활을 쏘아서 적중시키지 못한다면, 자신을 이긴 자
에 대해서 원망하지 않고, 돌이켜보아서 자신에게서 원인을 찾을 따름이다.

① ○求正諸己.

補註 按: 古經及通解求上有射字.

번역 살펴보니, 『고경』과 『통해』에는 '구(求)'자 앞에 사(射)자가 기록되어
있다.

「사의」14장

孔子曰: "君子無所爭, 必也射乎! 揖讓而升, ①<u>下而飲</u>, 其爭也君子."

번역 공자가 말하길, "군자는 다투는 일이 없지만, 다툼이 있다면 그것은 반드시 활쏘기일 것이다! 활쏘기를 할 때에는 읍(揖)을 하고 사양을 한 뒤에야 당에 오르고, 내려온 뒤 패자가 다시 올라가 술을 마시니, 그 다툼이야말로 군자다운 것이다."라고 했다.

① ○下而飲.

補註 按: 飮去聲, 謂飮他人也.
번역 살펴보니, '飮'자는 거성으로 읽으니, 다른 사람에게 술을 마시게끔 한다는 뜻이다.

今按: 揖讓而升, 未射時也. 下而復升以飮, 則射畢矣. 揖讓而升下五字, ①<u>當依鄭註爲句</u>.

번역 내가 살펴보니, "읍을 하고 사양을 하여 당에 오른다."는 말은 아직 활을 쏘기 이전의 시기를 뜻한다. 내려와서 재차 당에 올라서 술을 마신다면, 활쏘기가 끝난 것이다. 따라서 "읍을 하고 사양을 하며 올라갔다가 내려온다[揖讓而升下]."는 다섯 글자는 마땅히 정현의 주에 근거해서 구문을 끊어야 한다.

① 當依鄭註爲句.

補註 鄭註: "飮射爵者, 亦揖讓而升降." 疏曰: "解經揖讓而升下也. 此揖讓, 乃飮射爵時揖讓, 非射時揖讓也."

번역 정현의 주에서 말하길, "활쏘기를 할 때 따라둔 술잔을 마신 자는 또한 읍을 하고 사양을 하며 올라갔다가 내려온다."라고 했다. 소에서 말하길, 이 말은 경문의 "읍을 하고 사양을 하며 오르고 내린다."라는 말을 해석한 글이다. 여기에서 말한 읍양(揖讓)은 활쏘기를 할 때 따라둔 술잔을 마시려고 하는 시기에 읍을 하고 사양을 한다는 뜻이지, 활쏘기를 할 때 읍을 하고 사양을 한다는 뜻이 아니다.

補註 ○按: 朱子旣以下而飮爲句, 於義允叶, 而陳註欲依鄭註爲句, 未安.

번역 ○살펴보니, 주자는 이미 '하이음(下而飮)'으로 구문을 끊었는데, 이것은 그 의미상 매우 부합되는 해석이다. 그런데 진호의 주에서는 정현의 주에 따라 구문을 끊고자 했으니, 온당하지 못하다.

「사의」 15장

참고-經文

孔子曰: "射者何以射? 何以聽? 循聲而發, 發而不失正鵠者, 其
唯賢者乎! 若夫不肖之人, 則彼將安能以中?" 詩云: "①發彼有
的, 以祈爾爵." 祈, 求也, 求中以辭爵也. 酒者, 所以養老也, 所
以養病也. 求中以辭爵者, 辭養也.

번역 공자가 말하길, "활을 쏘는 자는 어떻게 그리 잘 쏘며, 또 어떻게 그리 음악의
악절에 맞추는가? 음악에 맞춰서 화살을 쏘고, 화살을 쏜 것이 정곡(正鵠)을 놓치
지 않는 자는 오직 현명한 자일뿐이다! 불초한 자라면 그 자가 어떻게 적중을 시킬
수 있겠는가?"라고 했다. 『시』에서는 "저 과녁에 활을 쏘아서, 네 술잔을 찾는구
나."라고 했다. '기(祈)'자는 "구한다[求]."는 뜻이니, 적중하기를 요구하여 벌주로
내린 잔을 사양하는 것이다. 술이라는 것은 노인을 봉양하는 도구이자 병든 몸을
보살피는 도구이다. 적중하길 요구하여 벌주로 내린 잔을 사양하는 것은 봉양의 예
법을 받는 것을 사양하는 것이다.

① **發彼有的以祈爾爵.**

補註 鄭註: 言射的必欲中之者, 以求不飲女爵也.
번역 정현의 주에서 말하길, 표적에 활을 쏠 때 적중시키고자 하는 것은 이
를 통해서 너의 술잔을 마시지 않고자 한다는 의미이다.

補註 ○王肅曰: 言發中的以求飲不中者也.
번역 ○왕숙이 말하길, 활을 쏘아 적중을 시켜서 적중을 시키지 못한 자에게
술을 마시게끔 하려고 한다는 뜻이다.

補註 ○詩朱子註曰: 祈, 求也. 爵, 射不中者, 飲豊上之觶也. 各心競云,
"我以此求爵汝也."

번역 ○『시』에 대한 주자의 주에서 말하길, '기(祈)'자는 구한다는 뜻이다. '작(爵)'은 활을 쏘아 적중을 시키지 못한 자가 풍 위에 놓아둔 치를 들어 술을 마시는 것이다. 각자 마음으로 벼르며, "나는 이것으로 너에게 벌주를 먹이기를 원한다."라고 한다.

補註 ○按: 鄭註牽强, 王說平順, 故朱子從之.

번역 ○살펴보니, 정현의 주는 견강부회이며, 왕숙의 주장은 무난하다. 그러므로 주자가 그 해석에 따른 것이다.

補註 ○徐志修曰: 竊意, 鄭氏以有辭爵之語, 故解此句如此, 與詩註不必相同.

번역 ○서지수가 말하길, 내가 생각하기에 정현은 "벌주로 내린 잔을 사양한다."라는 말이 있기 때문에 이 구문을 이처럼 해석한 것이니, 『시』의 주와 완전히 같을 필요가 없다.

참고─集說

郊特牲, "孔子曰: 射之以樂也, 何以聽? 何以射?" 謂射者何以能不失射之容節, 而又能聽樂之音節乎? 何以能聽樂之音節, 而使射之容與樂之節相應乎? 言其難而美之也. 循聲而發, 謂射者依循樂聲而發矢也. ①畫布曰正, 棲皮曰鵠. 賢者持弓矢審固, 故能中的, 不肖者不能也. 詩, 小雅賓之初筵. 發, 猶射也. 爵, 謂罰酒之爵. 中則免於罰, 故云求中以辭爵也. 酒所以養老病, 今求免於爵者, 以己非老者病者, 不敢當其養禮耳. 此讓道也.

번역 『예기』「교특생(郊特牲)」편에서는 "공자가 말하길, '활을 쏠 때에는 음악을 함께 연주하니, 어떻게 그처럼 음악을 들으면서 활 쏘는 예절을 흐트러트리지 않는

가? 또 어떻게 그처럼 활을 쏘면서 음악의 악절과 호응이 되도록 하는가?"[1]라고
했는데, 이 말은 "활 쏘는 자는 어떻게 활을 쏠 때의 용모와 절도를 잃지 않으면서
도, 또한 음악의 악절을 잘 들을 수 있는가? 어떻게 음악의 악절을 잘 들을 수 있으
면서도 활을 쏠 때의 태도와 음악의 악절을 서로 대응시킬 수 있는가?"라는 뜻이다.
즉 이것은 어려운 일을 해내는 것에 대해 찬미한 말이다. "소리에 따라서 쏜다."는
말은 활을 쏘는 자가 음악의 소리에 따라서 화살을 쏜다는 뜻이다. 포(布)에 그림
을 그린 것을 '정(正)'이라 부르며, 가죽을 댄 것을 '곡(鵠)'이라 부른다. 현명한 자
가 활과 화살을 잡음이 확고하기 때문에, 과녁에 적중시킬 수 있는 것인데, 불초한
자는 그럴 수 없다. 여기에서 말한 시(詩)는 『시』「소아(小雅)·빈지초연(賓之初
筵)」편이다. '발(發)'자는 "쏜다[射]."는 뜻이다. '작(爵)'은 벌주로 내리는 술잔을
뜻한다. 적중을 시킨 자는 벌주를 면하게 된다. 그렇기 때문에 "적중하기를 구하여
벌주로 내린 잔을 사양한다."라고 말한 것이다. 술은 노인과 쇠약해진 몸을 보필하
는 도구인데, 현재 벌주로 내린 잔을 피하고자 하는 것은 자신은 노인이나 쇠약해
진 자가 아니므로, 봉양의 예법을 감당할 수 없기 때문이다. 이것은 바로 사양의
도리에 해당한다.

① 畫布曰正.

補註 大射禮註: 正者正也, 亦鳥名. 齊·魯之間, 名題肩爲正.
번역 『의례』「대사례(大射禮)」편의 주에서 말하길, '정(正)'자는 바르다는 뜻
이며, 또한 새의 이름이 된다. 제나라와 노나라 지역에서는 제견(題肩)이라
는 새를 정(正)이라고 부른다.

補註 ○按: 正, 亦作鴊.
번역 ○살펴보니, '정(正)'자는 또한 정(鴊)자로도 기록한다.

---

1) 『예기』「교특생(郊特牲)」: 孔子曰: 射之以樂也, 何以聽? 何以射?

「연의(燕義)」제47편

補註 陸曰: 鄭云, "記君與臣燕飮之禮."

번역 육덕명이 말하길, 정현은 "군주와 신하가 연회를 하며 음주하는 예법을 기록하였다."라고 했다.

「연의」 1장

참고-經文

①古者周天子之官, 有庶子官. ②庶子官職諸侯·卿·大夫·士之庶子之卒, 掌其戒令, 與其教治, 別其等, 正其位. 國有大事, 則率國子而致於大子, 唯所用之. 若有甲兵之事, 則授之以車甲, 合其卒伍, 置其有司, 以軍法治之. 司馬弗正. 凡國之政事, 國子③存游卒, 使之修德學道, 春合諸學, 秋合諸射, 以考其藝而進退之.

번역 옛날 주나라 천자의 조정에는 서자(庶子)라는 관리가 있었다. 서자라는 관리는 제후·경·대부·사들의 적자(適子)인 부친 다음 서열에 있는 자들을 담당하여, 그들에게 내리는 경계지침 및 임무와 그들을 가르치고 다스리는 일들을 맡아서, 그들을 등급별로 구분하고, 그들의 자리를 서열에 따라 바르게 정했다. 나라에 중대한 일이 있다면, 국자(國子)들을 통솔하여 태자(太子)에게 보냈으니, 이들은 오직 태자만이 부릴 수 있었다. 만약 군대와 관련된 일이 발생한다면, 그들에게 수레와 병장기를 지급하였고 그들을 각각의 대오에 편입시켰으며, 그 대오를 담당하는 유사(有司)를 두어 군법에 따라 다스렸다. 그러나 사마(司馬)는 이들을 부리는 일을 하지 않았다. 무릇 나라에 중대사가 아닌 일반적인 사안에 있어서는 국자들 중 아직 등용이 되지 못한 자들을 남겨두어서, 그들로 하여금 덕을 수양하고 도를 배우도록 하여, 봄에는 태학(太學)에 불러 모으고 가을에는 사궁(射宮)에 불러 모아서, 그들의 재예를 시험하여 등용을 시키거나 내쳤다.

① 首章.

補註 按: 通解以此章置之篇末.

번역 살펴보니,『통해』에서는 이 문장을 「연의」편의 끝으로 옮겨 기록하였다.

補註 ○陽村曰: 此章言周天子而稱古者, 的是漢儒所記.

번역 ○양촌이 말하길, 이 문장에서 '주천자(周天子)'라고 말했는데, 이것을 '고자(古者)'라고 지칭했으니, 이것은 분명 한나라 유학자들의 기록임에 틀림없다.

② 庶子官職[止]之卒.

補註 按: 周禮·諸子掌國子之倅, 其下竝與此同.

번역 살펴보니, 『주례』「제자(諸子)」편에서는 국자(國子)들 중 졸(倅)에 대한 일을 담당한다고 했고, 그 뒤의 문장들은 모두 이곳의 기록과 동일하다.[1]

補註 ○疏曰: 天子謂之諸子, 諸侯謂之庶子, 其所職掌同也, 故此記雖明諸侯庶子職掌, 其所載之事, 皆諸子職文也.

번역 ○소에서 말하길, 천자에 대한 일을 언급할 때에는 그 관리를 '제자(諸子)'라 부르고, 제후에 대한 일을 언급할 때에는 그 관리를 '서자(庶子)'라 부르는데, 그들이 담당했던 일은 동일했다. 그렇기 때문에 이곳 『예기』의 기록에서는 비록 제후에게 소속된 서자라는 관리의 직무와 담당하는 일을 나타냈지만, 그 일을 수록하고 있는 것은 모두 『주례』「제자(諸子)」편에 기록된 직무에 해당한다.

③ 存游卒.

補註 卒, 周禮作倅.

번역 '졸(卒)'자를 『주례』에서는 졸(倅)자로 기록했다.

---

1) 『주례』「하관(夏官)·제자(諸子)」: 諸子掌國子之倅, 掌其戒令與其敎治, 辨其等, 正其位. 國有大事, 則帥國子而致於大子, 惟所用之. 若有兵甲之事, 則授之車甲, 合其卒伍, 置其有司, 以軍法治之. 司馬弗正. 凡國正弗及. 大祭祀, 正六牲之體. 凡樂事, 正舞位, 授舞器. 大喪, 正群子之服位. 會同·賓客, 作群子從. 凡國之政事, 國子存遊倅, 使之脩德學道, 春合諸學, 秋合諸射, 以攷其藝而進退之.

庶子, 卽夏官諸子職也. ①下大夫二人, 掌其戒令以下, ②皆周
禮文. 卒, 讀爲倅, 副貳也, 此官專主諸侯以下衆庶之子副倅於
父之事. 戒令, 謂任之征役也. 敎治, 謂脩德學道也. 別其等者,
分別其貴賤也. 此屬皆未命, 以父之爵爲上下也. 正其位者, 朝
廷之位尙爵, 學校之位尙齒也. 大事, 謂大祭祀·大喪紀·大
賓客·大燕享之類也. 唯所用之, 唯太子之所役使也. 百人爲
卒, 五人爲伍. 有司, 統領卒伍者也. 司馬弗征者, 以其統屬於
太子, 故司馬不得而征役之也. 凡國之政事, 非上文所言大事
也. 游卒, 倅之未仕者也. 此旣小事, 乃民庶所爲, 不使國子之
未仕者爲之, 蓋欲存之使修德學道以成其材也. 故春則合聚之
於大學, 秋則合聚之於射宮, 考藝而爲之進退焉.

번역 '서자(庶子)'는 곧 『주례』「하관(夏官)」에 속해 있는 제자(諸子)라는 직책에
해당한다. 하대부(下大夫) 2명이 담당하였으며,2) 경계지침을 담당한다는 것으로부
터 그 이하의 내용은 모두 『주례』에 기록된 문장이다. '졸(卒)'자는 '졸(倅)'자로
읽으니, '다음 서열[副貳]'을 뜻하며, 이 관리는 제후 이하의 계층에 있는 여러 자
제들 중 부친 다음 서열에 있는 자들에 대한 일들을 전적으로 담당하였다. '계령(戒
令)'은 세금 및 부역 등의 일을 맡긴다는 뜻이다. '교치(敎治)'는 덕을 수양하고 도
를 배운다는 뜻이다. "그 등급을 분별한다."는 말은 신분의 등급에 따라 서열을 구
분한다는 뜻이다. 이러한 부류에 속한 자들은 모두 명(命)의 등급을 아직 받지 않
은 상태이므로, 그들 부친의 작위에 따라서 신분 계층을 정하게 된다. "그 위(位)를
바르게 한다."는 말은 조정에서 자리를 정할 때에는 작위를 숭상하고, 학교에서 자
리를 정할 때에는 나이를 숭상한다는 뜻이다. '대사(大事)'는 큰 제사, 큰 상사(喪
事), 빈객을 접대하는 큰 예법, 성대한 연회 등의 부류를 뜻한다. '유소용지(唯所用
之)'라는 말은 오직 태자만이 부리는 자들이라는 뜻이다. 100명을 1졸(卒)로 삼고,
5명을 1오(伍)로 삼는다. 여기에서 말하는 유사(有司)는 졸(卒)과 오(伍)로 편성된

---

2) 『주례』「하관사마(夏官司馬)」: 諸子, 下大夫二人, 中士四人, 府二人, 史二人, 胥
二人, 徒二十人.

자들을 통솔하는 자이다. '사마부정(司馬弗征)'이라는 말은 태자에게 통솔되어 종속되기 때문에 사마(司馬)는 그들을 부릴 수 없다는 뜻이다. '범국지정사(凡國之政事)'는 앞서 언급한 중대한 일들이 아닌 경우를 뜻한다. '유졸(游卒)'이라는 말은 졸(倅) 중에 아직 등용이 되지 못한 자들을 뜻한다. 이러한 일들 자체가 중대한 일이 아니므로 백성들이 떠맡아서 하게 되고, 국자(國子)들 중 아직 등용이 되지 못한 자들을 시키지는 않으니, 무릇 그들을 남겨두어서 그들로 하여금 덕을 수양하고 도를 배워서, 그들의 자질을 완성시키고자 했기 때문이다. 그래서 봄에는 태학에 그들을 모으고 가을에는 사궁(射宮)[3]에 그들을 모아서, 재예를 시험하여 그들을 등용시켜주거나 내치게 된다.

① 下大夫二人.

補註 按: 此謂諸子之職, 下大夫二人也.

번역 살펴보니, 이것은 제자의 직무를 하대부 2명이 담당했다는 뜻이다.

② 皆周禮文.

補註 按: 此出夏官·諸子.

번역 살펴보니, 이것은 『주례』「하관(夏官)·제자(諸子)」편에 나온다.

참고-集說

呂氏曰: 燕禮有主人升自西階, 獻庶子阼階之上, 又①宵則執燭於阼階上, 故此篇因陳庶子官之所掌, 且明所以建官之義也.

---

3) 사궁(射宮)은 천자가 대사례(大射禮)를 시행하던 장소이며, 또한 이곳에서 사(士)들을 시험하기도 했다. 『춘추곡량전』「소공(昭公) 8년」편에는 "以習射於射宮."이라는 기록이 있고, 『예기』「사의(射義)」편에는 "諸侯歲獻貢士於天子, 天子試之於射宮."이라는 기록이 있다.

번역 여씨가 말하길, 『의례』「연례(燕禮)」편에는 주인이 당상으로 오를 때 서쪽 계단을 통해서 오르고, 동쪽 계단 위에서 서자(庶子)에게 술을 따라주며,[4] 또 밤이 되면 서자가 동쪽 계단 위에서 횃불을 든다고 했다.[5] 그렇기 때문에 이곳에서는 그 내용에 따라 서자라는 관리가 담당하는 일들을 나열하고, 또한 이러한 관직을 세운 의미에 대해서도 나타내고 있다.

① 宵則執燭於阼階上.

補註 按: 燕禮本文, 執燭上有"庶子"二字.

번역 살펴보니, 「연례」편의 본문에는 '집촉(執燭)'이라는 말 앞에 서자(庶子)라는 2글자가 더 기록되어 있다.

---

4) 『의례』「연례(燕禮)」: <u>主人洗, 升自西階, 獻庶子于阼階上</u>, 如獻士之禮. 辯, 降洗, 遂獻左右正與內小臣, 皆于阼階上, 如獻庶子之禮.

5) 『의례』「연례(燕禮)」: <u>宵則庶子執燭於阼階上</u>, 司宮執燭於西階上, 甸人執大燭於庭, 閽人爲大燭於門外.

「연의」2장

諸侯燕禮之義: 君立阼階之東南, ①南鄉爾卿. 大夫皆少進, 定位也. 君席阼階之上, 居主位也. 君獨升立席上, 西面特立, 莫敢適之義也.

번역 제후가 연례(燕禮)를 하는 의미에 있어서, 군주는 동쪽 계단의 동남쪽에 서서, 남쪽을 향하여 경을 가까이 오도록 한다. 대부들은 모두 조금 앞으로 나아가고, 여러 신하들의 자리를 정하게 된다. 군주가 동쪽 계단 위에 자리를 잡는 것은 주인의 위치에 있는 것이다. 군주가 홀로 자리에 올라가서 자리 위에 서서 남쪽을 바라보며 홀로 서 있는 것은 감히 대적할 수 있는 자가 없다는 뜻을 보이기 위함이다.

① 南鄉爾卿[止]少進.

補註 燕禮本文: "小臣設公席于阼階上, 西鄉, 公升卽位于席, 西鄉. 小臣納卿大夫. 卿大夫入門右, 北面, 東上. 公降立于阼階之東南, 南鄉. 爾卿, 卿西面, 北上. 爾大夫, 大夫皆少進." 註: "爾, 近也, 移也, 揖而移之, 近之也. 大夫猶北面, 少前." 疏曰: "曲禮云, '揖人必違其位', 是以公將揖卿大夫, 降立阼階之東南, 南面揖之. 變揖言爾者, 爾, 訓近也, 移也. 三卿五大夫初入門右, 同北面. 三卿得揖, 移近中庭西面, 五大夫得揖, 中庭少進, 北面不改也."

補註 『의례』「연례(燕禮)」편의 본문에서 말하길, "소신은 동쪽 계단 위에 군주의 자리를 마련하며 서쪽을 향하도록 설치하고, 군주가 당상으로 올라가면 자리로 나아가 위치하며 서쪽을 바라본다. 소신이 경과 대부를 안으로 인도하면, 경과 대부는 문의 우측으로 들어와서 북쪽을 바라보며 동쪽 끝에서부터 차례대로 정렬한다. 군주는 내려가서 동쪽 계단의 동남쪽에 서서 남쪽을 바라본다. 경을 가까이 오도록 하면 경은 서쪽을 바라보며 북쪽 끝에서부터 차례대로 정렬하고, 대부를 가까이 오도록 하면 대부는 모두 조금 앞으로

나아간다."¹⁾라고 했고, 주에서는 "'이(爾)'자는 가깝게 하다는 뜻이며, 이동
시킨다는 뜻이니, 읍을 하여 상대를 이동시키고 가까이 오도록 하는 것이다.
대부는 여전히 북쪽을 바라보고 있으며 조금 앞으로 나아간다."라고 했으며,
소에서는 "『예기』「곡례(曲禮)」편에서는 '남에게 읍을 할 때에는 반드시 그
자리에서 뒤로 물러나서 한다.'²⁾라고 했으니, 이러한 까닭으로 군주가 경과
대부에게 읍을 하기 위해서 내려와 동쪽 계단의 동남쪽에 서서 남쪽을 바라
보며 그들에게 읍을 하는 것이다. 읍을 한다는 말을 바꿔서 '이(爾)'라고 했
는데, 이(爾)자는 가깝게 하다는 뜻이며, 이동시킨다는 뜻이다. 세 명의 경과
다섯 명의 대부가 처음 문의 우측으로 들어오게 되면 동일하게 북쪽을 바라
보게 된다. 세 명의 경이 군주의 읍을 받게 되면 마당에서 서쪽을 바라보게
되고, 다섯 명의 대부가 군주의 읍을 받게 되면 마당으로 조금 나오게 되지
만 북쪽을 바라보는 방향은 바꾸지 않는다."라고 했다.

---

1) 『의례』「연례(燕禮)」: <u>小臣設公席于阼階上, 西鄕</u>, 設加席. <u>公升, 卽位于席, 西
鄕. 小臣納卿大夫, 卿大夫皆入門右, 北面東上.</u> 士立于西方, 東面北上. 祝史立
于門東, 北面東上. 小臣師一人, 在東堂下, 南面. 士旅食者立于門西, 東上. <u>公降
立于阼階之東南, 南鄕. 爾卿, 卿西面北上; 爾大夫, 大夫皆少進.</u>
2) 『예기』「곡례상(曲禮上)」: 揖人, 必違其位.

「연의」 3장

設賓主, 飮酒之禮也. ①使宰夫爲獻主, 臣莫敢與君亢禮也. 不
以公卿爲賓, 而以大夫爲賓, ②爲疑也, 明嫌之義也. 賓入中庭,
君降一等而揖之, 禮之也.

번역 연회를 할 때 빈객과 주인의 자리를 마련하는 것은 술을 마시는 예법이 되기
때문이다. 재부(宰夫)를 헌주(獻主)[1]로 삼는 것은 신하는 감히 군주와 함께 대등
한 예법을 시행할 수 없기 때문이다. 그런데 공이나 경을 빈객으로 삼지 않고, 대부
를 빈객으로 삼는 것은 공이나 경을 빈객으로 삼게 되면, 의심을 사는 일이 되기
때문이니, 이처럼 하는 것은 혐의를 밝히는 도리에 해당한다. 빈객이 마당으로 들어
서면, 군주는 당 위에서 계단 한 칸을 내려간 뒤 그에게 읍을 하니, 이것은 상대방
을 예우하기 때문이다.

① ○使宰夫爲獻主.

補註 燕禮註: "主人, 宰夫也. 宰夫, 太宰之屬官, 掌賓客之獻飮者也. 天
子則膳夫爲獻主." 《膳夫》職云: "王燕飮酒, 則爲獻主."

번역 『의례』「연례(燕禮)」편의 주에서 말하길, "'주인(主人)'은 재부이다. 재
부는 태재에게 속한 관리이며, 빈객에게 음식 바치는 일을 담당하는 자이
다. 천자의 경우에는 선부가 헌주를 맡는다."라고 했고, 『주례』「선부(膳夫)
」편의 직무기록에서는 "천자가 연회를 하여 술을 마시게 되면, 헌주를 맡는
다."[2]라고 했다.

---

1) 헌주(獻主)는 연회 자리에서 사람들에게 술을 따라주는 자이다. 일반적으로 연회를
   마련한 주인(主人)이 담당하였다. 그러나 군주가 주인인 경우, 그 예법을 낮출 필요
   가 있을 때, 재부(宰夫)를 시켜서 '헌주'로 삼고, 그를 시켜서 빈객(賓客)들에게 술을
   따르게 했다.
2) 『주례』「천관(天官)·선부(膳夫)」: 王燕飮酒, 則爲獻主.

補註 ○按: 宰夫, 下大夫, 膳夫, 上士.

번역 ○살펴보니, 재부(宰夫)는 하대부가 담당하고, 선부(膳夫)는 상사가 담당한다.

② **爲疑也.**

補註 鄭註: 公卿尊矣, 復以爲賓, 則尊與君太相近.

번역 정현의 주에서 말하길, 공과 경은 존귀하므로, 재차 그들을 빈객으로 삼게 된다면 그 존귀함이 군주와 너무 가깝게 된다.

獻主, 代主人擧爵獻賓也. 君尊, 臣不敢抗行賓主之禮. 宰夫, 主膳食之官也. 卑, 故抗禮無嫌. ①記曰: "與卿燕則大夫爲賓." 謂與本國之臣燕則然, 若鄰國之臣, 則以上介爲賓也. 公, 孤也. 上公之國, 得置孤一人. 公卿之尊次於君, 復以之爲賓, 則疑於尊卑無辨, 且嫌於偪上也. 大夫位卑, 雖暫尊之爲賓, 無所嫌疑也.

번역 '헌주(獻主)'는 주인을 대신해서 술잔을 들어 빈객에게 바치는 자이다. 군주는 존귀하므로, 신하는 감히 신분이 대등할 때 따르는 빈객과 주인 사이의 예법을 시행할 수 없다. '재부(宰夫)'는 음식을 담당하는 관리이다. 신분이 낮기 때문에, 대등한 예법에 따르더라도 무람되다는 혐의를 받지 않는다. 『의례』의 기문에서는 "경과 함께 연회를 하게 된다면, 대부가 빈객이 된다."3)라고 했으니, 이 말은 곧 자기 나라의 신하들과 연회를 하게 된다면 이처럼 한다는 뜻이니, 만약 이웃 나라의 신하와 연회를 하게 된다면, 상개(上介)를 빈객으로 삼게 된다. 여기에서 말하는 '공(公)'은 고(孤)를 뜻한다. 상공(上公)이 통치하는 제후국에서는 한 명의 고

---

3) 『의례』「연례(燕禮)」: 與卿燕, 則大夫爲賓. 與大夫燕, 亦大夫爲賓.

(孤)를 둘 수 있다. 공과 경의 존귀함은 군주 다음이므로, 재차 이들을 빈객으로 삼게 된다면, 신분의 등급에 따른 구분이 없다는 의심을 사게 되고, 또한 윗사람을 핍박한다는 혐의를 받게 된다. 대부의 지위는 상대적으로 미천하므로, 비록 잠시 그를 존귀하게 높여서 빈객으로 삼게 되더라도, 혐의와 의심을 받는 일이 없게 된다.

① 記曰[止]爲賓.

補註 按: 記, 卽燕禮之記也. 本文又曰, "與大夫燕, 亦大夫爲賓."

번역 살펴보니, '기(記)'는 「연례」편의 기문에 해당한다. 본문에서는 또한 "대부와 연회를 하게 되면 또한 대부를 빈객으로 삼는다."라고 했다.

「연의」 4장

참고-經文

君擧旅於賓, 及君所賜爵, 皆降, 再拜稽首, 升成拜, 明臣禮也. 君答拜之, 禮無不答, 明君上之禮也. ①臣下竭力盡能以立功於國, 君必報之以爵祿, 故臣下皆務竭力盡能以立功, 是以國安而君寧. 禮無不答, 言上之不虛取於下也. ②上必明正道以道民, 民道之而有功, 然後取其什一, 故上用足而下不匱也. 是以上下和親而不相怨也. ③和寧, 禮之用也, 此君臣上下之大義也. 故曰燕禮者, 所以明君臣之義也.

번역 군주가 빈객에게 여(旅)를 들고, 군주가 특별히 하사한 술잔을 받은 자는 모두 내려와서 재배(再拜)를 하고 머리를 조아리며, 재차 당에 올라가서 절하는 절차를 마무리하게 되니, 이것은 신하의 예법을 나타낸다. 군주는 답배를 하니, 예에서는 답배를 하지 않는 경우가 없기 때문으로, 이것은 군주의 예법을 나타낸다. 신하는 힘을 다하고 자신의 능력을 다하여 나라에 공을 세우고, 군주는 그런 자에 대해서 반드시 작위와 녹봉으로 보답을 하게 된다. 그렇기 때문에 신하들은 모두 힘을 다하고 자신의 능력을 다하여 나라에 공을 세우는 일에 힘쓰게 되고, 이러한 까닭으로 그 나라와 군주는 편안하게 되는 것이다. 예에는 답배를 하지 않는 경우가 없으니, 이것은 윗사람이 헛되이 아랫사람에게서 취하지 않는다는 사실을 뜻한다. 윗사람은 반드시 정도를 밝혀서 백성들을 인도해야 하고, 백성들은 그의 인도에 따라 공을 세우게 되니, 그렇게 된 이후에야 그들이 세운 공적 중 10분의 1을 취하는 것이다. 그래서 윗사람은 재물을 사용하는데 풍족하게 되고, 아랫사람도 궁핍하지 않게 된다. 이러한 까닭으로 상하 모든 계층이 화목하게 되고, 서로를 원망하지 않게 된다. 화목하고 편안하게 되는 것은 예의 쓰임이니, 이것은 군신 및 상하 관계에서 따르는 큰 도의에 해당한다. 그래서 "연례(燕禮)라는 것은 군주와 신하 사이에서 지켜야 하는 도의를 드러내는 방법이다."라고 말한 것이다.

① 臣下竭力[止]爵祿.

補註 鄭註: 言聖人制禮, 因事以託政. 臣再拜稽首, 是其竭力也. 君答拜之, 是其報以祿惠也.

번역 정현의 주에서 말하길, 성인이 예를 제정했을 때, 그 사안에 따라 정책을 의탁했다는 뜻이다. 신하가 재배를 하고 머리를 조아리는 것은 힘을 다한다는 뜻에 해당한다. 군주가 답배를 하는 것은 녹봉과 은혜로 보답한다는 뜻에 해당한다.

② **上必明正道[止]有功.**

補註 疏曰: 在上明正道, 以敎道於民, 民亦依君訓道有功報上也.

번역 소에서 말하길, 윗자리에 있는 자들은 올바른 교화를 드러내어 백성들을 교육하고 선도해야 하며, 백성들 또한 군주의 훈도에 따라 공적을 세우고 윗사람에 대해 보답하게 된다.

③ **和寧禮之用也.**

補註 疏曰: 上下相親, 是和也. 不相怨, 是安寧也.

번역 소에서 말하길, 상하 계층이 화목하게 된다는 말은 '화(和)'에 해당한다. 서로 원망하지 않는다는 말은 '안녕(安寧)'에 해당한다.

補註 ○按: 楊梧以上下和親國安君寧二句, 爲和寧之照應.

번역 ○살펴보니, 양오는 '상하화친(上下和親)'과 '국안군녕(國安君寧)'이라는 두 구문을 화(和)와 녕(寧)에 호응시켰다.

先是宰夫代主人行爵, 酬賓之後, 君命下大夫二人①媵爵. 公取此媵爵以酬賓, ②賓以旅酬於西階上. 旅, 序也, 以次序勸卿大夫飮酒也. 此之謂君擧旅於賓也. 君所賜爵, 則特賜臣下之

爵也. ③此二者, 賓皆降西階下再拜稽首, 公命小臣辭, 則賓升而
成拜, 謂復再拜稽首也. 先時以君辭之, 於禮未成, 故云成拜也.

번역 앞서 재부(宰夫)를 시켜 주인 대신 술을 따르도록 했는데, 빈객에게 술잔을
돌린 이후, 군주는 하대부(下大夫) 2명에게 명령하여 잉작(媵爵)을 시킨다. 군주
가 잉작(媵爵)을 받아서 빈객에게 술을 권하면, 빈객은 서쪽 계단 위에서 차례대로
술을 따라준다. '여(旅)'자는 차례[序]라는 뜻이니, 차례에 따라 경과 대부에게 술
을 마시도록 권하는 것이다. 이러한 절차를 "군주가 빈에게 여(旅)를 든다."라고 말
한다. '군주가 하사한 술잔'이라는 말은 특별히 신하에게 하사한 술잔을 뜻한다. 이
러한 두 절차에 있어서, 빈객은 모두 서쪽 계단으로 내려와 재배(再拜)를 하고 머
리를 조아리게 되는데, 군주가 소신(小臣)에게 명령하여 사양을 하면, 빈객은 다시
당으로 올라와서 절하는 절차를 마무리하니, 재차 재배를 하여 머리를 조아린다는
뜻이다. 이전에 절을 할 때에는 군주가 사양을 했으므로, 예법의 절차가 아직 완성
되지 않은 것이다. 그렇기 때문에 이 시점에 대해서 "절하는 절차를 완성했다."고
말한 것이다.

① **媵爵.**

補註 燕禮註: 媵, 送也. 讀或爲揚, 揚, 擧也.
번역 『의례』「연례(燕禮)」편의 주에서 말하길, '잉(媵)'자는 보낸다는 뜻이
다. 혹은 '양(揚)'자로도 해석하는데, 양(揚)은 든다는 뜻이다.

② **賓以旅酬於西階上.**

補註 燕禮記: "凡公所酬, 既拜, 請旅侍臣." 註: "既拜, 謂自酢升拜時也.
旅, 行也, 請行酒于群臣. 必請者, 不專惠也." 疏曰: "自酢升拜時, 卽上
賓得君酬酒飮訖, 自酢降拜升時也."
번역 「연례」편의 기문에서 말하길, "군주에게 여수의 술잔을 받은 자는 절을
마치고 시중드는 신하들에게 여수를 하고자 청한다."[1]라고 했고, 주에서는

---

1) 『의례』「연례(燕禮)」: 凡公所酬, 既拜, 請旅侍臣.

"절을 마쳤다는 것은 직접 술을 따르고 당상으로 올라가서 절을 하는 때를 뜻한다. '여(旅)'자는 행한다는 뜻이니, 뭇 신하들에게 술을 권하고자 청하는 것이다. 반드시 청하게 되는 것은 은혜를 자신만 차지하지 않기 위해서이다."라고 했으며, 소에서는 "직접 술을 따르고 올라가서 절을 하는 때는 곧 상빈이 군주가 권한 여수의 술잔을 받아 술을 다 마시고, 직접 술을 따라 내려가서 절을 하고 올라가는 때에 해당한다."라고 했다.

③ 此二者[止]稽首.

補註 疏曰: 經云皆降再拜稽首者, 謂賓受君之酬, 及臣受君賜爵, 皆降自西階, 再拜稽首也.

번역 소에서 말하길, 경문에서 "모두 내려가서 재배를 하고 머리를 조아린다."고 한 말은 빈객이 군주로부터 여수(旅酬)를 할 때의 술을 받고, 신하가 군주로부터 특별히 하사받은 술잔을 받게 된다면, 모두 서쪽 계단을 통해 내려가서, 재배를 하며 머리를 조아린다는 뜻이다.

補註 ○按: 陳註, 有若諸臣受君賜爵, 亦賓拜稽以謝者然, 恐誤.

번역 ○살펴보니, 진호의 주는 마치 제신들이 군주가 하사한 술잔을 받는 것에 빈객이 절을 하며 머리를 조아려서 감사를 표하는 점이 있는 것처럼 기술하였는데, 아마도 잘못된 설명인 것 같다.

楊氏曰: "按公取媵爵以酬賓, 此別是一禮, 與尋常酬賓不同, 此所謂公爲賓擧旅也. 燕禮, 君使宰夫爲獻主, 以臣莫敢與君抗禮也. 今①君擧觶於西階之上以酬賓, 可乎? 蓋君臣之際, 其分甚嚴, 其情甚親, 使宰夫爲獻主, 所以嚴君臣之分. 今擧觶以酬賓, 賓西階下拜, 小臣辭, 升成拜; 公奠觶, 答再拜; 公卒觶,賓下拜, 公答再拜. 畧去勢分, 極其謙卑, 所以通君臣之情也."
②註云: "不言君酬於西階上, 及君反位, 尊君, 空其文也. 此又
所以嚴君臣之分也."

번역 양복이 말하길, "살펴보니, 군주가 잉작(媵爵)을 가져다가 빈객에게 술을 권
하는 것은 별도의 한 예법 절차가 되므로, 일반적으로 빈객에게 술을 따라서 권하
는 것과는 다르니, 이것은 이른바 '군주가 빈객을 위해서 여(旅)를 든다.'는 것에
해당한다. 연례(燕禮)에서 군주는 재부(宰夫)를 시켜 헌주(獻主)로 삼으니, 신하
는 감히 군주와 함께 대등한 예법을 시행할 수 없기 때문이다. 그런데 현재 군주가
치(觶)라는 술잔을 들어서 서쪽 계단 위에서 빈객에게 술을 권한다면, 가능한 일이
겠는가? 무릇 군주와 신하의 관계에서는 그 구분이 매우 엄격하고, 그 정감은 매우
친밀하니, 재부를 시켜서 헌주로 삼는 것은 군주와 신하 사이의 구분을 엄격하게
하는 방법이다. 현재의 상황은 치(觶)라는 술잔을 들어서 빈객에게 술을 권하고,
빈객이 서쪽 계단 아래에서 절을 하며, 소신(小臣)이 사양을 하면, 다시 올라가서
절하는 절차를 완성하고, 군주가 치(觶)를 내려놓고, 답배로 재배를 하며, 군주가
치(觶)를 들어서 마시면, 빈객이 내려가서 절을 하고, 군주는 답배로 재배를 한다.
이것은 세력과 지위에 따른 구분을 물리고 자신을 매우 낮춘 것이니, 군주와 신하
의 정감을 소통시키는 방법이 된다."라고 했다. 정현의 주에서는 "군주가 서쪽 계단
에서 술을 권한다는 말과 군주가 자신의 자리로 되돌아오며, 군주를 존귀하게 받든
다는 내용을 언급하지 않은 것은 문장을 간략히 기록했기 때문이다. 이 내용 또한
군주와 신하의 구분을 엄격히 하는 방법이다."라고 했다.

① **君舉觶於西階之上.**

補註 燕禮註: "公興以酬賓, 就其階而酬之也." 疏曰: "賓降拜不於阼階
下, 而言西階下, 故知公在賓西階上也."
번역 「연례」편의 주에서 말하길, "군주가 일어나서 빈객에게 여수를 하게 되
면 그 계단으로 나아가 여수를 하게 된다."라고 했다. 소에서 말하길, "빈객
이 내려가서 절을 하며 동쪽 계단 밑에서 하지 않고 서쪽 계단 밑에서 한다
고 했다. 그렇기 때문에 군주가 빈객이 있는 서쪽 계단 위에 있게 됨을 알
수 있다."라고 했다.

② 註云[止]空其文也.

補註 按: 此燕禮註也. 鄭意蓋以爲燕禮經只言公興以酬賓, 而不言西階上, 又不言公反位者, 出於尊君之意, 空其文, 而不敢書云.

번역 살펴보니, 이것은 「연례」편의 주에 해당한다. 정현의 의중은 아마도 「연례」편의 경문에서는 단지 군주가 일어나서 빈객에게 여수를 한다고만 말했고, 서쪽 계단 위라고 말하지 않고 또 군주가 자신의 자리로 되돌아온다고 말하지 않았는데, 이것은 군주를 존숭하는 뜻에서 그 문장을 비워두고 감히 기록하지 않았다고 여긴 것이다.

참고-經文

席, 小卿次上卿, 大夫次小卿, 士·庶子以次就位於下. 獻君,
君擧旅行酬. 而后獻卿, 卿擧旅行酬. 而后獻大夫, 大夫擧旅行
酬. 而后獻士, 士擧旅行酬. 而后獻庶子. 俎豆·①牲體·薦羞,
皆有等差, 所以明貴賤也.

번역 자리를 설치함에 있어서, 소경은 상경 다음에 위치하고, 대부는 소경 다음에
위치하며, 사와 서자는 그 다음 서열에 따라 계단 밑에서 각자 자신의 자리에 나아
가게 된다. 군주에게 술을 따라주면, 군주는 여수(旅酬)의 절차를 시행한다. 그런
이후 경에게 술을 따라주면, 경은 여수의 절차를 시행한다. 그런 이후 대부에게 술
을 따라주면, 대부는 여수의 절차를 시행한다. 그런 이후 사에게 술을 따라주면, 사
는 여수의 절차를 시행한다. 그런 이후 서자에게 술을 따라준다. 각 계급에 있어서,
그 앞에 놓아두는 도마 및 두(豆)의 수, 희생물의 몸체 수, 올리는 찬의 수에 있어
서도 모두 차등이 존재하니, 이것은 귀천의 신분 등급을 나타내는 방법이다.

① 牲體薦羞.

補註 鄭註: 牲體, 俎實也. 薦, 謂脯醢也. 羞, 庶羞也.
번역 정현의 주에서 말하길, '생체(牲體)'는 도마에 올리는 고기이다. '천
(薦)'은 포나 젓갈 등을 뜻한다. '수(羞)'는 서수(庶羞)를 뜻한다.

참고-集說

設席之位, 上卿在賓席之東, 小卿在賓席之西, 皆是南面東上,
而遞相次, 此所謂小卿次上卿也. 大夫在小卿之西, 是大夫次
小卿也. 士受獻于西階之上, 退立于阼階下, 西面北上. 庶子受

獻于阼階上, 亦退立于阼階下. 庶子次於士, 是士庶子以次就位于下也. 獻君者, 主人酌以獻也. 公取賸爵以酬賓, 賓以旅酬於西階上, 此所謂獻君, 君舉旅行酬也. 而后獻卿者, 亦主人獻之也. 公又行一爵, 亦賸者之爵也. 若卿若賓, 惟公所酬, 卿亦以旅于西階之上, 禮亦如初, ①此亦是君舉旅, 而言卿舉者, 蓋君爲卿舉耳. 下言大夫舉旅, 士舉旅, 其義同. 而後獻大夫, 亦主人之獻也. 公又舉奠觶以賜, 是爲大夫舉旅也. 主人獻士, 公復賜之, 是爲士舉旅也. 公舉旅之禮止於士, 不及庶子矣. 而后獻庶子者, 主人獻之于阼階之上也. 牲, 狗也.

번역 자리를 설치하는 위치에 있어서, 상경은 빈객의 자리 동쪽에 위치하게 되고, 소경은 빈객의 자리 서쪽에 위치하게 되니, 두 부류 모두 남쪽을 향해서 동쪽 끝에서부터 서고, 차례대로 늘어서며 서로 차례를 맞추니, 이것이 바로 "소경이 상경 다음에 위치한다."는 뜻이다. 대부는 소경의 서쪽에 위치하니, 이것이 "대부가 소경 다음에 위치한다."는 뜻이다. 사는 서쪽 계단 위에서 술잔을 받고, 물러나서 동쪽 계단 아래에 서 있게 되며, 서쪽을 바라보고 북쪽 끝에서부터 차례대로 정렬한다. 서자는 동쪽 계단 위에서 술잔을 받고, 또한 물러나서 동쪽 계단 아래에 서 있게 된다. 서자는 사 다음에 위치하니, 이것이 "사와 서인은 그 다음 서열에 따라 아래에서 자신의 자리에 나아간다."는 뜻이다. "군주에게 술을 바친다."는 말은 주인이 술을 따라서 바친다는 뜻이다. 군주는 잉작(賸爵)을 가져다가 빈객에게 술을 권하고, 빈객은 서쪽 계단 위에서 여수(旅酬)를 하게 되니, 이러한 절차를 "군주에게 술을 바치면, 군주는 여(旅)를 들어서 수(酬)를 시행한다."라고 한 것이다. "이후에 경에게 술을 바친다."는 말은 또한 주인이 술을 따라서 바친다는 뜻이다. 군주 또한 한 차례 술을 따르게 되어 있으니, 이 또한 잉작에 해당한다. 경이나 빈객과 같은 경우에는 오직 군주만이 술을 권하게 되고, 경은 또한 서쪽 계단 위에서 여수를 하게 되니, 그 예법은 또한 최초 시행했던 것과 같고, 이것은 또한 군주가 여(旅)를 드는 것에 해당하는데, 경이 든다고 말한 이유는 군주가 경을 위해서 술잔을 들었기 때문이다. 그 뒤의 구문에서는 대부가 여(旅)를 든다고 했고, 사가 여(旅)를 든다고 했는데, 그 의미가 또한 이와 같다. "이후에 대부에게 술을 바친다."는 말 또한 주인이 술을 따라서 바친다는 뜻이다. 군주 또한 앞에 놓인 치(觶)라는 술잔을 들고서 하사를 하게 되는데, 이것이 바로 대부가 여(旅)를 든다는 뜻이다. 주인이 사

에게 술을 따라주고, 군주가 재차 술잔을 하사하는 것이 바로 사를 위해서 여(旅)를
든다는 뜻이다. 군주가 여(旅)를 드는 예는 사 계급에서 끝나고, 서자에는 미치지
않는다. "이후에 서자에게 술을 바친다."는 말은 주인이 동쪽 계단 위에서 술을 준
다는 뜻이다. '생(牲)'은 개고기[狗]를 뜻한다.

① 此亦是[止]其義同.

補註 按: 燕禮公爲賓擧旅, 爲卿擧旅, 爲大夫擧旅, 爲士擧旅, 故註說如
此, 而以此文勢, 則當釋之曰, 擧君所賜旅爵, 以行旅酬之禮也.

번역 살펴보니, 『의례』「연례(燕禮)」편에서 군주는 빈객을 위해 여수의 술잔
을 들고, 경을 위해 여수의 술잔을 들며, 대부를 위해 여수의 술잔을 들고,
사를 위해 여수의 술잔을 든다고 했다. 그렇기 때문에 주의 설명이 이와 같
은 것인데, 이곳의 문장 흐름으로 보게 되면, 이 말은 "군주가 하사한 여수의
술잔을 들어서 여수의 예법을 시행한다."고 풀이해야 한다.

補註 ○楊梧曰: 擧旅, 是擧旅酬之爵, 行酬, 是行旅酬之禮. 上言君而不
言賓, 下言卿大夫士而不言君, 互文也.

번역 ○양오가 말하길, '거려(擧旅)'는 여수의 술잔을 든다는 뜻이며, '행수
(行酬)'는 여수의 예법을 시행한다는 뜻이다. 앞에서는 군주를 언급했지만
빈객은 언급하지 않았고, 뒤에서는 경·대부·사를 언급했지만 군주를 언급
하지 않았으니, 상호 그 뜻을 드러내도록 기록했기 때문이다.

「빙의(聘義)」 제48편

補註 陸曰: 鄭云, "記諸侯之國交相聘問, 重禮輕財之義."

번역 육덕명이 말하길, 정현은 "제후국에서 상호간에 빙문(聘問)을 할 때에는 예법을 중시하고 재물을 경시한다는 의미를 기록했다."라고 했다.

참고-集說

呂氏曰: 天子之與諸侯, 諸侯之與鄰國, 皆有朝禮, 有聘禮. 朝則相見, 聘則相問也. ①朝·宗·覲·遇·會·同, 皆朝也. ②存·頫·省·聘·問, 皆聘也. 故聘禮有天子所以撫諸侯者, ③大行人歲徧存, 三歲徧頫, 五歲徧省是也. 有諸侯所以事天子者, 大行人④時聘以結諸侯之好, 殷頫以除邦國之慝是也. 有鄰國交修其好者, 大行人⑤諸侯之邦交, 歲相問, 殷相聘是也. 儀禮所載, 鄰國交聘之禮也. 聘義者, 釋聘禮之義.

번역 여씨가 말하길, 천자와 제후의 관계 및 제후와 이웃 제후국의 관계에서는 모두 조례(朝禮)와 빙례(聘禮)가 시행된다. '조(朝)'라는 것은 서로 만나보는 것이고, '빙(聘)'이라는 것은 서로 안부를 묻는 것이다. 조(朝)·종(宗)[1]·근(覲)·우(遇)[2]·회(會)·동(同)[3]은 모두 '조(朝)'에 해당한다. 존(存)·조(頫)·성(省)[4]·

---

[1] 조종(朝宗)은 제후가 봄과 여름에 천자를 조회하는 것을 뜻한다. '조종'의 '조(朝)'자는 제후가 봄에 천자를 찾아가 뵙는 것을 뜻하고, '종(宗)'자는 제후가 여름에 천자를 찾아가 뵙는 것을 뜻한다. 『주례』「춘관(春官)·대종백(大宗伯)」편에는 "春見曰朝, 夏見曰宗, 秋見曰覲, 冬見曰遇."라는 기록이 있다. 후대에는 신하가 군주를 찾아가 뵙는 것을 두루 지칭하는 용어로도 사용되었다.

빙(聘)·문(問)은 모두 '빙(聘)'에 해당한다. 그렇기 때문에 빙례에는 천자가 제후를 보살펴주는 뜻이 포함되어 있는 것인데, 『주례』「대행인(大行人)」편에서 1년에 한 차례 두루 존(存)을 하고, 3년에 한 차례 두루 조(覜)를 하며, 5년에 한 차례 두루 성(省)을 한다는 것이 바로 이러한 사실을 나타낸다.[5] 그리고 빙례에는 제후가 천자를 섬기는 뜻도 포함되어 있는데, 「대행인」편에서 특별한 일이 있을 때 빙(聘)을 하여 제후들의 우호를 결집하고, 하나의 복(服)에 속한 제후들이 대규모로 조(覜)를 하여, 제후국들의 악함을 제거한다는 것이 바로 이러한 사실을 나타낸다.[6] 그리고 이웃 제후국과 서로 우호를 다지는 것도 포함되어 있는데, 「대행인」편에서 제후국 간에 우호를 다지며, 1년에 서로 문(問)을 하고, 대규모로 조(朝)를 할 때 서로 빙(聘)을 한다는 것이 바로 이러한 사실을 나타낸다.[7] 『의례』에 수록되

---

2) 근우(覲遇)는 제후가 가을과 여름에 천자를 조회하는 것을 뜻한다. '근우'의 '근(覲)'자는 제후가 가을에 천자를 찾아가 뵙는 것을 뜻하고, '우(遇)'자는 제후가 겨울에 천자를 찾아가 뵙는 것을 뜻한다. 『주례』「춘관(春官)·대종백(大宗伯)」편에는 "春見曰朝, 夏見曰宗, 秋見曰覲, 冬見曰遇."라는 기록이 있다.

3) 회동(會同)은 제후들이 천자를 찾아뵙는 예법을 통칭하는 용어이다. 또한 각 계절마다 정기적으로 찾아뵙는 것을 회(會)라고 부르고, 제후들이 대규모로 찾아뵙는 것을 동(同)이라고 불러서, 구분을 짓기도 한다. 또 '회'는 정해진 시기 없이 특별한 일이 발생했을 때 찾아뵙는 것을 뜻하기도 한다. 각종 회견 등을 가리키는 용어로도 사용된다. 『시』「소아(小雅)·거공(車攻)」편에는 "赤芾金舃, 會同有繹."이라는 기록이 있는데, 이에 대한 모전(毛傳)에서는 "時見曰會, 殷見曰同. 繹, 陳也."라고 풀이했다.

4) 존조성(存覜省)은 천자가 신하를 시켜서 제후국을 순시하던 예법이다. 존(存)은 1년에 한 차례 제후국을 두루 순시했던 예법이며, 조(覜)는 3년에 한 차례 제후국을 두루 순시했던 예법이고, 성(省)은 5년에 한 차례 제후국을 두루 순시했던 예법이다. 이러한 것들을 간문(間問)이라고도 부른다. 『주례』「추관(秋官)·대행인(大行人)」편에는 "王之所以撫邦國諸侯者, 歲遍存, 三歲遍覜, 五歲遍省."이라는 기록이 있는데, 이에 대한 정현의 주에서는 "存·覜·省者, 王使臣於諸侯之禮, 所謂間問也."라고 풀이했으며, 『주례』「추관(秋官)·소행인(小行人)」편에는 "存·頫·省·聘·問, 臣之禮也."라는 기록이 있는데, 이에 대한 가공언(賈公彦)의 소(疏)에서는 "存·頫·省三者, 天子使臣撫邦國之禮."라고 풀이했다.

5) 『주례』「추관(秋官)·대행인(大行人)」: 王之所以撫邦國諸侯者, 歲遍存, 三歲遍覜, 五歲遍省.

6) 『주례』「추관(秋官)·대행인(大行人)」: 時聘以結諸侯之好, 殷覜以除邦國之慝.

어 있는 「빙례(聘禮)」편은 제후국 간에 서로 빙(聘)을 하는 예법에 해당한다. 한편 『예기』에 수록된 「빙의(聘義)」편은 빙례의 의미를 풀이한 것이다.

① 朝宗覲遇會同.

補註 周禮·大宗伯: 以賓禮親邦國. 春見曰朝, 夏見曰宗, 秋見曰覲, 冬見曰遇, 時見曰會, 殷見曰同.

번역 『주례』「대종백(大宗伯)」편에서 말하길, 빈례로 제후국들을 친근하게 대한다. 봄에 만나보는 것을 조(朝)라 부르고, 여름에 만나보는 것을 종(宗)이라 부르며, 가을에 만나보는 것을 근(覲)이라 부르고, 겨울에 만나보는 것을 우(遇)라 부르며, 특별한 시기에 만나보는 것을 회(會)라 부르고, 대규모로 만나보는 것을 동(同)이라 부른다.[8]

補註 ○秋官·大行人: "掌大賓之禮及大客之儀, 以親諸侯. 春朝諸侯而圖天下之事, 秋覲以比邦國之功, 夏宗以陳天下之謨, 冬遇以協諸侯之慮, 時會以發四方之禁, 殷同以施天下之政." 註: "大賓, 要服內諸侯. 大客, 謂其孤卿. 此六事者, 以王見諸侯爲文. 圖·比·陳·協, 皆考績之言. 時會卽時見也, 無常期. 諸侯有不服者, 王將有征討之事, 則旣朝, 王命爲壇於國外, 合諸侯而發禁命事焉. 禁, 謂九伐之法. 殷同卽殷見也. 殷, 猶衆也. 王十二歲一巡守, 若不巡守則殷同. 殷同者, 六服盡朝, 王亦命爲壇於國外, 合諸侯而命其政. 政謂邦國之九伐也."

번역 ○『주례』「추관(秋官)·대행인(大行人)」편에서 말하길, "대빈과 대객에 대한 의례로 제후들을 친근하게 만드는 일을 담당한다. 봄에는 제후들을 조(朝)하여 천하의 일들을 도모하고, 가을에는 근(覲)을 하여 제후국의 공적을 살피며, 여름에는 종(宗)을 하여 천하의 일들에 대한 계책을 진술하고, 겨

---

7) 『주례』「추관(秋官)·대행인(大行人)」: 凡諸侯之邦交, 歲相問也, 殷相聘也, 世相朝也.

8) 『주례』「춘관(春官)·대종백(大宗伯)」: 以賓禮親邦國. 春見曰朝, 夏見曰宗, 秋見曰覲, 冬見曰遇, 時見曰會, 殷見曰同. 時聘曰問, 殷覜曰視.

울에는 우(遇)를 하여 제후들의 계획을 협치시키며, 특별한 일이 있어 회(會)를 하면 사방에 대한 금령을 내리고, 대규모로 동(同)을 하면 천하에 대한 정령을 내린다."9)라고 했고, 주에서는 "'대빈(大賓)'은 요복(要服) 안의 제후들을 뜻한다. '대객(大客)'은 제후에게 소속된 고와 경을 뜻한다. 이러한 여섯 가지 사안은 천자가 제후들을 만나보는 것으로 기록한 것이다. 도(圖)·비(比)·진(陳)·협(協)은 모두 성과를 살핀다는 뜻이다. '시회(時會)'는 특정한 시기에 만나보는 것을 뜻하니, 고정된 시기가 없다. 제후들 중에 복종을 하지 않는 자가 있어서 천자가 정벌을 하게 되면, 조회를 마치고 천자는 명령을 내려 국성 밖에 제단을 설치하고 제후들을 회합하여 금령을 내리고 일들에 대한 명령을 내린다. '금(禁)'은 구벌(九伐)10)의 법을 뜻한다. '은동(殷同)'은 대규모로 만나보는 것을 뜻한다. '은(殷)'은 많다는 뜻이다. 천자는 12년마다 1번씩 순수를 하는데, 만약 순수를 하지 않는다면 은동을 한다. 은동을 하게 되면 육복(六服)의 제후들은 모두 조회를 하게 되며, 천자는 또한 국성 밖에 제단을 설치하라고 명령하고, 제후들을 회합하여 정령을 내린다. '정(政)'은 제후국에서 시행되는 구벌을 뜻한다."라고 했다.

---

9) 『주례』「추관(秋官)·대행인(大行人)」: 大行人掌大賓之禮及大客之儀, 以親諸侯. 春朝諸侯而圖天下之事, 秋覲以比邦國之功, 夏宗以陳天下之謨, 冬遇以協諸侯之慮, 時會以發四方之禁, 殷同以施天下之政.

10) 구벌(九伐)은 아홉 종류의 죄악에 대해 토벌하는 조치를 뜻한다. 첫 번째는 약소국을 업신여기고 침범하면 그 땅을 삭감하여 강성해지지 못하게 하는 것이다. 두 번째는 현명한 자와 백성들에게 해악을 끼치면 군대를 이끌고 그 나라의 국경으로 들어가 북을 울리며 겁을 주는 것이다. 세 번째는 내적으로 폭정을 시행하고 외적으로 다른 나라를 침범하면 그 군주를 내치고 다른 군주를 세우는 것이다. 네 번째는 백성들이 황망하게 되어 흩어지게 된다면 그 땅을 삭감하는 것이다. 다섯 번째는 견고한 성벽이나 험준한 지형을 믿고 복종하지 않는다면 군대를 이끌고 국경으로 들어가되 병력을 조금만 사용하여 본보기를 보여주는 것이다. 여섯 번째는 친족을 죽이거나 해를 끼치면 잡아서 죄를 다스리는 것이다. 일곱 번째는 자신의 군주를 죽인 자가 발생하면 그를 찾아내 사형에 처하는 것이다. 여덟 번째는 명령에 어기고 정령을 경시한다면 국경을 통제하여 이웃 나라와의 소통을 단절시키는 것이다. 아홉 번째는 인륜을 문란하게 만들면 사형에 처해 제거하는 것이다.

② 存頻省聘問.

補註 頻, 當作覜, 下二頻同.

번역 '부(頻)'자는 마땅히 조(覜)자로 기록행야 하며, 뒤에 나오는 2개의 부(頻)자도 이와 같다.

③ 大行人[止]徧省.

補註 大行人: "王之所以撫邦國諸侯者. 歲徧存, 三歲徧覜, 五歲徧省, 七歲屬象胥, 諭言語, 協辭命, 九歲屬瞽史, 諭書名, 聽聲音, 十有一歲達瑞節, 同度量, 成牢禮, 同數器, 脩灋則, 十有二歲王巡守殷國." 註: "存‧覜‧省者, 王使臣於諸侯之禮. 歲者, 巡守之明歲以爲始也. 自五歲之後, 遂間歲徧省也. 其巡守殷國, 則四方四時分來如平時."

번역 「대행인(大行人)」편에서 말하길, "천자가 제후들을 보살피는 방법으로는 1년에 두루 존(存)을 하고, 3년에 두루 조(覜)를 하며, 5년에 두루 성(省)을 하고, 7년에 상서(象胥)들을 불러들여 언어에 대해 가르치고 육사(六辭)에 따른 명령에 협조토록 하며, 9년에 악사 및 사관들을 불러들여 문자 기록하는 방법을 가르치고 음악소리를 점검하며, 11년에는 신표로 보내는 부절을 보내서 맞추고, 도량형의 표준을 보내 동일하게 맞추며, 희생물 사용하는 제도를 맞추고, 저울의 표준을 맞추며, 팔법(八法)과 팔칙(八則)을 정돈하고, 12년에는 천자가 순수(巡守)를 하며 은국(殷國)을 한다."[11]라고 했고, 주에서는 "'존(存)'‧'조(覜)'‧'성(省)'은 천자가 신하를 시켜 제후국에 사신을 보내는 예법이다. '세(歲)'라는 것은 순수(巡守)를 한 다음 해를 기점으로 삼는다. 5년 이후로부터는 한 해를 걸러서 두루 성(省)을 한다. 순수를 하여 은국(殷國)[12]을 하게 되면 사방의 제후들이 사계절에 따라 각각 나뉘어 평

---

11) 『주례』「추관(秋官)‧대행인(大行人)」: 王之所以撫邦國諸侯者: 歲徧存; 三歲徧頻; 五歲徧省; 七歲屬象胥, 諭言語, 協辭命; 九歲屬瞽史, 諭書名, 聽聲音; 十有一歲達瑞節, 同度量, 成牢禮, 同數器, 修法則; 十有二歲王巡守殷國.

12) 은국(殷國)은 주(周)나라 때 천자가 제후국에 머물게 되면, 그것을 기회로 주변의

상시처럼 찾아오게 된다."라고 했다.

④ 時聘以結[止]之愿.

補註 大行人本註: 此二事者, 以王見諸侯之臣使來者爲文也. 時聘, 亦無常期, 天子有事, 諸侯使大夫來聘, 親以禮見之, 禮而遣之, 所以結其恩好也. 天子無事則已. 殷覜, 謂一服朝之歲也. 一服朝之歲, 五服諸侯皆使卿以聘禮來覜天子, 以禮見之, 命以政禁之事, 所以除其惡行.

번역 「대행인」편의 본주에서 말하길, 이 두 사안 또한 제후가 보낸 사신을 천자가 만나본다는 뜻으로 문장을 기록한 것이다. '시빙(時聘)'은 또한 정해진 기한이 없이 천자에게 어떠한 일이 발생했을 때, 제후가 대부를 사신으로 보내 빙(聘)을 하고, 천자가 직접 예법에 따라 그들을 만나보며, 예우를 하고 그들을 돌려보내는 것이니, 은덕과 우호를 결집시키는 방법이다. 천자에게 특별한 일이 없다면 시행하지 않는다. '은조(殷覜)'는 하나의 복(服)에 속한 제후들이 조회를 하는 해를 뜻한다. 하나의 복에 속한 제후들이 조회를 하는 해에는 나머지 다섯 개의 복(服)에 속한 제후들은 모두 경을 사신으로 보내 빙례를 실시하여 천자를 찾아뵙게 되고, 천자는 예법에 따라 그들을 만나보며 정령과 금령에 대한 사안을 명령하니, 악행을 제거하는 방법이다.

⑤ 諸侯之邦交[止]相聘.

補註 大行人本註: "小聘曰問. 殷, 中也." 疏曰: "言諸侯邦交, 謂同方嶽者一往一來爲交. 春秋之世有越方嶽相聘者, 非正法也."

제후들을 불러 모아서 성대한 조회(朝會)의 의례를 시행하였는데, 이러한 행사를 '은국'이라고 부른다. '은국'의 '은(殷)'자는 성대하다는 뜻이다. 『주례』「추관(秋官)·대행인(大行人)」편에는 "十有二歲, 王巡狩·殷國."이라는 기록이 있는데, 이에 대한 손이양(孫詒讓)의 『정의(正義)』에서는 "殷國者, 謂王出在侯國而行殷見之禮也 …… 卽於所至之國徵諸侯而行朝會之禮, 皆謂之殷國."이라고 풀이했다.

번역 「대행인」편의 본주에서 말하길, "소빙(小聘)을 '문(問)'이라고 부른다. '은(殷)'은 중간[中]이라는 뜻이다."라고 했다. 소에서 말하길, "제후국 간에 우호를 다진다고 했는데, 같은 방악(方嶽)에 있는 자들이 한 차례 찾아가고 찾아오는 것을 '교(交)'라고 한 것이다. 춘추시대에는 방악의 범위를 벗어나 서로 빙(聘)을 하는 경우가 있었는데, 이것은 바른 법도가 아니다."라고 했다.

補註 ○本篇: "比年小聘, 三年大聘." 鄭註: "小聘, 所謂歲相問也. 大聘, 所謂殷相聘也."

번역 ○「빙의」편에서는 "매년 소빙(小聘)을 실시하도록 하고, 3년마다 대빙 (大聘)을 실시하도록 한다."13)라고 했고, 정현의 주에서는 "소빙(小聘)은 이 른바 '해마다 서로 문(問)을 한다.'는 뜻에 해당한다. 대빙(大聘)은 이른바 '중간에 특별한 일이 없을 때 대규모로 조(朝)를 하며 서로 빙(聘)을 한다.' 는 뜻에 해당한다.14)"라고 했다.

---

13) 『예기』「빙의」: 故天子制諸侯, <u>比年小聘, 三年大聘</u>, 相厲以禮. 使者聘而誤, 主君弗親饗食也, 所以愧厲之也. 諸侯相厲以禮, 則外不相侵, 內不相陵. 此天子之所以養諸侯, 兵不用, 而諸侯自爲正之具也.

14) 『주례』「추관(秋官)·대행인(大行人)」: 凡諸侯之邦交, 歲相問也, 殷相聘也, 世相朝也.

「빙의」 1장

聘禮: ①上公七介, 侯伯五介, 子男三介, 所以明貴賤也.

번역 빙례(聘禮)의 규정에 따르면, 상공(上公)의 사신으로 가는 경(卿)은 7명의 개(介)를 두고, 후작과 백작의 사신으로 가는 경은 5명의 개를 두며, 자작과 남작의 사신으로 가는 경은 3명의 개를 두니, 이처럼 하는 것은 신분의 귀천을 밝히는 방법이다.

① 上公七介[止]三介.

補註 按: 上公 · 侯伯 · 子男下, 皆當著之卿二字看.
번역 살펴보니, 상공 · 후백 · 자남이라는 말 뒤에는 모두 '지경(之卿)'이라는 두 글자를 붙여서 보아야 한다.

此言卿出聘之介數. 上公七介者, 上公親行則介九人. ①諸侯之卿, 禮下於君二等, 故七介也. 以下放此.

번역 이 문장은 경이 국경을 벗어나 빙(聘)을 시행할 때 데려가는 개(介)의 수를 언급하고 있다. '상공칠개(上公七介)'라고 했는데, 상공(上公)이 직접 찾아가게 되면 개(介)는 9명을 둔다. 제후에게 소속된 경(卿)은 자신의 군주보다 2등급씩 예법을 낮추게 된다. 그렇기 때문에 상공에게 소속된 경은 7명의 개를 두는 것이다. 그 이하의 경우도 이와 같다.

① 諸侯之卿[止]二等.

補註 周禮·大行人文.

번역 『주례』「대행인(大行人)」편의 기록이다.[1]

---

1) 『주례』「추관(秋官)·대행인(大行人)」: <u>凡諸侯之卿, 其禮各下其君二等以下</u>, 及其大夫士皆如之.

「빙의」 2장

①介紹而傳命, 君子於其所尊弗敢質, 敬之至也.

번역 빈객과 주인은 직접 마주하지 않고, 개(介)가 연이어 늘어서서 명령을 주고받으니, 군자는 존귀하게 높이는 대상에 대해 감히 마주할 수 없는 것이며, 이처럼 하는 것은 공경함을 지극히 나타내는 것이다.

① 介紹而傳命.

補註 楊梧曰: 傳命, 舊作傳主君之命, 近云傳賓之命, 觀下三讓而後傳命, 則自見.

번역 양오가 말하길, '전명(傳命)'을 예전에는 주군의 명령을 전달한다는 뜻으로 보았는데, 근래에는 빈객의 명령을 전달한다는 것으로, 뒤에서 "세 차례 사양을 한 이후에야 명령을 전달한다."[1]라고 한 말을 살펴보면, 이러한 사실이 저절로 드러난다고 한다.

補註 ○疏曰: 此節明聘禮之有介傳達賓主之命也.

번역 ○소에서 말하길, 이곳 문단은 빙례(聘禮)를 시행할 때, 개(介)를 두어서 빈객과 주인 사이의 오가는 명령을 전달하도록 한 것을 나타내고 있다.

補註 ○按: 疏兼賓主言, 最備. 所謂賓命, 亦其君之命也.

번역 ○살펴보니, 소에서는 빈객과 주인을 함께 언급하였는데, 가장 잘 설명한 것이다. 이른바 빈객의 명령이라는 것 또한 상대방 군주의 명령에 해당한다.

---

1) 『예기』「빙의」: <u>三讓而后傳命</u>, 三讓而后入廟門, 三揖而后至階, 三讓而后升, 所以致尊讓也.

「빙의」 3장

참고-集說

疏曰: 三讓而后傳命者, 謂賓在大門外, 見主人陳擯, 以大客之
禮待己, 己不敢當, 三度辭讓, 主人不許, ①乃後傳聘賓之命也.
三讓而后入廟門者, 謂賓旣傳命之後, 主君延賓而入, 至廟, 將
欲廟受, 賓不敢當之, 故三讓而後入. 主君在東, 賓差退在西,
相向三讓, 乃入廟門也. 三揖而後至階者, 初入廟門, 一揖也;
②當階北面又揖, 二揖也; 當碑又揖, 三揖也. 三讓而後升者,
謂主君揖賓至階, 主君讓賓升, 賓讓主君, 如此者三, 主君乃先
升, 賓乃升也.

번역 소에서 말하길, "세 차례 사양을 한 이후에 명령을 전달한다."라는 말은 빈객
이 대문 밖에 서 있을 때, 주인이 빈(擯)들을 도열시켜서 큰 빈객을 맞이하는 예법
으로 자신을 예우하려는 것을 보았고, 본인은 그것을 감당할 수 없으므로 세 차례
사양을 하는데, 주인이 끝까지 사양한 것을 받아들이지 않는다면, 그런 이후에는
곧 빙문(聘問)을 보낸 자신의 군주가 내린 명령을 전달하게 된다는 뜻이다. "세 차
례 사양을 한 이후에 묘문(廟門)으로 들어간다."는 말은 빈객이 이미 명령을 전달
했다면, 그런 뒤에 빙문을 받은 군주가 빈객을 맞이하여 안으로 들어가고, 묘(廟)에
도달하여 장차 묘로 들이려고 한다면, 빈객은 그러한 예우를 감당할 수 없기 때문
에 세 차례 사양을 한 이후에 들어가게 된다는 뜻이다. 빙문을 받은 군주는 동쪽에
위치하고, 빈객은 서쪽에서 그보다 조금 뒤로 물러선 위치에 자리하여, 서로 마주한
뒤 세 차례 사양을 하게 되는데, 그런 뒤에 묘문으로 들어가게 된다. "세 차례 읍을
한 이후에 계단에 이른다."는 말은 최초 묘문으로 들어갔을 때, 첫 번째 읍을 하는
것이며, 계단에 도달하면 북쪽을 바라보며 또한 읍을 하니, 이것이 두 번째 읍을
하는 것이고, 비석이 세워진 곳에 당도하면 재차 읍을 하니, 이것이 세 번째 읍을
하는 것이다. "세 차례 사양을 한 이후에 오른다."는 말은 빙문을 받은 군주가 빈객
에게 읍을 하고 계단에 도달하면, 빙문을 받은 군주는 빈객이 먼저 오르도록 사양
하고, 빈객은 빙문을 받은 군주에게 사양을 하는데, 이처럼 하길 세 차례 반복하면,
빙문을 받은 군주가 먼저 계단에 오르고, 빈객은 뒤따라 오르게 된다는 뜻이다.

① ○乃後傳聘賓之命.

補註 按: 疏本文, 聘賓作聘君, 君字爲是. 聘君, 乃送聘之君, 己之君也.
번역 살펴보니, 소의 본문에서는 '빙빈(聘賓)'을 빙군(聘君)으로 기록했는데,
군(君)자로 기록하는 것이 옳다. '빙군(聘君)'은 빙문을 보낸 군주로, 빈객의
군주를 뜻한다.

② 當階北面[止]揖也.

補註 按: 過碑而後至階, 而此云當階, 可疑. 聘禮註, "入門將曲, 揖. 當
曲北面又揖, 當碑揖." 周禮 · 司儀疏曰, "三揖者, 入門揖 · 當曲揖 · 當
碑揖." 據此, 則階, 當作曲.
번역 살펴보니, 비(碑)를 지난 이후에 계단에 이르게 되는데, 여기에서는 당
계(當階)라고 했으니, 의문스럽다. 『의례』「빙례(聘禮)」편의 주에서는 "문으
로 들어와서 굽어지는 곳에 이르게 될 때 읍을 한다. 굽어지는 곳에 당도하
면 북쪽을 바라보며 재차 읍을 하고, 비에 당도하게 되면 읍을 한다."라고
했고, 『주례』「사의(司儀)」편의 소에서는 "삼읍(三揖)이라는 것은 문으로 들
어가서 읍을 하는 것, 굽어지는 곳에 당도하여 읍을 하는 것, 비에 당도하여
읍을 하는 것이다."라고 했다. 이러한 기록들에 근거해보면, '계(階)'자는 마
땅히 곡(曲)자로 기록해야 한다.

「빙의」 4장

君使士迎于竟, 大夫①郊勞. 君親拜迎于大門之內而廟受, 北面拜貺. ②拜君命之辱, 所以致敬也. ③敬讓也者, 君子之所以相接也. 故諸侯相接以敬讓, 則不相侵陵.

번역 빙문(聘問)을 받는 제후는 사를 시켜서 국경에서 사신을 영접하도록 하고, 대부로 하여금 근교(近郊)에서 이곳까지 찾아온 노고를 위로하게 한다. 그리고 제후 본인은 직접 대문 안에서 빈객에게 절을 하며 맞이하고, 묘(廟)에서 영접을 하고, 북쪽을 바라보며, 보내온 선물에 대해서 절을 한다. 군주의 명령이 수고롭게도 이곳까지 당도한 것에 대해서 절을 하는 것이니, 이것은 공경함을 지극히 나타내는 방법이다. 공경하고 사양을 한다는 것은 군자가 서로 영접하는 방법이다. 그렇기 때문에 제후들이 공경함과 사양함으로 서로 영접하게 된다면, 서로 침략하는 일이 없게 된다.

① 郊勞.

補註 按: 此吐諺讀, 誤.

번역 살펴보니, 이곳에 대한 『언독』의 토는 잘못되었다.

② 拜君命之辱.

補註 按: 聘禮記記, 所謂曰□□, 子以君命在寡君, 寡君拜君命之辱, 而此也.

번역 살펴보니, 『의례』「빙례(聘禮)」편의 기문에서 이른바 "그대께서 군주의 명으로 저희 군주를 빙문하러 오셨으니, 저희 군주께서는 그대 군주의 명령이 욕되이 여기까지 찾아온 것에 절을 올립니다."[1]라고 한 말에 해당한다.

---

1) 『의례』「빙례(聘禮)」 : 曰, "子以君命在寡君, 寡君拜君命之辱."

③ 敬讓也者[止]相接也.

補註 鄭註: 君子之相接, 賓讓而主人敬也.

번역 정현의 주에서 말하길, 군자가 서로 영접을 할 때, 빈객은 사양하고 주인은 공경을 표한다.

참고-集說

郊勞, 勞之于近郊也. ①用束帛北面拜貺, 亦主君之拜也. 其拜於阼階上拜君命之辱者, 釋北面拜貺之義也.

번역 '교로(郊勞)'는 근교(近郊)에서 노고를 위로한다는 뜻이다. 속백(束帛)2)을 이용해서, 북쪽을 바라보며 선물을 보내온 것에 대해 절을 한다는 것은 또한 빙문을 받은 군주가 절을 한다는 뜻이다. 동쪽 계단 위에서 군주의 명령을 수고롭게 한 것에 대해 절을 하게 되는데, 이것은 북쪽을 바라보며 선물을 보내온 것에 대해 절을 하게 되는 뜻을 풀이한 것이다.

① 用束帛.

補註 疏曰: 聘禮賓至于近郊, 君使卿朝服, 用束帛勞. 此大夫郊勞者, 卽卿也.

번역 소에서 말하길, 「빙례」편에서는 빈객이 근교에 도착하면, 제후는 경을 시켜서 조복을 착용하게 하고, 속백을 가져가서 노고를 위로하도록 시킨다고 했다. 이곳에서 대부가 교에서 노고를 위로한다고 했는데, 이때의 대부는 경에 해당한다.

---

2) 속백(束帛)은 한 묶음의 비단으로, 그 수량은 다섯 필(匹)이 된다. 빙문(聘問)을 하거나 증여를 할 때 가져가는 예물(禮物) 등으로 사용되었다. '속(束)'은 10단(端)을 뜻하는데, 1단의 길이는 1장(丈) 8척(尺)이 되며, 2단이 합쳐서 1권(卷)이 되므로, 10단은 총 5필이 된다. 『주례』「춘관(春官)·대종백(大宗伯)」편에는 "孤執皮帛."이라는 기록이 있고, 이에 대한 가공언(賈公彦)의 소(疏)에서는 "束者十端, 每端丈八尺, 皆兩端合卷, 總爲五匹, 故云束帛也."라고 풀이했다.

「빙의」 5장

卿爲上擯, 大夫爲承擯, 士爲紹擯. 君親禮賓, ①賓私面私覿.
②致饔餼③還圭璋, ④賄贈·饗·食·燕, 所以明賓客君臣之
義也.

번역 빙문(聘問)을 받는 제후국에서는 경을 상빈(上擯)으로 삼고, 대부를 승빈(承
擯)으로 삼으며, 사를 소빈(紹擯)으로 삼는다. 군주는 직접 빈객을 예우하고, 그
일이 끝나면 빈객은 사사롭게 찾아간 나라의 경이나 대부를 만나보거나 사사롭게
제후를 찾아뵙는다. 빈객이 숙소로 돌아가게 되면, 제후는 숙소로 옹희(饔餼)를 보
내주고, 규(圭)와 장(璋)을 되돌려주며, 회증(賄贈)을 주고, 향례(饗禮)·사례(食
禮)·연례(燕禮)를 베푸니, 이러한 의례들은 빈객과 주인의 관계 및 군주와 신하의
관계에서 시행되는 도의를 밝히는 방법이다.

① 賓私面.

補註 疏曰: 案聘禮私面在後, 而此先云私面者, 便文耳.
번역 소에서 말하길, 『의례』「빙례(聘禮)」편을 살펴보면, 사면(私面)에 대한
내용은 뒤에 기록되어 있는데, 이곳에서 먼저 사면을 언급한 이유는 편리에
따라 문장을 기록한 것일 뿐이다.

補註 ○按: 聘禮私面, 在致饔餼之後, 還圭璋, 賄贈, 在饗食燕之後.
번역 ○살펴보니, 「빙례」편에 사면을 하는 것은 옹희를 보낸 이후가 되며,
규와 장을 되돌려주고 회증을 주는 것은 향례·사례·연례 이후가 된다.

② 致饔餼.

補註 按: 陸音, 餼, 許旣反, 而此作吁旣反者, 蓋字書吁亦音虛故也.
번역 살펴보니, 육덕명의 『음의』에서는 '餼'자는 '許(허)'자와 '旣(기)'자의 반

절음이라고 했다. 그런데 이곳 주에서 '吁(우)'자와 '旣(기)'자의 반절음이라고 기록한 것은 아마도 『자서』에서 '吁'자의 음 또한 '虛(허)'라고 했기 때문인 것 같다.

③ **還圭璋.**

補註 按: 還音旋, 雖出於陸音, 而儀禮及通解竝無旋音, 恐當如字.

번역 살펴보니, '還'자의 음이 '旋(선)'이라는 것은 비록 육덕명의 『음의』에서 도출된 것이라 하더라도, 『의례』와 『통해』에는 모두 '旋(선)'음이라고 한 곳이 없으니, 아마도 글자대로 풀이해야 할 것 같다.

④ **賄贈.**

補註 鄭註: 賄, 予人財之言也.

번역 정현의 주에서 말하길, '회(賄)'는 남에게 재물을 준다는 말이다.

補註 ○按: 賄, 卽還玉時, 賄用束紡, 是也. 贈, 卽賓遂行舍于郊, 君使卿贈如覿幣, 是也. 竝見聘禮.

번역 ○살펴보니, '회(賄)'라는 것은 옥을 돌려줄 때 회(賄)에 1속(束)의 방(紡)을 사용한다는 것[1]에 해당한다. '증(贈)'은 빈객이 마침내 떠나가 교외에 잠시 머물게 되면, 군주는 경을 시켜 예물을 증여하니, 적(覿)을 했을 때의 예물과 같은 것으로 한다는 것[2]에 해당한다. 둘 모두 『의례』「빙례(聘禮)」편에 나온다.

---

1) 『의례』「빙례(聘禮)」: 賓裼, 迎. 大夫賄用束紡.
2) 『의례』「빙례(聘禮)」: 遂行, 舍于郊. 公使卿贈, 如覿幣.

卿, 主國之卿也. 承擯者, 承副上擯也. 紹擯者, 繼續承擯也. 賓
行聘事畢, 主國君親執醴以禮賓, ①是吾親禮賓也. 私面, 謂私
以己禮物面見主國之卿大夫也. 私覿, 私以己禮物覿見主國之
君也. 牲殺者曰饔, 生者曰餼, 致饔餼者, 聘覿皆畢, 賓介就館,
主君使卿致饔餼之禮於賓也. 還圭璋者, 賓來時執以爲信, 主
君旣受之矣; 今將去, 君使卿送至賓館以還之也. 還玉畢, 加以
賄贈之禮. 經云: "②賄用束紡." 紡, 今之絹也. 饔禮·食禮皆在
朝, 燕禮在寢. ②一食再饗, 燕無常數.

번역 '경(卿)'은 빙문(聘問)을 받는 제후국의 경을 뜻한다. '승빈(承擯)'이라는 것
은 상빈(上擯)을 보좌하는 자이다. '소빈(紹擯)'이라는 것은 승빈(承擯) 옆에 나열
해서 서 있는 자들이다. 빈객이 찾아와서 빙문을 시행하고, 그 일이 모두 끝나면
빙문을 받는 제후국의 군주는 직접 단술[醴]을 들고서 빈객을 예우하니, 이것이 바
로 군주가 직접 빈객을 예우한다는 뜻이다. '사면(私面)'은 사사로이 자신이 가지
고 온 예물을 들고서, 찾아간 제후국의 경이나 대부들을 만나본다는 뜻이다. '사적
(私覿)'은 사사로이 자신이 가지고 온 예물을 들고서, 찾아간 제후국의 군주를 만
나 뵙는다는 뜻이다. 희생물을 도축한 것을 '옹(饔)'이라고 부르며, 살아있는 것을
'희(餼)'라고 부르는데, 옹희(饔餼)를 보낸다는 것은 곧 빙례(聘禮)와 사사롭게 만
나보는 일들이 모두 끝나면, 빈객과 개(介)는 숙소로 가게 되며, 빙문을 받은 제후
는 경을 시켜서, 옹희의 예법 절차를 빈객에게 베풀게 된다. 규(圭)와 장(璋)을 돌
려보낸다는 것은 빈객이 찾아왔을 때 이것을 들고서 신표로 삼게 되는데, 빙문을
받은 제후는 그것을 받게 된다. 그런데 현재 그가 떠나가려고 하므로, 빙문을 받은
군주는 경을 시켜서 그것을 들고 빈객이 머물고 있는 숙소로 가게 해서 되돌려주는
것이다. 옥을 되돌려주는 절차가 끝나면, 선물을 주는 예법 절차를 첨가하게 된다.
『의례』의 경문에서는 "회(賄)에는 1속(束)의 방(紡)을 사용한다."라고 했는데, '방
(紡)'이라는 것은 오늘날의 명주[絹]에 해당한다. '향례(饗禮)'와 '사례(食禮)'는
모두 조정에서 시행하는데, 연례(燕禮)는 침(寢)에서 시행한다. 한 차례 사례를 하
고 두 차례 향례를 하게 되는데, 연례에는 규정된 횟수가 없다.[3]

---

3) 『의례』「빙례(聘禮)」: 公于賓, 壹食, 再饗, 燕與羞, 俶獻, 無常數.

① 是吾親.

補註 吾, 當作君.

번역 '오(吾)'자는 마땅히 군(君)자로 기록해야 한다.

② 賄用束紡[又]一食再饗燕無常數.

補註 竝聘禮文.

번역 둘 모두 「빙례」편의 기록이다.

呂氏曰: 擯者, 主國之君所使接賓者也. 主之有擯猶賓之有介
也. 擯有三者, 以多爲文也. 大宗伯, 朝覲會同則爲上相. 相, 卽
擯也. 入詔禮曰相, 出接賓曰擯. 宗伯, 卿也, 故曰卿爲上擯. ①
小行人, 諸侯入王則爲承而擯. 行人, 大夫也, 故曰大夫爲承
擯. 士職卑, 承官之乏以繼擯之事, 故曰士爲紹擯也. 使臣之
義, 則致其君臣之敬於所聘之君. 主君之義, 則致其賓主之敬
於來聘之臣也.

번역 여씨가 말하길, '빈(擯)'은 빙문(聘問)을 받는 제후국의 군주가 빈객을 영접
하도록 시키는 자를 뜻한다. 주인이 의례절차를 도와줄 빈(擯)을 두는 것은 빈객이
부관인 개(介)를 두는 것과 같다. 빈(擯)에는 세 종류가 있는데, 많은 사람을 두는
것을 화려한 형식으로 삼는다. 『주례』「대종백(大宗伯)」편에서는 조근(朝覲)과 회
동(會同)을 하게 되면, 상상(上相)의 역할을 맡는다고 했다.[4] 여기에서 말하는 상
(相)은 곧 빈(擯)에 해당한다. 들어와서 예법절차에 대해 알려줄 때에는 그 자를
'상(相)'이라 부르고, 밖으로 나가서 빈객을 영접하게 될 때에는 그 자를 '빈(擯)'이

---

4) 『주례』「춘관(春官)·대종백(大宗伯)」: 朝覲會同, 則爲上相, 大喪亦如之, 王哭
諸侯亦如之.

라 부른다. 종백(宗伯)은 경의 신분이다. 그렇기 때문에 경을 상빈(上擯)으로 삼는다고 말한 것이다. 『주례』「소행인(小行人)」편에서는 제후들이 천자에게 조회를 하기 위해 천자의 수도로 들어오게 되면, 승(承)이 되어 돕는다고 했다.5) 행인(行人)은 대부의 신분이다. 그렇기 때문에 대부를 승빈(承擯)으로 삼는다고 말한 것이다. 사의 직위는 미천하여, 관리 중 부족한 자리를 메워서 빈(擯)의 일들을 돕는다. 그렇기 때문에 사를 소빈(紹擯)으로 삼는다고 말한 것이다. 사신으로 찾아가 빙문객으로 실천하는 도의는 군주와 신하 사이에서 지켜야 하는 공경스러운 태도를 빙문을 받는 상대방 군주에게 지극히 나타내는 것이다. 빙문을 받는 군주가 실천하는 도의는 빈객과 주인 사이에서 지켜야 하는 공경스러운 태도를 빙문으로 찾아온 상대방 나라의 신하에게 지극히 나타내는 것이다.

① 小行人[止]爲承而擯.

補註 周禮 · 秋官 · 小行人註: 入王, 朝於王也. 承, 猶丞也. 使宗伯爲上擯, 小行人爲之丞而擯之.

번역 『주례』「추관(秋官) · 소행인(小行人)」편의 주에서 말하길, '입왕(入王)'은 천자에게 조회를 한다는 뜻이다. '승(承)'자는 돕는다는 뜻이다. 종백을 상빈(上擯)으로 삼게 되는데, 소행인은 그를 보좌하여 돕게 된다.

---

5) 『주례』「추관(秋官) · 소행인(小行人)」: 凡諸侯入王, 則逆勞于畿. 及郊勞 · 視館 · 將幣, 爲承而擯.

「빙의」 6장

故天子制諸侯, 比年小聘, 三年大聘, 相屬以禮. ①使者聘而誤, 主君弗親饗食也, 所以愧屬之也. 諸侯相屬以禮, 則外不相侵, 內不相陵. 此天子之所以養諸侯, 兵不用, 而諸侯自爲正之具也.

번역 그러므로 천자는 이러한 예법을 제정하여 제후들을 따르게 해서, 매년 소빙(小聘)을 실시하도록 하고, 3년마다 대빙(大聘)을 실시하도록 하되, 서로 예(禮)로써 독려하도록 했다. 사신으로 찾아간 자가 빙문(聘問)의 의례 절차를 시행하며 잘못을 범하게 된다면, 빙문을 받는 제후는 직접 향례(饗禮)와 사례(食禮)를 실시하지 않았으니, 이를 통해서 그의 부끄러운 점에 대해 더욱 힘쓰도록 했던 것이다. 제후들이 서로 예에 따라 독려하게 된다면, 외적으로는 서로 침범하지 않게 되고, 내적으로는 서로 넘보지 않게 된다. 이것이 바로 천자가 제후들을 보살펴줌에, 병장기를 사용하지 않고도 제후들 스스로가 올바르게 되는 도구이다.

① 使者聘[止]食也.

補註 楊梧曰: 此釋儀禮"大夫來使, 無罪饗之, 過則餼之"之義.

번역 양오가 말하길, 이것은 『의례』에서 "대부가 사신으로 찾아왔는데 죄를 짓지 않는다면 그에게 향례를 베풀고, 과실을 범하게 된다면 익히지 않은 고기만 보내준다."[1]라고 했던 뜻을 풀이한 것이다.

---

1) 『의례』「빙례(聘禮)」: 大夫來使, 無罪饗之. 過則餼之.

呂氏曰: ①上下不交, 則天下無邦, 人道所以不能群也. 故先王之御諸侯, 使之相交以修其好, 必使之相敬以全其交. 其相交也, 必求乎疏數之中, 故比年小聘, 三年大聘也. 其相敬也, 必相屬以禮, 故使者之誤, 主君不親饗食以愧屬之, 然後仁達而禮行. 外則四鄰相親而不相侵, 內則君臣有義而不相陵也. 先王制禮, 以善養人於無事之際, 多爲升降之文 · 酬酢之節. 賓主有司有不可勝行之憂, 先王未之有改者, 蓋以養其德意, 使之安於是而不憚也. 故不安於偸惰而安於行禮, 不恥於相下而恥於無禮也. 天子以是養諸侯, 諸侯以是養其士大夫. 上下交相養, 此兵所以不用, 天下所以平也. 節文之多, 惟聘射, 養人之至者也. 諸侯自爲正, 於射禮 · 聘禮二禮之義, 天子養諸侯之意爲深, 故其義皆曰兵不用自爲正之具也.

번역 여씨가 말하길, 상하 계층이 서로 교류하지 않는다면 천하에는 나라가 없게 되고, 사람의 도리 또한 군집될 수 없게 된다. 그렇기 때문에 선왕은 제후들을 다스리며, 그들로 하여금 서로 교류하도록 해서 우호를 다지게 했고, 반드시 그들로 하여금 서로 공경하도록 해서 우호관계를 온전히 보전하도록 했다. 서로 교류를 함에 있어서는 반드시 그 횟수의 알맞음에 따르도록 했다. 그렇기 때문에 매년 소빙(小聘)을 하는 것이고, 3년마다 대빙(大聘)을 하는 것이다. 서로 공경함에 있어서는 반드시 예법으로써 독려하도록 했다. 그렇기 때문에 사신으로 찾아간 자가 잘못을 범하면 빙문(聘問)을 받는 제후는 직접 향례(饗禮)와 사례(食禮)를 하지 않음으로써, 부끄러운 점에 대해 힘쓰도록 한 것이니, 그런 뒤에라야 인(仁)이 사방에 두루 퍼지고 예(禮)가 시행된다. 외적으로 사방의 이웃 나라가 서로 친근하게 되어 서로를 침범하지 않게 되고, 내적으로 군신 간에 의로움이 갖춰져서 서로 넘보지 않게 된다. 선왕은 예를 제정하여 특별한 일이 없을 때 선의 도리를 통해 사람들을 잘 보살피도록 했으니, 그 예법이라는 것은 대체적으로 오르고 내리는 형식과 술잔을 주고받는 절차에 해당한다. 빈객과 주인이 두는 유사(有司)에게는 그 행실을 감당할 수 없는 걱정스러운 점이 있지만, 선왕이 이러한 점을 개정하지 않았던 것은 아마도 이를 통해서 그 덕과 뜻을 보살펴주어 그들로 하여금 이러한 일들을 편안하게 여기도록 하고 꺼리지 않도록 했기 때문이다. 그래서 구차하고 게으름을 피우는 일에 대해서는 불안하게 여기게 되고, 예법을 시행하는 일에 대해서는 편안하게 여기게 되며, 서로 상대방보다 낮추는 것에 대해서는 부끄럽게 여기지 않지만, 무례함에 대해서는 부끄러움을 느끼게 된 것이다. 천자는 이를 통해 제후들을 보살펴주었고, 제후들은 이를 통해 사와 대부들을 보살펴주었다. 상하 계층이 서로 교류하며 상대를 보살펴주니, 이것이 바로 병장기를 사용하지 않아도 천하가 평안하게 되는 이유이다. 예법에 따른 절차와 형식은 매우 다양하지만, 오직 빙례(聘禮)와 사례(射禮)만이 사람을 보살펴주는 예법 절차 중 가장 지극한 것에 해당한다. 제후들이 제 스스로 올바르게 되니, 사례와 빙례라는 두 가지 의례의 의미에 있어서, 천자가 제후들을 보살펴주었던 뜻이 더욱 지극히 나타나게 된다. 그렇기 때문에 그 의미에 대해서 모두 "병장기를 사용하지 않아도, 제 스스로 올바르게 되는 도구이다."라고 말한 것이다.

① 上下不交天下無邦.

補註 易 · 否 · 彖傳文.

번역 『역』「비괘(否卦) · 단전(彖傳)」에 나오는 기록이다.[2]

---

2) 『역』「비괘(否卦)」: 象曰, "否之匪人, 不利, 君子貞, 大往小來." 則是天地不交而萬物不通也, <u>上下不交而天下无邦</u>也. 內陰而外陽, 內柔而外剛, 內小人而外君子, 小人道長, 君子道消也.

「빙의」7장

以圭璋聘, 重禮也. ①已聘而還圭璋, 此輕財而重禮之義也. 諸
侯相厲以輕財重禮, 則民作讓矣.

번역 규(圭)와 장(璋)을 가지고 빙문(聘問)을 하는 것은 그 예법을 중시하기 때문
이다. 빙문을 끝내고 빙문을 받은 군주가 규와 장을 되돌려주는데, 이것은 재물을
경시하고 그 예법을 중시한다는 뜻에 해당한다. 제후들이 서로를 독려함에 제물을
경시하고 예법을 중시한다는 뜻에 따른다면, 백성들은 사양함의 미덕을 진작시키게
된다.

① 已聘而還圭璋.

補註 疏曰: 此聘禮以圭璋爲聘, 璧琮爲享. 若二王後享天子用圭, 璋, 則
亦爲財而受之不歸也.

번역 소에서 말하길, 「빙례」편에서 규장(圭璋)은 빙(聘) 때 사용하는 것이
라고 했고, 벽종(璧琮)은 향(享) 때 사용하는 것이라고 했다. 두 왕조의 후
손들이 천자에게 향을 할 때 규(圭)를 사용하고 장(璋)을 사용한다면, 또한
받기만 하고 되돌려주지 않을 수 있다.

補註 ○按: 享天子用圭璋云者, 亦謂享天子用圭, 享后用璋也.

번역 ○살펴보니, 천자에게 향을 할 때 규와 장을 사용한다고 한 것은 또한
천자에게 향을 할 때에는 규를 사용하고, 왕후에게 향을 할 때에는 장을 사
용한다는 뜻이다.

「빙의」 8장

主國待客, ①出入三積. ②餼客於舍, 五牢之具陳於內. 米三十車, 禾三十車, 芻薪倍禾, 皆陳於外. 乘禽日五雙, ③群介皆有餼牢. 壹食再饗, 燕與時賜無數. 所以厚重禮也. ④古之用財者不能均如此, 然而用財如此其厚者, 言盡之於禮也. 盡之於禮, 則內君臣不相陵而外不相侵, 故天子制之, 而諸侯務焉爾.

번역 빙문(聘問)을 받는 제후국에서 빈객을 대접할 때에는 빈객이 출입을 함에 모두 3번의 적(積)을 두게 된다. 빈객이 머무는 숙소에서 빈객에게 음식을 대접할 때, 5뢰(牢)를 갖춰서 숙소 안에 진설하게 된다. 미(米)를 실은 수레는 30대로 하고, 화(禾)를 실은 수레는 30대로 하며, 추(芻)와 신(薪)을 실은 수레는 화(禾)의 배가 되어, 각각 60대분의 수레에 담게 되는데, 이것들은 모두 빈객이 머무는 숙소 밖에 놓아두게 된다. 그리고 무리와 짝을 이루어 움직이는 새를 날마다 5쌍씩 대접하니, 개(介)들도 모두 음식을 대접받게 된다. 한차례 사례(食禮)를 하고, 두 차례 향례(饗禮)를 하며, 연례(燕禮)와 제철에 맞는 선물을 줄 때에는 특별히 정해진 횟수가 없다. 이처럼 하는 것들은 중대한 예를 후하게 하는 방법이 된다. 고대에는 재화를 사용할 때 이처럼 균등하게 할 수 없었다. 그러나 빙례에 재화를 사용할 때에는 이와 같이 풍족하게 했으니, 예에 대해서 극진히 함을 뜻한다. 예에 대해서 극진히 할 수 있다면, 내적으로는 군신관계에서 서로 업신여기지 않게 되고, 외적으로는 서로 침략하지 않게 된다. 그렇기 때문에 천자는 이러한 예법을 제정하여 제후들을 제어했고, 제후들은 그것에 따라 힘써 실천했을 따름이다.

① ○出入三積.

補註 疏曰: 此謂上公之臣也. 司儀云, "諸公之臣, 相爲國客, 則三積." 註云, "侯伯之臣不致積也." 出入三積者, 司儀云, "遂行, 如入之積." 是去之積如來時積也.

번역 소에서 말하길, 이것은 상공(上公)의 신하에 대한 경우를 뜻한다. 『주례』「사의(司儀)」편에서는 "제공(諸公)의 신하가 상호 빙문을 하여 국객(國客)이 되면 3적(積)을 한다."[1]라고 했고, 주에서는 "후작과 백작의 신하에게는 적(積)을 보내지 않는다."라고 했다. 출입을 하며 3적(積)을 한다고 했는데, 「사의」편에서는 "마침내 떠나게 되면, 도착했을 때의 적(積)처럼 한다."[2]라고 했으니, 이 말은 그가 떠나게 될 때의 적(積)을 그가 처음 찾아왔을 때의 적(積)처럼 한다는 사실을 나타낸다.

補註 ○周禮 · 秋官 · 司儀疏曰: 謂侯伯之臣, 不以束帛行禮致之, 豈於道全無積乎? 明有也.

번역 ○『주례』「추관(秋官) · 사의(司儀)」편의 소에서 말하길, 후작과 백작에게 소속된 신하에 대해서는 속백을 이용해서 의례를 시행하며 보내주는 것을 시행하지 않는 것이니, 어찌 도로에 있을 때 전혀 적(積)을 보내는 것이 없겠는가? 이것은 있었음을 나타낸다.

補註 ○大行人註: 每積, 有牢禮米禾芻薪.

번역 ○『주례』「대행인(大行人)」편의 주에서 말하길, 적(積)마다 뇌례(牢禮)와 곡식 꼴 및 땔감이 포함된다.

補註 ○地官 · 委人: "共其委積薪芻." 註: "委積之薪芻也." 疏曰: "委積之中有牲牢 · 米禾 · 薪芻之等, 委人所供, 唯供薪芻. 故鄭云委積之薪芻也."

번역 ○『주례』「지관(地官) · 위인(委人)」편에서 말하길, "비축한 땔감과 꼴을 공급한다."[3]라고 했고, 주에서는 "비축한 땔감과 꼴을 뜻한다."라고 했으며, 소에서는 "비축한 것 중에는 희생물 · 곡식 · 땔감과 꼴 등이 있는데, 위

---

1) 『주례』「추관(秋官) · 사의(司儀)」: <u>諸公之臣相爲國客, 則三積</u>, 皆三辭拜受.

2) 『주례』「추관(秋官) · 사의(司儀)」: 明日, 客拜禮賜, <u>遂行, 如入之積</u>.

3) 『주례』「지관(地官) · 위인(委人)」: 以式法共祭祀之薪蒸木材. 賓客, 共其芻薪. 喪紀, 共其薪蒸木材. 軍旅, <u>共其委積薪芻</u>凡疏材, 共野委兵器與其野囿財用.

인이 공급하는 것은 오직 땔감과 꼴이다. 그렇기 때문에 정현이 비축한 땔감과 꼴이라고 말한 것이다."라고 했다.

補註 ○秋官·掌客: "諸侯之禮, 上公五積, 侯伯四積, 子男三積, 皆眡殄牽." 註: "積皆視殄牽, 謂所供如殄, 而牽牲以往, 不殺也. 殄, 客始至, 致小禮也." 疏曰: "上公之禮, 有五積, 皆眡殄, 一積眡一殄, 殄五牢, 五積則二十五牢也. 言牽者, 數雖視殄, 殄則殺, 積竝生致之, 故云牽也. 侯伯殄四牢, 一積眡一殄, 則總十六牢, 亦牽不殺. 子男殄三牢, 一積三牢, 三積九牢, 亦牽之不殺也. 必牽之不殺者, 以其在道分置豫往, 故不殺之, 容至自殺也. 旣云眡殄, 殄則有芻薪米禾之等, 故鄭解積皆依殄解之也."

번역 ○『주례』「추관(秋官)·장객(掌客)」편에서 말하길, "제후에 대한 예법에 있어서, 상공에 대해서는 5개의 적(積)을 마련하고, 후작과 백작에 대해서는 4개의 적을 마련하며, 자작과 남작에 대해서는 3개의 적을 마련하는데, 모두 손견(殄牽)에 견준다."[4]라고 했고, 주에서는 "모두 손견(殄牽)에 견주

---

4) 『주례』「추관(秋官)·장객(掌客)」: 凡諸侯之禮: 上公五積, 皆視殄牽, 三問皆脩, 群介·行人·宰·史皆有牢. 殄五牢, 食四十, 簠十, 豆四十, 鉶四十有二, 壺四十, 鼎簋十有二, 牲三十有六, 皆陳. 饔餼九牢, 其死牢如殄之陳, 牽四牢, 米百有二十筥, 醯醢百有二十甕, 車皆陳. 車米視生牢, 牢十車, 車秉有五籔, 車禾視死牢, 牢十車, 車三秅, 芻薪倍禾, 皆陳. 乘禽日九十雙, 殷膳大牢, 以及歸, 三饗·三食·三燕, 若弗酌則以幣致之. 凡介·行人·宰·史皆有殄饔餼, 以其爵等爲之牢禮之陳數, 唯上介有禽獻. 夫人致禮, 八壺·八豆·八籩, 膳大牢, 致饗大牢, 食大牢. 卿皆見, 以羔, 膳大牢. 侯伯四積, 皆視殄牽, 再問皆脩. 殄四牢, 食三十有二, 簠八, 豆三十有二, 鉶二十有八, 壺三十有二, 鼎簋十有二, 腥二十有七, 皆陳. 饔餼七牢, 其死牢如殄之陳, 牽三牢, 米百筥, 醯醢百甕, 皆陳. 米三十車, 禾四十車, 芻薪倍禾, 皆陳. 乘禽日七十雙, 殷膳大牢, 再饗·再食·再燕. 凡介·行人·宰·史皆有殄饔餼, 以其爵等爲之禮, 唯上介有禽獻. 夫人致禮, 八壺·八豆·八籩, 膳大牢, 致饗大牢. 卿皆見, 以羔, 膳特牛. 子男三積, 皆視殄牽, 壹問以脩. 殄三牢, 食二十有四, 簠六, 豆二十有四, 鉶十有八, 壺二十有四, 鼎簋十有二, 牲十有八, 皆陳. 饔餼五牢, 其死牢如殄之陳, 牽二牢, 米八十筥, 醯醢八十甕, 皆陳. 米二十車, 禾三十車, 芻薪倍禾, 皆陳. 乘禽日五十雙, 壹饗·壹食·壹

어서 한다고 했는데, 공급하는 것이 손(飧)5)을 할 때와 같고, 희생물을 이끌고서 찾아가며 도축하지 않은 것이다. '손(飧)'은 빈객이 처음 도착했을 때, 비교적 규모가 작은 예물을 보내주는 것이다."라고 했으며, 소에서는 "상공을 접대하는 예법에서는 5개의 적(積)을 마련하며 모두 손(飧)에 견주는 것으로, 1개의 적(積)을 마련하며 1번의 손(飧)을 보내줄 때에 견주어서 준비하니, 손(飧)에 5뢰(牢)가 사용된다면, 5개의 적(積)은 25뢰를 사용하게 된다. '견(牽)'이라고 말한 것은 그 수량은 비록 손(飧)에 견주어서 하지만, 손(飧)이라는 것은 희생물을 도축한 것을 뜻하며, 적(積)은 모두 살아있는 상태로 보내게 된다. 그렇기 때문에 '견(牽)'을 언급했다. 후작과 백작에 대해서는 손(飧)에 4뢰를 사용하고, 1개의 적(積)을 마련하며 1번의 손(飧)을 보내줄 때에 견주어서 준비하니, 총 16뢰가 되고, 또한 이끌고 가며 도축하지 않는다. 자작과 남작에 대해서는 손(飧)에는 3뢰가 사용되니, 1개의 적(積)은 3뢰가 되어, 3개의 적(積)은 9뢰가 되며, 또한 이끌고 가며 도축하지 않는다. 반드시 이끌고 가며 도축하지 않는 것은 도로에 나눠서 배치시키며 미리 보내는 것이기 때문에 도축하지 않는 것이니, 그 자체로 숨을 다하는 것까지도 포용하기 위해서이다. 이미 손(飧)에 견준다고 했는데, 손(飧)에는 추(芻)・신(薪)・미(米)・화(禾) 등이 포함된다. 그렇기 때문에 정현이 적(積)을 풀이하며 모두 손(飧)에 따라 해석한 것이다."라고 했다.

補註 ○地官・牛人: "凡賓客之事, 共其牢禮積膳之牛." 註: "積, 所以給賓客之用." 疏曰: "所以給賓客之用者, 謂行道之用."

번역 ○『주례』「지관(地官)・우인(牛人)」편에서 말하길, "빈객에 대한 일에 있어서 뇌례와 적선에 사용될 소를 공급한다."6)라고 했고, 주에서는 "적(積)은 빈객이 사용할 곳에 공급하는 것을 뜻한다."라고 했으며, 소에서는 "빈객

燕. 凡介・行人・宰・史皆有飧饔餼, 以其爵等爲之禮, 唯上介有禽獻. 夫人致禮, 六壺, 六豆, 六籩, 膳視致饗. 親見卿皆膳特牛.

5) 손(飧)은 빈객이 처음 이르렀을 때, 간단히 음식을 차려서, 접대하는 것을 뜻한다.
6) 『주례』「지관(地官)・우인(牛人)」: 凡賓客之事, 共其牢禮積膳之牛.

이 사용할 곳에 공급한다는 것은 도로에서 움직이며 사용하는 것을 뜻한다."
라고 했다.

補註 ○地官·遺人: "掌邦之委積, 以待施惠. 鄕里之委積, 以恤民之囏
阨. 門關之委積, 以養老孤. 郊里之委積, 以待賓客. 野鄙之委積, 以待
羈旅. 縣都之委積, 以待凶荒. 凡賓客·會同·師役, 掌其道路之委積.
凡國野之道, 十里有廬, 廬有飮食. 三十里有宿, 宿有路室, 路室有委.
五十里有市, 市有候館, 候館有積." 註: "少曰委, 多曰積."

번역 ○『주례』「지관(地官)·유인(遺人)」편에서 말하길, "나라에서 비축하
는 것들을 담당하여 은혜를 베푸는 용도에 대비한다. 향리에 비축한 것으로
는 백성들의 곤궁함을 구휼한다. 국문과 관문에 비축한 것으로는 노인과 고
아를 봉양한다. 교리에 비축한 것으로는 빈객을 접대한다. 야비에 비축한 것
으로는 나그네를 접대한다. 현도에 비축한 것으로는 재앙에 대비한다. 빈
객·회동·사역에 있어서는 도로에 비축한 것들을 담당한다. 국야의 도로에
있어서는 10리마다 여(廬)가 있는데, 여에는 음식이 있게 된다. 30리마다 숙
(宿)이 있는데, 숙에는 객사가 있고, 객사에는 위(委)가 있게 된다. 50리마다
시(市)가 있는데, 시에는 작은 망루가 있고, 작은 망루에는 적(積)이 있게 된
다."라고 했고, 주에서는 "쌓아둔 것이 적은 것은 위(委)라 부르고, 많은 것
은 적(積)이라 부른다."라고 했다.

補註 ○按: 已上所引, 皆賓客之委積. 委積者, 道路所供也.

번역 ○살펴보니, 앞에서 인용한 것들은 모두 빈객에게 사용되는 위적(委
積)이다. '위적(委積)'이라는 것은 도로에 있을 때 공급하는 것들이다.

② **餼客於舍.**

補註 疏曰: 聘禮致客有饔有餼, 今云餼客者, 略言之也.

번역 소에서 말하길, 『의례』「빙례(聘禮)」편에서는 빈객을 대접할 때 옹(饔)
과 희(餼)가 있게 되는데, 이곳에서는 단지 빈객에게 희(餼)를 대접한다고만
언급했다. 그 이유는 문장을 간략하게 기록했기 때문이다.

補註 ○按: 上言出入三積, 卽來去在途時也. 此言饋客于舍, 卽至國在館時也.

번역 ○살펴보니, 앞에서는 출입함에 3적(積)이 있다고 했으니, 찾아오거나 떠날 때 도로에 머물고 있는 시기에 해당한다. 이곳에서는 숙소에서 빈객에게 희(饋)를 보낸다고 했으니, 국성에 도착하여 숙소에 머물고 있는 시기에 해당한다.

③ **群介皆有饋牢.**

補註 按: 聘禮上介則飪腥饋各一牢, 此群介饋牢, 謂衆介也.

번역 살펴보니, 『의례』「빙례(聘禮)」편에서는 상개에 대해서 임(飪)·성(腥)·희(饋)를 각각 1뢰씩 사용한다고 했는데, 이곳에서는 뭇 개들에게도 희 1뢰가 있다고 했으니, 중개(衆介)들을 가리킨다.

④ **古之用財[止]禮也.**

補註 楊梧曰: 古之用財, 如冠昏喪祭等, 皆有賓客之需, 其厚其薄, 多不能均然, 而聘禮用財, 必如此厚者, 蓋以聘禮至重, 必如此而後, 盡於禮也.

번역 양오가 말하길, 고대에 재화를 사용하는 경우, 예를 들어 관례·혼례·상례·제례 등에 있어서 모두 빈객들에게 공급해야 할 것들이 있는데, 많이 주느냐 적게 주느냐에 있어서는 대체로 균일하게 할 수 없다. 그러나 빙례에서 재화를 사용할 때에는 반드시 이처럼 후하게 했으니, 빙례는 매우 중요하므로, 반드시 이처럼 한 뒤에야 그 예법에 대해 다할 수 있는 것이다.

補註 ○按: 楊說與陳註異, 而恐陳註所引掌客殺禮之文者爲長. 但陳註解經而用財以下, 文義不穩, 小註葉說似勝.

번역 ○살펴보니, 양오의 주장은 진호의 주와 차이를 보이는데, 내가 생각하기에 진호의 주에서 「장객」편의 예법을 낮춘다고 한 문장을 인용했다는 점에서 뛰어난 것 같다. 다만 진호의 주에서 경문을 해석함에 있어서 '용재(用

財)'로부터 그 이하의 말들은 문장의 뜻이 온당하지 못하며, 소주에 나온 섭씨의 주장이 더 나은 것 같다.

참고-大全 石林葉氏曰: 饔牢, 天産, 陽物也, 故陳於內. 米·禾·芻·薪, 地産, 陰物也, 故陳於外. 饗, 所以訓恭儉也, 故至于再, 燕與時賜, 以示慈惠也, 故無數. 聘禮, 雖具如此, 而財有所不及, 則不必備, 然而苟有其財, 亦未嘗不盡於禮, 此先王所以養諸侯而兵不用也.

번역 석림섭씨가 말하길, '희뢰(饔牢)'는 하늘이 낳아준 산물이니 양에 해당하는 사물이다. 그렇기 때문에 안쪽에 진설하는 것이다. 미(米)·화(禾)·추(芻)·신(薪)은 땅이 길러준 산물이니 음에 해당하는 사물이다. 그렇기 때문에 바깥쪽에 진설하는 것이다. '향(饗)'이라는 것은 공손함과 검소함을 가르치는 방법이다. 그렇기 때문에 두 차례 시행하게 되는 것이고, 연례(燕禮)와 제철 음식을 대접하는 것은 이것을 통해 자혜롭고 은혜로운 마음을 드러내게 된다. 그렇기 때문에 정해진 횟수가 없는 것이다. 빙례(聘禮)를 시행할 때, 비록 이처럼 갖추게 되지만, 재물에 있어서 미치지 못하는 점이 있다면, 반드시 모든 것을 갖출 필요는 없다. 그러나 진실로 해당하는 재물이 있다면, 또한 일찍이 해당 예법에 대해서 극진히 하지 않은 적이 없었으니, 이것이 바로 선왕이 제후들을 보살펴주면서 병장기를 사용하지 않았던 방법이다.

참고-集說

出, 旣行也. 入, 始至也. 積謂饋之牢禮米禾芻薪之屬, 其來與去, 皆三饋之積, 故云出入三積也. 饔客於舍, 謂致饗饔於賓之館舍也. 三牲備爲一牢, 五牢之具陳於內, 謂①飪一牢在賓館西階, ②腥二牢在賓館東階, ③饔二牢在賓館門內之西也. 禾, 槀實幷刈者也. 米車設於門東, 禾車設於門西. 倍禾, 倍其數也. 禮註云: "薪從米, 芻從禾." 疏云: "④薪以炊爨, 故從米. 芻以食馬, 故從禾." 此四物皆在門外. 乘禽, ⑤乘行群匹之禽, 鴈

鴛之屬也. ⑥掌客云: "凡禮賓客, ⑦國新殺禮, 凶荒殺禮, 札喪
殺禮, 禍裁殺禮, 在野在外殺禮." 故曰古之用財者不能均如此,
言不能皆如此豐厚也. 然而於聘禮則用財如此之厚者, 是欲極
盡之於禮也. 用財雖厚, 盡禮而止, 不敢加美以沒禮. 故內不相
陵, 外不相侵, 皆爲有禮以制之故也.

번역 '출(出)'은 이미 행차를 떠났다는 뜻이다. '입(入)'은 비로소 도달했다는 뜻이
다. '적(積)'은 음식을 보내주는 뇌례(牢禮) 및 미(米)·화(禾)·추(芻)·신(薪)
등을 보낸다는 뜻으로, 그들이 찾아오거나 떠나갈 때, 모두 세 차례 적(積)을 보내
게 된다. 그렇기 때문에 "출입을 함에 3적(積)을 한다."라고 말한 것이다. "숙소에
서 빈객에게 희(餼)를 한다."는 말은 빈객이 머무는 숙소에서 향례(饗禮)를 베풀며
음식을 대접한다는 뜻이다. 세 종류의 희생물이 갖춰진 것을 1뢰(牢)라고 하는데,
"5뢰(牢)가 갖춰진 것을 그 안쪽에 진열한다."는 말은 임(飪) 1뢰를 빈객이 머무는
숙소의 서쪽 계단에 놓아두고, 성(腥) 2뢰를 빈객이 머무는 숙소의 동쪽 계단에 놓
아두며, 희(餼) 2뢰를 빈객이 머무는 숙소의 문안 서쪽에 놓아둔다는 뜻이다. '화
(禾)'는 줄기와 알갱이를 함께 자른 볏단이다. 쌀알갱이[米]를 실은 수레는 문의
동쪽에 놓아두고, 볏단을 실은 수레는 문의 서쪽에 놓아둔다. '배화(倍禾)'라는 말
은 그 수의 배로 한다는 뜻이다. 『의례』에 대한 정현의 주에서는 "신(薪)은 미(米)
에 따르게 되고, 추(芻)는 화(禾)에 따르게 된다."라고 했고, 가공언의 소에서는
"신(薪)으로는 불을 때기 때문에, 미(米)에 따르는 것이다. 추(芻)로는 말을 먹이기
때문에, 화(禾)에 따르는 것이다."라고 했다. 이러한 네 가지 사물들은 모두 문밖에
놓아두게 된다. '승금(乘禽)'은 이동할 때 무리와 짝을 이루어 움직이는 새 종류로,
기러기[鴈]나 집오리[鶩] 등의 부류를 뜻한다. 『주례』「장객(掌客)」편에서는 "빈객
을 예우할 때, 새로 건국한 나라의 빈객에 대해서는 그 예법을 낮추고, 국가에 기근
이 들었을 때에는 그 예법을 낮추며, 전염병이 돌아서 사상자가 속출할 때에는 그
예법을 낮추고, 병란이나 재앙이 생겼을 때에는 그 예법을 낮추며, 들판이나 외지에
서 갑작스럽게 의식을 치를 때에는 그 예법을 낮춘다."[7]라고 했다. 그렇기 때문에
"고대에는 재화를 사용할 때 이처럼 균등하게 할 수 없었다."라고 말한 것이니, 이

---

7) 『주례』「추관(秋官)·장객(掌客)」: 凡禮賓客, 國新殺禮, 凶荒殺禮, 札喪殺禮, 禍
災殺禮, 在野在外殺禮.

말은 곧 모든 경우에 대해서 이처럼 풍족하게 할 수 없었다는 뜻이다. 그러나 빙례 (聘禮)에 대해서라면 재화를 사용하는 것을 이처럼 풍족하게 했는데, 이것은 예법 에 대해서 극진히 하고자 했기 때문이다. 재화를 사용하는 것이 비록 풍족하다고 하지만, 예법을 다하게 되면 그치니, 감히 그것에 지나친 수식을 더하여 예를 가리 게 할 수 없기 때문이다. 그래서 내적으로 서로 업신여기지 않고, 외적으로 서로 침략하지 않는 것들은 모두 예를 두어서 제어를 했기 때문이다.

① 飪一牢.

補註 鄭註: 飪, 熟也.
번역 정현의 주에서 말하길, '임(飪)'은 익힌 것을 뜻한다.

② 腥二牢.

補註 按: 腥, 殺而未熟也.
번역 살펴보니, '성(腥)'은 도축을 했으나 아직 익히지 않은 것을 뜻한다.

③ 餼二牢.

補註 鄭註: 殺曰饔, 生曰餼.
번역 정현의 주에서 말하길, 도축을 하면 '옹(饔)'이라 부르고, 살아있는 상 태에서는 '희(餼)'라 부른다.

④ 薪以炊爨[止]從禾.

補註 按: 疏本文, 從米從禾下, 皆有陳之二字.
번역 살펴보니, 소의 본문에는 '종미(從米)'와 '종화(從禾)' 뒤에 모두 진지 (陳之)라는 2글자가 더 기록되어 있다.

⑤ 乘行群匹[止]鳫鶩之屬.

補註 按: 周禮·掌客註, 群匹作群處, 鳫鶩之屬作雉鳫之屬.

번역 살펴보니, 『주례』「장객(掌客)」편의 주에서는 '군필(群匹)'을 군처(群處)로 기록했고, '안목지속(鴈鶩之屬)'을 치안지속(雉鴈之屬)으로 기록했다.

補註 ○又按: 乘行群匹, 與詩·關雎註, 乘居匹處同. 乘居, 謂四箇同處也.

번역 ○또 살펴보니, '승행군필(乘行群匹)'은 『시』「관저(關雎)」편의 주에서 "네 마리가 함께 살고 홀로 거처한다."라고 한 말과 같다. '승거(乘居)'는 네 마리가 함께 거처한다는 뜻이다.

⑥ 掌客.

補註 周禮·司寇屬官.

번역 『주례』의 사구(司寇)에게 속한 관리이다.

⑦ 國新殺禮.

補註 掌客本註: 國新, 新建國也.

번역 「장객」편의 본주에서 말하길, '국신(國新)'은 새로 나라를 건국했다는 뜻이다.

「빙의」 9장

聘射之禮, 至大禮也. 質明而始行事, 日幾中而后禮成, 非強有
力者弗能行也. 故強有力者, 將以行禮也. ①酒清, 人渴而不敢
飮也; 肉乾, 人飢而不敢食也. 日莫人倦, ②齊莊正齊, 而不敢
解惰. 以成禮節, ③以正君臣, ④以親父子, 以和長幼. 此衆人
之所難, 而君子行之, 故⑤謂之有行. 有行之謂有義, 有義之謂
勇敢. 故所貴於勇敢者, 貴其能以立義也; 所貴於立義者, 貴其
有行也; 所貴於有行者, 貴其行禮也. 故所貴於勇敢者, 貴其敢
行禮義也. 故勇敢強有力者, 天下無事, 則用之於禮義; 天下有
事, 則用之於戰勝. 用之於戰勝則無敵, 用之於禮義則順治. 外
無敵, 內順治, 此之謂盛德. 故聖王之貴勇敢強有力如此也. 勇
敢強有力而不用之於禮義戰勝, 而用之於爭鬪, 則謂之亂人.
刑罰行於國, 所誅者亂人也. 如此則民順治而國安也.

번역 빙례(聘禮)와 사례(射禮)는 예 중에서도 지극히 성대한 것이다. 날이 밝아올
때 비로소 해당 사안을 시작하고 한낮이 된 이후에야 의례가 완성되니, 이것은 굳
세고 힘을 갖춘 자가 아니라면 능히 해낼 수 없는 일이다. 그렇기 때문에 굳세고
힘을 갖춘 자가 장차 이러한 의례를 시행하려고 하면, 술이 맑은데 사람들이 목말
라도 감히 그 술을 마시지 못하고, 고기가 잘 말라있는데 사람들이 굶주려도 감히
그 고기를 먹지 못한다. 해가 저물어서 사람들이 피로해져도 장엄하고 단정한 자세
를 취하여 감히 풀어진 모습을 보이지 못한다. 이를 통해서 해당하는 예절을 완성
하는 것이며, 또 이를 통해서 군신관계를 바로잡는 것이고, 또 이를 통해서 부자관
계를 친애하게 만들며, 또 이를 통해서 장유관계를 화목하게 만든다. 이러한 것들은
사람들이 시행하길 어려워하는 점인데 군자는 이러한 것들을 시행한다. 그렇기 때
문에 그를 두고서 시행함이 있다고 평가하는 것이다. 시행함이 있는 것은 의로움을
갖추고 있다고 부르며, 의로움을 갖추고 있는 것은 용감하다고 부른다. 그렇기 때문
에 용감함에 대해 존귀하게 여기는 것은 그가 의로움을 잘 세울 수 있다는 점을
존귀하게 여기는 것이고, 의로움을 세우는 것에 대해 존귀하게 여기는 것은 그가

시행함을 갖추고 있음을 존귀하게 여기는 것이며, 시행함을 갖추고 있는 것에 대해 존귀하게 여기는 것은 그가 예를 시행하는 것을 존귀하게 여기는 것이다. 그렇기 때문에 용감함에 대해 존귀하게 여기는 것은 곧 과감하게 예(禮)와 의(義)를 시행한다는 점을 존귀하게 여기는 것이다. 또한 그렇기 때문에 용감하며 굳세고 힘을 갖춘 자는 천하에 특별한 일이 없을 때라면 이러한 것들을 예와 의에 사용하고, 천하에 특별한 일이 발생하면 이러한 것들을 전쟁에 사용하게 된다. 이러한 것들을 전쟁에 사용하게 된다면 대적할 자가 없게 되고, 이러한 것들을 예와 의에 사용하게 된다면 모두들 순종하게 되어 나라가 잘 다스려지게 된다. 외적으로 대적할 자가 없고 내적으로 모두들 순종하며 나라가 잘 다스려지게 되는 것을 '성덕(盛德)'이라고 부른다. 그렇기 때문에 성왕은 용감하며 굳세고 힘을 갖춘 자가 이처럼 하는 것을 존귀하게 여긴다. 용감하며 굳세고 힘을 갖추고 있지만 이러한 것들을 예·의 및 전쟁에 사용하지 않고 다투는 일에만 사용하게 된다면, 이러한 자를 '난인(亂人)'이라고 부른다. 만약 형벌이 국가에서 시행된다면 주살되는 자는 이러한 난인들이다. 이처럼 된다면 백성들은 순종하며 다스려지게 되고 국가는 편안하게 된다.

① 酒淸人渴而不敢飮.

補註 疏曰: "唯以禮獻酬, 不敢恣意醉飽, 非謂全不飮之也." 又曰: "至說屨升坐之後, 乃盡歡飮食也."

번역 소에서 말하길, "오직 예에 따라서 술을 따라주게 되니, 감히 자기 마음대로 술잔을 비울 수 없다. 이 말은 전적으로 술을 마실 수 없다는 뜻이 아니다."라고 했다. 또 말하길, "신발을 벗고 당에 올라가서 앉은 이후에는 즐거움을 나누며 술을 마시고 음식을 먹게 된다."

補註 ○按: 酒淸, 恐謂酒味久而淡然也.

번역 ○살펴보니, '주청(酒淸)'은 아마도 술맛이 오래되어 맑아진 것을 뜻하는 것 같다.

補註 ○又按: 自酒淸肉乾, 至父子長幼, 疏皆以爲專言射禮. 朱子是之, 在此章小註及通解註. 愚意則下文勇敢强有力, 用之於戰勝, 則無敵等語, 亦於射義爲多.

번역 ○또 살펴보니, 주청(酒淸)과 육건(肉乾)으로부터 부자(父子)와 장유(長幼)에 이르기까지, 소에서는 모두 사례만을 설명하는 것으로 여겼다. 주자는 그 말이 옳다고 여겼고, 그 내용은 이곳의 소주와 『통해』의 주에 수록되어 있다. 내가 생각하기에 뒤의 문장에서는 용감하며 굳세고 힘을 갖춘 자가 이러한 것들을 전쟁에 사용하게 되면 대적할 자가 없게 된다는 등의 말이 나오는데, 이 또한 대체로 사례의 의미에 해당한다.

② 齊莊.

補註 陸音: 齊, 側皆反.

번역 육덕명의 『음의』에서 말하길, '齊'자는 '側(측)'자와 '皆(개)'자의 반절음이다.

③ 以正君臣.

補註 疏曰: 此謂射前行燕禮. 君在阼, 賓升成拜稽首之屬, 及受君賜再拜稽首之等, 卽是以正君臣也.

번역 소에서 말하길, 이것은 사례(射禮)를 하기 이전에 연례(燕禮)를 실시한다는 뜻이다. 군주는 동쪽 계단에 있고 빈객이 올라와서 절의 절차를 마무리하며 머리를 조아리는 예법들 및 군주가 하사한 것을 받고서 재배를 하며 머리를 조아리는 등의 절차들이 바로 이를 통해서 군신관계를 바르게 한다는 뜻에 해당한다는 의미이다.

④ 以親父子以和長幼.

補註 疏曰: 此謂鄕射之前, 行鄕飮酒之禮, 有齒於父族之事. 故云以親父子, 以和長幼.

번역 소에서 말하길, 이것은 향사례(鄕射禮)를 시행하기 이전에 향음주례(鄕飮酒禮)의 의례를 시행하는데, 그 의례에는 부계 친족에 대해서 연배에 따라 서열을 매기는 등의 일이 포함되어 있다. 그렇기 때문에 "이를 통해서 부자관계를 친애하게 만들며, 이를 통해서 장유관계를 화목하게 만든다."고 한 것이다.

⑤ 謂之有行.

補註 按: 陸音, "行, 下孟反, 下竝同." 通解亦載此音.

번역 살펴보니, 육덕명의 『음의』에서는 "'行'자는 '下(하)'자와 '孟(맹)'자의 반절음이며, 아래문장에 나오는 글자도 모두 이와 같다."라고 했다. 『통해』 에서도 이러한 음가를 기록하였다.

「빙의」 10장

子貢問於孔子曰: "敢問君子貴玉而賤碈者何也? 爲玉之寡而
碈之多與?" 孔子曰: "非爲碈之多故賤之也, 玉之寡故貴之也.
夫昔者君子比德於玉焉: 溫潤而澤, 仁也; 縝密以栗, 知也; ①
廉而不劌, 義也; ②垂之如隊, 禮也; 叩之其聲淸越以長, 其終
詘然, 樂也; ③瑕不揜瑜, 瑜不揜瑕, 忠也; ④孚尹旁達, 信也;
⑤氣如白虹, 天也; ⑥精神見于山川, 地也; ⑦圭璋特達, 德也;
⑧天下莫不貴者, 道也. 詩云: '⑨言念君子, 溫其如玉.' 故君子
貴之也."

번역 자공이 공자에게 묻기를, "감히 묻겠습니다. 군자가 옥(玉)을 귀하게 여기고,
옥돌[碈]을 천시여기는 것은 어째서입니까? 혹시 옥은 희소하고 옥돌은 흔하기 때
문입니까?"라고 했다. 그러자 공자는 "옥돌은 흔하기 때문에 천시하는 것이 아니며,
옥은 희소하기 때문에 귀하게 여기는 것이 아니다. 무릇 예로부터 군자는 옥을 통
해서 덕을 비견하였다. 옥이 매끈하면서도 윤택이 나는 것은 인(仁)에 해당하고,
조밀하면서도 견고한 것은 지(知)에 해당하며, 모가 났어도 상처를 입히지 않는 것
은 의(義)에 해당하고, 옥 자체가 무거워서 매달게 되면 밑으로 드리우며 마치 떨어
질 것 같은 것은 예(禮)에 해당하며, 그것을 두드리면 그 소리가 청아하게 일어나며
길게 퍼지고, 소리가 끝날 때에도 확연하게 맺음을 짓는 것은 악(樂)에 해당하고,
옥의 티가 그 아름다움을 가리지 않고 옥의 아름다움도 티를 가리지 않으니 이것은
충(忠)에 해당하며, 그 자체에 믿음과 올바름이 있으며 그것이 널리 퍼지는 것은
신(信)에 해당하고, 그 기운이 무지개와 같은 것은 천(天)에 해당하며, 옥이 땅에
묻혀 있어서 그 맑고 밝은 정기가 산천에 드러나는 것은 지(地)에 해당하고, 옥으로
만든 규(圭)와 장(璋)은 단독으로 전달할 수가 있는데 이것은 덕(德)에 해당하며,
천하에 옥을 귀하게 여기지 않는 자가 없는 것은 도(道)에 해당한다. 『시』에서도
'군자를 생각함에 그 온화함이 옥과도 같다.'라고 했다. 그렇기 때문에 군자는 옥을
귀하게 여기는 것이다."라고 대답해주었다.

① ○廉而不劌義.

補註 疏曰: 廉, 稜也. 劌, 傷也. 言玉體雖有廉稜, 而不傷割於物, 人有義者, 亦能斷制而不傷物, 故云義也.

번역 소에서 말하길, '염(廉)'자는 모가 났다는 뜻이고, '귀(劌)'자는 상처를 낸다는 뜻이다. 옥 자체에 비록 모서리가 진 부분이 있더라도, 그것은 다른 사물에게 상처를 입히지 않는데, 사람들 중 의(義)를 갖춘 자 또한 단호하게 결정과 판단을 내릴 수 있지만, 다른 사물에게 피해를 주지 않는다. 그렇기 때문에 의(義)에 해당한다고 말했다는 뜻이다.

② 垂之如隊禮.

補註 疏曰: 言玉體垂之而下墜, 人有禮者, 亦謙恭而卑下, 故言禮也.

번역 소에서 말하길, 옥 자체가 무거워서 매달면 밑으로 늘어져서 아래로 떨어지는데, 사람들 중 예(禮)를 갖춘 자 또한 겸손하고 공손하게 행동하며 자신을 낮추게 된다. 그렇기 때문에 예(禮)에 해당한다고 말했다는 뜻이다.

③ 瑕不揜瑜瑜不揜瑕.

補註 鄭註: "玉之性, 善惡不相掩, 似忠也." 疏曰: "忠實見於外, 如人之忠也."

번역 정현의 주에서 말하길, "옥의 성질은 좋은 것과 나쁜 것이 서로를 가리지 않으니, 충(忠)과 흡사하다."라고 했다. 소에서 말하길, "한결같이 진실된 속내가 겉으로 드러나는데, 이것은 사람에게 있는 충(忠)과 같다."라고 했다.

④ 孚尹旁達.

補註 按: 孚尹二字下, 皆云如字者, 蓋鄭註, "孚, 讀爲浮. 尹, 讀如竹箭之筠. 浮筠, 謂玉采色"云. 而陳註不從.

번역 살펴보니, '부(孚)'와 '윤(尹)'이라는 두 글자 뒤에는 모두 "글자대로 읽는다."라고 기록되어 있는데, 정현의 주에서 "'부(孚)'자는 부(浮)자로 읽는다. '윤(尹)'자는 대나무로 만든 화살을 뜻할 때의 균(筠)으로 읽는다. '부균 (浮筠)'은 옥 중에서도 채색이 된 것을 뜻한다."라고 했지만, 진호의 주에서 는 이에 따르지 않았기 때문이다.

⑤ 氣如白虹天也.

補註 疏曰: 白虹, 謂天之白氣. 玉之白氣, 似天白氣, 故云天也.

번역 소에서 말하길, '백홍(白虹)'은 하늘에 속해 있는 백색의 기운을 뜻한 다. 옥에 있는 백색의 기운은 하늘에 있는 백색의 기운과 흡사하기 때문에 천(天)에 해당한다고 말했다는 뜻이다.

⑥ 精神見于山川地也.

補註 疏曰: 謂玉在山川之中, 精氣徹見于外, 地氣含藏於內, 亦徹見于 外, 與地同, 故云地也.

번역 소에서 말하길, 옥이 산천에 매장되어 있을 때 그 정기가 겉으로 뚫고 나타나는데, 땅의 기운은 안에 잠겨 있다가 또한 밖으로 뚫고 나오게 되므로 땅의 작용과 동일하다. 그렇기 때문에 지(地)에 해당한다고 말했다는 뜻이 다.

補註 ○楊梧曰: 玉之爲天者, 天之氣亦如白虹, 玉之爲地者, 地之氣亦見 于山川. 不可便以白虹爲天, 山川爲地.

번역 ○양오가 말하길, 옥이 하늘이 되는 것은 하늘의 기운 또한 백홍과 같 아서이며, 옥이 땅이 되는 것은 땅의 기운 또한 산천에 드러나기 때문이다. 따라서 곧바로 백홍을 하늘로 여기고 산천을 땅으로 여겨서는 안 된다.

⑦ 圭璋特達德也.

補註 鄭註: 有德者無所不達, 不有須而成也.

번역 정현의 주에서 말하길, 덕을 갖춘 자는 소통되지 않는 것이 없고, 다른 것들이 있어야만 완성되는 것이 아니다.

補註 ○按: 此詳見禮器註.
번역 ○살펴보니, 이에 대한 자세한 설명은 『예기』「예기(禮器)」편의 주에 나온다.

⑧ 天下莫不貴者道也.

補註 鄭註: 道者, 人無不由之.
번역 정현의 주에서 말하길, '도(道)'라는 것은 사람들이 그것을 통하지 않는 경우가 없다.

⑨ 言念君子溫其如玉.

補註 詩·秦風·小戎文.
번역 『시』「진풍(秦風)·소융(小戎)」편의 기록이다.[1]

馬氏曰: 能柔能剛, 能抑能揚, 能斂能彰, 而能備精粗之美, 以全天人之道者, 玉之爲物也. 能柔則溫潤而澤, 所以爲仁; 能剛則廉而不劌, 所以爲義; 能抑則垂之如隊, 所以爲禮; 能揚則其聲清越以長, 其終詘然, 所以爲樂; 能斂則縝密以栗, 所以爲智; 能彰則瑕不掩瑜, 瑜不掩瑕, 所以爲忠; 孚尹於中, 旁達於外, 所以爲信; 始之以仁, 而成之以信. 凡此皆粗而爲人道也. 於氣如白虹, 所以爲天; 精神見于山川, 所以爲地; 圭璋特達,

---

1) 『시』「진풍(秦風)·소융(小戎)」: 言念君子, 溫其如玉. 在其板屋, 亂我心曲.

所以爲德; 天下莫不貴之, 所以爲道. 凡此皆精而爲天道也. 七
者合而言之, 皆謂之德, 君子所貴以此德也. 溫者德之始, 言始
所以見終. 論語言孔子之五德則始於溫, 夔敎冑子以四德亦始
於溫. 詩亦曰: "溫溫恭人, 惟德之基." 古人用玉, 皆象其美. 若
①鎭圭以召諸侯, 以恤凶荒, 用其仁也. ②齊有食玉, 用其智也.
③牙璋以起軍旅, 用其義也. ④國君相見以瑞, 相享以璧, 用其
禮也. 樂有鳴球, 服有佩玉, 用其樂也. ⑤邦國玉節, 用其信也.
⑥琬以結好, 琰以除慝, 用其忠也. ⑦兩圭祀地, ⑧黃琮禮地,
用其能達於地也. ⑦四圭祀天, ⑧蒼璧禮天, 用其能達於天也.
圭璋特達, 用其能達於德也. 已聘而還圭璋, ⑨已朝而班瑞, 此
皆古之爲器而用玉之美者也. 古之善比君子於玉者, 曰言念君
子, 溫其如玉, 曰⑩追琢其章, 金玉其相; 曰⑪如圭如璧; 曰⑫
有美玉於斯, 韞匵而藏諸; 曰⑬玉振終條理; 曰⑭瑾瑜匿瑕; 曰
⑮如玉如瑩, 爰變丹青. 此古人比君子於玉者也.

번역 마씨[2]가 말하길, 부드러울 수도 있고 굳셀 수도 있으며, 누를 수도 있고 드날
릴 수도 있으며, 거둬들일 수도 있고 밝게 빛낼 수도 있는데, 조밀한 아름다움까지
갖추어서 하늘과 사람의 도리를 온전히 할 수 있는 것은 곧 옥(玉)이라는 사물의
성질이다. 옥은 유순하면서도 윤택이 나고 매끈하니 이것이 인(仁)이 되는 이유이
며, 강하게 할 수 있다면 곧게 되는데 해를 끼치지 않으니 이것이 의(義)가 되는
이유이고, 억누를 수 있다면 늘어뜨리게 되는데 마치 떨어질 것처럼 숙이게 되니
이것이 예(禮)가 되는 이유이며, 드러낼 수 있다면 그 소리는 청아하게 울려서 길게
퍼지게 되는데, 그 소리가 마침에 있어서는 깔끔하니 이것이 악(樂)이 되는 이유이
고, 거둬들일 수 있다면 조밀하게 되는데 그러면서도 단단하니 이것이 지(智)가 되
는 이유이며, 밝게 드러낼 수 있다면 그 흠이 아름다움을 가리지 않고 아름다움이
흠을 가리지 않으니 이것이 충(忠)이 되는 이유이고, 그 속에 믿음을 갖추고 있는데
외적으로도 두루 통하게 되니 이것이 신(信)이 되는 이유이다. 이처럼 인(仁)으로

---

2) 마희맹(馬睎孟, ? ~ ?) : =마씨(馬氏)·마언순(馬彦醇). 자(字)는 언순(彦醇)이다.
『예기해(禮記解)』를 찬술했다.

시작하여 신(信)으로 완성을 이룬다. 무릇 이러한 것들은 모두 다소 거친 것으로 인도(人道)에 해당한다. 그 기운에 있어서는 하얀 무지개와 같으니 이것이 천(天)이 되는 이유이고, 그 정기는 산천에 드러나니 이것이 지(地)가 되는 이유이며, 규(圭)와 장(璋)은 그것 자체로 전달할 수 있으니 이것이 덕(德)이 되는 이유이고, 천하에 옥을 귀하게 여기지 않는 자가 없으니 이것이 도(道)가 되는 이유이다. 무릇 이러한 것들은 모두 정밀한 것으로 천도(天道)에 해당한다. 이러한 7가지 덕목을 합하여 말한다면 모두 덕(德)이라고 부를 수 있으니, 군자가 귀하게 여기는 것은 이러한 덕 때문이다. 온화하다는 것은 덕의 시초가 되는데, 시초를 언급한 것은 곧 끝을 드러내는 것이다. 『논어』에서는 공자의 다섯 가지 덕을 언급하며 온화함에서 시작하고 있고,3) 기(夔)가 주자(冑子)에게 네 가지 덕을 가르칠 때에도 또한 온화함에서 시작하고 있다.4) 『시』에서도 "온순하고 온순하며 공손한 사람은 오직 덕의 기반이다."5)라고 했다. 고대인들이 옥을 사용했던 것은 모두 그 아름다움을 형상화한 것이다. 진규(鎭圭)와 같은 것으로는 제후들을 불러서 그들의 재앙과 기근을 구휼했으니, 그 인(仁)함에 따른 것이다. 재계를 할 때에는 옥의 가루를 먹는다고 했으니, 그 지(智)함에 따른 것이다. 아장(牙璋)을 차고서는 군대를 일으켰으니, 그 의(義)함에 따른 것이다. 제후들끼리 서로 만나볼 때에는 신표[瑞]를 이용했고, 서로에게 선물을 전달할 때에는 벽(璧)을 이용했으니, 그 예(禮)함에 따른 것이다. 악기 중에는 명구(鳴球)가 있고, 복장을 갖출 때에는 패옥(佩玉)이 있으니, 이것은 그 악(樂)함에 따른 것이다. 나라에 있어서는 각 지방을 맡은 관리에게 옥을 갈라서 주는 부절이 있으니, 그 신(信)함에 따른 것이다. 완(琬)으로는 우호를 다지고 염(琰)으로는 그 간특함을 제거하니, 이것은 그 충(忠)함에 따른 것이다. 양규(兩圭)로는 땅에 제사를 지내고, 황종(黃琮)으로는 땅을 예우하니, 이것은 옥이 땅과 소통할 수 있음에 따른 것이다. 사규(四圭)로는 하늘에 제사를 지내고, 창벽(蒼璧)으로는 하늘을 예우하니, 이것은 옥이 하늘과 소통할 수 있음에 따른 것이다. 규

---

3) 『논어』「학이(學而)」: 子禽問於子貢曰, "夫子至於是邦也, 必聞其政, 求之與? 抑與之與?" 子貢曰, "夫子溫良恭儉讓以得之. 夫子之求之也, 其諸異乎人之求之與?"

4) 『서』「우서(虞書)・순전(舜典)」: 帝曰, 夔, 命汝典樂, 敎胄子, 直而溫, 寬而栗, 剛而無虐, 簡而無傲, 詩言志, 歌永言, 聲依永, 律和聲, 八音克諧, 無相奪倫, 神人以和.

5) 『시』「대아(大雅)・억(抑)」: 荏染柔木, 言緡之絲. 溫溫恭人, 維德之基. 其維哲人, 告之話言, 順德之行. 其維愚人, 覆謂我僭. 民各有心.

(圭)와 장(璋)은 그것 단독으로 전달하니, 이것은 옥이 덕을 소통시킬 수 있음에 따른 것이다. 빙례(聘禮)를 끝내고서 규와 장을 되돌려주고, 조례(朝禮)를 끝내고서 서(瑞)를 나눠주니, 이것들은 모두 고대에 기물을 만들면서 옥의 아름다움을 사용했다는 사실에 해당한다. 고대에 옥에 대해 군자를 잘 비유한 말로는 "군자를 생각함에 그 온화함이 옥과도 같다."라는 말이 있고, "잘 다듬은 그 무늬여 금과 옥이 그 바탕이로구나."라는 말이 있으며, "규와 같고 벽과 같구나."라는 말이 있고, "여기에 아름다운 옥이 있다면, 함에 넣어서 감춰두어야 합니까?"라는 말이 있으며, "옥으로 된 경(磬)을 쳐서 그 소리를 거둬들이는 것은 조리(條理)를 끝내는 것이다."라는 말이 있고, "아름다운 옥은 티를 숨긴다."라는 말이 있으며, "옥과 구슬처럼 밝게 빛나며, 단청(丹靑)으로 바뀐다."라는 말이 있으니, 이러한 것들은 모두 고대인들이 옥을 통해 군자를 비유했던 말들이다.

① 鎭圭以召[止]凶荒.

補註 周禮 · 春官 · 典瑞: "珍圭以徵守, 以恤凶荒." 註: "珍當爲鎭, 鎭者, 國之鎭, 諸侯亦一國之鎭, 故以鎭圭徵之. 凶荒則民不安其土, 故以鎭圭鎭安之."

번역 『주례』「춘관(春官) · 전서(典瑞)」편에서 말하길, "진규(珍圭)와 같은 것으로는 제후들을 불러서 그들의 재앙과 기근을 구휼했다."[6]라고 했고, 주에서는 "진(珍)자는 마땅히 진(鎭)자가 되어야 하며, '진(鎭)'이라는 것은 나라를 지키는 요충지를 뜻하니, 제후 또한 한 나라를 안정시키는 자이다. 그렇기 때문에 진규(鎭圭)로 그들을 부르는 것이다. 재앙과 기근이 들게 되면 백성들은 그 땅에서 편안하게 살 수 없다. 그렇기 때문에 진규로 안정시키는 것이다."라고 했다.

② 齊有食玉.

補註 周禮 · 天官 · 玉府: "王齊則共食玉." 註: "玉是陽精之純者." 疏曰: "王祭祀之前散齊七日, 致齊三日, 是時供王所食玉屑."

---

6) 『주례』「춘관(春官) · 전서(典瑞)」: 珍圭以徵守, 以恤凶荒.

번역 『주례』「천관(天官)·옥부(玉府)」편에서 말하길, "천자가 재계를 하게 되면, 먹게 되는 옥의 가루를 제공한다."7)라고 했고, 주에서는 "옥은 양의 정기가 모인 것 중에서도 순수한 것이다."라고 했으며, 소에서는 "천자가 제사를 지내기 이전 산제(散齊)를 하는 7일과 치제(致齊)를 하는 3일 동안 천자가 먹게 되는 옥의 가루를 공급한다."라고 했다.

③ 牙璋以起軍旅.

補註 周禮·典瑞: "牙璋以起軍旅, 以治兵守." 註: "鄭司農云, '牙璋, 琢以爲牙. 牙齒, 兵象, 故以牙璋發兵.'"

번역 『주례』「전서(典瑞)」편에서 말하길, "아장(牙璋)으로는 군대를 일으켰고, 이를 통해 군대를 이용해서 방어하는 일을 다스렸다."8)라고 했고, 주에서는 "정사농은 '아장(牙璋)은 옥을 조각하여 어금니 모양처럼 만드는 것이다. 어금니는 군대를 상징한다. 그렇기 때문에 아장으로 군대를 일으키는 것이다.'"라고 했다.

補註 ○考工記·玉人: 牙璋·中璋七寸, 射二寸, 厚寸, 以起軍旅, 以治兵守.

번역 ○「고공기(考工記)·옥인(玉人)」편에서 말하길, 아장(牙璋)과 중장(中璋)은 7촌이며, 위로 뾰족하게 튀어나온 부분은 2촌이고 두께는 1촌이며, 이를 통해 군대를 일으키고, 이를 통해 군대를 이용해서 방어하는 일을 다스렸다.9)

④ 國君相見[止]以璧.

補註 周禮·典瑞: 王晉大圭, 執鎮圭, 繅藉五采五就, 以朝日. 公執桓圭,

---

7) 『주례』「천관(天官)·옥부(玉府)」: 王齊, 則共食玉.
8) 『주례』「춘관(春官)·전서(典瑞)」: 牙璋以起軍旅, 以治兵守.
9) 『주례』「동관고공기(冬官考工記)·옥인(玉人)」: 牙璋·中璋七寸, 射二寸, 厚寸, 以起軍旅, 以治兵守.

侯執信圭, 伯執躬圭, 子執穀璧, 男執蒲璧, 以朝覲宗遇會同于王. 諸侯
相見亦如之.

번역 『주례』「전서(典瑞)」편에서 말하길, 천자는 대규(大圭)를 꽂고 진규
(鎭圭)를 잡으며, 조자(繅藉)는 5가지 채색으로 5취(就)를 하여 조일을 한
다. 공작은 환규(桓圭)를 잡고, 후작은 신규(信圭)를 잡으며, 백작은 궁규
(躬圭)를 잡고, 자작은 곡벽(穀璧)을 잡으며, 남작은 포벽(蒲璧)을 잡고서
천자에게 조·근·종·우·회·동을 한다. 제후들이 서로 만나볼 때에도 이
처럼 한다.10)

補註 ○秋官·小行人: "成六瑞. 王用鎭圭, 公用桓圭, 侯用信圭, 伯用躬
圭, 子用穀璧, 男用蒲璧." 註: "皆朝見所執以爲信."

번역 ○「추관(秋官)·소행인(小行人)」편에서 말하길, "여섯 가지 신표를
고르게 한다. 천자는 진규를 사용하고, 공작은 환규를 사용하며, 후작은 신
규를 사용하고, 백작은 궁규를 사용하며, 자작은 곡벽을 사용하고, 남작은
포벽을 사용한다."11)라고 했고, 주에서는 "이 모두는 조회에서 잡게 되는 것
으로 이를 신표로 삼는다."라고 했다.

⑤ 邦國玉節.

補註 周禮·地官·掌節: "守邦國者用玉節, 守都鄙者用角節." 註: "謂諸
侯於其國中, 公卿大夫·王子弟於其采邑."

번역 『주례』「지관(地官)·장절(掌節)」편에서 말하길, "나라를 지키는 자는
옥절(玉節)을 사용하고, 도비(都鄙)를 지키는 자는 각절(角節)을 사용한
다."12)라고 했고, 주에서는 "제후는 자신의 나라 안에서, 공·경·대부 및 천

---

10) 『주례』「춘관(春官)·전서(典瑞)」: 王晉大圭, 執鎭圭, 繅藉五采五就, 以朝日.
　　公執桓圭, 侯執信圭, 伯執躬圭, 繅皆三采三就, 子執穀璧, 男執蒲璧, 繅皆二采
　　再就, 以朝覲宗遇會同于王. 諸侯相見亦如之.

11) 『주례』「추관(秋官)·소행인(小行人)」: 成六瑞: 王用瑱圭, 公用桓圭, 侯用信圭,
　　伯用躬圭, 子用穀璧, 男用蒲璧.

자의 자제들은 자신의 채읍에서 사용한다."라고 했다.

⑥ 琬以結好琰以除慝.

補註 周禮·典瑞: "琬圭以治德, 以結好. 琰圭以易行, 以除慝." 註: "諸
侯有德, 王命賜之. 使者執琬圭以致命. 諸侯有爲不義者, 使者征之, 執
琰圭以爲瑞節也. 鄭司農云, '琬圭無鋒芒, 故以結好. 琰圭有鋒芒, 傷害
征伐誅討之象, 故以除慝.'"

번역 『주례』「전서(典瑞)」편에서 말하길, "완규(琬圭)로는 덕을 갖춘 자를
다스리고, 이를 통해 우호를 결집한다. 염규(琰圭)로는 행실을 바꾸도록 하
고, 이를 통해 사특함을 제거한다."13)라고 했고, 주에서는 "제후가 덕을 갖추
게 되면 천자가 명령을 내려 그에게 하사한다. 사신은 완규를 잡고 명령을
전달한다. 제후들 중 의롭지 못한 일을 저지른 자가 있다면 사신이 그를 정
벌하며 염규를 잡고서 신표로 삼게 된다. 정사농은 '완규에는 뾰족하고 날카
로운 부분이 없다. 그렇기 때문에 덕을 다스려서 우호를 결집한다. 염규에는
뾰족하고 날카로운 부분이 있어서 상처를 입히고 정벌을 하며 주살하고 토
벌한다는 것 등을 상징한다. 그렇기 때문에 이것을 통해 사특함을 제거하는
것이다.'"라고 했다.

補註 ○玉人: "琬圭以象德, 琰圭以除慝以易行." 註: "除慝, 誅惡逆. 易
行, 去煩苛."

번역 ○『주례』「옥인(玉人)」편에서 말하길, "완규로는 덕을 상징하고, 염규
로는 사특함을 제거하고 행실을 바꾼다."14)라고 했고, 주에서는 "사특함을
제거한다는 것은 간악하고 반란을 일으킨 자들을 주살한다는 뜻이다. 행실
을 바꾼다는 것은 번거롭고 까다로운 것들을 제거한다는 뜻이다."라고 했다.

---

12) 『주례』「지관(地官)·장절(掌節)」: 守邦國者用玉節, 守都鄙者用角節.

13) 『주례』「춘관(春官)·전서(典瑞)」: 琬圭以治德, 以結好. 琰圭以易行, 以除慝.

14) 『주례』「동관고공기(冬官考工記)·옥인(玉人)」: 琬圭九寸而繅, 以象德. 琰圭
九寸, 判規, 以除慝, 以易行.

⑦ 兩圭祀地[又]四圭祀天.

補註 周禮·典瑞: "四圭有邸以祀天·旅上帝." 註: "鄭司農云, '於中央爲璧, 圭著其四面, 一玉俱成. 爾雅曰, 邸, 本也. 圭本著於璧, 故四圭有邸, 圭末四出故也.'" 疏曰: "用一大玉, 琢出中央爲璧形, 璧四面, 各琢出一圭, 其璧爲邸. 兩圭有邸, 亦於璧中琢出兩圭." 又 "兩圭有邸以祀地·旅四望." 註: "兩圭者, 以象地數二也. 僢而同邸." 疏曰: "僢, 謂兩足相向. 此兩圭兩足同邸, 上四圭有邸者, 亦是各自兩足相向, 但就此兩足相向而言之也."

번역 『주례』「전서(典瑞)」편에서 말하길, "사규에 뿌리가 있는 것으로는 하늘에 대한 제사를 지내고 상제에 대한 여제사를 지낸다."[15]라고 했고, 주에서는 "정사농은 '중앙은 벽으로 되어 있고 규는 네 방면에 붙어 있는데 하나의 옥으로 만든다. 『이아』에서 저(邸)는 뿌리라고 했다. 규의 뿌리가 벽에 붙어 있기 때문에 4개의 규에 뿌리가 있으니, 규 끝이 네 방향으로 튀어나왔기 때문이다.'"라고 했으며, 소에서는 "하나의 큰 옥을 사용해서 만드는데, 중앙은 돌출시켜 만들어 벽의 형태로 하고, 벽의 네 방면에는 각각 하나의 규를 새겨 돌출시키니, 벽은 그것들의 뿌리가 된다. 양규유저라는 것 또한 벽이 중앙에 있고 2개의 규를 새겨 돌출시킨 것이다."라고 했다. 또 "양규에 뿌리가 있는 것으로는 땅에 대한 제사를 지내고 사망에 대한 여제사를 지낸다."[16]라고 했고, 주에서는 "양규는 땅의 수인 2를 상징한다. 양쪽 방향으로 규가 튀어나와 있는데 뿌리는 같다."라고 했으며, 소에서는 "천(僢)은 두 발이 서로를 향한다는 뜻이다. 양규의 두 발은 뿌리가 같다는 것이며, 앞에 나온 사규유저라는 것 또한 각각 두 발이 서로를 향한다는 뜻이다. 다만 여기에서는 두 발이 서로를 향한다는 뜻으로 말한 것이다."라고 했다.

---

15) 『주례』「춘관(春官)·전서(典瑞)」: 四圭有邸, 以祀天·旅上帝.
16) 『주례』「춘관(春官)·전서(典瑞)」: 兩圭有邸, 以祀地·旅四望.

⑧ 黄琮禮地[又]蒼璧禮天.

補註 周禮・大宗伯: "以玉作六器, 以禮天地四方. 以蒼璧禮天, 以黄琮禮地, 以青圭禮東方, 以赤璋禮南方, 以白琥禮西方, 以玄璜禮北方." 註: "禮, 謂始告神時薦於神坐. 書'周公植璧秉圭', 是也. 禮天以冬至, 禮地以夏至, 禮東方・南方・西方・北方, 以立春・立夏・立秋・立冬."

번역 『주례』「대종백(大宗伯)」편에서 말하길, "옥으로 여섯 가지 기물을 만들어 천지와 사방을 예우한다. 창벽(蒼璧)으로는 하늘을 예우하고, 황종(黄琮)으로는 땅을 예우하며, 청규(青圭)로는 동쪽을 예우하고, 적장(赤璋)으로는 남쪽을 예우하며, 백호(白琥)로는 서쪽을 예우하고, 현황(玄璜)으로는 북쪽을 예우한다."[17]라고 했고, 주에서는 "'예(禮)'는 시작함에 신에게 고하고 신의 자리에 각 시기별로 예물을 바친다는 뜻이다. 『서』에서 주공이 '벽을 놓고 규를 잡았다.'[18]라고 한 말이 이것을 가리킨다. 하늘을 예우할 때에는 동지에 하고, 땅을 예우할 때에는 하지에 하며, 동쪽・남쪽・서쪽・북쪽을 예우할 때에는 입춘・입하・입추・입동에 한다."라고 했다.

⑨ 已朝而班瑞.

補註 按: 此詳見書・舜典註, 蓋謂五等諸侯執圭璧以朝天子, 天子以瑁冒其圭頭, 有不同者, 則辨其僞, 旣見而又頒還其瑞也.

번역 살펴보니, 이것과 관련해서는 『서』「순전(舜典)」편의 주에 자세히 나오는데, 다섯 등급의 제후가 규와 벽을 잡고 천자를 조회하게 되면, 천자는 모(瑁)로 규의 머리에 씌워서 맞지 않는 것이 있다면 이를 통해 가짜를 변별해내고, 조회가 끝나면 재차 신표를 되돌려준다는 뜻이다.

---

17) 『주례』「춘관(春官)・대종백(大宗伯)」: 以玉作六器, 以禮天地四方. 以蒼璧禮天, 以黄琮禮地, 以青圭禮東方, 以赤璋禮南方, 以白琥禮西方, 以玄璜禮北方.
18) 『서』「주서(周書)・금등(金縢)」: 公乃自以爲功, 爲三壇同墠, 爲壇於南方, 北面, 周公立焉, 植璧秉珪, 乃告大王王季文王.

補註 ○班, 與頒同.
번역 ○'반(班)'자는 반(頒)자와 같다.

⑩ 追琢其章金玉其相.

補註 詩·大雅·棫樸文.
번역 『시』「대아(大雅)·역복(棫樸)」편의 기록이다.19)

補註 ○按: 美文王也.
번역 ○살펴보니, 문왕을 찬미한 시이다.

⑪ 如圭如璧.

補註 詩·衛風·淇奧文.
번역 『시』「위풍(衛風)·기욱(淇奧)」편의 기록이다.20)

補註 ○按: 美衛武公也.
번역 ○살펴보니, 위나라 무공을 찬미한 시이다.

⑫ 有美玉[止]藏諸.

補註 論語·子罕文.
번역 『논어』「자한(子罕)」편의 기록이다.21)

---

19) 『시』「대아(大雅)·역복(棫樸)」: 追琢其章, 金玉其相. 勉勉我王, 綱紀四方.

20) 『시』「위풍(衛風)·기욱(淇奧)」: 瞻彼淇奧, 綠竹如簀. 有匪君子, 如金如錫, 如圭如璧. 寬兮綽兮, 倚重較兮. 善戲謔兮, 不爲虐兮.

21) 『논어』「자한(子罕)」: 子貢曰, "有美玉於斯, 韞匵而藏諸? 求善賈而沽諸?" 子曰, "沽之哉! 沽之哉! 我待賈者也."

⑬ 玉振終條理.

補註 孟子·萬章文.

번역 『맹자』「만장(萬章)」편의 기록이다.[22]

⑭ 瑾瑜匿瑕.

補註 左傳宣十五年文.

번역 『좌전』 선공(宣公) 15년의 기록이다.[23]

⑮ 如玉如瑩, 爰變丹靑.

補註 揚子法言·吾子篇文.

번역 양자의 『법언』「오자(吾子)」편의 기록이다.[24]

補註 ○按: 此蓋謂屈原方正盡忠, 如玉之瑩然, 爲上官大夫子蘭之讒, 卒以放逐, 是爲丹靑所變矣.

번역 ○살펴보니, 이것은 아마도 굴원은 방정하고 충심을 다하여 마치 옥처럼 맑았는데, 상관대부와 자란의 참소로 인해 끝내 축출되고 말았으니, 이것은 단청으로 인해 변하게 되었다는 뜻인 것 같다.

---

22) 『맹자』「만장하(萬章下)」: 孔子之謂集大成. 集大成也者, 金聲而玉振之也. 金聲也者, 始條理也, 玉振之也者, 終條理也. 始條理者, 智之事也, 終條理者, 聖之事也.

23) 『춘추좌씨전』「선공(宣公) 15년」: 川澤納汚, 山藪藏疾, 瑾瑜匿瑕, 國君含垢, 天之道也.

24) 『법언(法言)』「오자(吾子)」: 或問, 屈原智乎. 曰, 如玉如瑩, 爰變丹靑. 如其智, 如其智.

「상복사제」1장

凡禮之大體, 體天地, 法四時, 則陰陽, 順人情, 故謂之禮. ①訾之者, 是不知禮之所由生也. 夫禮吉凶異道, 不得相干, 取之陰陽也. 喪有四制, 變而從宜, 取之四時也. 有恩, 有理, 有節, 有權, 取之人情也. 恩者仁也, 理者義也, 節者禮也, 權者知也. 仁義禮知, 人道具矣.

번역 무릇 예의 큰 본체는 천지(天地)를 본체로 삼고 사시(四時)를 본받으며 음양(陰陽)을 본뜨고 인정(人情)에 따른 것이다. 그렇기 때문에 그것을 '예(禮)'라고 부른다. 이것을 비방하는 자는 예에 말미암아서 생겨나게 된 점을 알지 못한 것이다. 무릇 예의 길흉(吉凶)은 그 도를 달리하여 서로 간여하지 않으니, 이것은 음양(陰陽)에서 그 의미를 취한 것이다. 또한 상(喪)에는 네 가지 제정 법칙이 있는데, 변화하여 그 합당함에 따르니, 이것은 사시(四時)에서 그 의미를 취한 것이다. 은정[恩]이 있고 이치[理]가 있으며 절도[節]가 있고 권도[權]가 있으니, 이것은 인정(人情)에서 그 의미를 취한 것이다. 은정이라는 것은 인(仁)에 해당하고, 이치라는 것은 의(義)에 해당하며, 절도라는 것은 예(禮)에 해당하고, 권도라는 것은 지(知)에 해당하니, 인(仁)·의(義)·예(禮)·지(知)는 인도(人道)를 모두 갖추고 있다.

① 訾之者.

補註 鄭註: 口毁曰訾.

번역 정현의 주에서 말하길, 말로 헐뜯는 것을 '자(訾)'라고 부른다.

「상복사제」 3장

門內之治恩揜義, ①門外之治義斷恩. 資於事父以事君, 而敬同. 貴貴尊尊, 義之大者也. 故爲君亦斬衰三年, 以義制者也.

번역 집안에서의 다스림은 은혜로움으로 의로움을 덮고, 집밖에서의 다스림은 의로움으로 은혜로움을 재단한다. 부친을 섬기는 것에 바탕을 두고 군주를 섬기게 되므로, 둘에 대한 공경함은 동일한 것이다. 존귀한 자를 존귀하게 대하는 것은 의로움 중에서도 가장 큰 것이다. 그렇기 때문에 군주를 위해서도 참최복(斬衰服)을 입고 3년 동안 복상(服喪)하니, 의(義)에 따라 제도를 제정했기 때문이다.

① ○門外之治義斷恩.

補註 疏曰: 門外, 謂朝廷之間. 旣仕公朝, 當以公義斷絶私恩. 若曾子問 "父母之喪, 旣卒哭, 金革之事無辟", 是也.

번역 소에서 말하길, '문외(門外)'는 조정에 있을 때를 뜻한다. 이미 벼슬살이를 하여 군주의 조정에 몸담고 있다면, 마땅히 공적인 도의에 따라서 사적인 은정을 재단해야만 한다. 예를 들어 『예기』「증자문(曾子問)」편에서 "부모에 대한 삼년상을 치르는데 졸곡(卒哭)을 하고서, 전쟁 등의 일이 발생하였다면 피하지 않고 군주의 명령에 따라서 전쟁에 임한다."[1]라고 한 말이 바로 이러한 사실을 나타낸다.

---

1) 『예기』「증자문(曾子問)」: 子夏問曰: 三年之喪, 卒哭, 金革之事, 無辟也者, 禮與, 初有司與. 孔子曰: 夏后氏, 三年之喪, 旣殯而致事, 殷人, 旣葬而致事, 記曰: 君子, 不奪人之親, 亦不可奪親也, 此之謂乎.

「상복사제」 4장

三日而食, 三月而沐, 期而練, 毁不滅性, 不以死傷生也. 喪不
過三年, 苴衰不補, 墳墓不培, ①祥之日鼓素琴, 告民有終也,
以節制者也.

번역 상(喪)을 치를 때, 돌아가신 후 3일이 지난 뒤에 죽을 마시며, 3개월이 지난
뒤에 목욕을 하고, 1년이 지난 뒤에 연복(練服)을 착용하며, 상으로 인해 몸이 수척
해지더라도 생명을 해치게 하지 않음은 죽음으로 인해 생명을 해치게 하지 않기 때
문이다. 상의 기간은 3년을 넘지 않고, 저최(苴衰)와 같은 상복 부류들은 해지더라
도 깁지 않으며, 무덤을 조성한 뒤에는 다시금 보수하지 않고, 대상(大祥)을 치르
는 날에는 소금(素琴)을 연주하여, 백성들에게 마침이 있음을 알리는 것이니, 절
(節)에 따라 제도를 제정했기 때문이다.

① ○祥之日鼓素琴.

補註 鄭註: "鼓素琴, 始存樂也." 疏曰: "於此祥日而鼓素琴, 始存省此樂
縣, 而作樂在旣禪之後."

번역 정현의 주에서 말하길, "소금(素琴)을 연주하여 비로소 음악을 보존하
게 된다."라고 했다. 소에서 말하길, "이처럼 대상(大祥)을 치르는 날에는 소
금을 연주하여 악기의 현들을 살피고 보존하게 되며, 평상시처럼 음악을 연
주하는 것은 담제(禪祭)를 지낸 이후의 시기가 된다."라고 했다.

補註 ○楊梧曰: 祥之日鼓素琴, 竊恐未然. 孔子旣祥五日彈琴而不成聲,
豈有祥之日, 卽鼓素琴之理哉?

번역 ○양오가 말하길, 대상을 치르는 날에 소금을 연주한다고 했는데, 아마
도 그렇지 않을 것 같다. 공자는 대상을 끝내고 5일이 지난 후에 금을 연주
했지만, 소리가 제대로 나지 않았다고 했는데,[1] 어떻게 대상을 치르는 날 곧

바로 소금을 연주하는 이치가 있겠는가?

---

1) 『예기』「단궁상(檀弓上)」: <u>孔子旣祥, 五日彈琴而不成聲</u>, 十日而成笙歌. 有子, 蓋旣祥而絲屨·組纓.

「상복사제」 5장

참고-經文

①資於事父以事母, 而愛同. 天無二日, 土無二王, 國無二君, 家無二尊, 以一治之也. 故父在爲母齊衰期者, ②見無二尊也.

번역 부친을 섬기는 것에 바탕을 두고 모친을 섬기게 되므로, 둘에 대한 친애함은 동일한 것이다. 하늘에는 두 개의 태양이 없고, 땅에는 두 명의 왕이 없으며, 제후국에는 두 명의 군주가 없고, 집에는 두 명의 존귀한 자가 없으니, 하나로써 다스리는 것이다. 그렇기 때문에 부친이 생존해 계실 때에는 돌아가신 모친을 위해서 자최복(齊衰服)을 입고 기년상(期年喪)으로 치르는 것은 집에 두 명의 존귀한 자가 없다는 사실을 드러내는 것이다.

① ○資於事父以事母章.

補註 楊梧曰: 古註疏以此節爲申明節制, 而小註馬氏則以爲權制, 當從註疏爲長.

번역 양오가 말하길, 옛 주와 소에서는 이 문단의 내용이 절제(節制)에 대한 내용을 거듭 밝힌 것이라고 여겼고, 소주에서 마씨는 권제(權制)에 해당한다고 여겼는데, 주와 소의 주장에 따르는 것이 더 낫다.

補註 ○按: 下章云此八者以權制者也, 所謂八者, 指應杖不杖以下, 則此節不入於權制可知. 且以義推之, 父在爲母期, 似當爲節制也. 下章疏說詳之.

번역 ○살펴보니, 아래문장에서 "이러한 8가지 경우는 권도[權]에 따라 제도를 제정했기 때문이다."[1]라고 했는데, 이른바 8가지라는 것은 지팡이를 잡아

---

1) 『예기』「상복사제」: 杖者, 何也? 爵也. 三日授子杖, 五日授大夫杖, 七日授士杖. 或曰擔主, 或曰輔病. 婦人·童子不杖, 不能病也. 百官備, 百物具, 不言而事行

야 하는데도 잡지 않는 경우로부터 그 이하의 것들을 가리키니, 이곳 문단의 내용은 권제에 포함되지 않는다는 사실을 알 수 있다. 또 그 의미에 따라 추론해보면 부친이 생존해 계실 때 모친을 위해 기년상을 치르는 것은 아마도 절제에 해당하는 것 같다. 아래문장의 소에서 상세히 설명하였다.

② 見無二尊.

補註 陸音: 見, 賢遍反.

번역 육덕명의 『음의』에서 말하길, '見'자는 '賢(현)'자와 '遍(편)'자의 반절음이다.

者, 扶而起. 言而后事行者, 杖而起. 身自執事而后行者, 面垢而已. 禿者不髽, 傴者不袒, 跛者不踊, 老病不止酒肉. 凡此八者, 以權制者也.

「상복사제」 6장

杖者, 何也? 爵也. 三日授子杖, 五日授大夫杖, 七日授士杖. ①
或曰擔主, 或曰輔病. 婦人·童子不杖, 不能病也. 百官備, 百
物具, 不言而事行者, 扶而起. 言而后事行者, 杖而起. 身自執
事而后行者, 面垢而已. 禿者不髽, 傴者不袒, 跛者不踊, 老病
不止酒肉. 凡此八者, 以權制者也.

번역 지팡이를 두는 것은 어째서인가? 작위를 가진 자들을 위해서이다. 상이 발생
하면 3일 째에 자식에게 지팡이를 주고, 5일 째에 대부에게 지팡이를 주며, 7일 째
에 사에게 지팡이를 준다. 어떤 경우는 상주에게 지팡이를 빌려준다고 말하고, 또
어떤 경우는 병약해진 몸을 부축하기 위해서라고 말한다. 아직 성인이 되지 못한
여자와 남자들은 지팡이를 잡지 않으니, 병약해질 수 없기 때문이다. 백관(百官)이
갖춰져 있고 백물(百物)이 갖춰져서, 말을 하지 않아도 일이 시행될 수 있는 경우
에는 지팡이가 있지만, 몸이 몹시 수척해지는 것이 허용되므로, 남의 부축을 받아서
일어나게 된다. 이러한 것들이 갖춰지지 않아서, 직접 말을 해야만 일이 시행되는
경우에는 몸을 몹시 수척하게 할 수 없으니, 자신이 직접 지팡이를 잡고 일어나게
된다. 또한 일을 맡아볼 수 있는 자가 전혀 없어서, 제 자신이 직접 상사의 일을
처리해야만 시행되는 경우에는 몸이 수척해지는 것을 허용하지 않으니, 얼굴에 때
만 묻히고 직접 일처리를 할 따름이다. 대머리는 북상투를 틀지 않고, 꼽추는 단
(袒)을 하지 않으며, 절름발이는 용(踊)을 하지 않고, 노약하고 병든 자들은 술과
고기를 끊지 않는다. 무릇 이러한 여덟 가지 경우는 권도[權]에 따라 제도를 제정했
기 때문이다.

① ○或曰擔主.

補註 類編曰: 註云, "擔, 音贍, 假也", 義不長. 今當如字, 擔, 猶荷也, 言
爲其主喪之重, 故制爲杖, 俾得依倚也.
번역 『유편』에서 말하길, 주에서는 "'擔'자의 음은 '贍(섬)'으로 빌려준다는

뜻이다."라고 했는데, 의미상 뛰어난 해석은 아니다. 따라서 마땅히 글자대로 풀이해야 하니, '담(擔)'자는 담당한다는 뜻으로, 상을 주관하는 중책으로 인해 지팡이를 만들어서 의지할 수 있게끔 한다는 뜻이다.

疏曰: 杖之所設, 本爲扶病, 而以爵者有德, 其恩必深, 其病必重, 故杖爲爵者而設, 故云爵也. 遂歷敍有爵之人, 故云三日授子杖, 五日授大夫杖, 七日授士杖. 喪服傳云: "①無爵而杖者何? 擔主也." 擔, 假也. 尊其爲主, 假之以杖. 或曰輔病者, 喪服傳云: "②非主而杖者何? 輔病也." 謂庶子以下皆杖, 爲輔病故也. 婦人, 未成人之婦人. 童子, 幼少之男子. 百官備, 謂王侯也. 委任百官, 不假自言而事得行, 故許子病深, 雖有扶病之杖, 亦不能起, 故又須人扶乃起也. 大夫士旣無百官百物, 須己言而后喪事乃行, 故不許極病, 所以杖而起, 不用扶也. 庶人卑, 無人可使, 但身自執事, 不可許病, 故有杖不用, 但使面有塵垢之容而已. 子於父母, 貴賤情同, 而病不得一, 故爲權制. 禿者無髮, 女禿不髽, 故男子禿亦不免也. 袒者露膊, 傴者可憎, 故不袒也. 踊是跳躍, 跛人脚蹇, 故不跳躍也. 老及病者, 身已羸瘠, 又使備禮, 必至滅性, 故酒肉養之. ③此八者, 謂應杖不杖, 不應杖而杖, 一也. 扶而起, 二也. 杖而起, 三也. 面垢, 四也. 禿者, 五也. 傴者, 六也. 跛者, 七也. 老病者, 八也. 喪大記大夫與士之喪, 皆云三日授子杖, 謂爲親也. 此云五日七日, 爲君也.

번역 소에서 말하길, 지팡이를 두는 것은 본래 병약해진 자를 부축하기 위해서인데, 작위를 가지고 있는 자는 덕을 갖추고 있어서, 그의 은정은 반드시 깊고 그의 병약해짐도 분명 깊게 된다. 그렇기 때문에 지팡이는 작위를 가진 자를 위해서 갖추는 것이다. 그래서 작위를 가진 자 때문이라고 말했다. 그 결과 작위를 가지고 있는 자들을 차례대로 서술하게 되었다. 그렇기 때문에 3일 째에는 자식에게 지팡이를 주고, 5일 째에는 대부에게 지팡이를 주며, 7일 째에는 사에게 지팡이를 준다고 말한 것이다. 『의례』「상복(喪服)」편의 전문에서는 "작위가 없는데도 지팡이를 잡는 것은 어째서인가? 담주(擔主)이다."[1]라고 했다. 담(擔)자는 빌려준다는 뜻이다. 그가 상주의 신분이 되어 존귀하게 여기므로, 그에게 지팡이를 빌려주는 것이다. 혹은 보병(輔病)이라고 말한다고 했는데, 「상복」편의 전문에서는 "상주가 아닌데도 지팡이를 잡는 것은 어째서인가? 병약한 자를 부축하기 위해서이다."라고 했다. 즉 서자(庶子) 이하의 자들은 모두 지팡이를 잡게 되는데, 그 이유는 병약해진 몸을 부축하기 위해서라는 뜻이다. 여기에서 말한 '부인(婦人)'은 아직 성인이 되지 못한 여자들이다. '동자(童子)'는 나이가 어린 남자들이다. 백관(百官)이 갖춰졌다는 말은 천자와 제후에 대한 경우를 뜻한다. 백관들에게 위임을 하여 제 스스로 직접 말을 하지 않아도 일을 시행할 수 있다. 그렇기 때문에 자식이 매우 병약해지는 것도 허용하는 것인데, 비록 병약해진 몸을 부축해줄 지팡이를 갖추도록 허용하지만, 또한 제 스스로 일어날 수 없기 때문에 다른 사람이 부축을 해야만 곧 일어나게 된다. 대부와 사들은 이미 백관(百官)과 백물(百物)을 갖출 수 없으니, 제 스스로 말을 한 이후에야 상사가 집행된다. 그렇기 때문에 몸이 극심히 병약해지는 것을 허용하지 않는 것이니, 지팡이를 통해서 일어나므로 부축해주는 것을 필요치 않는 것이다. 서인(庶人)들은 신분이 미천하므로 부릴만한 사람이 없고, 단지 제 스스로 일을 처리해야 한다. 그래서 병약해지는 것을 허용할 수 없다. 그렇기 때문에 지팡이를 두지만 사용하지 않고, 단지 자신의 얼굴에 때를 묻히게끔 할 따름이다. 부모에 대한 자식의 마음은 신분의 차이와 상관없이 모두 동일하지만, 자식의 몸이 병약해지는 수준은 동일하게 할 수 없다. 그렇기 때문에 권도로써 제정한 것이다. 대머리는 묶을 머리가 없고, 여자 중 대머리는 상중에 트는 북상투를 틀 수 없다. 그렇기 때문에 남자 중 대머리들 또한 문(免)을 하지 않는 것이다. 단(袒)이라는 것은 신체 부위를 드러내는 것인데, 꼽추는 다른 사람들에게 혐오를 불러일으킬 수 있기 때문에 단(袒)을 하지 않는 것이다. 용(踊)은 제자리에서 뛰는 것인데, 절름발이들은 다리를 절기 때문에 제자리에서 뛰지 않는 것이다. 노인과 병약한 자들은 그 몸이 이미 수척해져 있는 상태인데 재차 그들로 하여금 예법대로 갖추게 한다면, 반드시 생명을 잃는 지경에 이르게 될 것이다. 그렇기 때문에 술과 고기를

---

1) 『의례』「상복(喪服)」: 杖者何? 爵也. 無爵而杖者何? 擔主也. 非主而杖者何? 輔病也.

제공해서 그들을 보살피는 것이다. 여기에서 말한 여덟 가지 조항들은 마땅히 지팡이를 잡아야 하는데 지팡이를 잡지 않는 경우와 지팡이를 잡지 말아야 하는데도 지팡이를 잡는 것이 첫 번째 조항이고, 부축을 해서 일어나는 것이 두 번째 조항이며, 지팡이를 잡고 일어나는 것이 세 번째 조항이고, 얼굴에 때를 묻히는 것이 네 번째 조항이며, 대머리에 대한 것이 다섯 번째 조항이고, 꼽추에 대한 것이 여섯 번째 조항이며, 절름발이에 대한 것이 일곱 번째 조항이고, 병들고 병약해진 자에 대한 것이 여덟 번째 조항이다. 『예기』「상대기(喪大記)」편에서는 대부와 사의 상에서는 모두 3일 째에 자식에게 지팡이를 지급한다고 했으니,[2] 부모를 위해서임을 뜻한다. 그런데 이곳에서는 5일 째와 7일 째를 언급했으니, 이것은 군주를 위해서임을 뜻한다.

① 無爵[止]擔主也.

補註 按: 喪服傳文止此, 自擔假也以下, 乃喪服傳鄭註.

번역 살펴보니, 「상복」편의 전문 기록은 여기에서 끝나고, "담(擔)자는 빌려준다는 뜻이다."라는 말로부터 그 이하는 「상복」편 전문에 대한 정현의 주이다.

② 非主[止]病也.

補註 按: 喪服傳文, 亦止此.

번역 살펴보니, 「상복」편 전문의 기록은 또한 여기에서 끝난다.

③ 此八者[止]八也.

補註 疏曰: 庾蔚云, "父在爲母一也." 不數杖與不杖之條. 今案經文爲母期, 乃屬前經. 鄭於其下總註'三日而食, 三月而沐'之事, 是爲母期之文,

---

2) 『예기』「상대기(喪大記)」: <u>大夫之喪, 三日之朝旣殯, 主人主婦室老皆杖</u>. 大夫有君命則去杖, 大夫之命則輯杖. 內子爲夫人之命去杖, 爲世婦之命授人杖. <u>士之喪, 二日而殯, 三日之朝主人杖</u>, 婦人皆杖. 於君命夫人之命如大夫, 於大夫世婦之命如大夫.

乃在節制之中, 不得下屬此經權制之例. 又此經末總云八者, 是總此經
之八事. 今乃不數此經杖條, 便是杖文虛設. 庾氏之說, 恐未爲善.

번역 소에서 말하길, 유울은 "부친이 생존해 계실 때 돌아가신 모친에 대한
경우가 첫 번째 사안이다."라고 했고, 지팡이를 잡거나 잡지 않는 등의 경우
를 수치 안에 포함시키지 않았다. 현재 경문을 살펴보면, 모친을 위해서 기
년상을 지낸다는 것은 앞의 경문에 속해 있다. 정현은 기년상을 지낸다는 구
문 아래에 "3일째에 죽을 마시고, 3개월째에 목욕을 한다."라는 사안에서 총
괄적인 주를 기록하였으니, 이것은 모친을 위해서 기년상을 치른다는 문장
이 곧 절제(節制)에 포함되며, 그 뒤에 있는 권제(權制)의 용례에 포함될 수
없다는 사실을 나타낸다. 또 이곳 경문의 끝에서는 여덟 가지라고 총괄하여
말을 했으니, 이 말은 이곳 경문에 기록된 여덟 가지 사안들에 대해서 총괄
한 것이다. 그런데 이곳 경문에 기록된 지팡이에 대한 조항을 수치로 포함시
키지 않는다면, 지팡이에 대한 문장은 헛되이 기록된 것이 된다. 따라서 유
울의 주장은 아마도 옳은 말은 아닌 것 같다.

「상복사제」 7장

始死, ①三日不怠, 三月不解, 期悲哀, 三年憂, 恩之殺也. 聖人
因殺以制節, 此喪之所以三年, 賢者不得過, 不肖者不得不及.
此喪之中庸也, 王者之所常行也. 書曰: "高宗②諒闇, 三年不
言." 善之也.

번역 어떤 자가 이제 막 죽었을 때, 그의 자식은 3일 동안 게으름을 피우지 않고, 3개월 동안 느슨하게 풀어지지 않으며, 1년 동안 비통하고 애통한 마음이 들고, 3년 동안 근심을 하게 되니, 이것은 그 은정이 점진적으로 줄어듦을 뜻한다. 성인은 줄어듦에 따라서 절도를 제정하였으니, 이것이 바로 상을 3년이라는 기간으로 정하여, 현명한 자는 지나치지 못하게 만들고 불초한 자도 미치지 못하는 일이 없게끔 했던 방법이다. 이것은 또한 상을 치르는 중용(中庸)의 덕에 해당하며, 천자가 항상 시행하는 도리이다. 『서』에서는 "고종(高宗)은 햇볕이 들지 않는 임시 막사에서 3년 동은 말을 하지 않았다."[1]라고 했는데, 이것은 그 행위를 칭찬한 기록이다.

① 三日不怠[止]三年憂.

補註 按: 此已見雜記下"孔子曰少連大連善居喪"章, 當叅考.

번역 살펴보니, 이것에 대해서는 이미 『예기』「잡기하(雜記下)」에서 "공자가 말하길, '소련과 대련은 상을 잘 치렀다.'"[2]라고 한 문장에 나오니, 마땅히 참고해야 한다.

---

1) 『서』「주서(周書)·무일(無逸)」: 其在高宗時, 舊勞于外, 爰曁小人, 作其卽位, 乃或亮陰, 三年不言. 其惟不言, 言乃雍, 不敢荒寧, 嘉靖殷邦.

2) 『예기』「잡기하(雜記下)」: 孔子曰: "少連·大連善居喪, 三日不怠, 三月不解, 期悲哀, 三年憂, 東夷之子也."

② 諒闇.

補註 按: 書·說命, “王宅憂亮陰”, 蔡傳, “亮亦作諒, 陰古作闇”, 其下引此篇鄭氏曰以詳之.

번역 살펴보니, 『서』「열명(說命)」편에서는 “천자께서 부친의 상을 치르고 계셔, 말을 하지 않으셨다.”[3]라고 했고, 『채전』에서는 “‘양(亮)’자는 또한 양(諒)자로 기록하기도 하고, ‘음(陰)’자는 고문에서 암(闇)자로 기록한다.”라고 말하고 그 뒤로 이곳에 나온 정현의 주장을 인용하여 상세히 설명하고 있다.

鄭氏曰: 諒, 古作梁. 楣謂之梁. ①闇, 讀如鶉鷁之鷁. 闇, 謂盧也. 盧有梁者, 所謂柱楣也.

번역 정현이 말하길, ‘양(諒)’자를 고문에서는 양(梁)자로 기록했다. ‘햇빛을 가리는 처마[楣]’를 ‘양(梁)’이라고 부른다. ‘암(闇)’자는 순암(鶉鷁)이라고 할 때의 ‘암(鷁)’자로 읽는다. ‘암(闇)’은 상중에 머물게 되는 임시 막사이다. 임시 막사 중 햇빛을 가리는 처마가 있는 것을 이른바 ‘주미(柱楣)’라고 부른다.

① 闇讀如鶉鷁之鷁.

補註 按: 鷁字只取其同音而平聲而已, 非取義也.

번역 살펴보니, ‘암(鷁)’자는 단지 음이 같다는 것에 따른 것이니 평성으로 읽을 따름이며, 그 의미를 취한 것이 아니다.

補註 ○鷁, 今本誤作▼((合/酉)+鳥)

번역 ○‘암(鷁)’자를 『금본』에서는 ‘▼((合/酉)+鳥)’자로 잘못 기록하였다.

---

3) 『서』「상서(商書)·열명상(說命上)」: 王宅憂, 亮陰三祀.

「상복사제」 8장

王者莫不行此禮, 何以獨善之也? 曰: 高宗者武丁, 武丁者殷之
賢王也, 繼世卽位, 而慈良於喪. 當此之時, 殷衰而復興, 禮廢
而復起, 故善之. 善之, 故①載之書中而高之, 故謂之高宗. 三
年之喪, 君不言, 書云: "高宗諒闇, 三年不言", 此之謂也. 然而
曰②"言不文"者, 謂臣下也.

번역 천자 중에는 이러한 예법을 시행하지 않았던 자가 없는데, 어찌하여 유독 고
종(高宗)만을 칭찬했는가? 대답해보자면, '고종(高宗)'은 무정(武丁)으로 은나라
때의 현명한 천자였는데, 대를 이어서 지위에 올랐고 상을 치르는 일에 대해서 매
우 잘 했다. 당시에 은나라는 쇠약해졌으나 고종으로 인해 재차 부흥하게 되었고,
선왕이 제정한 예법도 쇠락해졌으나 고종으로 인해 재차 시행되었다. 그렇기 때
문에 그에 대해서 칭찬했던 것이다. 칭찬을 했기 때문에 『서』에 그 사실을 기록하
여 높인 것이다. 그래서 그를 '고종(高宗)'이라고 부른 것이다. 삼년상을 치를 때,
군주의 경우에는 백관(百官)과 백물(百物)이 갖춰져 있으므로 말을 하지 않는다.
그러므로 『서』에서 "고종이 햇볕이 가려지는 임시 거주지에서 3년 동안 말을 하지
않았다."라고 한 말이 바로 이러한 사실을 가리킨다. 그러나 "말에 문식을 꾸미지
않았다."라고 하는 자들은 신하를 뜻한다.

① 載之書中[止]高宗.

補註 疏曰: 古人善此高宗, 載於書中, 又尊高其行, 故謂之高宗.
번역 소에서 말하길, 고대인들은 이러한 고종에 대해서 칭찬하여 『서』에 기
록을 해두었고, 또한 그의 행실을 존귀하게 받들었기 때문에 '고종(高宗)'으
로 불렀다는 뜻이다.

補註 ○按: 載之書中下當句, 而諺讀載之下著吐, 恐誤.
번역 ○살펴보니, '재지서중(載之書中)' 뒤에서 구문을 끊어야 하는데, 『언

독』에서는 재지(載之) 뒤에 토를 붙였으니 잘못된 해석이다.

② 言不文者謂臣下也.

補註 鄭註: 孝經說曰, "言不文者, 指士民也."
번역 정현의 주에서 말하길, 위서인『효경설』에서는 "말에 문식을 꾸미지 않는 자들은 사와 백성들을 뜻한다."라고 했다.

補註 ○孝經曰: 孝子之喪親也, 哭不偯. 禮無容. 言不文.
번역 ○『효경』에서 말하길, 자식이 부모의 상을 치를 때에는 곡을 함에 울음소리에 격식을 갖추지 않고, 예법에 따르지만 용모를 꾸미지 않으며, 말은 하되 수식을 꾸미지 않는다.[1]

---

1)『효경』「상친장(喪親章)」: 喪親, 子曰, 孝子之喪親也. 哭不偯. 禮無容. 言不文.

「상복사제」10장

참고-經文

父母之喪: 衰冠·繩纓·菅屨, 三日而食粥, 三月而沐, 期十三月而練冠, 三年而祥. 比終茲三節者, 仁者可以觀其愛焉, ①知者可以觀其理焉, ②彊者可以觀其志焉. 禮以治之, 義以正之. 孝子, 弟弟, 貞婦, 皆可得而察焉.

번역 부모의 상에 대해서 말해보자면, 상복(喪服)과 그에 따른 관(冠)을 쓰고, 새 끼줄을 엮은 끈을 달며, 관구(菅屨)를 신게 되는데, 부모가 돌아가신 후 3일 째에 처음으로 죽을 마시고, 3개월째에 처음으로 목욕을 하며, 1년을 넘겨 13개월째가 되면 소상(小祥)을 치르며 연관(練冠)을 쓰고, 3년째가 되면 대상(大祥)을 치른다. 이러한 세 마디를 끝내는데 미쳐서는 인(仁)함은 그 사람의 친애하는 마음을 통해서 관찰할 수 있고, 지(知)함은 그 이치를 통해서 관찰할 수 있으며, 강(彊)함은 그 뜻을 통해서 관찰할 수 있다. 예(禮)로써 다스리고, 의(義)로써 바르게 한다. 자식은 효자답고, 동생은 동생답고, 부인은 정숙하다는 것은 모두 이를 통해서 확인할 수 있다.

① ○知者可以觀其理焉.

補註 按: 篇首以理屬義, 此則以理屬知, 似若有違, 而但此理字當訓以整治, 與喪與其易也之易字, 其義略同, 與篇首理字自不同也.

번역 살펴보니, 첫 문장에서는 이(理)를 의(義)에 해당시켰는데,[1] 이곳에서는 이(理)를 지(知)에 해당시켜 위배되는 것처럼 보이지만, 이곳의 이(理)자는 마땅히 정돈하고 다스린다는 의미로 풀어야 하니, "상을 형식적으로 잘

---

[1] 『예기』「상복사제」: 凡禮之大體, 體天地, 法四時, 則陰陽, 順人情, 故謂之禮. 訾之者, 是不知禮之所由生也. 夫禮吉凶異道, 不得相干, 取之陰陽也. 喪有四制, 變而從宜, 取之四時也. 有恩, 有理, 有節, 有權, 取之人情也. 恩者仁也, 理者義也, 節者禮也, 權者知也. 仁義禮知, 人道具矣.

치른다."²⁾라고 했을 때의 이(易)자와 그 의미가 대략적으로 동일하며, 첫 문장에 나온 이(理)자와는 의미가 다르다.

② 彊者可以觀其志焉.

補註 按: 此句當著是旀吐.

번역 살펴보니, 이 구문에 대해서는 마땅히 이면[是旀]토를 붙여야 한다.

比, 及也. 三月, 一節也. 練, 一節也. 祥, 一節也. 非仁者不足以盡愛親之道, 故於仁者觀其愛; 非知者不足以究居喪之理, 故於知者觀其理; 非强者不足以守行禮之志, 故於强者觀其志. 一說, 理, 治也, 謂治斂殯葬祭之事, 惟知者能無悔事也, 故曰觀其理. 篇首言仁義禮知爲四制之本, ①此獨曰禮以治之, 義以正之者, 蓋恩亦兼義, 權非悖禮也. 孝子, 弟弟, 貞婦, 專言門內之治, 而不及君臣者, 亦章首專言父母之喪, 而恩制爲四制之首故也.

번역 '비(比)'자는 "~에 이르다[及]."는 뜻이다. 3개월째가 한 마디가 된다. 소상(小祥)을 치르는 것이 한 마디가 된다. 대상(大祥)을 치르는 것이 한 마디가 된다. 인(仁)한 자가 아니라면 부모를 친애하는 도리를 모두 다 드러낼 수 없다. 그렇기 때문에 인(仁)한 자에 대해서는 그 친애함을 관찰한다고 한 것이다. 지(知)한 자가 아니라면 상을 치르는 이치를 탐구할 수 없다. 그렇기 때문에 지(知)한 자에 대해서는 그 이치를 관찰한다고 한 것이다. 강(强)한 자가 아니라면 예법을 시행하려는 뜻을 고수할 수 없다. 그렇기 때문에 강(强)한 자에 대해서는 그 뜻을 관찰한다고

---

2) 『논어』「팔일(八佾)」: 林放問禮之本. 子曰, "大哉問! 禮, 與其奢也寧儉, 喪, 與其易也寧戚."

한 것이다. 일설에서는 '이(理)'자를 "다스린다[治]."는 뜻으로 풀이하니, 즉 염
(斂)을 하고 빈소를 차리며 장례를 치르고 제사를 지내는 일들을 다스리는 것에 있
어서, 오직 지(知)한 자만이 회한을 남기는 일이 없을 수 있다. 그렇기 때문에 그
다스림을 관찰한다고 말했다고 주장한다. 편의 첫 머리에서는 인(仁)·의(義)·예
(禮)·지(知)가 사제(四制)의 근본이 된다고 했는데, 이곳에서는 유독 "예(禮)로써
다스리고, 의(義)로써 바르게 한다."라고만 말했다. 그 이유는 아마도 은정이라는
것은 또한 의(義)를 겸비하고 있고, 권도는 예(禮)를 어긋나게 하는 것이 아니기
때문이다. 자식은 효자답고, 동생은 동생다우며, 부인은 정숙하다는 것은 집안에서
의 다스림에 대해서만 언급한 것으로 군주와 신하에 대한 사안은 언급하지 않았는
데, 이 장의 앞부분에서도 부모에 대한 상만 언급했으니, 은정에 따른 제도가 사제
(四制) 중에서도 으뜸이 되기 때문일 것이다.

① 此獨曰[止]正之.

補註 按: 此章旣曰: "仁者觀愛, 知者觀理, 禮以治之, 義以正之", 則實兼
仁·義·禮·知, 不可謂獨言禮·義也.

번역 살펴보니, 이 문장에서는 이미 "인(仁)함은 그 사람의 친애하는 마음을
통해서 관찰할 수 있고, 지(知)함은 그 이치를 통해서 관찰할 수 있으며, 강
(彊)함은 그 뜻을 통해서 관찰할 수 있다. 예(禮)로써 다스리고, 의(義)로써
바르게 한다."라고 했으니, 실제로는 인·의·예·지를 모두 겸하고 있는 것
으로, 예와 의만을 언급했다고 말할 수 없다.

禮記補註 人名 및
用語 辭典

◎ 가공언(賈公彦, ?~?) : 당(唐)나라 때의 유학자이다. 정현(鄭玄)을 존숭하
였다. 예학(禮學)에 조예가 깊었다. 『주례소(周禮疏)』, 『의례소(儀禮疏)』
등의 저서를 남겼으며, 이 저서들은 『십삼경주소(十三經注疏)』에 포함되
었다.

◎ 가례(嘉禮) : '가례'는 오례(五禮) 중 하나로, 결혼식을 치르거나, 잔치 등을
베풀 때의 예제(禮制)를 뜻한다. 경사스러운 일이라는 뜻에서 가(嘉)자를
붙여서 '가례'라고 부르는 것이다.

◎ 가의(賈誼, B.C.200~B.C.168) : =가생(賈生)·가시중(賈侍中)·가장사
(賈長沙)·가태부(賈太傅). 전한(前漢) 때의 유학자이다. 23세 때 박사
(博士)가 되었고, 이후 태중대부(太中大夫)에 올랐다. 오행설(五行說)을
유학에 가미하여, 국가 및 예악(禮樂) 등에 대한 제도를 제정하였다. 저서
로는 『신서(新書)』 등이 있다.

◎ 가종인(家宗人) : '가종인'은 가(家)에서 시행되는 제사 등을 담당하는 관리
이다. 『주례』의 체제에 따르면 상사(喪事) 2명이 담당을 했고, 그 휘하에
는 중사(中士) 4명이 배속되어 있었으며, 실무를 맡아보는 자로는 부(府)
2명, 사(史) 4명, 서(胥) 4명, 도(徒) 40명이 배속되어 있었다.

◎ 가천(嘉薦) : '가천'은 제사 때 사용되는 음식들을 뜻한다. 특히 포나 젓갈,
채소 절임 류 등을 가리킨다. '가(嘉)'자는 바치는 음식이 좋은 품질이라는
뜻에서 붙여진 글자이다. 『의례』 「사관례(士冠禮)」편에는 "甘醴惟厚, 嘉
薦令芳."이라는 기록이 있고, 이에 대한 정현의 주에서는 "嘉, 善也. 善
薦, 謂脯醢芳香也."라고 풀이하였다. 또한 『의례』 「소뢰궤식례(少牢饋食
禮)」편에는 "孝孫某, 敢用柔毛·剛鬣·嘉薦·普淖, 用薦歲事于皇祖
伯某."라는 기록이 있고, 이에 대한 정현의 주에서는 "嘉薦, 菹醢也."라고
풀이하였다.

◎ 각(刻) : '각'은 시간의 단위이다. 고대에는 물통에 작은 구멍을 내서, 물이
떨어진 양을 보고 시간을 헤아렸다. 하루를 100'각'으로 나누었는데, 한
(漢)나라 애제(哀帝) 건평(建平) 2년(-5년) 때에는 20'각'을 더해서, 하루

의 길이를 총 120'각'으로 정하였다. 『한서(漢書)』「애제기(哀帝紀)」편에
는 "漏刻以百二十爲度."라는 기록이 있는데, 이에 대한 안사고(顏師古)
의 주에서는 "舊漏晝夜共百刻, 今增其二十."이라고 풀이하였다. 그리고
남북조(南北朝) 시기 양(梁)나라 무제(武帝)는 8'각'을 1진(辰)으로 정하
여, 낮과 밤의 길이를 각각 12'진' 96'각'으로 정하였다.

◎ 간색(間色) : '간색'은 정색(正色)과 대비되는 말이다. 순일하지 못한 색깔
을 지칭한다. '정색'은 청색(青色)·적색(赤色)·황색(黃色)·백색(白
色)·흑색(黑色) 등이 해당한다. 예를 들어 청색의 색깔이 순일한 경우에
는 '정색'이라고 부르고, 순일하지 못한 청색 등에 대해서는 '간색'이라고
부른다.

◎ 간적(簡狄) : '간적'은 전설상의 인물이다. 유융씨(有娀氏)의 딸이며, 제곡
(帝嚳)의 부인이었다고 전해진다. 현조(玄鳥)의 알을 삼키고 잉태를 해서,
상(商)나라의 시조격인 설(契)을 낳았다. 『초사(楚辭)』「천문(天問)」편에
는 "簡狄在臺嚳何宜. 玄鳥致貽女何喜."라고 기록되어 있고, 『사기(史
記)』「은본기(殷本紀)」편에는 "殷契, 母曰簡狄, 有娀氏之女, 爲帝嚳次
妃. 三人行浴, 見玄鳥墮其卵, 簡狄取吞之, 因孕生契."이라고 기록되어
있다.

◎ 갈의(葛衣) : '갈의'는 갈포로 재단하여 만든 옷이다.

◎ 감생제(感生帝) : '감생제'는 감제(感帝)·감생(感生)이라고도 부른다. 태미
오제(太微五帝)의 정기를 받아서 태어난 인간세상의 제왕을 뜻한다. 고대
에는 각 왕조의 선조들이 모두 상제(上帝)의 기운을 받아서 태어났다고
여겼기 때문에, '감생제'라는 명칭이 생기게 되었다.

◎ 강렵(剛鬣) : '강렵'은 제사 때 희생물로 사용되는 돼지[豕]에 대한 별칭이
다. 살찐 돼지의 경우 털이 치솟고 굳세기 때문에, 이러한 명칭이 생겼다.
『예기』「곡례하(曲禮下)」편에는 "凡祭宗廟之禮, 牛曰一元大武, 豕曰剛
鬣, 豚曰腯肥, 羊曰柔毛."라는 기록이 있고, 이에 대한 공영달(孔穎達)
의 소(疏)에서는 "豕肥, 則毛鬣剛大也."라고 풀이하였다.

◎ 강복(降服) : '강복'은 상(喪)의 수위를 본래의 등급보다 한 등급 낮추는 일
에 해당한다. 예를 들어 자식은 부모에 대해 삼년상을 치러야 하지만, 다

른 집의 양자로 간 경우라면 자신의 친부모에 대해 삼년상을 치르지 않고, 한 등급 낮춰서 1년만 치르게 된다. 이것은 상(喪)의 기간에만 해당하는 것이 아니라, 상복(喪服) 및 상(喪)을 치르며 부수적으로 갖추게 되는 기물(器物)들에도 적용된다.

◎ 강원(姜嫄) : '강원'은 강원(姜原)이라고도 부른다. 전설상의 인물이다. 유태씨(有邰氏)의 딸이자, 주(周)나라의 시조인 후직(后稷)의 어머니이다. 제곡(帝嚳)의 본처이며, 거인의 발자국을 밟고서 잉태를 했고, 이후에 직(稷)을 낳았다고 전해진다. 『시』「대아(大雅)·생민(生民)」편에는 "厥初生民, 時惟姜嫄."이라는 기록이 있고, 『사기(史記)』「주본기(周本紀)」편에는 "周后稷, 名棄. 其母有邰氏女, 曰姜原. 姜原爲帝嚳元妃. 姜原出野, 見巨人跡, 心忻然說, 欲踐之. 踐之而身動如孕者."라는 기록이 있다.

◎ 강일(剛日) : '강일'은 십간(十干)을 음양(陰陽)으로 구분했을 때, 양(陽)에 해당하는 날짜를 뜻한다. 십간에 따라 날짜를 구분할 때 갑(甲)·병(丙)·무(戊)·경(庚)·임(壬)자가 들어가는 날이 '강일'이 된다. '강일'과 반대되는 말은 유일(柔日)이며, 십간 중 을(乙)·정(丁)·기(己)·신(辛)·계(癸)자가 들어가는 날이 '유일'이 된다.

◎ 개(介) : '개'는 부관을 뜻한다. 빈객(賓客)이 방문했을 때 주인(主人)과 빈객 사이에서 진행되는 절차들을 보좌했던 자들이다. 계급에 따라서 '개'를 두는 숫자에도 차이가 났다. 가령 상공(上公)은 7명의 '개'를 두었고, 후작이나 백작은 5명을 두었으며, 자작과 남작은 3명의 개를 두었다. 『예기』「빙의(聘義)」편에는 "上公七介, 侯伯五介, 子男三介."라는 기록이 있다.

◎ 거우(車右) : '거우'는 수레에 함께 타는 호위무사를 뜻한다. 수레의 우측에 위치하였기 때문에 '거우'라고 부르는 것이다.

◎ 견거(遣車) : '견거'는 장례(葬禮)를 치를 때 사용되는 수레이다. 장례 때에는 장지(葬地)에서 제사를 지내기 위해 희생물을 가져가게 된다. '견거'는 바로 희생물의 몸체를 싣고 가는 수레를 뜻한다.

◎ 견전(遣奠) : '견전'은 장차 장례(葬禮)를 치르고자 할 때, 지내게 되는 전제새(奠祭]를 뜻한다.

◎ 경사(卿士) : '경사'는 주(周)나라 때 주왕조의 정사(政事)를 총감독했던 직위이다. 육경(六卿)과 별도로 설치되었으며, 육관(六官)의 일들을 총감독했다. 『시』「소아(小雅)·십월지교(十月之交)」편에는 "皇父卿士, 番維司徒."라는 기록이 있는데, 이에 대한 주희(朱熹)의 『집주(集注)』에서는 "卿士, 六卿之外, 更爲都官, 以總六官之事也."라고 풀이하였으며, 『춘추좌씨전』「은공(隱公) 3년」편에는 "鄭武公莊公爲平王卿士."라는 기록이 있는데, 이에 대한 두예(杜預)의 주에서는 "卿士, 王卿之執政者."라고 풀이하였다.

◎ 경사(京師) : '경사'는 그 나라의 수도를 뜻한다. 『시』「대아(大雅)·공유(公劉)」편에는 "京師之野, 于時處處."라는 기록이 있고, 이에 대해 마서신(馬瑞辰)의 『통석(通釋)』에서는 오두남(吳斗南)의 주석을 인용해서, "京者, 地名. 師者, 都邑之稱. 如洛邑, 亦稱洛師之類."라고 풀이했다. 즉 '경(京)'자는 단순한 지명이었고, '사(師)'자가 수도를 뜻하는 단어였다. 이후에는 '경사'라는 단어를 그 나라의 수도를 가리키는 용어로 사용하였다.

◎ 경성(景星) : '경성'은 대성(大星)·덕성(德星)·서성(瑞星)으로도 부른다. 도덕이 갖춰진 나라에게만 나타난다는 상서로운 징표의 별이다. 『문자(文子)』「정성(精誠)」편에는 "故精誠內形氣動于天, 景星見, 黃龍下, 鳳凰至, 醴泉出, 嘉穀生, 河不滿溢, 海不波涌."이라는 용례가 있다.

◎ 경원보씨(慶源輔氏, ?~?) : =보광(輔廣)·보한경(輔漢卿). 남송(南宋) 때의 학자이다. 자(字)는 한경(漢卿)이고, 호(號)는 잠암(潛庵)·전이(傳貽)이다. 여조겸(呂祖謙)과 주자(朱子)에게서 학문을 배웠다. 저서로는 『사서찬소(四書纂疏)』, 『육경집해(六經集解)』 등이 있다.

◎ 계빈(啓殯) : '계빈'은 장례(葬禮) 절차 중 하나이다. 장례를 치르기 위하여, 빈소에 임시로 가매장했던 영구를 꺼내는 절차를 뜻한다.

◎ 계칩(啓蟄) : '계칩'은 경칩(驚蟄)이라고도 부른다. 24절기 중 하나이다. 동물 및 곤충들은 겨울 동안 숨죽여 지내거나 겨울잠을 자게 되는데, 봄이 도래하게 되면, 다시 활동을 시작한다. 그렇기 때문에 깨운다는 의미에서 '계(啓)'자나 '경(驚)'자를 붙여서 '계칩' 또는 '경칩'이라고 부르는 것이다. 한편 한(漢)나라 때에는 태초력(太初曆)이 시행되면서, '경칩'을 우수(雨

水)라는 절기 뒤에 두어서, 하(夏)나라 때의 역법으로는 2월에 놓이는 절
기가 되었지만, 고대의 '경칩'은 우수 전에 위치하여, 하나라 때의 역법으
로는 1월에 놓이는 절기였다.

◎ 고(孤) : '고'는 고대의 작위이다. 천자에게 소속된 '고'는 삼공(三公) 밑의
서열에 해당하며, 육경(六卿)보다 높았다. 고대에는 소사(少師) · 소부(少
傅) · 소보(少保)를 삼고(三孤)라고 불렀다.

◎ 고당생(高堂生, ?~?) : 전한(前漢) 때의 학자이다. 춘추시대(春秋時代)
제(齊)나라의 경(卿)이었던 고혜(高傒)의 후손으로 알려져 있으며, 고혜가
채읍으로 받은 지명을 따서, 후손들의 성(姓)을 고당(高堂)으로 삼게 되었
다고 전해진다. 진시황의 분서갱유 이후, 예학(禮學)의 최초 전수자로 알
려져 있다. 『사기(史記)』「유림열전(儒林列傳)」의 기록에 따르면, '고당
생'이 『사례(士禮)』17편을 소분(蕭奮)에게 전수하였고, 소분은 맹경(孟
卿)에게 전수하였으며, 맹경은 다시 후창(后蒼)에게 전수하여, 이후 대덕
(戴德)과 대성(戴聖)에게 전수되었다.

◎ 고매(高禖) : '고매'는 교매(郊禖)라고도 부른다. 고대에 제왕이 아들을 낳
게 해달라고 기원했던 신(神)이다. 또한 그에게 제사지내는 장소를 뜻하기
도 한다. '고매'를 '교매'라고 부르는 이유에 대해서, 왕인지(王引之)의 『경
의술문(經義述聞)』「예기상(禮記上)」편에서는 "高者, 郊之借字, 古聲高
與郊同, 故借高爲郊."라고 풀이한다. 즉 고(高)자와 교(郊)자는 옛 음이
같아서, 가차해서 사용했다. 그리고 아들 낳기를 기원했던 신을 '교매'라고
부르게 된 이유는 그 제사가 교(郊)에서 시행되었기 때문이다. 『시』「대아
(大雅) · 생민(生民)」편에는 "克禋克祀, 以弗無子."라는 기록이 있고, 이
에 대해서 모전(毛傳)에서는 "弗, 去也, 去無子. 求有子, 古者必立郊禖
焉. 玄鳥至之日, 以太牢祠于郊禖, 天子親往, 后妃率九嬪御, 乃禮天
子所御, 帶以弓韣, 授以弓矢, 于郊禖之前"이라고 풀이하였다.

◎ 고문(皐門) : '고문'은 천자의 궁(宮)에 설치된 문들 중에서 가장 바깥쪽에
설치하는 문이다. 높다는 의미의 '고(高)'자가 '고(皐)'자와 통용되므로, 붙
여진 명칭이다. 『시』「대아(大雅) · 면(緜)」편에는 "迺立皐門, 皐門有伉."
이라는 용례가 있고, 『예기』「명당위(明堂位)」편의 "大廟, 天子明堂. 庫

門, <u>天子皐門</u>. 雉門, 天子應門."이라는 기록에 대해, 정현의 주에서는 "皐之言高也."라고 풀이했다.

◎ 고문(庫門) : '고문'에 대해서는 크게 두 가지 해설이 있다. 첫 번째는 치문 (雉門)에 대한 해설처럼, 제후의 궁(宮)에 있는 문으로, 천자의 궁에 있는 고문(皐門)에 해당한다고 보는 의견이다. 이것은 치문과 마찬가지로 『예 기』「명당위(明堂位)」편의 "大廟, 天子明堂. <u>庫門, 天子皐門</u>. 雉門, 天子應門."이라는 기록에 근거한 해설이다. 손희단(孫希旦)의 『집해(集解)』에서는 이 문장 및 『시(詩)』, 『서(書)』, 『예(禮)』, 『춘추(春秋)』에 나타난 기록들을 근거로, 천자 및 제후는 실제로 3개의 문(門)만 설치했다고 풀이한다. 그러나 정현은 이 문장에 대해서, "言廟及門如天子之制也. 天子五門, 皐庫雉應路. 魯有庫雉路, 則諸侯三門與."라고 풀이하였다. 즉 종묘(宗廟) 및 문(門)에 대한 제도에서, 천자와 제후 사이에는 차등이 있다. 따라서 천자는 5개의 문을 궁에 설치하는데, 그 문들은 고문(皐門), 고문(庫門), 치문(雉門), 응문(應門), 노문(路門)이다. 제후의 경우에는 천자보다 적은 3개의 문을 궁에 설치하는데, 그 문들은 고문(庫門), 치문(雉門), 노문(路門)이다. 두 번째 설명은 천자의 궁에 설치된 문들 중에서, 치문(雉門) 밖에 설치하는 문으로 해석하는 의견이다. 즉 이때의 고문(庫門)은 치문과 고문(皐門) 사이에 설치하는 문이 된다. 『예기』「교특생(郊特牲)」편에는 "獻命庫門之內, 戒百官也."라는 기록이 있는데, 이에 대한 정현의 주에서는 "庫門, 在雉門之外. 入庫門則至廟門外矣."라고 풀이하고 있다.

◎ 고물(橐物) : '고물'은 고물(膏物)이라고도 부른다. 버드나무처럼 나뭇결이 희고 기름진 식물들을 뜻한다. 『주례』「지관(地官)·대사도(大司徒)」편에는 "二曰川澤, 其動物宜鱗物, 其植物宜<u>膏物</u>."이라는 기록이 있고, 이에 대한 정현의 주에서는 정사농(鄭司農)의 주장을 인용하여, "膏物謂楊柳之屬, 理致且白如膏."라고 풀이했으며, 또한 "謂膏當謂橐, 字之誤也. 蓮茨之實有橐韜."라고 하여, 고(膏)자가 고(橐)자의 오자라고 설명하였다.

◎ 고사(故士) : '고사'는 신사(新士)와 대비되는 말이다. '신사'는 새로 등용이

되어, 사(士)가 된 자들인데, 아직 정식적인 작위를 얻지 못한 자들이다. '고사'는 '신사'와 다르게, 정식적인 작위를 가지고 있는 자들이며, 또한 궁중의 호위를 담당했던 자들이다.

◎ 고삭(告朔) : '고삭'은 '곡삭'이라고도 읽는다. 천자가 계동(季冬) 때 다음 해의 달력을 내려준 것을 뜻한다. 천자가 제후에게 달력인 삭(朔)을 반포하게 되면, 제후는 그것을 조묘(祖廟)에 보관하였다가 삭일(朔日)에 이르러 묘(廟)에서 고(告)제사를 지내고, 그것을 꺼내서 시행하게 되는데, 이러한 의식 자체를 '고삭'으로 부르기도 했다. 따라서 '고삭'은 매월 초하루마다 지내는 제사를 범칭하는 용어로도 사용된다. 『주례』「춘관(春官)·대사(大史)」편에는 "頒告朔于邦國."이라는 기록이 있고, 이에 대한 정현의 주에서는 "天子頒朔于諸侯, 諸侯藏之祖廟, 至朔朝于廟, 告而受行之."라고 풀이했다.

◎ 고신씨(高辛氏) : '고신씨'는 곧 제곡(帝嚳)을 가리킨다. 제곡은 최초 신(辛)이라는 땅을 분봉 받았다가, 이후에 제(帝)가 되었으므로, 제곡을 '고신씨'라고도 부르는 것이다.

◎ 고종(瞽宗) : '고종'은 본래 은(殷)나라 때의 학교 명칭이다. 주(周)나라 때에는 태학의 건물들 중 하나로 여겼다.

◎ 곡(斛) : '곡'은 곡(斛)이라고도 기록한다. '곡'은 곡식의 양을 재는 기구이자, 그 수량을 표시하는 단위였다. 지역 및 각 시대마다 다소 차이를 보이는데, 고대에는 10두(斗)가 1곡이었다. 『의례』「빙례(聘禮)」편에는 "十斗曰斛."이라는 기록이 있다. 한편 1두(斗) 2승(升)을 1곡이라고도 한다.

◎ 곡(斛) : =곡(斛)

◎ 곡량적(穀梁赤, ?~?) : 전국시대 때의 사람이다. 자는 원시(元始)이고 이름은 숙(俶) 또는 적(赤)이다. 자하(子夏)의 제자였다는 설도 있다. 『춘추곡량전(春秋穀梁傳)』의 저자로 알려져 있다.

◎ 곡벽(穀璧) : '곡벽'은 조회 때 천자 및 각 신하들이 잡게 되는 육서(六瑞) 중의 하나이다. 자작이 잡던 벽(璧)이다. 곡식을 무늬로 새겨 넣었기 때문에 '곡(穀)'자를 붙여서 '곡벽'이라고 부르는 것이다. '벽'의 지름은 5촌(寸)이었다.

◎ 곤면(袞冕) : '곤면'은 곤룡포와 면류관을 뜻한다. 본래 천자의 제사복장으로, 비교적 중요한 제사 때 입는다. 윗옷과 아랫도리에 새겨진 무늬 등은 9가지이다. 『주례』「춘관(春官)·사복(司服)」편에는 "享先王則袞冕."이라는 기록이 있다. 이에 대한 정현의 주에서는 "冕服九章, 登龍於山, 登火於宗彝, 尊其神明也. 九章, 初一曰龍, 次二曰山, 次三曰華蟲, 次四曰火, 次五曰宗彝, 皆畫以爲繢. 次六曰藻, 次七曰粉米, 次八曰黼, 次九曰黻, 皆希以爲繡. 則袞之衣五章, 裳四章, 凡九也."라고 풀이했다. 즉 '곤면'의 윗옷에는 용(龍), 산(山), 화충(華蟲), 화(火), 종이(宗彝) 등 5가지 무늬를 그려놓고, 아랫도리에는 조(藻), 분미(粉米), 보(黼), 불(黻) 등 4가지를 수놓았다.

◎ 곤형(髡刑) : '곤형'은 오형(五刑) 중에는 포함되지 않으며, 죄인의 머리를 깎아서 치욕을 주는 형벌이다.

◎ 공가(公家) : '공가'는 일반적으로 제후의 공실(公室)을 뜻한다. 즉 군주의 집안이라는 뜻이다. 또한 '공가'는 조정(朝廷), 국가(國家) 또는 관부(官府)를 가리키기도 하며, 공경(公卿)들의 집을 뜻하기도 한다. 뿐만 아니라 개인과 구별되는 말로 사용되어, 국가 및 정부라는 의미로 사용되기도 한다.

◎ 공관(公館) : '공관'은 군주가 빈객(賓客)들을 머물게 하기 위해 만든 숙소이다. 군주의 신하들이 가지고 있는 건물은 사관(私館)에 해당하는데, 빈객이 사관에 머물 때, 군주가 명령을 내리게 되면, 그 장소는 '공관'이 되어, 빈객이 필요로 하는 것들을 지급하게 된다. 또한 '공관'은 궁중에 있는 건물을 가리키기도 하며, 궁실의 건물과 떨어져 있는 별도의 건물을 뜻하기도 한다.

◎ 공녜(公禰) : '공녜'는 수레에서 실려서, 군주를 따라다니게 되는 신주(神主)를 뜻한다. 또한 그 수레를 지칭하기도 한다.

◎ 공문(公門) : '공문'은 군주가 사는 궁(宮)의 대문(大門)을 뜻한다. '공(公)'자는 군주를 뜻하는 글자이다.

◎ 공부(孔鮒, B.C.264 ~ B.C.208) : 전국 말기 때의 사람이다. 자는 갑(甲)·자어(子魚)이고, 공자의 9세손으로 알려져 있다. 저서로는 『공총자(孔叢

子)』등이 있는데, 후세의 위작으로 알려져 있다.

◎ 공안국(孔安國, ?~?) : 전한(前漢) 때의 학자이다. 자(字)는 자국(子國)이
다. 고문상서학(古文尙書學)의 개조(開祖)로 알려져 있다. 『십삼경주소
(十三經注疏)』의 『상서정의(尙書正義)』에는 공안국의 전(傳)이 수록되
어 있는데, 통상적으로 이 주석은 후대인들이 공안국의 이름에 가탁하여
붙인 문장으로 인식되고 있다.

◎ 공양고(公羊高, ?~?) : 전국시대 때의 사람이다. 금문경학(今文經學)의
선구자로 일컬어지며 자하(子夏)의 제자였다는 설도 있다. 『춘추공양전
(春秋公羊傳)』의 저자로 알려져 있다.

◎ 공영달(孔穎達, A.D.574 ~ A.D.648) : =공씨(孔氏). 당대(唐代)의 경학자
이다. 자(字)는 중달(仲達)이고, 시호(諡號)는 헌공(憲公)이다. 『오경정
의(五經正義)』를 찬정(撰定)하는데 중심적인 역할을 했다.

◎ 공유사(公有司) : '공유사'는 사(士)가 맡았던 직책으로, 군주에게 특명을 받
은 유사(有司)이다. '유사'는 실무 담당자를 뜻한다.

◎ 공최(功衰) : '공최'는 상복(喪服)의 한 종류이다. 참최복(斬衰服)과 자최복
(齊衰服)을 입고 치르는 상(喪)에서, 소상(小祥)을 지낸 이후에 착용하는
상복이다. 상복 재질의 거친 정도가 대공복(大功服)과 같기 때문에, '공최'
라고 부르게 되었다.

◎ 곽경순(郭景純) : =곽박(郭璞)

◎ 곽박(郭璞, A.D.276 ~ A.D.324) : =곽경순(郭景純). 진(晉)나라 때의 학자
이다. 자(字)는 경순(景純)이다. 저서로는 『이아주(爾雅注)』, 『방언주(方
言注)』, 『산해경주(山海經注)』 등이 있다.

◎ 관(觀) : =궐(闕)

◎ 관(祼) : '관'은 본래 향기로운 술을 땅에 부어서 신을 강림시키는 의식인데,
조회를 온 제후 등을 대면하며 관(祼)을 시행하면, 술잔에 향기로운 술을
따라서 빈객을 공경한다는 뜻을 나타내기도 했다. 즉 본래는 제사의 절차
였지만, 이러한 절차에 기인하여 빈객에게 따라준 술을 빈객이 마시는 것
까지도 관(祼)이라고 불렀다.

◎ 관(祼) : '관'은 육향(六享)의 첫 번째 제사에 속하는 것으로, 울창주를 땅

에 부어 강신제를 한다는 뜻으로, 처음 시동에게 술을 따라 신이 강림하길
바라는 때를 의미한다.

◎ 관례(灌禮) : '관례'는 제례(祭禮) 의식 중 하나이다. 술을 땅에 부어서 신
(神)을 강림시키는 것이다. 『논어』「팔일(八佾)」편에는 "禘, 自旣灌而往
者, 吾不欲觀之矣."라는 기록이 있고, 이 기록에 대한 하안(何晏)의 『집
해(集解)』에서는 공안국(孔安國)의 주장을 인용하여, "灌者, 酌鬱鬯灌於
太祖以降神也."라고 풀이하였다.

◎ 관문(關門) : '관문'은 교외(郊外)에 설치된 문을 뜻한다. 원교(遠郊)의 밖
에 있는 땅을 교외(郊外)라고 부르는데, '관문'은 바로 이 교외에 설치된
문을 뜻한다.

◎ 광안유씨(廣安游氏, ? ~ ?) : =유계(游桂) · 유원발(游元發). 남송(南宋) 때
의 학자이다. 이름은 계(桂)이고, 자(字)는 원발(元發)이며, 호(號)는 사재
(思齋)이다. 자세한 행적은 남아 있지 않다.

◎ 교묘(郊廟) : '교묘'는 고대에 천자가 천지(天地) 및 조상에게 제사지내던
제례(祭禮)를 가리키기도 하며, 그러한 제례가 이루어지는 장소 및 그 때
사용되는 음악을 가리키기도 한다. '교묘'에서의 교(郊)자는 천지에 대한
제사를 뜻하는데, 천(天)에 대한 제사는 '남쪽 교외[南郊]'에서 시행되었고,
지(地)에 대한 제사는 '북쪽 교외[北郊]'에서 시행되었다. 그렇기 때문에
'교'자가 천지에 대한 제사를 뜻하게 된 것이다. '묘(廟)'자는 종묘(宗廟)를
뜻하므로, 선조에 대한 제사를 가리킨다. 따라서 '교묘'라고 용어가 천지
및 조상신에 대한 제사를 뜻하게 된다. 『서』「우서(虞書) · 순전(舜典)」편
에는 "汝作秩宗."이라는 기록이 있는데, 이에 대한 공안국(孔安國)의 전
(傳)에서는 "秩, 序. 宗, 尊也. 主郊廟之官."이라고 풀이하였고, 이 문장
에 나오는 '교묘'에 대해 공영달(孔穎達)의 소(疏)에서는 "郊謂祭天南郊,
祭地北郊. 廟謂祭先祖, 卽周禮所謂天神人鬼地祇之禮是也."라고 풀
이하였다.

◎ 교사(郊社) : '교사'는 본래 천지(天地)에 대한 제사를 뜻한다. 교(郊)는 천
(天)에 대한 제사를 뜻하고, 사(社)는 지(地)에 대한 제사를 뜻한다. '교사
(郊祀)'라고도 부르고, '교제(郊祭)'라고도 부른다. 또한 하늘에 대한 제사

만을 지칭하기도 한다.

◎ 교사(郊祀) : =교제(郊祭)

◎ 교학(郊學) : '교학'은 주(周)나라 때 원교(遠郊) 지역에 설치된 소학(小學)을 뜻한다. 참고적으로 향학(鄕學)은 근교(近郊) 안에 위치하였다. 또한 동쪽 교외에 있는 동학(東學)을 왕성의 동쪽에 설치한 대학(大學)으로 여기고, 서쪽 교외에 있는 서학(西學)을 왕성의 서쪽에 있는 소학(小學)으로 여겨서, '교학'을 대학과 소학을 모두 지칭하는 용어로도 사용했다.

◎ 구경(九卿) : '구경'은 천자의 조정에 있었던 9명의 고위 관직자들을 뜻한다. 삼고(三孤)와 육경(六卿)을 합하여 '구경'이라고 부른다. '삼고'는 삼공(三公)을 보좌하며, 정책의 큰 방향을 잡는 자들이었고, 육경은 여섯 관부의 일들을 담당하였던 자들이다. 『주례』「동관고공기(冬官考工記) · 장인(匠人)」편에는 "外有九室, 九卿居焉."이라는 기록이 있고, 이에 대한 정현의 주에서는 "六卿三孤爲九卿, 三孤佐三公論道, 六卿治六官之屬."라고 풀이했다. 『주례』의 체제에 따르면, '구경'은 소사(少師), 소부(少傅), 소보(少保), 총재(冢宰), 사도(司徒), 종백(宗伯), 사마(司馬), 사구(司寇), 사공(司空)이 된다. 또한 육경(六卿)에 삼공(三公)을 더하여 '구경'이라고도 부른다.

◎ 구극(九棘) : '구극'은 외조(外朝)에 심어둔 아홉 그루의 극목(棘木)이다. 고대에는 천자 및 제후가 외조 좌우측에 각각 9개의 극목을 심어서, 군신(群臣)들이 서는 위치를 표시하였다. 좌측에 심어진 9개의 극목 자리에는 고(孤) · 경(卿) · 대부(大夫)들이 위치했으며, 우측에 심어진 9개의 극목 자리에는 공작[公] · 후작[侯] · 백작[伯] · 자작[子] · 남작[男] 등이 위치했다. 『주례』「추관(秋官) · 조사(朝士)」편에는 "掌建邦外朝之法. 左九棘, 孤卿大夫位焉, 群士在其後. 右九棘, 公侯伯子男位焉, 群吏在其後."라는 기록이 있고, 이에 대한 정현의 주에서는 "樹棘以爲立者, 取其赤心而外刺, 象以赤心三刺也."로 풀이했다. 후대에는 '구극'을 구경(九卿)을 가리키는 용어로도 사용했다.

◎ 구기(九旗) : '구기'는 고대에 사용하던 9종류의 깃발을 뜻한다. 무늬가 각각 달랐으며, 사용하는 용도 또한 달랐다. 해[日]와 달[月]을 수놓은 깃발을

상(常)이라고 부르며, 교룡(交龍)을 수놓은 깃발을 기(旂)라고 부르며, 순색의 비단을 이용하여 만든 깃발을 전(旜)이라고 부르며, 색이 섞여 있는 깃발을 물(物)이라고 부르며, 곰[熊]과 호랑이[虎]를 수놓은 깃발을 기(旗)라고 부르며, 새매를 수놓은 깃발을 여(旟)라고 부르며, 거북이[龜]와 뱀[蛇]을 수놓은 깃발을 조(旐)라고 부르며, 새의 온전한 날개를 오색(五色)으로 채색하여, 깃술처럼 장식한 깃발을 수(旞)라고 부르며, 가느다란 새의 깃털을 오색으로 채색하여, 깃술처럼 장식한 깃발을 정(旌)이라고 부른다. 『주례』「춘관(春官)・사상(司常)」편에는 "掌九旗之物名, 各有屬以待國事. 日月爲常, 交龍爲旂, 通帛爲旜, 雜帛爲物, 熊虎爲旗, 鳥隼爲旟, 龜蛇爲旐, 全羽爲旞, 析羽爲旌."이라는 기록이 있다.

◎ 구룡(句龍) : '구룡'은 공공(共工)의 아들이었다고 전해지며, 치수 사업을 잘했던 인물이다. 후세에는 그를 후토(后土)의 신(神)으로 여겨서, 그에게 제사를 지내기도 했다. 『춘추좌씨전』「소공(昭公) 29년」편에는 "共工氏有子曰句龍, 爲后土."라는 기록이 있다.

◎ 구배(九拜) : '구배'는 제사를 지낼 때 사용하게 되는 아홉 종류의 절하는 형식을 뜻한다. 계수(稽首), 돈수(頓首), 공수(空首), 진동(振動), 길배(吉拜), 흉배(凶拜), 기배(奇拜), 포배(褒拜), 숙배(肅拜)에 해당한다. '계수'는 절을 하며 머리가 지면에 닿도록 하는 것이며, '돈수'는 절을 하며 머리가 땅을 두드리듯이 꾸벅거리는 것이고, '공수'는 절을 하며 머리가 손을 포갠 곳에 닿도록 하는 것이니, '배수(拜手)'라고 부르는 것에 해당한다. '길배'는 절을 한 이후에 이마를 땅에 닿게 하는 것이며, '흉배'는 이마를 땅에 닿게 한 이후에 절을 하는 것이다. '진동'의 경우 애통하게 울면서 절을 하는 것을 뜻하기도 하고, 양손을 서로 부딪치는 것을 뜻하기도 하며, 위엄을 갖추고 절을 하는 것을 뜻하기도 한다. '기배'는 절하는 횟수를 홀수로 하는 것을 뜻하기도 하며, 한쪽 무릎만 굽히고 하는 절이나 손에 쥐고 있는 물건 등에 의지해서 절하는 것을 뜻하기도 하고, 한 번 절하는 것을 뜻하기도 한다. '포배'는 답배를 뜻하기도 하니, 재배(再拜)에 해당하고, 또 손에 물건을 쥐고 절하는 것을 뜻하기도 한다. '숙배'는 단지 손을 아래로 내려서 몸에 붙이는 것에 해당한다. 『주례』「춘관(春官)・대축(大祝)」

편에는 "辨九拜, 一曰稽首, 二曰頓首, 三曰空首, 四曰振動, 五曰吉拜, 六曰凶拜, 七曰奇拜, 八曰褒拜, 九曰肅拜, 以享右祭祀."라는 기록이 있고, 이에 대한 정현의 주에서는 "稽首, 拜頭至地也. 頓首, 拜頭叩地也. 空首, 拜頭至手, 所謂拜手也. 吉拜, 拜而后稽顙, 謂齊衰不杖以下者. 言吉者, 此殷之凶拜, 周以其拜與頓首相通, 故謂之吉拜云. 凶拜, 稽顙而后拜, 謂三年服者. 杜子春云, '振讀爲振鐸之振, 動讀爲哀慟之慟, 奇讀爲奇偶之奇, 謂先屈一膝, 今雅拜是也. 或云, 奇讀曰倚, 倚拜謂持節·持戟拜, 身倚之以拜.' 鄭大夫云, '動讀爲董, 書亦或爲董. 振董, 以兩手相擊也. 奇拜, 謂一拜也. 褒讀爲報, 報拜, 再拜是也.' 鄭司農云, '褒拜, 今時持節拜是也. 肅拜, 但俯下手, 今時擖是也. 介者不拜, 故曰爲事故, 敢肅使者.' 玄謂振動戰栗變動之拜. 書曰王動色變. 一拜, 答臣下拜. 再拜, 拜神與尸. 享, 獻也, 謂朝獻饋獻也. 右讀爲侑, 侑勸尸食而拜."라고 풀이했다.

◎ 구벌(九伐) : '구벌'은 아홉 종류의 죄악에 대해 토벌하는 조치를 뜻한다. 첫 번째는 약소국을 업신여기고 침범하면 그 땅을 삭감하여 강성해지지 못하게 하는 것이다. 두 번째는 현명한 자와 백성들에게 해악을 끼치면 군대를 이끌고 그 나라의 국경으로 들어가 북을 울리며 겁을 주는 것이다. 세 번째는 내적으로 폭정을 시행하고 외적으로 다른 나라를 침범하면 그 군주를 내치고 다른 군주를 세우는 것이다. 네 번째는 백성들이 황망하게 되어 흩어지게 된다면 그 땅을 삭감하는 것이다. 다섯 번째는 견고한 성벽이나 험준한 지형을 믿고 복종하지 않는다면 군대를 이끌고 국경으로 들어가되 병력을 조금만 사용하여 본보기를 보여주는 것이다. 여섯 번째는 친족을 죽이거나 해를 끼치면 잡아서 죄를 다스리는 것이다. 일곱 번째는 자신의 군주를 죽인 자가 발생하면 그를 찾아내 사형에 처하는 것이다. 여덟 번째는 명령에 어기고 정령을 경시한다면 국경을 통제하여 이웃 나라와의 소통을 단절시키는 것이다. 아홉 번째는 인륜을 문란하게 만들면 사형에 처해 제거하는 것이다.

◎ 구빈(九嬪) : '구빈'은 천자의 빈궁들이다. 『예기』 「혼의(昏義)」편에는 "古者天子后立六宮, 三夫人, 九嬪, 二十七世婦, 八十一御妻, 以聽天下

之內治, 以明章婦順, 故天下內和而家理."라는 기록이 있다. 즉 천자는 한 명의 왕후(王后)를 두고 6개의 궁(宮)을 두는데, 그 안에는 3명의 부인(夫人), 9명의 빈(嬪), 27명의 세부(世婦), 81명의 어처(御妻)를 두는 것이다.

◎ 구서(九筮) : '구서'는 시초점을 칠 때, 그 대상이 되는 9종류의 항목을 뜻한다. 9종류의 항목은 서경(筮更), 서함(筮咸), 서식(筮式), 서목(筮目), 서역(筮易), 서비(筮比), 서사(筮祠), 서삼(筮參), 서환(筮環)이다. '서경'은 천도를 할 때 시초점을 친다는 뜻이다. '서함'은 민심이 기뻐하게 될지 아닐지에 대해서 시초점을 친다는 뜻이다. '서식'은 제도와 법도를 만들 때 시초점을 친다는 뜻이다. '서목'은 사안에 대한 방침이 합당한가에 대해 시초점을 친다는 뜻이다. '서역'은 백성들이 기뻐하지 않는 것에 대해 고쳐야 할지에 대해 시초점을 친다는 뜻이다. '서비'는 백성들과 화목하게 될 것에 대해 시초점을 친다는 뜻이다. '서사'는 희생물과 제삿날에 대해 시초점을 친다는 뜻이다. '서삼'은 수레에 함께 오르게 되는 수레를 모는 자와 호위 무사에 대해 시초점을 친다는 뜻이다. '서환'은 군대를 되돌려야 할지 아닐지에 대해 시초점을 친다는 뜻이다.

◎ 구수(九數) : '구수'는 고대의 아홉 가지 계산 방법이다. 방전(方田), 속미(粟米), 차분(差分), 소광(少廣), 상공(商功), 균수(均輸), 방정(方程), 영부족(贏不足), 방요(旁要)를 뜻한다. 『주례』「지관(地官)·보씨(保氏)」편에는 "六曰九數."라는 기록이 있는데, 이에 대한 정현의 주에서는 정중(鄭衆)의 주장을 인용하여, "九數, 方田·粟米·差分·少廣·商功·均輸·方程·贏不足·旁要."라고 풀이했다.

◎ 구승(丘乘) : '구승'은 구전(丘甸)을 뜻한다. 도비(都鄙)에 소속되어 있는 경작지를 가리킨다. 9명의 농부가 경작하는 땅의 크기를 정(井)이라고 하며, 4개의 정(井)이 모이면, 1개의 읍(邑)이 되고, 4개의 읍(邑)이 모이면, 1개의 구(丘)가 되며, 4개의 구(丘)가 모이면, 1개의 승(乘)이 된다. 『禮記』「郊特牲」편의 "唯社, 丘乘共粢盛."이라는 기록에 대해 鄭玄의 注에서는 "丘, 十六井也. 四丘, 六十四井曰甸, 或謂之乘. 乘者, 以於車賦出長轂一乘."이라고 풀이했고, 孔穎達의 疏에서는 "丘乘者, 都鄙井田

也. 九夫爲井, 四井爲邑, 四邑爲丘, 四丘爲乘. 唯祭社而使丘乘共其
粢盛也."라고 풀이했다.

◎ 구어(九御) : '구어'는 천자를 시중들던 81명의 여자들을 뜻한다. 9명씩 1개
의 조를 이루어 천자를 모셨기 때문에, '구어'라는 명칭이 붙게 되었다. 『주
례』「천관(天官)・내재(內宰)」편에는 "以陰禮敎九嬪, 以婦職之法敎九
御."라는 기록이 있는데, 이에 대한 정현의 주에서는 "九御, 女御也. 九
九而御於王, 因以號焉."이라고 풀이하였다.

◎ 구위(九圍) : '구위'는 구주(九州)를 뜻한다. 천하를 아홉 권역으로 나눠서
천자의 수도를 둘러싸도록 했기 때문에 구주를 '구위'라고도 부른다.

◎ 구의(裘衣) : '구의'는 모피를 재단하여 만든 옷이다. 『시』「빈풍(豳風)・
칠월(七月)」편에는 "一之日于貉, 取彼狐貍, 爲公子裘."라는 용례가
있다.

◎ 구제(九祭) : '구제'는 음식을 먹을 때, 먹기에 앞서 음식을 덜어서 음식을
처음 만든 자에게 지내는 아홉 종류의 제사를 뜻한다. 명제(命祭), 연제
(衍祭), 포제(炮祭), 주제(周祭), 진제(振祭), 유제(擩祭), 절제(絶祭), 요
제(繚祭), 공제(共祭)를 가리킨다. '명제'는 군주와 신하가 식사를 할 때,
신하는 본래 빈객(賓客)의 신분이 될 수 없지만, 군주가 만약 그에게 음식
을 하사하게 되어, 군주가 그를 빈객으로 대우하게 된다면, 그에게 음식에
대한 제사를 지내라고 명령하게 되며, 명령이 내려진 다음에 음식에 대한
제사를 지내게 되는데, 이것이 바로 '명제'에 해당한다. '연제(衍祭)'는 '연
제(延祭)'를 뜻하는데, 빈객이 만약 주인(主人)보다 작위나 연배가 낮다
면, 둘이 식사를 할 때에는 빈객이 주인과 대등하게 행동할 수가 없다. 따
라서 음식이 들어오면, 빈객은 밥그릇을 잡고서 그 자리에서 일어나서 주
인에게 사양하는 말을 건넨다. 빈객이 사양하는 말을 건네게 되면, 주인도
자리에서 일어나서, 사양하지 않아도 괜찮다는 말을 건넨다. 그런 이후에
야 빈객은 다시 자신의 자리에 앉게 되며, 주인은 다시 빈객을 인도하여
제사를 음식에 대한 제사를 지내게 하는데, 이것이 바로 '연제'에 해당한
다. '포제(炮祭)'는 '포제(包祭)'를 뜻하는데, '포제'는 또한 겸제(兼祭)에
해당한다. 제사를 지낼 때 시동에게 음식을 바치게 되면, 시동이 제기 사

이에 받은 음식을 두고서 제사를 지내게 되는데, 이것이 바로 '겸제'에 해당한다. '주제'는 '편제(徧祭)'에 해당한다. 빈객과 주인이 함께 식사를 할때, 상에 올라오는 음식을 조금씩 덜어내어 제사를 지내게 되는데, 음식이 올라오는 순서에 따라서 순차적으로 제사를 지내어, 모든 음식들에 대해 골고루 제사를 지내는 것이 '편제'에 해당한다. '진제'와 '유제'는 본래 같은 것으로, '유제'는 아직 입에 대지 않은 음식을 젓갈이나 소금 등에 찍어서 제사를 지내는 것을 뜻하며, '진제'는 젓갈이나 소금 등에 찍은 음식에 대해 겉면에 묻은 젓갈이나 소금을 털어내어 제사를 지내는 것을 뜻한다. '절제'와 '요제'도 본래 같은 것으로, 계급에 따라 의례 절차가 많은 경우, 음식에 대해 지내는 제사를 '요제'라고 부르는데 희생물의 특정부위를 비틀어서 잘라내는 것이며, 의례 절차가 간소한 경우, 생략해서 지내는 제사를 '절제'라고 부르는데 희생물의 특정부위를 잘라내는 것이다. '공제'는 주인이 음식에 대한 제사를 지내게 되면, 재부(宰夫)가 음식을 바치게 되어, 이것을 통해 제사를 지내게 되는데, 이것을 '공제'라고 부른다. 『주례』「춘관(春官)·대축(大祝)」편에는 "辨九祭, 一曰命祭, 二曰衍祭, 三曰炮祭, 四曰周祭, 五曰振祭, 六曰擩祭, 七曰絕祭, 八曰繚祭, 九曰共祭."라는 기록이 있고, 이에 대한 정현의 주에서는 "玄謂九祭, 皆謂祭食者. 命祭者, 玉藻曰, '君若賜之食, 而君客之, 則命之祭, 然後祭', 是也. 衍字當爲延, 炮字當爲包, 聲之誤也. 延祭者, 曲禮曰, '客若降等, 執食興辭, 主人興辭於客, 然後客坐, 主人延客祭', 是也. 包猶兼也. 兼祭者, 有司曰, '宰夫贊者取白黑以授尸, 尸受兼祭于豆祭', 是也. 周猶徧也. 徧祭者, 曲禮曰, '殽之序, 徧祭之', 是也. 振祭·擩祭本同, 不食者擩則祭之, 將食者旣擩必振乃祭也. 絕祭·繚祭亦本同, 禮多者繚之, 禮略者絕則祭之. 共猶授也. 主祭食, 宰夫授祭. 孝經說曰, '共綏執授.'"라고 풀이했다.

◎ 구주(九州) : '구주'는 9개의 주(州)를 뜻한다. 고대 중국에서는 중원 지역을 9개의 주로 구분하여, 다스렸다. 따라서 '구주'는 오랑캐 지역과 대비되는 중국 땅을 지칭하는 용어로 사용되었다. '구주'의 포함되는 '주'의 이름들은 각 기록마다 차이를 보인다. 『서』「우서(虞書)·우공(禹貢)」편에는 "禹敷

土, 隨山刊木, 奠高山大川. 冀州旣載. …… 濟河惟兗州. 九河旣道. …… 海岱惟靑州. 嵎夷旣略, 濰淄其道. …… 海岱及淮惟徐州, 淮沂其乂, 蒙羽其藝. …… 淮海惟揚州, 彭蠡其豬, 陽鳥攸居. …… 荊及衡陽惟荊州. 江漢朝宗于海. …… 荊河惟豫州, 伊洛瀍澗, 旣入于河. …… 華陽黑水惟梁州. 岷嶓旣藝, 沱潛旣道. …… 黑水西河惟雍州. 弱水旣西."라는 기록이 있다. 즉『서』에 기록된 '구주'는 기주(冀州)·연주(兗州)·청주(靑州)·서주(徐州)·양주(揚州)·형주(荊州)·예주(豫州)·양주(梁州)·옹주(雍州)이다. 한편『이아』「석지(釋地)」편에는 " 兩河間曰冀州. 河南曰豫州. 河西曰雝州. 漢南曰荊州. 江南曰楊州. 濟河間曰兗州. 濟東曰徐州. 燕曰幽州. 齊曰營州."라는 기록이 있다. 즉『이아』에 기록된 '구주'는『서』의 기록과 달리, '청주'와 '양주'에 대한 기록이 없고, 대신 유주(幽州)와 영주(營州)가 기록되어 있다. 또『주례』「하관(夏官)·직방씨(職方氏)」편에는 "乃辨九州之國使同貫利. 東南曰揚州. …… 正南曰荊州. …… 河南曰豫州. …… 正東曰靑州. …… 河東曰兗州. …… 正西曰雍州. …… 東北曰幽州. …… 河內曰冀州. …… 正北曰幷州."라는 기록이 있다. 즉『주례』에 기록된 '구주'는『서』의 기록과 달리, '서주'와 '양주'에 대한 기록이 없고, 대신 '유주'와 병주(幷州)에 대한 기록이 있다. 이외에도 일부 차이를 보이는 기록들이 있다.

◎ 구주(九疇): '구주'는 천하를 다스리는 아홉 가지의 큰 규범을 뜻한다. '주(疇)'자는 부류(類)를 뜻한다. 전설상으로는 천제가 우(禹)임금에게 「낙서(洛書)」를 내려주어 이러한 아홉 가지의 큰 규범을 실천하도록 했다고 전해진다. 첫 번째는 오행(五行)이고, 두 번째는 공경을 실천함에 오사(五事)를 실천하는 것이며, 세 번째는 농사에 팔정(八政)을 사용하는 것이고, 네 번째는 화합시킴에 오기(五紀)를 사용하는 것이며, 다섯 번째는 세움에 있어 황극(皇極)을 사용하는 것이고, 여섯 번째는 다스림에 삼덕(三德)을 사용하는 것이며, 일곱 번째는 밝힘에 계의(稽疑)를 사용하는 것이고, 여덟 번째는 상고를 할 때 서징(庶徵)을 사용하는 것이며, 아홉 번째는 향함에 오복(五福)을 사용하고, 위엄을 세움에 육극(六極)을 사용하는 것이다. 『서』「주서(周書)·홍범(洪範)」편에는 "初一曰五行, 次二曰敬用五事,

次三曰農用八政, 次四曰協用五紀, 次五曰建用皇極, 次六曰乂用三德, 次七曰明用稽疑, 次八曰念用庶徵, 次九曰嚮用五福威用六極."이라는 기록이 있고, 이에 대한 공안국(孔安國)의 전(傳)에서는 "天與禹, 洛出書, 神龜負文而出, 列於背, 有數至於九. 禹遂因而第之, 以成九類."라고 풀이했다.

◎ 구준(邱濬, A.D.1420 ~ A.D.1495) : 구준(丘濬)이라고도 한다. 자는 중심(仲深)이고 호는 경대(瓊臺)이며 경산(瓊山) 출신이다. 저서로는 『대학연의보(大學衍義補)』 등이 있다.

◎ 구하(九夏) : '구하'는 고대의 아홉 가지 악곡을 총칭하는 말이다. '하(夏)'자는 성대하다는 뜻에서 붙여진 명칭이다. 아홉 가지 악곡은 왕하(王夏), 사하(肆夏), 소하(昭夏), 납하(納夏), 장하(章夏), 제하(齊夏), 족하(族夏), 개하(祴夏: =陔夏), 오하(鶩夏)이다. '구하'의 쓰임은 다양한데, 『주례』에 따르면 '왕하'는 천자가 출입할 때 연주하는 악곡이고, '사하'는 시동이 출입할 때 연주하는 악곡이며, '소하'는 희생물이 출입할 때 연주하는 악곡이고, '납하'는 사방의 빈객들이 찾아왔을 때 연주하는 악곡이며, '장하'는 신하가 공적을 세웠을 때 연주하는 악곡이고, '제하'는 부인이 제사를 지낼 때 연주하는 악곡이며, '족하'는 족인들이 모시고 있을 때 연주하는 악곡이고, '개하'는 빈객이 술을 마시고 밖으로 나갈 때 연주하는 악곡이며, '오하'는 공(公)이 출입할 때 연주하는 악곡이다. 『주례』 「춘관(春官) · 종사(鍾師)」편에는 "凡樂事, 以鍾鼓奏九夏: 王夏 · 肆夏 · 昭夏 · 納夏 · 章夏 · 齊夏 · 族夏 · 祴夏 · 鶩夏."라는 기록이 있고, 이에 대한 정현의 주에서는 두자춘(杜子春)의 주를 인용하여, "杜子春云, '內當爲納, 祴讀爲陔鼓之陔. 王出入奏王夏, 尸出入奏肆夏, 牲出入奏昭夏, 四方賓來奏納夏, 臣有功奏章夏, 夫人祭奏齊夏, 族人侍奏族夏, 客醉而出奏陔夏, 公出入奏鶩夏,'"라고 풀이했다.

◎ 국로(國老) : '국로'는 노년으로 인해 관직에서 물러난 경(卿) · 대부(大夫) · 사(士)를 뜻한다. 또한 고위 관직자 중에서도 유덕한 자를 지칭하는 용어로도 사용되며, '국로' 안에서도 삼로(三老)와 오경(五更)으로 분류되는 자들은 더욱 존귀하게 여겨졌다. 후대에는 중신(重臣)들을 지칭하는

용어로도 사용되었다.

◎ 국자(國子) : '국자'는 천자 및 공(公), 경(卿), 대부(大夫)의 자제들을 말한
다. 때론 상황에 따라 천자의 태자(太子) 및 왕자(王子)를 포함시키지 않
는 경우도 있다. 『주례』「지관(地官)·사씨(師氏)」편에는 "以三德敎國
子"라는 기록이 있고, 이에 대한 정현의 주에서 "國子, 公卿大夫之子弟."
라고 풀이한 용례와 『한서(漢書)』「예악지(禮樂志)」편에서 "朝夕習業,
以敎國子. 國子者, 卿大夫之子弟也."라고 풀이한 용례가 바로 여기에
해당한다. 그러나 이것은 천자에 대한 언급을 가급적 회피했기 때문에, 생
략하여 기술하지 않은 것이다. 청대(淸代) 유서년(劉書年)의 『유귀양설경
잔고(劉貴陽說經殘稿)』「국자증오(國子證誤)」편에서 "國子者, 王大子,
王子, 諸侯公卿大夫士之子弟, 皆是, 亦曰國子弟."라고 풀이하고 있는
것처럼, '국자'에는 천자의 태자와 왕자들까지도 포함된다.

◎ 군례(軍禮) : '군례'는 오례(五禮) 중 하나로, 군대와 관련된 예제(禮制)를
뜻한다. 참고적으로 고대 중국에서는 각 계절마다 군대와 관련된 의식을
시행하였는데, 봄에 하는 것을 진려(振旅)라고 불렀고, 여름에 하는 것을
발사(拔舍)라고 불렀으며, 가을에 하는 것을 치병(治兵)이라고 불렀고, 겨
울에 하는 것을 대열(大閱)이라고 불렀다. 이러한 의식들이 모두 '군례'에
포함된다.

◎ 군모(君母) : '군모'는 서자가 부친의 정처를 지칭하는 용어이다.

◎ 군씨(君氏) : '군씨'는 제후의 측실을 존칭하여 부르는 말이다. 『춘추좌씨
전』「은공(隱公) 3년」에는 "夏, 君氏卒. 聲子也."라는 기록이 있는데, 이
에 대한 양백준(楊伯峻)의 주에서는 "國君曰君, 君夫人曰小君, '君氏'
者, 猶言'小君氏', '氏'亦猶'母氏''舅氏'之義例."라고 풀이했다. 즉 제후는
'군(君)'이라고 부르며, 군주의 부인은 '소군(小君)'이라고 부르는데, '군씨'
라는 말은 '소군씨(小君氏)'라고 부르는 말과 같으니, 이때의 '씨(氏)'는 모
씨(母氏)나 구씨(舅氏)라고 하여 씨(氏)를 붙여 부르는 경우와 같다. 참고
적으로 『좌전』에 나오는 성자(聲子)는 은공(隱公)의 모친이며, 혜공(惠
公)의 측실이다.

◎ 궁규(躬圭) : '궁규'는 백작이 들게 되는 규(圭)이다. 사람의 형상을 새겨 넣

었기 때문에 '궁규'라고 부르는 것이며, 그 무늬는 신규(信圭)에 비해 거칠다. 신중하게 행동하여 자신의 몸을 잘 보호하고자 이러한 형상을 새겨 넣은 것이다. 그리고 '궁규'의 길이는 7촌(寸)이 된다. 『주례』「춘관(春官) · 대종백(大宗伯)」편에는 "侯執信圭. 伯執躬圭."라는 기록이 있고, 이에 대한 정현의 주에서는 "信當爲身, 聲之誤也. 身圭 · 躬圭, 蓋皆象以人形爲琢飾, 文有麤縟耳. 欲其愼行以保身. 圭皆長七寸."이라고 풀이했다.

◎ 궁현(宮縣) : '궁현'은 악기를 설치할 때 4방면으로 설치하는 것을 뜻한다. 천자는 4방면에 모두 악기를 설치하는데, 이것을 '궁현'이라고 부른다. 참고적으로 제후가 악기를 설치하는 방식은 헌현(軒縣)이라고 하며, 3면에 악기들을 설치하는 것이고, 경(卿)이나 대부(大夫)가 악기를 설치하는 방식은 판현(判縣)이라고 하며, 2면에 악기들을 설치하는 것이고, 대부(大夫) 또는 사(士)가 악기를 설치하는 방식을 (特縣)이라고 부른다.

◎ 궁형(宮刑) : '궁형'은 궁벽(宮辟)이라고도 부르며, 오형(五刑) 중 하나이다. 남자의 생식기를 자르거나, 여자의 생식 기능을 파괴하는 형벌이다. 일설에는 여자에 대한 '궁형'은 감금을 하여 노비로 전락시키는 것이라고 설명한다. 『서』「주서(周書) · 여형(呂刑)」편에는 "宮辟疑赦."라는 기록이 있고, 이에 대한 공안국(孔安國)의 전(傳)에서는 "宮, 淫刑也. 男子割勢, 婦人幽閉, 次死之刑."이라고 풀이했다.

◎ 권근(權近, A.D.1352 ~ A.D.1409) : 고려 말 조선 초기의 학자이다. 본관은 안동(安東)이고 자는 가원(可遠) · 사숙(思叔)이며 호는 소오자(小烏子) · 양촌(陽村)이고 시호는 문충(文忠)이며 초명은 진(晉)이고 이름은 근(近)이다. 저서로는 『양촌집(陽村集)』 등이 있다.

◎ 궐(闕) : '궐'은 관(觀) · 상위(象魏) 등으로부터 부른다. 고대에 천자나 제후가 자신의 궁문(宮門) 밖에 세워두었던 큰 건축물을 뜻한다. 이곳에 법령을 게시하여, 사람들이 확인하도록 했다. 『주례』「천관(天官) · 대재(大宰)」편에는 "乃縣治象之灋于象魏, 使萬民觀治象, 挾日而斂之."라는 기록이 있고, 이에 대해 정현의 주에서는 정사농(鄭司農)의 주장을 인용하여, "象魏, 闕也."라고 풀이했다.

◎ 궤숙(饋孰) : '궤숙'은 '궤숙(饋熟)'이라고도 부른다. 제례(祭禮) 의식 중 하나이다. 제사를 시행할 때에는 희생물을 잡아서 생고기를 바치고, 이후에 다시 익힌 고기를 바치는데, '궤숙'은 바로 익힌 음식을 바치는 절차를 뜻한다.

◎ 궤식(饋食) : '궤식'은 음식을 바친다는 뜻이다. 고대에는 천자 및 제후들이 매월 초하루마다 종묘(宗廟)에서 음식을 바치는 의식을 치렀는데, 이것을 '궤식'이라고도 부른다. 『주례』「춘관(春官)·대종백(大宗伯)」편에는 "以饋食享先王."이라는 기록이 있다. 한편 조사(朝事)를 시행할 때, 조천(朝踐)을 끝낸 뒤, 생고기를 삶아서 재차 바치는 의식을 가리키기도 한다.

◎ 궤전(饋奠) : '궤전'은 상중(喪中)에 시행하는 전제새[奠祭]를 가리킨다.

◎ 귀사(龜蛇) : '귀사'는 거북이와 뱀을 뜻하는데, 고대인들은 현무(玄武)에 대해서 거북이라고 여기기도 하고, 거북이와 뱀이 합쳐진 모습으로도 여겼기 때문에, '현무'를 '귀사'라고도 부르는 것이다.

◎ 귀호(鬼號) : '귀호'는 조상신을 아름답게 부르는 호칭을 뜻한다. 마치 조상신을 '황조의 맏이이신 아무개[皇祖伯某]'라고 부르는 경우와 같다. 『주례』「춘관(春官)·대축(大祝)」편에는 "辨六號, 一曰神號, 二曰鬼號."라는 기록이 있는데, 이에 대한 정현의 주에서는 "鬼號, 若云皇祖伯某."라고 풀이했다.

◎ 규(圭) : '규'는 규벽(圭璧)이라고 범칭하기도 한다. 조빙(朝聘) 및 제사처럼 중요한 의례 때 손에 들게 되는 물건으로, 옥(玉)으로 만든 기물이다. 명칭과 크기는 작위의 등급에 따라 달랐다. 위쪽은 뾰족하였고, 아래쪽은 네모지게 되어 있다.

◎ 규문(閨門) : '규문'은 내실(內室) 및 궁 안의 동산에 설치된 문을 뜻한다. 그 장소가 안쪽에 위치하였으므로, 부인이 거처하던 장소를 뜻하는 용어로도 사용하였다. 또한 집안을 뜻하는 용어로도 사용하였다.

◎ 근교문(近郊門) : '근교문'은 근교(近郊)의 경계에 설치되었던 문이다. 문헌상으로 주대(周代)에는 천자의 수도가 사방(四方) 1000리(里)의 면적을 차지했다고 전해진다. 이때 국성(國城: 都城)은 중앙에 위치하며, 국성의 끝부분에서 100리 떨어진 곳까지가 교(郊)에 속하게 된다. 그리고 '교' 중

에서도 국성에서 50리 떨어진 곳까지를 '근교'라고 부른다. '근교문'은 바로 이 경계점에 설치된 문을 뜻한다.

◎ 근우(覲遇) : '근우'는 제후가 가을과 여름에 천자를 조회하는 것을 뜻한다. '근우'의 '근(覲)'자는 제후가 가을에 천자를 찾아가 뵙는 것을 뜻하고, '우(遇)'자는 제후가 겨울에 천자를 찾아가 뵙는 것을 뜻한다. 『주례』「춘관(春官) · 대종백(大宗伯)」편에는 "春見曰朝, 夏見曰宗, 秋見曰覲, 冬見曰遇."라는 기록이 있다.

◎ 금로(金路) : '금로'는 금로(金輅)라고도 부른다. 천자가 사용하는 다섯 가지 수레 중 하나이다. 금(金)으로 수레를 치장했기 때문에, '금로'라고 부르게 되었다. 대기(大旂)라는 깃발을 세웠고, 빈객(賓客)을 접대하거나, 동성(同姓)인 자를 분봉할 때 사용하였다. 『주례』「춘관(春官) · 건거(巾車)」편에는 "金路, 鉤樊纓九就, 鉤, 樊纓九就, 建大旂, 以賓, 同姓以封."라는 기록이 있고, 이에 대한 정현의 주에서는 "金路, 以金飾諸末."이라고 풀이했다.

◎ 금화소씨(金華邵氏, ?~?) : =소연(邵淵) · 소만종(邵萬宗). 남송(南宋) 때의 유학자이다. 이름은 연(淵)이고, 자(字)는 만종(萬宗)이다. 『주자문집(朱子文集)』에는 장사박사(長沙博士)로 기록되어 있다. 『예기』의 「곡례(曲禮)」, 「왕제(王制)」, 「악기(樂記)」, 「대학(大學)」, 「중용(中庸)」에 대해 해설하였다.

◎ 금화응씨(金華應氏, ?~?) : =응용(應鏞) · 응씨(應氏) · 응자화(應子和). 이름은 용(鏞)이다. 자(字)는 자화(子和)이다. 『예기찬의(禮記纂義)』를 지었다.

◎ 기(旂) : '기'는 본래 제후가 세우는 깃발을 뜻한다. 제후는 그 깃발에 두 마리의 용(龍)이 한 쌍을 이루고 있는 교룡(交龍)을 수놓는다. 이때 '머리를 하늘로 하고 있는 1마리 용[升龍]'은 승천하여 천자에게 조회를 하는 모습을 형상화한 것이고, '머리를 땅으로 하고 있는 다른 1마리 용[降龍]'은 천자의 명령을 받아서 복종하는 것을 형상화한 것이다. 천자의 깃발에는 해[日] · 달[月] · 별[星辰] 등을 수놓았는데, 제후는 천자와 동일하게 할 수 없기 때문에, 대신 승용(升龍)과 강용(降龍)을 수놓았던 것이다. 『주례』「춘

관(春官) · 사상(司常)」편에 기록된 '기'에 대해서, 정현의 주에서는 "諸侯
畫交龍, 一象其升朝, 一象其下復也."라고 풀이했고, 가공언(賈公彦)의
소(疏)에서는 "至於天子旌旗有日月星辰, 故諸侯旌旗無日月星, 故龍
有升降也. 象升朝天子, 象下復還國也."라고 풀이했다. 한편 깃발 자체
를 뜻하는 용어로 사용되기도 했다.

◎ 기공(寄公) : '기공'은 자신의 나라를 잃고, 다른 나라에 위탁해서 지내는 제
후를 뜻한다. 후대에는 지위를 잃고 떠돌아다니게 된 사람들을 지칭하는
용어로도 사용했다.

◎ 기년복(期年服) : '기년복'은 1년 동안 상복(喪服)을 입는다는 뜻이다. 또는
그 기간 동안 입게 되는 상복을 뜻하기도 하는데, 일반적으로 자최복(齊衰
服)을 가리키는 용어로 사용된다. '기년복'이라고 할 때의 '기년(期年)'은
1년을 뜻하는데, '자최복'은 일반적으로 1년 동안 입게 되는 상복이 되기
때문이다.

◎ 기년상(期年喪) : '기년상'은 1년 동안 치르는 상을 뜻한다. 일반적으로 자최
복(齊衰服)을 입고 치르는 상을 뜻한다. '기년(期年)'은 1년을 뜻하는데,
'자최복'은 일반적으로 1년 동안 입게 되는 상복이기 때문이다.

◎ 기조(肵俎) : '기조'는 제사 때 사용하는 '도마[俎]'로, 시동을 공경하는 뜻에
서 설치하였다. '기조'의 '기(肵)'자는 공경한다는 뜻이다. 본래 이 도마는
희생물의 심장과 혀를 올려두는 용도로 사용되었다. 『의례』「소뢰궤식례
(少牢饋食禮)」편에는 "佐食升肵俎, 鼏之, 設于阼階西."라는 기록이 있
고, 이에 대한 정현의 주에서는 "肵, 謂心 · 舌之俎也. 郊特牲曰, '肵之
爲言敬也.' 言主人之所以敬尸之俎."라고 풀이했다.

◎ 기호(祇號) : '기호'는 시호(示號)라고도 부른다. 땅의 신들을 아름답게 부
르는 호칭을 뜻한다. 마치 후토(后土)나 지기(地祇)와 같은 용어들을 가
리킨다. 『주례』「춘관(春官) · 대축(大祝)」편에는 "辨六號, 一曰神號, 二
曰鬼號, 三曰示號."라는 기록이 있고, 이에 대한 정현의 주에서는 "祇號,
若云后土地祇."라고 풀이했다.

◎ 길관(吉冠) : '길관'은 길복(吉服)을 착용할 때 쓰는 관(冠)이다. '길복'은 제
례(祭禮)나 의례(儀禮)를 시행할 때 착용하는 제복(祭服)과 예복(禮服)을

가리킨다. 신분의 등급 및 제사의 종류의 따라서 '길복'이 변화되는데, '길관' 또한 각 길복에 따라 변화된다. 한편 일상적으로 쓰는 '관' 또한 '길관'이라고 부른다. 길흉(吉凶)에 의해 각 시기를 구분하게 되면, 상사(喪事)나 재앙 등을 당했을 때에는 흉(凶)에 해당하고, 그 나머지 시기는 길(吉)한 시기에 해당하기 때문이다.

◎ 길례(吉禮) : '길례'는 오례(五禮) 중 하나로, 제사에 대한 예제(禮制)를 뜻한다. 고대에는 제사 자체를 길(吉)한 일로 여겼기 때문에, 제례(祭禮)를 '길례'로 여겼다.

◎ 길제(吉祭) : '길제'는 상례(喪禮)의 단계를 뜻한다. 우제(虞祭)를 지낸 뒤, 졸곡(卒哭)을 하며 제사를 지내게 되는데, 이 단계부터 지내는 제사를 '길제'라고 부른다. 상(喪)은 흉사(凶事)에 해당하는데, 그 이전까지는 슬픔에서 벗어나기 힘들기 때문에 흉제(凶祭) 또는 상제(喪祭)라고 부르며, 이 단계부터는 평상시처럼 길(吉)한 대로 접어들기 때문에 '길제'라고 부른다. 『예기』「단궁하(檀弓下)」편에는 "是月也, 以虞易奠, 卒哭曰成事. 是日也, 以吉祭易喪祭."라는 기록이 있다. 또 삼년상을 마치게 되면 신주(神主)를 종묘(宗廟)에 안치하고 길례(吉禮)에 따라 제사를 지내게 되는데, 이러한 제사를 '길제'라고 부른다. 또한 평상시 정규적으로 지내는 제사를 '길제'라고도 부른다.

◎ 길체(吉禘) : '길체'는 삼년상을 끝내고 죽은 자의 신주를 묘에 안치하게 되면, 대수가 멀어진 신주는 체천이 되어 조묘(祧廟)로 옮겨지게 되는데, 이 일로 인해 성대한 제사를 지내서 소목의 질서를 살핀다. 이러한 제사를 '길체'라고 부른다.

◎ 김장생(金長生, A.D.1548 ~ A.D.1631) : =사계(沙溪). 조선 중기 때의 학자이다. 본관은 광산(光山)이고 자는 희원(希元)이며 호는 사계(沙溪)이고 시호는 문원(文元)이며 이름은 장생(長生)이다. 저서로는 『사계전서(沙溪全書)』 등이 있다.

◎ 김재로(金在魯, A.D.1682 ~ A.D.1759) : 조선 후기 때의 학자이다. 본관은 청풍(淸風)이고 자는 중례(仲禮)이며 호는 청사(淸沙)·허주자(虛舟子)이고 시호는 충정(忠靖)이며 이름은 재로(在魯)이다. 저서로는 『예기보주

(禮記補註)』 등이 있다.

◎ 김창협(金昌協, A.D.1651 ~ A.D.1708) : 조선 후기 때의 학자이다. 본관은 안동(安東)이고 자는 중화(仲和)이며 호는 농암(農巖)·삼주(三洲)이고 시호는 문간(文簡)이며 이름은 창협(昌協)이다. 저서로는 『농암집(農巖集)』 등이 있다.

◎ 난로(鸞路) : '난로'는 난로(鸞輅)라고도 부른다. 방울 장식인 난(鸞)과 화(和)를 달고 있는 수레를 뜻한다. '난'은 수레의 형(衡)에 매달고, '화'는 수레의 식(軾)에 매달았는데, 동(銅)으로 그것을 만들고서, 금(金)으로 장식을 했다고 한다. 『여씨춘추(呂氏春秋)』「맹춘기(孟春紀)」편에는 "天子居靑陽左个. 乘鸞輅, 駕蒼龍."이라는 기록이 있는데, 이에 대한 고유(高誘)의 주에서는 "輅, 車也. 鸞鳥在衡, 和在軾, 鳴相應和. 後世不能復致, 鑄銅爲之, 飾以金, 謂之鸞輅也."라고 풀이하였다.

◎ 남전여씨(藍田呂氏, A.D.1040 ~ A.D.1092) : =여대림(呂大臨)·여씨(呂氏)·여여숙(呂與叔). 북송(北宋) 때의 학자이다. 이름은 대림(大臨)이고, 자(字)는 여숙(與叔)이며, 호(號)는 남전(藍田)이다. 장재(張載) 및 이정(二程)형제에게서 수학하였다. 저서로는 『남전문집(藍田文集)』 등이 있다.

◎ 납길(納吉) : '납길'은 혼인과 관련된 육례(六禮) 중 하나이다. 납징(納徵)을 하기 이전에 남자 집안에서는 이번 혼인이 어떠한가를 종묘(宗廟)에서 점을 치게 되고, 길(吉)한 징조를 얻게 되면, 혼인을 최종적으로 결정하여, 여자 집안에 알리게 된다. 혼인은 이 시기부터 확정이 된다. 『의례』「사혼례(士昏禮)」편에는 "納吉用鴈, 如納采禮."라는 기록이 있는데, 이에 대한 정현의 주에서는 "歸卜於廟, 得吉兆, 復使使者往告, 婚姻之事於是定."이라고 풀이했다.

◎ 납(臘) : '납'은 엽(獵)이라고도 부른다. 짐승을 사냥하여 조상 및 오사(五

祀)에게 지내는 제사를 뜻한다. 고대에는 백신(百神)들에 대한 제사를 사(蜡)라고 불렀고, 조상에 대한 제사를 '납'이라고 불렀는데, 진한대(秦漢代) 이후로는 이 둘을 통칭하여, '납'이라고 불렀다. 『예기』「월령(月令)」편에는 "天子, 乃祈來年于天宗, 大割, 祠于公社及門閭, 臘先祖·五祀, 勞農以休息之."라는 기록이 있고, 이에 대한 공영달(孔穎達)의 소(疏)에서는 "臘, 獵也. 謂獵取禽獸以祭先祖五祀也."라고 풀이했다. 또한 『춘추좌씨전』「희공(僖公) 5년」편에는 "宮之奇以其族行, 曰虞不臘矣."라는 기록이 있는데, 이에 대한 두예(杜預)의 주에서는 "臘, 歲終祭衆神之名."이라고 풀이했다. 즉 '납'은 한 해가 끝날 무렵 뭇 신들에게 지내는 제사의 명칭이라는 뜻이다.

◎ 납징(納徵) : '납징'은 납폐(納幣)라고도 부른다. 혼인과 관련된 육례(六禮) 중 하나이다. 혼인 약속을 증명하기 위해, 여자 집안에 폐백을 보내는 일을 뜻한다.

◎ 납채(納采) : '납채'는 혼인과 관련된 육례(六禮) 중 하나이다. 청원을 하며 여자 집안에 예물을 보내는 일을 뜻한다.

◎ 납폐(納幣) : =납징(納徵)

◎ 내명부(內命婦) : '내명부'는 천자의 비(妃), 빈(嬪), 세부(世婦), 여어(女御) 등을 지칭하는 말이다. 『예기』「상대기(喪大記)」편에는 "夫人坐于西方, 內命婦姑姊妹子姓, 立于西方."이라는 용례가 있고, 『주례』「천관(天官)·내재(內宰)」편에는 "佐后使治外內命婦."라는 기록이 있는데, 이에 대한 정현의 주에는 "內命婦, 謂九嬪, 世婦, 女御."라고 풀이하였다.

◎ 내병(內屛) : '내병'은 제후가 문 안에 설치했던 담장을 뜻한다. 문 안쪽에 위치하여 '내(內)'자를 붙인 것이며, 병풍처럼 가려주는 역할을 하므로, '병(屛)'자를 붙여서 '내병'이라고 부른 것이다.

◎ 내사(內事) : '내사'는 외사(外事)와 상대되는 말이다. 본래 교내(郊內)에서 시행하는 모든 일들을 총칭하는 말이지만, 주로 제사를 가리키며, 특히 종묘(宗廟)에서 지내는 제사를 뜻한다. 『예기』「곡례상(曲禮上)」편에는 "外事以剛日, 內事以柔日."이라는 기록이 있는데, 이에 대한 공영달(孔穎達)의 소(疏)에서는 "內事, 郊內之事也. 乙丁己辛癸五偶爲柔也."라고

풀이했고, 손희단(孫希旦)의 『집해(集解)』에서는 "內事, 謂祭內神."이라고 풀이했다.

◎ 내상(內喪) : '내상'은 대문(大門) 안에서 발생한 상(喪)을 뜻한다. 즉 집안에서 발생한 상(喪)을 뜻하며, 외상(外喪)과 반대가 된다.

◎ 내왕(來王) : '내왕'은 고대의 제후들이 정기적으로 천자에게 찾아와 조근(朝覲) 등을 실시하는 것을 뜻한다.

◎ 내자(內子) : '내자'는 경과 대부의 본처를 지칭하는 용어이다.

◎ 내제(內除) : '내제'는 외제(外除)와 상반되는 말이다. 형제(兄弟)의 상(喪)을 치를 때, 상복(喪服)을 아직 제거하지 않았지만, 마음에는 슬퍼하는 마음이 감소해감을 뜻한다. 『예기』「잡기하(雜記下)」편에서는 "親喪外除, 兄弟之喪內除."라는 기록이 있는데, 이에 대한 공영달(孔穎達)의 소(疏)에서는 "兄弟之喪內除者, 兄弟謂期服以下及小功, 緦也. 內, 心也. 服制未釋而心哀先殺, 由輕故也."라고 풀이했다.

◎ 내제(內祭) : '내제'는 외제(外祭)와 상대되는 말이다. 선조(先祖)에 대한 종묘(宗廟)의 제사를 뜻한다. 체(禘)제사 및 대상(大嘗) 등이 여기에 포함된다. 종묘에서는 각 시기와 목적에 따라 각종 제사들이 시행되었는데, 이것들을 통칭하여 '내제'라고 부른다. 『예기』「제통(祭統)」편에는 "內祭則大嘗禘是也."라는 기록이 있다.

◎ 내조(內朝) : '내조'는 천자 및 제후가 정사를 처리하고 휴식을 취하던 장소이다. 외조(外朝)에 상대되는 말이다. '내조'에는 두 종류가 있었는데, 그 중 하나는 노문(路門) 밖에 위치하던 곳으로, 천자 및 제후가 정사를 처리하던 장소이며, 치조(治朝)라고도 불렀다. 다른 하나는 노문 안에 위치하던 곳으로, 천자 및 제후가 정사를 처리한 이후, 휴식을 취하던 장소이며, 연조(燕朝)라고도 불렀다.

◎ 내치(內治) : '내치'는 아녀자들에 대한 교육과 정책 등을 다스린다는 뜻이다. 남녀의 구분을 내외(內外)로 규정하여, 관련 교육과 정책 또한 '내치'와 '외치(外治)'로 구분하였기 때문에, '내치'라는 용어가 생기게 되었다. 국가적 차원에서 보면, 궁내(宮內)에 있는 아녀자들에 대한 일이 '내치'의 대상이 되며, 특히 고대에는 신하들의 부인들까지 동원되어 누에치는 일을

하였기 때문에, 이러한 일들 또한 '내치'의 대상이 된다. 한 가정의 차원에서 보면, 집안에 있는 아녀자들에 대한 일이 '내치'의 대상이 된다.

◎ 내침(內寢) : '내침'은 연침(燕寢)을 뜻한다. 천자의 경우 6개의 침(寢)을 두는데, 1개의 정침(正寢)을 제외하고, 나머지 5개의 침은 연침이 된다. 정침은 가장 바깥쪽에 있기 때문에, 외침(外寢)이라고 부르며, 연침은 상대적인 의미에서 '내침'이라고 부른다.

◎ 노거(路車) : '노거'는 천자 및 제후 등이 타는 수레이다. 후대에는 귀족들이 타는 수레까지도 지칭하는 용어로 사용되었다. '노거'의 '노(路)'자는 그 뜻이 크다[大]는 의미이다. 따라서 군주가 이용하거나 머무는 장소에 '노'자를 붙여서 부르게 된 것이다. 『춘추좌씨전』「환공(桓公) 2년」편에는 "大路越席."이라는 기록이 있는데, 이에 대한 공영달(孔穎達)의 소(疏)에서는 "路, 訓大也. 君之所在以大爲號, 門曰路門, 寢曰路寢, 車曰路車, 故人君之車, 通以路爲名也."라고 풀이했다.

◎ 노론(魯論) : '노론'은 『노논어(魯論語)』를 가리킨다. 『노논어』는 본래 『논어』에 대한 판본 중 하나인데, 현행본 『논어』의 근간이 되었으므로, 『논어』를 지칭하는 용어로도 사용된다. 『논어』의 판본으로는 대표적으로 세 가지가 있었다. 세 가지 판본은 『노논어』, 『제논어(齊論語)』, 『고문논어(古文論語)』이다. 육덕명(陸德明)의 『경전석문(經典釋文)』에는 "漢興, 傳者則有三家, 魯論語者, 魯人所傳, 卽今所行篇次是也."라는 기록이 있다. 즉 한(漢)나라 때 유학이 부흥하게 되었는데, 『논어』를 전수한 학파는 세 종류가 있었다. 그 중에 『노논어』라는 것은 노(魯)나라에서 전수되던 것으로, 오늘날 전해지는 『논어』의 편차는 이 판본을 근간으로 정한 것이다.

◎ 노마(路馬) : '노마'는 군주의 수레에 메는 말이다. 군주가 타던 수레를 노거(路車)라고 불렀기 때문에, '노마'라는 용어가 생긴 것이다.

◎ 노문(路門) : '노문'은 고대 궁실(宮室) 건축물 중에서도 가장 안쪽에 있었던 정문이다. 여러 문들 중에서 노침(路寢)에 가장 가까운 위치에 있었기 때문에, '노문'이라는 명칭이 붙게 되었다. 『주례』「동관고공기(冬官考工記)・장인(匠人)」편에는 "路門不容乘車之五个."라는 기록이 있는데, 이

에 대한 정현의 주에서는 "路門者, 大寢之門."라고 풀이하였고, 가공
언(賈公彦)의 소(疏)에서는 "路門以近路寢, 故特小爲之."라고 풀이
하였다.

◎ 노식(盧植, A.D.159? ~ A.D.192) : =노씨(盧氏). 후한(後漢) 때의 유학자
이다. 자(字)는 자간(子幹)이다. 어려서 마융(馬融)을 스승으로 섬겼다.
영제(靈帝)의 건녕(建寧) 연간(A.D.168 ~ A.D.172)에 박사(博士)가 되었
다. 채옹(蔡邕) 등과 함께 동관(東觀)에서 오경(五經)을 교정했다. 후에
동탁(董卓)이 소제(少帝)를 폐위시키자, 은거하며 『상서장구(尙書章句)』,
『삼례해고(三禮解詁)』를 저술했지만, 남아 있지 않다.

◎ 노침(路寢) : '노침'은 천자나 제후가 정무를 처리하던 정전(正殿)이다. 『시』
「노송(魯頌)·민궁(閟宮)」편에는 "松桷有舃, 路寢孔碩."이라는 기록이
있는데, 이에 대한 모전(毛傳)에서는 "路寢, 正寢也."라고 풀이했고, 『문
선(文選)』에 수록된 장형(張衡)의 '서경부(西京賦)'에는 "正殿路寢, 用朝
群辟."이라는 기록이 있는데, 이에 대한 설종(薛綜)의 주에서는 "周曰路
寢, 漢曰正殿."이라고 하여, 주(周)나라에서는 '정전'을 '노침'으로 불렀다
고 풀이했다.

◎ 뇌(誄) : '뇌'는 죽은 자의 행적들을 열거하여, 그 기록들을 읽으며, 시호(諡
號)를 짓는 것을 뜻한다. '뇌'자는 "묶는대[累]."는 뜻이다. 즉 죽은 자의 행
적을 하나로 엮는다는 의미이다.

◎ 뇌례(牢禮) : '뇌례'는 소[牛], 양[羊], 돼지[猪] 등의 세 가지 희생물을 써서,
빈객(賓客)을 대접하는 예(禮)를 말한다. 『주례』「천관(天官)·재부(宰
夫)」편에는 "凡朝覲會同賓客, 以牢禮之法, 掌其牢禮委積膳獻飮食賓
賜之飱牽, 與其陳數."라는 기록이 있고, 이에 대한 정현의 주에서는 "牢
禮之法, 多少之差及其時也. 三牲牛羊豕具爲一牢."라고 풀이하였다.
또 『주례』「지관(地官)·우인(牛人)」편에는 "凡賓客之事, 共其牢禮積膳
之牛."라는 기록이 있고, 이에 대한 정현의 주에서는 "牢禮, 飱饔也."라고
풀이하였다.

◎ 늠인(廩人) : '늠인'은 식자재 창고를 담당하던 관리이다.

◎ 단(袒) : '단'은 상의 중 좌측 어깨 쪽을 드러내는 방법이다. 일반적으로 상중(喪中)에 남자들이 취하는 복장 방식을 뜻한다. 한편 일반적인 의례절차에서도 단(袒)의 복장 방식을 취하는 경우가 있다.

◎ 단면(端冕) : '단면'은 검은색의 옷과 면류관을 뜻한다. 즉 현면(玄冕)을 의미한다. '단(端)'자는 검은색의 옷을 뜻하는데, 면복(冕服)에 대해서, '단'자로 지칭하는 것은 면복 자체가 정폭(正幅)으로 제작되기 때문에, '단'자를 붙여서 부르는 것이다. 『예기』「악기(樂記)」편에서는 "吾端冕而聽古樂, 則唯恐臥; 聽鄭衛之音, 則不知倦."이라는 기록이 있는데, 이에 대한 정현의 주에서는 "端, 玄衣也."라고 풀이했고, 공영달(孔穎達)의 소(疏)에서는 "云'端, 玄衣也'者, 謂玄冕也. 凡冕服, 皆其制正幅, 袂二尺二寸, 祛尺二寸, 故稱端也."라고 풀이했다.

◎ 단문(袒免) : '단문'은 상의의 한쪽을 벗어 좌측 어깨를 드러내고, 관(冠)을 벗고 머리끈으로 머리를 묶는다는 뜻이다. 먼 친척이 죽었을 때, 해당하는 상복(喪服)이 없다면, 이처럼 '단문'을 해서 애도하는 마음을 표현하게 된다.

◎ 단서(丹書) : 『단서(丹書)』는 전설 속에 나오는 서적으로, 문왕(文王) 때 붉은 색의 봉황이 입에 물고 날아와서 건네준 상서로운 서적을 뜻한다.

◎ 단선(壇墠) : '단선'은 제사를 지내는 제단을 뜻한다. '단선'의 '단(壇)'은 흙을 쌓아올려서 만든 제단을 뜻하고, '선(墠)'은 그 장소를 정결하게 청소하고, 평평하게 정비한 곳을 뜻한다.

◎ 단의(褖衣) : '단의'는 흑색의 천으로 상의와 하의를 만들고, 붉은색으로 가장자리에 단을 댄 옷이다. 『의례』「사상례(士喪禮)」편에는 '단의'가 기록되어 있는데, 이에 대한 정현의 주에서는 "黑衣裳赤緣謂之褖."이라고 풀이했다.

◎ 단증(丹甑) : '단증'은 붉은색으로 된 솥이다. 고대인들은 풍년이 들 때 이러한 솥이 출현한다고 여겼다.

◎ 담제(禫祭) : '담제'는 상복(喪服)을 벗을 때 지내는 제사이다.

◎ 당실(當室) : '당실'은 부친을 대신하여, 가사(家事)일을 돌본다는 뜻이다. 고대에는 대부분 장자(長子)가 이 일을 담당해서, 적장자(嫡長子)를 가리키기는 용어로도 사용하였다.

◎ 당우(唐虞) : '당우'는 당요(唐堯)와 우순(虞舜)을 병칭하는 용어이다. 요순(堯舜)시대를 가리키며, 의미상으로는 태평성세(太平盛世)를 뜻한다. 『논어』「태백(泰伯)」편에는 "唐虞之際, 於斯爲盛."이라는 용례가 있다.

◎ 당정(黨正) : '당정'은 주(周)나라 때의 지방 행정구역을 담당했던 수장을 뜻한다. 500가(家)의 규모가 1당(黨)이 되며, 수장을 뜻하는 '정(正)'자를 붙여서, 그곳의 수장을 '당정'이라고 부르는 것이다. 『주례』「지관(地官)·당정(黨正)」편에는 "黨正, 各掌其黨之政令敎治."라는 기록이 있는데, 이에 대한 정현의 주에서는 정사농(鄭司農)의 주장을 인용하여, 五百家爲黨."이라고 풀이했다.

◎ 대갱(大羹) : '대갱'은 조미료를 첨가하지 않은 고깃국이다. 『예기』「악기(樂記)」편에는 大饗之禮, 尙玄酒而俎腥魚, 大羹不和, 有遺味者矣."라는 기록이 있고, 이에 대한 정현의 주에서는 "大羹, 肉湆, 不調以鹽菜."라고 풀이했다.

◎ 대경(大經) : '대경'은 상도(常道) 혹은 상규(常規)를 뜻한다. 항상된 도리와 규범 등을 가리킨다. 『춘추좌씨전』「소공(昭公) 15년」편에는 "禮, 王之大經也."이라는 기록이 있고, 『사기(史記)』「태사공자서(太史公自序)」편에는 "夫春生夏長, 秋收冬藏, 此天道之大經也."라는 용례가 있다. 한편 『여씨춘추(呂氏春秋)』「교자(驕恣)」편에는 "欲無壅塞必禮士, 欲位無危必得衆, 欲無召禍必完備. 三者, 人君之大經也."라는 기록이 있는데, 이에 대한 고유(高誘)의 주에서는 "經, 道也."라고 풀이했다.

◎ 대공복(大功服) : '대공복'은 상복(喪服) 중 하나로, 오복(五服)에 속한다. 조밀한 삼베를 사용해서 만들지만, 소공복(小功服)에 비해서는 삼베의 재질이 거칠기 때문에, '대공복'이라고 부른다. 이 복장을 입게 되는 기간은 상황에 따라 차이가 생기지만, 일반적으로 9개월이다. 당형제(堂兄弟) 및 미혼인 당자매(堂姉妹), 또는 혼인을 한 자매(姉妹) 등을 위해서 입는다.

◎ 대구(大裘) : '대구'는 천자가 제천(祭天) 의식을 시행할 때 입었던 복장이

다. 『주례』「천관(天官) · 사구(司裘)」편에는 "司裘掌爲大裘, 以共王祀天之服."이라는 기록이 있다. 즉 사구(司裘)는 '대구' 만드는 일을 담당하여, 천자가 하늘에 제사를 지낼 때 입는 의복으로 제공한다. 또한 이 기록에 대해 정현의 주에서는 정사농(鄭司農)의 주장을 인용하여, "大裘, 黑羔裘, 服以祀天, 示質."이라고 풀이했다. 즉 '대구'라는 의복은 검은 양의 가죽으로 만든 옷이며, 이것을 입고 하늘에 제사를 지내는 것은 질박함을 보이기 위함이다.

◎ 대국(大國) : '대국'은 제후국(諸侯國)의 등급 중 하나이다. 제후국을 등급에 따라 구분하면, 대국(大國), 차국(次國), 소국(小國)으로 구분된다. 영토의 크기, 보유할 수 있는 군대의 수, 휘하에 둘 수 있는 신하의 수가 각 등급에 따라 달라진다.

◎ 대권(大卷) : '대권'은 황제(黃帝) 시대에 만들어진 악무(樂舞) 중 하나라고 전해진다. 주(周)나라의 육무(六舞) 중 하나로 정착하였다.

◎ 대규(大圭) : '대규'는 허리에 차는 옥(玉)으로 정(丁)자 형태로 만들었다. 천자는 '대규'를 허리춤에 꼽고서 조일(朝日)을 하였다. '대규'의 길이는 3척(尺)이고, '정(珽)'이라고도 불렀다. 『주례』「춘관(春官) · 전서(典瑞)」편에는 "王晉大圭, 執鎭圭, 繅藉五采五就, 以朝日."이라는 기록이 있고, 『주례』「동관고공기(冬官考工記) · 옥인(玉人)」편에는 "大圭長三尺, 杼上終葵首, 天子服之."라는 기록이 있으며, 이에 대한 정현의 주에서는 "王所搢大圭也, 或謂之珽."이라고 풀이했다.

◎ 대덕(戴德, ?~?) : 전한(前漢) 때의 학자이다. 자(字)는 연군(延君)이다. 금문예학(今文禮學)인 대대학(大戴學)의 창시자로 일컬어진다. 조카 대성(戴聖), 경보(慶普) 등과 후창(后蒼)에게서 수학하여, 예(禮)를 익혔다. 선제(宣帝) 때에는 박사(博士)에 임명되기도 하였다. 그의 학문은 서량(徐良)과 유경(斿卿) 등에게 전수되었다. 『대대례기(大戴禮記)』를 편찬하였지만, 『소대례기(小戴禮記)』에 비해 성행되지 못하였으며, 현재는 많은 부분이 없어지고, 단지 삼십여 편만이 남아 있다.

◎ 대려(大旅) : '대려'는 제천(祭天) 의식 중 하나이다. 원구(圜丘)에서 하늘에 대한 제사를 지내는 것을 뜻한다. 국가의 변고가 발생했을 때 제사를

지냈기 때문에 '려(旅)'자를 붙여서 부르는 것이다. '려'자는 제사를 지내게 된 원인을 진술한다는 뜻이다. 『주례』「천관(天官)·장차(掌次)」편에는 "至大旅上帝, 則張氈案·設皇邸."라는 기록이 있고, 이에 대한 정현의 주에서는 "大旅上帝, 祭天於圓丘. 國有故而祭亦曰旅."라고 풀이했다.

◎ 대렴(大斂) : '대렴'은 상례(喪禮) 절차 중 하나이다. 소렴(小斂)을 끝낸 뒤, 의복과 이불 등으로 재차 시신을 감싸 관에 안치하는 절차이다.

◎ 대로(大路) : '대로'는 대로(大輅)라고도 부른다. 본래 천자가 타던 옥로(玉路: =玉輅)를 가리킨다. '대로'라는 말은 수레들 중에 가장 크다는 뜻에서 붙여진 명칭이다. 고대에는 천자가 타던 수레에 5종류가 있었다. 옥로(玉輅)·금로(金輅)·상로(象輅)·혁로(革輅)·목로(木輅)가 바로 천자가 타던 5종류의 수레인데, '옥로'가 수레들 중 가장 컸기 때문에, '대로'라고도 불렀던 것이다. 『서』「주서(周書)·고명(顧命)」편에는 "大輅在賓階面."이라는 기록이 있는데, 이에 대한 공안국(孔安國)의 전(傳)에서는 "大輅, 玉."이라고 풀이했고, 공영달(孔穎達)의 소(疏)에서는 "周禮巾車掌王之五輅, 玉輅·金輅·象輅·革輅·木輅, 是爲五輅也. …… 大輅, 輅之最大, 故知大輅玉輅也."라고 풀이했다. 한편 '옥로'는 옥(玉)으로 치장을 했기 때문에, '옥로'라는 명칭이 생기게 된 것인데, '옥로'에는 대상(大常)이라는 깃발을 세웠고, 깃발에는 12개의 치술을 달았으며, 주로 제사 때 사용하였다. 『주례』「춘관(春官)·건거(巾車)」편에는 "王之五路, 一曰玉路, 錫, 樊纓, 十有再就, 建大常, 十有二斿, 以祀."라는 기록이 있고, 이에 대한 정현의 주에서는 "玉路, 以玉飾諸末."이라고 풀이했다.

◎ 대릉(大陵) : '대릉'은 태릉(太陵)이라고도 부른다. 총 8개의 별로 이루어진 별자리로, 28수(宿) 중 하나인 위수(胃宿)에 소속되어 있고, 사상(死喪)의 일을 주관하는 별자리이다. 『진서(晉書)』「천문지(天文志)」편에는 "太陵八星在胃北, 亦曰積京, 主大喪也."라는 기록이 있다.

◎ 대명(大明) : '대명'은 태양[日]을 가리킨다. 태양은 밝음[明] 중에서도 가장 큰 밝음에 해당함으로, '대명'이라고 부르게 되었다. 『역』「건괘(乾卦)」편에는 "雲行雨施, 品物流行, 大明終始, 六位時成."이라는 기록이 있는데, 이에 대한 이정조(李鼎祚)의 『집해(集解)』에서는 후과(侯果)의 설을

인용하여, "大明, 日也."라고 풀이했다. 한편 '대명'은 달[月]을 가리키기도 하고, 해와 달을 모두 가리키기도 한다. 또한 태양을 군주에 비유했으므로, '대명'은 군주를 지칭하는 용어로도 사용되었다.

◎ 대무(大武) : '대무'는 주(周)나라 때의 악무(樂舞) 중 하나로, 무왕(武王)에 대한 악무이다. 『주례』「춘관(春官)·대사악(大司樂)」편에는 '대무'에 대한 용례가 나오고, 이에 대한 정현의 주에서는 "大武, 武王樂也."라고 풀이하였다.

◎ 대문(臺門) : '대문'은 고대의 천자나 제후는 궁실의 문 옆에 흙을 쌓아 관망대[臺]를 만들게 되는데, 문과 관망대를 합쳐서 부르는 말이다. 후대에는 관망대에 지붕을 올리기도 했다.

◎ 대벽(大辟) : '대벽'은 사형(死刑)을 뜻한다. 오형(五刑) 중 하나이다. '벽(辟)'자는 '죄(罪)'자와 통용되므로, '대벽'은 죄 중에서도 가장 큰 죄를 뜻한다. 따라서 '사형'에 해당한다. 『서』「주서(周書)·여형(呂刑)」편에는 "大辟疑赦, 其罰千鍰."이라는 기록이 있고, 이에 대한 공안국(孔安國)의 전(傳)에서는 "死刑也."라고 풀이했으며, 공영달(孔穎達)의 소(疏)에서는 "釋詁云, 辟, 罪也. 死是罪之大者, 故謂死刑爲大辟."이라고 풀이했다.

◎ 대복(大僕) : '대복'은 태복(太僕)이라고도 부른다. 천자의 명령을 전달하거나, 천자의 조정에서의 자리 배치 등을 담당하였다. 『주례』의 체제에 따르면, 하대부(下大夫) 2명이 담당을 했다. 『주례』「하관사마(夏官司馬)」편에는 "太僕, 下大夫二人."이라는 기록이 있고, 『주례』「하관(夏官)·태복(太僕)」편에는 "太僕, 掌正王之服位, 出入王之大命."이라는 기록이 있다.

◎ 대사(臺榭) : '대사'는 대(臺)와 사(榭)를 합해 부르는 말이다. 흙을 쌓아올려서 관망대로 쓰는 것이 '대'이고, '대' 위에 가옥이 있는 경우 그것을 '사'라고 부른다. 후대에는 이러한 건축물들을 범칭하여 '대사'라고 불렀다. 『서』「주서(周書)·태서상(泰誓上)」편에는 "惟宮室臺榭, 陂池侈服, 以殘害于爾萬姓."이라는 기록이 있는데, 이에 대한 공영달(孔穎達)의 소(疏)에서는 이순(李巡)의 말을 인용하여, "臺, 積土爲之, 所以觀望也. 臺上有屋謂之榭."라고 풀이하였다.

◎ 대사(大蜡) : '대사'는 연말에 농업과 관련된 여러 신들에게 합동으로 제사를 지내서, 내년에 재해가 닥치지 않도록 기원을 하는 제사이다. '사(蜡)'자는 "찾는다[索]."는 뜻으로, 여러 귀신(鬼神)들을 찾아서 제사를 지내기 때문에, 이러한 제사를 '사'라고 부르는 것이다. 그리고 연말에는 성대하게 제사를 지냈으므로, 성대하다는 뜻에서 '대'자를 붙인 것이다. 『예기』「명당위(明堂位)」편에는 "是故夏礿·秋嘗·冬烝·春社·秋省, 而遂大蜡, 天子之祭也."라는 기록이 있는데, 이에 대한 정현의 주에서는 "大蜡, 歲十二月索鬼神而祭之."라고 풀이했다.

◎ 대사례(大射禮) : '대사례'는 제사를 지낼 때, 제사를 돕는 자들을 채택하기 위해 시행하는 활쏘기 대회이다. 천자의 경우에는 '교외 및 종묘[郊廟]'에서 제사를 지낼 때, 제후 및 군신(群臣)들과 미리 활쏘기를 하여, 적중함이 많은 자를 채택하고, 채택된 자로 하여금 천자가 주관하는 제사에 참여하도록 하는 의례(儀禮)이다. 『주례』「천관(天官)·사구(司裘)」편에는 "王大射, 則共虎侯, 熊侯, 豹侯, 設其鵠."이라는 기록이 있는데, 이에 대한 정현의 주에서는 "大射者, 爲祭祀射. 王將有郊廟之事, 以射擇諸侯及群臣與邦國所貢之士可以與祭者. …… 而中多者得與於祭."라고 풀이하였다. 한편 각 계급에 따라 '대사례'의 예법에는 차등이 있었는데, 예를 들어 천자가 시행하는 '대사례'에서는 표적으로 호후(虎侯), 웅후(熊侯), 표후(豹侯)가 사용되었고, 표적지에는 곡(鵠)을 설치했다. 그리고 제후가 시행하는 '대사례'에서는 웅후(熊侯), 표후(豹侯)가 사용되었고, 표적지에 곡(鵠)을 설치했다. 경(卿)과 대부(大夫)의 경우에는 미후(麋侯)를 사용하였고, 표적지에 곡(鵠)을 설치했다.

◎ 대상(大喪) : '대상'은 천자(天子)·왕후(王后)·세자(世子) 등의 상(喪)을 가리킨다. 이들은 가장 존귀한 자들에 해당하기 때문에, 그들에 대한 상(喪) 또한 '대(大)'자를 붙여서, '대상'이라고 부르는 것이다. 『주례』「천관(天官)·재부(宰夫)」편에는 "大喪小喪, 掌小官之戒令, 帥執事而治之."라는 기록이 있는데, 이에 대한 정현의 주에서는 "大喪, 王·后·世子之喪也."라고 풀이했다. 한편 '대상'은 부모의 상(喪)을 가리키기도 한다. 부모는 자식의 입장에서 가장 중대한 대상에 해당하기 때문에, 부모의 상

(喪)을 '대상'이라고 부르는 것이다. 『춘추공양전』「선공(宣公) 1년」편에는 "古者臣有<u>大喪</u>, 則君三年不呼其門."이라는 용례가 있다.

◎ 대상(大祥) : '대상'은 부모의 상(喪) 및 삼년상 등을 치를 때 그 대상이 죽은 후 만 2년 만에 탈상을 하며 지내는 제사이다.

◎ 대서(大胥) : '대서'는 악관(樂官)에 소속된 하위관리이다. 학사(學士)들의 호적 기록부를 담당하였고, 봄에는 태학(太學)에 들어가서 학사들에게 춤을 가르쳤고, 가을에는 분반을 편성하여, 노래를 가르치는 일 등을 담당했다. 『주례』「춘관(春官)·대서(大胥)」편에는 "大胥, 掌學士之版以待致諸子. 春入學舍采合舞. 秋頒學合聲. 以六樂之會正舞位."라는 기록이 있다.

◎ 대성(戴聖, ?~?) : 전한(前漢) 때의 학자이다. 자(字)는 차군(次君)이다. 금문예학(今文禮學)인 소대학(小戴學)의 창시자로 일컬어진다. 대덕(戴德)의 조카이다. '대덕', 경보(慶普) 등과 후창(后蒼)에게서 수학하여, 예(禮)를 익혔다. 그의 학문은 교인(橋仁)과 양영(楊榮) 등에게 전수되었다. 『소대례기(小戴禮記)』를 편찬하였는데, 이 서적은 현재 통행되고 있는 『예기(禮記)』의 전신이다.

◎ 대소(大韶) : '대소'는 순(舜)임금 때의 악무(樂舞)이다. 주(周)나라에 와서 육무(六舞) 중 하나로 정착하였다. 『장자(莊子)』「천하(天下)」편에는 "舜有<u>大韶</u>."라는 기록이 있다.

◎ 대수(大綏) : '대수'는 천자가 사냥할 때 세워두었던 큰 깃발을 뜻한다.

◎ 대순(大順) : '대순'은 커다란 순리(順理)라는 뜻으로, 윤상(倫常)과 천도(天道)를 지칭한다. 또한 윤상과 천도에 순종한다는 의미도 되고, 자연스럽다는 뜻으로도 사용되며, '큰 법도[大法]'를 뜻하기도 한다.

◎ 대신기(大神示) : '대신기'는 대신(大神)인 천(天)과 대기(大示: =大祇)인 지(地)를 뜻한다. 즉 천지의 신을 의미한다.

◎ 대제(大祭) : '대제'는 큰 제사라는 뜻이며, 천지(天地)에 대한 제사 및 체협(禘祫) 등을 일컫는다. 『주례』「천관(天官)·주정(酒正)」에 "凡祭祀, 以法共五齊三酒, 以實八尊. 大祭三貳, 中祭再貳, 小祭壹貳, 皆有酌數."라는 기록이 있다. 이에 대한 정현의 주에서는 "大祭, 天地. 中祭, 宗廟.

小祭, 五祀."라고 풀이하여, '대제'는 천지에 대한 제사를 뜻한다고 설명한다. 그리고 『주례』「춘관(春官)·천부(天府)」편에는 "凡國之玉鎭大寶器藏焉, 若有大祭大喪, 則出而陳之, 旣事藏之."라는 기록이 있다. 이에 대한 정현의 주에서는 "禘祫及大喪陳之, 以華國也."라고 풀이하여, '대제'를 '체협'으로 설명한다. 그리고 '체(禘)'제사와 '대제'의 직접적 관계에 대해서는 『이아』「석천(釋天)」편에서 "禘, 大祭也."라고 풀이하고, 이에 대한 곽박(郭璞)의 주에서는 "五年一大祭."라고 풀이하여, '대제'로써의 '체'제사는 5년마다 지내는 제사로 설명한다.

◎ 대천(大川) : '대천'은 큰 강을 뜻한다. 고대에는 주로 '사독(四瀆)'을 뜻하는 용어로 사용되었다.

◎ 대축(大祝) : '대축'은 제사와 관련된 관직이다. 『예기』「곡례하(曲禮下)」편에는 "天子建天官, 先六大, 曰大宰, 大宗, 大史, 大祝, 大士, 大卜, 典司六典."이라고 하여, 대재(大宰)와 함께 천관(天官)에 소속된 관리로 기술되어 있다. 한편 『주례』「춘관종백(春官宗伯)」편에는 "大祝, 下大夫二人, 上士四人, 小祝, 中士八人, 下士十有六人, 府二人, 史四人, 胥四人, 徒四十人."이라고 하여, '대축'은 하대부(下大夫) 2명이 담당하고, 그 직속 휘하에는 상사(上士) 4명이 배속되어 있으며, '대축'을 돕는 소축(小祝) 관직에는 중사(中士) 4명이 담당하고, 그 휘하에는 하사(下士) 16명, 부(府) 2명, 사(史) 4명, 서(胥) 4명, 도(徒) 40명이 배속되어 있다고 기록되어 있다. 또 『주례』「춘관(春官)·대축(大祝)」편에는 "掌六祝之辭, 以事鬼神示, 祈福祥求永貞."이라고 하여, '대축'은 여섯 가지 축문에 관한 일을 담당하여, 이것으로써 귀신을 섬겨 복을 기원하는 일을 했다고 기록되어 있다.

◎ 대침(大寢) : '대침'은 노침(路寢)을 뜻한다. 천자나 제후가 정무(政務)를 처리하던 곳이다. 『주례』「하관(夏官)·태복(太僕)」편에는 "建路鼓于大寢之門外, 而掌其政."이라는 기록이 있고, 이에 대한 정현의 주에서는 "大寢, 路寢也."라고 풀이했다.

◎ 대하(大夏) : '대하'는 주(周)나라 때의 악무(樂舞) 중 하나이다. 하(夏)나라 우(禹)임금 때의 악무를 근간으로 삼아서 만든 악무이다.

◎ 대함(大咸) : '대함'은 요(堯)임금 때의 악무(樂舞)이다. 주(周)나라의 육무(六舞) 중 하나로 정착하였다. 또한 함지(咸池)라고도 부른다.

◎ 대합악(大合樂) : '대합악'은 일반적으로 음악을 합주한다는 합악(合樂)의 뜻과 같다. 한편 계춘(季春)의 달에 국학(國學)에서 성대하게 시행한 합주를 뜻하기도 한다. 계춘에는 천자가 직접 주요 신하들을 이끌고 국학에 와서 합악을 관람하기 때문에, 성대하다는 의미에서 '대(大)'자가 붙여진 것이다.

◎ 대항(大行) : '대항'은 황제(皇帝) 및 황후(皇后)가 죽었는데, 아직 시호(諡號)가 정해지지 않았을 때 이름이나 다른 것들을 거론해서 지칭할 수 없으므로, '대항'이라는 말을 써서 그들을 지칭한다. '대항'은 멀리 갔다는 뜻으로, 너무 멀리 떠나서 다시 돌아올 수 없다는 의미이니, 죽음을 뜻한다. 『후한서(後漢書)』「안제기(安帝紀)」편에는 "孝和皇帝懿德巍巍, 光于四海, 大行皇帝不永天年."이라는 기록이 있고, 이에 대한 이현(李賢)의 주에서는 위소(韋昭)의 주장을 인용하며, "大行者, 不反之辭也. 天子崩, 未有諡, 故稱大行也."라고 풀이했다.

◎ 대향(大饗) : '대향'은 대향(大享)이라고도 부른다. '대향'은 본래 선왕(先王)에게 협제(祫祭)를 지낸다는 뜻이다. 『예기』「예기(禮器)」편에는 "大饗, 其王事與."라는 기록이 있고, 이에 대한 정현의 주에서는 "謂祫祭先王."이라고 풀이하였고, 『순자』「예론(禮論)」편에는 "大饗尙玄尊, 俎生魚, 先大羹, 貴食飮之本也."라는 기록이 있는데, 이에 대한 양경(楊倞)의 주에서는 "大饗, 祫祭先王也."라고 풀이하였다. 또한 '대향'의 뜻 중에는 선왕뿐만 아니라, 천제(天帝)인 오제(五帝)에게 두루 제사지낸다는 뜻도 있다. 『예기』「월령(月令)」편에는 "是月也, 大饗帝."라는 기록이 있고, 이에 대한 정현의 주에서는 "言大饗者, 遍祭五帝也. 曲禮曰大饗不問卜, 謂此也."라고 풀이하였다.

◎ 대호(大濩) : '대호'는 탕(湯)임금 때의 악무(樂舞)이다. 주(周)나라의 육무(六舞) 중 하나로 정착하였다.

◎ 대화(大火) : '대화'는 본래 동방에 속하는 7개의 별자리 중 저수(氐宿), 방수(房宿), 심수(心宿)를 가리킨다. 또한 '대화'는 동방에 속하는 7개의 별

자리 중 '심수'를 가리키는 용어로도 사용되며, 7개의 별자리를 모두 가리키는 '청룡(靑龍)'이라는 뜻으로도 사용된다.

◎ 도(堵) : '도'는 성곽이나 담장 등을 측량할 때 사용하는 단위이다. 고대에는 판축법을 사용하여 흙을 쌓아 담을 올렸는데, 1개의 판(版) 길이에 5개 판의 높이가 1도(堵)가 된다.

◎ 도거(道車) : '도거'는 천자가 타던 수레의 일종이다. 상로(象路)를 뜻하는데, 도덕(道德)과 관련된 일을 시행할 때 탔기 때문에, '도거'라고 부르는 것이다. 『주례』「하관(夏官)·도우(道右)」편에는 "道右掌前道車, 王出入, 則持馬陪乘, 如齊車之儀."라는 기록이 있고, 이에 대한 정현의 주에서는 "道車, 象路也, 王行道德之車."라고 풀이했다.

◎ 도비(都鄙) : '도비'는 천자의 수도에 있는 신하 및 자제들의 채지(采地)를 뜻한다. 『주례』「천관(天官)·대재(大宰)」편에는 "以八則治都鄙."라는 기록이 있는데, 이에 대한 정현의 주에서는 "都鄙, 公卿大夫之采邑, 王子弟所食邑."이라고 풀이했고, 손이양(孫詒讓)의 정의(正義)에서는 "凡公卿大夫貴戚有功德, 得世祿者, 皆頒邑以爲其祿, 是謂采邑. 在王子弟無官者, 雖無祿, 而得以恩澤食邑"이라고 풀이했다.

◎ 도종(徒從) : '도종'은 공허하게 남을 따라서 친속 관계가 없는 자에 대해 상복을 착용한다는 뜻이다. '도(徒)'자는 "공허하다[空]."는 뜻이다. 이러한 경우에는 네 가지가 있는데, 첫 번째는 첩이 여군(女君)의 친족[黨]을 위한 경우이고, 두 번째는 자식이 모친을 따라서, 모친의 군모(君母)에 대해 상복을 착용하는 경우이며, 세 번째는 첩의 자식이 군모(君母)의 당(黨)을 위한 경우이고, 네 번째는 신하가 군주를 따라서 군주의 당(黨)을 위해 상복을 착용하는 경우이다. 이러한 네 가지 도종의 경우, 오직 여군(女君)에 대한 경우만, 여군이 비록 죽더라도, 첩은 여전히 여군의 당(黨)을 위해서 상복을 착용한다. 나머지 세 가지 도종의 경우, 따르는 자가 이미 죽었다면, 관계를 끝나서 상대방을 위해 상복을 착용하지 않는다.

◎ 도종인(都宗人) : '도종인'은 도(都)에서 시행되는 제사 등을 담당하는 관리이다. 『주례』의 체제에 따르면 상사(喪事) 2명이 담당을 했고, 그 휘하에는 중사(中士) 4명이 배속되어 있었으며, 실무를 맡아보는 자로는 부(府)

2명, 사(史) 4명, 서(胥) 4명, 도(徒) 40명이 배속되어 있었다.

◎ 동(同) : '동'은 고대 토지의 면적을 재는 단위이다. 사방 100리(里)의 땅을 '동'이라고 했다. 『춘추좌씨전』「소공(召公) 23년」편에는 "無亦監乎若敖蚡冒至於武文, 土不過同, 愼其四竟, 猶不城郢."이라는 기록이 있는데, 이에 대한 두예(杜預)에 주에서는 "方百里爲一同."이라고 풀이했다. 참고적으로 사방 1리(里)의 면적은 1정(井)이 되고, 10정(井)은 1통(通)이 되며, 10통(通)은 1성(成)이 되니, 1성(成)은 사방 10리(里)의 면적이며, 10성(成)은 1종(終)이 되고, 10종(終)은 1동(同)이 되니, '동'은 사방 100리(里)의 크기가 된다. 『한서(漢書)』「형법지(刑法志)」편에는 "地方一里爲井, 井十爲通, 通十爲成, 成方十里; 成十爲終, 終十爲同, 同方百里."라는 기록이 있다.

◎ 동래여씨(東萊呂氏) : =여조겸(呂祖謙)

◎ 동서(東序) : '동서'는 본래 하후씨(夏后氏) 때의 태학(太學)을 가리킨다. 『예기』「왕제(王制)」편에는 "夏后氏, 養國老於東序, 養庶老於西序."라는 기록이 있다. 후대에는 일반적인 학교 기관을 가리키는 용어로도 사용되었다.

◎ 동작(東作) : '동작'은 봄에 밭을 가는 행위를 뜻이다. 『서』「우서(虞書) · 요전(堯典)」편에는 "寅賓出日, 平秩東作."이라는 기록이 있고, 이에 대한 공안국(孔安國)의 전(傳)에서는 "歲起於東, 而始就耕, 謂之東作."이라고 풀이했다. 즉 한 해는 동쪽에서부터 시작되며, 이러한 시기에 비로소 밭을 갈게 되기 때문에, '동작'이라는 명칭이 생기게 되었다.

◎ 두(斗) : '두'는 곡식 등의 양을 재는 기구이자 그 수량을 표시하는 단위이다. 지역 및 각 시대마다 다소 차이를 보이는데, 고대에는 10승(升)이 1두였다.

◎ 두예(杜預, A.D.222 ~ A.D.284) : =두원개(杜元凱). 서진(西晉) 때의 유학자이다. 경조(京兆) 두릉(杜陵) 출신이다. 자(字)는 원개(元凱)이다. 『춘추경전집해(春秋經典集解)』를 저술하였는데, 이 책은 현존하는 『춘추(春秋)』의 주석서 중 가장 오래된 것이며, 『십삼경주소(十三經注疏)』의 『춘추좌씨전정의(春秋左氏傳正義)』에도 채택되어 수록되었다.

◎ 두우(杜佑, A.D.735 ~ A.D.812) : 당(唐)나라 때의 정치가이자 역사학자였다. 저서로는 『통전(通典)』이 있다.

◎ 두자춘(杜子春, B.C.30? ~ A.D.58?) : 후한(後漢) 때의 학자이다. 유흠(劉歆)에게서 수학하였다. 정중(鄭衆)과 가규(賈逵)에게 학문을 전수하였다.

◎ 마면(麻冕) : '마면'은 마문(麻絻)이라고도 부른다. 마포(麻布)로 제작을 하였으며, 예복(禮服)에 착용하는 모자이다. 한편 '마면'을 치포관(緇布冠)이라고도 부른다. 『논어』「자한(子罕)」편에는 "子曰, 麻冕, 禮也."라는 기록이 있는데, 이에 대한 주자의 『집주(集註)』에서는 "麻冕, 緇布冠也."라고 풀이했다. '마면'은 면류관 모양으로 만들기도 하는데, 이것은 대구복(大裘服)에 착용하는 것으로, 곤룡복(袞龍服)에 착용하는 면류관은 아니다. 『순자(荀子)』「예론(禮論)」편에는 "大路之素未集也, 郊之麻絻也, 喪服之先散麻也, 一也."라는 기록이 있는데, 이에 대한 양경(楊倞)의 주에서는 "麻絻, 緝麻爲冕, 所謂大裘而冕, 不用袞龍之屬也."라고 풀이했다.

◎ 마씨(馬氏) : =마희맹(馬晞孟)

◎ 마융(馬融, A.D.79 ~ A.D.166) : =마계장(馬季長). 후한대(後漢代)의 경학자(經學者)이다. 자(字)는 계장(季長)이며, 마속(馬續)의 동생이다. 고문경학(古文經學)을 연구하였으며, 『주역(周易)』, 『상서(尙書)』, 『모시(毛詩)』, 『논어(論語)』, 『효경(孝經)』 등을 두루 주석하고, 『노자(老子)』, 『회남자(淮南子)』 등도 주석하였지만 현재 전해지지 않는다.

◎ 마희맹(馬晞孟, ? ~ ?) : =마씨(馬氏) · 마언순(馬彦醇). 자(字)는 언순(彦醇)이다. 『예기해(禮記解)』를 찬술했다.

◎ 만무(萬舞) : '만무'는 고대의 악무(樂舞) 명칭이다. 먼저 무용수들은 손에 병장기를 들고 무무(武舞)를 추고, 이후에 깃털과 악기 등을 들고 문무(文舞)를 춘다. '만무'는 또한 악무를 범칭하는 용어로도 사용되었다.

◎ 망질(望秩) : '망질'은 해당 대상의 등급을 살펴서, 산천(山川) 등에 망제(望

祭)를 지낸다는 뜻이다. '망질'의 '망(望)'자는 망제를 뜻하고, '질(秩)'자는 계급에 따른 등차를 뜻한다. 고대인의 관념에서는 산천의 중요성에 따라 각각 등급이 있었다. 예를 들어 오악(五嶽)에 대한 제사에서는 삼공(三公)에 대한 예법에 견주어서 희생물을 사용하였고, 사독(四瀆)에 대한 제사에서는 제후에 대한 예법에 견주어서 희생물을 사용하였으며, 나머지 산천 등에 대해서도 차례대로 백작·자작·남작 등의 예법에 견주어서 희생물을 사용하였다. 『서』「우서(虞書)·순전(舜典)」편에는 "歲二月, 東巡守, 至于岱宗, 柴, 望秩于山川."이라는 기록이 있고, 이에 대한 공안국(孔安國)의 전(傳)에서는 "謂五嶽牲禮視三公, 四瀆視諸侯, 其餘視伯子男."이라고 풀이했다.

◎ 매승(枚乘, ?~B.C. 140) : 전한(前漢) 때의 문인이다. 자(字)는 숙(叔)이다.

◎ 매씨(媒氏) : '매씨'는 남녀의 혼인을 주관했던 관리이다. 고대에는 남자의 나이가 30세가 되도록 장가를 들지 않았으면, 매씨가 주관하여 혼인을 시켰다. 여자의 경우에는 20세를 기준으로 혼인을 치르게 시켰다. 『주례』「지관(地官)·매씨(媒氏)」편에는 "媒氏掌萬民之判, 凡男女自成名以上, 皆書年月日名焉. 令男三十而娶, 女二十而嫁."라는 기록이 있다. 이러한 뜻에서 파생하여, 후대에는 중매를 주선했던 자를 부르는 용어로도 사용되었다.

◎ 매응조(梅膺祚, ?~?) : 명나라 때의 학자이다. 자는 탄생(誕生)이다. 저서로는 『자휘(字彙)』등이 있다.

◎ 면복(冕服) : '면복'은 대부(大夫) 이상의 계층이 착용하는 예관(禮冠)과 복식을 뜻한다. 무릇 길례(吉禮)를 시행할 때에는 모두 면류관[冕]을 착용하는데, 복장의 경우에는 시행하는 사안에 따라서 달라진다.

◎ 명규(命圭) : '명규'는 명규(命珪)라고도 부른다. '명규'는 본래 천자가 제후 및 대신(大臣)들에게 지급하였던 규(圭)를 뜻한다. 임명을 한다는 뜻에서 '명(命)'자를 붙여서 부르는 것이다. 신하들의 등급에 따라 지급하던 '명규'는 그 크기와 무늬가 각각 달랐다.

◎ 명기(明器) : '명기'는 명기(冥器)라고도 부른다. 장례(葬禮) 때 시신과 함께 매장하는 순장품을 뜻한다.

◎ 명당(明堂) : '명당'은 일반적으로 고대 제왕이 정교(政敎)를 베풀던 장소를 지칭하는 용어로 사용되었다. 이곳에서는 조회(朝會), 제사(祭祀), 경상(慶賞), 선사(選士), 양로(養老), 교학(敎學) 등의 국가 주요 업무가 시행되었다. 『맹자』「양혜왕하(梁惠王下)」편에는 "夫明堂者, 王者之堂也." 라는 용례가 있고, 『옥태신영(玉台新詠)』「목난사(木蘭辭)」편에도 "歸來見天子, 天子坐明堂."이라는 용례가 있다. '명당'의 규모나 제도는 시대마다 다르다. 또한 '명당'이라는 건물군 중에서 남쪽의 실(室)을 가리키는 용어로도 사용되었다.

◎ 명복(命服) : '명복'은 본래 천자가 신하들에게 제정했던 명(命)의 등급에 따른 복장을 뜻한다. 후대에는 각 계층에 따른 복장규정을 범칭하는 말로도 사용되었다.

◎ 명부(命婦) : '명부'는 고대 봉호(封號)를 부여받은 여자들을 뜻한다. 궁중에 머물며 비(妃)나 빈(嬪)의 신분을 가진 여자들은 내명부(內命婦)라고 부르고, 신하의 처가 된 자들은 외명부(外命婦)라고 부른다.

◎ 명부(命夫) : '명부'는 천자로부터 작명(爵命)을 받은 남자를 일컫는 용어이다. 내명부(內命夫)와 외명부(外命夫)로 나뉘는데, 내명부는 경(卿), 대부(大夫), 사(士)들 중에서 천자의 궁중(宮中)에서 근무하는 자들을 가리키고, 조정(朝廷)에 있는 자들을 외명부라고 부른다. 『주례』「천관(天官)·혼인(閽人)」편에는 "凡外內命夫命婦出入, 則爲之闢."이라는 기록이 있는데, 이에 대한 가공언(賈公彦)의 소(疏)에는 "內命夫, 卿大夫士之在宮中者, 謂若宮正所掌者也. 對在朝卿大夫士爲外命夫."라고 풀이하였다.

◎ 명사(命士) : '명사'는 사(士) 중에서도 작명(爵命)을 받은 자를 뜻한다. 『예기』「내칙(內則)」편에는 "由命士以上, 父子皆異官, 昧爽而朝, 慈以旨甘."이라는 용례가 나온다.

◎ 명산(名山) : '명산'은 저명하고 큰 산을 뜻한다. '명(名)'자를 대(大)자의 뜻으로 풀이하기도 한다. 고대에는 대부분 '오악(五岳)'을 뜻하는 용어로 사용되었다. 『예기』「예기(禮器)」편에는 "因名山升中于天."이라는 기록이 있는데, 이에 대한 정현의 주에서는 "名, 猶大也."라고 풀이했고, 손희단(孫希旦)의 『집해(集解)』에서는 "名山, 謂五嶽也."라고 풀이했다.

◎ 명수(明水) : ‘명수’는 제사 때 사용하는 깨끗한 물을 뜻한다. 현주(玄酒)를 뜻하기도 하며, ‘현주’와 구분해서 별도로 ‘명수’를 진설하기도 한다.

◎ 명의(明衣) : ‘명의’는 가장 안쪽에 입는 내의를 뜻한다. 재계를 할 때 목욕을 한 이후에 명의를 착용하며, 시신에 대한 염습(殮襲)을 할 때에도 시신을 닦은 이후 명의를 입혔다.

◎ 명정(銘旌) : ‘명정’은 명정(明旌)이라고도 부른다. 영구(靈柩) 앞에 세워서 죽은 자의 관직 및 성명(姓名)을 표시하는 깃발이다.

◎ 모공(毛公, ?~?) : =모장(毛長)·모장(毛萇)·소모공(小毛公). 전한(前漢) 때의 학자이다. 하간헌왕(河間獻王) 때 박사(博士)를 지내기도 했다. 모시학(毛詩學)의 최초 전수자로, 모형(毛亨)에게서 『모시(毛詩)』를 전수받았다. 그래서 모형을 대모공(大毛公)이라고 부르며, 모장을 소모공이라고 부른다.

◎ 모황(毛晃, ?~?) : 송(宋)나라 때의 학자이다. 호는 철연(鐵硯)이다. 저서로는 『증주예부운략(增注禮部韻略)』 등이 있다.

◎ 목로(木路) : ‘목로’는 목로(木輅)라고도 부른다. 천자가 사용하는 다섯 가지 수레 중 하나이다. 단지 옻칠만 하고, 가죽으로 덮지 않았으며, 다른 치장을 하지 않았기 때문에, ‘목로’라고 부르게 되었다. 대휘(大麾)라는 깃발을 세웠고, 사냥을 하거나, 구주(九州) 지역 이외의 나라를 분봉해줄 때 사용하였다. 『주례』「춘관(春官)·건거(巾車)」편에는 “木路, 前樊鵠纓, 建大麾, 以田, 以封蕃國.”이라는 기록이 있고, 이에 대한 정현의 주에서는 “木路, 不鞔以革, 漆之而已.”라고 풀이했다.

◎ 목록(目錄) : 『목록(目錄)』은 정현이 찬술했다고 전해지는 『삼례목록(三禮目錄)』을 가리킨다. 『십삼경주소(十三經注疏)』에서 인용되고 있지만, 이 책은 『수서(隋書)』가 편찬될 당시에 이미 일실되어 존재하지 않았다. 『수서』「경적지(經籍志)」편에는 “三禮目錄一卷, 鄭玄撰, 梁有陶弘景注一卷, 亡.”이라는 기록이 있다.

◎ 묘민(苗民) : ‘묘민’은 고대 삼묘(三苗) 부족의 수장을 뜻하며, 또한 삼묘 부족 전체를 가리키기도 한다.

◎ 무고(武庫) : ‘무고’는 병장기를 보관해두던 창고를 뜻한다.

◎ 무산악(無算樂) : '무산악'은 악곡의 수를 정해놓지 않고 연주를 하는 것으로, 분위기를 돋우기 위한 것이다.

◎ 무산작(無算爵) : '무산작'은 술잔의 수를 헤아리지 않는다는 뜻이다. 여수(旅酬)를 한 이후에, 빈객들의 제자들과 형제들의 자제들은 각각 그들의 수장에게 술을 따르고, 잔을 들어 올리는 것도 각각 그들의 수장에게 한다. 그리고 빈객들이 잔을 가져다가, 형제들 집단에 술을 권하고, 장형제(長兄弟)들은 잔을 가져다가 빈객의 무리들에게 술을 권하게 된다. 이처럼 여러 차례 술을 따르고 권하기 때문에, 이러한 절차를 '무산작'이라고 부르는 것이다.

◎ 묵거(墨車) : '묵거'는 별다른 장식을 하지 않고, 흑색으로 칠하기만 한 수레를 뜻한다. 주(周)나라 때에는 주로 대부(大夫)들이 탔다. 『주례』「춘관(春官)・건거(巾車)」편에는 "大夫乘墨車."라는 기록이 있고, 이에 대한 정현의 주에서는 "墨車, 不畫也."라고 풀이했다.

◎ 묵형(墨刑) : '묵형'은 묵벽(墨辟)이라고도 부르며, 오형(五刑) 중의 하나이다. 범죄자의 얼굴 및 이마에 상처를 내고, 먹물로 새겨 넣어서 죄인의 신분임을 표시하는 형벌이다. 『서』「주서(周書)・여형(呂刑)」편에는 "墨辟疑赦."라는 기록이 있고, 이에 대한 공안국(孔安國)의 전(傳)에서는 "刻其顙而涅之, 曰墨刑."이라고 풀이했다.

◎ 문(免) : '문'은 '문(絻)'이라고도 부른다. 문포(免布)나 문복(免服)과 같은 뜻이다.

◎ 문명(問名) : '문명'은 혼례와 관련된 육례(六禮) 중 하나이다. 여자의 이름 및 출생일 등에 대해서 묻는 절차를 뜻한다.

◎ 문무(文舞) : '문무'는 무무(武舞)와 상대되는 용어이다. 무용수들이 피리 및 깃털 등의 도구를 들고 추는 춤이다. 통치자의 치적(治積)을 기리는 뜻을 춤으로 표현한 것이다.

◎ 문복(免服) : '문복'은 상복(喪服)의 한 종류이다. 문(免)과 최질(衰絰)을 하는 것이며, 친상(親喪)을 처음 당했을 때 착용하는 복장이다.

◎ 문포(免布) : '문포'는 상(喪)을 당한 사람이 관(冠)을 벗고 흰 천 등으로 '머리를 묶는 것[括髮]'을 뜻한다.

◎ 미음(微陰) : '미음'은 미약한 음기라는 뜻으로, 음기(陰氣)가 초생(初生)했을 때를 가리킨다. 또한 초생한 음기의 상태를 뜻하기도 한다. 『후한서(後漢書)』「화제기(和帝紀)」편에는 "有司奏, 以爲夏至則微陰起, 靡草死, 可以決小事."라는 기록이 있는데, 이에 대한 이현(李賢)의 주에서는 "五月一陰爻生, 可以言微陰."이라고 풀이했다. 즉 5월에는 하나의 음효(陰爻)가 생겨나서, '미음'이 되는 것이다. 그리고 『후한서』「노공전(魯恭傳)」편에도 "言君以夏至之日, 施命令止四方行者, 所以助微陰."이라는 기록이 있는데, 이에 대한 이현의 주에서는 "五月陰氣始生, 故曰微陰."이라고 하여, 5월에는 음기가 비로소 생겨나기 시작하기 때문에, '미음'이라고 부른다고 설명한다.

◎ 박세채(朴世采, A.D.1631 ~ A.D.1695) : 조선 중기 때의 학자이다. 본관은 반남(潘南)이고 자는 화숙(和叔)이며 호는 남계(南溪)·현석(玄石)이고 시호는 문순(文純)이며 이름은 세채(世采)이다. 저서로는 『남계집(南溪集)』 등이 있다.

◎ 반(飯) : '반'은 반함(飯含)이라고도 부른다. 상례를 치를 때 시신의 입에 옥·구슬·쌀·화폐 등을 넣는 것이다.

◎ 반고(班固, A.D.32 ~ A.D.92) : 후한(後漢) 때의 학자이다. 자(字)는 맹견(孟堅)이다. 『한서(漢書)』를 정리하였다.

◎ 반곡(反哭) : '반곡'은 장례(葬禮) 절차 중 하나이다. 장지(葬地)에 시신을 안치한 이후, 상주(喪主)는 신주(神主)를 받들고 되돌아와서 곡(哭)을 하는데, 이것을 '반곡'이라고 부른다.

◎ 반영(繁纓) : '반영'에서의 '반(繁)'은 말에 채우는 복대이고, '영(纓)'은 거슴걸이이다. 『예기』「예기(禮器)」편에는 "大路繁纓一就, 次路繁纓七就."라는 기록이 있는데, 이에 대한 공영달(孔穎達)의 소(疏)에서는 "繁謂馬腹帶也. 纓, 鞅也."라고 풀이했다.

◎ 반점(反坫) : '반점'은 비운 술잔을 올려놓는 대를 뜻한다. 흙을 쌓아서 윗면을 평평하게 해서 '반점'을 만들었다. 이것은 본래 제후들이 서로 회동을 할 때 사용하는 것이다.

◎ 발양(軷壤) : '발양'은 도로(道路)의 신(神)에게 제사지낼 목적으로 만든 토단(土壇)이다. 발(軷)자는 도로의 신에게 지내는 제사를 뜻한다. 『시』「대아(大雅) · 생민(生民)」편에는 "取羝以軷. 載燔載烈, 以興嗣歲."라는 기록이 있는데, 이에 대한 모전(毛傳)에서는 "軷, 道祭也."라고 풀이했다. 또한 『설문해자(說文解字)』「거부(車部)」편에는 "軷, 出將有事于道, 必先告其神, 立壇四通, 樹茅以依神, 爲軷."이라는 기록이 있다. 즉 장차 출병하고자 할 때에는 도로에서 제사를 지내서, 반드시 그 신에게 고(告)하게 되니, 단(壇)을 쌓고 사방(四方)으로 소통이 되게 하며, 모(茅)를 심어서 의신(依神)하는 것이 바로 '발'이다.

◎ 발제(軷祭) : '발제'는 조도(祖道) 또는 조제(祖祭)와 같은 의미로, 외부로 출타하게 되었을 때, 도로의 신(神)에게 지내는 제사이다.

◎ 방구(方丘) : '방구'는 방택(方澤)과 같은 말이다. 고대에 제왕이 땅에 제사를 지냈던 제단이다. 그 모양이 사각형이었기 때문에 '방(方)'자를 붙이고, 언덕처럼 흙을 쌓아서 만들었기 때문에 '구(丘)'자를 붙여서 부르는 것이다.

◎ 방씨(方氏) : =엄릉방씨(嚴陵方氏)

◎ 방악(方岳) : '방악'은 '방악(方嶽)' 또는 '사악(四嶽)'이라고도 부르며, 사방의 주요 산들을 뜻한다. 고대인들이 주요 산들로 오악(五嶽)을 두었는데, 그 중 중앙에 있는 숭산(嵩山)은 천자의 수도 부근에 있었으므로, '숭산'을 제외한 나머지 4개의 산을 '방악'이라고 부른 것이다. 동쪽 지역의 주요 산인 동악(東嶽)은 태산(泰山)이고, 남악(南嶽)은 형산(衡山: =霍山), 서악(西嶽)은 화산(華山), 북악(北嶽)은 항산(恒山)이 된다. 『춘추좌씨전』「소공(昭公) 4년」에 기록된 '사악(四嶽)'에 대해, 두예(杜預)의 주에서는 "東嶽岱, 西嶽華, 南嶽衡, 北嶽恒."이라고 풀이했다.

◎ 방증(房烝) : '방증'은 방증(房脀)이라고도 부른다. 전증(全烝)과 대비되는 말이다. 제사나 연회 때 희생물을 반절로 갈라서 도마 위에 올리는 것을 말한다. 천자의 연회 때 사용된 예법(禮法) 중 하나이다. 『국어(國

語)』「주어중(周語中)」편에는 "禘郊之事, 則有全烝. 王公立飫, 則有房烝."이라는 기록이 있고, 이에 대한 위소(韋昭)의 주에서는 "房, 大俎也. 詩云 籩豆大房, 謂半解其體, 升之房也."라고 풀이했다. 즉 '방증'에서의 방(房)자는 큰 도마라는 뜻이며, 증(烝)자는 도마에 올린다는 뜻이다. 『시』「노송(魯頌)·비궁(閟宮)」편에는 "籩豆大房"이라는 기록이 있는데, 이것은 희생물의 몸체를 반절로 갈라서, 큰 도마 위에 올린다는 뜻이다.

◎ 배정(陪鼎) : '배정'은 추가적으로 설치하는 정(鼎)을 뜻한다. 의식 행사 때 본래 차려내야 하는 음식들을 담은 정(鼎)은 정정(正鼎)에 해당하고, 그 이외에 추가적으로 차려내는 음식들을 담은 정(鼎)은 '배정'이 된다. 『춘추좌씨전』「소공(昭公) 5년」에는 "宴有好貨, 飧有陪鼎."이라는 기록이 있는데, 이에 대한 두예(杜預)의 주에서는 "陪, 加也. 加鼎所以厚殷勤."이라고 풀이했으며, 양백준(楊伯峻)의 주에서는 "據儀禮·聘禮, 賓始入客館, 宰夫卽設飧, 有九鼎, 牛鼎一·羊鼎一·豕鼎一·魚鼎一·腊鼎一·腸胃鼎一·膚鼎一·鮮魚鼎一·鮮腊鼎一. 陪鼎一曰羞鼎, 有三, 牛羹鼎·羊羹鼎·豕羹鼎各一."이라고 풀이했다. 즉 『의례』「빙례(聘禮)」편의 기록에 따르면, 빈객(賓客)이 처음으로 숙소에 들어가게 되면, 음식을 담당하는 재부(宰夫)는 식사를 차려내게 되며, 9개의 정(鼎)을 설치한다. 소를 담은 정(鼎)이 1개이고, 양을 담은 정(鼎)이 1개이며, 돼지를 담은 정(鼎)이 1개이고, 물고기를 담은 정(鼎)이 1개이며, 말린 고기를 담은 정(鼎)이 1개이고, 창자와 위를 담은 정(鼎)이 1개이며, 고기를 잘게 저민 정(鼎)이 1개이고, 물고기 회를 담은 정(鼎)이 1개이다. 그리고 '배정'의 경우에는 '수정(羞鼎)'이라고도 부르는데, 3가지가 있으며, 소고기 국을 담은 정(鼎)이 1개이고, 양고기 국을 담은 정(鼎)이 1개이며, 돼지고기 국을 담은 정(鼎)이 1개이다.

◎ 백공(百工) : '백공'은 각종 장인(匠人)들을 총칭하는 말이다. 『묵자(墨子)』「절용중(節用中)」편에는 "凡天下群百工, 輪車鞼匏, 陶冶梓匠, 使各從事其所能."이라는 용례가 있다. 또한 '백공'은 모든 관리들을 뜻하는 백관(百官)의 뜻으로도 사용된다. 『서』「우서(虞書)·요전(堯典)」편에도 "允釐百工, 庶績咸熙."이라는 기록이 나오고, 『춘추좌씨전』「소공(昭公) 22

년」편에도 "王子朝因舊官百工之喪職秩者, 與靈景之族以作亂."이라는
기록이 나온다.

◎ 백물(百物) : '백물'은 사방의 백신(百神)들을 지칭한다. 백신은 온갖 신들
을 총칭하는 말인데, 주요 신들은 제외되고, 주로 하위 신들을 가리킨다.
또한 고대에는 백신들에게 지내는 제사를 사(蜡)라고 부르기도 했다.

◎ 백벽(百辟) : '백벽'은 모든 제후들을 총칭하는 용어이다. '백벽'의 '백(百)'은
'모든'이라는 뜻이고, '벽(辟)'자는 제후를 뜻한다. 『국어(國語)』「노어상
(魯語上)」편에는 "其周公太公及百辟神祇實永饗而賴之."라는 기록이
있는데, 이에 대한 위소(韋昭)의 주에서는 "辟, 君也."라고 풀이하였다.

◎ 백신(百神) : '백신'은 백물(百物)이라고도 부른다. 온갖 신들을 총칭하는
말인데, 주요 신들은 제외되고, 주로 하위 신들을 가리킨다.

◎ 백호(白虎) : '백호'는 서쪽 하늘의 별자리들을 총칭하는 용어이다. 하늘의
주요 별자리인 28수(宿) 중 서쪽 방위에 해당하는 규수(奎宿) · 루수(婁
宿) · 위수(胃宿) · 묘수(昴宿) · 필수(畢宿) · 자수(觜宿) · 삼수(參宿) 등
7개의 별자리를 총칭한다. 이 일곱 별자리를 서로 연결하면, 호랑이의 형
상이 되며, 흰색[白]은 쇠[金]의 색깔에 해당하는데, 방위와 오행(五行)을
연관시키면, 쇠는 서쪽에 해당하기 때문에, '백호'라고 부르는 것이다.

◎ 번국(蕃國) : '번국'은 본래 주(周)나라 때의 구주(九州) 밖의 나라들을 지
칭하는 말이다. 후대에는 오랑캐 나라들을 범칭하는 용어로도 사용되었다.
주나라 때에는 구복(九服)으로 천하의 땅을 구획하였는데, 구복 중 육복
(六服)까지는 중원 지역으로 구분되며, 육복 이외의 세 개의 지역은 오랑
캐 땅으로 분류하였다. 이 세 개의 지역은 이복(夷服) · 진복(鎭服) · 번복
(藩服)이며, 이 지역에 세운 나라를 '번국'이라고 부른다. 『주례』「추관(秋
官) · 대행인(大行人)」편에는 "九州之外, 謂之蕃國."이라는 기록이 있는
데, 이에 대한 손이양(孫詒讓)의 『정의(正義)』에서는 "職方氏九服, 蠻服
以外, 有夷 · 鎭 · 藩三服. …… 是此蕃國卽職方外三服也."라고 풀이
했다.

◎ 벌(伐) : '벌'은 삼수(參宿) 근처에 있는 별자리로, 벌성(伐星)을 뜻한다.
'삼수'의 중앙 부분 근처에 있으며, 작은 세 개의 별로 이루어져 있다.

◎ 범녕(范甯, A.D.339 ~ A.D.401) : 동진(東晉) 때의 학자이다. 자(字)는 무자(武子)이다. 정현(鄭玄)의 영향력을 많이 받았으며, 『춘추곡량전집해(春秋穀梁傳集解)』등을 지었다.

◎ 범제(泛齊) : '범제'는 오제(五齊) 중 하나이다. 술이 익고 나서 앙금이 둥둥 떠 있는 것으로 정현 시대의 의성료(宜成醪)와 같은 술이다.

◎ 벽(璧) : '벽'은 옥(玉)으로 된 물건으로, 평평하며 원형으로 되어 있고, 중앙에 구멍이 뚫려 있어서, 끈을 달아서 허리에 찼다.

◎ 별면(鷩冕) : '별면'은 별의(鷩衣)와 면류관을 뜻한다. 천자 및 제후가 입던 복장으로, 선공(先公)에 대한 제사 및 향사례(饗射禮)를 시행할 때 착용했다. '별의'에는 꿩의 무늬를 수놓게 되는데, 이 무늬를 화충(華蟲)이라고도 부른다. 상의에는 3종류의 무늬를 수놓고, 하의에는 4종류의 무늬를 수놓게 되어, 총 7가지의 무늬가 들어가게 된다. 『주례(周禮)』「춘관(春官)·사복(司服)」편에는 "享先公, 饗射則鷩冕."이라는 기록이 있고, 이에 대한 정현의 주에서는 "鷩, 畫以雉, 謂華蟲也. 其衣三章, 裳四章, 凡七也."라고 풀이했다.

◎ 보(步) : '보'는 길이를 재는 단위이다. 5척(尺)을 1보(步)로 삼기도 했고, 주(周)나라 때에는 8척을 1보로 삼기도 했으며, 진(秦)나라 때에는 6척을 1보로 삼기도 하여, 단위가 일정하지 않았다.

◎ 보개(保介) : '보개'는 수레의 우측에 타는 사람을 가리킨다. 수레의 우측에 타서, 주인의 시중을 들거나, 주인을 보호하는 임무를 맡았다. 『시』「주송(周頌)·신공(臣工)」편에는 "嗟嗟保介, 維莫之春, 亦又何求, 如何新畬."라는 기록이 있는데, 이에 대한 정현의 전(箋)에서는 "保介, 車右也. …… 介, 甲也. 車右勇力之士, 被甲執兵也."라고 풀이했다. 즉 '보개'의 개(介)자는 갑옷을 뜻한다. 수레의 우측에 타는 용사(勇士)는 갑옷을 입고 병장기를 들고서, 수레를 보호하는 임무를 맡았기 때문에, 이러한 명칭이 생기게 되었다.

◎ 보뇨(普淖) : '보뇨'는 기장[黍稷]을 가리킨다. '보(普)'자는 크다는 의미이고, '뇨(淖)'자는 조화롭다는 의미이다. 군주의 덕이 성대하고 조화롭게 펼쳐졌기 때문에, 기장이라는 생물이 생산된 것이므로, 이러한 호칭으로 부

르게 된 것이다. 『의례』「사우례(士虞禮)」편에는 "嘉薦普淖, 明齊溲酒."
라는 기록이 있고, 이에 대한 정현의 주에서는 "普淖, 黍稷也. 普, 大也,
淖, 和也. 德能大和, 乃有黍稷, 故以爲號云."이라고 풀이하였다.

◎ 복건(服虔, ?~?) : 후한대(後漢代)의 유학자이다. 자(字)는 자신(子愼)이
다. 초명은 중(重)이었으며, 기(祇)라고도 불렀다. 후에 이름을 건(虔)으로
고쳤다. 『춘추좌씨전(春秋左氏傳)』에 주석을 남겼지만, 산실되어 전해지
지 않는다. 현재는 『좌전가복주집술(左傳賈服注輯述)』로 일집본이 편찬
되었다.

◎ 복마(服馬) : '복마'는 고대의 수레에는 1대에 4마리의 말을 사용했는데, 끌
채를 양옆으로 끼고 있는 중앙의 2마리 말을 뜻한다.

◎ 복생(伏生, ?~?) : =복승(伏勝). 전한(前漢) 때의 학자이다. 자(字)는 자
천(子賤)이다. 진(秦)나라 때 박사(博士)를 지냈으며, 분서갱유를 피해 『
상서(尙書)』를 숨겨두었다가, 한(漢)나라 때 『금문상서(今文尙書)』를 전
수하였다.

◎ 봉(賵) : '봉'은 부의를 보낸다는 뜻이며, 또한 부의로 보내는 특정 물건을
가리키기도 한다. '봉'은 상사(喪事)에 사용될 수레나 말을 부의로 보내는
것이다. 『예기』「문왕세자(文王世子)」편에는 "族之相爲也, 宜弔不弔,
宜免不免, 有司罰之. 至于賵賻承含, 皆有正焉."이라는 기록이 있는데,
이에 대한 진호(陳澔)의 『집설(集說)』에서는 "賵以車馬."라고 풀이했다.

◎ 봉선(封禪) : '봉선'은 고대의 제왕들이 천지(天地)에 대한 제사를 지낼 때
따르게 되었던 규범을 뜻한다. 태산(泰山)에 흙으로 제단을 쌓고, 제사를
지내며 하늘의 공덕(功德)에 보답을 하였는데, 이것을 '봉(封)'이라고 부
르는 것이며, 태산 밑에 있는 양보산(梁父山)에서 땅을 정돈하여, 땅에
대한 제사를 지내며, 땅의 공덕에 보답을 하였는데, 이것을 '선(禪)'이라고
부른다.

◎ 부(夫) : '부'는 한 사람의 장정이 경작지로 부여받았던 토지크기를 뜻한다.
토지면적 단위로 사용되었는데, 한 사람이 받는 경작지가 100무(畝)였으
므로, 1'부'는 100무의 크기가 된다. 『주례』「지관(地官)·소사도(小司徒)
」편에는 "九夫爲井."이라는 문장이 있는데, 이에 대한 정현의 주에서는

"司馬法曰 六尺爲步, 步百爲畝, 畝百爲夫."라고 풀이하였다. 즉 6척 (尺)이 1보(步)가 되고, 100보가 1무가 되며, 100무가 1부가 된다.

◎ 부(賻) : '부'는 부의를 보낸다는 뜻이며, 또한 부의로 보내는 특정 물건을 가리키기도 한다. '부'는 상사를 진행하는데 필요한 재화를 보내는 것이다. 『춘추공양전』「은공(隱公) 1년」에는 "賻者, 蓋以馬, 以乘馬・束帛. 車馬曰賵, 貨財曰賻, 衣被曰襚."라는 기록이 있다.

◎ 부관(婦官) : '부관'은 천에 대한 염색을 담당하는 관리들이다. 『예기』「월령 (月令)」편에는 "是月也, 命婦官."이라는 기록이 있는데, 이에 대한 공영 달(孔穎達)의 소(疏)에서는 "按周禮, 婦官有典婦功典枲染人等."이라고 풀이했다. 즉 『주례』의 체제에 따르면, 염색을 담당했던 '부관'들에는 전부 공(典婦功), 전시(典枲), 염인(染人) 등의 관직이 있었는데, 이들을 모두 '부관'이라고 부르는 것이다. 그리고 이러한 세 관직들은 모두 천관(天官) 에 소속되어 있었다.

◎ 부사(府史) : '부사'는 재화와 문서를 관리하는 말단직 관리를 말한다. 부 (府)는 본래 창고를 관리하는 자이고, 사(史)는 문서 기록을 담당했던 자 이다. 이 둘을 합쳐서 하급 관리들을 범칭하는 용어로도 사용한다. 『주례 (周禮)』「천관(天官)・서관(序官)」편에는 "府六人, 史十有二人."라는 기 록이 있는데, 이에 대한 정현 주에서는 "府, 治藏, 史, 掌書者. 凡府・史, 皆其官長所自闢除."라고 풀이했다.

◎ 부인(夫人) : '부인'은 제후의 부인을 뜻한다. 『예기』「곡례하(曲禮下)」편에 는 "公侯有夫人, 有世婦, 有妻, 有妾."이라는 기록이 있다. 즉 공작과 후 작은 정부인인 부인(夫人)을 두고, 그 외에 세부(世婦), 처(妻), 첩(妾)을 둔다. 또한 『논어』「계씨(季氏)」편에는 "邦君之妻, 君稱之曰夫人. 夫人 自稱曰小童."이라는 기록이 있다. 즉 군주의 처를 군주가 직접 부를 때에 는 부인(夫人)이라고 부르며, 부인(夫人)이 자신을 지칭할 때에는 소동 (小童)이라고 부른다. 참고적으로 천자의 부인은 후(后)라고 부르고, 대부 (大夫)의 부인은 유인(孺人)이라고 부르며, 사(士)의 부인은 부인(婦人) 이라고 부르고, 서인(庶人)의 부인은 처(妻)라고 부른다. 그러나 이러한 구분은 일률적으로 적용되는 것은 아니다.

◎ 부제(祔祭) : '부제'는 '부(祔)'라고도 한다. 새로이 죽은 자가 있으면, 선조 (先祖)에게 '부제'를 올리면서, 신주(神主)를 합사(合祀)하는 것을 말한다. 『주례』「춘관(春官)·대축(大祝)」편에는 "付練祥, 掌國事."라는 기록이 있고, 이에 대한 정현의 주에서는 "付當爲祔. 祭於先王以祔後死者."라 고 풀이하였다.

◎ 북계진씨(北溪陳氏, A.D.1159 ~ A.D.1223) : =진순(陳淳). 남송(南宋) 때의 학자이다. 자(字)는 안경(安卿)이고, 호(號)는 북계(北溪)이다. 주자의 제 자이다. 저서로는 『엄릉강의(嚴陵講義)』·『사서성리자의(四書性理字 義)』등이 있다.

◎ 분묘(墳墓) : '분묘'는 위수(危宿)의 남쪽에 위치하는 네 개의 별을 가리킨 다. 『송사(宋史)』「천문지삼(天文志三)」편에는 "墳墓四星, 在危南, 主 山陵·悲慘·死喪·哭泣."이라는 기록이 있다. 즉 '분묘'에 해당하는 네 개의 별들은 위수의 남쪽에 위치하는데, 무덤이나 애도하는 일, 장례나 상 례, 곡(哭)하고 읍(泣)하는 일 등을 주관한다.

◎ 분상(奔喪) : '분상'은 타지에 있다가 상(喪)에 대한 소식을 듣고, 급히 되돌 아오는 예법(禮法)을 말한다. 『예기』「분상(奔喪)」편에 대해, 공영달(孔 穎達)은 "案鄭目錄云, 名曰奔喪者, 以其居他國, 聞喪奔歸之禮."라고 풀이했다.

◎ 불곡(不穀) : '불곡'은 고대에 제왕들이 자신을 겸손하게 지칭할 때 쓰는 용 어로, "착하지 못하다."는 뜻의 '불선(不善)'과 같은 말이다.

◎ 불제(祓除) : '불제'는 재앙과 사악함을 제거하기 위해 지내는 제사이다. 또 한 재앙과 사악을 제거하는 행위 자체를 가리키기도 한다. 『주례』「춘관 (春官)·여무(女巫)」편에는 "掌歲時祓除釁浴."이라는 기록이 있는데, 이 에 대한 정현의 주에서는 "歲時祓除, 如今三月上巳如水上之類."라고 풀이했다. 즉 '불제'는 3월 상사(上巳: 상순 중에서 사(巳)자가 들어가는 날)에 물가에서 몸을 정갈하게 하는 의식과 비슷하다.

◎ 비률(碑緯) : '비률'에서의 비(碑)자는 하관(下棺)할 때, 매장하는 구덩이 주변에 설치하는 풍비(豊碑)를 뜻한다. 률(緯)자는 풍비에 뚫린 구멍에 끼 우는 끈을 말한다. 즉 '비률'은 도르래의 원리와 비슷한 것으로 하관할 때

사용한다. 『예기』「단궁하(檀弓下)」편에는 "公室視豊碑, 三家視桓楹." 이라는 기록이 있는데, 이에 대한 정현의 주에서는 "豊碑, 斲大木爲之, 形如石碑. 於槨前後四角樹之, 穿中於間, 爲鹿盧, 下棺以綍繞. 天子 六綍四碑, 前後各重鹿盧也."라고 풀이했다.

◎ 비면(裨冕) : '비면'은 비의(裨衣)를 입고 면류관[冕]을 착용하는 것이다. 제 후 및 경(卿), 대부(大夫) 등이 조회를 하거나 제사를 지낼 때 착용하는 면복(冕服)을 통칭하는 말이다. 또한 곤면(袞冕)이나 가장 상등의 면복과 상대되는 용어로도 사용되었다. '비의'의 '비(裨)'자는 '비(埤)'자의 뜻으로 낮다는 의미이다. 예를 들어 천자의 육복(六服) 중에서 대구(大裘)가 가 장 상등의 복장이 되는데, 나머지 5종류의 복장은 '비의'가 된다. 『의례』「 근례(覲禮)」편에는 "侯氏裨冕, 釋幣于禰."라는 기록이 있고, 이에 대한 정현의 주에서는 "裨冕者, 衣裨衣而冠冕也. 裨之爲言埤也. 天子六服, 大裘爲上, 其餘爲裨, 以事尊卑服之, 而諸侯亦服焉."이라고 풀이했다.

◎ 비흥(比興) : '비흥'은 본래 『시』의 육의(六義) 중 하나인 비(比)와 흥(興) 을 가리킨다. '비'는 저 사물을 통해 이 사물에 대해 비교를 하는 것이다. '흥'은 먼저 다른 사물을 언급하여, 시로 표현하고자 하는 말들을 이끌어내 는 것이다. 후대에는 시가(詩歌)를 창작하는 용어로도 사용되었다.

◎ 빈례(賓禮) : '빈례'는 오례(五禮) 중 하나로, 천자를 찾아뵙거나 천자가 제 후들을 만나보거나 아니면 제후들끼리 회동하는 조빙(朝聘)의 예법(禮法) 을 뜻한다. 또한 '빈례'는 손님을 접대하는 예제(禮制)를 뜻하기도 한다. 참고적으로 봄에 천자를 찾아뵙는 것을 조(朝)라고 하였으며, 여름에 찾아 뵙는 것을 종(宗)이라고 하였고, 가을에 찾아뵙는 것을 근(覲)이라고 하였 으며, 겨울에 찾아뵙는 것을 우(遇)라고 하였다. 또한 제후들이 천자를 찾 아뵐 때에는 본래 각각의 제후들마다 정해진 기간이 있었는데, 정해진 기 간 외에 찾아뵙는 것을 회(會)라고 하였고, 정해진 기간에 찾아뵙는 것을 동(同)이라고 하였다. 또 천자가 순수(巡守)를 할 때에도 정해진 기간이 있었는데, 정해진 기간이 아닌 때에 제후를 찾아가 보는 것을 문(問)이라 고 하였고, 정해진 기간에 찾아가 보는 것을 시(視)라고 하였다.

◎ 빈형(臏刑) : '빈형'은 월형(刖刑)과 같은 말이다. 다리를 자르는 형벌이다.

주(周)나라 때 빈형(臏刑)의 명칭을 월형(刖刑)으로 고쳤다고 전해진다. 『주례』「추관(秋官)·사형(司刑)」편에는 "刖罪五百."이라는 기록이 있는데, 이에 대한 정현의 주에서는 "斷足也. 周改臏作刖."이라고 풀이했다.

◎ 빙례(聘禮) : '빙례'는 제후들이 서로 찾아가서 만나보는 예법을 뜻한다. 또한 제후 이외에도 각 계층에서 상대방에게 찾아가서 안부를 여쭙는 예법을 빙문(聘問)이라고 부르는데, '빙례'는 이러한 '빙문' 등의 예법을 총칭하는 용어이다.

◎ 빙문(聘問) : '빙문'은 국가 간이나 개인 간에 사람을 보내서 상대방을 찾아가 안부를 묻는 의식 절차를 통칭하는 말이다. 또한 제후가 신하를 시켜서 천자에게 보내, 안부를 묻는 예법을 뜻하기도 한다.

◎ 빙향(聘享) : '빙향'은 빙문(聘問)의 의례를 시행하며 선물로 가지고 간 폐백을 바치는 의식이다. '빙문'을 하게 되면, 폐백을 받은 자는 상대방에게 반드시 연회를 베풀어주게 된다. 따라서 빙문(聘問)에서의 빙(聘)자와 연회를 뜻하는 향(享)자를 합쳐서, 이러한 의식을 '빙향'이라고 부르게 되었다. 『의례』「빙례(聘禮)」편에는 "受夫人之聘璋, 享玄纁."이라는 기록이 있고, 이에 대한 정현의 주에서는 "享, 獻也. 旣聘又享, 所以厚恩惠也."라고 풀이했다.

◎ 사(社) : '사'는 흙을 쌓아서 만든 제단을 뜻한다. 고대에는 분봉을 받게 되면, 흙을 쌓고 그곳에 적합한 나무를 심어서, 토지신이 머무는 장소로 여기고, 이곳에서 제사를 지냈다. 이러한 뜻에서 연유하여, '사'는 토지신에 대한 제사와 그 제단, 그리고 토지신을 가리키는 용어로도 사용되었고, 국가를 상징하는 용어로도 사용되었다.

◎ 사(肆) : '사'는 육향(六享)의 첫 번째 제사에 속하는 것으로, 희생물의 몸체를 해체하여 바친다는 뜻으로, 익힌 고기를 바치는 때를 의미한다.

◎ 사(祠) : '사'는 봄에 종묘(宗廟)에서 지내는 제사를 뜻한다. '사'자는 음식

[食]을 뜻하는 글자로, 선왕(先王)들에게 음식을 대접한다는 의미에서, 봄의 제사를 '사'라고 부르는 것이다. 『이아』「석천(釋天)」편에는 "春祭曰祠."라는 기록이 있는데, 이에 대한 곽박(郭璞)의 주에서는 "祠之言食."이라고 풀이했다. 한편 『예기』「왕제(王制)」편에는 "天子諸侯宗廟之祭, 春曰礿, 夏曰禘, 秋曰嘗, 冬曰烝."이라는 기록이 있고, 이에 대한 정현의 주에서는 "此蓋夏殷之祭名. 周則春曰祠, 夏曰礿, 以禘爲殷祭."라고 풀이했다. 즉 하(夏)나라와 은(殷)나라에서는 봄에 종묘에서 지내는 제사를 약(礿)이라고 불렀는데, 주(周)나라에 이르러, '약'이라는 명칭을 '사'로 고치게 되었다는 뜻이다.

◎ 사(蜡) : '사'는 연말에 지내는 큰 제사를 뜻한다. 제사 대상은 천제(天帝) 등의 주요 신들을 제외한 나머지 하위 신들에 해당한다. 하위 신들은 그 수가 많아서, 일일이 제사를 지낼 수 없기 때문에, 연말에 합동으로 제사를 지냈던 것이다. 『예기』「잡기하(雜記下)」편에는 "子貢觀於蜡."라는 기록이 있는데, 이에 대한 정현의 주에서는 "蜡也者, 索也. 歲十二月, 合聚萬物而索饗之祭也."라고 풀이했다. 또 『예기』「교특생(郊特牲)」편에는 "蜡之祭也, 主先嗇而祭司嗇也, 祭百種, 以報嗇也."라는 기록이 있다.

◎ 사계(沙溪) : =김장생(金長生)

◎ 사공(司空) : '사공'은 주(周)나라 때의 관리로, 토목 공사 및 각종 건설과 기물 제작 등을 주관했다. 전설상으로는 소호(少昊) 시대 때부터 설치되었다고 전해진다. 주나라의 육경(六卿) 중 하나였으며, 동관(冬官)의 수장인 대사공(大司空)에 해당한다. 한(漢)나라 때에는 어사대부(御史大夫)를 '대사공'으로 고쳐 불렀고, 대사마(大司馬), 대사도(大司徒)와 함께 삼공(三公)의 반열에 있었다. 후대에는 대(大)자를 빼고 '사공'으로 불렀다. 청(淸)나라 때에는 공부상서(工部尙書)를 '대사공'으로 부르고, 시랑(侍郞)을 소사공(少司空)으로 불렀다.

◎ 사구(司寇) : '사구'는 주(周)나라 때 설치되었던 관직이다. 하(夏)나라와 은(殷)나라 때에도 이미 존재했었다고 주장하기도 한다. 주나라 때에는 육경(六卿) 중 하나였으며, 대사구(大司寇)라고도 불렀다. 형벌이나 옥사에 관련된 일을 담당하였고, 감찰 임무를 맡기도 하였다. 춘추시대(春秋時

代)에는 여러 제후국들에 이 관직이 설치되었으며, 공자(孔子) 또한 노(魯)나라에서 '사구'를 지냈다고 전해지기도 한다. 청(淸)나라 때에는 형부상서(刑部尙書)를 '대사구'로 불렀으며, 시랑(侍郞)을 소사구(少司寇)로 불렀다.

◎ 사궁(司宮) : '사궁'은 궁내(宮內)의 일들을 맡아보던 관리이다. 주(周)나라 때에는 천관(天官)의 수장인 대재(大宰)에게 소속된 관리 중 하나였으며, 궁과 묘(廟)에 대한 일을 담당하였다. 환관으로 충당을 했기 때문에 내관(內官)이라고도 부른다. 『의례』「공사대부례(公食大夫禮)」편에는 "司宮具几與蒲筵常."이라는 기록이 있고, 이에 대한 정현의 주에서는 "司宮, 大宰之屬, 掌宮廟者也."라고 풀이했다. 한편 『춘추좌씨전』「소공(昭公) 5년」에는 "司宮射之, 中目而死."라는 기록이 있는데, 이에 대한 양백준(楊伯峻)의 주에서는 "梁履繩補釋引周氏附論則云, 襄九年杜解'司宮, 奄臣', 蓋內官也."라고 풀이했다.

◎ 사궁(射宮) : '사궁'은 천자가 대사례(大射禮)를 시행하던 장소이며, 또한 이곳에서 사(士)들을 시험하기도 했다. 『춘추곡량전』「소공(昭公) 8년」편에는 "以習射於射宮."이라는 기록이 있고, 『예기』「사의(射義)」편에는 "諸侯歲獻貢士於天子, 天子試之於射宮."이라는 기록이 있다.

◎ 사대(四代) : '사대'는 우(虞), 하(夏), 은(殷), 주(周)의 4대(代) 왕조를 뜻한다. 『예기』「학기(學記)」편에는 "三王四代唯其師."라는 기록이 있는데, 이에 대한 정현의 주에서는 "四代, 虞·夏·殷·周."라고 풀이했다.

◎ 사도(司徒) : '사도'는 대사도(大司徒)라고도 부른다. 본래 주(周)나라 때의 관리로, 국가의 토지 및 백성들에 대한 교화(敎化)를 담당했다. 전설상으로는 소호(少昊) 시대 때부터 설치되었다고 전해진다. 주나라의 육경(六卿) 중 하나였으며, 전한(前漢) 애제(哀帝) 원수(元壽) 2년(B.C. 1)에는 승상(丞相)의 관직명을 고쳐서, 대사도(大司徒)라고 불렀고, 대사마(大司馬), 대사공(大司空)과 함께 삼공(三公)의 반열에 있었다. 후한(後漢) 때에는 다시 '사도'로 명칭을 고쳤고, 그 이후로는 이 명칭을 계속 사용하다가 명(明)나라 때 폐지되었다. 명나라 이후로는 호부상서(戶部尙書)를 '대사도'라고 불렀다.

◎ 사량좌(謝良佐, A.D.1050 ~ A.D.1103) : =사상채(謝上蔡)·사씨(謝氏)·
상채사씨(上蔡謝氏). 북송(北宋) 때의 학자이다. 자(字)는 현도(顯道)이
고, 호(號)는 상채(上蔡)이다. 양시(楊時)·여대림(呂大臨)·유초(游酢)
와 함께 정문사대제자(程門四大弟子)로 손꼽힌다. 저서로는 『논어설(論
語說)』·『상채어록(上蔡語錄)』 등이 있다.

◎ 사례(食禮) : '사례'는 연회의 한 종류이다. '사례'는 그 행사에 밥이 있고 반
찬이 있는 것이니, 비록 술도 두었지만 마시지는 않았다. 그 예법에서는
밥을 위주로 한 것이기 때문에, '사례'라고 부른 것이다. 『예기』「왕제(王
制)」편에는 "殷人以食禮."라는 기록이 있고, 이에 대한 진호(陳澔)의 주
에서는 "食禮者, 有飯有殽, 雖設酒而不飲, 其禮以飯爲主, 故曰食也."
라고 풀이했다. 또한 연회를 범칭하는 말로도 사용된다.

◎ 사마(司馬) : '사마'라는 관직은 전설상으로는 소호(少昊) 시대부터 설치되
었다고 전해진다. 주(周)나라 때에는 육경(六卿) 중 하나였으며, 하관(夏
官)의 수장이며, 대사마(大司馬)라고도 불렀다. 군대와 관련된 일을 담당
했다. 한(漢)나라 무제(武帝) 때에는 태위(太尉)라는 관직명을 고쳐서 대
사마(大司馬)라고 불렀고, 후한(後漢) 때에는 다시 태위(太尉)로 고쳐 불
렀다. 남북조시대(南北朝時代)에는 대장군(大將軍)과 함께 이대(二大)로
칭해지기도 했으나, 청(淸)나라 때 폐지되었다. 후세에서는 병부상서(兵部
尙書)의 별칭으로 사용하기도 했고, 시랑(侍郎)을 소사마(少司馬)로 칭하
기도 하였다.

◎ 사마광(司馬光, A.D.1019 ~ A.D.1086) : =사마온공(司馬溫公)·속수선생
(涑水先生). 북송 때의 학자이다. 자(字)는 군실(君實)이고 호(號)는 우
부(迂夫)·우수(迂叟)이며 시호(諡號)는 문정(文正)이다. 저서로는 『자
치통감(資治通鑑)』 등이 있다.

◎ 사마온공(司馬溫公) : =사마광(司馬光)

◎ 사마천(司馬遷, B.C.145? ~ B.C.86) : 전한(前漢) 때의 사학자이다. 자(字)
는 자장(子長)이다. 부친은 사마담(司馬談)이다. 저서로는 『사기(史記)』
가 있다.

◎ 사망(四望) : '사망'은 천자가 사방(四方)의 산천(山川)에게 망(望)제사를

지내는 것이다. 제사의 대상은 산천 중의 큰 것들로, 오악(五嶽)이나 사독(四瀆)과 같은 것이다. 산천에 대한 제사는 일일이 그곳마다 찾아가서 제사를 지낼 수 없기 때문에, 그곳이 바라보이는 곳에 제단을 쌓고 제사를 지낸다. 그렇기 때문에 그 제사를 '망'제사라고 부르는 것이다. 그리고 천자는 사방(四方)의 산천들에 대해서 모두 제사를 지내게 되므로 '사(四)'자를 붙여서 '사망'이라고 부르는 것이다. 『주례』「춘관(春官)·대종백(大宗伯)」편에는 "國有大故, 則旅上帝及四望."이라는 기록이 있고, 이에 대한 가공언(賈公彦)의 소(疏)에서는 "言四望者, 不可一往就祭, 當四向望而爲壇遙祭之, 故云四望也."라고 풀이했다. 그리고 손이양(孫詒讓)의 『정의(正義)』에서는 "陳壽祺云, 山川之祭, 周禮四望, 魯禮三望. 其餘諸侯祀竟內山川, 蓋無定數, 山川之大者, 莫如五嶽四瀆."이라고 풀이했다.

◎ 사맹(司盟) : '사맹'은 맹약을 맺을 때 필요한 문서와 관련 의례를 담당했던 관리이다. 『주례』「추관사구(秋官司寇)」편에는 "司盟, 下士二人, 府一人, 史二人, 徒四人."이라는 기록이 있다. 즉 '사맹'이라는 관직은 하사(下士) 2명이 담당을 하였으며, 그 휘하에는 잡무를 맡아보던 부(府) 1명, 사(史) 2명, 도(徒) 4명이 배속되어 있었다.

◎ 사명(司命) : '사명'은 별 이름이다. 문창(文昌)이라는 별자리 중 네 번째 별에 해당한다.

◎ 사방(四方) : '사방'은 사방의 신(神)들을 가리킨다. 경우에 따라서 가리키는 신들이 다르다. 『예기』「곡례하(曲禮下)」편에는 "天子祭天地, 祭四方, 祭山川, 祭五祀, 歲徧."이라는 기록이 있는데, 이에 대한 정현의 주에서는 "祭四方, 謂祭五官之神於四郊也. 句芒在東, 祝融·后土在南, 蓐收在西, 玄冥在北."이라고 풀이했다. 즉 '사방'에 해당하는 신은 오관(五官)을 주관하는 신들로, 사방의 교외에서 제사를 지냈기 때문에 '사방'이라고 표현한 것이다. 동쪽 교외에서는 구망(句芒)에 대한 제사를 지냈고, 남쪽 교외에서는 축융(祝融)과 후토(后土)에 대한 제사를 지냈으며, 서쪽 교외에서는 욕수(蓐收)에 대한 제사를 지냈고, 북쪽 교외에서는 현명(玄冥)에 대한 제사를 지냈다. 한편 『예기』「제법(祭法)」편에는 "四坎壇,

祭<u>四方也</u>."라는 기록이 있는데, 이에 대한 정현의 주에서는 "四方, 卽謂 山林·川谷·丘陵之神也. 祭山林·丘陵於壇, 川谷於坎."이라고 풀이 했다. 즉 '사방'에 해당하는 신은 산림이나 하천 등에 있는 신들로, 특정 대상이 없다. 산림이나 구릉의 신들에게 제사를 지낼 때에는 제단을 쌓아 서 지냈고, 하천이나 계곡의 신들에게 제사를 지낼 때에는 구덩이를 파서 지냈다.

◎ **사변(四弁)** : '사변'은 천자가 착용하는 여섯 종류의 변복(弁服)을 가리킨 다. 전쟁이나 군대와 관련된 일을 처리할 때에는 위변복(韋弁服)을 착용 하는데, 무두질한 가죽으로 변(弁) 및 상의와 하의를 만든 복장이다. 조정 에 참관하여 신하들에게 정무를 보고받을 때에는 피변복(皮弁服)을 착용 하는데, 가죽으로 만든 변(弁)과 15승(升)의 백색 포(布)로 만든 상의 및 흰색의 옷감에 주름을 잡아 만든 하의를 착용한다. 사냥과 관련된 일을 처 리할 때에는 관변복(冠弁服)을 착용하는데, 관변(冠弁)은 위모(委貌)를 뜻하며, 치포(緇布)로 만든 상의와 흰색 옷감에 주름을 잡아 만든 하의를 착용한다. 흉사와 관련된 일에는 복변복(服弁服)을 착용하는데, 복변(服 弁)은 상관(喪冠)을 뜻하며, 복장은 참최복(斬衰服)이나 자최복(齊衰服) 에 해당한다. 『주례』「춘관(春官)·사복(司服)」편에는 "凡兵事, 韋弁服. 眡朝, 則皮弁服. 凡甸, 冠弁服. 凡凶事, 服弁服."이라는 기록이 있고, 이에 대한 정현의 주에서는 "韋弁, 以韎韋爲弁, 又以爲衣裳. …… 視 朝, 視內外朝之事. 皮弁之服, 十五升白布衣, 積素以爲裳. …… 甸, 田獵也. 冠弁, 委貌, 其服緇布衣, 亦積素以爲裳. …… 服弁, 喪冠也. 其服, 斬衰·齊衰."라고 풀이했다.

◎ **사보(四輔)** : '사보'는 사린(四鄰)이라고도 부른다. 군주를 보좌하는 네 명 의 측근 신하들이다. 해당 관직명에 대해서는 이견이 있어서, 의(疑), 승 (丞), 보(輔), 필(弼)을 '사보'로 부르기도 하며, 도(道), 필(弼), 보(輔), 승 (承)을 '사보'로 부르기도 한다. 이들이 각각 담당하는 일들에 대해서는 정 확히 알려진 바가 없다. 다만 『예기』「문왕세자(文王世子)」편에 대한 공 영달(孔穎達)의 소(疏)에서는 "尙書大傳云: '古者天子必有四鄰: 前曰 疑, 後曰丞, 左曰輔, 右曰弼. 天子有問, 無以對, 責之疑; 可志而不志,

責之丞; 可正而不正, 責之輔; 可揚而不揚, 責之弼. 其爵視卿, 其祿視
次國之君也.'"라고 기록하였다. 즉 공영달은 『상서대전(尙書大傳)』을 인
용하여, 천자의 앞에 있는 자를 '의'라고 부르고, 뒤에 있는 자를 '승'이라고
부르며, 좌측에 있는 자를 '보'라 부르고, 우측에 있는 자를 '필'이라 부른다
고 설명한다. 또한 '의'는 천자의 의문에 대하여 대답을 하는 자이고, '보'는
천자가 올바르게 행동할 수 있도록 일러주는 자이며, '승'은 천자가 뜻으로
삼아야 할 것들을 알려주는 자이고, '필'은 천자가 선양해야 할 것들을 알
려주는 자라고 설명한다. 이들의 녹봉은 차국(次國)의 제후에 비견되었다.

◎ 사비(四鄙) : '사비'는 사방의 반경(邊境)지역을 뜻하며, 그곳에 거주하는
백성들을 지칭하는 용어로도 사용되었다.

◎ 사사(司士) : '사사'는 주대(周代) 때의 관직명이다. 『주례』의 체제에 따르
면, 하대부(下大夫) 2명이 담당을 하였고, 그 휘하에는 중사(中士) 6명과
하사(下士) 12명이 배속되어 있었으며, 잡무를 맡아보던 말단 관리로는
부(府) 2명, 사(史) 4명, 서(胥) 4명, 도(徒) 40명이 있었다. 『주례』「하관
사마(夏官司馬)」편에는 "司士, 下大夫二人, 中士六人, 下士十有二人,
府二人, 史四人, 胥四人, 徒四十人."이라는 기록이 있다. 한편 '사사'가
담당했던 일들은 그 종류가 다양한데, 주로 관리들의 호적 장부 및 작록
등을 기록한 문서를 관리하였으며, 그들에 대한 공적과 품성을 판단하여
천자에게 작위와 봉록을 내려주도록 보고를 하였고, 조정에서 서열에 따른
자리 배치 등을 담당하였다. 『주례』「하관(夏官)·사사(司士)」편에는 "以
德詔爵, 以功詔祿, 以能詔事, 以久奠食. 惟賜無常. 正朝儀之位, 辨其
貴賤之等."이라는 기록이 있다.

◎ 사사(士師) : '사사'는 사사(士史)라고도 부르며, 고대에 금령(禁令)이나 형
벌 및 옥사 등을 담당하던 관리이다. 『주례』「추관(秋官)·사사(士師)」편
에는 "士師之職, 掌國之五禁之法, 以左右刑罰. 一曰宮禁, 二曰官禁,
三曰國禁, 四曰野禁, 五曰軍禁."이란 기록이 있다.

◎ 사상(司常) : '사상'은 깃발 제작과 관련된 관직 명칭이다. 『주례』「춘관종백
(春官宗伯)」편에는 "司常中士二人, 下士四人, 府二人, 史二人, 胥四
人, 徒四十人."이라는 기록이 있다. 즉 '사상'은 중사(中士) 2명이 담당을

했고, 그 휘하에는 하사(下士) 4명이 배속되어 보좌를 했으며, 하위 관리로는 부(府) 2명, 사(史) 2명, 서(胥) 4명, 도(徒) 40명이 배속되어 있었다. 또한 『주례』「춘관(春官)·사상(司常)」편에는 "司常, 掌九旗之物名, 各有屬以待國事. 日月爲常, 交龍爲旂, 通帛爲旜, 雜帛爲物, 熊虎爲旗, 鳥隼爲旟, 龜蛇爲旐, 全羽爲旞, 析羽爲旌. …… 王建大常, 諸侯建旂, 孤卿建旜, 大夫士建物, 師都建旗, 州里建旟, 縣鄙建旐, 道車載旞, 斿車載旌."이라는 기록이 있다. 즉 해[日]와 달[月]을 수놓은 깃발은 상(常)이라고 부르며, 교룡(交龍)을 수놓은 깃발을 기(旂)라고 부르며, 순색의 비단을 이용하여 만든 깃발을 전(旜)이라고 부르며, 색이 섞여 있는 깃발을 물(物)이라고 부르며, 곰[熊]과 호랑이[虎]를 수놓은 깃발을 기(旗)라고 부르며, 새매를 수놓은 깃발을 여(旟)라고 부르며, 거북이[龜]와 뱀[蛇]을 수놓은 깃발을 조(旐)라고 부르며, 새의 온전한 날개를 오색(五色)으로 채색하여, 깃술처럼 장식한 깃발을 수(旞)라고 부르고, 가느다란 새의 깃털을 오색으로 채색하여, 깃술처럼 장식한 깃발을 정(旌)이라고 부른다. 또한 상(常)은 천자가 사용하고, 제후는 기(旂)를 사용하며, 고경(孤卿)은 전(旜)을 사용하고, 대부(大夫)와 사(士)는 물(物)을 사용하며, 사도(師都)에서는 기(旗)를 세우고, 주리(州里)에서는 여(旟)를 세우며, 현비(縣鄙)에서는 조(旐)를 세우고, 도거(道車)에는 조(旐)를 세우며, 유거(斿車)에는 정(旌)을 세우게 된다. '사상'은 이러한 9가지의 깃발들을 담당하여, 신분과 용도에 맞게끔 사용하도록 한다.

◎ 사월(祀月): =석월(夕月)

◎ 사위(四衛): '사위'는 사방의 위복(衛服)에 속한 제후국을 뜻한다. 위복은 채복(采服)과 요복(要服: =蠻服) 사이에 있는 땅을 뜻한다. 천자의 수도 밖으로 사방 2000리(里)와 2500리 사이에 있었던 땅을 가리킨다. '위복'의 '위(衛)'자는 수호한다는 뜻으로, 천자를 위해서 외부의 침입을 막는다는 의미이다. 따라서 이 지역에 속한 제후국들을 '사위'라고 부르는 것이다.

◎ 사전(祀典): '사전'은 본래 제사(祭祀)의 의례(儀禮)를 기록해둔 전적을 범칭하는 말이다. 『국어(國語)』「노어상(魯語上)」편에는 "夫聖王之制祀也, 法施於民則祀之, 以死勤事則祀之, 以勞定國則祀之, 能禦大災則祀

之, 能扞大患則祀之. 非是族也, 不在<u>祀典</u>."이라는 용례가 나온다. 후대에는 제사의 의례 및 규정을 지칭하는 용어로도 사용되었다.

◎ 사제(蜡祭) : '사제'는 연말에 지내는 큰 제사를 말한다. 『예기』「잡기하(雜記下)」편에는 "子貢觀於蜡."라는 기록이 있고, 이에 대한 정현의 주에서는 "蜡也者, 索也. 歲十二月, 合聚萬物而索饗之祭也."라고 풀이했다.

◎ 사조(私朝) : '사조'는 가조(家朝)와 같은 말이다. 대부(大夫)가 자신의 가(家)에 갖추고 있는 조정으로, 이곳에서 업무를 집행한다. 국가의 공적인 업무를 처리하는 군주의 조정과 대비가 되므로, '사조'라고 부르는 것이다. 대부는 통치 단위가 가(家)이므로, 대부가 가지고 있는 조정을 '가조'라고 부르는 것이다.

◎ 사주(事酒) : '사주'는 삼주(三酒) 중 하나이다. 정사농(鄭司農)의 주장에 따르면 어떤 사안이 있어서 마시게 되는 술을 뜻한다. 정현(鄭玄)의 주장에 따르면 일을 맡아본 자에게 따라주는 술을 뜻하며, 역주(醳酒)에 해당한다.

◎ 사직(社稷) : '사직'은 토지신과 곡식신을 뜻한다. 천자와 제후가 지냈던 제사이다. '사직'에서의 '사(社)'자는 토지신을 가리키고, '곡(稷)'자는 곡식신을 뜻한다.

◎ 사표(四表) : '사표'는 사방의 매우 먼 지역을 지칭하는 말이며, 또한 천하를 범칭하는 용어로도 사용된다.

◎ 사향(食饗) : '사향'은 술과 음식을 준비하여, 빈객(賓客)들을 대접하거나, 종묘(宗廟)에서 제사를 지내는 등의 일을 뜻한다. 『예기』「악기(樂記)」편에는 "食饗之禮, 非致味也."라는 기록이 있는데, 이에 대한 공영달(孔穎達)의 소(疏)에서는 "食饗, 謂宗廟祫祭."라고 풀이했으며, 『공자가어(孔子家語)』「논례(論禮)」편에는 "食饗之禮, 所以仁賓客也."라는 기록이 있다.

◎ 삭식(朔食) : '삭식'은 고대의 예법 중 하나이다. 제왕 및 신분이 높은 자들은 매월 초하루에 평상시보다 음식을 풍성하게 차려내서, 먹게 된다. 천자의 경우에는 '삭식' 때 태뢰(太牢)를 사용하고, 제후는 소뢰(少牢)를 사용하며, 대부(大夫)는 한 마리의 돼지를 바치고, 사(士)는 한 마리의 새끼

돼지를 바치기도 한다. 『예기』「내칙(內則)」편에는 "男女夙興, 沐浴衣服, 具視朔食."이라는 기록이 있고, 이에 대한 정현의 주에서는 "朔食, 天子 大牢, 諸侯少牢, 大夫特豕, 士特豚也."라고 풀이했다.

◎ 삭역(朔易) : '삭역'은 연말과 연초에 정치 및 생활 속에서 오래된 것을 제거 하고 새것들은 재차 새롭게 한다는 뜻이다. 『서』「우서(虞書)·요전(堯典) 」편에는 "平在朔易."이라는 기록이 있는데, 이에 대한 채침(蔡沈)의 집전 (集傳)에서는 "朔易, 冬月歲事已畢, 除舊更新, 所當改易之事也."라고 풀이했다.

◎ 산거(山車) : '산거'는 제왕에게 덕이 있을 때 출현한다는 수레를 뜻한다. 고 대인들은 상서로운 징조물로 여겼다.

◎ 산악(散樂) : '산악'은 주나라 때 민간에서 시행되었던 악무(樂舞)를 뜻한다.

◎ 산우(山虞) : '산우'는 주대(周代) 때의 관리로, 산(山)과 숲[林]을 담당했다. 고대에는 산과 숲 또한 재화가 창출되는 중요한 장소였으므로, 각종 정령 (政令)들이 시행되었는데, '산우'는 바로 이러한 정령의 시행을 담당하여, 산과 숲에 있는 재화를 보존하고, 각 시기에 맞게끔 벌목을 시키는 일 등 을 시행하였다. 『주례』「지관(地官)·산우(山虞)」편에는 "山虞, 掌山林 之政令, 物爲之厲而爲之守禁. 仲冬斬陽木, 仲夏斬陰木."이라는 기록 이 있다. 한편 이 문장에 대한 가공언(賈公彦)의 소(疏)에서는 "此山林幷 云者, 自是山內之林, 卽山虞兼掌之."라고 풀이하고 있다. 즉 '산우'는 관직명에 산(山)자가 들어가서, '산'만 관리하는 것처럼 보이지만, 실제로 는 숲에 대해서도 관리를 하는데, 그 이유는 산 속에 숲이 있기 때문이다.

◎ 산음육씨(山陰陸氏, A.D.1042 ~ A.D.1102) : =육농사(陸農師)·육전(陸 佃). 북송(北宋) 때의 유학자이다. 자(字)는 농사(農師)이며, 호(號)는 도 산(陶山)이다. 어려서 집안이 매우 가난했다고 전해지며, 왕안석(王安石) 에게 수학하였으나 왕안석의 신법에 대해서는 반대하였다. 저서로는 『비 아(埤雅)』, 『춘추후전(春秋後傳)』, 『도산집(陶山集)』 등이 있다.

◎ 산재(散齋) : =산제(散齊)

◎ 산제(散齊) : '산제'는 산재(散齋)라고도 부른다. '산제'는 제사를 지낼 때 제 사보다 앞서 7일 동안 수레도 몰지 않고, 음악도 연주하지 않으며, 조문도

하지 않으면서, 재계를 하는 것이다. 『예기』「제의(祭義)」편에는 "致齊於內, 散齊於外."라는 기록이 있고, 이에 대한 정현의 주에서는 "散齊, 七日不御不樂不弔耳."라고 풀이했다. 또한 『예기』「제통(祭統)」편에도 "散齊七日以定之, 致齊三日以齊之."라는 기록이 있다.

◎ 산준(山尊) : '산준'은 술동이이다. 육준(六尊) 중 하나이다. 산뢰(山罍)를 가리킨다. 구름에 끼인 산을 그려 넣었기 때문에 '산준'이라고 부른다. 『주례』「춘관(春官)·소종백(小宗伯)」편에는 "辨六尊之名物, 以待祭祀·賓客."이라는 기록이 있는데, 이에 대한 정현의 주에서는 정사농(鄭司農)의 주장을 인용하여, "六尊, 獻尊·象尊·壺尊·著尊·大尊·山尊."이라고 풀이했다. 『주례』「춘관(春官)·사준이(司尊彝)」편에는 "其再獻用兩山尊."이라는 기록이 있는데, 이에 대한 정현의 주에서는 "山尊, 山罍也. …… 山罍, 亦刻而畫之, 爲山雲之形."라고 풀이했다.

◎ 산천(山川) : '산천'은 오악(五嶽)과 사독(四瀆)의 신들을 가리키기도 하며, 산과 하천의 신들을 두루 지칭하기도 한다. 오악은 대표적인 다섯 가지 산으로, 중앙의 숭산(嵩山), 동쪽의 태산(泰山), 남쪽의 형산(衡山), 서쪽의 화산(華山), 북쪽의 항산(恒山)을 가리킨다. 사독은 장강(長江), 황하(黃河), 회하(淮河), 제수(濟水)를 가리킨다.

◎ 삼가(三加) : '삼가'는 세 개의 관(冠)을 준다는 뜻이다. 관례(冠禮)를 시행할 때, 처음에 치포관(緇布冠)을 주고, 그 다음에 피변(皮弁)을 주며, 마지막으로 작변(爵弁)을 주기 때문에, '삼가'라고 부른다.

◎ 삼경(三卿) : '삼경'은 세 명의 경(卿)을 뜻하며, 제후국의 관리 중 가장 높은 반열에 오른 자들이다. 사도(司徒), 사마(司馬), 사공(司空)이 '삼경'에 해당한다. 제후국의 입장에서는 천자에게 소속된 삼공(三公)과 유사하다. 『주례』의 체제에 따르면, 천자에게는 천관(天官), 지관(地官), 춘관(春官), 하관(夏官), 추관(秋官), 동관(冬官)이라는 여섯 관부가 있었고, 각 관부의 수장은 총재(冢宰), 사도(司徒), 종백(宗伯), 사마(司馬), 사구(司寇), 사공(司空)이 된다. 제후국에서는 3명의 경들이 여섯 관부의 일을 책임지게 되어, 사도가 총재를 겸하고, 사마가 종백을 겸하며, 사공이 사구를 겸했다고 설명하기도 한다. 『예기』「왕제」편에는 "大國三卿, 皆命於天

子."라는 기록이 있고, 이에 대한 공영달(孔穎達)의 소(疏)에서는 최영은 (崔靈恩)의 주장을 인용하여, "崔氏云, 三卿者, 依周制而言, 謂立司 徒, 兼冢宰之事; 立司馬, 兼宗伯之事; 立司空, 兼司寇之事."라고 풀 이했다.

◎ 삼고(三孤): '삼고'는 소사(少師)·소부(少傅)·소보(少保)를 가리킨다. 삼공(三公)을 보좌하는 역할이었지만, '삼공'에게 배속되었던 것은 아니다. '삼고'는 일종의 특별직으로, 그들의 신분은 '삼공'보다 낮지만, 육경(六卿) 보다는 높았다. 한편 '삼고'와 '육경'을 합쳐서 '구경(九卿)'으로 보는 견해 도 있다. 『서』「주서(周書)·주관(周官)」편에는 "少師·少傅·少保曰三 孤."라는 기록이 있고, 이에 대한 공안국(孔安國)의 전(傳)에서는 "此三 官名曰三孤. 孤, 特也. 言卑於公, 尊於卿, 特置此三者."라고 풀이했다.

◎ 삼공(三公): '삼공'은 중앙정부의 가장 높은 관직자 3명을 합쳐서 부르는 말이다. '삼공'에 속한 관직명에 대해서는 각 시대별로 차이가 있다. 『사기 (史記)』「은본기(殷本紀)」편에는 "以西伯昌, 九侯, 鄂侯, 爲三公."이라 는 기록이 있다. 즉 은나라 때에는 서백(西伯)인 창(昌), 구후(九侯), 악후 (鄂侯)들을 '삼공'으로 삼았다. 또한 주(周)나라 때에는 태사(太師), 태부 (太傅), 태보(太保)를 '삼공'으로 삼았다. 『서』「주서(周書)·주관(周官)」 편에는 "立太師·太傅·太保, 玆惟三公, 論道經邦, 燮理陰陽."이라는 기록이 있다. 한편 『한서(漢書)』「백관공경표서(百官公卿表序)」에 따르면 사마(司馬), 사도(司徒), 사공(司空)을 '삼공'으로 삼았다는 기록이 있다.

◎ 삼괴(三槐): '삼괴'는 외조(外朝)에 심어둔 세 그루의 괴목(槐木)을 뜻한 다. 삼공(三公)이 천자를 조회할 때에는 이 세 그루의 괴목을 향해서 서게 된다. 후대에는 이러한 뜻에서 파생되어, '삼괴'를 삼공을 뜻하는 용어로도 사용하였다.

◎ 삼대(三代): '삼대'는 하(夏), 은(殷), 주(周)의 세 왕조를 말한다. 『논어』「위 령공(衛靈公)」편에는 "斯民也, 三代 之所以直道而行也."라는 기록이 있 고, 이에 대한 형병(邢昺)의 소(疏)에서는 "三代, 夏殷周也."로 풀이했다.

◎ 삼덕(三德): '삼덕'은 세 종류의 덕(德)을 가리키는데, 문헌에 따라 해당하 는 덕성(德性)들에는 차이가 나타난다. 『서』「주서(周書)·홍범(洪範)」

편에는 "<u>三德</u>, 一曰正直, 二曰剛克, 三曰柔克."이라는 기록이 있다. 즉 『서』에서는 '삼덕'을 정직(正直), 강극(剛克), 유극(柔克)으로 풀이하고 있다. 그리고 이 문장에 대한 공영달(孔穎達)의 소(疏)에서는 "此三德者, 人君之德, 張弛有三也. 一曰正直, 言能正人之曲使直, 二曰剛克, 言剛强而能立事, 三曰柔克, 言和柔而能治."라고 풀이한다. 즉 '정직'은 사람들의 바르지 못한 점을 바로잡아서, 정직하게 만드는 능력을 뜻한다. '강극'은 강건한 자세로 사업을 수립하고, 그런 일들을 추진할 수 있는 능력을 뜻한다. '유극'은 화락하고 유순한 태도로 다스릴 수 있는 능력을 뜻한다. 다음으로 『주례』「지관(地官)·사씨(師氏)」편에는 "以<u>三德</u>敎國子, 一曰至德, 以爲道本, 二曰敏德, 以爲行本, 三曰孝德, 以知逆惡."이라는 기록이 있다. 즉 『주례』에서는 '삼덕'을 지덕(至德), 민덕(敏德), 효덕(孝德)으로 풀이하고 있다. '지덕'은 도(道)의 근본이 되는 것이며, '민덕'은 행실의 근본이 되는 것이고, '효덕'은 나쁘고 흉악한 것들을 알아내는 능력을 뜻한다. 다음으로 『국어(國語)』「진어사(晉語四)」편에는 "晉公子善人也, 而衛親也, 君不禮焉, 棄<u>三德</u>矣."라는 기록이 있다. 이에 대한 위소(韋昭)의 주에서는 "三德, 謂禮賓, 親親, 善善也."라고 풀이한다. 즉 위소가 말하는 '삼덕'은 예빈(禮賓), 친친(親親), 선선(善善)이다. '예빈'은 빈객들에게 예법(禮法)에 따라 대접하는 것이며, '친친'은 부모를 친애하는 것이고, '선선'은 착한 사람을 착하게 대하는 것이다.

◎ 삼로오경(三老五更) : '삼로오경'은 삼로(三老)와 오경(五更)을 뜻한다. 이들은 국가의 요직에 있다가 나이가 들어 퇴직한 자들이다. 정현은 '삼로'와 '오경'은 3명과 5명이 아닌 각각 1명씩이라고 풀이했다. 그리고 1명씩인데도 '삼(三)'자와 '오(五)'자를 붙여서 부르는 이유에 대해서, '삼신(三辰)'과 '오성(五星)'에서 명칭을 빌려왔기 때문이라고 해석하였고, 또한 '삼덕(三德)'과 '오사(五事)'를 알고 있는 자들이기 때문에, 이러한 명칭이 붙었다고 풀이하기도 한다. 『예기』「문왕세자」편에는 "適東序, 釋奠於先老, 遂設<u>三老, 五更</u>, 群老之席位焉."이란 기록이 있는데, 이에 대한 정현의 주에서는 "三老五更各一人也, 皆年老更事致仕者也. 天子以父兄養之, 示天下之孝悌也. 名以三五者, 取象三辰五星, 天所因以照明天下者."

라고 풀이했고, 또한 『예기』 「악기(樂記)」편에는 "食三老五更於大學."이란 기록이 있는데, 이에 대한 정현의 주에서는 "三老五更, 互言之耳, 皆老人更知三德五事者也."라고 풀이했다. 그리고 참고적으로 공영달(孔穎達)의 소(疏)에서는 "三德謂正直, 剛, 柔. 五事謂貌, 言, 視, 聽, 思也."라고 해석하여, '삼덕'은 정직(正直), 강직함[剛], 부드러움[柔]이라고 풀이했고, 오사(五事)는 '올바른 용모[貌]', '올바른 말[言]', '올바르게 봄[視]', '올바르게 들음[聽]', '올바르게 생각함[思]'이라고 풀이했다.

◎ 삼명(三命) : '삼명'은 수명(受命), 조명(遭命), 수명(隨命)을 뜻한다. '수명(受命)'은 사람의 수명을 좌우하는 것이고, '조명(遭命)'은 선행을 하거나 흉재(凶災)를 만나는 등의 일을 좌우하는 것이며, '수명(隨命)'은 사람이 시행한 선악(善惡)에 따라 그에 해당하는 결과를 좌우하는 것이다.

◎ 삼신(三辰) : '삼신'은 해[日], 달[月], 별[星]을 가리킨다. 『춘추좌씨전』 「환공(桓公) 2년」편에는 "三辰旂旗, 昭其明也."라는 기록이 있는데, 이에 대한 두예(杜預)의 주에서는 "三辰, 日 · 月 · 星也."라고 풀이했다.

◎ 삼왕(三王) : '삼왕'은 하(夏), 은(殷), 주(周) 삼대(三代)의 왕을 뜻한다. 『춘추곡량전』 「은공(隱公) 8年」편에는 "盟詛不及三王."이라는 기록이 있고, 이에 대한 범녕(範寧)의 주에서는 '삼왕'을 하나라의 우(禹), 은나라의 탕(湯), 주나라의 무왕(武王)을 지칭한다고 풀이했다. 그리고 『맹자』 「고자하(告子下)」편에는 "五霸者, 三王之罪人也."라는 기록이 있고, 이에 대한 조기(趙岐)의 주에서는 '삼왕'을 범녕의 주장과 달리, 주나라의 무왕 대신 문왕(文王)을 지칭한다고 풀이했다.

◎ 삼재(三材) : '삼재'는 활을 만들 때 사용되는 세 가지의 재료를 뜻한다. 구체적으로는 이어 붙일 때 사용하는 아교, 연결할 때 사용하는 실, 옻칠하는 염료를 가리킨다. 『주례』 「동관고공기(冬官考工記) · 궁인(弓人)」편에 정현의 주에서 "三材, 膠絲漆者."라고 풀이하였다.

◎ 삼정(三正) : '삼정'은 하(夏) · 은(殷) · 주(周) 세 나라의 정월(正月)을 뜻한다. 또한 세 나라의 역법(曆法)을 가리키기도 한다. 북두칠성은 회전을 하는데, 각 왕조에서는 천상을 12지(支)로 구분하여, 북두칠성의 자루 부분이 어느 방향을 지시하느냐에 따라 정월을 달리하였다. 하나라 때에는

북두칠성의 자루가 인(寅)을 가리킬 때를 정월로 여겼고, 은나라 때에는 축(丑)을 가리킬 때를 정월로 여겼으며, 주나라 때에는 자(子)를 가리킬 때를 정월로 여겼다.

◎ 삼주(三酒) : '삼주'는 상황에 따라 사용되는 세 가지 술을 뜻한다. 세 가지 술은 사주(事酒), 석주(昔酒), 청주(淸酒)를 가리킨다. 『주례』「천관(天官)·주정(酒正)」편에는 "辨三酒之物, 一曰事酒, 二曰昔酒, 三曰淸酒."라는 기록이 있다. 각 술들에 설명은 주석마다 약간의 차이를 보인다. 위의 기록에 대해서 정현의 주에서는 "鄭司農云, '事酒, 有事而飮也, 昔酒, 無事而飮也, 淸酒, 祭祀之酒.' 玄謂事酒, 酌有事者之酒, 其酒則今之醳酒也. 昔酒, 今之酋久白酒, 所謂舊醳者也. 淸酒, 今中山冬釀接夏而成."이라고 풀이했다. 즉 정사농(鄭司農)의 주장에 따르면, '사주'는 어떤 사안이 있어서 마시게 되는 술을 뜻하고, '석주'는 특별한 일이 없을 때 마시는 술을 뜻하며, '청주'는 제사를 지낼 때 쓰는 술을 뜻한다. 한편 정현의 주장에 따르면, '사주'는 일을 맡아본 자에게 따라주는 술을 뜻하는데, 그 술은 정현 시대의 역주(醳酒)에 해당하고, '석주'는 오래 숙성시킨 술로 백주(白酒)와 같은 것이며, '청주'는 중산(中山) 지역에서 겨울에 술을 담가서 여름쯤 다 익은 술을 뜻한다. 그리고 위의 기록에 대해서 손이양(孫詒讓)의 『정의(正義)』에서는 "三酒之中, 事酒較濁, 亦隨時釀之, 酋繹卽孰. 昔酒較淸, 則冬釀春孰. 淸酒尤淸, 則冬釀夏孰."이라고 풀이했다. 즉 손이양의 주장에 따르면, '사주'는 비교적 탁한 술이며, 또한 수시로 빚은 술을 말하는데, 술독을 열어두어서 곧바로 숙성시키는 술을 뜻한다. '석주'는 비교적 맑은 술이며, 겨울에 빚어서 봄쯤에 다 익는 술을 뜻한다. '청주'는 더욱 맑은 술이며, 겨울에 빚어서 여름쯤에 익는 술을 뜻한다.

◎ 삼행(三行) : '삼행'은 세 종류의 덕행(德行)을 뜻하며, 효행(孝行), 우행(友行), 순행(順行)을 가리킨다. '효행'은 부모를 섬기는 덕행이고, '우행'은 현명하고 어진 사람을 존귀하게 받드는 덕행이며, '순행'은 스승과 어른을 섬기는 덕행이다.

◎ 삼환(三桓) : '삼환'은 춘추시대(春秋時代) 때 노(魯)나라에 있었던 세 가문

을 뜻한다. 맹손(孟孫: =仲孫), 숙손(叔孫), 계손(季孫)을 뜻하며, 이들은 모두 노나라 환공(桓公)의 후예이기 때문에, '삼환'이라고 부른다. 노나라 문공(文公) 이후에 '삼환'의 세력이 강성해져서, 노나라 정권을 장악하였다.

◎ 삼희(三犧) : '삼희'는 제사에 사용된 희생물로, 기러기[鴈], 오리[鶩], 꿩[雉]을 가리킨다. 『춘추좌씨전』「소공(昭公) 25년」에는 "爲六畜·五牲·三犧, 以奉五味."라는 기록이 있는데, 이에 대한 공영달(孔穎達)의 소(疏)에서는 복건(服虔)의 주장을 인용하여, "三犧, 鴈·鶩·雉."라고 풀이했다. 일설에는 소[牛], 양(羊), 돼지[豕]를 가리킨다고도 주장한다. 왕인지(王引之)는 『경의술문(經義述聞)』에서 "今案五牲, 牛羊豕犬雞也; 三犧, 牛羊豕也."라고 풀이했다.

◎ 상(庠) : '상'은 본래 향(鄕) 밑의 행정단위인 당(黨)에 건립된 학교를 뜻한다. 『예기』「학기(學記)」편에는 "古之敎者, 家有塾, 黨有庠, 術有序, 國有學."이란 기록이 있는데, 이에 대한 공영달(孔穎達)의 소(疏)에서는 "庠, 學名也. 於黨中立學, 敎閭中所升者也."라고 풀이했다. 또 '상'은 국학(國學)에 대비되는 향학(鄕學)을 뜻하는 용어로도 사용되었으며, 학교를 범칭하는 용어로도 사용되었다. 『예기』「향음주의(鄕飮酒義)」편에는 "主人拜迎賓於庠門之外"란 기록이 있고, 이에 대한 정현의 주에서는 "庠, 鄕學也."라고 풀이했다. 또 『맹자』「등문공상(滕文公上)」편에는 "夏曰校, 殷曰序, 周曰庠, 學則三代共之, 皆所以明人倫也."라는 기록이 있다. 한편 학교를 뜻하는 용어로 '상'이라는 명칭이 생긴 이유는 '상'자에 봉양한다는 양(養)의 뜻이 포함되어 있기 때문이다.

◎ 상(常) : '상'은 자리의 크기가 1장(丈) 6척(尺)이 되는 것을 뜻한다. 『의례』「공사대부례(公食大夫禮)」편에는 "司宮具几與蒲筵常, 緇布純. 加萑席尋, 玄帛純. 皆卷自末."이라는 기록이 있는데, 이에 대한 정현의 주에서는 "丈六尺曰常."이라고 풀이했다.

◎ 상개(上介) : '상개'는 개(介) 중에서도 가장 직위가 높았던 자를 뜻한다. 빈객(賓客)이 방문했을 때, 빈객의 부관이 되어, 주인(主人)과의 사이에서 시행해야 할 일들을 도왔던 부관들을 '개'라고 부른다.

◎ 상거(喪車) : '상거'는 악거(惡車)라고도 부른다. 장례(葬禮)를 치를 때 사용되는 수레이다. 다만 시신의 관을 싣는 용도로 사용되는 것이 아니라, 그의 자식이 타게 되는 수레이다. 『예기』「잡기상(雜記上)」편에는 "端衰·喪車皆無等."이라는 기록이 있는데, 이에 대한 공영달(孔穎達)의 소(疏)에서는 "喪車者, 孝子所乘惡車也."라고 풀이했다.

◎ 상경(上卿) : '상경'은 주(周)나라 제도에서, 경(卿) 중에서 가장 높은 자들을 뜻한다. 주나라 제도에서 천자 및 제후들은 모두 경을 두었으며, 상·중·하 세 등급으로 구분하였다.

◎ 상공(上公) : '상공'은 주(周)나라 제도에 있었던 관직 등급이다. 본래 신하의 관직 등급은 8명(命)까지이다. 주나라 때에는 태사(太師), 태부(太傅), 태보(太保)와 같은 삼공(三公)들이 8명의 등급에 해당했다. 그런데 여기에 1명을 더하게 되면 9명이 되어, 특별직인 '상공'이 된다. 『주례』「춘관(春官)·전명(典命)」편에는 "上公九命爲伯, 其國家宮室車旗衣服禮儀, 皆以九爲節."이라는 기록이 있고, 이에 대한 정현의 주에서는 "上公, 謂王之三公有德者, 加命爲二伯. 二王之後亦爲上公."이라고 풀이하였다. 즉 '상공'은 삼공 중에서도 유덕(有德)한 자에게 1명을 더해주어, 제후들을 통솔하는 '두 명의 백(伯)[二伯]'으로 삼았다. 또한 제후의 다섯 등급을 나열할 경우, 공작(公爵)을 '상공'이라고 부르기도 한다.

◎ 상공(上公) : '상공'은 오행(五行)을 주관하는 신(神)을 뜻한다. 『춘추좌씨전』「소공(昭公) 29년」편에는 "故有五行之官, 是謂五官, 實列受氏姓, 封爲上公, 祀爲貴神. 社稷五祀, 是尊是奉. 木正曰句芒, 火正曰祝融, 金正曰蓐收, 水正曰玄冥, 土正曰后土."라는 기록이 있다. 이 기록에 따르면, 목(木), 화(火), 토(土), 금(金), 수(水)를 주관하는 신은 구망(句芒), 축융(祝融), 욕수(蓐收), 현명(玄冥), 후토(后土)가 되는데, 이들을 '상공'으로 부르기도 한다. 한편 후대에는 토정(土正)인 '후토'만을 '상공'으로 지칭하기도 했다.

◎ 상로(象路) : '상로'는 상로(象輅)라고도 부른다. 천자가 사용하는 다섯 가지 수레 중 하나이다. 상아로 수레를 치장했기 때문에, '상로'라고 부르게 되었다. 대적(大赤)이라는 깃발을 세웠으며, 조회를 보거나, 이성(異姓)인

자를 분봉할 때 사용하였다. 『주례』「춘관(春官)・건거(巾車)」편에는 "象路, 朱樊纓, 七就, 建大赤, 以朝, 異姓以封."이라는 기록이 있고, 이에 대한 정현의 주에서는 "象路, 以象飾諸末."이라고 풀이했다.

◎ 상빈(上擯) : '상빈'은 빈(擯)들 중에서도 가장 직위가 높았던 자를 뜻한다. 빈객(賓客)이 방문했을 때, 주인(主人)의 부관이 되어, 빈객과의 사이에서 시행해야 할 일들을 도왔던 부관들을 '빈'이라고 부른다.

◎ 상생(上牲) : '상생'은 상위 계층의 사용하는 희생물을 뜻한다. 사(士)의 입장에서 '상생'은 대부(大夫)가 사용하는 소뢰(小牢)의 희생물을 뜻한다. 『예기』「증자문(曾子問)」편에 대한 정현의 주에서는 "上牲, 大夫少牢."라고 풀이했다.

◎ 상서(庠序) : '상서'는 상(庠)과 서(序)를 합쳐서 부르는 말이다. '상'은 향(鄕) 밑의 행정단위인 당(黨)에 건립된 학교를 뜻하고, '서'는 향(鄕) 밑의 행정단위인 주(州)에 건립된 학교를 뜻한다. 주로 지방의 학교를 통칭하는 말로 사용된다.

◎ 상전(喪奠) : '상전'은 상례(喪禮)를 시행하는 도중 아직 장례(葬禮)를 치르지 않은 상태에서, 음식물들을 진설하며 지내는 전(奠)제사를 뜻한다.

◎ 상제(祥祭) : '상제'는 대상(大祥)과 소상(小祥) 때의 제사를 뜻한다. '소상'에서의 제사는 부모가 죽은 지 만 1년 만에 지내는 제사이고, 대상(大祥)에서의 제사는 만 2년 만에 지내는 제사이다. 또한 소상(小祥)은 연제(練祭)라고 부르므로, '상제'를 대상(大祥)을 뜻하는 용어로도 사용한다.

◎ 상제(嘗祭) : '상제'는 가을에 종묘(宗廟)에서 지내는 제사를 뜻한다. 『이아』「석천(釋天)」편에는 "春祭曰祠, 夏祭曰礿, 秋祭曰嘗, 冬祭曰烝."이라는 기록이 있다. 즉 봄에 지내는 제사를 '사(祠)'라고 부르며, 여름에 지내는 제사를 '약(礿)'이라고 부르고, 가을에 지내는 제사를 '상(嘗)'이라고 부르며, 겨울에 지내는 제사를 '증(烝)'이라고 부른다. 한편 '상'제사는 성대한 규모로 거행하였기 때문에, '대상(大嘗)'이라고도 불렀으며, 가을에 지낸다는 뜻에서, '추상(秋嘗)'이라고도 불렀다. 또한 『춘추번로(春秋繁露)』「사제(四祭)」편에서는 "四祭者, 因四時之所生孰而祭其先祖父母也. 故春曰祠, 夏曰礿, 秋曰嘗, 冬曰烝. …… 嘗者, 以七月嘗黍稷也."이

라고 하여, 가을 제사인 상(嘗)제사는 7월에 시행하며, 서직(黍稷)을 흠향하도록 지낸다는 뜻에서 맛본다는 뜻의 '상'자를 붙였다고 설명한다.

◎ 상제(喪祭): '상제'는 장례(葬禮)를 치른 이후에 지내는 제사들을 지칭하는 말이다.

◎ 상천(上天): '상천'은 상제(上帝)와 같은 뜻으로, 만물을 주재하는 자이다. 고대인들은 '상천'이 길흉(吉凶)과 화복(禍福)을 내릴 수 있는 능력을 갖추고 있었다고 생각하였다. 『서』「주서(周書)·태서상(泰誓上)」편에는 "今商王受, 弗敬上天, 降災下民."이라는 용례가 있다.

◎ 상체(嘗禘): '상체'는 본래 종묘에서 정규적으로 지내는 가을제사인 상(嘗)과 여름제사인 체(禘)를 합쳐서 부른 말이다. 따라서 '상체'는 종묘제사를 범칭하는 용어로 사용되었으며, 후대에는 제사 자체를 범칭하는 용어로도 사용되었다.

◎ 상축(商祝): '상축'은 상(商)나라 즉 은(殷)나라 때의 예법을 익혀서, 제사를 돕는 자를 뜻한다. 『예기』「악기(樂記)」편에는 "商祝辨乎喪禮, 故後主人."이라는 기록이 있는데, 이에 대한 공영달(孔穎達)의 소(疏)에서는 "商祝, 謂習商禮而爲祝者."라고 풀이했다.

◎ 상춘(上春): '상춘'은 맹춘(孟春: 음력 1월)을 뜻한다. 『주례』「춘관(春官)·천부(天府)」편에는 "上春, 釁寶鎭及寶器."라는 기록이 있는데, 이에 대한 정현의 주에서 "上春, 孟春也."라고 풀이했다.

◎ 생호(牲號): '생호'는 제사 때 사용되는 희생물들을 아름답게 부르는 호칭을 뜻한다. 마치 소를 '한 마리의 발자국이 큰 쇠[一元大武]'라고 부르고, 돼지를 '털이 뻣뻣한 돼지[剛鬣]'라고 부르며, 양을 '털이 가늘고 부드러운 양[柔毛]'이라고 부르고, 닭을 '소리가 울려 퍼지는 닭[翰音]'으로 부르는 경우와 같다. 『주례』「춘관(春官)·대축(大祝)」편에는 "辨六號, 一曰神號, 二曰鬼號, 三曰示號, 四曰牲號."라는 기록이 있는데, 이에 대한 정현의 주에서는 "鄭司農云, 牲號, 爲犧牲皆有名號. 曲禮曰, '牛曰一元大武, 豕曰剛鬣, 羊曰柔毛, 雞曰翰音.'"이라고 풀이했다.

◎ 서(序): '서'는 본래 향(鄕) 밑의 행정단위인 주(州)에 건립된 학교를 뜻한다. 『주례』「지관(地官)·주장(州長)」편에는 "春秋以禮會民而射于州

序."라는 기록이 있다. 또한 하후씨(夏后氏) 때 건립한 학교로 설명하며, 동서(東西)와 서서(西序)로 구분하기도 한다. 『예기』「왕제(王制)」편에는 "夏后氏養國老於東序, 養庶老於西序."라는 기록이 있고, 이에 대한 정현의 주에서는 "皆學名也."라고 풀이했다. 한편 '서'는 은(殷)나라 때의 학교로 설명되기도 하며 주(周)나라 때의 학교로 설명되기도 한다. 『맹자』「등문공상(滕文公上)」편에는 "夏曰校, 殷曰序, 周曰庠, 學則三代共之."라는 기록이 있고, 『한서(漢書)』「유림전서(儒林傳序)」편에는 "三代之道, 鄕里有敎, 夏曰校, 殷曰庠, 周曰序."라는 기록이 있다.

◎ 서로(庶老) : '서로'는 고대에 사(士)의 벼슬을 하다가 노년이 되어 물러난 자를 경칭하는 말이다.

◎ 서모(庶母) : '서모'는 부친의 첩(妾)들을 뜻한다. 『의례』「사혼례(士昏禮)」편에는 "庶母及門內施鞶, 申之以父母之命."이라는 기록이 있는데, 이에 대한 정현의 주에서는 "庶母, 父之妾也."라고 풀이했다. 한편 '서모'는 부친의 첩들 중에서도 아들을 낳은 여자를 뜻하기도 한다. 『주자전서(朱子全書)』「예이(禮二)」편에는 "庶母, 自謂父妾生子者."라는 기록이 있다.

◎ 서산진씨(西山眞氏, A.D.1178 ~ A.D.1235) : =건안진씨(建安眞氏)·진덕수(眞德秀). 남송(南宋) 때의 성리학자이다. 자(字)는 경원(景元)이고, 호(號)는 서산(西山)이다. 저서로는 『독서기(讀書記)』, 『사서집론(四書集論)』, 『경연강의(經筵講義)』 등이 있다.

◎ 서수(庶羞) : '서수'는 여러 종류의 맛좋은 음식들을 뜻한다. 수(羞)자는 맛좋은 음식을 뜻하고, 서(庶)자는 음식 종류가 많다는 뜻이다. 『의례』「공사대부례(公食大夫禮)」편에는 "上大夫庶羞二十, 加於下大夫以雉兎鶉鴽."라는 기록이 있는데, 이에 대한 호배휘(胡培翬)의 정의(正義)에서는 학경(郝敬)의 말을 인용하여, "肴美曰羞, 品多曰庶."라고 풀이했다.

◎ 서신(瑞信) : '서신'은 천자가 제후에게 나눠주는 서옥(瑞玉)을 뜻한다. 그를 제후로 임명하는 징표가 되기 때문에 '서신'이라고 부르는 것이다.

◎ 서지수(徐志修, A.D.1714 ~ A.D.1768) : 조선 후기 때의 문신이다. 본관은 달성(達城)이고 자는 일지(一之)이며 호는 송옹(松翁)·졸옹(拙翁)이고 시호는 문청(文淸)이며 이름은 지수(志修)이다.

◎ 석(石) : ‘석’은 용량을 재는 단위이다. 지역 및 각 시대마다 다소 차이를 보이는데, 고대에는 10두(斗)를 1석(石)으로 여겼다.

◎ 석(裼) : ‘석’은 고대에 의례를 시행할 때 하는 복장 방식 중 하나이다. 좌측 소매를 걷어 올려서, 안에 입고 있는 석의(裼衣)를 드러내는 것이다. 한편 ‘석’은 비교적 성대하지 않은 의식 때 시행하는 복장 방식으로도 사용되어, 좌측 소매를 걷어 올려서 공경의 뜻을 표하기도 했다.

◎ 석구(裼裘) : ‘석구’는 예식(禮式)을 치를 때, 복장을 착용하는 방식 중 하나이다. 겉옷의 소매를 걷어 올려서, 안에 입고 있는 갓옷을 겉으로 드러내되, 다 드러내는 것은 아니다. 성대한 예식을 치를 때가 아니라면, 이러한 복식으로 복장을 착용하는 것이 공손함을 나타내는 방법이 된다.

◎ 석량왕씨(石梁王氏, ?~?) : 자세한 이력이 남아 있지 않다.

◎ 석림섭씨(石林葉氏, ?~A.D.1148) : =섭몽득(葉夢得)·섭소온(葉少蘊). 남송(南宋) 때의 유학자이다. 자(字)는 소온(少蘊)이고, 호(號)는 몽득(夢得)이다. 박학다식했다고 전해지며, 『춘추(春秋)』에 대한 조예가 깊었다.

◎ 석월(夕月) : ‘석월’은 고대에 제왕이 달에 대해서 지낸 제사를 뜻한다. 춘분(春分) 때에는 조일(朝日)을 하고, 추분(秋分) 때에는 ‘석월’을 했고, 서쪽 성문 밖에서 지낸 제사라고 설명하기도 한다. 『국어(國語)』「주어상(周語上)」편에는 “古者, 先王旣有天下, 又崇立於上帝·明神而敬事之, 於是乎有朝日·夕月以敎民事君.”이라는 기록이 있고, 이에 대한 위소(韋昭)의 주에서는 “禮, 天子搢大圭·執鎭圭, 繅藉五采五就, 以春分朝日, 秋分夕月, 拜日於東門之外, 然則夕月在西門之外也.”라고 풀이했다.

◎ 석의(裼衣) : ‘석의’는 고대에 의례를 시행할 때 입는 옷이다. 가죽옷이나 갈옷 위에 걸쳤던 외투 중 하나이다. ‘석의’ 위에는 습의(襲衣)를 걸쳤기 때문에, 중간에 입는 옷이라는 뜻에서 ‘중의(中衣)’라고도 부른다.

◎ 석전(釋奠) : ‘석전’은 국학(國學)에서 거행되었던 전례(典禮) 중 하나이다. 성찬과 술을 진설하고, 폐백 등을 바쳐서, 선성(先聖)과 선사(先師)에게 지내는 제사이다.

◎ 석주(昔酒) : ‘석주’는 삼주(三酒) 중 하나이다. 정사농(鄭司農)의 주장에 따르면 특별한 일이 없을 때 마시는 술을 뜻한다. 정현(鄭玄)의 주장에 따

르면 오래 숙성시킨 술로 백주(白酒)와 같은 것이다.

◎ 석채(釋菜) : '석채'는 본래 국학(國學)에서 거행되었던 전례(典禮) 중 하나이다. 희생물 없이 소채 등으로 간소하게 차려놓고, 선성(先聖)과 선사(先師)에게 지내는 제사이다. 또한 희생물 없이 간소하게 지내는 제사를 지칭하기도 한다.

◎ 석최(錫衰) : '석최'는 가는 베로 만든 옷으로, 일종의 상복(喪服)에 해당한다. 천자의 경우, 삼공(三公)이나 육경(六卿)의 상(喪)에 착용했던 복장이다.

◎ 선공(先公) : '선공'은 본래 천자 및 제후의 선조들을 존귀하게 높여 부르는 말이다. 따라서 '선왕(先王)'이라는 말과 동일하게 사용된다. 그러나 주(周)나라에 대해 선왕과 대비해서 사용하게 되면, 후직(后稷)의 후손 중 태왕(太王) 이전의 선조를 지칭한다. 주나라는 건립 이후 자신의 선조에 대해 추왕(追王)을 하여 왕(王)자를 붙였는데, 태왕인 고공단보(古公亶父)까지 왕(王)자를 붙였기 때문이다.

◎ 선사(選士) : '선사'는 수사(秀士)들 중에서 덕행과 능력이 출중하여, 사도(司徒)에게 천거된 자를 뜻한다. 참고로 수사는 향학(鄉學)의 사(士) 중에서 덕행과 재예(才藝)가 뛰어난 사를 뜻한다.

◎ 선재(膳宰) : '선재'는 선부(膳夫)와 같은 말이다. 군주가 먹는 음식 등을 담당했던 관리이다. 천자에게 소속된 '선재'를 '선부'라고 불렀으며, 상사(上士)가 담당했다. 『의례』「연례(燕禮)」편에는 "膳宰具官饌于寢東."라는 기록이 있는데, 이에 대한 정현의 주에서는 "膳宰, 天子曰膳夫, 掌君飲食膳羞者也."라고 풀이했다. 그리고 『주례』「천관(天官)·선부(膳夫)」편에는 "膳夫掌王之食飲膳羞."라는 기록이 있다.

◎ 선취(先炊) : '선취'는 처음으로 불을 때서 밥 짓는 방법을 만들어낸 사람이다. 신격화되어 여성 신(神)으로 모셔졌으며, 노부(老婦)라고도 부른다. 『예기』「예기(禮器)」편에는 "奧者, 老婦之祭也."라는 기록이 있고, 이에 대한 정현의 주에서는 "老婦, 先炊者也."라고 풀이했다. 또 『사기(史記)』「봉선서(封禪書)」편에는 '선취'가 기록되어 있는데, 장수절(張守節)의 『정의(正義)』에서는 "先炊, 古炊母神也."라고 풀이했다.

◎ 설문해자(說文解字) : 『설문해자(說文解字)』는 후한(後漢) 때의 학자인 허

신(許愼)이 찬(撰)했다고 전해지는 자서(字書)이다. 『설문(說文)』이라고
도 칭해진다. A.D.100년경에 완성되었다고 전해진다. 글자의 형태, 뜻, 음
운(音韻)을 수록하고 있다.

◎ 섭성(攝盛) : '섭성'은 고대에 혼례를 시행할 때, 사용되는 수레와 의복에 있
어서 일반적인 규정보다 한 등급을 높여서 치르는 것을 뜻한다.

◎ 섭주(攝主) : '섭주'는 제주(祭主) 및 상주(喪主)의 일을 대신 맡아보는 자
이다. 정식 제주 및 상주는 종법제(宗法制)에 따라서, 종주(宗主)가 담당
을 하였는데, 그에게 사정이 생겨서, 그 일을 주관하지 못할 때, '섭주'가
대신 그 일을 담당했다. 군주의 경우에는 재상이 담당하기도 하였으며, 나
머지의 경우에는 제주 및 상주와 항렬이 같은 자들 중에서 담당을 하기도
했다.

◎ 섭채(葉采, ?~A.D.1260) : =평암섭씨(平巖葉氏). 송대(宋代) 때의 학자
이다. 자(字)는 중규(仲圭)이고 호는 평암(平巖)이다. 저서로는 『근사록
집해(近思錄集解)』 등이 있다.

◎ 성동(成童) : '성동'은 아동들 중에서도 나이가 찬 자들을 뜻한다. 8세 이상
이 된 아동을 뜻한다고 풀이하기도 하며, 15세 이상이 된 아동을 뜻한다고
풀이하기도 한다. 『춘추곡량전』 「소공(召公) 19년」편의 "羈貫成童, 不就
師傅, 父之罪也."라는 기록에 대해, 범녕(范甯)의 주에서는 "成童, 八歲
以上."이라고 풀이했고, 『예기』 「내칙(內則)」편의 "成童, 舞象, 學射御."
라는 기록에 대해, 정현의 주에서는 "成童, 十五以上."이라고 풀이했다.

◎ 성문(城門) : '성문'은 도성(都城)과 교(郊) 사이에 있는 문이다. 도성 밖에
는 도성을 둘러싼 4개의 '교'가 있다. 이때 도성과 교 사이에 있는 문이 바
로 '성문'이 된다.

◎ 성복(成服) : '성복'은 상례(喪禮)에서 대렴(大斂) 이후, 죽은 자와의 관계
에 따라, 각각 규정에 맞는 상복(喪服)을 갖춰 입는다는 뜻이다.

◎ 성생(騂牲) : '성생'은 제사에 사용되는 적색의 희생물을 뜻한다.

◎ 성왕(盛王) : '성왕'은 태평성세 때의 유덕한 제왕을 뜻한다. 『예기』 「제의
(祭義)」편에는 "虞·夏·殷·周, 天下之盛王也, 未有遺年者, 年之貴
乎天下久矣."라는 용례가 있다.

◎ 성증론(聖證論) : 『성증론(聖證論)』은 후한(後漢) 때 학자인 왕숙(王肅)의 저작으로, 정현의 학설을 반박하는 내용으로 구성되어 있다. 저서는 이미 산일되어 없어졌으나, 남아 있던 일부 기록들은 수합되어 『옥함산방집일서(玉函山房輯佚書)』에 수록되어 있으며, 청(淸)나라 때 학자인 피석서(皮錫瑞)는 『성증론보평(聖證論補評)』을 저술하였다.

◎ 세공(歲功) : '세공'은 한 해 동안 이룩한 공적(功績)을 지칭한다. 구체적으로는 한 해의 농사를 수확한다는 뜻이다. 『한서(漢書)』「예악지(禮樂志)」편에는 "陽出布施於上而主歲功, 陰入伏藏於下而時出佐陽. 陽不得陰之助, 亦不能獨成歲功."이라는 기록이 있다.

◎ 세본(世本) : 『세본(世本)』은 『세(世)』·『세계(世系)』 등으로 일컬어지기도 한다. 선진시대(先秦時代) 때의 사관(史官)이 기록한 문헌이라고 전해지지만, 진위여부를 확인할 수 없다. 『세본』은 고대의 제왕(帝王), 제후(諸侯) 및 경대부(卿大夫)들의 세계도(世系圖)를 기록한 서적이다. 일실되어 현존하지 않지만, 후대 학자들이 다른 문헌 속에 남아 있는 기록들을 수집하여, 일집본(佚輯本)을 남겼다. 이러한 일집본에는 여덟 종류의 주요 판본이 있는데, 각 판본마다 내용상의 차이를 보이고 있다. 1959년에는 상무인서관(商務印書館)에서 이러한 여덟 종류의 판본을 모아서 『세본팔종(世本八種)』을 출판하였다.

◎ 세족(世族) : '세족'은 세공(世功)과 관족(官族)을 합쳐 부르는 말이다. '세족'은 선대(先代)에 공적(功績)을 쌓았던 관족(官族)을 뜻한다. 후대에는 대대로 녹봉을 받는 명문 있는 가문을 뜻하는 용어로도 사용하였다. 『춘추좌씨전』「은공(隱公) 8년」편에는 "官有世功, 則有官族."라는 기록이 있다.

◎ 소공복(小功服) : '소공복'은 상복(喪服) 중 하나로, 오복(五服)에 속한다. 조밀한 삼베를 사용해서 만들며, 대공복(大功服)에 비해서 삼베의 재질이 조밀하기 때문에, '소공복'이라고 부른다. 이 복장을 입게 되는 기간은 상황에 따라 차이가 생기지만, 일반적으로 5개월이 된다. 백숙(伯叔)의 조부모나 당백숙(堂伯叔)의 조부모, 혼인하지 않은 당(堂)의 자매(姊妹), 형제(兄弟)의 처 등을 위해서 입는다.

◎ 소관(素冠) : '소관'은 상사(喪事)나 흉사(凶事)의 일을 접했을 때 쓰게 되는 흰색 관(冠)이다.

◎ 소군(小君) : '소군'은 주대(周代)에 제후의 부인을 지칭하던 용어이다. 『춘추』「희공(僖公) 2년」편에는 "夏五月辛巳, 葬我小君哀姜."이라는 용례가 있다.

◎ 소단(素端) : '소단'은 소복(素服)과 같은 말이다. 흰색으로 만든 상의와 하의를 뜻하며, 상(裳)자와 함께 기론될 때에는 흰색의 상의만을 뜻하기도 한다. 고대에 제후 · 대부 · 사가 착용했던 일종의 제복(祭服)이다. 기근이나 재앙이 들었을 때 기원을 하기 위해 착용하는 복장이다.

◎ 소렴(小斂) : '소렴'은 상례(喪禮) 절차 중 하나이다. 죽은 자의 시신을 목욕시키고, 의복을 착용시키며, 그 위에 이불 등으로 감싸는 절차를 뜻한다.

◎ 소뢰(少牢) : '소뢰'는 제사에서 양(羊)과 돼지[豕] 두 가지 희생물을 사용하는 것을 뜻한다. 『춘추좌씨전』「양공(襄公) 22년」편에는 "祭以特羊, 殷以少牢."라는 기록이 있는데, 이에 대한 두예(杜預)의 주에서는 "四時祀以一羊, 三年盛祭以羊豕. 殷, 盛也."라고 풀이하였다.

◎ 소무(小舞) : '소무'는 악무(樂舞) 중에서도 규모가 작은 것으로, 성인들이 추는 대무(大舞)와 상대된다. '소무'에 대한 교육은 악사(樂師)가 담당했다.

◎ 소복(素服) : '소복'은 흰색의 옷감으로 상의와 하의를 만든 옷을 뜻한다. 또한 채색하지 않은 옷감으로 만든 상의와 하의를 가리키기도 한다. 상(喪)을 당하거나, 흉사(凶事)를 접했을 때 착용하던 복장이다. 『예기』「교특생(郊特牲)」편에는 "皮弁素服而祭, 素服以送終也."라는 기록이 있고, 이에 대한 정현의 주에서는 "素服, 衣裳皆素."라고 풀이했다. 한편 후대에는 일상복을 뜻하는 용어로도 사용하였다.

◎ 소부(少傅) : '소부'는 주(周)나라 때 설치된 관직이다. 군주를 보필하는 임무를 맡았다. 소사(少師) 및 소보(少保)와 함께 삼고(三孤)가 된다.

◎ 소빙(小聘) : '소빙'은 본래 제후가 대부(大夫)를 시켜서 매해 천자를 찾아뵙는 것을 뜻한다. 제후는 천자에 대해서, 매년 '소빙'을 하고, 3년에 1번 대빙(大聘)을 하며, 5년에 1번 조(朝)를 한다. 대빙을 할 때에는 경(卿)을 시키고, 조를 할 때에는 제후가 직접 찾아간다. 『예기』「왕제(王制)」편에

는 "諸侯之於天子也, 比年一小聘, 三年一大聘, 五年一朝."라는 기록
이 있고, 이에 대한 정현의 주에서는 "比年, 每歲也. 小聘使大夫, 大聘
使卿, 朝則君自行."이라고 했다.

◎ 소사(小祀): '소사'는 비교적 규모가 작은 제사를 가리킨다. 또한 군사(群
祀)라고 부르기도 한다. 사중(司中), 사명(司命), 풍백(風伯: =風師), 우
사(雨師), 제성(諸星), 산림(山林), 천택(川澤) 등에 대해 지내는 제사이
다. 『주례』「춘관(春官)·사사(肆師)」편에는 "立小祀用牲."이라는 기록
이 있는데, 이에 대한 정현의 주에서는 "鄭司農云 小祀司命已下. 玄謂
小祀又有司中風師雨師山川百物."이라고 풀이하였고, 『구당서(舊唐
書)』「예의지일(禮儀志一)」에도 "司中司命風伯雨師諸星山林川澤之屬
爲小祀."라는 기록이 있다.

◎ 소상(小祥): '소상'은 본래 부모 및 군주의 상(喪)에서, 부모가 죽은 지 만
1년 만에 지내는 제사이다. 이 제사가 끝나면, 자식은 3년상을 지낼 때의
복장과 생활방식을 조금씩 덜어내게 된다. 또한 '소상'은 친족 및 타인의
상에서 1년이 지났을 때를 가리키기도 한다.

◎ 소서(小胥): '소서'는 악관(樂官)에 소속된 하위관리이다. 학사(學士)들에
대한 음악 교육을 돕고, 태만하게 행동하는 자에 대해서는 회초리를 치기
도 하였다. 『주례』「춘관(春官)·소서(小胥)」편에는 "小胥掌學士之徵令
而比之, 觵其不敬者, 巡舞列而撻其怠慢者, 正樂縣之位."라는 기록이
있다.

◎ 소수(小綏): '소수'는 제후가 사냥할 때 세워두었던 작은 깃발을 뜻한다.

◎ 소식(蘇軾, A.D.1037~A.D.1101): 북송(北宋) 때의 학자이다. 자는 자첨
(子瞻)·화중(和仲)이고 호는 동파거사(東坡居士)이다. 저서로는 『동파
칠집(東坡七集)』 등이 있다.

◎ 소악정(小樂正): '소악정'은 대악정(大樂正)의 부관으로, 『주례(周禮)』의
체제에 따르면 악사(樂師)에 해당한다. 악사는 『주례』에 나온 관직명으
로, 음악을 담당했던 관리 중 하나이다. 총 책임자였던 대사악(大司樂)의
부관으로, 국학(國學)에 있는 국자(國子)들에게 소무(小舞) 등을 가르쳤
다고 기록되어 있다. 『주례』「춘관(春官)·악사(樂師)」편에는 "樂師, 掌

國學之政, 以敎國子小舞."라는 기록이 있다.

◎ 소종백(小宗伯) : '소종백'은 대종백(大宗伯)을 보좌하는 관리이다. 『주례』의 체제에 따르면 중대부(中大夫) 2명이 담당을 했다. 수행하는 일은 대체로 대종백과 동일하며, 대종백을 보좌하여 세부적인 절차들을 수행한다.

◎ 소최(疏衰) : '소최'는 자최복(齊衰服)이다.

◎ 소침(小寢) : '소침'은 '연침(燕寢)'을 뜻한다. '연침'은 천자 및 제후들이 휴식을 취하던 장소를 가리킨다. 천자에게는 6개의 침(寢)이 있었는데, 앞쪽에 있는 1개의 침은 정전(正寢)으로 노침(路寢)이라고 부르며, 뒤쪽에 있는 다섯 개의 침을 통칭하여 '연침'이라고 부른다.

◎ 소호씨(小皞氏) : '소호씨'는 소호씨(少昊氏)라고도 부르며, 전설상의 인물이다. 소호(少昊)라고도 부른다. 고대 동이족의 제왕으로, 황제(黃帝)의 아들이었다고도 전해진다. 이름은 지(摯)인데, 질(質)이었다고도 한다. 호(號)는 금천씨(金天氏)이다. 소호(少皞)는 새의 이름으로 관직명을 지었다고 전해지며, 사후에는 서방(西方)의 신(神)이 되었다고 전해진다. 『춘추좌씨전』「소공(昭公) 17년」편에는 "郯子曰 我高祖少皞摯之立也, 鳳鳥適至, 故紀於鳥, 爲鳥師而鳥名."이라는 기록이 있는데, 이에 대한 두예(杜預)의 주에서는 "少皞, 金天氏, 黃帝之子, 己姓之祖也."라고 풀이했다.

◎ 속(束) : '속'은 견직물을 헤아리는 단위이다. 1'속'은 10단(端)을 뜻하는데, 1단의 길이는 1장(丈) 8척(尺)이 되며, 2단이 합쳐서 1권(卷)이 되므로, 10단은 총 5필이 된다. 『주례』「춘관(春官)·대종백(大宗伯)」편에는 "孤執皮帛."이라는 기록이 있고, 이에 대한 가공언(賈公彦)의 소(疏)에서는 "束者十端, 每端丈八尺, 皆兩端合卷, 總爲五匹, 故云束帛也."라고 풀이했다.

◎ 속백(束帛) : '속백'은 한 묶음의 비단으로, 그 수량은 다섯 필(匹)이 된다. 빙문(聘問)을 하거나 증여를 할 때 가져가는 예물(禮物) 등으로 사용되었다. '속(束)'은 10단(端)을 뜻하는데, 1단의 길이는 1장(丈) 8척(尺)이 되며, 2단이 합쳐서 1권(卷)이 되므로, 10단은 총 5필이 된다. 『주례』「춘관(春官)·대종백(大宗伯)」편에는 "孤執皮帛."이라는 기록이 있고, 이에

대한 가공언(賈公彦)의 소(疏)에서는 "束者十端, 每端丈八尺, 皆兩端
合卷, 總爲五匹, 故云束帛也."라고 풀이했다.

◎ 손(飧) : '손'은 빈객이 처음 이르렀을 때, 간단히 음식을 차려서, 접대하는
것을 뜻한다.

◎ 송렴(宋濂, A.D.1310 ~ A.D.1381) : 명(明)나라 때의 학자이다. 자는 경렴
(景濂)이고 호는 잠계(潛溪)이며 시호는 문헌(文憲)이다. 저서로는 『편학
류찬(篇學類纂)』 등이 있다.

◎ 수(襚) : '수'는 부의를 보낸다는 뜻이며, 또한 부의로 보내는 특정 물건을
가리키기도 한다. '수'는 시신과 함께 매장하게 될 의복이나 이불 등을 부
의로 보내는 것이다. 『의례』 「사상례(士喪禮)」편에는 "君使人襚, 徹帷,
主人如初, 襚者左執領, 右執要, 入升致命."이라는 기록이 있는데, 이에
대한 정현의 주에서는 "襚之言遺也, 衣被曰襚."라고 풀이했다.

◎ 수구(垂鉤) : '수구'는 나무를 가공하지 않아도, 자연적으로 수레바퀴처럼
원형으로 굽어진 것을 뜻한다. 고대인들은 태평성세 때 나타나는 상서로운
징조로 여겼다.

◎ 수배(手拜) : '수배'는 무릎을 꿇고서 절을 하는 방법 중 하나이다. 양쪽 손
을 먼저 땅바닥에 대고, 동시에 머리를 내리되 손등 위에 도달하면 그치게
된다.

◎ 수전(蒐田) : '수전'은 봄에 시행하는 사냥을 뜻하며, 또한 사냥 전체를 범칭
하는 용어로도 사용된다.

◎ 수제(綏祭) : '수제'는 수제(隋祭) · 타제(墮祭)라고도 부른다. 제사의 절차
중 하나이다. 음식을 흠향시키고자 할 때, 우선적으로 서직(黍稷)과 희생
물의 고기를 덜어내어, 두(豆) 사이에 두고 음식에 대한 제사를 지내게 되
는데, 이것을 '수제'라고 부른다. 『예기』 「증자문(曾子問)」편에는 "攝主不
厭祭, 不旅不假, 不綏祭, 不配."라는 기록이 있는데, 이에 대한 정현의
주에서는 "綏, 周禮作墮."라고 풀이했고, 공영달(孔穎達)의 소(疏)에서는
"謂欲食之時, 先減黍稷牢肉而祭之於豆間, 故曰綏祭."라고 풀이했다.

◎ 수제(隋祭) : =수제(綏祭)

◎ 수초(酬酢) : '수초'는 술을 마실 때 시행되는 의례 절차이다. 주인(主人)과

빈객(賓客)이 상호 공경스러운 태도로 술을 따라줄 때, 주인이 빈객에게 공경스러운 태도로 술을 따라주는 것을 '수(酬)'라고 부르며, 빈객이 재차 공경스러운 태도로 주인에게 술을 따라주는 것을 '초(酢)'라고 부른다.

◎ 숙계(宿戒) : '숙계'는 제사에 참여하기 전 재계를 하는 것을 뜻한다. 고대에는 제사를 시행할 때, 1차적으로 10일 전에 재계를 하고, 2차적으로 3일 전에 재계를 하는데, 2차적으로 실시하는 재계를 '숙계'라고 부른다.

◎ 숙배(肅拜) : '숙배'는 구배(九拜) 중의 하나이다. 절을 하는 방법 중 하나로, 무릎을 가지런히 모으고, 단지 손을 아래로만 내리며, 머리는 숙이지 않는 방법이다.

◎ 순거(輴車) : '순거'는 빈소를 설치할 때 영구를 싣는 수레를 뜻한다.

◎ 순거(簨簴) : '순거'는 종(鍾)이나 경(磬)을 매다는 도구이다. 가로로 받치는 것을 순(簨)이라고 부르며, 비늘을 가진 짐승으로 장식을 한다. 세로로 받치는 것을 거(簴)라고 부르며, 털이 짧은 짐승이나 깃털을 가진 짐승으로 장식을 한다. 순(簨)은 큰 나무판으로 만들게 되어, '업(業)'이라고도 부른다. 『예기』「명당위(明堂位)」편에는 "夏后氏之龍簨簴, 殷之崇牙, 周之璧翣."이라는 기록이 있고, 이에 대한 정현의 주에서는 "簨簴, 所以縣鍾·磬也. 橫曰簨, 飾之以鱗屬; 植曰簴, 飾之以臝屬·羽屬. 簨以大版爲之, 謂之業."이라고 풀이했다.

◎ 순수(巡守) : '순수'는 '순수(巡狩)'라고도 부른다. 천자가 수도를 벗어나 제후의 나라를 시찰하는 것을 뜻한다. '순수'의 '순(巡)'자는 그곳으로 행차를 한다는 뜻이고, '수(守)'자는 제후가 지키는 영토를 뜻한다. 제후는 천자가 하사해준 영토를 대신 맡아서 수호하는 것이기 때문에, 천자가 그곳에 방문하여, 자신의 영토를 어떻게 관리하고 있는지를 시찰하게 된다. 『서』「우서(虞書)·순전(舜典)」편에는 "歲二月, 東巡守, 至于岱宗, 柴."라는 기록이 있고, 이에 대한 공안국(孔安國)의 전(傳)에서는 "諸侯爲天子守土, 故稱守. 巡, 行之."라고 풀이했으며, 『맹자』「양혜왕하(梁惠王下)」편에서는 "天子適諸侯曰巡狩. 巡狩者, 巡所守也."라고 기록하였다. 한편 『예기』「왕제(王制)」편에는 "天子, 五年, 一巡守."라는 기록이 있고, 『주례』「추관(秋官)·대행인(大行人)」편에는 "十有二歲王巡守殷國."이라는

기록이 있다. 즉 「왕제」편에서는 천자가 5년에 1번 순수를 시행하고, 「대
행인」편에서는 12년에 1번 순수를 시행한다고 기록하고 있는데, 이러한
차이점에 대해서 정현은 「왕제」편의 주에서 "五年者, 虞夏之制也. 周則
十二歲一巡守."라고 풀이했다. 즉 5년에 1번 순수를 하는 제도는 우(虞)
와 하(夏)나라 때의 제도이며, 주(周)나라에서는 12년에 1번 순수를 했다.

◎ 습(襲) : '습'은 시신에 옷을 입히는 의식 절차이다. 한편 시신에 입히는 옷
자체도 '습'이라고 불렀다.

◎ 습(襲) : '습'은 고대에 의례를 시행할 때 하는 복장 방식 중 하나이다. 겉옷
으로 안에 입고 있던 옷들을 완전히 가리는 방식이다. 한편 '습'은 비교적
성대한 의식 때 시행하는 복장 방식으로도 사용되어, 안에 있고 있는 옷을
드러내지 않음으로써, 공경의 뜻을 표하기도 했다.

◎ 습구(襲裘) : '습구'는 성대한 예식(禮式)을 치를 때, 복장을 착용하는 방식
을 뜻한다. 겉옷으로 안에 입고 있던 갓옷을 완전하게 가리기 때문에, '습
구'라고 부른다.

◎ 습의(襲衣) : '습의'는 고대에 의례를 시행할 때 입는 옷이다. 석의(裼衣) 위
에 걸쳤던 옷이다. 옷 위에 다시 한 겹을 껴입는다는 뜻에서 '습(襲)'자를
붙여서 부르는 것이다.

◎ 승(升) : '승'은 옷감과 관련된 단위이다. 고대에는 포(布) 80가닥[縷]을 1승
(升)으로 여겼다. 『의례』「상복(喪服)」편에서는 "冠六升, 外畢."이라는 기록
이 있는데, 이에 대한 정현의 주에서는 "布八十縷爲升."이라고 풀이했다.

◎ 승(升) : '승'은 용량을 재는 단위이다. 지역 및 각 시대마다 다소 차이를 보
이는데, 고대에는 10합(合)을 1승(升)으로 여겼고, 10승(升)을 1두(斗)로
여겼다. 『한서(漢書)』「율력지상(律曆志上)」편에는 "合龠爲合, 十合爲
升."이라는 기록이 있다.

◎ 승거(乘車) : '승거'는 고대의 장례(葬禮) 때 사용되었던 수레이다. 혼거(魂
車)라고도 부른다. 죽은 자의 옷과 관(冠)을 실어서 마치 죽은 자가 생전
에 수레를 타던 것처럼 형상화하는 것이다. 그래서 '혼거'라고 부른다.

◎ 승국(勝國) : '승국'은 이전 왕조를 뜻한다. 망국(亡國)과 같은 용어이다. 현
왕제에게 패망한 나라인데, 현 왕제의 입장에서 보면 전 왕조는 승리의 대

상이었으므로, '승국'이라고 부른 것이다. 『주례』「지관(地官)·매씨(媒氏)」편에는 "凡男女之陰訟, 聽之于勝國之社."라는 기록이 있고, 이에 대한 정현의 주에서는 "勝國, 亡國也."라고 풀이했다.

◎ 시마복(總麻服): '시마복'은 상복(喪服) 중 하나로, 오복(五服)에 속한다. 가장 조밀한 삼베를 사용해서 만든다. 이 복장을 입게 되는 기간은 상황에 따라서 차이가 있지만, 일반적으로 3개월이 된다. 친족의 백숙부모(伯叔父母)나 친족의 형제(兄弟)들 및 혼인하지 않은 친족의 자매(姊妹) 등을 위해서 입는다.

◎ 시제(柴祭): '시제'는 일종의 하늘에 대한 제사이다. 초목을 태워서 그 연기를 하늘로 올려 보내며 아뢰는 의식이다. 『서』「우서(虞書)·순전(舜典)」편에는 "歲二月, 東巡守, 至于岱宗, 柴."라는 기록이 있고, 이에 대한 공안국(孔安國)의 전(傳)에서는 "燔柴祭天告至."라고 풀이했다.

◎ 시최(總衰): '시최'는 석최(錫衰)와 비슷한 재질로 만든 옷으로, 일종의 상복(喪服)에 해당한다. 천자의 경우, 제후의 상(喪)에 착용했던 복장이다.

◎ 시학(視學): '시학'은 천자가 석전(釋奠) 및 양로(養老) 등의 의례를 위해, 친히 태학(太學)에 왕림하는 것을 말한다. 일반적으로 천자가 '시학'을 하는 시기는 중춘(仲春), 계춘(季春), 중추(仲秋)에 해당한다. 중춘 때에는 태학에서 합무(合舞)를 하고, 계춘 때에는 합악(合樂)을 하며, 중추 때에는 합성(合聲)을 하기 때문이다. 『예기』「문왕세자(文王世子)」편에는 "天子視學."이라는 기록이 있는데, 이에 대한 공영달(孔穎達)의 소(疏)에서는 "天子視學, 必遂養老之法則, 養老旣畢, 乃命諸侯群吏令養老之事. 天子視學者, 謂仲春合舞, 季春合樂, 仲秋合聲. 於此之時, 天子親往視學也."라고 풀이했다.

◎ 신거(蜃車): '신거'는 관(棺)을 싣는 상거(喪車)를 뜻한다. 관을 싣는 수레에는 유(柳)를 싣고, 네 바퀴가 지면과 가까이 닿은 상태에서 이동하게 되는데, 그 모습이 이무기[蜃]와 닮았기 때문에, 이 수레를 '신거'라고 부르는 것이다. 『주례』「지관(地官)·수사(遂師)」편에는 "大喪, 使帥其屬以幄帟先, 道野役及窆, 抱磨, 共丘籠及蜃車之役."이라는 기록이 있는데, 이에 대한 정현의 주에서는 "蜃車, 柩路也, 柩路載柳, 四輪迫地而行, 有

似於蜃, 因取名焉."이라고 풀이했다.

◎ 신규(信圭) : '신규'는 신규(身圭)이다. '신(信)'자와 '신(身)'자의 소리가 비슷하기 때문에 잘못 전이된 것이다. '신규'는 후작이 들게 되는 규(圭)이다. 사람의 형상을 새겨 넣었기 때문에 '신규'라고 부르는 것이며, 그 무늬는 궁규(躬圭)에 비해 세밀하다. 신중하게 행동하여 자신의 몸을 잘 보호하고자 이러한 형상을 새겨 넣은 것이다. 그리고 '신규'의 길이는 7촌(寸)이 된다. 『주례』「춘관(春官)·대종백(大宗伯)」편에는 "侯執信圭. 伯執躬圭."라는 기록이 있고, 이에 대한 정현의 주에서는 "信當爲身, 聲之誤也. 身圭·躬圭, 蓋皆象以人形爲瑑飾, 文有麤縟耳. 欲其愼行以保身. 圭皆長七寸."이라고 풀이했다.

◎ 신농씨(神農氏) : '신농씨'는 신농(神農)이라고도 부른다. 전설시대에 존재했다고 전해지는 고대 제왕(帝王)의 이름이다. 처음으로 백성들에게 농사 짓는 방법을 가르쳤다는 뜻에서, '신농'이라고 부르게 되었다. 또한 약초를 발견하고 재배하여 사람들의 병을 치료했었다고 전해진다. 또한 '신농'은 염제(炎帝)라고도 부르는데, 그 이유는 오행(五行) 중 하나인 화(火)의 덕(德)을 통해서 제왕이 되었다고 믿었기 때문이다. 『회남자(淮南子)』「주술훈(主述訓)」편에는 "昔者, 神農之治天下也, 神不馳於胸中, 智不出於四域, 懷其仁誠之心, 甘雨時降, 五穀蕃植."이라는 기록이 있다. 한편 '신농'은 토신(土神)을 뜻하는 용어로도 사용되었다. 이것은 농사와 땅과의 관계가 밀접하기 때문이며, 이러한 뜻에서 농사를 주관했던 관리를 또한 '신농'으로 칭하기도 하였다.

◎ 신로(臣虜) : '신로'는 민로(民虜)와 같은 말이며, 포로를 뜻한다. 『한비자(韓非子)』「오두(五蠹)」편에는 "禹之王天下也, 身執耒臿, 以爲民先, 股無胈, 脛不生毛, 雖臣虜之勞, 不苦於此矣."라는 용례가 나온다.

◎ 신안왕씨(新安王氏, A.D.1138~A.D.1218) : =왕염(王炎)·왕회숙(王晦叔). 남송(南宋) 때의 역학자(易學者)이다. 자는 회숙(晦叔)이다.

◎ 신의경(申義慶, A.D.1557~A.D.1648) : 조선 중기 때의 학자이다. 본관은 평산(平山)이고 자는 효직(孝直)이며 호는 서파(西坡)이고 이름은 의경(義慶)이다. 저서로는 『상례비요(喪禮備要)』 등이 있다.

◎ 신호(神號) : '신호'는 신(神)을 아름답게 부르는 호칭을 뜻한다. 마치 상제 (上帝)를 황천상제(皇天上帝)라고 부르는 경우와 같다. 신(神)의 이름을 존귀하게 여기기 때문에, 다시금 아름다운 칭호를 덧붙이는 것이다. 『주 례』「춘관(春官)・대축(大祝)」편에는 "辨六號, 一曰神號."라는 기록이 있는데, 이에 대한 정현의 주에서는 "神號, 若云皇天上帝."라고 풀이했 다. 한편 채옹(蔡邕)의 『독단(獨斷)』에는 "神號, 尊其名更爲美稱, 若曰 皇天上帝也."라는 기록이 있다.

◎ 실시(實柴) : '실시'는 고대에 시행되었던 제사 절차이다. 희생물을 땔감 위 에 올려두고 불을 피워서, 하늘로 올라가는 연기로 신들에게 흠향을 시키 는 방법이다. 『주례』「춘관(春官)・대종백(大宗伯)」편에는 "以實柴祀日 月星辰."이라는 기록이 있고, 이에 대한 정현의 주에서는 "實柴, 實牛柴 上也."라고 풀이했다.

◎ 심(尋) : '심'은 자리의 크기가 반상(半常)인 것으로, 8척(尺)이 되는 것을 뜻한다. 『의례』「공사대부례(公食大夫禮)」편에는 "司宮具几與蒲筵常, 緇布純. 加萑席尋, 玄帛純. 皆卷自末."이라는 기록이 있는데, 이에 대 한 정현의 주에서는 "半常曰尋."이라고 풀이했다.

◎ 심괄(沈括, A.D.1031 ~ A.D.1095) : =심존중(沈存中). 송대(宋代) 때의 과 학자이자 학자이다. 자(字)는 존중(存中)이다. 천문(天文), 역법(曆法) 등 에 해박하였다. 저서로는 『악론(樂論)』, 『봉원력(奉元曆)』 등이 있다.

◎ 심상(心喪) : '심상'은 죽음에 대해 애도함이 상을 치르는 것과 같지만, 실제 적으로 상복을 입지 않는 것을 뜻한다. 주로 스승이 죽었을 때, 제자들이 치르는 상을 가리킨다. 『예기』「단궁상(檀弓上)」편에서는 "事師無犯無 隱, 左右就養無方, 服勤至死, 心喪三年."이라는 기록이 있고, 이에 대 한 정현의 주에서는 "心喪, 戚容如父而無服也."라고 풀이했다.

◎ 심의(深衣) : '심의'는 일반적으로 상의와 하의가 서로 연결된 옷을 뜻한다. 제후, 대부(大夫), 사(士)들이 평상시 집안에 거처할 때 착용하던 복장이 기도 하며, 서인(庶人)에게는 길복(吉服)에 해당하기도 한다. 순색에 채색 을 가미하기도 했다.

◎ 심존중(沈存中) : =심괄(沈括)

◎ 십륙상(十六相) : '십륙상'은 십륙족(十六族)이라고도 부른다. 고양씨(高陽氏)의 후손들 중 재주가 특출하였던 8명의 자손과 고신씨(高辛氏)의 후손들 중 재주가 특출하였던 8명의 자손을 합쳐 부르는 말이다. 8명의 고양씨 후손들은 팔개(八愷)라고도 부르는데, 창서(蒼舒), 퇴애(隤敳), 도인(檮戭), 대림(大臨), 방강(尨降), 정견(庭堅), 중용(仲容), 숙달(叔達)이 그들이다. '팔개'는 팔개(八凱)라고도 부르는데, '개(愷)'자는 화(和)자의 뜻으로, 조화를 잘 이룬다는 의미이다. 이들은 자신이 담당하는 분야에 대해서 조화를 잘 이루며 공적을 세웠기 때문에, '팔개'라고 부르게 된 것이다. 한편 8명의 고신씨 후손들은 팔원(八元)이라고도 부르는데, 백분(伯奮), 중감(伯奮), 숙헌(叔獻), 계중(季仲), 백호(伯虎), 중웅(仲熊), 숙표(叔豹), 계리(季貍)라는 자들이 그들이다. '원(元)'자는 선(善)자의 뜻으로, 잘한다는 의미이다. 이들은 자신이 담당하는 일들을 잘 처리하여 공적을 세웠기 때문에, '팔원'이라고 부르게 된 것이다. 그리고 '팔개'와 '팔원'은 순(舜)임금을 통해 요(堯)임금에게 천거되어 신하가 되었는데, 각자 그들의 맡은 분야에서 큰 공적을 세웠다. 그래서 씨족(氏族)을 하사받게 되었다. 이들을 '십륙상'이라고 부르는 이유는 '상(相)'자는 돕는다는 뜻으로, 신하라는 의미를 가진다. 그렇기 때문에 이들을 '십륙상'이라고 부르는 것이다. 그리고 '십륙족'이라고 부르는 이유는 이들이 씨족을 하사받았기 때문이다. 『춘추좌씨전』「문공(文公) 18년」편에는 "昔高陽氏有才子八人, 蒼舒·隤凱·檮戭·大臨·尨降·庭堅·仲容·叔達, 齊·聖·廣·淵·明·允·篤·誠, 天下之民謂之八愷. 高辛氏有才子八人, 伯奮·仲堪·叔獻·季仲·伯虎·仲熊·叔豹·季狸, 忠·肅·共·懿·宣·慈·惠·和, 天下之民謂之八元. 此十六族也, 世濟其美, 不隕其名."이라는 기록이 있다.

◎ 십이율(十二律) : '십이율'은 여섯 개의 양률(陽律)과 여섯 개의 음률(陰律)을 합하여 부르는 말이다. 양성(陽聲: =陽律)은 황종(黃鐘), 대주(大簇), 고선(姑洗), 유빈(蕤賓), 이칙(夷則), 무역(無射)이며, 이것을 육률(六律)이라고도 부른다. 음성(陰聲: =陰律)은 대려(大呂), 응종(應鍾), 남려(南呂), 함종(函鍾), 소려(小呂), 협종(夾鍾)이며, 이것을 육동(六同)이라고

도 부른다. '십이율'은 12개의 높낮이가 다른 표준음으로, 서양음악의 악조(樂調)에 해당한다. 고대에는 12개의 길이가 다른 죽관(竹管)으로 음의 높낮이를 보정했다. 관(管)의 높이에는 각각 일정한 길이가 있었다. 긴 관은 저음의 소리를 냈고, 짧은 관은 고음의 소리를 냈다. 관 중에는 대나무가 아닌 동으로 제작한 것도 있다. 그리고 '육동'은 또한 육려(六呂), 율려(律呂), 육간(六間), 육종(六鍾)이라고도 부른다.

◎ 악거(惡車) : '악거'는 악거(堊車)를 뜻한다. 상중(喪中)에 있는 자가 타게 되는 백색으로 된 수레이다. '악(堊)'자는 흰색으로 칠한다는 뜻이다.

◎ 악덕(樂德) : '악덕'은 음악을 가르치면서 교육했던 여섯 가지 음악의 덕목이다. 여섯 가지 덕목은 중(中)·화(和)·지(祇)·용(庸)·효(孝)·우(友)이다. '중'은 충심을 뜻한다. '화'는 굳셈과 부드러움이 알맞은 것을 뜻한다. '지'는 공경함을 뜻한다. '용'은 항상된 법도를 지닌다는 뜻이다. '효'는 부모를 잘 섬기는 것을 뜻한다. '우'는 형제들과 잘 지내는 것을 뜻한다. 『주례』「춘관(春官)·대사악(大司樂)」편에는 "以樂德敎國子: 中·和·祇·庸·孝·友."라는 기록이 있고, 이에 대한 정현의 주에서는 "中, 猶忠也; 和, 剛柔適也; 祇, 敬; 庸, 有常也; 善父母曰孝; 善兄弟曰友."라고 풀이했다.

◎ 악무(樂舞) : '악무'는 음악을 연주할 때 추는 육대(六代)의 춤을 뜻한다. 육대의 춤은 운문(雲門)·대권(大卷)·대함(大咸)·대소(大韶)·대하(大夏)·대호(大濩)·대무(大武)이다. '운문'과 '대권'은 황제(黃帝) 때의 악무이다. '대함'은 요(堯)임금 때의 악무이다. '대소'는 순(舜)임금 때의 악무이다. '대하'는 우(禹)임금 때의 악무이다. '대호'는 탕(湯)임금 때의 악무이다. '대무'는 무왕(武王)에 대한 악무이다. 『주례』「춘관(春官)·대사악(大司樂)」편에는 "以樂舞敎國子: 舞雲門·大卷·大咸·大韶·大夏·大濩·大武."라는 기록이 있다.

◎ 악실(堊室) : '악실'은 상중(喪中)에 임시로 거처하던 가옥으로, 네 벽면에
흰색의 회칠을 하였다.

◎ 악어(樂語) : '악어'는 음악의 가사를 익힐 때의 여섯 가지 이론을 뜻한다.
여섯 가지 이론은 흥(興)·도(道)·풍(諷)·송(誦)·언(言)·어(語)이다.
'흥'은 선한 사물을 통해서 선한 사안을 비유하는 것이다. '도'는 인도한다
는 뜻으로, 고대의 일을 언급하여 현재의 일에 알맞게 하는 것이다. '풍'은
가사를 암송하는 것이다. '송'은 소리에 맞춰서 읽는 것이다. '언'은 직접적
으로 언급하는 것이다. '어'는 답변을 조술하는 것이다. 『주례』「춘관(春
官)·대사악(大司樂)」편에는 "以樂語敎國子: 興·道·諷·誦·言·
語."라는 기록이 있고, 이에 대한 정현의 주에서는 "興者, 以善物喩善事;
道讀曰導, 導者, 言古以剴今也; 倍文曰諷; 以聲節之曰誦; 發端曰言;
答述曰語."라고 풀이했다.

◎ 악의(樂毅, ?~?) : 전국시대(戰國時代) 연(燕)나라의 장군이다. 성(姓)은
자(子)이고, 씨(氏)는 악(樂)이다. 이름은 의(毅)이고, 자(字)는 영패(永
霸)이다. 제(齊)나라를 정벌하는데 큰 공적을 세웠지만, 이후 연나라 혜왕
(惠王)에게 쫓겨났다.

◎ 악정(樂正) : '악정'은 음악을 담당했던 관리들의 우두머리를 뜻한다. 정(正)
자는 우두머리를 뜻하는 장(長)자와 같다. 한편 『주례』에는 '악정'이라는
직책은 보이지 않으며, 대신 대사악(大司樂)이라는 직책이 있다. 한편 『
의례』「향사례(鄕射禮)」편에는 "樂正先升, 北面立于其西."라는 기록이
있는데, 이에 대한 가공언(賈公彦)의 소(疏)에서는 "案周禮有大司樂, 樂
師, 天子之官. 此樂正, 諸侯及士大夫之官."이라고 풀이했다. 즉 '악정'
은 제후 및 대부(大夫)의 관리였고, 천자에게는 대신 '대사악'과 악사(樂
師)라는 관리가 소속되어 있었다. 따라서 간혹 '악정'을 '대사악'과 같은 의
미로 사용하기도 한다.

◎ 악조(樂祖) : '악조'는 예악(禮樂)을 가르쳤던 선사(先師)들이다. 예전에는
도덕(道德)을 갖춘 인물로 태학(太學)에 들여보내서, 국자(國子)들을 가
르치도록 하였다. 그리고 그들이 죽게 되면 '악조'로 삼아서, 고종(瞽宗)에
서 제사를 지냈다. 『주례』「춘관(春官)·대사악(大司樂)」편에는 "凡有道

者有德者, 使教焉. 死則以爲樂祖, 祭於瞽宗."이라는 기록이 있다.

◎ 안거(安車) : '안거'는 앉아서 탈 수 있었던 작은 수레를 뜻한다. 일반적으로 수레를 탈 때에는 서서 탔는데, 이 수레는 연로한 고위 관료 및 부인들이 앉아서 탈 수 있도록 설계가 되어, 편안하다는 뜻에서 '안(安)'자가 붙은 것이다. 『주례』「춘관(春官)·건거(巾車)」편에는 "安車, 彫面鷖總, 皆有容蓋."라는 기록이 있고, 이에 대한 정현의 주에서는 "安車, 坐乘車. 凡婦人車皆坐乘."이라고 풀이했다.

◎ 안사고(顏師古, A.D.581 ~ A.D.645) : 당(唐)나라 때의 학자이다. 자(字)는 주(籒)이다. 안지추(顏之推)의 손자이다. 훈고학(訓詁學)에 뛰어났다. 오경(五經)의 문자를 교정하여, 『오경정본(五經定本)』을 찬술하기도 하였다.

◎ 앙제(盎齊) : '앙제'는 오제(五齊) 중 하나이다. '오제'는 술의 맑고 탁한 정도에 따라서 다섯 가지 등급으로 분류한 술로, 주로 제사 때 사용한다. '앙제'는 오제 중에서도 중간에 해당하는 술로, '앙제'부터 맑은 술이 된다. '앙제'는 술이 익고 나서 새파란 빛깔을 보이는 것으로 찬백(鄼白)과 같은 술이다.

◎ 약(礿) : '약'은 약(禴)이라고도 부른다. 하(夏)나라와 은(殷)나라 때에는 봄에 종묘(宗廟)에서 지내는 제사를 뜻하는 용어로 사용하였지만, 주(周)나라 때에는 명칭을 고쳐서, 여름에 지내는 제사의 명칭으로 삼았다. '약(礿)'이 봄 제사를 뜻하는 용어로 사용될 때에는 적다[薄]라는 뜻으로, 봄에는 만물이 아직 성숙하지 않았으므로, 제사 때 차려내는 제수(祭需)들이 적게 된다. 그렇기 때문에 그 제사를 '약(礿)'이라고 부르는 것이다. 『예기』「왕제(王制)」편에는 "天子諸侯宗廟之祭, 春曰礿, 夏曰禘, 秋曰嘗, 冬曰烝."이라는 기록이 있고, 이에 대한 정현의 주에서는 "此蓋夏殷之祭名. 周則春曰祠, 夏曰礿, 以禘爲殷祭."라고 풀이했고, 진호(陳澔)의 『집설(集說)』에서는 "礿, 薄也. 春物未成, 祭品鮮薄也."라고 풀이했다. 한편 '약(礿)'자가 여름 제사를 뜻하는 용어로 사용될 때에는 삶다[汋=礿]의 뜻으로, 여름 4월에는 보리가 익어서, 삶아서 밥을 지을 수가 있다. 여름 제사 때에는 이처럼 보리밥을 헌상하기 때문에, 그 제사를 '약(礿)'이라

고 부르는 것이다. 『춘추공양전』「환공(桓公) 8년」편에는 "夏曰祐."이라는 기록이 있는데, 이에 대한 하휴(何休)의 주에서는 "薦尙麥苗, 麥始熟可祐, 故曰祐."이라고 풀이했다. 그리고 『주례』「춘관(春官)·사준이(司尊彝)」편에서는 "春祠夏禴, 祼用雞彝·鳥彝, 皆有舟."라고 하여, 약(祐)을 '약(禴)'자로 기록하고 있다.

◎ 약사(龠師) : '약사'는 악관(樂官)에 소속된 하위관리이다. 우(羽)와 약(龠)을 들고 추는 문무(文舞)의 교육을 담당하였다. 『주례』「춘관(春官)·약사(龠師)」편에는 "龠師, 掌敎國之舞羽龡龠."이라는 기록이 있고, 이에 대한 가공언(賈公彦)의 소(疏)에서는 "此龠師掌文舞, 故敎羽龠."이라고 풀이했다.

◎ 양(兩) : '양'은 용량을 재는 단위이다. 고대의 제도에서 24수(銖)는 1양(兩)이 되고, 16양(兩)은 1근(斤)이 된다.

◎ 양목(陽木) : '양목'은 산의 남쪽 부근에서 생장하는 나무를 뜻한다.

◎ 양복(楊復, ?~?) : 남송(南宋) 때의 학자이다. 자는 무재(茂才)·지인(志仁)이고 호는 신재선생(信齋先生)이다. 주희(朱熹)의 제자이다. 『상제도(喪祭圖)』·『의례도(儀禮圖)』 등의 저서를 남겼다.

◎ 양사(陽祀) : '양사'는 남교(南郊)에서 지내는 천(天)에 대한 제사와 종묘(宗廟)에 대한 제사를 가리킨다. 『주례』「지관(地官)·목인(牧人)」편의 기록에 대해서, 정현의 주에서는 "陽祀, 祭天於南郊及宗廟."라고 풀이했다.

◎ 양염(陽厭) : '양염'은 염제(厭祭)의 절차 중 하나이다. '염제'에는 음염(陰厭)과 '양염'이 있다. '양염'은 시동이 묘실(廟室)을 빠져 나간 이후에, 시동에게 바쳤던 조(俎)와 돈(敦) 등을 거둬들여서, 서북쪽 모퉁이에 다시 진설하는 것이다.

◎ 양웅(楊雄, B.C.53~A.D.18) : =양웅(揚雄)·양자(揚子). 전한(前漢) 때의 학자이다. 자(字)는 자운(子雲)이다. 사부작가(辭賦作家)로도 명성이 높았다. 왕망(王莽)에게 동조했다는 이유로 송(宋)나라 이후부터는 배척을 당하였다. 만년에는 경학(經學)에 전념하여, 자신을 성현(聖賢)이라고 자처하였다. 참위설(讖緯說) 등을 배척하고, 유가(儒家)와 도가(道家)의 사상을 절충하였다. 저서로는 『법언(法言)』, 『태현경(太玄經)』 등이 있다.

◎ 양헌풍씨(亮軒馮氏, ? ~ ?) : =풍씨(馮氏). 자세한 행적이 남아 있지 않다.

◎ 어사(漁師) : '어사'는 물고기를 잡는 등 어업과 관련된 일들을 담당했던 관리이다. 『여씨춘추(呂氏春秋)』「계하기(季夏紀)」편에는 "是月也, 令漁師伐蛟, 取鼉, 升龜, 取黿."이라는 기록이 있는데, 이에 대한 고유(高誘)의 주에서는 "漁師, 掌魚官也."라고 풀이했다.

◎ 엄릉방씨(嚴陵方氏, ? ~ ?) : =방각(方慤) · 방씨(方氏) · 방성부(方性夫). 송대(宋代)의 유학자이다. 이름은 각(慤)이다. 자(字)는 성부(性夫)이다. 『예기집해(禮記集解)』를 지었고, 『예기집설대전(禮記集說大全)』에는 그의 주장이 많이 인용되고 있다.

◎ 여(旟) : '여'는 새매의 무늬를 그린 깃발이다. 『주례』「춘관(春官) · 사상(司常)」편에는 "鳥隼爲旟, 龜蛇爲旐."라는 기록이 있다.

◎ 여군(女君) : '여군'은 본부인을 뜻하는 용어이다. 주로 첩 등이 정처를 지칭할 때 쓰는 용어이다.

◎ 여귀(厲鬼) : '여귀'는 악귀(惡鬼)라는 뜻이다. 『춘추좌씨전』「소공(昭公) 7년」편에는 "今夢黃熊入于寢門, 其何厲鬼也."라는 용례가 있다.

◎ 여대림(呂大臨) : =남전여씨(藍田呂氏)

◎ 여동래(呂東萊) : =여조겸(呂祖謙)

◎ 여불위(呂不韋. ? ~ B.C.235) : 전국시대(戰國時代) 말기(末期)의 정치가이다. 진(秦)나라의 상국(相國)을 지낼 때, 여러 학자들을 초빙하여 『여씨춘추(呂氏春秋)』를 작성하였다.

◎ 여수(旅酬) : '여수'는 본래 제사가 끝난 후에, 제사에 참가했던 친족 및 빈객(賓客)들이 술잔을 들어 술을 마시고, 서로 공경의 예(禮)를 표하며, 잔을 권하는 의례(儀禮)이다. 연회에서도 서로에게 술을 권하는 절차를 '여수'라고 부른다.

◎ 여씨(呂氏) : =남전여씨(藍田呂氏)

◎ 여여숙(呂與叔) : =남전여씨(藍田呂氏)

◎ 여조겸(呂祖謙, A.D.1137 ~ A.D.1181) : =동래여씨(東萊呂氏) · 여동래(呂東萊). 남송(南宋) 때의 학자이다. 자(字)는 백공(伯恭)이고, 호(號)는 동래(東萊)이다. 주자(朱子)와 함께 『근사록(近思錄)』을 편찬하였다.

◎ 여희철(呂希哲, A.D.1039 ~ A.D.1116) : 북송(北宋) 때의 학자이다. 자(字)
는 원명(原明)이고 호(號)는 형양(滎陽)이다. 저서로는 『여씨잡기(呂氏
雜記)』, 『영양공설(滎陽公說)』 등이 있다.

◎ 역제(繹祭) : '역제'는 일종의 제례 의식 중 하나이다. 정규 제사를 지낸 다
음날 지내는 제사이다.

◎ 연관(練冠) : '연관'은 상(喪) 중에 착용하는 관(冠)이다. 부모의 상 중에서
1주기에 지내는 제사 때 착용을 하였다.

◎ 연궤(燕几) : '연궤'는 휴식을 취할 때 몸을 기댈 수 있도록 만든 안석이다.

◎ 연기(燕器) : '연기'에는 두 가지 뜻이 있다. 첫 번째는 일상적으로 사용하는
기물(器物)들을 뜻한다. 두 번째는 잔치 때 사용하는 예기(禮器)들을 뜻
한다.

◎ 연복(燕服) : '연복'은 평상시 한가하게 거처할 때 착용하는 복장을 뜻한다.
또한 연회를 할 때 착용하는 복장을 뜻하기도 한다.

◎ 연사(燕食) : '연사'는 군주를 포함한 모든 계층들이 일상적으로 먹는 오찬
이나 만찬을 뜻한다. 『주례』 「천관(天官) · 선부(膳夫)에는 "王燕食, 則奉
膳贊祭."라는 기록이 있고, 이에 대한 정현의 주에서는 "燕食, 謂日中與
夕食."라고 풀이했다. 한편 손이양(孫詒讓)의 『주례정의(周禮正義)』에서
는 "王日三食, 日中與夕食, 饌具減殺, 別於禮食及朝食盛饌, 故謂之
燕食."라고 풀이했다. 즉 군주는 하루에 세 차례 식사를 하는데, 오찬 및
만찬에는 반찬의 가짓수가 적기 때문에, 예사(禮食)나 조찬 때 차려내는
성찬(盛饌)과는 구별이 된다. 그렇기 때문에 '연사'라고 부른다. 또한 연회
를 시행할 때, 사용하는 음식을 뜻하기도 한다.

◎ 연사례(燕射禮) : '연사례'는 연회 때 활쏘기를 했던 의례(儀禮)를 가리킨
다. 천자는 제후 및 군신(群臣)들에게 연회를 베풀며, 그들의 노고를 치하
했는데, 연회를 하며 활쏘기 또한 시행했다. 이처럼 연회 때 활쏘기를 하
는 의식을 '연사례'라고 부른다.

◎ 연상(練祥) : '연상'은 소상(小祥)과 대상(大祥)을 뜻한다. '연상'에서의 '연
(練)'자는 연제(練祭)를 뜻하며, '연제'는 곧 '소상'을 가리킨다. '연상'에서
의 '상(祥)'자는 '대상'을 뜻한다. 소상은 죽은 지 13개월만에 지내는 제사

이며, 대상은 25개월만에 지내는 제사이고, 대상을 지내게 되면 상복과 지팡이를 제거하게 된다. 『주례』「춘관(春官)·대축(大祝)」편에는 "言旬人讀禱, 付練祥, 掌國事."라는 기록이 있고, 이에 대해 가공언(賈公彦)의 소(疏)에서는 "練, 謂十三月小祥, 練祭. 祥, 謂二十五月大祥, 除衰杖." 이라고 풀이했다.

◎ 연의(練衣) : '연의'는 누이는 공정을 가미한 포(布)로 제작한 옷을 뜻한다. 고대에는 부모의 상을 치를 때 소상(小祥)을 치른 뒤에 착용했다.

◎ 연제(練祭) : '연제'는 소상(小祥)을 뜻한다. 삼년상에서 1년째에 지내는 제사이다. 소상 때에는 연관(練冠)과 연의(練衣)를 착용하고 제사를 지내기 때문에 '연제'라고 부른다.

◎ 연조(燕朝) : '연조'는 천자 및 제후에게 있었던 내조(內朝) 중 하나를 뜻한다. 천자 및 제후는 3개의 조(朝)를 두는데, 1개는 외조(外朝)이며, 나머지 2개는 내조가 된다. 내조 중에서도 노문(路門) 안쪽에 있던 것을 '연조'라고 부른다. 『주례』「춘관(秋官)·조사(朝士)」편에 대한 정현의 주에서는 "周天子諸侯皆有三朝. 外朝一, 內朝二. 內朝之在路門內者, 或謂之燕朝."라고 풀이하고 있다.

◎ 연침(燕寢) : '연침'은 본래 천자 및 제후들이 휴식을 취하던 장소를 가리킨다. 천자에게는 6개의 침(寢)이 있었는데, 앞쪽에 있는 1개의 침은 정전(正寢)으로, 이것을 노침(路寢)이라고 부르며, 뒤쪽에 있는 다섯 개의 침을 통칭하여, '연침'이라고 부른다. 『예기』「곡례하(曲禮下)」편에는 "天子有后, 有夫人"이라는 기록이 있는데, 이에 대한 공영달(孔穎達)의 소(疏)에서는 "周禮王有六寢, 一是正寢, 餘五寢在後, 通名燕寢."이라고 풀이하였다.

◎ 연평주씨(延平周氏, ?~?) : =주서(周諝)·주희성(周希聖). 송(宋)나라 때의 유학자이다. 이름은 서(諝)이다. 자(字)는 희성(希聖)이다. 『예기설(禮記說)』등의 저서가 있다.

◎ 염(斂) : '염'은 시신에 옷을 입혀서 관에 안치하는 것을 뜻한다.

◎ 염강(厭降) : '염강'은 상례(喪禮)에 있어서, 돌아가신 모친을 위해 자식은 본래 삼년상(三年喪)을 치러야 하지만, 부친이 생존해 계신 경우라면, 수

위를 낮춰서 기년상(期年喪)으로 치르는데, 이처럼 낮춰서 치르는 것을 '염강'이라고 부른다.

◎ 염계선생(濂溪先生) : =주돈이(周敦頤)

◎ 염관(厭冠) : '염관'은 소공복(小功服) 이하의 상에서 착용하는 관을 뜻한다.

◎ 염인(染人) : '염인'은 견직물과 관련된 일을 담당했던 관직이다. 『주례』「천관총재(天官冢宰)」편에는 "染人下士二人, 府二人, 史二人, 徒二十人."이라는 기록이 있다. 즉 '염인'은 하사(下士) 2명이 담당을 했다. 그리고 그 휘하에는 잡무를 담당하는 부(府) 2명, 사(史) 2명, 도(徒) 20명이 배속되어 있었다. 또한 『주례』「천관(天官)·염인(染人)」편에는 "染人, 掌染絲帛, 凡染, 春暴練, 夏纁玄, 秋染夏, 冬獻功. 掌凡染事."라는 기록이 있다. 즉 '염인'은 비단 등에 염색하는 일을 담당하여, 각 계절별로 잿물, 검정색, 오색(五色) 등을 사용하여, 염색하는 방법을 달리하였다.

◎ 염제(厭祭) : '염제'는 정규 제사를 지내는 절차 중 하나이다. 정규 제사에서 본격적인 의식은 시동을 통해 진행된다. '염제'는 시동을 이용하지 않고, 본식 이전과 이후에 간략히 지내는 제사를 뜻한다. '염(厭)'자는 신을 흠향시킨다는 뜻이다. '염제'에는 음염(陰厭)과 양염(陽厭)이 있다. '음염'은 시동을 맞이하기 이전에 축관이 술을 따라서 바치고, 그 술잔을 올려서 신을 흠향하게 만드는 것이다. '양염'은 시동이 묘실(廟室)을 빠져 나간 이후에, 시동에게 바쳤던 조(俎)와 돈(敦) 등을 거둬들여서, 서북쪽 모퉁이에 다시 진설을 하는 것이다. 『예기』「증자문(曾子問)」편에는 "攝主, 不厭祭, 不旅, 不假, 不綏祭, 不配."라는 기록이 있는데, 이에 대한 정현의 주에서는 "厭, 飫神也. 厭有陰有陽, 迎尸之前祝酌奠, 奠之且饗, 是陰厭也. 尸謖之後徹薦俎敦, 設於西北隅, 是陽厭也."라고 했다.

◎ 염제(炎帝) : '염제'는 신농(神農)이다. 소전(少典)의 아들이고, 오행(五行)으로 구분했을 때 화(火)를 주관하며, 계절로 따지면 여름을 주관하고, 방위로 따지면 남쪽을 주관하는 자이다. 『여씨춘추(呂氏春秋)』「맹하기(孟夏紀)」편에는 "其日丙丁, 其帝炎帝."이라는 기록이 있고, 이에 대한 고유(高誘)의 주에서는 "炎帝, 少典之子, 姓姜氏, 以火德王天下, 是爲炎帝, 號曰神農, 死託祀於南方, 爲火德之帝."라고 풀이했다. 한편 '염제'

는 신농의 후손들을 지칭하기도 한다. 『사기(史記)』「봉선서(封禪書)」편
에는 "神農封泰山, 禪云云; 炎帝封泰山, 禪云云."라는 기록이 나오는
데, 이에 대한 『사기색은(史記索隱)』의 주에서는 "神農後子孫亦稱炎帝
而登封者, 律曆志, '黃帝與炎帝戰於阪泉', 豈黃帝與神農身戰乎? 皇
甫謐云炎帝傳位八代也."라고 풀이했다. 즉 신농의 자손들 또한 시조의
명칭에 따라서 '염제'라고 부르기도 하는데, 『사기』「율력지(律曆志)」편에
는 황제(黃帝)와 '염제'가 판천(阪泉)에서 전쟁을 벌였다는 기록이 있는
데, 어떻게 시대가 다른 두 사람이 직접 전쟁을 할 수 있는가? 황보밀(皇
甫謐)은 이 문제에 대해서 여기에서 말하는 '염제'는 신농의 8대손이라고
풀이했다.

◎ 영가대씨(永嘉戴氏, A.D.1141 ~ A.D.1215) : =대계(戴溪) · 대씨(戴氏) · 대
초망(戴肖望) · 대소망(戴少望) · 대민은(戴岷隱) · 민은선생(岷隱先生).
남송(南宋) 때의 학자이다. 자(字)는 초망(肖望) · 소망(少望)이고, 호(號)
는 민은(岷隱)이다. 저서로는 『춘추강의(春秋講義)』, 『예기구의(禮記口
義)』 등이 있다.

◎ 영가서씨(永嘉徐氏, ? ~ ?) : =서자명(徐自明). 송(宋)나라 때의 학자이다.
온주(溫州)의 영가(永嘉) 출신이다. 이름은 자명(自明)이고, 자(字)는 성
보(誠甫)이며, 호(號)는 조당(慥堂)이다. 효종(孝宗) 순희(淳熙) 연간
(A.D.1174 ~ A.D.1189)에 진사(進士)가 되었다. 이후 국자박사(國子博
士)와 태상박사(太常博士) 등을 지냈다. 저서에는 『송재보편년록(宋宰輔
編年錄)』, 『영릉지(零陵志)』, 『부광도지(浮光圖志)』 등이 있다.

◎ 영기(迎氣) : '영기'는 각 계절이 도래함을 영접하고, 풍년을 기원하며 지내
는 제사를 뜻한다. 입춘(立春)에는 청제(靑帝)에게 제사를 지냈고, 입하
(立夏)에는 적제(赤帝), 입추(立秋)에는 백제(白帝), 입동(立冬)에는 흑
제(黑帝)에게 각각 제사를 지냈다. 후한(後漢) 때에는 입추 18일 전에, 황
제(黃帝)에게 지내는 제사가 추가되었다. 『후한서(後漢書)』「명제기(明帝
紀)」편에는 "始迎氣於五郊."라는 기록이 있다.

◎ 영위앙(靈威仰) : '영위앙'은 참위설(讖緯說)을 주장했던 자들이 섬기던 오
제(五帝) 중 하나이다. 동방(東方)의 신(神)이자, 봄을 주관하는 신이다.

『예기』「대전(大傳)」편에는 "禮, 不王不禘, 王者禘其祖之所自出, 以其祖配之."라는 기록이 있는데, 이에 대한 정현의 주에서는 "王者之先祖皆感大微五帝之精以生. 蒼則靈威仰, 赤則赤熛怒, 黃則含樞紐, 白則白招拒, 黑則汁光紀."라고 풀이하였다.

◎ 영제(禜祭) : '영제'는 고대에 재앙을 물리칠 때 지냈던 제사를 뜻한다.

◎ 예기은의(禮記隱義) : 『예기은의(禮記隱義)』는 『예기』에 대한 주석서로 하윤(何胤, A.D.446 ~ A.D.531)의 저작이다.

◎ 예사(禮辭) : '예사'는 빈객과 주인은 예법에 따라 세 번 사양을 하게 되는데, 처음 사양하는 것을 '예사'라고 부르며, 두 번째 사양하는 것을 '고사(固辭)'라고 부르고, 세 번째 사양하는 것을 '종사(終辭)'라고 부른다.

◎ 예제(醴齊) : '예제'는 오제(五齊) 중 하나이다. 비교적 탁한 술에 해당한다. 술이 익고 나서 앙금을 한 차례 걸러낸 것으로 염주(恬酒)와 같은 술이다.

◎ 오경(五經) : '오경'은 고대의 다섯 가지 중요 예제(禮制)를 뜻한다. 『예기』「제통(祭統)」편에는 "禮有五經, 莫重於祭."라는 기록이 있고, 이에 대한 정현의 주에서는 "禮有五經, 謂吉禮 · 凶禮 · 賓禮 · 軍禮 · 嘉禮也."라고 풀이했다. 즉 다섯 가지 '예제'라는 것은 길례(吉禮), 흉례(凶禮), 빈례(賓禮), 군례(軍禮), 가례(嘉禮)를 뜻한다.

◎ 오경이의(五經異義) : 『오경이의(五經異義)』는 후한(後漢) 때의 학자인 허신(許愼)이 지은 책이다. 유실되었는데, 송대(宋代) 때 학자들이 다시 모아서 엮었다. 오경(五經)에 관한 고금(古今)의 유설(遺說)과 이의(異義)를 싣고, 그에 대한 시비(是非)를 판별한 내용들이다.

◎ 오곡(五穀) : '오곡'은 곡식을 총칭하는 말로 사용되는데, 본래 다섯 가지 곡식을 뜻한다. 그러나 다섯 가지 곡식이 구체적으로 무엇을 가리키는지에 대해서는 이견이 많다. 『주례』「천관(天官) · 질의(疾醫)」편에는 "以五味 · 五穀 · 五藥養其病."이라는 기록이 있고, 이에 대한 정현의 주에서는 "五穀, 麻 · 黍 · 稷 · 麥 · 豆也."라고 풀이했다. 즉 이 문장에서는 '오곡'을 마(麻) · 메기장[黍] · 차기장[稷] · 보리[麥] · 콩[豆]으로 설명하고 있다. 그리고 『맹자』「등문공상(滕文公上)」편에는 "樹藝五穀, 五穀熟而民人育."이라는 기록이 있고, 이에 대한 조기(趙岐)의 주에서는 "五穀謂稻 · 黍 ·

稷·麥·菽也."라고 풀이했다. 즉 이 문장에서는 '오곡'을 쌀[稻]·메기장[黍]·차기장[稷]·보리[麥]·대두[菽]로 설명하고 있다. 그리고 『초사(楚辭)』「대초(大招)」편에는 "五穀六仞."이라는 기록이 있는데, 이에 대한 왕일(王逸)의 주에서는 "五穀, 稻·稷·麥·豆·麻也."라고 풀이했다. 즉이 문장에서는 '오곡'을 쌀[稻]·차기장[稷]·보리[麥]·콩[豆]·마(麻)로 설명하고 있다. 이 외에도 각종 주석에 따라 해당 작물이 달라진다.

◎ 오관(五官) : '오관'은 오행(五行)을 주관하는 천상의 신들을 뜻한다. 또는 천상에서 그 일들을 담당하는 관부를 뜻한다. 관부의 수장을 '정(正)'이라고 부르기 때문에, '오관'의 수장을 목정(木正), 화정(火正), 금정(金正), 수정(水正), 토정(土正)이라고 부르고, 해당 신들은 구망(句芒), 축융(祝融), 욕수(蓐收), 현명(玄冥), 후토(后土)이다. 『춘추좌씨전』「소공(昭公) 29년」편에는 "故有五行之官, 是謂五官, 實列受氏姓, 封爲上公, 祀爲貴神. 社稷五祀, 是尊是奉. 木正曰句芒, 火正曰祝融, 金正曰蓐收, 水正曰玄冥, 土正曰后土."라는 기록이 있다.

◎ 오로(五路) : '오로'는 오로(五輅)라고도 기록한다. 고대의 천자가 탔던 다섯 종류의 수레를 뜻한다. 다섯 종류의 수레는 옥로(玉路)·금로(金路)·상로(象路)·혁로(革路)·목로(木路)이다. 또한 왕후(王后)가 탔던 다섯 종류의 수레를 뜻하기도 한다. 왕후가 탔던 다섯 종류의 수레는 중적(重翟)·염적(厭翟)·안거(安車)·적거(翟車)·연거(輦車)이다.

◎ 오미(五味) : '오미'는 다섯 가지 맛을 뜻한다. 맛의 종류를 총칭하는 용어로도 사용된다. '오미'는 구체적으로 산(酸: 신맛), 고(苦: 쓴맛), 신(辛: 매운맛), 함(鹹: 짠맛), 감(甘: 단맛)을 가리킨다. 『예기』「예운(禮運)」편에는 "五味, 六和, 十二食, 還相爲質也."라는 기록이 있는데, 이에 대한 정현의 주에서는 "五味, 酸, 苦, 辛, 鹹, 甘也."라고 풀이하였다.

◎ 오복(五服) : '오복'은 죽은 자와 친하고 소원한 관계에 따라 입게 되는 다섯 가지 상복(喪服)을 뜻한다. 참최복(斬衰服), 자최복(齊衰服), 대공복(大功服), 소공복(小功服), 시마복(緦麻服)을 가리킨다. 『예기』「학기(學記)」편에는 "師無當於五服, 五服弗得不親."이라는 기록이 있는데, 이에 대한 공영달(孔穎達)의 소(疏)에서는 "五服, 斬衰也, 齊衰也, 大功也,

小功也, 緦麻也."라고 풀이했다. 또한 '오복'에 있어서는 죽은 자와 가까운 관계일수록 중대한 상복을 입고, 복상(服喪) 기간도 늘어난다. 위의 '오복' 중 참최복이 가장 중대한 상복에 속하며, 그 다음은 자최복이고, 대공복, 소공복, 시마복 순으로 내려간다.

◎ 오복(五服) : '오복'은 천자의 수도 밖의 땅을 다섯 종류의 지역으로 구분한 것이다. 천자의 수도로부터 사방 500리(里)씩 떨어진 곳까지 한 종류의 지역으로 구분하였는데, 천자의 수도에서 가까운 순서대로 기록하면 후복(侯服)·전복(甸服)·수복(綏服)·요복(要服)·황복(荒服) 순이 된다. 『서』「우서(虞書)·우공(禹貢)」편에는 "五百里甸服. 百里賦納總. 二百里納銍. 三百里納秸服. 四百里粟, 五百里米. 五百里侯服. 百里采. 二百里男邦. 三百里諸侯. 五百里綏服. 三百里揆文敎. 二百里奮武衛. 五百里要服. 三百里夷, 二百里蔡. 五百里荒服. 三百里蠻. 二百里流."라는 기록이 있다. 한편 '오복'의 명칭에 대해서, 수복(綏服), 요복(要服), 황복(荒服) 대신 남복(男服), 채복(采服), 위복(衛服)으로 부르기도 한다.

◎ 오봉호씨(五峯胡氏, A.D.1105 ~ A.D.1161) : =호굉(胡宏). 남송(南宋) 때의 성리학자(性理學者)이다. 이름은 굉(宏)이고, 자(字)는 인중(仁仲)이며, 호(號)는 오봉(五峯)이다. 호안국(胡安國)의 아들이며, 복건성(福建省) 숭안(崇安) 출신이다. 형산(衡山)에서 20여 년 동안 독서에 열중하였고, 고종(高宗)이 승무랑(承務郞)의 관직을 하사하였으나 사양하였다. 양시(楊時)와 후중량(侯仲良)에게서 수학하고, 종신토록 가학(家學)을 전수하는 일에만 전념하였다. 학식이 풍부하고 덕행이 높아서, 당대의 사표(師表)로 추앙받았다. 저서로는 『호자지언(胡子知言)』, 『황왕대기(皇王大紀)』, 『오봉역외전(五峯易外傳)』 등이 있다.

◎ 오사(五祀) : '오사'는 본래 주택 내외에 있는 대문[門], 방문[戶], 방 가운데[中霤], 부뚜막[竈], 도로[行]를 주관하는 다섯 신(神)들을 가리키기도 하며, 이들에게 지내는 제사를 지칭하기도 한다. 한편 계층별로 봤을 때, 통치자 계급은 통치 범위를 자신의 집으로 생각하여, 각각 다섯 대상에 대해서 대표적인 장소에서 제사를 지내기도 한다. 『예기』「월령(月令)」편에는 "天子乃祈來年于天宗, 大割祠于公社及門閭, 臘先祖五祀. 勞農以休息

之."라는 기록이 있고, 이에 대한 정현의 주에서는 "五祀, 門, 戶, 中霤, 竈, 行也."라고 풀이했다. 한편 '오사' 중 행(行) 대신 우물[井]를 포함시키기도 한다. 『회남자(淮南子)』「시칙훈(時則訓)」편에는 "其位北方, 其日壬癸, 盛德在水, 其蟲介, 其音羽, 律中應鐘, 其數六, 其味鹹, 其臭腐. 其祀井, 祭先腎."이라는 기록이 있다. 그리고 이들에 대해 제사를 지내는 이유에 대해서, 『논형(論衡)』「제의(祭意)」편에서는 "五祀報門·戶·井·竈·室中霤之功. 門·戶, 人所出入, 井·竈, 人所欲食, 中霤, 人所託處, 五者功鈞, 故俱祀之."라고 설명한다. 즉 '오사'에 대한 제사는 그들에 대한 공덕에 보답을 하는 것으로, 문(門)과 호(戶)는 사람들이 출입을 하는데 편리함을 제공해주었고, 정(井)과 조(竈)는 사람들이 음식을 먹을 수 있도록 해주었으며, 중류(中霤)는 사람이 거처할 수 있도록 해주었기 때문에, 이들에 대해서 제사를 지내는 것이다.

◎ 오사(五射) : '오사'는 사례(射禮)를 시행할 때 사용되는 다섯 가지 활 쏘는 예법을 뜻한다. 다섯 가지 활 쏘는 예법은 백시(白矢), 삼련(參連), 섬주(剡注), 양척(襄尺), 정의(井儀)이다. '백시'는 화살을 쏘아서 과녁을 꿰뚫는다는 뜻이다. 화살이 과녁을 꿰뚫게 되면, 화살 끝에 달려 있는 흰 깃털만 보인다는 의미에서 '백시'라고 부른다. '삼련'은 앞서 한 발의 화살을 쏘고, 뒤이어 3발의 화살을 연이어 쏜다는 뜻이다. '섬주'는 화살을 쏠 때 끝부분의 깃털이 위로 올라가고, 화살촉이 밑으로 내려간 형태로 화살이 날아가는 것을 뜻한다. '양척'은 신하가 군주와 함께 화살을 쏠 때, 군주가 화살을 쏘는 장소로부터 1척(尺) 정도 물러나서 쏘는 것을 뜻한다. '정의'는 4발의 화살을 쏘아서 과녁을 명중시킬 때, 정(井)자의 형태가 되도록 쏘는 것을 뜻한다. 『주례』「지관(地官)·보씨(保氏)」편에는 "養國子以道, 乃敎之六藝, 一曰五禮, 二曰六樂, 三曰五射, 四曰五馭, 五曰六書, 六曰九數."라는 기록이 있고, 이에 대한 정현의 주에서는 정사농(鄭司農)의 주장을 인용하여, "五射, 白矢·參連·剡注·襄尺·井儀也."라고 풀이했으며, 가공언(賈公彦)의 소(疏)에서는 "云白矢者, 矢在侯而貫侯過, 見其鏃白; 云參連者, 前放一矢, 後三矢連續而去也; 云剡注者, 謂羽頭高鏃低而去, 剡剡然; 云襄尺者, 臣與君射, 不與君並立, 襄君一尺

而退; 云井儀者, 四矢貫侯, 如井之容儀也."라고 풀이했다.

◎ 오색(五色) : '오색'은 청색[靑], 적색[赤], 백색[白], 흑색[黑], 황색[黃]을 뜻한다. 고대에는 이 다섯 가지 색깔을 순일한 색깔로 여겨서, 정색(正色)으로 규정하였고, 그 이외의 색깔들은 간색(間色)으로 분류하였다.

◎ 오생(五牲) : '오생'은 고대 제사 때 사용되었던 다섯 가지 동물들을 뜻한다. 소[牛], 양(羊), 돼지[豕], 개[犬], 닭[鷄]을 가리킨다. 『춘추좌씨전』 「소공(昭公) 11년」편에는 "五牲不相爲用."이라는 기록이 있는데, 이에 대한 두예(杜預)의 주에는 "五牲, 牛, 羊, 豕, 犬, 雞."라고 풀이하였다.

◎ 오성(五星) : '오성'은 목성(木星), 화성(火星), 토성(土星), 금성(金星), 수성(水星)의 다섯 행성(行星)을 가리킨다. 『사기(史記)』 「천관서론(天官書論)」편에는 "水火金木塡星, 此五星者, 天之五佐."라는 기록이 있다. 방위와 이명(異名)으로 설명하자면, '오성'은 동쪽의 세성(歲星: =木星), 남쪽의 형혹(熒惑: =火星), 중앙의 진성(鎭星: =塡星・土星), 서쪽의 태백(太白: =金星), 북쪽의 진성(辰星: =水星)을 가리킨다.

◎ 오성(五聲) : =오음(五音)

◎ 오속(五屬) : '오속'은 서로를 위해 상복(喪服)을 입어야 하는 친족을 뜻한다. 상복은 참최복(斬衰服), 자최복(齊衰服), 대공복(大功服), 소공복(小功服), 시마복(緦麻服)이 있는데, 친족들은 각각의 친소(親疏) 관계에 따라 위의 다섯 가지 상복을 착용하게 되므로, '오속'이라고 부른다.

◎ 오어(五馭) : '오어'는 오어(五御)라고도 부르며, 수레를 몰 때 사용되는 다섯 가지 기술을 뜻한다. 다섯 가지 기술은 명화란(鳴和鸞), 축수곡(逐水曲), 과군표(過君表), 무교구(舞交衢), 축금좌(逐禽左)이다. '명화란'은 수레를 몰 때 방울 소리가 조화롭게 울린다는 뜻이다. '화(和)'와 '란(鸞)'은 모두 수레에 다는 일종의 방울인데, 수레를 편안하게 몰기 때문에 소리가 조화롭게 울린다는 뜻이다. '축수곡'은 물길 옆에 있는 도로를 따라 수레를 몬다는 뜻이다. 즉, 물길의 굴곡에 따른 굽이진 곳을 이동하면서도 수레가 물에 빠지지 않도록 운전을 잘 한다는 뜻이다. '과군표'는 군주가 있는 곳은 깃발 등으로 표시를 하는데, 그곳을 지나갈 때에는 수레를 몰지 않는다는 뜻이다. 일종의 군주에게 공경의 뜻을 표하는 방법이다. '무교구'는 교

차로에서 수레끼리 교차하게 될 때, 서로에게 피해를 주지 않기 위해 춤추는 절도에 따라 서로 수레를 돌린다는 뜻이다. '축금좌'는 사냥할 때 수레를 모는 방법이다. 사냥을 할 때 존귀한 자는 좌측에 타서 활을 쏘게 되는데, 짐승을 잘 맞출 수 있도록 수레의 좌측 방향으로 짐승을 몬다는 뜻이다. 『주례』「지관(地官)・보씨(保氏)」편에는 "養國子以道, 乃敎之六藝, 一曰五禮, 二曰六樂, 三曰五射, 四曰五馭, 五曰六書, 六曰九數."라는 기록이 있고, 이에 대한 정현의 주에서는 정사농(鄭司農)의 주장을 인용하여, "五馭, 鳴和鸞・逐水曲・過君表・舞交衢・逐禽左."라고 풀이했으며, 가공언(賈公彦)의 소(疏)에서는 "云五馭者, 馭車有五種. 云鳴和鸞者, 和在式, 鸞在衡. 按韓詩云, '升車則馬動, 馬動則鸞鳴, 鸞鳴則和應.' 先鄭依此而言. 云逐水曲者, 無正文, 先鄭以意而言, 謂御車隨逐水勢之屈曲而不墜水也. 云過君表者, 謂若毛傳云, '褐纏旃以爲門, 裘纏質以爲樹, 間容握, 驅而入, 擊則不得入.' 穀梁亦云, '艾蘭以爲防, 置旃以爲轅門, 以葛覆質以爲槷, 流旁握, 御擊者不得入.' 是其過君表卽褐纏旃是也. 云舞交衢者, 衢, 道也, 謂御車在交道, 車旋應於舞節. 云逐禽左者, 謂御驅逆之車, 逆驅禽獸使左, 當人君以射之, 人君自左射. 故毛傳云, '故自左膘而射之, 達于右腢, 爲上殺.' 又禮記云, '佐車止, 則百姓田獵', 是也."라고 풀이했다.

◎ 오음(五音) : '오음'은 오성(五聲)이라고도 하며, 일반적으로 궁(宮), 상(商), 각(角), 치(徵), 우(羽) 다섯 가지 음을 뜻한다. 당(唐)나라 이후에는 또한 합(合), 사(四), 을(乙), 척(尺), 공(工)으로 부르기도 했다. 『맹자』「이루상(離婁上)」편에는 "不以六律, 不能正五音."이라는 기록이 있는데, 이에 대한 조기(趙岐)의 주에서는 "五音, 宮商角徵羽"라고 풀이하였다.

◎ 오재(五材) : '오재'는 다섯 가지 물질을 뜻한다. 오행(五行)에 맞춰서, '오재'를 금(金), 목(木), 수(水), 화(火), 토(土)로 보기도 하며, 금(金), 목(木), 가죽[皮], 옥(玉), 토(土)로 보기도 한다. 또한 인간의 생활에서 필요로 하는 물질들을 총칭하는 의미로도 사용된다. 『춘추좌씨전』「양공(襄公) 27년」편에는 "天生五材, 民並用之, 廢一不可."라는 기록이 있는데, 이에 대한 두예(杜預)의 주에서는 "五材, 金, 木, 水, 火, 土也."라고 풀이했다.

그리고 『주례』「동관고공기(冬官考工記)」편에는 "或審曲面藝, 以飭五材, 以辨民器."라는 기록이 있는데, 이에 대한 정현의 주에서는 "此五材, 金, 木, 皮, 玉, 土."라고 풀이했다.

◎ 오제(五帝) : '오제'는 전설시대에 존재했다고 전해지는 다섯 명의 제왕(帝王)을 뜻한다. 그러나 다섯 명이 누구였는지에 대해서는 이설(異說)이 많다. 첫 번째 주장은 황제(黃帝: =軒轅), 전욱(顓頊: =高陽), 제곡(帝嚳: =高辛), 당요(唐堯), 우순(虞舜)으로 보는 견해이다. 『사기정의(史記正義)』「오제본기(五帝本紀)」편에는 "太史公依世本・大戴禮, 以黃帝・顓頊・帝嚳・唐堯・虞舜爲五帝. 譙周・應劭・宋均皆同."이라는 기록이 있고, 『백호통(白虎通)』「호(號)」편에도 "五帝者, 何謂也? 禮曰, 黃帝・顓頊・帝嚳・帝堯・帝舜也."라는 기록이 있다. 두 번째 주장은 태호(太昊: =伏羲), 염제(炎帝: =神農), 황제(黃帝), 소호(少昊: =摯), 전욱(顓頊)으로 보는 견해이다. 이 주장은 『예기』「월령(月令)」편에 나타난 각 계절별 수호신들의 내용을 종합한 것이다. 세 번째 주장은 소호(少昊), 전욱(顓頊), 고신(高辛), 당요(唐堯), 우순(虞舜)으로 보는 견해이다. 『서서(書序)』에는 "少昊・顓頊・高辛・唐・虞之書, 謂之五典, 言常道也."라는 기록이 있다. 또 『제왕세기(帝王世紀)』에는 "伏羲・神農・黃帝爲三皇, 少昊・高陽・高辛・唐・虞爲五帝."라는 기록이 있다. 네 번째 주장은 복희(伏羲), 신농(神農), 황제(黃帝), 당요(唐堯), 우순(虞舜)으로 보는 견해이다. 이 주장은 『역』「계사하(繫辭下)」편의 내용에 근거한 주장이다.

◎ 오제(五帝) : '오제'는 천상(天上)의 다섯 신(神)을 가리킨다. 오행설(五行說)과 참위설(讖緯說)에 영향을 받은 것으로, 중앙의 황제(黃帝)인 함추뉴(含樞紐), 동쪽의 창제(蒼帝)인 영위앙(靈威仰), 남쪽의 적제(赤帝)인 적표노(赤熛怒), 서쪽의 백제(白帝)인 백소구(白昭矩: =白招拒), 북쪽의 흑제(黑帝)인 협광기(叶光紀)를 가리킨다.

◎ 오제(五齊) : '오제'는 술의 맑고 탁한 정도에 따라서 다섯 가지 등급으로 분류한 술을 뜻한다. 또한 술을 범칭하는 용어로도 사용된다. 다섯 가지 술은 범제(泛齊), 례제(醴齊), 앙제(盎齊), 제제(緹齊), 침제(沈齊)를 가리

킨다. 『주례』「천관(天官) · 주정(酒正)」편에는 "辨五齊之名, 一日泛齊, 二日醴齊, 三日盎齊, 四日緹齊, 五日沈齊."라는 기록이 있다. 각 술들에 대해 설명하자면, 위의 기록에 대한 정현의 주에서는 "泛者, 成而滓浮泛泛然, 如今宜成醪矣. 醴猶體也, 成而汁滓相將, 如今恬酒矣. 盎猶翁也, 成而翁翁然, 蔥白色, 如今酇白矣. 緹者, 成而紅赤, 如今下酒矣. 沈者, 成而滓沈, 如今造淸矣. 自醴以上尤濁, 縮酌者. 盎以下差淸. 其象類則然, 古之法式未可盡聞. 杜子春讀齊皆爲粢. 又禮器曰, '緹酒之用, 玄酒之尚.' 玄謂齊者, 每有祭祀, 以度量節作之."라고 풀이했다. 즉 '범제'는 술이 익고 나서 앙금이 둥둥 떠 있는 것으로 정현 시대의 의성료(宜成醪)와 같은 술이고, '례주'는 술이 익고 나서 앙금을 한 차례 걸러낸 것으로 염주(恬酒)와 같은 것이며, '앙제'는 술이 익고 나서 새파란 빛깔을 보이는 것으로 찬백(酇白)과 같은 술이고, '제제'는 술이 익고 나서 붉은 빛깔을 보이는 것으로 하주(下酒)와 같은 술이며, '침제'는 술이 익고 나서 앙금이 모두 가라앉아 있는 것으로 조청(造淸)과 같은 술이다. '범주'는 가장 탁한 술이며, '례주'는 그 다음으로 탁한 술이고, '앙제'부터는 뒤로 갈수록 맑은 술에 해당한다.

◎ 오종(五宗) : '오종'은 종법제(宗法制)와 관련된 용어이다. 시조(始祖)의 적통을 이어 받은 자는 대종(大宗)이 되며, 고조부, 증조부, 조부, 부친의 대(代)에서 각각 파생된 집안을 소종(小宗)이라고 부른다. 따라서 대종은 적통을 이은 한 사람 내지는 그 사람의 집만이 해당하며, 고조부가 같은 삼종형제, 증조부가 같은 재종형제, 조부가 같은 종형제, 그리고 부친이 같은 친형제 등은 4개의 소종 집단을 형성하게 된다. 따라서 '오종'은 대종인 1개의 집안과 소종인 4개의 집단을 포함하여 부르는 명칭이다.

◎ 오징(吳澄, A.D.1249 ~ A.D.1333) : =임천오씨(臨川吳氏) · 오유청(吳幼淸) · 초려오씨(草廬吳氏). 송원대(宋元代)의 유학자이다. 이름은 징(澄)이다. 자(字)는 유청(幼淸)이다. 저서로 『예기해(禮記解)』가 있다.

◎ 오취(五臭) : '오취'는 다섯 가지 냄새를 뜻하는데, 각종 냄새들을 총칭하는 용어로도 사용된다. '오취'는 일반적으로 전(羶: 노린내), 초(焦: =薰, 탄내), 향(香: 향내), 성(腥: =鯹, 비린내), 후(朽: =腐, 썩은내)를 가리킨다.

『장자(莊子)』「외편(外篇)·천지(天地)」편에는 "三曰五臭熏鼻, 困惾中顙."이라는 기록이 있는데, 이에 대한 성현영(成玄英)의 소(疏)에서는 "五臭, 謂羶, 薰, 香, 鯹, 腐."라고 풀이하였다.

◎ 오품(五品) : '오품'은 오상(五常)과 같은 말이며, 다섯 종류의 인륜(人倫)을 뜻한다. '오품'에서의 '품(品)'자는 품질(品秩)을 뜻한다. 한 가정 내에서는 서열에 따라 부·모·형·동생·자식의 다섯 등급으로 나뉘는데, 이러한 관계는 '품'에 해당하며, 이러한 관계 속에서 지켜야 하는 인륜은 의로움[義], 자애[慈], 우애[友], 공손함[恭], 효(孝)에 해당한다. 따라서 이러한 다섯 종류의 인륜을 '오품'이라고 부르는 것이다. 또한 이러한 다섯 종류의 인륜은 고정불변의 것으로, 항상 실천해야 하는 것이다. 따라서 '상(常)'자를 붙여서 '오상'이라고도 부르는 것이다. 『서』「우서(虞書)·순전(舜典)」편에는 "帝曰, 契, 百姓不親, 五品不遜."이라는 기록이 있고, 이에 대한 공안국(孔安國)의 전(傳)에서는 "五品謂五常."이라고 풀이했고, 공영달(孔穎達)의 소(疏)에서는 "品謂品秩, 一家之內尊卑之差, 卽父母兄弟子是也. 敎之義·慈·友·恭·孝, 此事可常行, 乃爲五常耳."라고 풀이했다.

◎ 오학(五學) : '오학'은 다섯 개의 학교이다. 동학(東學), 서학(西學), 남학(南學), 북학(北學), 대학(大學)을 병칭하는 말이다.

◎ 오형(五刑) : '오형'은 다섯 가지 형벌을 뜻한다. '오형'의 구체적 항목에 대해서는 각 시대별 차이가 있지만, 『주례』의 기록에 근거하면, 묵형(墨刑), 의형(劓刑), 궁형(宮刑), 비형(剕刑: =刖刑), 대벽(大辟: =殺刑)이 된다. 『주례』「추관(秋官)·사형(司刑)」편에는 "掌五刑之灋, 以麗萬民之罪, 墨罪五百, 劓罪五百, 宮罪五百, 刖罪五百, 殺罪五百."이라는 기록이 있다.

◎ 옥로(玉路) : '옥로'는 '옥로(玉輅)'라고도 부른다. 천자가 사용하는 다섯 가지 수레 중 하나이다. 옥(玉)으로 수레를 치장했기 때문에, '옥로'라고 부르게 되었다. 대상(大常)이라는 깃발을 세웠고, 깃발에는 12개의 치술을 달았으며, 주로 제사 때 사용하였다. 『주례』「춘관(春官)·건거(巾車)」편에는 "王之五路, 一曰玉路, 錫, 樊纓, 十有再就, 建大常, 十有二斿, 以

祀."라는 기록이 있고, 이에 대한 정현의 주에서는 "玉路, 以玉飾諸末." 이라고 풀이했다.

◎ 옥로(玉輅) : =옥로(玉路)

◎ 옹희(饔餼) : '옹희'는 빈객(賓客)과 상견례(相見禮)를 하고 나서 성대하게 음식을 마련해 접대하는 것을 뜻한다. 『주례』「추관(秋官)・사의(司儀)」 편에는 "致飧如致積之禮."라는 기록이 있는데, 이에 대한 정현의 주에서는 "小禮曰飧, 大禮曰饔餼."라고 풀이하였다. 즉 '옹희'와 '손'은 모두 빈객 등을 접대하는 예법들인데, '옹희'는 성대한 예법에 해당하여, '손'보다도 융숭하게 대접하는 것이다.

◎ 왕모(王母) : '왕모'는 부친의 어머니, 즉 조모(祖母)를 지칭하는 말이다. 『이아』「석친(釋親)」편에는 "父之妣爲王母."라는 기록이 있다.

◎ 왕부(王父) : '왕부'는 부친의 아버지, 즉 조부(祖父)를 지칭하는 말이다. 『이아』「석친(釋親)」편에는 "父之考爲王父."라는 기록이 있다.

◎ 왕숙(王肅, A.D.195 ~ A.D.256) : =왕자옹(王子雍). 위진남북조(魏晉南北朝) 때의 위(魏)나라 경학자이다. 자(字)는 자옹(子雍)이다. 출신지는 동해(東海)이다. 부친 왕랑(王朗)으로부터 금문학(今文學)을 공부했으나, 고문학(古文學)의 고증적인 해석을 따랐다. 『상서(尙書)』, 『시경(詩經)』, 『좌전(左傳)』, 『논어(論語)』 및 삼례(三禮)에 대한 주석을 남겼다.

◎ 외명부(外命婦) : '외명부'는 내명부(內命婦)와 상대되는 말이다. 본래 천자의 신하들인 경(卿)・대부(大夫)들의 부인들을 지칭하는 말이다. 『예기』「상대기(喪大記)」편에는 "外命婦率外宗哭于堂上, 北面."이라는 기록이 있고, 이에 대한 정현의 주에서는 "卿大夫之妻爲外命婦."라고 풀이하였다.

◎ 외병(外屛) : '외병'은 천자가 문 밖에 설치했던 담장이다. 문 안에 있는 작은 담장을 내병(內屛)이라고 부르는데, 이것과 상대되는 말이다. 문 밖에 설치했기 때문에 '외(外)'자를 붙인 것이고, 병풍과도 같은 역할을 했기 때문에 '병(屛)'자를 붙여서 '외병'이라고 부른 것이다. 후대에는 조벽(照壁)으로 부르기도 했다.

◎ 외사(外事) : '외사'는 내사(內事)와 상대되는 말이다. 교외(郊外)에서 제사

를 지내거나, 사냥하는 일 등을 총칭하는 말이다. 또는 외국과의 외교관계에서 연합을 하거나, 군대를 출동시키는 일 등도 가리킨다. 『예기』「곡례상(曲禮上)」편에는 "外事以剛日, 內事以柔日."이라는 기록이 있는데, 이에 대한 정현의 주에서는 "出郊爲外事."라고 풀이했고, 공영달(孔穎達)의 소에(疏)서는 "外事, 郊外之事也. …… 崔靈恩云, 外事, 指用兵之事." 라고 풀이했다. 또한 손희단(孫希旦)의 집해(集解)에서는 "愚謂外事, 謂祭外神. 田獵出兵, 亦爲外事."라고 풀이했다.

◎ 외상(外喪) : '외상'은 대문(大門) 밖에서 발생한 상(喪)을 뜻한다. 즉 자신과 같은 집에서 살고 있지 않은 친인척에 대한 상(喪)을 뜻한다.

◎ 외신(外神) : '외신'은 내신(內神)과 상대되는 말이다. 교(郊)나 사(社) 등에서 지내는 제사 대상을 '외신'이라고 부른다. 『예기』「곡례하(曲禮下)」편에 대한 손희단(孫希旦)의 『집해(集解)』에서는 오징(吳澄)의 주장을 인용하여, "宗廟所祭者, 一家之神, 內神也, 故曰內事. 郊·社·山川之屬, 天下一國之神, 皆外神也, 故曰外事."라고 설명하였다. 즉 종묘(宗廟)에서 제사를 지내는 대상은 한 집안의 신(神)으로 '내신'이라고 부르며, 그 제사들을 내사(內事)라고 부른다. 또 교, 사 및 산천(山川) 등에 지내는 제사는 그 대상이 천하 및 한 국가의 신들이기 때문에, 그들을 '외신'이라고 부르며, 그 제사를 외사(外事)라고 부른다.

◎ 외제(外祭) : '외제'는 내제(內祭)와 상대되는 말이다. 교사(郊祀)를 가리키기도 하며, 왕이 사냥이나 출정 등으로 밖으로 나갔을 때 지내는 제사인 표맥(表貉)과 순수(巡守)를 시행할 때 산천(山川)에 지내는 제사 등을 가리킨다. 『주례』「지관(地官)·목인(牧人)」편에 기록된 '외제'에 대해, 정현의 주에서는 "外祭, 謂表貉及王行所過山川用事者."라고 풀이했고, 또 『예기』「제통(祭統)」편에는 "外祭則郊社是也."라는 기록이 있다.

◎ 외제(外除) : '외제'는 내제(內除)와 상반되는 말이다. 부모의 상(喪)을 치를 때, 상복(喪服)을 점진적으로 제거하게 되더라도, 마음에는 여전히 슬퍼하는 마음이 있다는 것을 뜻한다. 『예기』「잡기하(雜記下)」편에서는 "親喪外除, 兄弟之喪內除."라는 기록이 있는데, 이에 대한 공영달(孔穎達)의 소(疏)에서는 "親喪外除者, 謂父母之喪. 外, 謂服也. 服猶外隨

日月漸除而深心哀未忘."이라고 풀이했다.

◎ 외제후(外諸侯) : '외제후'는 천자의 직속 신하들인 '내제후(內諸侯)'와 상대
되는 말이다. 일반적으로 봉지(封地)를 가지고 있는 제후들을 가리킨다.
천자의 수도 밖에 있는 자신의 영지에 머물기 때문에, '외(外)'자를 붙여서
부르는 것이다.

◎ 외조(外朝) : '외조'는 내조(內朝)와 대비되는 말이며, 천자 및 제후가 정사
(政事)를 처리하던 곳이다. 『주례』「춘관(秋官)・조사(朝士)」편에 대한
정현의 주에서는 "周天子諸侯皆有三朝. 外朝一, 內朝二. 內朝之在路
門內者, 或謂之燕朝."라는 기록이 있다. 즉 천자 및 제후는 3개의 조(朝)
를 두는데, 1개는 '외조'이며, 나머지 2개는 내조가 된다. 『국어(國語)』「노
어하(魯語下)」편에는 "天子及諸侯合民事於外朝, 合神事於內朝. 自卿
以下, 合官職於外朝, 合家事於內朝."라는 기록이 있고, 이 문장에 나타
난 '외조'에 대해서, 위소(韋昭)는 "言與百官考合民事於外朝也."라고 풀
이했다. 즉 '외조'는 모든 관료들과 함께, 백성들과 관련된 정무를 처리하
던 장소이다.

◎ 외종(外宗) : '외종'에는 세 가지 뜻이 있다. 첫 번째는 『주례』에 나온 작위
를 가진 여자 관리이며, 경이나 대부의 부인까지도 통괄적으로 외종이라고
부른다. 두 번째는 고모・자매의 딸자식, 외삼촌의 딸자식, 종모(從母)의
딸자식 등을 뜻한다. 세 번째는 외가 친족의 부인들을 뜻한다.

◎ 외침(外寢) : '외침'은 정침(正寢)을 뜻한다. 천자의 경우 6개의 침(寢)을
두는데, 그 중 1개의 침이 정침이 된다. 정침은 6개의 침 중 가장 바깥쪽에
있기 때문에, 정침을 '외침'이라고 부르는 것이다.

◎ 요복(要服) : '요복'은 위복(衛服)과 이복(夷服) 사이에 있는 땅을 뜻한다.
천자의 수도 밖으로 사방 2500리(里)와 3000리 사이에 있었던 땅을 가리
킨다. '요복'의 '요(要)'자는 결속시킨다는 뜻으로, 중원의 문화를 수호하며
지킨다는 의미이다. '복(服)'자는 천자를 위해 복종한다는 뜻이다. 한편 '요
복'은 '만복(蠻服)'이라고도 부른다. '만복'의 '만(蠻)'자는 오랑캐들의 지역
과 인접해 있기 때문에 붙여진 명칭으로, 교화를 베풀어 오랑캐들도 교화
되도록 한다는 뜻이다. 『서』「우서(虞書)・우공(禹貢)」편에는 "五百里要

<u>服</u>."이라는 기록이 있고, 이에 대한 공안국(孔安國)의 전(傳)에서는 "綏服外之五百里, 要束以文敎."라고 풀이했으며,『주례』「하관(夏官)·직방씨(職方氏)」편에는 "又其外方五百里曰衛服, 又其外方五百里曰蠻服, 又其外方五百里曰夷服."이라는 기록이 있고, 이에 대한 가공언(賈公彦)의 소(疏)에서는 "言蠻者, 近夷狄, 蠻之言糜, 以政敎糜來之, 自北已下皆夷狄."이라고 풀이했다.

◎ 요작(瑤爵): '요작'은 아름다운 옥돌[瑤]을 조각하여 만든 술잔으로, 그 술잔의 중요성은 대체적으로 옥작(玉爵) 다음이 된다.『주례』「천관(天官)·내재(內宰)」편에는 大祭祀, 后祼獻則贊, <u>瑤爵</u>亦如之."라는 기록이 있는데, 이에 대한 정현의 주에서는 "其爵以瑤爲飾."이라고 풀이했고,『예기』「제통(祭統)」편에는 "尸飮五, 君洗玉爵獻卿; 尸飮七, 以<u>瑤爵</u>獻大夫."라는 기록이 있다.

◎ 욕수(蓐收): '욕수'는 오행(五行) 중 금(金)의 기운을 주관하는 천상의 신(神)이다. 금(金)의 기운을 담당했기 때문에, 그 관부의 이름을 따서 금관(金官)이라고도 부르고, 관부의 수장이라는 뜻에서 금정(金正)이라고도 부른다. '욕수'는 소호씨(少皞氏)의 아들 또는 후손으로 알려져 있으며, 이름은 해(該)였다고 전해진다. 생전에 금덕(金德)의 제왕이었던 소호(少皞: =金天氏)를 보좌하였고, 죽은 이후에는 금관(金官)의 신이 되었다고도 전해진다. '오행' 중 금(木)의 기운은 각 계절 및 방위와 관련되어, '욕수'는 가을과 서쪽에 해당하는 신이라고도 부른다. 다만 금덕(金德)을 주관했던 상위의 신은 '소호'이고, '욕수'는 소호를 보좌했던 신이다.『예기』「월령(月令)」편에는 "其日庚辛, 其帝少皞, 其神<u>蓐收</u>."라는 기록이 있는데, 이에 대한 정현의 주에서는 "蓐收, 少皞氏之子曰該, 爲金官."이라고 풀이했다.『여씨춘추(呂氏春秋)』「맹추기(孟秋紀)」편에는 "其日庚辛, 其帝少皞, 其神<u>蓐收</u>."라는 기록이 있는데, 이에 대한 고유(高誘)의 주에서는 "少皞氏裔子曰該, 皆有金德, 死託祀爲金神."이라고 풀이했다.

◎ 용(踊): '용'은 상중(喪中)에 취하는 행동으로, 곡(哭)에 맞춰서 발을 구르는 행위이다.

◎ 용기(龍旂): '용기'는 기(旂)를 뜻한다. '기'에는 교룡(交龍)을 수놓았기 때

문에, '기'를 또한 '용기'라고도 부르는 것이다. '기'는 본래 제후가 세우는 깃발을 뜻한다. 제후는 그 깃발에 두 마리의 용(龍)이 한 쌍을 이루고 있는 교룡(交龍)을 수놓는다. 이때 '머리를 하늘로 하고 있는 1마리 용[升龍]'은 승천하여 천자에게 조회를 하는 모습을 형상화한 것이고, '머리를 땅으로 하고 있는 다른 1마리 용[降龍]'은 천자의 명령을 받아서 복종하는 것을 형상화한 것이다. 천자의 깃발에는 해[日]·달[月]·별[星辰] 등을 수놓았는데, 제후는 천자와 동일하게 할 수 없기 때문에, 대신 승용(升龍)과 강용(降龍)을 수놓았던 것이다. 『주례』「춘관(春官)·사상(司常)」편에 기록된 '기'에 대해서, 정현의 주에서는 "諸侯畫交龍, 一象其升朝, 一象其下復也."라고 풀이했고, 가공언(賈公彦)의 소(疏)에서는 "至於天子旌旗有日月星辰, 故諸侯旌旗無日月星, 故龍有升降也. 象升朝天子, 象下復還國也."라고 풀이했다. 한편 깃발 자체를 뜻하는 용어로 사용되기도 했다.

◎ 용마(龍馬) : '용마'는 전설 속의 동물이다. 용(龍)의 머리를 하고 있고, 몸은 말[馬]의 형상을 하고 있기 때문에, '용마'라고 부르게 된 것이다. 복희(伏羲)가 천하를 통치하던 때, '용마'가 황하에서 출몰하였는데, 그 등에 이상한 무늬가 그려져 있었다. 복희는 이 무늬에 착안하여 팔괘(八卦)를 그렸다고 전해진다. 그리고 이렇게 그려진 도안을 하도(河圖)라고 부른다. 『서』「주서(周書)·고명(顧命)」편에는 "天球, 河圖, 在東序."라는 기록이 있는데, 이에 대한 공안국(孔安國)의 전(傳)에서는 "伏羲王天下, 龍馬出河. 遂則其文, 畫八卦, 謂之河圖."라고 풀이했다.

◎ 용순(龍輴) : '용순'은 천자(天子)의 관(棺)을 실을 때 사용하는 수레이다. 수레의 끌채에 용(龍)을 그렸기 때문에 '용순'이라고 부르는 것이다. 『예기』「단궁상(檀弓上)」편에는 "天子之殯也, 菆塗龍輴以椁."이라는 기록이 있는데, 이에 대한 정현의 주에서는 "天子殯以輴車, 畫轅爲龍."이라고 풀이했다.

◎ 용천섭씨(龍泉葉氏, A.D.1050 ~ A.D.1110) : =섭도(葉濤). 송대(宋代) 때의 학자이다. 자(字)는 치원(致遠)이다. 왕안석(王安石)의 사위이다.

◎ 용현(龍見) : '용현'은 하늘에 창룡칠수(蒼龍七宿)가 출현한다는 뜻으로, 건

사(建巳: 음력 4월)을 가리킨다. 『춘추좌씨전』「환공(桓公) 5년」편에는 "龍見而雩."라는 기록이 있는데, 이에 대한 두예(杜預)의 주에서는 "龍見, 建巳之月. 蒼龍宿之體, 昏見東方, 萬物始盛. 待雨而大, 故祭天. 遠 爲百穀祈膏雨也."라고 풀이하였다. 즉 창룡칠수가 출현하는 것은 음력 4 월로써, 만물(萬物)이 왕성하게 자라날 때이므로, 비를 구원하며 하늘에 제사를 지내고, 백곡(百穀)이 잘 여물도록 기원하는 것이다.

◎ 우상(虞庠) : '우상'은 주(周)나라 때의 소학(小學)으로 서교(西郊)에 위치 하였다. 주나라에서는 유우씨(有虞氏) 때의 상(庠)에 대한 제도를 본떠서, 소학을 지은 것이기 때문에, 그 학교를 '우상'이라고 부른 것이다. 『예기』 「왕제(王制)」편에는 "周人養國老於東膠, 養庶老於虞庠. 虞庠在國之 西郊."라는 기록이 있고, 이에 대한 정현의 주에서는 "虞庠亦小學也. 西 序在西郊, 周立小學於西郊 …… 周之小學爲有虞氏之庠制, 是以名 庠云."이라고 풀이했다. 한편 '우상'에는 두 가지 뜻이 포함되어 있는데, 하나는 태학(太學)의 건물들 중 북쪽에 있는 학교를 뜻하는 것으로, 이것 을 또한 상상(上庠)이라고도 불렀고, 다른 하나는 앞서 설명한 것처럼 교 외(郊外)에 설치했던 소학을 뜻한다. 『주례』「춘관(春官) · 대사악(大司 樂)」편에는 "掌成均之灋."이라는 기록이 있는데, 이에 대한 손이양(孫詒 讓)의 『정의(正義)』에서는 "案虞庠有二, 一爲大學之北學, 亦曰上庠, 一爲四郊之小學, 曰虞庠."이라고 풀이했다.

◎ 우인(虞人) : '우인'은 산림(山林)을 관장하는 관리이다. 『여씨춘추(呂氏春 秋)』「계하(季夏)」편에는 "乃命虞人入山行木."이라는 기록이 있고, 이에 대한 고유(高誘)의 주에서는 "虞人, 掌山林之官."이라고 풀이하였다.

◎ 우제(虞祭) : '우제'는 장례(葬禮)를 치르고 난 뒤에 지내는 제사를 뜻한다.

◎ 우주(虞主) : '우주'는 장례(葬禮)를 치른 뒤 우제(虞祭)를 지낼 때 세워두 는 신주(神主)를 뜻한다.

◎ 운문(雲門) : '운문'은 황제(黃帝) 시대에 만들어진 악무(樂舞) 중 하나라고 전해진다. 주(周)나라의 육무(六舞) 중 하나로 정착하였다. 주로 천신(天 神)에게 제사를 지낼 때 사용되었다.

◎ 웅씨(熊氏) : =웅안생(熊安生)

◎ 웅안생(熊安生, ? ~ A.D.578) : =웅씨(熊氏). 북조(北朝) 때의 경학자이다. 자(字)는 식지(植之)이다. 『주례(周禮)』, 『예기(禮記)』, 『효경(孝經)』 등 많은 전적에 의소(義疏)를 남겼지만, 모두 산일되어 남아 있지 않다. 현재 마국한(馬國翰)의 『옥함산방집일서(玉函山房輯佚書)』에 『예기웅씨의소(禮記熊氏義疏)』 4권이 남아 있다.

◎ 원거(爰居) : '원거'는 '바닷가에 사는 새[海鳥]'의 이름이다. 잡현(雜縣)이라고도 부른다. 한(漢)나라 무제(武帝) 때에는 낭사(琅邪) 지역에 이 새가 있었다고 전해진다. 『춘추좌씨전』 「문공(文公) 2년」 편에는 "作虛器, 縱逆祀, 祀爰居."라는 기록이 있는데, 이에 대한 두예(杜預)의 주에서는 "海鳥曰爰居, 止於魯東門外, 文仲以爲神, 命國人祀之."라고 풀이했다. 즉 '원거'는 해조(海鳥)의 이름인데, 노(魯)나라에 찾아와 동쪽 문밖에 머물게 되니, 문중(文仲)이 이 새를 신(神)이라고 여기고, 사람들을 시켜서 이 새에게 제사를 지냈다는 뜻이다. 한편 『이아』 「석조(釋鳥)」 편에는 "爰居, 雜縣."이라는 기록이 있는데, 이에 대한 형병(邢昺)의 소(疏)에서는 "爰居, 海鳥也, 大如馬駒, 一名雜縣. 漢元帝時, 琅邪有之."라고 풀이했다.

◎ 원교문(遠郊門) : '원교문'은 원교(遠郊)에 설치된 문이다. 문헌상으로 주대(周代)에는 천자의 수도가 사방(四方) 1000리(里)의 면적을 차지했다고 전해진다. 이때 국성(國城: =都城)은 중앙에 위치하며, 국성의 끝부분에서 100리 떨어진 곳까지가 교(郊)에 속한다. 그리고 '교' 중에서도 국성에서 50리 떨어진 곳까지를 근교(近郊)라고 부르며, 근교의 경계점에서 다시 50리 떨어진 곳까지를 원교라고 부른다. '원교문'은 바로 이 경계점에 설치된 문을 뜻한다.

◎ 원구(圓丘) : '원구'는 환구(圜丘)라고도 부른다. 고대에 제왕이 동지(冬至)에 제천(祭天) 의식을 집행하던 곳이다. 자연적으로 형성된 언덕의 형상을 본떠서, 흙을 높이 쌓아올려 만들었기 때문에, '구(丘)'자를 붙여서 부른 것이며, 하늘의 둥근 형상을 본떴다는 뜻에서 '환(圜)' 또는 '원(圓)'자를 붙여서 부른 것이다. 『주례』 「춘관(春官)·대사악(大司樂)」 편에는 "冬日至, 於地上之圜丘奏之."라는 기록이 있고, 이에 대한 가공언(賈公彦)의 소(疏)에서는 "土之高者曰丘, 取自然之丘. 圜者, 象天圜也."라고 풀이했다.

◎ 원사(元士) : '원사'는 천자에게 소속된 사(士) 계층 중 하나이다. '사' 계층
은 상·중·하로 구분되어, 상사(上士), 중사(中士), 하사(下士)로 나뉜
다. 다만 천자에게 소속된 '상사'에게는 제후에게 소속된 '상사'보다 높여서
'원(元)'자를 붙이게 된다. 그래서 '원사'라고 부르는 것이다.

◎ 원신계(援神契) : 『원신계(援神契)』는 『효경(孝經)』에 대한 위서(緯書) 중
하나이다. '위서'는 경서(經書)의 부족한 내용을 보충하기 위해 위작된 것
으로, 서한(西漢) 말기에 유행하기 시작하여, 동한(東漢) 시기에 크게 성행
하였으며, 남조(南朝) 송나라 때가 되어서야 비로소 금지되기 시작하였다.

◎ 월형(刖刑) : '월형'은 비벽(剕辟)·비형(剕刑)이라고도 부르며, 오형(五
刑) 중의 하나이다. 범죄자의 다리를 자르는 형벌이다. 『춘추좌씨전』「장
공(莊公) 16년」편에는 "九月, 殺公子閼, 刖强鉏."라는 용례가 있다.

◎ 위굉(衛宏, ?~?) : 후한(後漢) 때의 학자이다. 자(字)는 경중(敬仲)이다.
저서로는 『고문상서훈지(古文尙書訓旨)』·「모시서(毛詩序)」 등이 있다.

◎ 위문(闈門) : '위문'은 궁실(宮室)이나 종묘(宗廟)의 측면에 있는 작은 문을
뜻한다.

◎ 위소(韋昭, A.D.204~A.D.273) : 삼국시대(三國時代) 때 오(吳)나라의 학
자이다. 자(字)는 홍사(弘嗣)이다. 사마소(司馬昭)의 이름을 피휘하여, 요
(曜)로 고쳤다. 저서로는 『국어주(國語注)』 등이 있다.

◎ 유거(柳車) : '유거'는 상거(喪車)를 뜻한다. 상(喪)을 치를 때 사용하는 수
레를 의미한다.

◎ 유료(槱燎) : '유료'는 고대 제천 의식에서 치르던 의식 절차 중 하나이다.
희생물의 몸체를 땔나무 위에 올려두고, 땔나무와 함께 불로 태우는 것이
다. 불로 태워서 그 연기가 하늘로 올라가도록 하여, 신에게 아뢰는 의식
이다.

◎ 유모(柔毛) : '유모'는 제사 때 희생물로 사용되는 양(羊)에 대한 별칭이다.
살찐 양의 경우 털이 가늘고 유약하기 때문에 이러한 명칭이 생겼다. 『예
기』「곡례하(曲禮下)」편에는 "凡祭宗廟之禮, 牛曰一元大武, 豕曰剛鬣,
豚曰腯肥, 羊曰柔毛."라는 기록이 있고, 이에 대한 공영달(孔穎達)의 소
(疏)에서는 "若羊肥, 則毛細而柔弱."이라고 풀이하였다.

◎ 유사(有司) : '유사'는 관리를 뜻하는 용어이다. '사(司)'자는 담당한다는 뜻
이다. 관리들은 각자 담당하고 있는 업무가 있었으므로, 관리를 '유사'라고
불렀던 것이다. 일반적으로 하위관료들을 지칭하여, 실무자를 뜻하는 용어
로 많이 사용된다. 그러나 때로는 고위관료까지도 지칭하는 용어로 사용되
기도 한다.

◎ 유생(黝牲) : '유생'은 제사에 사용되는 흑색의 희생물을 뜻한다. '유생'의
'유(黝)'자는 '유(幽)'자로 풀이하는데, '유(幽)'자는 흑색을 뜻한다. 『주례』
「지관(地官)·목인(牧人)」편에는 "凡陽祀, 用騂牲毛之; 陰祀, 用黝牲
毛."라는 기록이 있는데, 정현의 주에서는 정사농(鄭司農)의 주장을 인용
하여, "黝讀爲幽. 幽, 黑也."라고 풀이했다.

◎ 유씨(劉氏) : =장락유씨(長樂劉氏)

◎ 유씨(庾氏) : =유울지(庾蔚之)

◎ 유악(黝堊) : '유악'에서의 유(黝)자는 검은 색을 칠한 것을 뜻하며, 악(堊)
자는 흰색을 칠한 악실(堊室)을 뜻한다. 『예기』「대상기(大喪記)」편에는
"既祥, 黝堊."이라는 기록이 있는데, 이에 대한 공영달(孔穎達)의 소(疏)
에서는 "黝, 黑色. 平治其地令黑也. 堊, 白也. 新塗堊於墻壁令白."이
라고 풀이했다. 즉 '유악'이라는 것은 대상(大祥)을 치르게 되면, 바닥을
흑색으로 칠하고, 상중(喪中)에 머무는 '악실'의 벽을 흰색으로 칠하는 것
을 가리킨다.

◎ 유안(劉安, B.C.179 ~ B.C.122) : 한고조(漢高祖)의 손자이며 회남왕(淮南
王) 유장(劉長)의 아들이다. 학자들을 초빙하여 『회남자(淮南子)』를 저
술했다.

◎ 유울지(庾蔚之, ? ~ ?) : =유씨(庾氏). 남조(南朝) 때 송(宋)나라 학자이다.
저서로는 『예기약해(禮記略解)』, 『예론초(禮論鈔)』, 『상복(喪服)』, 『상
복세요(喪服世要)』, 『상복요기주(喪服要記注)』 등을 남겼다.

◎ 유원보(劉原父) : =유창(劉敞)

◎ 유일(柔日) : '유일'은 십간(十干)을 음양(陰陽)으로 구분했을 때, 음(陰)에
해당하는 날짜를 뜻한다. 십간에 따라 날짜를 구분할 때 을(乙)·정(丁)·
기(己)·신(辛)·계(癸)자가 들어가는 날이 '유일'이 된다. '유일'과 반대되

는 말은 강일(剛日)이며, 십간 중 갑(甲)·병(丙)·무(戊)·경(庚)·임
(壬)자가 들어가는 날이 '강일'이 된다.

◎ 유지(劉智, ?~A.D.289) : 서진(西晉) 때의 학자이다. 자(字)는 자방(子
房)이고, 시호(諡號)는 성(成)이다. 형은 유식(劉寔)이다. 저서로는 『상복
석의론(喪服釋疑論)』 등이 있다.

◎ 유창(劉敞, A.D.1019~A.D.1068) : =공시선생(公是先生)·유원보(劉原
父)·청강유씨(淸江劉氏). 북송(北宋) 때의 경학자이다. 자(字)는 원보
(原父)이다. 유학뿐만 아니라 불교와 도교에 대해서도 연구하였고, 천문
(天文), 지리(地理) 등의 방면에도 조예가 깊었다.

◎ 유흠(劉歆, B.C.53~A.D.23) : 전한(前漢) 때의 경학자이다. 자(字)는 자
준(子駿)이다. 후에 이름을 수(秀), 자(字)를 영숙(穎叔)으로 고쳤다. 유
향(劉向)의 아들이다. 저서에는 『삼통력보(三統曆譜)』 등이 있다.

◎ 육경(六卿) : '육경'은 여섯 명의 경(卿)을 가리키는데, 주로 여섯 명의 주요
관직자들을 뜻한다. 각 시대마다 해당하는 관직명과 담당하는 영역에는 차
이가 있었다. 『서』「하서(夏書)·감서(甘誓)」편에는 "大戰于甘, 乃召六
卿."이라는 기록이 있고, 이에 대한 공안국(孔安國)의 전(傳)에서는 "天子
六軍, 其將皆命卿."이라고 풀이했다. 즉 천자는 6개의 군(軍)을 소유하고
있는데, 각 군의 장수를 '경(卿)'으로 임명하였기 때문에, 이들 육군(六軍)
의 수장을 '육경'이라고 부른다는 뜻이다. 이 기록에 따르면 하(夏)나라 때
에는 육군의 장수를 '육경'으로 불렀다는 결론이 도출된다. 한편 『주례(周
禮)』의 체제에 따르면, 주(周)나라에서는 여섯 개의 관부를 설치하였고,
이들 관부의 수장을 '경'으로 임명하였다. 따라서 천관(天官)의 총재(冢
宰), 지관(地官)의 사도(司徒), 춘관(春官)의 종백(宗伯), 하관(夏官)의
사마(司馬), 추관(秋官)의 사구(司寇), 동관(冬官)의 사공(司空)이 '육
경'에 해당한다. 『한서(漢書)·백관공경표상(百官公卿表上)」편에는 "夏
殷亡聞焉, 周官則備矣. 天官冢宰, 地官司徒, 春官宗伯, 夏官司馬, 秋
官司寇, 冬官司空, 是爲六卿, 各有徒屬職分, 用於百事."라는 기록이
있다.

◎ 육국(六國) : '육국'은 전국시대 때 함곡관(函谷關) 동쪽에 있었던 여섯 개

의 나라를 뜻한다. 여섯 나라는 한(韓), 위(魏), 제(齊), 초(楚), 연(燕), 조(趙)나라를 가리킨다. 『전국책(戰國策)』「조책이(趙策二)」편에는 "故竊爲大王計, 莫如一韓·魏·齊·楚·燕·趙, 六國從親以儐畔秦."이라는 기록이 있다.

◎ 육군(六軍) : '육군'은 천자가 소유한 군대를 총칭하는 말이다. 12500명이 1군(軍)이 되는데, 천자는 6개의 군을 소유하므로, '육군'이라고 표현한 것이다. 참고적으로 제후들 중에서 대국(大國)의 제후는 3군을 소유하고, 차국(次國)의 제후는 2군을 소유하며, 소국(小國)의 제후는 1군을 소유한다. 『주례』「하관사마(夏官司馬)」편에는 "凡制軍, 萬有二千五百人爲軍, 王六軍, 大國三軍, 次國二軍, 小國一軍."이라는 기록이 있다.

◎ 육궁(六宮) : '육궁'은 왕후(王后)의 침궁(寢宮)을 뜻한다. 천자는 6개의 침(寢)을 세워서, 1개의 침을 정침(正寢)으로 사용하고, 나머지 5개의 침을 연침(燕寢)으로 사용하는데, 왕후(王后) 또한 6개의 침궁을 세워서, 1개의 침궁을 정침으로 사용하며, 나머지 5개의 침궁을 연침으로 사용한다. 배치상으로 보면 천자가 세우는 6개의 침이 위치한 건물군의 뒤편에 위치한다.

◎ 육기(六祈) : '육기'는 재앙이나 변고가 발생했을 때, 신에게 기도문을 올리며 그것들이 물러나기를 간청하는 여섯 가지 제사들이다. 여섯 가지 제사는 류(類), 조(造), 회(禬), 영(禜), 공(攻), 설(說)을 뜻한다. 정사농(鄭司農)은 '류'는 상제(上帝)에게 지내는 제사이며, '조'는 선왕(先王)들에게 지내는 제사이고, '영'은 일월(日月)·성신(星辰)·산천(山川)에게 지내는 제사라고 설명한다. 정현은 '류'와 '조'를 지낼 때에는 정성과 엄숙함을 더욱 가중하여, 뜻한 바를 얻고자 하는 것이고, '회'와 '영'은 당시에 발생한 재앙과 변고에 대해서 아뢰는 것이며, '공'과 '설'은 기도문을 읽어서 그것을 일으킨 요망한 기운을 책망하는 것이라고 설명한다. 또한 정현은 '조'·'류'·'회'·'영'을 지낼 때에는 희생물을 사용하였고, '공'과 '설'을 지낼 때에는 폐물만 바쳤다고 설명한다. 정현은 '회'에 대해서는 자세한 내용을 들어보지 못했다고 설명한다. 『주례』「춘관(春官)·대축(大祝)」편에는 "掌六祈, 以同鬼神示, 一曰類, 二曰造, 三曰禬, 四曰禜, 五曰攻, 六曰說."라는 기록이 있고, 이에 대한 정현의 주에서는 "鄭司農云, '類·

造・禬・禜・攻・說, 皆祭名也. 類祭于上帝. …… 司馬法曰, 將用師, 乃告于皇天上帝・日月星辰, 以禱于后土・四海神祇・山川冢社, 乃造于先王. …… 禜, 日月星辰山川之祭也.' 玄謂類造, 加誠肅, 求如志. 禬禜, 告之以時有災變也. 攻說, 則以辭責之. …… 禬, 未聞焉. 造類禬禜皆有牲, 攻說用幣而已."라고 풀이했다.

◎ **육기(六氣)** : '육기'는 자연 기후의 변화 속에 나타나는 여섯 가지 주요 현상을 뜻한다. 음기(陰氣), 양기(陽氣), 바람[風], 비[雨], 어둠[晦], 밝음[明]을 뜻한다. 『춘추좌씨전』「소공(昭公) 1년」편에는 "六氣曰陰・陽・風・雨・晦・明也."라는 기록이 있고, 『장자(莊子)』「재유(在宥)」편에는 "天氣不和, 地氣鬱結, 六氣不調, 四時不節."이라는 기록이 있는데, 이에 대한 성현영(成玄英)의 소(疏)에서는 "陰・陽・風・雨・晦・明, 此六氣也."라고 풀이했으며, 또 『국어(國語)』「주어하(周語下)」편에 대한 위소(韋昭)의 주에서는 "六氣, 陰陽風雨晦明也."라고 풀이했다.

◎ **육덕명(陸德明, A.D.550 ~ A.D.630)** : =육원랑(陸元朗). 당대(唐代)의 경학자이다. 이름은 원랑(元朗)이고, 자(字)는 덕명(德明)이다. 훈고학에 뛰어났으며, 『경전석문(經典釋文)』 등을 남겼다.

◎ **육등(六等)** : '육등'은 여섯 종류의 계급을 뜻한다. 주로 제후국의 계급에 해당한다. 순서에 따라 군(君)・경(卿)・대부(大夫)・상사(上士)・중사(中士)・하사(下士)를 뜻한다. 『맹자』「만장하(萬章下)」편에는 "君一位, 卿一位, 大夫一位, 上士一位, 中士一位, 下士一位, 凡六等."이라는 기록이 있다.

◎ **육려(六呂)** : '육려'는 12율(律) 중 음률(陰律)에 해당하는 임종(林鍾), 중려(仲呂), 협종(夾鍾), 대려(大呂), 응종(應鍾), 남려(南呂)를 가리키는 용어이다. 육동(六同)이라고도 부른다.

◎ **육례(六禮)** : '육례'는 관례(冠禮), 혼례(昏禮: =婚禮), 상례(喪禮), 제례(祭禮), 향례(鄕禮), 상견례(相見禮)를 뜻한다.

◎ **육률(六律)** : '육률'은 12율(律) 중 양률(陽律)에 해당하는 황종(黃鐘), 태주(大簇), 고선(姑洗), 유빈(蕤賓), 이칙(夷則), 무역(無射)을 가리키는 용어이다. 한편 12율과 같은 의미로도 사용되었다.

◎ 육마(六馬) : '육마'는 천자가 사용하는 여섯 종류의 말을 뜻한다. 구체적으로는 종마(種馬), 융마(戎馬), 제마(齊馬), 도마(道馬), 전마(田馬), 노마(駑馬)를 가리킨다. 『주례』「하관(夏官)·교인(校人)」편에는 "校人, 掌王馬之政. 辨六馬之屬, 種馬一物, 戎馬一物, 齊馬一物, 道馬一物, 田馬一物, 駑馬一物."이라는 기록이 있다. 즉 '종마'는 종자가 좋은 말을 선별하여 암컷을 잉태시킬 때 사용하는 말이다. '융마'는 전쟁용 수레에 사용하는 말이다. '제마'는 천자가 타던 금로(金路)에 사용하는 말이다. '도마'는 천자가 타던 상로(象路)에 사용하는 말이다. '전마'는 사냥용 수레에 사용하는 말이다. '노마'는 궁중에서 실시되는 노역에 사용하는 말이다.

◎ 육면(六冕) : '육면'은 천자가 착용하는 여섯 종류의 면복(冕服)을 가리킨다. 호천(昊天) 및 오제(五帝)에게 제사지낼 때에는 대구(大裘)를 입고 면류관[冕]을 쓰며, 선왕(先王)에게 제사지낼 때에는 곤면(袞冕)을 착용하고, 선공(先公)에 대한 제사 및 향사례(饗射禮)를 시행할 때에는 별면(驚冕)을 착용하며, 산천(山川) 등에 제사지낼 때에는 취면(毳冕)을 착용하고, 사직(社稷) 등에 제사지낼 때에는 희면(希冕: =絺冕)을 착용하며, 기타 여러 제사에는 현면(玄冕)을 착용한다. 『주례』「춘관(春官)·사복(司服)」편에는 "掌王之吉凶衣服, 辨其名物, 辨其用事. 王之吉服, 祀昊天上帝, 則服大裘而冕, 祀五帝亦如之. 享先王則袞冕. 享先公, 饗射則驚冕. 祀四望山川則毳冕. 祭社稷五祀則希冕. 祭群小祀則玄冕."이라는 기록이 있다.

◎ 육무(六舞) : =육악(六樂)

◎ 육복(六服) : '육복'은 천자나 제후의 여섯 종류 복장을 가리키니, 대구(大裘), 곤의(袞衣), 별의(驚衣), 취의(毳衣), 희의(希衣), 현의(玄衣)이다. 『주례(周禮)』「춘관(春官)·사복(司服)」편에는 "祀昊天上帝, 則服大裘而冕, 祀五帝亦如之. 享先王則袞冕. 享先公, 饗射則驚冕. 祀四望山川則毳冕. 祭社稷五祀則希冕. 祭群小祀則玄冕."이라는 기록이 있다. 즉 호천상제(昊天上帝) 및 오제(五帝)에게 제사지낼 때에는 대구를 입고 면(冕)을 쓰며, 선왕(先王)에게 제사지낼 때에는 곤면(袞冕)을 착용하고, 선공(先公)에 대한 제사 및 향사례(饗射禮)를 시행할 때에는 별면(驚冕)을

착용하며, 산천(山川) 등에 제사지낼 때에는 취면(毳冕)을 착용하고, 사직(社稷) 등에 제사지낼 때에는 희면(希冕)을 착용하며, 기타 여러 제사에는 현면(玄冕)을 착용한다.

◎ 육복(六服) : '육복'은 천자의 수도를 제외하고, 그 이외의 땅을 9개의 지역으로 구분한 구복(九服) 중에서 6개 지역을 뜻하는데, 천자의 수도로부터 6개 복(服)까지는 주로 중국의 제후들에게 분봉해주는 지역이었고, 나머지 3개의 지역은 주로 오랑캐들에게 분봉해주는 지역이었다. 따라서 중국(中國)이라는 개념을 거론할 때 주로 '육복'이라고 말한다. 천하의 정중앙에는 천자의 수도인 왕기(王畿)가 있고, 그 외에는 순차적으로 6개의 '복'이 있는데, 후복(侯服), 전복(甸服), 남복(男服), 채복(采服), 위복(衛服), 만복(蠻服)이 여기에 해당한다. '후복'은 천자의 수도 밖으로 사방 500리(里)의 크기이며, 이 지역에 속한 제후들은 1년에 1번 천자를 알현하며, 제사 때 사용하는 물건을 바친다. '전복'은 '후복' 밖으로 사방 500리의 크기이며, 이 지역에 속한 제후들은 2년에 1번 천자를 알현하고, 빈객(賓客)을 접대할 때 사용하는 물건을 바친다. '남복'은 '전복' 밖으로 사방 500리의 크기이며, 이 지역에 속한 제후들은 3년에 1번 천자를 알현하고, 각종 기물(器物)들을 바친다. '채복'은 '남복' 밖으로 사방 500리의 크기이며, 이 지역에 속한 제후들은 4년에 1번 천자를 알현하고, 의복류를 바친다. '위복'은 '채복' 밖으로 사방 500리의 크기이며, 이 지역에 속한 제후들은 5년에 1번 천자를 알현하고, 각종 재목들을 바친다. '만복'은 '요복(要服)'이라고도 부르는데, '만복'이라는 용어는 변경 지역의 오랑캐들과 접해 있으므로, 붙여진 용어이다. '만복'은 '위복' 밖으로 사방 500리의 크기이며, 이 지역에 속한 제후들은 6년에 1번 천자를 알현하고, 각종 재화들을 바친다. 『주례』 「추관(秋官) · 대행인(大行人)」편에는 "邦畿方千里, 其外方五百里謂之侯服, 歲壹見, 其貢祀物, 又其外方五百里謂之甸服, 二歲壹見, 其貢嬪物, 又其外方五百里謂之男服, 三歲壹見, 其貢器物, 又其外方五百里謂之采服, 四歲壹見, 其貢服物, 又其外方五百里謂之衛服, 五歲壹見, 其貢材物, 又其外方五百里謂之要服, 六歲壹見, 其貢貨物."이라는 기록이 있다.

◎ 육사(六辭) : '육사'는 교류를 할 때 사용하게 되는 여섯 종류의 공식 문서 및 말을 뜻한다. 사(祠), 명(命), 고(誥), 회(會), 수(禱), 뢰(誄)가 여기에 해당한다. 정사농(鄭司農)의 주장에 따르면, '사'는 '사(辭)'자가 되어야 하며, 사람과 대할 때 사용하는 말을 뜻하고, '명'은 외교 문서를 뜻하며, '고'는 훈계하는 말을 뜻하고, '회'는 관부의 수장이 관부에 소속된 관리들과 회의를 하며 명령을 내리는 말을 뜻하며, '수'는 신들에게 기도를 올릴 때 쓰는 말을 뜻하고, '뢰'는 죽은 자의 일대기를 열거하며 그 사람의 덕행을 가려내어 시호를 지을 때 쓰는 말을 뜻한다고 설명한다. 한편 정현은 '사'는 서로 교류를 할 때 쓰는 말을 뜻하고, '회'는 회맹을 하여 맹약을 맺을 때 쓰는 말을 뜻하며, '수'는 경사스러운 일에 축복을 기원하는 말을 뜻한다고 설명한다. 『주례』「춘관(春官)·대축(大祝)」편에는 "作六辭, 以通上下親疏遠近, 一曰祠, 二曰命, 三曰誥, 四曰會, 五曰禱, 六曰誄."라는 기록이 있고, 이에 대한 정현의 주에서는 "鄭司農云, '祠當爲辭, 謂辭令也. 命, 論語所謂爲命裨諶草創之. 誥, 謂康誥·盤庚之誥之屬也. …… 會, 謂王官之伯, 命事於會, 胥命于蒲, 主爲其命也. 禱, 謂禱於天地·社稷·宗廟·主爲其辭也. …… 誄, 謂積累生時德行, 以錫之命, 主爲其辭也.' 玄謂一曰祠者, 交接之辭. …… 會, 謂會同盟誓之辭. 禱, 賀慶言福祚之辭."라고 풀이했다.

◎ 육생(六牲) : '육생'은 여섯 가지 가축이다. 말[馬], 소[牛], 양(羊), 돼지[豕], 개[犬], 닭[雞]을 뜻한다. 『주례』「천관(天官)·선부(膳夫)」편에는 "凡王之饋, 食用六穀, 膳用六牲."이라는 기록이 있고, 이에 대한 정현의 주에서는 "六牲, 馬牛羊豕犬雞也."라고 풀이했다.

◎ 육서(六書) : '육서'는 한자의 구성과 형성에 대한 여섯 가지 이론으로, 상형(象形), 지사(指事: =處事), 회의(會意), 형성(形聲: =諧聲), 전주(轉注), 가차(假借)를 뜻한다. 『주례』「지관(地官)·보씨(保氏)」편에는 "五曰六書."라는 기록이 있는데, 이에 대한 정현의 주에서는 정사농(鄭司農)의 주장을 인용하여, "六書, 象形·會意·轉注·處事·假借·諧聲也."라고 풀이했다.

◎ 육악(六樂) : '육악'은 육무(六舞)와 같은 말이다. 고대 황제(黃帝), 요(堯),

순(舜), 우(禹), 탕(湯), 무왕(武王) 때의 악무(樂舞)인 운문(雲門), 대권(大卷), 대함(大咸), 대소(大磬: =大韶), 대하(大夏), 대호(大濩), 대무(大武)를 뜻한다. 『주례』「지관(地官)·대사도(大司徒)」편에는 "以六樂防萬民之情, 而敎之和."라는 기록이 있고, 이에 대한 정현의 주에서는 정사농(鄭司農)의 주장을 인용하여, "六樂, 謂雲門·咸池·大韶·大夏·大濩·大武."라고 풀이했다.

◎ 육예(六藝) : '육예'는 기본적으로 갖춰야 하는 여섯 가지 과목을 뜻한다. 여섯 가지 과목은 예(禮), 음악(樂], 활쏘기[射], 수레몰기[御], 글쓰기[書], 셈하기[數]이며, 구체적으로 말하자면 오례(五禮), 육악(六樂), 오사(五射), 오어(五馭: =五御), 육서(六書), 구수(九數)를 가리킨다.

◎ 육의(六儀) : '육의'는 여섯 가지 의례들을 뜻한다. 즉 '제사 때의 행동 방법[祭祀之容]', '빈객을 접대할 때의 행동 방법[賓客之容]', '조정에서의 행동 방법[朝廷之容]', '상을 치를 때의 행동 방법[喪紀之容]', '군대와 관련된 행동 방법[軍旅之容]', '수레를 몰 때의 행동 방법[車馬之容]'을 뜻한다.

◎ 육이(六彝) : '육이'는 제사 때 설치하는 여섯 개의 술병을 뜻한다. 각각 조각하고 그려 넣는 무늬가 달랐기 때문에, 그 명칭들도 달랐다. 여섯 개의 술병은 계이(雞彝), 조이(鳥彝), 가이(斝彝), 황이(黃彝), 호이(虎彝), 유이(蜼彝)이다. 『주례』「춘관(春官)·소종백(小宗伯)」편에는 "辨六彝之名物, 以待果將."이라는 기록이 있고, 이에 대한 정현의 주에서는 "六彝: 雞彝·鳥彝·斝彝·黃彝·虎彝·蜼彝."라고 풀이했다.

◎ 육전(六典) : '육전'은 치전(治典), 교전(敎典), 예전(禮典), 정전(政典), 형전(刑典), 사전(事典)을 뜻한다. 고대에 국가를 통치하던 여섯 방면의 법령을 가리킨다. 국가의 전반적인 통치, 교화, 예법, 전장제도(典章制度), 형벌, 임무수행에 대한 법이다. 『주례』「천관(天官)·대재(大宰)」편에는 "大宰之職, 掌建邦之六典, 以佐王治邦國. 一曰治典, 以經邦國, 以治官府, 以紀萬民. 二曰敎典, 以安邦國, 以敎官府, 以擾萬民. 三曰禮典, 以和邦國, 以統百官, 以諧萬民. 四曰政典, 以平邦國, 以正百官, 以均萬民. 五曰刑典, 以詰邦國, 以刑百官, 以糾萬民. 六曰事典, 以富邦國, 以任百官, 以生萬民."이라는 기록이 있다.

◎ 육전(陸佃) : =산음육씨(山陰陸氏)

◎ 육종(六宗) : '육종'은 고대에 제사를 지냈던 여섯 신들을 뜻하는데, 구체적인 신들에 대해서는 이견이 많다. 『서』「우서(虞書)·요전(堯典)」편에는 "肆類於上帝, 禋於六宗, 望於山川, 遍於群神."이라는 기록이 있는데, 한(漢)나라 때 복승(伏勝)과 마융(馬融)은 천(天)·지(地)·춘(春)·하(夏)·추(秋)·동(冬)이라고 여겼다. 한나라 때 구양(歐陽) 및 대·소 하후(夏侯)와 왕충(王充)은 천지(天地)와 사방(四方) 사이에서 음양(陰陽)의 변화를 돕는 신들이라고 여겼다. 한나라 때 공광(孔光)과 유흠(劉歆)은 건곤(乾坤)의 육자(六子)로 여겼으니, 수(水)·화(火)·뇌(雷)·풍(風)·산(山)·택(澤)을 가리킨다. 한나라 때 가규(賈逵)는 천종(天宗)의 셋인 일(日)·월(月)·성(星)과 지종(地宗)의 셋인 하(河)·해(海)·대(岱)로 여겼다. 한나라 때 정현(鄭玄)은 성(星)·신(辰)·사중(司中)·사명(司命)·풍사(風師)·우사(雨師)라고 여겼다. 한나라 이후에도 여러 학자들이 다양한 의견을 제시했다.

◎ 육축(六祝) : '육축'은 제사를 지낼 때 신에게 아뢰는 여섯 가지 축사(祝辭)를 뜻한다. 여섯 가지 축사는 곧 순축(順祝), 연축(年祝), 길축(吉祝), 화축(化祝), 서축(瑞祝), 협축(筴祝)을 가리킨다. '순축'은 풍년이 들기를 기원하는 축사이고, '연축'은 천수를 누리기를 기원하는 축사이며, '길축'은 상서로운 복을 내려주기를 기원하는 축사이고, '화축'은 재앙과 전란이 그치기를 기원하는 축사이며, '서축'은 기상변이가 일어나지 않도록 기원하는 축사이고, '협축'은 죄와 질병으로부터 멀어지고자 기원하는 축사이다. 『주례』「춘관(春官)·대축(大祝)」편에는 "大祝, 掌六祝之辭, 以事鬼神示, 祈福祥, 求永貞. 一曰順祝, 二曰年祝, 三曰吉祝, 四曰化祝, 五曰瑞祝, 六曰筴祝."이라는 기록이 있고, 이에 대한 정현의 주에서는 정사농(鄭司農)의 주장을 인용하여, "鄭司農云, '順祝, 順豐年也. 年祝, 求永貞也. 吉祝, 祈福祥也. 化祝, 弭災兵也. 瑞祝, 逆時雨·寧風旱也. 筴祝, 遠罪疾."이라고 풀이했다.

◎ 육축(六畜) : '육축'은 여섯 종류의 가축을 뜻한다. 말[馬], 소[牛], 양(羊), 닭[雞], 개[犬], 돼지[豕]를 가리킨다. 『춘추좌씨전』「소공(昭公) 25년」편에

는 "爲六畜·五牲·三犧, 以奉五味."라는 기록이 있고, 이에 대한 두예(杜預)의 주에서는 "馬·牛·羊·雞·犬·豕."라고 풀이했다.

◎ 육향(六鄕) : '육향'은 주(周)나라 때 원교(遠郊)에 설치된 여섯 개의 향(鄕)을 뜻한다. 주나라의 제도에서는 국성(國城)과 가까이 있는 교외(郊外)를 근교(近郊)라고 불렀고, 근교 밖을 원교(遠郊)라고 불렀다. 그리고 원교 안에는 6개의 향(鄕)을 설치했고, 원교 밖에는 6개의 수(遂)를 설치했다.

◎ 육향(六享) : '육향'은 주나라 때 종묘에서 시행된 여섯 종류의 제사를 뜻한다. 제사를 '향(享)'이라고 부른 것은 하늘에 대한 제사를 사(祀)라 부르고 땅에 대한 제사를 제(祭)라고 부른 것과 대비를 시킨 것이다. '향(享)'은 "바친다[獻]."는 뜻이니, 제사를 갖춰서 신령에게 바친다는 의미이다. 여섯 종류의 제사는 첫 번째 사(肆)·헌(獻)·관(祼)을 통해 선왕에게 제사를 지내는 것이다. 사(肆)는 희생물의 몸체를 해체하여 바친다는 뜻으로, 익힌 고기를 바치는 때를 의미한다. 헌(獻)은 단술을 따라서 바친다는 뜻으로, 희생물의 피와 생고기를 바치는 때를 의미한다. 관(祼)은 울창주를 땅에 부어 강신제를 한다는 뜻으로, 처음 시동에게 술을 따라 신이 강림하길 바라는 때를 의미한다. 사(肆)·헌(獻)·관(祼)을 한다는 것은 성대한 협(祫)제사를 지낸다는 의미이다. 두 번째는 궤식(饋食)으로 선왕에게 제사를 지내는 것이다. '궤식(饋食)'은 음식을 바친다는 뜻으로, 이곳에서는 체(禘)제사를 의미한다. 세 번째는 봄에 지내는 사(祠)제사이며, 네 번째는 여름에 지내는 약(禴)제사이고, 다섯 번째는 가을에 지내는 상(嘗)제사이며, 여섯 번째는 겨울에 지내는 증(烝)제사이다. 『주례』「춘관(春官)·대종백(大宗伯)」편에서는 "以肆獻祼享先王, 以饋食享先王, 以祠春享先王, 以禴夏享先王, 以嘗秋享先王, 以烝冬享先王."이라고 했다.

◎ 육형(肉刑) : '육형'은 죄인의 신체를 자르거나 찌르는 형벌을 총칭하는 말이다. 궁형(宮刑), 묵형(墨刑), 의형(劓刑) 등에 해당하는데, 후대에는 육체상에 가하는 모든 형벌들을 지칭하는 용어로도 사용하였다.

◎ 육호(六號) : '육호'는 여섯 종류의 호칭을 뜻한다. 제사와 관련하여 신들을 부르는 호칭 및 제사에 사용되는 물건들은 수식어를 붙여서 부르게 되는데, 이러한 수식어에 해당하는 여섯 가지 호칭은 신호(神號), 귀호(鬼號),

시호(示號), 생호(牲號), 자호(齋號), 폐호(幣號)를 가리킨다. 정현의 주
장에 따르면 '신호'는 천신(天神)들에 대한 호칭을 아름답게 부르는 것으
로, 상제(上帝)를 '황천상제(皇天上帝)'라고 부르는 예와 같고, '귀호'는 조
상신들에 대한 호칭을 아름답게 부르는 것으로, '황조백인 아무개[皇祖伯
某]'라고 부르는 예와 같으며, '시호'는 땅의 신들에 대한 호칭을 아름답게
부르는 것으로, '후토(后土)'나 '지기(地祇)'라고 부르는 예와 같고, '폐호'
는 옥(玉)을 아름답게 부르는 것으로, '가옥(嘉玉)'이라고 부르는 예와 같
으며, '폐호'는 폐백을 아름답게 부르는 것으로, '양폐(量幣)'라고 부르는
예와 같다고 설명한다. 정사농(鄭司農)의 주장에 따르면, '생호'의 경우 희
생물의 종류에 따라서 각각 부르는 호칭들이 있는데, 소의 경우 '일원대무
(一元大武)'라고 부르고, 돼지의 경우 '강렵(剛鬣)'이라고 부르며, 양의 경
우 '유모(柔毛)'라고 부르고, 닭의 경우 '한음(翰音)'이라고 부른다. 또 '자
호'는 기장과 같이 제사 때 바치는 곡식들을 뜻하는데, 서(黍)의 경우 '향
합(香合)'이라고 부르고, 양(粱)의 경우 '향기(香萁)'라고 부르며, 도(稻)의
경우 '가소(嘉疏)'라고 부르는 예와 같다고 설명한다. 『주례』「춘관(春
官) · 대축(大祝)」편에는 "辨六號, 一曰神號, 二曰鬼號, 三曰示號, 四
曰牲號, 五曰齋號, 六曰幣號."라는 기록이 있고, 이에 대한 정현의 주에
서는 "號, 謂尊其名, 更爲美稱焉. 神號, 若云皇天上帝. 鬼號, 若云皇
祖伯某. 祇號, 若云后土地祇. 幣號, 若玉云嘉玉, 幣云量幣. 鄭司農
云, '牲號, 爲犧牲皆有名號. 曲禮曰, 牛曰一元大武, 豕曰剛鬣, 羊曰
柔毛, 雞曰翰音. 粢號, 謂黍稷皆有名號也. 曲禮曰, 黍曰香合, 粱曰香
萁, 稻曰嘉疏.'"이라고 풀이했다.

◎ 율계(栗階) : '율계'는 계단을 오르는 방법 중 하나이다. 두 발을 모으지 않
고, 좌우의 발을 교차하며 한 칸씩 성큼 성큼 올라가는 것이다. 『의례』「연
례(燕禮)」편에는 "凡公所辭皆栗階. 凡栗階, 不過二等"이라는 기록이
있는데, 이에 대해 정현의 주에서는 "其始升, 猶聚足連步; 越二等, 左右
足各一發而升堂."이라고 풀이했다.

◎ 융로(戎路) : '융로'는 군주가 군중(軍中)에 있을 때 타던 수레이다. 전쟁용
수레를 범칭하는 용어로도 사용된다. 『주례』「춘관(春官) · 거복(車僕)」편

에는 "車僕, 掌戎路之萃."라는 기록이 있는데, 이에 대한 정현의 주에서는 "戎路, 王在軍所乘也."라고 풀이했다. 한편 고대의 천자가 사용하던 5종류의 수레 중에는 혁로(革輅)라는 것이 있었다. '혁로'는 전쟁용으로 사용했던 수레인데, 간혹 제후의 나라에 순수(巡守)를 갈 때 사용하기도 하였다. 가죽으로 겉을 단단하게 동여매서 고정시키고, 옻칠만 하고, 다른 장식을 하지 않았기 때문에, '혁로'라고 부르는 것이다. 『주례』「춘관(春官)·건거(巾車)」편에는 "革路, 龍勒, 條纓五就, 建大白, 以卽戎, 以封四衛."라는 기록이 있고, 이에 대한 정현의 주에서는 "革路, 鞔之以革而漆之, 無他飾."이라고 풀이했다.

◎ 융복(戎僕) : '융복'은 전쟁용 수레를 모는 일을 담당했던 관리이다. 천자가 사용하는 전쟁용 수레와 관련된 일들을 주관했다. 『주례』「하관(夏官)·융복(戎僕)」편에는 "戎僕, 掌馭戎車. 掌王倅車之政, 正其服."이라는 기록이 있다.

◎ 은국(殷國) : '은국'은 주(周)나라 때 천자가 제후국에 머물게 되면, 그것을 기회로 주변의 제후들을 불러 모아서 성대한 조회(朝會)의 의례를 시행하였는데, 이러한 행사를 '은국'이라고 부른다. '은국'의 '은(殷)'자는 성대하다는 뜻이다. 『주례』「추관(秋官)·대행인(大行人)」편에는 "十有二歲, 王巡狩·殷國."이라는 기록이 있는데, 이에 대한 손이양(孫詒讓)의 『정의(正義)』에서는 "殷國者, 謂王出在侯國而行殷見之禮也 …… 卽於所至之國徵諸侯而行朝會之禮, 皆謂之殷國."이라고 풀이했다.

◎ 은옹(銀甕) : '은옹'은 은색 바탕으로 된 술단지이다. 고대인들은 태평성세 때 출현하는 상서로운 징조물로 여겼다.

◎ 음목(陰木) : '음목'은 산의 북쪽 부근에서 생장하는 나무를 뜻한다.

◎ 음사(陰祀) : '음사'는 북교(北郊)에서 지내는 지(地)에 대한 제사와 사직(社稷)에 대한 제사를 가리킨다. 『주례』「지관(地官)·목인(牧人)」편의 기록에 대해서, 정현의 주에서는 "陰祀, 祭地北郊及社稷也."라고 풀이했다.

◎ 음염(陰厭) : '음염'은 본래 염제(厭祭)의 절차 중 하나이다. '염제'는 정규 제사를 진행하는 절차인데, 정규 제사의 본격적인 의식은 시동을 통해 진

행된다. '염제'는 시동을 이용하지 않고, 본식 이전과 이후에 간략히 지내는 제사를 뜻한다. '염(厭)'자는 신을 흠향시킨다는 뜻이다. '염제'에는 '음염'과 양염(陽厭)이 있다. '음염'은 시동을 맞이하기 이전에 축관이 술을 따라서 바치고, 그 술잔을 올려서 신을 흠향하게 만드는 것이다. 또한 적장자가 아직 성년이 되지 않은 상태에서 죽었을 때, 그에 대한 제사는 종묘(宗廟)의 그윽하고 음(陰)한 장소에서 간략하게 치르게 되는데, 이것을 '음염'이라고 부른다.

◎ 읍재(邑宰) : '읍재'는 읍(邑)을 다스리는 수장을 뜻하니, 후대의 현령(縣令)에 해당한다. '재(宰)'자는 총괄하는 자를 가리키므로, '읍재'라고 부른다.

◎ 응문(應門) : '응문'은 궁(宮)의 정문을 가리킨다. 『시』「대아(大雅)·면(緜)」편에는 "迺立應門, 應門將將."이라는 기록이 있는데, 이에 대한 모전(毛傳)에서는 "王之正門曰應門."이라고 풀이하였다.

◎ 응소(應劭, ?~?) : 후한(後漢) 때의 학자이다. 자(字)는 중원(仲遠)·중원(仲援)·중원(仲瑗)이다. 저서로는 『율략론(律略論)』·『풍속통의(風俗通義)』·『한관의(漢官儀)』·『한서집해(漢書集解)』 등이 있다.

◎ 응씨(應氏) : =금화응씨(金華應氏)

◎ 의려(倚盧) : '의려'는 상중(喪中)에 머물게 되는 임시 거처이다. '의려'는 또한 '의(倚)', '여(廬)', '악실(堊室)', '사려(舍廬)' 등으로 부르기도 하지만, '악실'과 대비해서 보다 수위가 높은 임시숙소를 뜻하기도 한다. 중문(中門) 밖 동쪽 담장 아래에 나무를 기대어 만든다.

◎ 의복(義服) : '의복'은 본래 친속관계가 성립되지 않아서, 상복(喪服)을 착용해야만 하는 관계가 아닌데도, 도리에 따라 상복을 착용하는 것을 말한다.

◎ 의최(疑衰) : '의최'는 길복(吉服)에 가까운 복장으로, 일종의 상복(喪服)에 해당한다. 천자의 경우, 대부(大夫)나 사(士)의 상(喪)에 착용했던 복장이다.

◎ 의형(劓刑) : '의형'은 의벽(劓辟)이라고도 부르며, 오형(五刑) 중의 하나이다. 범죄자의 코를 베는 형벌이다. 『서』「주서(周書)·여형(呂刑)」편에는 "惟作五虐之刑曰法, 殺戮無辜, 爰始淫爲劓刵椓黥."이라는 기록이

있고, 이에 대한 공영달(孔穎達)의 소(疏)에서는 "劓, 截人鼻."라고 풀이했다.

◎ 이기씨(伊耆氏) : '이기씨'는 신농(神農)을 가리킨다. 일설에는 요(堯)임금을 뜻한다고 주장하기도 한다.

◎ 이덕수(李德壽, A.D.1673년 ~ A.D.1744) : 본관은 전의(全義)이고 자는 인로(仁老)이며 호는 벽계(蘗溪)·서당(西堂)이고 시호는 문정(文貞)이며 이름은 덕수(德壽)이다. 저서로는 『서당집(西堂集)』 등이 있다.

◎ 이수광(李睟光, A.D.1563 ~ A.D.1628) : 조선 중기 때의 학자이다. 본관은 전주(全州)이고 자는 윤경(潤卿)이며 호는 지봉(芝峯)이고 시호는 문간(文簡)이며 이름은 수광(睟光)이다. 저서로는 『지봉집(芝峯集)』 등이 있다.

◎ 이이(李珥, A.D.1536 ~ A.D.1584) : 조선 중기 때의 학자이다. 본관은 덕수(德水)이고 자는 숙헌(叔獻)이며 호는 석담(石潭)·율곡(栗谷)이고 시호는 문성(文成)이며 이름은 이(珥)이다. 저서로는 『율곡전서(栗谷全書)』 등이 있다.

◎ 인(仞) : '인'은 '인(刃)'이라고도 기록하며 길이를 재는 단위이다. 7척(尺)이 1인(仞)이 된다. 일설에는 8척(尺)을 1인(仞)이라고도 한다. 『논어』 「자장(子張)」편에서는 "夫子之牆數仞, 不得其門而入者, 不見宗廟之美, 百官之富, 得其門者或寡矣."라고 했는데, 이에 대한 하안(何晏)의 『집해(集解)』에서는 "七尺曰仞也"라고 풀이했고, 『의례』 「향사(鄕射)」편에는 "杠長三仞."이라고 했는데, 이에 대한 정현의 주에서는 "七尺曰仞."이라고 풀이했다. 한편 『한서(漢書)』 「식화지상(食貨志上)」편에는 "神農之敎曰: 有石城十仞, 湯池百步, 帶甲百萬而亡粟, 弗能守也."라고 했는데, 이에 대한 안사고(顔師古)의 주에서는 "應劭曰: '仞, 五尺六寸也.' 師古曰: '此說非也. 八尺曰仞, 取人申臂之一尋也.'"라고 풀이했다.

◎ 인제(禋祭) : '인제'는 연기를 피워 올려서 하늘에게 복을 구원했던 제사이다. 『시』 「대아(大雅)·생민(生民)」편에는 "厥初生民, 時維姜嫄. 生民如何, 克禋克祀, 以弗無子."라는 기록이 있는데, 이에 대한 정현의 전(箋)에서는 "乃禋祀上帝於郊禖, 以祓除其無子之疾而得其福也"라고

풀이했다. 즉 교매(郊禖)를 제사지내는 곳에서 상제(上帝)에게 인(禋)제
사를 올리며, 자식이 생기지 않는 병을 치료하고, 복을 받았다는 내용이다.

◎ 일(溢) : '일'은 한 손에 담을 수 있는 양을 뜻한다. 『소이아(小爾雅)』「광량
(廣量)」편에는 "一手之盛謂之溢."이라는 기록이 있다. 24분의 1승(升)이
라고도 한다.

◎ 임영(林泳, A.D.1649 ~ A.D.1696) : 조선 후기 때의 문신이다. 본관은 나주
(羅州)이고 자는 덕함(德涵)이며 호는 창계(滄溪)이고 이름은 영(泳)이
다. 저서로는 『창계집(滄溪集)』 등이 있다.

◎ 임천오씨(臨川吳氏) : =오징(吳澄)

◎ 임형(林衡) : '임형'은 임록(林麓) 지역을 담당했던 관리이다. 이곳에서 시
행되는 금령(禁令) 및 금령 준수에 따른 상벌(賞罰)의 시행 등을 담당했
다. 『주례』「지관(地官)·임형(林衡)」편에는 "掌巡林麓之禁令, 而平其
守, 以時計林麓而賞罰之."라는 기록이 있다.

◎ 잉작(媵爵) : '잉작'은 술을 따라주는 예법 절차 중 하나이다. 연례(燕禮)를
실시할 때, 술을 따라주는 절차가 끝나면, 재차 명령을 하여, 군주에게 술
을 따르도록 시키는데, 이것을 '잉작'이라고 부른다. 또한 '잉작'의 시점을
서로 술을 따라서 주고받는 절차의 시작으로 삼기도 한다. 『의례』「연례
(燕禮)」편에는 "小臣自阼階下, 請媵爵者, 公命長."이라는 기록이 있고,
호배휘(胡培翬)의 『정의(正義)』에서는 "李氏如圭云: 媵爵者, 獻酬禮
成, 更舉酒於公, 以爲旅酬之始"라고 풀이했다.

ㅈ

◎ 자모(慈母) : '자모'는 모친을 뜻하기도 하지만, 고대에는 자신을 양육시켜
준 서모(庶母)를 뜻하는 용어로 사용하기도 했다.

◎ 자성(粢盛) : '자성'은 제성(齊盛)이라고도 부른다. 자(粢)자는 곡식의 한
종류인 기장을 뜻하고, 성(盛)자는 그릇에 기장을 풍성하게 채워놓은 모양
을 뜻한다. 따라서 '자성'은 제기(祭器)에 곡물을 가득 채워놓은 것을 뜻하

며, 제물(祭物)로 사용되었다. 『춘추공양전』「환공(桓公) 14년」편에는 "御
廩者何, 粢盛委之所藏也."라는 기록이 있는데, 이에 대한 하휴(何休)의
주에서는 "黍稷曰粢, 在器曰盛."이라고 풀이하였다.

◎ 자제(粢醍) : '자제'는 옅은 붉은 색을 내는 청주(淸酒)이다. 오제(五齊)에
속하는 제제(醍齊)를 뜻하기도 한다.

◎ 자최복(齊衰服) : '자최복'은 상복(喪服) 중 하나로, 오복(五服)에 속한다.
거친 삼베를 사용해서 만들며, 자른 부위를 꿰매어 가지런하게 정리하기
때문에, '자최복'이라고 부른다. 이 복장을 입게 되는 기간에도 여러 종류
가 있는데, 3년 동안 입는 경우는 죽은 계모(繼母)나 자모(慈母)를 위한
경우이고, 1년 동안 입는 경우는 손자가 죽은 조부모를 위해 입는 경우와
남편이 죽은 아내를 입는 경우 등이다. 그리고 1년 동안 '자최복'을 입는
경우, 그 기간을 자최기(齊衰期)라고도 부른다. 또 5개월 동안 입는 경우
는 죽은 증조부나 증조모를 위한 경우이며, 3개월 동안 입는 경우는 죽은
고조부나 고조모를 위한 경우 등이다.

◎ 자호(齍號) : '자호'는 자호(粢號)라고도 부른다. 제사 때 사용되는 곡식들
을 아름답게 부르는 호칭을 뜻한다. 마치 기장을 '향기롭고 찰진 기방밥[香
合]'이라고 부르고, 수수를 '알갱이를 달고 있는 향기로운 줄기[香箕]'라고
부르며, 쌀을 '아름답고 무성한 쌀[嘉疏]'이라고 부르는 경우와 같다. 『주
례』「춘관(春官) · 대축(大祝)」편에는 "辨六號, 一曰神號, 二曰鬼號, 三
曰示號, 四曰牲號, 五曰齍號."라는 기록이 있는데, 이에 대한 정현의 주
에서는 정사농(鄭司農)의 주장을 인용하여, "粢號, 謂黍稷皆有名號也.
曲禮曰, '黍曰香合, 梁曰香箕, 稻曰嘉疏.'"라고 풀이했다.

◎ 작용(爵踊) : '작용'은 상중(喪中)에 용(踊)을 하는 방법 중 하나이다. 참새
가 뛰는 것처럼 하니, 발이 지면에서 떨어지지 않는 것이다.

◎ 잡패(雜佩) : '잡패'는 허리에 차고 있는 일련의 패옥(佩玉)들을 총칭하는
말이다. 형(珩) · 황(璜) · 거(琚) · 우(瑀) · 충아(衝牙)가 여기에 해당한다.

◎ 장(璋) : '장'은 옥(玉)으로 만든 기물로, 규(圭)의 절반 크기로 되어 있었
다. 조빙(朝聘)이나 제사 때 예물(禮物)로 사용되었다. 『서』「주서(周
書) · 고명(顧命)」편에는 "秉璋以酢."이란 기록이 있는데, 이에 대한 공안

국(孔安國)의 전(傳)에서는 "半圭曰璋."이라고 풀이했다.

◎ 장락유씨(長樂劉氏, A.D.1017 ~ A.D.1086) : =유씨(劉氏) · 유이(劉彝) · 유집중(劉執中). 북송(北宋) 때의 성리학자이다. 자(字)는 집중(執中)이다. 복주(福州) 출신이며, 어려서 호원(胡瑗)에게서 학문을 배웠다. 『정속방(正俗方)』, 『주역주(周易注)』를 지었으나 현존하지 않는다. 『칠경중의(七經中議)』, 『명선집(明善集)』, 『거이집(居易集)』 등이 남아 있다.

◎ 장락진씨(長樂陳氏) : =진상도(陳祥道)

◎ 장락황씨(長樂黃氏) : =황간(黃幹)

◎ 장상(長殤) : '장상'은 16~19세 사이에 요절한 자를 뜻한다. 『의례』「상복(喪服)」편에 "年十九至十六爲長殤."이라는 기록이 있다.

◎ 장숙(長宿)은 나이가 많고 덕망이 있는 사람들을 가리키는 말이다.

◎ 장씨(蔣氏, ? ~ ?) : =장군실(蔣君實). 자세한 행적이 남아 있지 않다.

◎ 장유(張維, A.D.1587 ~ A.D.1638) : =장지국(張持國). 조선 중기 때의 문신이다. 자는 지국(持國)이고 호는 계곡(谿谷)이다. 저서로는 『계곡집(谿谷集)』 등이 있다.

◎ 장의(長衣) : '장의'는 고대의 귀족들이 상중에 착용하는 순백색의 포로 된 옷이다. 『의례』「빙례(聘禮)」편에는 "遭喪將命於大夫, 主人長衣練冠以受."라는 기록이 있는데, 이에 대한 정현의 주에서는 "長衣, 純素布衣也."라고 풀이했다.

◎ 장일(張逸, ? ~ ?) : 정현(鄭玄)의 문도로 알려져 있지만, 자세한 이력은 전해지지 않는다.

◎ 장자(張子) : =장재(張載)

◎ 장재(張載, A.D.1020 ~ A.D.1077) : =장자(張子) · 장횡거(張橫渠). 북송(北宋) 때의 유학자이다. 북송오자(北宋五子) 중 한 사람으로 칭해진다. 자(字)는 자후(子厚)이다. 횡거진(橫渠鎭) 출신으로, 이곳에서 장기간 강학을 했기 때문에 횡거선생(橫渠先生)으로 일컬어지기도 한다.

◎ 장지국(張持國) : =장유(張維)

◎ 재부(宰夫) : '재부'는 음식을 담당하거나 제사 때 희생물의 도살을 담당했던 하위 관리이다.

◎ 저장(苴杖) : '저장'은 부친의 상(喪)을 치를 때 사용하는 지팡이로, 대나무로 만든 지팡이를 뜻한다.

◎ 적(翟) : '적'은 우무(羽舞)의 교육을 담당했던 말단 관리이다. 『예기』「제통(祭統)」편에는 "翟者, 樂吏之賤者也."라는 기록이 있고, 이에 대한 정현의 주에서는 "翟謂敎羽舞者也."라고 풀이했다.

◎ 적사(適士) : '적사'는 상사(上士)를 가리킨다. 사(士)라는 계급은 3단계로 세분되는데, 상사, 중사(中士), 하사(下士)가 그것이다. 『예기』「제법(祭法)」편의 경문에는 "適士二廟, 一壇, 曰考廟, 曰王考廟, 享嘗乃止."라는 기록이 있다. 이에 대한 정현의 주에서는 "適士, 上士也."라고 풀이했다.

◎ 적시(積尸) : '적시'는 대릉(大陵)과 붙어 있는 별이다. 대릉의 별자리는 무덤 모양으로 되어 있는데, '적시'라는 별은 그 무덤 속에 있는 형상을 하고 있다.

◎ 적실(適室) : '적실'은 정침(正寢)에 있는 방[室]을 뜻한다. 정침(正寢)은 천자(天子)의 제후(諸侯)의 경우에는 노침(路寢)이라고 부르고, 경(卿)·대부(大夫)·사(士)의 경우에는 '적실' 또는 적침(適寢)이라고 부른다. 『의례』「사상례(士喪禮)」편에는 "士喪禮, 死于適室, 幠用斂衾."이라는 기록이 있는데, 이데 대한 정현의 주에서는 "適室, 正寢之室也."라고 풀이했고, 가공언(賈公彦)의 소(疏)에서는 "若對天子諸侯謂之路寢, 卿大夫士謂之適室, 亦謂之適寢, 故下記云'士處適寢', 揔而言之, 皆謂之正寢."이라고 풀이했다. 또 『예기』「단궁하(檀弓下)」편에는 "妻之昆弟爲父後者死, 哭之適室."이라는 기록이 있는데, 이에 대한 공영달(孔穎達)의 소(疏)에서는 "適室, 正寢也."라고 풀이했다.

◎ 적전(藉田) : '적전'은 적전(籍田)이라고도 부른다. 천자와 제후가 백성들을 동원해서 경작하는 땅이다. 처음 농사일을 시작할 때, 천자와 제후는 이곳에서 직접 경작에 참여함으로써, 농업을 중시한다는 뜻을 보이게 된다.

◎ 전로(田路) : =목로(木路)

◎ 전리(田里) : '전리'는 경(卿), 대부(大夫) 등이 제후로부터 하사받은 토지와 주택을 뜻한다. 『춘추좌씨전』「양공(襄公) 31년」편에는 "豐卷奔晉, 子

産請其田里, 三年而復之, 反其田里及其入焉."이라는 기록이 있다. 또 『맹자』「이루하(離婁下)」편에는 "去三年不反, 然後收其田里."라는 기록이 있는데, 이에 대한 조기(趙岐)의 주에서는 "田, 業也, 里, 居也."라고 풀이하여, 전(田)은 경작하는 토지를 받은 것이고, 리(里)는 주택을 받은 것으로 설명한다.

◎ 전부공(典婦功) : '전부공'은 견직물과 관련된 관직 명칭이다. 『주례』「천관총재(天官冢宰)」편에는 "典婦功中士二人, 下士四人, 府二人, 史四人, 工四人, 賈四人, 徒二十人."이라는 기록이 있다. 즉 '전부공'은 중사(中士) 2명이 담당을 했다. 그리고 그 휘하에는 하사(下士) 4명이 배속되어 보좌를 하였고, 잡무를 담당하는 부(府) 2명, 사(史) 4명, 공(工) 4명, 가(賈) 4명, 도(徒) 20명이 배속되어 있었다. 또한 『주례』「춘관(春官)·전부공(典婦功)」편에는 "典婦功, 掌婦式之法, 以授嬪婦及內人女功之事賚. 凡授嬪婦功, 及秋獻功, 辨其苦良比其小大而賈之, 物書而楬之. 以共王及后之用, 頒之于內府."라는 기록이 있다. 즉 '전부공'은 부녀자들이 하는 일들의 법식을 담당하고 있으며, 궁내의 여공들이 제작한 모직물을 거둬들인다. 봄에 일거리를 공급하고, 가을에 그 결과물을 거둬서, 품질의 좋고 나쁨과 수량의 많고 적음을 가려내서 기록한다. 그리고 그렇게 거둬들인 천들을 천자나 그 부인이 필요로 하는 곳에 공급하고, 궁내에 분배하는 일을 담당하였다.

◎ 전사(專使) : '전사'는 어떤 일을 주도적으로 처리할 수 있는 권한을 부여받은 사신(使臣)을 뜻한다.

◎ 전사씨(甸師氏) : '전사씨'는 『주례』에 기록된 전사(甸師)이며, 전인(甸人)이라고도 부른다. 교외(郊外)에 있는 천자의 경작지를 담당하여, 예하의 인원들을 동원하여 그곳을 경작하였고, 교외에서 생산되는 곡식, 과실, 초목 등을 공급하였다. 또한 천자와 동성(同姓)인 친족들에 대해서 형벌을 집행하기도 했다. 『주례』「천관(天官)·전사(甸師)」편에는 "甸師, 掌帥其屬而耕耨王藉, 以時入之, 以共齋盛. 祭祀共蕭茅, 共野果蓏之薦. 喪事代王受眚災. 王之同姓有罪, 則死刑焉."라는 기록이 있다.

◎ 전수(奠酬) : '전수'는 술을 마실 때 시행되는 의례 절차이다. 주인(主人)이

공경스러운 태도로 술을 따라주면, 빈객(賓客)은 받은 술잔을 내려놓고 들지 않는데, 이것을 '전수'라고 부른다.

◎ 전시(典枲) : '전시'는 견직물과 관련된 관직 명칭이다. 『주례』「천관총재(天官冢宰)」편에는 "典枲下士二人, 府二人, 史二人, 徒二十人."이라는 기록이 있다. 즉 '전시'는 하사(下士) 2명이 담당을 했고, 그 휘하에는 잡무를 담당하는 부(府) 2명, 사(史) 2명, 도(徒) 20명이 배속되어 있었다. 또한 『주례』「천관(天官)・전시(典枲)」편에는 "典枲, 掌布緦縷紵之麻草之物, 以待時頒功而授齎. 及獻功, 受苫功, 以其賈楬而藏之, 以待時頒. 領衣服, 授之, 賜予亦如之. 歲終, 則各以其物會之."라는 기록이 있다. 즉 '전시'는 베나 모시 등을 담당하며, 이것을 만드는 재료들을 분배하고, 궁내 여공들이 의복류 등을 만들면, 다시 거둬들인다. 이렇게 거둬들인 견직물에 가격을 매겨서 보관해 두었다가, 때에 맞게 분배하는 일 등을 담당하였다.

◎ 전욱(顓頊) : '전욱'은 고양씨(高陽氏)라고도 부른다. '전욱'은 고대 오제(五帝) 중 하나이다. 『산해경(山海經)』「해내경(海內經)」편에는 "黃帝妻雷祖, 生昌意, 昌意降處若水, 生韓流. 韓流, …… 取淖子曰阿女, 生帝顓頊."이라는 기록이 있다. 즉 황제(黃帝)의 처인 뇌조(雷祖)가 창의(昌意)를 낳았는데, 창의가 약수(若水)에 강림하여 거처하다가, 한류(韓流)를 낳았다. 다시 한류는 아녀(阿女)를 부인으로 맞이하여 '전욱'을 낳았다. 또한 『회남자(淮南子)』「천문훈(天文訓)」편에는 "北方, 水也, 其帝顓頊, 其佐玄冥, 執權而治冬."이라는 기록이 있다. 즉 북방(北方)은 오행(五行)으로 배열하면 수(水)에 속하는데, 이곳의 상제(上帝)는 '전욱'이고, 상제를 보좌하는 신(神)은 현명(玄冥)이다. 이들은 겨울을 다스린다. 또한 '전욱'과 관련하여 『수경주(水經注)』「호자하(瓠子河)」편에는 "河水舊東決, 逕濮陽城東北, 故衛也, 帝顓頊之墟. 昔顓頊自窮桑徙此, 號曰商丘, 或謂之帝丘."라는 기록이 있다. 즉 황하의 물길은 옛날에 동쪽으로 흘러서, 복양성(濮陽城)의 동북쪽을 경유하였는데, 이곳은 옛 위(衛) 지역으로, '전욱'이 거처하던 터이며, 예전에 '전욱'이 궁상(窮桑) 땅으로부터 이곳으로 옮겨왔기 때문에, 이곳을 상구(商丘) 또는 제구(帝丘)라고도 부른다.

◎ 전의(展衣) : '전의'는 '단의(襢衣)'라고도 부른다. 흰색 비단으로 만든 옷이다. 본래 왕후(王后)가 입던 육복(六服)의 하나를 가리키나 대부(大夫)의 부인에게는 가장 격식을 갖춘 예복(禮服)이 된다. 일설에는 흰색이 아닌 붉은색 비단으로 만든 옷이라고도 한다. 『주례』「천관(天官) · 내사복(內司服)」편에는 '전의'가 기록되어 있는데, 이에 대한 정현의 주에서는 "鄭司農云, 展衣, 白衣也."라고 풀이했다.

◎ 전인(甸人) : '전인'은 교외(郊外)에 대한 일과 공족(公族)들에 대한 형벌 집행을 담당하던 관리이다. 『주례』의 체제에 따르면, 전사(甸師)가 된다.

◎ 전제(奠祭) : '전제'는 죽은 자 및 귀신들에게 음식을 헌상하는 제사이다. 상례(喪禮)를 치를 때, 빈소를 차리고 나면, 매일 아침과 저녁에 음식을 바치며 제사를 지내게 되는데, '전제'는 주로 이러한 제사를 뜻한다.

◎ 전조(田祖) : '전조'는 전설 속의 인물로, 처음 농경지를 경작한 자이다. 신농씨(神農氏)를 가리킨다. 『시』「소아(小雅) · 보전(甫田)」편에는 "琴瑟擊鼓, 以御田祖."라는 기록이 있는데, 주자의 『집전(集傳)』에서는 "謂始耕田者, 卽神農也."라고 풀이했다.

◎ 절조(折俎) : '절조'는 제사나 연회를 시행할 때, 희생물을 도축하여, 사지를 해체하고, 그런 뒤에 도마 위에 올리게 되는데, 이 도마를 '절조'라고 부른다.

◎ 정(脡) : '정'은 기다란 육포(肉脯)를 세는 단위이다. 접혀 있는 것을 셀 때에는 구(朐)자를 사용하였다. 『춘추공양전』「소공(昭公) 25년」편에는 "高子執簞食與四脡脯."라는 기록이 있는데, 이에 대한 하휴(何休)의 주에서는 "屈曰朐, 申曰脡."이라고 풀이했다.

◎ 정(旌) : '정'은 가느다란 새의 깃털인 석우(析羽)를 오색(五色)으로 채색하여, 깃술처럼 장식한 깃발이다. 『주례』「춘관(春官) · 사상(司常)」편에는 "全羽爲旞, 析羽爲旌."이라는 기록이 있다. 한편 '정'은 깃발들을 범칭하는 용어로도 사용된다.

◎ 정강성(鄭康成) : =정현(鄭玄)

◎ 정기(旌旗) : '정기'는 깃발들을 범칭하는 말이다.

◎ 정복(正服) : '정복'은 본래의 상례(喪禮) 규정에 따른 정식 복장을 뜻한다. 친족 관계에서는 각 등급에 따른 상례 절차가 규정되어 있으므로, '정복'이

라는 것은 규정에 따른 상복(喪服)을 착용하는 것뿐만 아니라, 상(喪)을 치르는 기간과 각종 부수적 기물(器物)들에 대해서도 규정대로 따르는 것을 뜻한다.

◎ 정사농(鄭司農) : =정중(鄭衆)

◎ 정색(正色) : '정색'은 간색(間色)과 대비되는 말로, 청색(靑色) · 적색(赤色) · 황색(黃色) · 백색(白色) · 흑색(黑色) 등 순일한 다섯 종류의 색깔을 뜻한다.

◎ 정중(鄭衆, ? ~ A.D.83) : =정사농(鄭司農). 후한(後漢) 때의 경학자이다. 자(字)는 중사(仲師)이다. 부친은 정흥(鄭興)이다. 부친에게 『춘추좌씨전(春秋左氏傳)』의 학문을 전수받았다. 또한 그는 대사농(大司農) 등의 관직을 역임하였기 때문에, '정사농'이라고도 불렀다. 한편 정흥과 그의 학문은 정현(鄭玄)에게 많은 영향을 주었기 때문에, 후대에서는 정현을 후정(後鄭)이라고 불렀고, 정흥과 그를 선정(先鄭)이라고도 불렀다. 저서로는 『춘추조례(春秋條例)』, 『주례해고(周禮解詁)』 등을 지었다고 하지만, 현재는 전해지지 않았다.

◎ 정침(正寢) : '정침'은 노침(路寢)과 같은 말이다. 또한 정전(正殿)이라고도 불렀다. 군주가 정무를 처리하던 장소이다. 천자에게는 6개의 침(寢)이 있었는데, 가장 앞쪽에 있는 1개의 침이 바로 정침(正寢)이 되고, 나머지는 5개의 침은 연침(燕寢)이 된다. 또한 군주의 부인이 사용하는 정침을 뜻하기도 한다. 또한 군주 이하의 계층에게 있어서는 공적인 업무를 처리하거나 일을 할 때 사용하는 공간을 뜻하기도 한다.

◎ 정현(鄭玄, A.D.127 ~ A.D.200) : =정강성(鄭康成) · 정씨(鄭氏). 한대(漢代)의 유학자이다. 자(字)는 강성(康成)이다. 『주역(周易)』, 『상서(尙書)』, 『모시(毛詩)』, 『주례(周禮)』, 『의례(儀禮)』, 『예기(禮記)』, 『논어(論語)』, 『효경(孝經)』 등에 주석을 하였다.

◎ 제거(齊車) : '제거'는 정갈하게 재계한 수레를 뜻한다. 금(金)으로 제작하기도 하였다. 제왕(帝王)은 순수(巡守), 조근(朝覲) 및 회동(會同) 때에 재계를 하게 되는데, 이 수레를 사용함으로써 재계를 했음을 나타낸다. 『주례』「하관(夏官) · 제우(齊右)」편에는 "掌祭祀會同賓客前齊車."라는

기록이 있고, 이에 대한 정현의 주에서는 "齊車, 金路. 王自整齊之車也."
라고 풀이했고, 손이양(孫詒讓)의 『정의(正義)』에서는 "敍官齊僕注云,
‘古者王將朝覲會同必齊.’ 是齊車以齊戒爲名."이라고 풀이하였다.

◎ 제씨(制氏, ?~?) : 전한(前漢) 때의 사람이다. 이름은 자세히 알려져 있지
않다. 노(魯)나라 지역 출신으로 알려져 있다. 『한서(漢書)』「예악지(禮樂
志)」에 따르면, 악가(樂家)로 분류되며, 대대로 악관(樂官)을 맡은 집안
출신이다. 악기 연주 및 춤에 대해서는 능통하였지만, 그 의미에 대해서는
설명을 잘 못했다고 한다.

◎ 제우(齊牛) : ‘제우’는 제사의 희생물로 사용되는 소를 뜻한다. 재계(齋戒)
를 뜻하는 ‘재(齋)’자는 ‘제(齊)’자와 통용이 되는데, 제사에 사용되므로, 재
계를 시켰다는 뜻에서 ‘제(齊)’자를 붙인 것이다.

◎ 제우(帝牛) : ‘제우’는 교(郊)제사 때 희생물로 사용되는 소를 뜻한다. 교제
사는 상제(上帝)에 대한 제사였으므로, 그 희생물에 대해서도 ‘제(帝)’자를
붙여서 부르는 것이다.

◎ 제적(帝籍) : ‘제적’은 제자(帝藉)라고도 부른다. 천자가 직접 경작하던 농
작지를 뜻한다. 직접 농사를 지었다는 뜻은 아니며, 상징적인 의미를 갖는
다. 이곳에서 생산된 곡식들은 천자가 지내는 제사 때 사용되었다. 『예기』
「월령(月令)」편에는 "帥三公九卿諸侯大夫, 躬耕帝籍."이라는 기록이
있는데, 이에 대한 손희단(孫希旦)의 집해(集解)에서는 "天子藉田千畝,
收其穀爲祭祀之粢盛, 故曰帝藉."이라고 풀이했다. 즉 천자가 경작하는
땅은 1000무(畝)의 면적인데, 여기에서 수확되는 곡식들을 가지고 오제
(五帝)에 대한 제사에 사용하였으므로, ‘제적’이라고 부르게 된 것이다.

◎ 제제(緹齊) : ‘제제’는 제제(醍齊)라고도 부른다. 오제(五齊) 중 하나이다.
비교적 맑은 술에 해당한다. 술이 익고 나서 붉은 빛깔을 보이는 것으로
하주(下酒)와 같은 술이다.

◎ 제제(制祭) : ‘제제’는 울창주로 희생물의 간장을 씻어서 굽고, 이것을 신주
앞에서 손질을 하는 등의 절차를 뜻한다. 『예기』「예운(禮運)」편에는 "故
玄酒在室, 醴醆在戶, 粢醍在堂, 澄酒在下, 陳其犧牲, 備其鼎俎, 列其
琴瑟管磬鐘鼓, 脩其祝嘏, 以降上神與其先祖, 以正君臣, 以篤父子,

以睦兄弟, 以齊上下, 夫婦有所, 是謂承天之祜."라는 기록이 있는데, 이에 대한 공영달(孔穎達)의 소(疏)에서는 "王乃洗肝於鬱鬯而燔之, 以制於主前, 所謂制祭."라고 풀이했다.

◎ 제주(題湊) : '제주'는 고대에 천자(天子)의 빈소를 만들 때 사용하던 방법이다. 나무를 포개서 곽(槨)을 두르게 되는데, 나무의 머리 쪽이 모두 내부를 향하도록 설치하여, 곽(槨)의 덮개처럼 씌운다. 나무를 쌓은 전체적인 모습은 위는 뾰족하게 되고 밑은 사각형으로 퍼지게 되니, 마치 지붕을 네 방면으로 빗물이 흐르도록 만들었던 것과 유사하다. 그래서 '제주'라고 부르는 것이다.

◎ 제폐(制幣) : '제폐'는 고대의 제사 때 바치게 되는 비단을 뜻한다. 제물로 사용되는 비단에는 일정한 규격이 있었기 때문에 '제(制)'자를 붙여서 부른 것이다. 『의례』「기석례(旣夕禮)」편에는 "贈用制幣玄纁束."이라는 기록이 있는데, 이에 대한 정현의 주에서는 "丈八尺曰制."라고 풀이했다. 즉 1장(丈) 8척(尺)의 길이로 재단한 비단을 '제(制)'라고 부른다.

◎ 제현(齊玄) : '제현'은 재계를 할 때 착용하는 검은색의 복장이다.

◎ 조(旐) : '조'는 거북이와 뱀의 무늬를 그린 깃발이다. 『주례』「춘관(春官) · 사상(司常)」편에는 "鳥隼爲旟, 龜蛇爲旐."라는 기록이 있다.

◎ 조(兆) : '조'는 고대에 사교(四郊)에 설치했던 일종의 제단(祭壇)이다. 또한 사교(四郊)에서 제사를 지내는 장소를 뜻한다. 『예기』「표기(表記)」편에는 "詩曰, 后稷兆祀, 庶無罪悔, 以迄于今."이라는 기록이 있고, 이에 대한 정현의 주에서는 "兆, 四郊之祭處也."라고 풀이했다. 한편 『예기』「예기(禮器)」편에는 "有以下爲貴者, 至敬不壇, 埽地而祭."라는 기록이 있다. 즉 지극히 공경을 표해야 하는 제사에서는 제단을 쌓지 않고, 단지 땅만 쓸고서 제사를 지낸다는 뜻이다. 이 문장에 대해 진호(陳澔)의 『집설(集說)』에서는 "封土爲壇, 郊祀則不壇, 至敬無文也."라고 풀이한다. 즉 흙을 높게 쌓아서 제단을 만들게 되는데, 교사(郊祀)와 같은 경우는 지극히 공경을 표해야 하는 제사에 해당하므로, 제단을 만들지 않는다. 그 이유는 이러한 제사에서는 화려한 꾸밈을 하지 않기 때문이다. 한편 『예기』「예기」편의 문장에 대해 공영달(孔穎達)의 소(疏)에서는 "此謂祭五方之

天, 初則燔柴於大壇, 燔柴訖, 於壇下掃地而設正祭, 此周法也."라고
설명한다. 즉 지극히 공경을 표해야 하는 제사는 오방(五方)의 천신(天
神)들에게 지내는 제사를 뜻하는데, 제사 초반부에는 태단(太壇)에서 섶
을 태워서 신들에게 알리고, 섶 태우는 일이 끝나면, 제단 아래에서 땅을
쓸고, 본격적인 제사를 지내게 되는데, 이것은 주(周)나라 때의 예법에 해
당한다.

◎ 조거(朝車) : '조거'는 고대에 군주와 신하가 조회를 하거나 연회를 할 때,
출입하며 타는 수레를 뜻한다.

◎ 조광(趙匡, ?~?) : =조백순(趙伯循). 당(唐)나라 때의 학자이다. 자(字)는
백순(伯循)이다. 담조(啖助)로부터 춘추학(春秋學)을 전수받았다. 저서로
는 『춘추천미찬류의통(春秋闡微纂類義統)』 등이 있다.

◎ 조근(朝覲) : '조근'은 군주가 신하를 만나보는 예법(禮法)을 뜻한다. 군주
가 신하를 만나보는 예법에는 조(朝), 근(覲), 종(宗), 우(遇), 회(會), 동
(同) 등이 있었는데, 이것을 총칭하여 '조근'으로 부르기도 한다. 한편 '조
근'은 신하가 군주를 찾아뵙는 예법을 뜻하기도 한다. 고대에는 제후가 천
자를 찾아뵐 때, 각 계절별로 그 명칭을 다르게 불렀다. 봄에 찾아뵙는 것
을 조(朝)라고 부르며, 여름에 찾아뵙는 것을 종(宗)이라고 부르고, 가을
에 찾아뵙는 것을 근(覲)이라고 부르며, 겨울에 찾아뵙는 것을 우(遇)라고
부른다. '조근'은 이러한 예법들을 총칭하는 말이다.

◎ 조뉵(朓朒) : '조뉵'은 육조(朒朓)라고도 부른다. 천문학의 용어로, 매월 초
에 달이 동쪽 하늘에 나타나고, 매월 말에 달이 서쪽 하늘에 나타나는 것
을 가리킨다.

◎ 조묘(朝廟) : '조묘'는 종묘(宗廟)에 전제(奠祭)를 지낸다는 뜻이다. 또 『춘
추』「문공(文公) 6년」 경문(經文)에는 "閏月不告月, 猶朝于廟."라는 기
록이 있고, 이에 대한 두예(杜預)의 주에서는 "諸侯每月必告朔聽政, 因
朝宗廟."라고 풀이했다. 즉 제후들은 매월 반드시 고삭(告朔)을 하며 정
사(政事)를 돌보게 되는데, 이것에 연유하여 종묘에서 전제사를 지낸다.
또한 '조묘'는 상례(喪禮)를 치르며 영구를 조묘로 이동시켜서, 장차 장지
로 떠나게 됨을 아뢰는 의식이기도 하다.

◎ **조묘(祧廟)** : ‘조묘’는 천묘(遷廟)와 같은 뜻이다. ‘천묘’는 대수(代數)가 다한 신주(神主)를 모시는 묘(廟)를 뜻한다. 예를 들어 天子의 경우, 7개의 묘(廟)를 설치하는데, 가운데의 묘에는 시조(始祖) 혹은 태조(太祖)의 신주(神主)를 모시며, 이곳의 신주는 다른 곳으로 옮기지 않는 불천위(不遷位)에 해당한다. 그리고 좌우에는 각각 3개의 묘(廟)를 설치하여, 소목(昭穆)의 순서에 따라 6대(代)의 신주를 모신다. 현재의 천자가 죽게 되어, 그의 신주를 묘에 모실 때에는 소목의 순서에 따라 가장 끝 부분에 있는 묘로 신주가 들어가게 된다. 만약 소(昭) 계열의 가장 끝 묘에 새로운 신주가 들어서게 되면, 밀려나게 된 신주는 바로 위의 소 계열 묘로 들어가게 되고, 최종적으로 밀려나서 더 이상 갈 곳이 없는 신주는 ‘천묘’로 들어가게 된다. 또한 ‘천묘’는 위에서 서술한 것처럼 신구(新舊)의 신주가 옮겨지게 되는 의식 자체를 지칭하기도 하며, ‘천묘’된 신주 자체를 가리키기도 한다. 주(周)나라 때에는 문왕(文王)과 무왕(武王)의 묘를 ‘천묘’로 사용하였다.

◎ **조물(皂物)** : ‘조물’은 조물(早物)이라고도 부른다. 밤이나 상수리와 같이 견과류의 과실을 맺는 나무들을 뜻한다. 『주례』 「지관(地官) · 대사도(大司徒)」 편에는 “一曰山林, 其物宜毛物, 其植物宜早物.”이라는 기록이 있는데, 이에 대한 정현의 주에서는 정사농(鄭司農)의 주장을 인용하여, “皂物. 柞栗之屬. 今世間謂柞實爲皂斗.”라고 풀이했다. 또한 육덕명(陸德明)의 『경전석문(經典釋文)』에서는 “早音皂, 本或作皂.”라고 하여, 조(皂)자와 조(早)자가 서로 통용되었다고 설명한다.

◎ **조백순(趙伯循)** : =조광(趙匡)

◎ **조복(朝服)** : ‘조복’은 군주와 신하가 조회를 열 때 착용하는 복장을 뜻한다. 중요한 의식을 치를 때 착용하는 예복(禮服)을 가리키기도 한다.

◎ **조빙(覜聘)** : ‘조빙’은 신하가 군주를 찾아뵙거나 서로 만나볼 때의 예법에 해당한다. 찾아갈 때 딸려오는 대부(大夫) 무리가 많을 때 그것을 ‘조(覜)’라고 부르며, 무리가 적을 때에는 ‘빙(聘)’이라고 부른다. 『주례』 「춘관(春官) · 전서(典瑞)」 편에는 “瑑圭璋璧琮, 繅皆二采一就, 以覜聘.”이라는 기록이 있고, 이에 대한 정현의 주에서는 “大夫衆來曰覜, 寡來曰聘.”이

라고 풀이했다.

◎ 조사(朝士) : '조사'는 『주례』의 체제에 따르면, 중사(中士) 6명이 담당을 하였고, 그 휘하에는 잡무를 담당하던 말단 관료 부(府) 3명, 사(史) 6명, 서(胥) 6명, 도(徒) 60명이 배속되어 있었다. 『주례』「추관사구(秋官司寇)」편에는 "朝士, 中士六人, 府三人, 史六人, 胥六人, 徒六十人."이라는 기록이 있다. 한편 '조사'는 외조(外朝)에서의 자리 배치 및 각종 의례 행사의 진행을 담당하였다. 『주례』「추관(秋官)·조사(朝士)」편에는 "朝士, 掌建邦外朝之法."이라는 기록이 있다.

◎ 조사(造士) : '조사'는 학업을 이룬 자들을 뜻한다. 향학(鄕學)의 사(士)들 중에서 덕행(德行)과 재예(才藝)가 뛰어난 사를 수사(秀士)라고 불렀으며, 수사들 중에서도 뛰어난 사람은 사도(司徒)에게 천거되는데, 그 사람을 선사(選士)라고 불렀다. 준사(俊士)는 선사들 중에서도 뛰어난 사람으로, 국학(國學) 입학하여 공부를 하였으며, 학업(學業)을 이룬 뒤에는 '조사'라고 불렀다.

◎ 조사(朝事) : '조사'는 종묘(宗廟)의 제사를 지낼 때, 새벽에 지내는 제사 절차들을 가리킨다. 『예기』「제의(祭義)」편에는 "建設朝事, 燔燎羶薌."이라는 기록이 있고, 이에 대한 진호(陳澔)의 『집설(集說)』에서는 "朝事, 謂祭之日, 早朝而行之事也."라고 풀이했다.

◎ 조상(趙商, ?~?) : 정현(鄭玄)의 제자이다. 자(字)는 자성(子聲)이다. 하내(河內) 지역 출신이다.

◎ 조선료(趙善璙, ?~?) : 송나라 때의 학자이다. 자는 덕순(德純)이다. 저서로는 『자경편(自警編)』 등이 있다.

◎ 조인(調人) : '조인'은 백성들 사이에서 일어난 분쟁을 해결해주는 일을 담당한 관리이다. 『주례』「지관사도(地官司徒)」편에는 "調人下士二人, 史二人, 徒十人."이라는 기록이 있다. 즉 '조인'은 『주례』의 체제에 따르면 지관(地官)에 소속되어 있었으며, 하사(下士) 2명이 담당을 하였고, 그 휘하에는 잡무를 담당하는 사(史) 2명, 도(徒) 10명이 배속되어 있었다. 또 『주례』「지관(地官)·조인(調人)」편에는 "調人, 掌司萬民之難而諧和之."라는 기록이 있고, 이에 대한 정현의 주에서는 "難, 相與爲仇讎. 諧

猶調也."라고 풀이했다.

◎ 조일(朝日) : '조일'은 고대에 제왕이 해에 대해서 지낸 제사를 뜻한다. 해가 떠오를 무렵에 해에게 절을 하였기 때문에 '조(朝)'자를 붙여서 부른 것이다. 『한서(漢書)』「교사지상(郊祀志上)」편에는 "十一月辛巳朔旦冬至. 昒爽, 天子始郊拜泰一, 朝朝旦, 夕夕月, 則揖."이라는 기록에 있고, 이에 대한 안사고(顔師古)의 주에서는 "以朝旦拜日爲朝."라고 풀이하였다. 또한 '조일'은 각 계절의 기운이 도래할 때, 교외(郊外)에서 지낸 제사를 뜻하기도 한다. 『주례』「천관(天官)·장차(掌次)」편에는 "朝日, 祀五帝, 則張大次小次, 設重帟重案."이라는 기록이 있는데, 이에 대한 정현의 주에서는, "朝日, 春分拜日於東門之外."라고 풀이하였다. 한편 제왕이 조정에서 정사를 듣는 행위 또는 그러한 날을 뜻하기도 한다. 『전국책(戰國策)』「제책육(齊策六)」편에는 "王至朝日, 宜召田單而揖之於庭, 口勞之."라는 기록이 있다.

◎ 조전(祖奠) : '조전'은 발인 하루 전에 올리는 전제(奠祭)를 가리킨다.

◎ 조제(祖祭) : '조제'는 도로의 신(神)에게 지내는 제사의 명칭이자, 그 제사를 지낸다는 뜻이기도 하다.

◎ 조종(朝宗) : '조종'은 제후가 봄과 여름에 천자를 조회하는 것을 뜻한다. '조종'의 '조(朝)'자는 제후가 봄에 천자를 찾아가 뵙는 것을 뜻하고, '종(宗)'자는 제후가 여름에 천자를 찾아가 뵙는 것을 뜻한다. 『주례』「춘관(春官)·대종백(大宗伯)」편에는 "春見曰朝, 夏見曰宗, 秋見曰覲, 冬見曰遇."라는 기록이 있다. 후대에는 신하가 군주를 찾아가 뵙는 것을 두루 지칭하는 용어로도 사용되었다.

◎ 조천(朝踐) : '조천'은 제례(祭禮) 의식 중 하나이다. 희생물의 피와 기름 등을 바치고, 단술을 따르게 되면, 비로소 제사를 본격적으로 시행하게 된다. 제주(祭主)의 부인이 되는 주부(主婦)는 이때 제사 때 진설해두는 제기(祭器)인 두변(豆籩) 등을 바치게 된다. '조천'은 바로 이러한 의식 절차를 가리킨다. 『주례』「춘관(春官)·사준이(司尊彝)」에는 "其朝踐用兩獻尊."이라는 기록이 있고, 이 기록에 대한 정현의 주에서는 "朝踐, 謂薦血腥, 酌醴, 始行祭事, 后於是薦朝事之豆籩."이라고 풀이하였다.

◎ 조향(朝享) : '조향'은 조향(朝饗)이라고도 부른다. 제사 명칭이며, 협(祫)제
   사를 뜻한다. 천자는 종묘(宗廟)에서 제사를 지낼 때, 이것을 기회로 조회
   를 열어 시행해야 할 정령(政令)을 받게 된다. 이러한 뜻에서 '조향'이라는
   단어가 생기게 되었고, 『예기』「제법(祭法)」편에서 말하는 월제(月祭)가
   바로 '조향'을 가리킨다. 『주례』「춘관(春官)·사준이(司尊彝)」편에는 "凡
   四時之間祀, 追享·朝享."이라는 기록이 있는데, 이에 대한 정현의 주에
   서는 "鄭司農云, '追享·朝享, 謂禘祫也.' …… 朝享, 謂朝受政於廟."
   라고 풀이했고, 가공언(賈公彦)의 소(疏)에서는 "朝享謂朝受政於廟者,
   謂天子告朔於明堂, 因卽朝享. 朝享, 卽祭法謂之月祭."라고 풀이했다.
◎ 족장(族葬) : '족장'은 선조(先祖)와 그 자손(子孫)들의 무덤이 모여 있는
   무덤군을 뜻한다. 『주례』「춘관(春官)·묘대부(墓大夫)」편에는 "令國民
   族葬, 而掌其禁令."이라는 기록이 있는데, 이에 대한 정현의 주에서는
   "族葬, 各從其親."이라고 풀이했다.
◎ 존조성(存覜省) : '존조성'은 천자가 신하를 시켜서 제후국을 순시하던 예법
   이다. 존(存)은 1년에 한 차례 제후국을 두루 순시했던 예법이며, 조(覜)
   는 3년에 한 차례 제후국을 두루 순시했던 예법이고, 성(省)은 5년에 한
   차례 제후국을 두루 순시했던 예법이다. 이러한 것들을 간문(間問)이라고
   도 부른다. 『주례』「추관(秋官)·대행인(大行人)」편에는 "王之所以撫邦
   國諸侯者, 歲遍存, 三歲遍覜, 五歲遍省."이라는 기록이 있는데, 이에
   대한 정현의 주에서는 "存·覜·省者, 王使臣於諸侯之禮, 所謂間問
   也."라고 풀이했으며, 『주례』「추관(秋官)·소행인(小行人)」편에는 "存·
   覜·省·聘·問, 臣之禮也."라는 기록이 있는데, 이에 대한 가공언(賈公
   彦)의 소(疏)에서는 "存·覜·省三者, 天子使臣撫邦國之禮."라고 풀이
   했다.
◎ 졸곡(卒哭) : '졸곡'은 우제(虞祭)를 지낸 뒤에 지내는 제사이다. 이 제사를
   지내게 되면, 수시로 곡(哭)하던 것을 멈추고, 아침과 저녁때에만 한 번씩
   곡을 하게 된다. 그렇기 때문에 '졸곡'이라고 부르게 된 것이다.
◎ 졸오(卒伍) : '졸오'는 본래 군대의 편제를 뜻하는 용어이다. 5명이 '오(伍)'
   가 되며, 100명이 '졸(卒)'이 된다. 『주례』「지관(地官)·소사도(小司徒)」

편에는 "乃會萬民之卒伍而用之. <u>五人爲伍</u>, 五伍爲兩, <u>四兩爲卒</u>, 五卒爲旅, 五旅爲師, 五師爲軍."이라는 기록이 있다. 한편 '졸오'는 군대, 또는 군대의 대오, 병사들을 지칭하는 용어로도 사용되었다.

◎ 종(琮) : '종'은 옥(玉)으로 만든 기물로, 평평하며 네모난 기둥 모양으로 되어 있다. 중앙에 원형으로 된 구멍이 뚫려 있었다. 예물(禮物)로 사용되었으며, 제후가 천자에게 조회를 갈 때 부절(符節)로 사용되기도 했다.

◎ 종경(宗卿) : '종경'은 군주와 같은 종인(宗人) 중 대신(大臣)에 오른 자를 뜻한다. 『춘추좌씨전』「성공(成公) 14년」편에는 "是先君宗卿之嗣也, 大國又以爲請, 不許, 將亡."이라는 기록이 있는데, 이에 대한 두예(杜預)의 주에서는 "同姓之卿."이라고 풀이했다. 한편 '종경'은 조정의 신하들 중 의례(儀禮) · 제사(祭祀) 및 종묘(宗廟)와 관련된 일들을 전담하는 관리들의 수장을 범칭하는 용어로도 사용된다.

◎ 종모(從母) : '종모'는 모친의 자매인 이모를 뜻한다.

◎ 종백(宗伯) : '종백'은 대종백(大宗伯)이라고도 부른다. 주(周)나라 때에는 육경(六卿) 중 하나에 해당하는 고위 관직이었다. 『주례』의 체제 속에서는 춘관(春官)의 수장이 된다. 종묘(宗廟)에 대한 제사 등 주로 예제(禮制)와 관련된 일을 담당하였다. 후대의 관직체계에서는 예부(禮部)에 해당하기 때문에, 예부상서(禮部尙書)를 또한 '대종백' 혹은 '종백'이라고도 부른다. 『서』「주서(周書) · 주관(周官)」편에는 "宗伯掌邦禮, 治神人, 和上下."라는 기록이 있다. 또 『주례』「춘관(春官) · 종백(宗伯)」편에는 "乃立春官宗伯, 使帥其屬而掌邦禮, 以佐王和邦國."이라는 기록이 있는데, 이에 대한 정현의 주에서는 "宗伯, 主禮之官."이라고 풀이했다. 한(漢)나라 때에는 태재(太宰)라는 이름으로 관직명을 고치기도 했다. 한편 진(秦)나라 때에는 종실(宗室)의 일들을 담당하는 종정(宗正)이라는 관리가 있었는데, 한나라 때에는 이 관직명을 '종백'으로 고치기도 했다.

◎ 종복(從服) : '종복'은 고대에 상복(喪服)을 착용했던 여섯 가지 방식 중 하나이다. '종복'은 남을 따라서 상복을 착용한다는 뜻으로, '종복'에도 속종(屬從) · 도종(徒從) · 종유복이무복(從有服而無服) · 종무복이유복(從無服而有服) · 종중이경(從重而輕) · 종경이중(從輕而重)이라는 경우가 있

다. '속종'은 친속 관계에 따라 상복을 착용하는 경우이다. '도종'은 공허하게 남을 따라서 친속 관계가 없는 자에 대해 상복을 착용하는 경우이다. '종유복이무복'은 상복을 착용해야 하는 자를 따라서 상복을 착용해야 하지만 실제로 상복을 착용하지 않는 경우이다. '종무복이유복'은 상복을 착용하지 않아야 하는 자를 따라서 상복을 착용하지 않지만 실제로 상복을 착용하는 경우이다. '종중이경'은 수위가 높은 상복을 입는 자를 따라서 상복을 착용하지만, 수위가 낮은 상복을 착용하는 경우이다. '종경이중'은 수위가 낮은 상복을 입는 자를 따라서 상복을 착용하지만, 수위가 높은 상복을 착용하는 경우이다.

◎ 종축(宗祝) : '종축'은 종백(宗伯)과 태축(太祝)을 뜻한다. 둘 모두 제사를 주관하는 관리들인데, '종백'은 예법과 관련된 부서의 수장이며, '태축'은 제사를 시행할 때 일을 주도하는 관리이다. 『국어(國語)』「주어중(周語中)」편에는 "門尹除門, 宗祝執祀, 司里授館."이라는 기록이 있고, 이에 대한 위소(韋昭)의 주에서는 "宗, 宗伯, 祝, 太祝也."라고 풀이하였다.

◎ 좌개(左个) : '좌개'는 실(室)의 좌측에 붙어 있는 편실(偏室)을 뜻한다. 『의례』「향사례(鄕射禮)」편에는 "左个之西北三步東面設薦俎."라는 용례가 있다. 왕인지(王引之)는 『경의술문(經義述聞)』「통설상(通說上)」편에서 "案鄭訓个爲偏, 則其字當與介同."이라고 했다. 즉 정현이 개(个)자의 뜻을 편(偏)으로 하였으니, '좌개'의 '개'자는 개(介: =끼이다, 편실(偏室))와 같은 것이다. 그리고 『여씨춘추(呂氏春秋)』「맹하기(孟夏紀)」편에는 "天子居明堂左个."라는 기록이 있는데, 이에 대한 고유(高誘)의 주에서는 "明堂, 南鄕堂. 左个, 東頭室."이라고 풀이하였다.

◎ 좌거(佐車) : '좌거'는 전쟁이나 사냥을 할 때 뒤따르는 보조 수레를 뜻한다.

◎ 좌구명(左丘明, ?~?) : 춘추시대 때의 사람이다. 성이 좌(左)이고 이름이 구명(丘明)이라는 설도 있고 성이 좌구(左丘)이고 이름이 명(明)이라는 설도 있다. 『춘추좌씨전(春秋左氏傳)』과 『국어(國語)』의 저자로 알려져 있다.

◎ 좌식(佐食) : '좌식'은 제사를 지낼 때, 시동의 옆에서 시동이 제사 음식을 흠향할 수 있도록 시중을 드는 사람이다. 『의례』「특생궤식례(特牲饋食

禮)」편에는 "佐食北面, 立於中庭."이라는 기록이 있는데, 이에 대한 정현의 주에서는 "佐食, 賓佐尸食者."라고 풀이했다.

◎ 주돈이(周敦頤, A.D.1017 ~ A.D.1073) : =염계선생(濂溪先生)·주자(周子)·주렴계(周濂溪)·주무숙(周茂叔). 북송(北宋) 때의 학자이다. 북송오자(北宋五子) 및 송조육현(宋朝六賢) 중 한 사람으로 손꼽는다. 초명(初名)은 돈실(惇實)이었지만, 영종(英宗)에 대한 피휘 때문에, 돈이(敦頤)로 개명하였다. 자(字)는 무숙(茂叔)이다. 염계서당(濂溪書堂)에서 강학을 하였기 때문에, '염계선생(濂溪先生)'이라고도 부른다. 저서로는『태극도설(太極圖說)』·『통서(通書)』등이 있다.

◎ 주렴계(周濂溪) : =주돈이(周敦頤)

◎ 주무숙(周茂叔) : =주돈이(周敦頤)

◎ 주씨(朱氏, ? ~ ?) :『예기』의 주석에 표시된 '주씨'에 대해서는 자세히 알려진 사실이 없다. 대체적으로 주주한(朱周翰)을 가리키는 것 같으며, 그의 저서인『주주한절해(朱周翰節解)』의 기록인 듯하다. 또한 때에 따라서 주자(朱子)를 '주씨'로 표기하기도 한다.

◎ 주자(冑子) : '주자'는 국자(國子)와 같은 뜻이다. 자 및 공(公), 경(卿), 대부(大夫)의 자제들을 말한다. 때론 상황에 따라 천자의 태자(太子) 및 왕자(王子)를 포함시키지 않는 경우도 있다.『서』「우서(虞書)·순전(舜典)」편에는 "帝曰, 虁, 命汝典樂, 敎冑子."라는 기록이 있는데, 이에 대한 공안국(孔安國)의 전(傳)에서는 "冑, 長也, 謂元子以下至卿大夫子弟." 라고 풀이했다.

◎ 주자(周子) : =주돈이(周敦頤)

◎ 주장(州長) : '주장'은 주(周)나라 때의 관직으로, 1개 주(州)의 수장을 뜻한다. 중대부(中大夫) 1명이 담당을 했으며, 그 주에서 시행하는 교화와 정령을 담당했다.『주례』「지관(地官)·사도(司徒)」편에는 "州長, 每州中大夫一人."이라는 기록이 있고,『주례』「지관·주장(州長)」편에는 "各掌其州之敎治政令之法."이라는 기록이 있다.

◎ 주조(朱鳥) : '주조'는 남쪽 하늘의 별자리들을 총칭하는 용어이다. 하늘의 주요 별자리인 28수(宿) 중 남쪽 방위에 해당하는 정수(井宿)·귀수(鬼

宿)・류수(柳宿)・성수(星宿)・장수(張宿)・익수(翼宿)・진수(軫宿) 등
7개의 별자리를 총칭한다. 이 일곱 별자리를 서로 연결하면, 새의 형상이
되며, 붉은색[朱]은 불[火]의 색깔에 해당하는데, 방위와 오행(五行)을 연
관시키면, 불은 남쪽에 해당하기 때문에, '주조'라고 부르는 것이다.

◎ 준(僎) : '준'은 준(遵)이라고도 부르며, 향음주례(鄕飮酒禮) 등을 시행할
때 주인(主人)이 시행하는 의례절차를 보좌하던 사람이다.

◎ 준사(俊士) : '준사'는 선사(選士)들 중에서도 덕행과 재주가 뛰어나서, 국
학(國學)에 입학하였던 자들을 뜻한다. 참고로 향학(鄕學)의 사(士)들 중
에서 덕행과 재예(才藝)가 뛰어난 사를 수사(秀士)라고 불렀고, 수사들 중
에서도 뛰어난 사람은 사도(司徒)에게 천거되는데, 그 사람을 선사(選士)
라고 불렀다.

◎ 중(重) : '중'은 나무에 구멍을 뚫어서 만든 것으로, 신주(神主)를 만들기 전
에, 구멍이 뚫린 나무를 세워서 이것을 신주 대신으로 삼아 제사를 지냈
다. 『예기』「단궁하(檀弓下)」편에는 "<u>重, 主道也.</u>"라는 기록이 있고, 이에
대한 정현의 주에서는 "<u>始死未作主, 以重主其神也.</u>"라고 풀이했다.

◎ 중기(中氣) : '중기'에 대해서 설명하자면, 태양력(太陽曆)을 기준으로 한
24기(氣)를 음력(陰曆) 12개월에 배분했을 때, 매월마다 2개의 '기'가 해당
된다. 이때 월초에 '기'가 있게 되면, 그것을 절기(節氣)라고 부르며, 중순
이후에 '기'가 있게 되면, 그것을 중기(中氣)라고 부른다.

◎ 중문(中門) : '중문'은 내(內)와 외(外) 사이에 있는 문을 뜻한다. 궁(宮)에
있어서는 혼문(閽門)을 뜻하기도 한다. 또 천자(天子)의 궁성(宮城)에는
다섯 개의 문이 있었다고 전해지는데, 가장 밖에 있는 문부터 순차적으로
나열해보면, 고문(皋門), 치문(雉門), 고문(庫門), 응문(應門), 노문(路
門)이다. 이러한 다섯 개의 문들 중 노문(路門)은 가장 안쪽에 있으므로,
내문(內門)로 여기고, 고문(皋門)은 가장 밖에 있으므로, 외문(外門)으로
여긴다. 따라서 나머지 치문(雉門), 고문(庫門), 응문(應門)은 내외(內外)
의 사이에 있으므로, 이 세 개의 문을 '중문'으로 여기기도 한다. 『주례』「
천관(天官)・혼인(閽人)」편에는 "掌守王宮之<u>中門</u>之禁."이라는 기록이
있는데, 이에 대한 손이양(孫詒讓)의 『정의(正義)』에서는 "此中門實不

專屬雉門. 當兼庫・雉・應三門言之. 蓋五門以路門爲內門, 皋門爲外門, 餘三門處內外之間, 故通謂之中門."이라고 풀이했다. 한편 정중앙에 있는 문을 '중문'이라고도 부른다.

◎ 중복(重服) : '중복'은 상복(喪服)의 단계를 뜻하는 용어 중 하나이다. 대공복(大功服) 이상이 되는 상복을 '중복'이라고 부른다.

◎ 중상(中殤) : '중상'은 12~15세 사이에 요절한 자를 뜻한다. 『의례』 「상복(喪服)」편에 "十五至十二爲中殤."이라는 기록이 있다.

◎ 중옥(重屋) : '중옥'은 처마가 겹으로 된 옥(屋)을 말하며, 명당(明堂)에 해당한다. 『주례』 「동관고공기(冬官考工記)・장인(匠人)」편에는 "殷人重屋, 堂脩七尋, 堂崇三尺, 四阿重屋."이라는 기록이 있는데, 이에 대한 정현의 주에서는 "重屋者, 王宮正堂, 若大寢也."라고 하여, 은(殷)나라 때의 '중옥'은 대침(大寢)과 같은 건물로 설명하였고, 대진(戴震)의 『고공기보주(考工記圖補注)』에서는 "世室, 重屋, 制皆如明堂."라고 하고, 손이양(孫詒讓)의 『정의(正義)』에서도 "殷人重屋者, 亦殷之明堂也."라고 하여, '중옥'은 명당과 같은 것으로 설명하였다.

◎ 중의(中衣) : '중의'는 조복(朝服)이나 제복(祭服) 등의 예복(禮服) 안에 착용하는 옷이다. '중의' 안에는 속옷 등을 착용하고, '중의' 겉에는 예복 등을 착용하므로, 중간이라는 뜻에서 '중의'라고 부르는 것이다. 또한 모든 복장에 있어서 속옷과 겉옷 중간에 입는 옷을 뜻하기도 한다. 『예기』 「교특생(郊特牲)」편에는 "繡黼丹朱中衣."라는 기록이 있고, 이에 대한 공영달(孔穎達)의 소(疏)에서는 "中衣, 謂以素爲冕服之裏衣."라고 풀이하였다.

◎ 증(烝) : '증'은 겨울에 종묘(宗廟)에서 지내는 제사를 뜻한다. '증'자는 중(衆)자의 뜻으로, 겨울에는 만물 중에 성숙한 것이 많다는 의미에서 붙여진 말이다. 『백호통(白虎通)』 「종묘(宗廟)」편에는 "冬曰烝者, 烝之爲言衆也, 冬之物成者衆."이라는 기록이 있다.

◎ 증(贈) : '증'은 상사의 일을 돕도록 부의로 보내온 물건을 뜻한다. 죽은 자를 위해 보내온 물건으로, 외관(外棺) 안에 함께 부장하는 것을 뜻하기도 하며, 부의를 범칭하는 용어로도 사용된다.

◎ 증상(烝嘗) : '증상'은 종묘(宗廟)에서 지내는 가을 제사와 겨울 제사를 가리킨다. 또한 '증상'은 종묘에 대한 제사를 총칭하는 용어로도 사용된다. 사계절마다 큰 제사를 지내게 되는데, 계절별 제사 명칭이 다르며, 문헌마다 조금씩 차이를 보인다. 예를 들어『춘추번로(春秋繁露)』「사제(四祭)」편에는 "四祭者, 因四時之所生孰而祭其先祖父母也. 故春曰祠, 夏曰礿, 秋曰嘗, 冬曰烝."이라고 하여, 봄 제사를 사(祠), 여름 제사를 약(礿), 가을 제사를 상(嘗), 겨울 제사를 증(烝)이라고 설명했다. 한편『예기』「왕제(王制)」편에는 "天子諸侯宗廟之祭, 春曰礿, 夏曰禘, 秋曰嘗, 冬曰烝."이라고 하여, 봄 제사를 약(礿), 여름 제사를 체(禘), 가을 제사를 상(嘗), 겨울 제사를 증(烝)이라고 설명했다.

◎ 증선지(曾先之, ? ~ ?) : 자는 종야(從野)이다. 저서로는『십팔사략(十八史略)』등이 있다.

◎ 지자(支子) : '지자'는 적장자(嫡長子)를 제외한 나머지 아들들을 말한다.

◎ 직우(稷牛) : '직우'는 후직(后稷)에 대한 제사 때 사용되는 소를 뜻한다. 후직을 뜻하는 직(稷)자를 붙여서, '직우'라고 부른 것이다.

◎ 진규(鎭圭) : '진규'는 천자가 각종 의식 행사를 치를 때 잡게 되는 옥(玉)으로 만든 규(圭)이다. 길이는 1척(尺) 2촌(寸)으로 만들며, '진(鎭)'자는 안정시킨다는 뜻이다. '진규'의 네 면에는 사방에 있는 주요 네 개의 산을 각각의 방향에 조각해 넣었다. 따라서 이러한 장식을 통해 천자가 사방을 평안하게 안정시킨다는 뜻을 나타내었다.

◎ 진상도(陳祥道, A.D.1159 ~ A.D.1223) : =장락진씨(長樂陳氏) · 진씨(陳氏) · 진용지(陳用之). 북송대(北宋代)의 유학자이다. 자(字)는 용지(用之)이다. 장락(長樂) 지역 출신으로, 1067년에 과거에 급제하여 태상박사(太常博士) 등을 지냈다. 왕안석(王安石)의 제자로, 그의 학문을 전파하는데 공헌하였다. 저서에는『예서(禮書)』,『논어전해(論語全解)』등이 있다.

◎ 진정(陳霆, A.D.1477 ~ A.D.1550) : 명나라 때의 학자이다. 자는 성백(聲伯)이고 호는 수남(水南)이다. 저서로는『양산묵담(兩山墨談)』등이 있다.

◎ 진조(陳祚, A.D.1382 ~ A.D.1456) : 명나라 때의 학자이다. 자(字)는 영석
(永錫)이다. 저서로는『소학변혹(小學辨惑)』등이 있다.

◎ 진호(陳澔, A.D.1260 ~ A.D.1341) : =진가대(陳可大). 남송(南宋) 말기 원
(元)나라 초기 때의 학자이다. 자(字)는 가대(可大)이다. 사람들에게 경귀
선생(經歸先生)으로 칭송을 받았다. 저서로는『예기집설(禮記集說)』등
이 있다.

◎ 징주(澄酒) : '징주'는 청주(淸酒)라고도 부른다. 삼주(三酒) 중 하나이다.
정사농(鄭司農)의 주장에 따르면, '청주'는 제사를 지낼 때 쓰는 술을 뜻한
다. 정현의 주장에 따르면, '청주'는 중산(中山) 지역에서 겨울에 술을 담
가서 여름쯤 다 익은 술을 뜻한다. 손이양(孫詒讓)의 주장에 따르면, '청
주'는 더욱 맑은 술이며, 겨울에 빚어서 여름쯤에 익는 술을 뜻한다.

◎ 차개(次介) : '차개'는 빈(擯)들 중 승빈(承擯)과 비슷한 역할을 하는 자로,
상개(上介)를 돕는 부관이다.

◎ 참승(參乘) : '참승'은 '참승(驂乘)'이라고도 부른다. 수레에 탄다는 뜻이다.
또한 수레에 타는 사람을 가리키는 용어로도 사용되었다. 고대 수레 제도
에서는 존귀한 자는 수레의 좌측에 타고, 수레를 모는 사람은 중앙에 위치
했으며, 시중을 들거나 병기를 들고서 보호하는 임무를 맡은 사람은 수레
의 우측에 탔다. 또한 이러한 뜻에서, 음을 달리하여 삼승(參乘)이라고도
부른다.

◎ 참최복(斬衰服) : '참최복'은 상복(喪服) 중 하나로, 오복(五服)에 속한다.
상복 중에서도 가장 수위가 높은 상복이다. 거친 삼베를 사용해서 만들며,
자른 부위를 꿰매지 않기 때문에 참최(斬衰)라고 부른다. 이 복장을 입게
되는 기간은 일반적으로 3년에 해당하며, 죽은 부모를 위해 입거나, 처 또
는 첩이 죽은 남편을 위해 입는다.

◎ 창룡(倉龍) : '창룡'은 창룡(蒼龍)이라고도 부른다. 빛깔이 청색을 띠는 준

마(駿馬)를 뜻한다. 그런데 마(馬)자 대신 용(龍)자를 쓴 것은 8척(尺) 이
상이 되는 말을 '용'으로 불렀기 때문이다. 참고적으로 7척 이상이 되는 말
은 래(騋)라고 부르며, 6척 이상 되는 말은 '마'라고 불렀다. 『여씨춘추(呂
氏春秋)』「맹춘기(孟春紀)」편에는 "天子居靑陽左个. 乘鸞輅, 駕蒼龍,
載靑旂, 衣靑衣, 服靑玉."이라는 기록이 있는데, 이에 대한 고유(高誘)의
주에서는 "周禮, 馬八尺以上爲龍, 七尺以上爲騋, 六尺以上爲馬也."라
고 풀이하였다.

◎ 창옥(倉玉) : '창옥'은 창옥(蒼玉)으로도 쓰며, 빛깔이 청색을 띠는 옥이다.

◎ 채모(蔡謨, A.D.281 ~ A.D.356) : 동진(東晉) 때의 학자이다. 자(字)는 도
명(道明)이고, 시호(諡號)는 문목(文穆)이다. 저서로는 『논어채씨주(論語
蔡氏注)』·『예기음(禮記音)』·『한서집해(漢書集解)』 등이 있다.

◎ 채색(菜色) : '채색'은 얼굴에 풀빛이 난다는 뜻이다. 양식이 없어서 풀죽을
끓여 먹었기 때문에, 이처럼 부른 것인데, 기근 및 기아를 뜻하는 용어이다.

◎ 채옹(蔡邕, A.D.131 ~ A.D.192) : 후한(後漢) 때의 학자이다. 자(字)는 백
개(伯喈)이다. A.D.189년 동탁(董卓)에게 발탁되어, 시어사(侍御史)와
좌중랑장(左中郞將) 등을 역임하였으나, 동탁이 죽은 후 투옥되어 옥중에
서 죽었다. 박학하였으며 술수(術數), 천문(天文), 사장(辭章) 등에 조예
가 깊었다.

◎ 채침(蔡沈, A.D.1167 ~ A.D.1230) : =구봉채씨(九峯蔡氏)·채구봉(蔡九
峯). 남송(南宋) 때의 학자이다. 자(字)는 중묵(仲默)이고, 호(號)는 구봉
(九峯)이다. 주자의 문인이자 사위이다. 주자가 완성하지 못했던 『서집전
(書集傳)』을 완성하였다.

◎ 척(滌) : '척'은 짐승우리를 뜻한다. 본래 군주가 제사 때 사용하게 될 희생
물들을 기르는 우리를 뜻한다. '척'이라고 부르는 이유는 그 장소를 청결하
게 유지하기 때문이다. 『춘추공양전』「선공(宣公) 3년」편에는 "帝牲在于
滌三月."이라는 기록이 있고, 이에 대한 하휴(何休)의 주에서는 "滌, 宮
名, 養帝牲三牢之處也. 謂之滌者, 取其蕩滌潔淸."이라고 풀이했다.

◎ 천(薦) : '천'은 제사의 일종이다. 정식 제사에 비해서 각종 형식과 제수들
이 생략되어 간소하게만 지내니, 각 계절별로 생산되는 음식들을 바친다는

뜻에서 '천'이라고 부르는 것이다.

◎ 천지(天地): '천지'는 천신(天神)과 지신(地神)을 뜻한다. 지신은 지기(地祇)라고 부르기도 한다. 천지에 대한 제사는 교(郊)에서 지냈기 때문에, 이 제사를 교제(郊祭) 또는 교사(郊祀)라고 부르기도 했다. 음양오행설(陰陽五行說)이 성행했던 시기에는 음양(陰陽)의 구분에 따라서 하늘에 대한 제사는 양(陽)에 해당하는 남쪽 교외에서 지냈고, 땅에 대한 제사는 음(陰)에 해당하는 북쪽 교외에서 지냈다. 『한서(漢書)』「교사지하(郊祀志下)」편에는 "帝王之事莫大乎承天之序, 承天之序莫重於郊祀. …… 祭天於南郊, 就陽之義也. 地於北郊, 卽陰之象也."라는 기록이 있다.

◎ 천형(川衡): '천형'은 주(周)나라 때의 관직이다. 『주례』의 체제에 따르면, 지관(地官)에 속해 있었다. '천형'의 경우, 큰 하천에는 각각 하사(下士) 12명을 두어 임무를 담당하게 하였고, 그 휘하에는 잡무를 담당하는 사(史) 4명, 서(胥) 12명, 도(徒) 120명이 배속되어 있었다. 중간 정도의 하천에는 각각 하사(下士) 6명을 두어 임무를 담당하게 하였고, 그 휘하에는 잡무를 담당하는 사(史) 2명, 서(胥) 6명, 도(徒) 60명이 배속되어 있었다. 작은 하천에는 각각 하사(下士) 2명을 두어 임무를 담당하게 하였고, 그 휘하에는 잡무를 담당하는 사(史) 1명, 도(徒) 20명이 배속되어 있었다. 『주례』「지관사도(地官司徒)」편에는 "川衡, 每大川, 下士十有二人, 史四人, 胥十有二人, 徒百有二十人, 中川, 下士六人, 史二人, 胥六人, 徒六十人, 小川, 下士二人, 史一人, 徒二十人."이라는 기록이 있다. '천형'은 주로 천택(川澤)에 대한 일을 담당하여, 해당 지역에 적용되는 금령(禁令)의 시행을 감독하였고, 또한 금령의 준수에 따른 상벌(賞罰)도 시행했다. 『주례』「지관(地官)·천형(川衡)」편에는 "川衡, 掌巡川澤之禁令, 而平其守. 犯禁者執而誅罰之."라는 기록이 있다.

◎ 청강유씨(淸江劉氏): =유창(劉敞)

◎ 청기(靑旂): '청기'는 청색으로 되어 있으며, 교룡(交龍)이 수 놓인 깃발이다. 고대에는 대표적으로 9종류의 깃발이 있었는데, 이것을 구기(九旗)라고 불렀다. 각각의 깃발에는 수 놓아진 모양이 달랐으며, 사용하는 용도 또한 달랐다. 그 중 기(旂)는 교룡이 수 놓아진 것이다. 『주례』「춘관(春

官)・사상(司常)」편에는 "掌九旗之物名, 各有屬以待國事. 日月爲常, 交龍爲旂, 通帛爲旜, 雜帛爲物, 熊虎爲旗, 鳥隼爲旟, 龜蛇爲旐, 全羽 爲旞, 析羽爲旌."이라는 기록이 있다.

◎ 청기(請期) : '청기'는 혼례 절차 중 하나이다. 남자 집안에서 여자 집안에 예물을 보낸 뒤에, 혼인하기에 좋은 길일(吉日)을 점치게 된다. 길(吉)한 날을 잡게 되면, 여자 집안에 통보를 하며 가부(可否)를 묻게 되는데, 이 절차가 바로 '청기'이다.

◎ 청룡(靑龍) : '청룡'은 동쪽 하늘의 별자리들을 총칭하는 용어이다. 하늘의 주요 별자리인 28수(宿) 중 동쪽 방위에 해당하는 각수(角宿)・항수(亢 宿)・저수(氐宿)・방수(房宿)・심수(心宿)・미수(尾宿)・기수(箕宿) 등 7개의 별자리를 총칭한다. 이 일곱 별자리를 서로 연결하면, 용의 형상이 되며, 파란색[靑]은 나무[木]의 색깔에 해당하는데, 방위와 오행(五行)을 연관시키면, 나무는 동쪽에 해당하기 때문에, '청룡'이라고 부르는 것이다.

◎ 청삭(聽朔) : '청삭'은 천자나 제후가 매월 초하루에 시행했던 고삭(告朔)의 의례를 뜻한다. 해당 월에 시행해야 할 정사(政事)는 바로 초하루부터 시 행되므로, 정무를 처리하기 이전에, 고삭의 의식을 시행하고, 그 이후에야 정사를 펼쳤다. 현단복(玄端服) 및 피변복(皮弁服)을 착용하고 치렀으며, 남문(南門) 밖이나, 태묘(太廟)에서 시행하였다. 『예기』「옥조(玉藻)」편 에는 "玄端而朝日於東門之外, 聽朔於南門之外."라는 기록과 "諸侯玄 端以祭, 裨冕以朝, 皮弁以聽朔於大廟."라는 기록이 있다.

◎ 청양(靑陽) : '청양'은 명당(明堂)에 있는 건물이다. '명당'에는 다섯 개의 실 (室)이 있었는데, 좌측면의 동쪽에 위치한 '실'을 '청양'이라고 불렀다. 제왕 이 제사(祭祀)나 정사(政事)를 처리하던 곳이다. 『자치통감(資治通鑒)』「 제무제영명십년(齊武帝永明十年)」편에는 "己未, 魏主宗祀顯祖於明堂 以配上帝, 遂登靈臺以觀雲物, 降居靑陽左个, 布政事."라는 기록이 있 는데, 이에 대한 호삼생(胡三省)의 주에서는 정현의 주를 인용하여, "靑陽 左个, 大寢東堂北偏."이라고 풀이하였다. 또한 '청양'은 '명당' 자체를 지 칭하는 용어로도 사용되었다.

◎ 청의(靑衣) : '청의'는 청색의 비단으로 만든 옷으로, 제작방법은 국의(鞠

衣)와 동일하다. 『수서(隋書)』「예의지칠(禮儀志七)」편에는 "靑衣, 靑羅爲之, 制與鞠衣同."이라는 기록이 있다.

◎ 청주(淸酒) : '청주'는 삼주(三酒) 중 하나이다. 제사에서 사용하는 술이며, 삼주 중 가장 맑은 술에 해당하므로 '청주'라고 부른다. '청주'는 중산(中山) 지역에서 겨울에 술을 담가서 여름쯤 다 익은 술을 뜻한다.

◎ 체제(禘祭) : '체제'는 천신(天神) 및 조상신(祖上神)에게 지내는 '큰 제사[大祭]'를 뜻한다. 『이아』「석천(釋天)」편에는 "禘, 大祭也."라는 기록이 있고, 이에 대한 곽박(郭璞)의 주에서는 "五年一大祭."라고 풀이하여, 대제(大祭)로써의 체제사는 5년마다 1번씩 지낸다고 설명한다. 그러나 『예기』「왕제(王制)」에 수록된 각종 제사들에 대한 기록을 살펴보면, 체제사는 큰 제사임에는 분명하나, 반드시 5년마다 1번씩 지내는 제사는 아니었다.

◎ 체천(體薦) : '체천'은 제사나 연회 때, 희생물의 몸체를 반으로 갈라서 큰 도마에 올리고, 이것을 통해 제수를 바치는 것을 뜻한다.

◎ 체협(禘祫) : '체협'은 고대에 제왕(帝王)이 시조(始祖)에게 지냈던 제사를 뜻하니, 일종의 성대한 제사의례를 가리킨다. 간혹 '체협'을 구분하여 각각에 의미를 부여하기도 하며, 혹은 '체협'을 합쳐서 같은 의미로 사용하기도 한다. 이 문제에 대해서 장병린(章炳麟)은 『국고논형(國故論衡)』「명해고하(明解故下)」에서 "禘祫之言, 詢詢爭論旣二千年. 若以禘祫同爲殷祭, 祫名大事, 禘名有事, 是爲禘小於祫, 何大祭之云? 故知周之廟祭有大嘗·大烝, 有秋嘗·冬烝. 禘祫者大嘗·大烝之異語."라고 주장한다. 즉 '체협'이라는 말에 대해서 의견들이 분분한데, 만약 '체협'을 모두 은(殷)나라 때의 제사라고 말하며, '협(祫)'은 '중대한 사안[大事]'이 발생했을 때 지내는 제사를 뜻하고, '체(禘)'는 유사시에 지내게 되는 제사를 뜻한다고 한다면, '체'는 '협'보다 규모가 작은 것인데, 어떻게 대제(大祭)라고 말할 수 있겠는가? 그렇기 때문에 '체협'은 주(周)나라 때의 제사이다. 주나라 때 종묘(宗廟)에서 지내는 제사에는 대상(大嘗), 대증(大烝)이라는 용어가 있었고, 또 추상(秋嘗: 가을에 지내는 상(嘗)제사), 동증(冬烝: 겨울에 지내는 증(烝)제사라는 용어가 있었으니, '체협'은 대제(大祭)를 뜻하는

용어로, 대상이나 대중을 다르게 부른 명칭이다. 또한 『후한서(後漢書)』「장제기(章帝紀)」편에는 "其四時禘祫於光武之堂."이라는 기록이 있는데, 이에 대한 이현(李賢)의 주에서는 『속한서(續漢書)』를 인용하여, "五年再殷祭. 三年一祫, 五年一禘."라고 풀이한다. 즉 5년마다 2번의 성대한 제사를 지내게 되는데, 3년에 1번 '협'제사를 지내고, 5년에 1번 '체'제사를 지낸다.

◎ 총자(冢子) : '총자'는 적장자를 뜻한다. 『예기』「내칙(內則)」편에는 "父沒母存, 冢子御食."이라는 기록이 있는데, 이에 대한 정현의 주에서는 "御, 侍也, 謂長子侍母食也."라고 풀이했다.

◎ 총장(總章) : '총장'은 명당(明堂)의 서쪽에 위치한 실(室)을 뜻한다. 오행설(五行說)에 따르면, 서쪽은 "만물(萬物)을 완전하게 이루고[總成], 밝게 드러낸다[章明]."는 뜻을 가지고 있다. 그렇기 때문에 서쪽의 '실'을 '총장'이라고 부르는 것이다. 『여씨춘추(呂氏春秋)』「맹추기(孟秋紀)」편에는 "天子居總章左个."라는 기록이 있는데, 이에 대한 고유(高誘)의 주에서는 "總章, 西向堂也. 西方總成萬物, 章明之也, 故曰總章."이라고 풀이하였다.

◎ 총재(冢宰) : '총재'는 대재(大宰)와 같은 말이다. '대재'는 태재(太宰)라고도 부른다. '대재'는 은(殷)나라 때 설치된 관직이라고 전해지며, 주(周)나라에서는 '총재'라고도 불렀다. 『주례(周禮)』의 체제상으로는 천관(天官)의 수장이며, 경(卿) 1명이 담당했다. 『주례』의 체제상으로는 가장 높은 관직이다. 따라서 '대재'가 담당했던 일은 국정 전반에 대한 것이었다.

◎ 최석정(崔錫鼎, A.D.1646 ~ A.D.1715) : 조선 후기 때의 문신이다. 본관은 전주(全州)이고 자는 여시(汝時)·여화(汝和)이며 호는 명곡(明谷)·존와(存窩)이고 시호는 문정(文貞)이며 초명은 석만(錫萬)이고 이름은 석정(錫鼎)이다. 저서로는 『예기류편(禮記類編)』 등이 있다.

◎ 최영은(崔靈恩, ? ~ ?) : =최씨(崔氏). 남북조(南北朝) 때의 학자이다. 오경(五經)에 능통하였고, 다른 경전에도 두루 해박하였다고 전해진다. 『모시(毛詩)』, 『주례(周禮)』 등에 주석을 달았고, 『삼례의종(三禮義宗)』, 『좌씨경전의(左氏經傳義)』 등을 지었다.

◎ **추복(追服)** : '추복'은 상사(喪事)가 발생했을 때 특별한 사정으로 인해 상복(喪服)을 착용하지 못했을 때, 이후 기간을 미루어 복상(服喪)하는 것을 뜻한다.

◎ **추왕(追王)** : '추왕'은 천자의 조상 중 천자의 신분이 아니었지만, 죽은 뒤 그에게 천자의 칭호를 부여한다는 뜻이다.

◎ **추향(追享)** : '추향은 추향(追饗)이라고도 부른다. 제사 명칭이며, 체(禘)제사를 뜻한다. 『주례』「춘관(春官)·사준이(司尊彝)」편에는 "凡四時之間祀, 追享·朝享."이라는 기록이 있는데, 이에 대한 정현의 주에서는 "鄭司農云, '追享·朝享, 謂禘祫也.' 杜子春云, '追享, 謂追祭遷廟之主, 以事有所請禱.'"라고 풀이했다. 즉 '추향'은 체(禘)제사를 뜻하는데, 천묘(遷廟)된 신주에게도 거슬러 올라가 제사를 지내며, 기도를 드리기 때문에, '추향'이라고 부르는 것이다. 한편 손이양(孫詒讓)의 『정의(正義)』에서는 "任啟運曰, '追享, 大禘也, 以追所自出, 故曰追享. …… 陸淳春秋纂例, '古者喪除, 朝廟合群祖而祭焉, 故祫謂之朝享; 明年又禘其祖之所自出, 故禘謂之追享.'"이라고 풀이했다. 즉 임계운(任啟運)의 주장에 따르면, '추향'은 성대하게 지내는 체(禘)제사를 뜻하는데, 자신의 혈통이 비롯된 오래된 선조들에 대해서도 거슬러 올라가 제사를 지내기 때문에, '추향'이라고 부르는 것이다. 그리고 육순(陸淳)의 『춘추찬례(春秋纂例)』에 따르면, 고대에는 상(喪)을 끝내고 난 뒤, 여러 조상들의 신주들을 한곳에 합사하여 제사를 지냈는데, 이것을 협(祫)제사 또는 조향(朝享)이라고 부르며, 그 다음 해에는 자신의 선조가 비롯된 오래된 선조에 대해서도 성대한 제사를 지내게 되는데, 이것을 체(禘)제사 또는 '추향'이라고 부른다는 뜻이다.

◎ **축목(祝穆, ?~?)** : 송나라 때의 학자이다. 자는 화보(和甫)이고 초명은 병(丙)이다. 저서로는 『사문류취(事文類聚)』 등이 있다.

◎ **축호(祝號)** : '축호'는 육축(六祝)과 육호(六號)를 뜻한다. '육축'은 신(神)에게 제사를 지낼 때 사용하게 되는 여섯 종류의 기도문을 뜻하고, '육호'는 신(神)이나 제수(祭需)를 부를 때 아름답게 꾸며서 부르는 여섯 종류의 호칭을 뜻한다.

◎ 출모(出母) : '출모'는 부친에게 버림을 받은 자신의 생모(生母)를 뜻한다. 또한 부친이 죽은 이후 다른 집으로 재차 시집을 간 자신의 생모를 뜻하기도 한다.

◎ 충인(充人) : '충인'은 제사에 사용되는 희생물을 담당하는 관리이다. 『주례』의 체제에 따르면, 지관(地官)에 소속된 관직이다. 『주례』「지관사도(地官司徒)」에는 "充人下士二人, 史二人, 胥四人, 徒四十人."이라는 기록이 있다. 즉 충인은 하사(下士) 2명이 담당했으며, 그 휘하에는 사(史) 2명, 서(胥) 4명, 도(徒) 40명이 배속되어 있었다.

◎ 취(就) : '취'는 고대의 복식과 장식에 있어서, 다섯 가지 채색의 끈을 이용하여, 한 번 두르는 것을 뜻한다.

◎ 취면(毳冕) : '취면'은 취의(毳衣)와 면류관을 뜻한다. 본래 천자가 사망(四望) 등 산천(山川)에 대한 제사 때 착용했던 복장이다. '취의'에는 호랑이와 원숭이를 수놓게 되는데, 이 무늬를 종이(宗彝)이라고도 부른다. 상의에는 3종류의 무늬를 수놓고, 하의에는 2종류의 무늬를 수놓게 되어, 총 5가지 무늬가 들어가게 된다. 『주례(周禮)』「춘관(春官)·사복(司服)」편에는 "祀四望山川則毳冕."이라는 기록이 있고, 이에 대한 정현의 주에서는 "毳畫虎蜼, 謂宗彝也. 其衣三章, 裳二章, 凡五也."라고 풀이했다.

◎ 측실(側室) : '측실'은 연침(燕寢)의 측면에 붙어 있는 실(室)이다.

◎ 치면(絺冕) : '치면'은 희면(希冕)·치면(黹冕)이라고도 부른다. 치의(絺衣)와 면류관을 뜻한다. 천자 및 제후가 사직(社稷) 및 오사(五祀)에 대한 제사를 지낼 때 착용하던 복장이다. '치의'에는 쌀 모양의 무늬를 수놓았고, 다른 그림을 그려 넣지 않았다. 상의에는 1개의 무늬를 수놓고, 하의에는 2개의 무늬를 수놓게 되어, 총 3개의 무늬가 들어가게 된다. 『주례(周禮)』「춘관(春官)·사복(司服)」편에는 "祭社稷·五祀則希冕."이라는 기록이 있고, 이에 대한 정현의 주에서는 "希刺粉米, 無畫也. 其衣一章, 裳二章, 凡三也."라고 풀이했다.

◎ 치문(雉門) : '치문'에 대해서는 크게 두 가지 해설이 있다. 첫 번째는 제후의 궁(宮)에 있는 문으로, 천자의 궁에 있는 응문(應門)에 해당한다는 주장이다. 두 번째는 천자의 궁에는 다섯 개의 문이 있는데, 그 중 네 번째

위치한 문으로, 바깥쪽에 위치한 문을 가리킨다는 주장이다. 첫 번째 주장은 『예기』「명당위(明堂位)」편의 "大廟, 天子明堂. 庫門, 天子皐門. 雉門, 天子應門."이라는 기록에 근거한 해설이다. 이 기록에 대한 손희단(孫希旦)의 『집해(集解)』에서는 유창(劉敞)의 말을 인용하여, "此經有五門之名, 而無五門之實. 以詩書禮春秋考之, 天子有皐, 應, 畢, 無庫, 雉, 路. 諸侯有庫, 雉, 路, 無皐, 應, 畢. 天子三門, 諸侯三門, 門同而名不同."이라고 했다. 즉 천자의 궁에는 5개의 문이 있다고 하지만, 실제적으로 천자나 제후는 모두 3개의 문만을 설치해었다. 『시(詩)』, 『서(書)』, 『예(禮)』, 『춘추(春秋)』에 나타난 기록들을 고증해보면, 천자는 고(皐), 응(應), 필(畢)이라는 3개의 문을 설치하고, 고(庫), 치(雉), 노(路)라는 문은 없다. 또한 제후는 고(庫), 치(雉), 노(路)라는 3개의 문을 설치하고, 고(皐), 응(應), 필(畢)이라는 문은 없다. 두 번째 주장은 『주례』「천관(天官)·혼인(閻人)」편의 "閻人掌守王宮之中門之禁."이라는 기록에 근거한 해설이다. 이 기록에 대해 정현은 정사농(鄭司農)의 말을 인용하여, "王有五門, 外曰皐門, 二曰雉門, 三曰庫門, 四曰應門, 五曰路門."이라고 풀이하였다. 즉 천자는 5개의 문을 설치하는데, 가장 안쪽에 있는 노문(路門)으로부터 응문(應門), 고문(庫門), 치문(雉門), 고문(皐門) 순으로 설치해 두었다.

◎ 치제(致齊) : '치제'는 치재(致齋)라고도 부른다. '치제'는 제사를 지내기 이전 3일 동안 몸과 마음을 정숙하게 재계하는 의식이다. '치제' 이전에는 '산제(散齊)'를 하여 7일 동안 정숙하게 한다. '치제'는 그 이후 3일 동안 몸과 마음을 더욱 정숙하게 재계하여, 신과 소통할 수 있도록 준비하는 것이다. 『예기』「제통(祭統)」편에는 "故散齊七日以定之, 致齊三日以齊之. 定之之謂齊, 齊者精明之至也, 然後可以交于神明也."라는 기록이 있다.

◎ 치조(治朝) : '치조'는 천자 및 제후에게 있었던 내조(內朝) 중 하나를 뜻한다. 천자 및 제후는 3개의 조(朝)를 두는데, 1개는 외조(外朝)이며, 나머지 2개는 내조가 된다. 내조 중에서도 노문(路門) 밖에 있던 것을 '치조'라고 부르며, 천자 및 제후가 정사를 처리하던 장소이다.

◎ 친영(親迎) : '친영'은 혼례(婚禮)에서 시행하는 여섯 가지 예식(禮式) 중

하나이다. 사위될 자가 여자 집에 가서 혼례를 치르고, 자신의 집으로 데려오는 예식을 뜻한다.

◎ 칠교(七敎) : '칠교'는 부자(父子), 형제(兄弟), 부부(夫婦), 군신(君臣), 장유(長幼), 붕우(朋友), 빈객(賓客) 사이에서 지켜야 할 도리를 뜻한다. 『예기』「왕제(王制)」편에는 "司徒脩六禮以節民性, 明七敎以興民德."이라는 기록이 있는데, 이에 대한 공영달(孔穎達)의 소(疏)에서는 "七敎, 卽父子一·兄弟二·夫婦三·君臣四·長幼五·朋友六·賓客七也."라고 풀이했다.

◎ 칠사(七祀) : '칠사'는 주(周)나라 때 제정된 일곱 종류의 제사이다. 천자가 지내는 제사를 뜻하며, 제사 대상은 사명(司命), 중류(中霤), 국문(國門), 국행(國行), 태려(泰厲), 호(戶), 조(竈)이다. 『예기』「제법(祭法)」편에는 "王爲群姓立七祀. 曰司命, 曰中霤, 曰國門, 曰國行, 曰泰厲, 曰戶, 曰竈."라는 기록이 있다. 참고로 제후가 지내는 제사를 오사(五祀)라고 했으며, 그 대상은 사명(司命), 중류(中霤), 국문(國門), 국행(國行), 공려(公厲)이고, 대부(大夫)가 지내는 제사를 삼사(三祀)라고 했으며, 그 대상은 족려(族厲), 문(門), 행(行)이고, 적사(適士)가 지내는 제사를 이사(二祀)라고 했으며, 그 대상은 문(門), 행(行)이고, 서사(庶士)나 서인(庶人)들이 지내는 제사를 일사(一祀)라고 했으며, 그 대상은 호(戶)이기도 했고, 또는 조(竈)이기도 했다.

◎ 칠저(七菹) : '칠저'는 일곱 가지 절임을 뜻한다. 부추[韭]절임, 순무[菁]절임, 순채[茆]절임, 아욱[葵]절임, 미나리[芹]절임, 죽순[箈]절임을 가리킨다.

◎ 칠해(七醢) : '칠해'는 일곱 가지 젓갈을 뜻한다. 뼈가 섞인 고기[臡]젓갈, 소라[蠃]젓갈, 조개[蜃]젓갈, 개미알[蚳]젓갈, 물고기[魚]젓갈, 토끼[兔]젓갈, 기러기[鴈]젓갈을 가리킨다.

◎ 침묘(寢廟) : '침묘'는 '묘(廟)'와 '침(寢)'을 합쳐 부르는 말이다. 종묘(宗廟)에 있어서, 앞에 있는 정전(正殿)을 '묘'라고 부르며, 뒤에 있는 후전(後殿)을 '침'이라고 부른다. 이때 '묘'는 접신(接神)하는 장소이기 때문에 앞쪽에 있는 것이다. '침'은 의관(衣冠) 등을 보관하는 장소이다. '묘'에 비해 상대적으로 낮기 때문에 뒤에 위치하게 된다. 그리고 '묘'에는 동서쪽에 상

(廡)이 있고, 서장(序牆)이 있는데, '침'에는 단지 실(室)만이 있게 된다. 『시』「소아(小雅)·교언(巧言)」편에는 "奕奕寢廟, 君子作之."라는 용례가 있다. 또한 『예기』「월령(月令)」편에는 "寢廟畢備."이라는 기록이 있는데, 이에 대한 정현의 주에서는 "凡廟, 前曰廟, 後曰寢."이라고 풀이하였으며, 공영달(孔穎達)의 소(疏)에서는 "廟是接神之處, 其處尊, 故在前, 寢, 衣冠所藏之處, 對廟爲卑, 故在後. 但廟制有東西廡, 有序牆, 寢制唯室而已. 故釋宮云, 室有東西廂曰廟, 無東西廂有室曰寢, 是也."라고 풀이하였다. 또한 '침묘'는 사람이 거주하는 집과 종묘를 지칭하는 용어로 사용되기도 한다. 『시』「대아(大雅)·숭고(崧高)」편에는 "有俶其城, 寢廟旣成."이라는 기록이 있는데, 이에 대한 공영달의 소에서는 "寢, 人所處, 廟神亦有寢, 但此宜, 處人神, 不應獨言廟事, 故以爲人寢也."라고 풀이하였다. 또한 종묘(宗廟) 및 태묘(太廟)를 지칭하는 말로도 사용된다.

◎ 침문(寢門) : '침문'은 침문(寝門)이라고도 부른다. 노문(路門)을 가리킨다. '노문'은 궁실(宮室)의 건축물 중에서도 가장 안쪽에 있었던 정문을 뜻하는데, 여러 문들 중에서도 노침(路寢)과 가장 가까운 위치에 있었기 때문에, '노문'이라는 명칭이 생겼다. '침문'이라는 용어 또한 '노침'에 가까이 있었기 때문에 붙여진 명칭이다. 한편 가장 안쪽에 있었던 정문이었으므로, '침문'을 내문(內門)이라고도 부른다.

◎ 침제(沈齊) : '침제'는 오제(五齊) 중 하나이다. 술이 익고 나서 앙금이 모두 가라앉아 있는 것으로 조청(造淸)과 같은 술이다.

◎ 칭(稱) : '칭'은 수량을 나타내는 양사(量詞)이다. 즉 짝을 지어 갖추는 일련의 의복 등을 헤아리는 단위이다. 예를 들어 포(袍)라는 옷에는 반드시 겉에 걸치는 옷이 있어야 하며, 홑옷으로 입어서는 안 되고, 상의에는 반드시 그에 맞는 하의가 있어야 하는데, 이처럼 포(袍)에 겉옷을 갖추고, 상의에 맞게 하의까지 갖추는 것을 1칭(稱)이라고 부른다. 『예기』「상대기(喪大記)」편에는 "袍必有表不襢, 衣必有裳, 謂之一稱."이라는 기록이 있다.

◎ 탁(襗) : '탁'은 옷 중에서도 가장 안쪽에 입었던 옷이다. 예복(禮服)을 입을 때에는 '탁'을 가장 안쪽에 입고, 그 위에 포(袍)를 걸쳤으며, 그 위에 중의(中衣)를 걸치고, 마지막으로 예복을 걸쳤다. 『주례』「천관(天官)·옥부(玉府)」편에는 "掌王之燕衣服."이라는 기록이 있고, 이에 대한 손이양(孫詒讓)의 『정의(正義)』에서는 "蓋凡著袍襗者必內著襗, 次著袍, 次著中衣, 次加禮服爲表."라고 풀이했다.

◎ 태뢰(太牢) : '태뢰'는 제사에서 소[牛], 양(羊), 돼지[豕] 3가지 희생물을 갖춘 것을 뜻한다. 『장자』「지악(至樂)」편에는 "具太牢以爲膳."이라는 기록이 있는데, 이에 대한 성현영(成玄英)의 소(疏)에서는 "太牢, 牛羊豕也."라고 풀이하였다.

◎ 태보(太保) : '태보'는 주(周)나라 때의 관직으로, 삼공(三公) 중 하나이며, 삼공 중 서열은 세 번째이다. 천자를 보좌하여 국정 전반을 다스렸다. 이 관직은 춘추시대(春秋時代) 이후 폐지되었다가, 한(漢)나라 때 다시 설치되기도 하였다.

◎ 태부(太傅) : '태부'는 주(周)나라 때의 관직으로, 삼공(三公) 중 하나이며, 삼공 중 서열은 두 번째에 해당한다. 천자를 보좌하여 국정 전반을 다스렸다. 『서』「주서(周書)·주관(周官)」편에는 "立太師·太傅·太保, 玆惟三公, 論道經邦, 燮理陰陽."이라는 기록이 있다. 이 관직은 진(秦)나라 때 폐지되었다가, 한(漢)나라 때 다시 설치되기도 하였다.

◎ 태사(太師) : '태사'는 주(周)나라 때의 관직으로, 삼공(三公) 중 하나이며, 삼공 중 서열은 첫 번째이다. 천자를 보좌하여 국정 전반을 다스렸다. 이 관직은 진(秦)나라 때 폐지되었다가, 한(漢)나라 때 다시 설치되기도 하였다.

◎ 태상(太常) : '태상'은 대상(大常)이라고도 부른다. 천자가 세우는 깃발 중 해와 달이 수 놓아진 것을 뜻한다. 『주례』「춘관(春官)·사상(司常)」편에 기록된 '태상'에 대해서, 정현의 주에서는 "王畫日月, 象天明也."라고 풀이했다. 즉 천자의 깃발에는 해[日], 달[月]을 수 놓아서, 하늘의 밝음을 형

상화하는 것이다. 또 정현의 주에 대해서, 가공언(賈公彦)의 소(疏)에서는 "聖人與日月齊其明, 故旌旗畫日月象之. 按桓二年, 臧哀伯云 三辰旂旗, 昭其明也. 三辰, 日月星, 則此太常之畫日月者也. 此直言日月, 不言星者, 此擧日月, 其實兼有星也."라고 풀이했다. 즉 성인(聖人)과 일월(日月)은 그 밝기가 같기 때문에, 천자의 깃발에는 '일월'을 수 놓아서, 하늘의 밝음을 형상화하는 것이다. 그리고 『춘추좌씨전』「환공(桓公) 2년」 편에는 "臧哀伯諫曰, …… 三辰旂旗, 昭其明也."라는 기록이 있다. 즉 군주의 깃발에 삼신(三辰)을 수 놓는 이유는 군주의 밝은 덕을 나타내는 것이라는 뜻이다. 여기에서 말하는 '삼신'은 곧 해[日], 달[月], 별[星]을 뜻하는데, 이것은 곧 『주례』에서 말하는 '태상'과 같은 것이다. 다만 『주례』에서는 해와 달에 대해서만 언급하고, 별에 대해서는 언급하지 않았는데, 그 이유는 해와 달 속에 실제로는 별까지도 포함되어 있기 때문이다.

◎ 태절(泰折) : '태절'은 북쪽 교외에 설치되었던 제단을 뜻한다. 땅에 대한 제사를 지내던 곳이다. 단(壇)자와 절(折)자는 모두 흙을 쌓아올려 제사지내는 장소를 만든다는 뜻이다. 태(泰)자는 천지(天地)와 같은 중요한 신들에게 제사를 지낸다는 뜻에서 붙여진 글자이다. 『예기』「제법(祭法)」편에는 "燔柴於泰壇, 祭天也. 瘞埋於泰折, 祭地也."라는 기록이 있고, 이에 대한 정현의 주에서는 "壇·折, 封土爲祭處也."라고 풀이하였다.

◎ 택궁(澤宮) : '택궁'은 활쏘기를 하여 사(士)를 선발하던 장소이다. 『주례』「하관(夏官)·사궁시(司弓矢)」편에는 "澤共射椹質之弓矢"이라는 기록이 있는데, 이에 대한 정현의 주에서는 정사농(鄭司農)의 주장을 인용하여, "澤, 澤宮也, 所以習射選士之處也."라고 풀이했다.

◎ 택우(澤虞) : '택우'는 소택(沼澤) 지역을 담당했던 관리이다. 소택 지역에 시행되는 정령(政令)을 감독하고, 금령(禁令)의 준수 여부를 감독하였으며, 소택 지역에서 생산되는 재화를 관리하여, 궁성에 보급하였다. 『주례』「지관(地官)·택우(澤虞)」편에는 "澤虞, 掌國澤之政令, 爲之厲禁, 使其地之人守其財物, 以時入之于玉府."라는 기록이 있다.

◎ 토공(土功) : '토공'은 치수(治水) 사업을 하거나 성곽을 축조하거나 궁궐 등을 건설하는 일련의 공사를 지칭한다. 『서』「우서(虞書)·익직(益稷)」

편에는 "啓呱呱而泣, 予弗子, 惟荒度土功."이라는 기록이 있는데, 이에
대한 공안국(孔安國)의 전(傳)에서는 "聞啓泣聲, 不暇子名之, 以大治
度水土之功故."라고 풀이하였다.

◎ 토주(土周) : '토주'는 직주(聖周)·즐주(聖周)라고도 부른다. 흙을 구워 벽
돌을 만든 다음, 관을 넣을 네 면을 벽돌로 쌓아서 장례(葬禮)를 치르는
것이다.

◎ 특생(特牲) : '특생'은 한 종류의 가축을 희생물로 사용한다는 뜻이다. '특
(特)'자는 동일 종류의 희생물을 한 마리 사용한다는 뜻이며, 특히 소를 사
용할 때 사용하는 용어이기도 하다. 『춘추좌씨전』「양공(襄公) 9년」편에
는 "祈以幣更, 賓以特牲."이라는 기록이 있고, 이에 대한 양백준(楊伯峻)
의 주에서는 "款待貴賓, 只用一種牲畜. 一牲曰特."이라고 풀이했다. 그
런데 어떠한 가축을 사용했는가에 대해서는 주석들마다 차이가 있다. 『국
어(國語)』「초어하(楚語下)」편에는 "大夫擧以特牲, 祀以少牢."라는 기
록이 있고, 이에 대한 위소(韋昭)의 주에서는 "特牲, 豕也."라고 풀이했
다. 또한 『예기』「교특생(郊特牲)」편에 대한 육덕명(陸德明)의 제해(題
解)에서는 "郊者, 祭天之名, 用一牛, 故曰特牲."이라고 풀이했다. 즉 '특
생'으로 사용되는 가축은 '시(豕: 돼지)'도 될 수 있으며, 소도 될 수 있다.

◎ 특진관(特進官) : '특진관'은 조선 시대 때의 관직이다. 경연(經筵)에 참관
하여 임금의 고문 역할을 했던 관리이다.

◎ 판현(判縣) : '판현'은 악기를 설치할 때 두 쪽 방면에 설치한다는 뜻이다.
매달아두는 악기인 종(鍾)이나 경(磬) 등을 중심으로 언급하였기 때문에
'현(縣)'자를 붙인 것이다. 경(卿)과 대부(大夫)들이 따랐던 형식이다. 참
고적으로 천자가 악기를 설치하는 방식은 궁현(宮縣)이라고 하며, 4면에
악기들을 설치하는 것이고, 제후가 악기를 설치하는 방식은 헌현(軒縣)이
라고 하며, 3면에 악기들을 설치하는 것이고, 경이나 대부가 악기를 설치

하는 방식은 '판현'이라고 하며, 2면에 악기들을 설치하는 것이고, 대부(大夫) 또는 사(士)가 악기를 설치하는 방식을 '특현(特縣)'이라고 부른다. 대부가 경과 마찬가지로 '판현'을 설치한다는 주장에서는 '사' 계급이 '특현을 설치한다고 주장하며, 대부가 '특현'을 설치한다는 주장에서는 '사' 계급은 단지 금슬(琴瑟)만 설치한다고 주장한다. 『주례』「춘관(春官)·소서(小胥)」편에는 "正樂縣之位, 王, 宮縣, 諸侯, 軒縣, 卿大夫, 判縣, 士, 特縣."이라는 기록이 있고, 이에 대한 정현의 주에서는 정사농(鄭司農)의 주장을 인용하여, "宮縣, 四面縣, 軒縣, 去其一面, 判縣, 又去其一面, 特縣, 又去其一面."이라고 풀이했다. 한편 가의(賈誼)의 『신서(新書)』「심미(審微)」편에는 "禮, 天子之樂宮縣, 諸侯之樂軒縣, 大夫特縣, 士有琴瑟."이라는 기록이 있다.

◎ 팔극(八極) : '팔극'은 팔방(八方)의 아득히 먼 곳을 뜻한다. 『회남자(淮南子)』「원도훈(原道訓)」편에는 "夫道者, 覆天載地, 廓四方, 柝八極, 高不可際, 深不可測."이라는 기록이 있고, 이에 대한 고유(高誘)의 주에서는 "八極, 八方之極也, 言其遠."이라고 풀이했다.

◎ 팔법(八法) : '팔법'은 관속(官屬), 관직(官職), 관련(官聯), 관상(官常), 관성(官成), 관법(官法), 관형(官刑), 관계(官計)를 뜻한다. 국가를 통치하기 위해 마련된 법(法)을 뜻하는 것으로, 앞서 열거했던 여덟 가지 항목들은 국가에 소속된 관리들과 백성들에게 통상적으로 적용되는 여덟 가지 법률 가리킨다. 첫 번째 '관속(官屬)'은 『주례』에 기록된 천관(天官), 지관(地官), 춘관(春官), 하관(夏官), 추관(秋官), 동관(冬官) 등 여섯 개의 관부를 뜻하는 말이며, 각각의 관부에는 60개의 관직이 소속되어 있다. 그렇기 때문에 '관속'이라고 부르는 것으로, 이러한 '관속'을 통해서 국가의 정치를 시행하게 된다. 두 번째 '관직(官職)'은 여섯 관부에서 각자 맡고 있는 직무를 뜻한다. 직무는 또한 그 분야에 따라 치직(治職), 교직(敎職), 예직(禮職), 정직(政職), 형직(刑職), 사직(事職) 등 여섯 가지로 나뉘는데, '관직'은 이러한 여섯 가지 직무를 통해 국가의 정치를 분야별로 구분하는 것이다. 세 번째 '관련(官聯)'은 국가의 큰 행사가 있을 때, 관련된 임무를 협조하여 함께 시행한다는 뜻으로, 이러한 '관련'을 통해 각 관부의

기능과 치적을 규합하게 된다. 네 번째 '관상(官常)'은 각 관부에게 고유하게 주어진 각자의 임무를 뜻한다. 이러한 임무들은 각 관부에서 일상적으로 시행하는 것들을 뜻한다. 다섯 번째 '관성(官成)'은 일종의 규범으로, 각 관부에서 업무를 처리하며 작성한 문서들이다. 각 사안마다 일을 처리하는 방식을 기록하여, 새로운 업무를 처리할 때 참고하여 따르게 된다. 여섯 번째 '관법(官法)'은 각 관부에서 따르고 있는 규율 및 법칙을 뜻한다. 즉 각 관부에서는 해당 부서의 규율 및 법칙에 따라 임무를 시행하며, 국가의 각 분야를 통치한다는 뜻이다. 일곱 번째 '관형(官刑)'은 각종 형벌 제도를 뜻한다. '관형'에 따라서 국가의 규율을 세우게 된다. 여덟 번째 '관계(官計)'는 각 관부의 치적을 평가하여 상벌을 시행하는 것이다. 『주례』「천관(天官)·대재(大宰)」편에는 "以八法治官府. 一曰官屬, 以擧邦治. 二曰官職, 以辨邦治. 三曰官聯, 以會官治. 四曰官常, 以聽官治. 五曰官成, 以經邦治. 六曰官法, 以正邦治. 七曰官刑, 以糾邦治. 八曰官計, 以弊邦治."라는 기록이 있다.

◎ 팔십사조(八十四調) : '팔십사조'에 대해서 설명하자면, 십이율(十二律)의 각 율(律)들은 궁(宮), 상(商), 각(角), 변치(變徵), 치(徵), 우(羽), 변궁(變宮)이라는 7음의 음계로 이루어진다. 이 때 하나의 '율'에 대해서, 각 음계를 주음(主音)으로 삼아 만들어진 것이 조(調)이다. 하나의 '율'마다 7음의 음계로 구성되기 때문에, '조' 또한 궁조(宮調), 상조(商調), 각조(角調), 변치조(變徵調), 치조(徵調), 우조(羽調), 변궁조(變宮調) 등 7가지가 나온다. 이러한 '조'들은 '십이율'에 대해서 각각 만들어지기 때문에, 총 84개의 '조'가 생긴다. 이것이 바로 '팔십사조'라는 것이다.

◎ 팔음(八音) : '팔음'은 여덟 가지의 악기들을 뜻한다. 여덟 종류의 악기에는 8종류의 서로 다른 재질이 사용되기 때문에, 붙여진 이름이다. 여기에서 여덟 가지 재질이란 통상적으로 쇠[金], 돌[石], 실[絲], 대나무[竹], 박[匏], 흙[土], 가죽[革], 나무[木]를 가리킨다. 『서』「우서(虞書)·순전(舜典)」편에는 "三載, 四海遏密八音."이란 기록이 있는데, 이에 대한 공안국(孔安國)의 전(傳)에서는 "八音, 金石絲竹匏土革木."이라고 풀이하였다. 또한 여덟 가지 재질에 따른 악기에 대해서 설명하자면, 금(金)에는 종(鐘)과

박(鎛)이 있고, 석(石)에는 경(磬)이 있으며, 토(土)에는 훈(塤)이 있고, 혁(革)에는 고(鼓)와 도(鼗)가 있으며, 사(絲)에는 금(琴)과 슬(瑟)이 있고, 목(木)에는 축(柷)과 어(敔)가 있으며, 포(匏)에는 생(笙)이 있고, 죽(竹)에는 관(管)과 소(簫)가 있다. 『주례』「춘관(春官)·대사(大師)」편에는 "皆播之以八音, 金石土革絲木匏竹."이라는 기록이 있는데, 이에 대한 정현의 주에서는 "金, 鐘鎛也. 石, 磬也. 土, 塤也. 革, 鼓鼗也. 絲, 琴瑟也. 木, 柷敔也. 匏, 笙也. 竹, 管簫也."라고 풀이하였다.

◎ 팔의(八議) : '팔의'는 여덟 가지 심의를 뜻한다. 팔벽(八辟)이라고도 부른다. 이러한 심의를 거쳐 죄를 경감하거나 사면하게 된다. 심의 내용은 첫 번째 군주와 친족인지의 여부, 두 번째 군주와 오래전부터 친분이 있었는지의 여부, 세 번째 그 자가 현명한 자인가의 여부, 네 번째 그 자에게 뛰어난 재능이 있는지의 여부, 다섯 번째 그 자가 공적을 세운 적이 있었는지의 여부, 여섯 번째 그 자가 존귀한 신분인지의 여부, 일곱 번째 그 자가 국가의 정무에 대해서 근면하게 일해 왔는지의 여부, 여덟 번째 그 자가 선대 왕조의 후예들이라면, 신하로 대할 수 없으므로, 빈객(賓客)으로 대해야 하는지의 여부이다. 『주례』「추관(秋官)·소사구(小司寇)」편에는 "以八辟麗邦法附刑罰. 一曰議親之辟. 二曰議故之辟. 三曰議賢之辟. 四曰議能之辟. 五曰議功之辟. 六曰議貴之辟. 七曰議勤之辟. 八曰議賓之辟."이라는 기록이 있다.

◎ 팔정(八政) : '팔정'은 국가의 정책 시행에 있어서, 주요 대상이 되는 여덟 가지 방면을 뜻한다. 그러나 여덟 가지가 가리키는 구체적 대상들에 대해서는 이견이 많다. 첫 번째는 '팔정'을 농사[食], 재화[貨], 제사[祀], 사공(司空), 사도(司徒), 사구(司寇), 빈객[賓], 군대[師]로 보는 주장이다. '사공', '사도', '사구'는 관직명이기도 한데, 이들이 구체적으로 가리키는 것에 대해 설명하자면, '사공'은 토목 공사에 힘써서 백성들의 거주지를 마련해 주는 것이며, '사도'는 백성들을 예의(禮義)에 따라 교화하는 것이고, '사구'는 도적 등을 근절하여, 백성들이 간사한 무리에 휩쓸리지 않도록 하는 것이다. 『서』「주서(周書)·홍범(洪範)」편에는 "三, 八政. 一曰食, 二曰貨, 三曰祀, 四曰司空, 五曰司徒, 六曰司寇, 七曰賓, 八曰師."라는 기록이

있다. '팔정'을 언급할 때에는 대부분 첫 번째 의미로 사용된다. 두 번째는 음식(飮食), 의복(衣服), '공인들의 재주[事爲]', '각 지역에서 사용되는 기구의 차이[異別]', 길이[度], 수량[量], 숫자[數], '견직물의 치수[制]'로 보는 주장이다. 『예기』「왕제(王制)」편에는 "齊八政以防淫."이라는 기록이 있다. 또한 「왕제」편에는 "八政, 飮食·衣服·事爲·異別·度·量·數·制."라는 기록이 있는데, 이에 대한 정현의 주에서는 "飮食爲上, 衣服次之. 事爲, 謂百工技藝也. 異別, 五方用器不同也. 度, 丈尺也. 量, 斗斛也. 數, 百十也. 制, 布帛幅廣狹也."라고 풀이했다. 세 번째는 부처(夫妻), 부자(父子), 형제(兄弟), 군신(君臣)의 대상들로 보는 주장이다. 『일주서(逸周書)』「상훈(常訓)」편에는 "八政, 夫妻·父子·兄弟·君臣. 八政不逆, 九德純恪."이라는 기록이 있다.

◎ 팔준(八尊) : '팔준'은 제사 때 설치하는 여덟 개의 술동이를 뜻한다. '팔준'에는 술의 맑고 탁한 정도에 따라 나눈 범제(泛齊), 례제(醴齊), 앙제(盎齊), 제제(緹齊), 침제(沈齊) 등의 오제(五齊)를 담고, 또 사용하는 경우에 따라 나는 사주(事酒), 석주(昔酒), 청주(淸酒) 등의 삼주(三酒)를 담는다. 『주례』「천관(天官)·주정(酒正)」편에는 "凡祭祀, 以法共五齊三酒, 以實八尊. 大祭三貳, 中祭再貳, 小祭壹貳, 皆有酌數. 唯齊酒不貳, 皆有器量."이라는 기록이 있다.

◎ 팔진(八珍) : '팔진'은 여덟 가지 맛 좋은 음식들을 뜻한다. 구체적으로는 순오(淳熬), 순모(淳母), 포돈(炮豚), 포장(炮牂), 도진(擣珍), 지(漬), 오(熬), 간료(肝膋) 등을 가리킨다. 이 음식들은 『예기』「내칙(內則)」편에 기록된 것들인데, '순오'는 젓갈을 달여서, 밭에서 생산된 쌀로 지은 밥 위에 얹어 놓고, 그 위에 기름을 바른 음식이다. '순모'에서의 '모(母)'자는 "본뜬다."는 의미의 '모(模)'자로, '순오'와 똑같지만, 쌀 대신 기장을 사용한 음식이다. '포돈'과 '포장'은 조리 방법이 동일한데, 돼지[豚]를 사용하느냐, 또는 '암컷 양[牂]'을 사용하느냐의 차이가 있다. '포돈'과 '포장'에서의 '포(炮)'라는 조리방법은 먼저 해당 가축을 잡은 뒤에, 배를 갈라서 내장을 제거한다. 그리고 그 안에 대취[棗]를 채우고, 익모초[萑]로 묶은 뒤, 진흙을 발라서 굽는다. 진흙이 다 마르면, 그것들을 떼어낸 뒤에 쌀가루를 다시

입힌다. 고기가 모두 잠길 정도로 기름을 충분히 채우고서 다시 달인다. 큰 솥에 물을 끓이고, 고기들은 다시 작은 솥으로 옮겨서, 향신료를 가미한다. 고기가 담긴 작은 솥을 큰 솥에 넣고 3일 동안 달인다. 이후 식초와 젓갈 등을 가미하게 된다. 이것이 바로 '포돈'과 '포장'의 조리방법이다. '도진'을 만들 때에는 소[牛], 양[羊], '큰 사슴[麋]', 사슴[鹿], 노루[麕]의 고기들을 골고루 준비하는데, 반드시 등심살을 사용하며, 각 고기들의 양은 소고기의 양과 균일하도록 준비한다. 질긴 부위를 제거하고, 나머지 부위들을 버무린 뒤에, 익힌 음식이다. '지'는 소고기와 양고기를 사용하는데, 반드시 새로 잡은 것으로 사용한다. 얇게 썰고, 힘줄을 제거한 뒤에 술에 담갔다가, 하루 정도 지난 뒤에 먹는 음식이다. '오'는 소고기나 양고기를 사용하는데, 겉살을 벗겨낸 다음 익모초 위에 펼쳐둔다. 계피[桂]나 생강[薑] 등을 뿌리고, 소금을 그 위에 뿌린 뒤에, 말려서 먹는 음식이다. '간료'는 개의 간으로 만드는데, 개의 지방질[膋]을 간 위에 덮고, 지방 부위를 태워서 조리한 음식이다. 『주례』「천관(天官)·선부(膳夫)」편에는 "珍用八物."이라는 기록이 있고, 이에 대한 정현의 주에서는 "珍, 謂淳熬·淳母·炮豚·炮牂·擣珍·漬·熬·肝膋也."라고 풀이했으며, 가공언(賈公彦)의 소(疏)에서는 "云'珍謂淳熬'已下, 皆內則文. 按內則, '淳熬, 煎醢加于陸稻上, 沃之以膏, 曰淳熬. 淳母, 煎醢加于黍食上, 沃之以膏, 曰淳母. 母, 模也. 炮, 取豚若牂, 刲之刳之, 實棗於其腹中, 編萑以苴之, 塗之以墐塗, 炮之. 塗皆乾, 擘之, 濯手以摩之, 去其皽. 爲稻粉, 糔溲之以爲酏, 以付豚, 煎諸膏, 膏必滅之. 鉅鑊湯, 以小鼎薌脯於其中, 使其湯毋滅鼎, 三日三夜毋絶火, 而後調之以醢醢. 擣珍, 取牛羊麋鹿麕之肉, 必脄, 每物與牛若一. 捶反側之, 去其餌, 孰出之, 去其皽, 柔其肉. 漬, 取牛羊肉, 必新殺者, 薄切之, 必絶其理, 湛諸美酒, 期朝而食之, 以醢若醢醢意. 爲熬, 捶之, 去其皽, 編萑, 布牛肉焉, 屑桂與薑, 以洒諸上而鹽之, 乾而食之. 施羊亦如之. 肝膋, 取狗肝一, 幪之以其膋, 濡炙之, 擧焦其膋, 不蓼也."라고 풀이했다.

◎ **팔칙(八則)** : '팔칙'은 제사(祭祀), 법칙(法則), 폐치(廢置), 녹위(祿位), 부공(賦貢), 예속(禮俗), 형상(刑賞), 전역(田役)을 뜻한다. 도비(都鄙)를

다스리던 여덟 가지 법령을 의미한다. '제사'는 채지(采地)에 포함된 대상들에 대해서 제사를 지냄으로써 귀신들을 좋은 쪽으로 인도하는 것이다. '법칙'은 관부에서 따르고 있는 제도이니, 제도에서 벗어나지 않게끔 하여 관부를 좋은 쪽으로 인도하는 것이다. '폐치'는 잘못을 저질렀거나 무능한 자라면 물러나게 하고 현명하고 유능한 자라면 등용하는 것으로, 이를 통해 아전들을 좋은 쪽으로 인도하는 것이다. '녹위'는 학사(學士)들 중에서 뛰어난 행실과 학문적 성취가 높은 자를 가려서 녹봉과 작위를 주는 것으로, 이를 통해 학사들을 좋은 쪽으로 인도하는 것이다. '부공'은 채지(采地)의 백성들에게서 세금을 거두고, 관부에서 재화의 쓰임을 절제함으로써 재화의 쓰임을 좋은 쪽으로 인도하는 것이다. '예속'은 예법에 따라 풍속을 변화하고, 백성들이 그에 따라 행동하도록 만들어서 백성들을 좋은 쪽으로 인도하는 것이다. '형상'은 죄를 지은 자에게는 형벌을 부여하고 공을 이룬 자에게는 상을 하사하여 백성들을 좋은 쪽으로 인도하고 위엄을 외경하게 만드는 것이다. '전역'은 사냥을 하며 백성들을 동원할 때, 그들이 농사를 지어야 할 시기를 놓치지 않게끔 하여 대중들을 좋은 쪽으로 인도하는 것이다. 『주례』「천관(天官)·대재(大宰)」편에는 "以八則治都鄙: 一曰祭祀, 以馭其神; 二曰法則, 以馭其官; 三曰廢置, 以馭其吏; 四曰祿位, 以馭其士; 五曰賦貢, 以馭其用; 六曰禮俗, 以馭其民; 七曰刑賞, 以馭其威; 八曰田役, 以馭其衆."이라는 기록이 있다.

◎ 팔풍(八風) : '팔풍'은 팔방(八方)에서 풀어오는 바람으로, 각 문헌에 따라서 명칭이 조금씩 다르다. 『여씨춘추(呂氏春秋)』에 따르면, 동북풍(東北風)은 염풍(炎風), 동풍(東風)은 도풍(滔風), 동남풍(東南風)은 훈풍(熏風), 남풍(南風)은 거풍(巨風), 서남풍(西南風)은 처풍(淒風), 서풍(西風)은 료풍(飂風), 서북풍(西北風)은 려풍(厲風), 북풍(北風)은 한풍(寒風)이다. 『회남자(淮南子)』에 따르면, 동북풍(東北風)은 염풍(炎風), 동풍(東風)은 조풍(條風), 동남풍(東南風)은 경풍(景風), 남풍(南風)은 거풍(巨風), 서남풍(西南風)은 량풍(涼風), 서풍(西風)은 료풍(飂風), 서북풍(西北風)은 려풍(麗風), 북풍(北風)은 한풍(寒風)이다. 『설문해자(說文解字)』에 따르면, 동풍(東風)은 명서풍(明庶風), 동남풍(東南風)은 청

명풍(淸明風), 남풍(南風)은 경풍(景風), 서남풍(西南風)은 량풍(涼風), 서풍(西風)은 창합풍(閶闔風), 서북풍(西北風)은 부주풍(不周風), 북풍(北風)은 광막풍(廣莫風), 동북풍(東北風)은 융풍(融風)이다. 『경전석문(經典釋文)』에 따르면, 동풍(東風)은 곡풍(谷風), 동남풍(東南風)은 청명풍(淸明風), 남풍(南風)은 개풍(凱風), 서남풍(西南風)은 량풍(涼風), 서풍(西風)은 창합풍(閶闔風), 서북풍(西北風)은 부주풍(不周風), 북풍(北風)은 광막풍(廣莫風), 동북풍(東北風)은 융풍(融風)이다. 『여씨춘추(呂氏春秋)』「유시(有始)」편에서는 "何謂八風. 東北曰炎風, 東方曰滔風, 東南曰熏風, 南方曰巨風, 西南曰淒風, 西方曰飂風, 西北曰厲風, 北方曰寒風."이라고 하였고, 『회남자(淮南子)』「추형훈(墜形訓)」편에서는 "東北曰炎風, 東方曰條風, 東南曰景風, 南方曰巨風, 西南曰涼風, 西方曰飂風, 西北曰麗風, 北方曰寒風."이라고 하였으며, 『설문(說文)』「풍부(風部)」편에서는 "風, 八風也. 東方曰明庶風, 東南曰淸明風, 南方曰景風, 西南曰涼風, 西方曰閶闔風, 西北曰不周風, 北方曰廣莫風, 東北曰融風."이라고 하였고, 『춘추좌씨전』「은공(隱公) 5년」편에는 "夫舞所以節八音, 而行八風."이라는 기록이 있는데, 이에 대한 육덕명(陸德明)의 『경전석문(經典釋文)』에서는 "八方之風, 謂東方谷風, 東南淸明風, 南方凱風, 西南涼風, 西方閶闔風, 西北不周風, 北方廣莫風, 東北方融風."이라고 풀이하였다.

◎ 패(旆) : '패'는 깃발에 다는 장식으로, 마치 제비의 꼬리처럼 깃발 끝에 늘어트리는 것이다. 한편 깃발을 두루 범칭하는 용어로도 사용되었다.

◎ 패옥(佩玉) : '패옥'은 의대(衣帶)에 매달아서 장식품으로 삼았던 옥(玉)을 뜻한다. 『예기』「옥조(玉藻)」편에는 "古之君子必佩玉."이라는 기록이 있다.

◎ 폐칩(閉蟄) : '폐칩'은 동물 및 곤충들이 동면(冬眠)에 들어가는 시점을 뜻한다. 하(夏)나라 때의 역법에 따르면, '폐칩'은 10월인 맹동(孟冬)의 계절에 해당한다.

◎ 편가(偏駕) : '편가'는 제후가 타는 수레를 뜻하는 용어이다.

◎ 평암섭씨(平巖葉氏) : =섭채(葉采)

◎ 폐호(幣號) : '폐호'는 제사 때 신(神)에게 바치게 되는 옥(玉)이나 비단 등
의 폐물을 아름답게 부르는 호칭을 뜻한다. 마치 옥(玉)을 '흠이 없는 아름
다운 보옥[嘉玉]'이라고 부르고, 폐물을 '치수에 맞는 폐물[量幣]'이라고 부
르는 경우와 같다. 『주례』「춘관(春官) · 대축(大祝)」편에는 "辨六號, 一
曰神號, 二曰鬼號, 三曰示號, 四曰牲號, 五曰齍號, 六曰幣號."라는 기
록이 있는데, 이에 대한 정현의 주에서는 "幣號, 若玉云嘉玉, 幣云量幣."
라고 풀이했다.

◎ 포(袍) : '포'는 상의와 하의가 연결된 옷으로, 평상시에 입던 옷을 뜻한다.
한(漢)나라 이후에는 이 옷을 조복(朝服)으로 사용하기도 했다. 상의와 하
의가 연결되어 옷의 길이가 길었으므로, 장의(長衣) 중 하나인데, 발까지
는 내려오지 않았다. '포' 위에는 외투를 걸치기도 했다.

◎ 포(胞) : '포'는 제사 때 사용되는 고기를 담당하는 말단 관리이다. 『예기』「제
통(祭統)」편에는 "胞者, 肉吏之賤者也."라는 기록이 있다.

◎ 포죽(匏竹) : '포죽'은 대나무로 만든 악기로, 생(笙) · 우(竽) · 소(簫) · 적
(笛) 등의 악기를 뜻한다. 『국어(國語)』「주어하(周語下)」편에는 "匏竹利
制."라는 기록이 있고, 이에 대한 위소(韋昭)의 주에서는 "匏, 笙也; 竹,
簫管也."라고 풀이했다.

◎ 포벽(蒲璧) : '포벽'은 조회 때 천자 및 각 신하들이 잡게 되는 육서(六瑞)
중의 하나이다. 남작이 잡던 벽(璧)이다. '포(蒲)'는 자리를 짜는 왕골을 뜻
하는데, 왕골이 만개하여 꽃을 피운 모습을 무늬로 새겨 넣었기 때문에 '포
벽'이라고 부르는 것이다. '벽'의 지름은 5촌(寸)이었다.

◎ 폭병(暴兵) : '폭병'은 뜻하지 않게 들이닥친 흉포한 군대를 뜻한다. 『오자(吳
子)』「도국(圖國)」편에는 "凡兵之所起者有五. ……. 其名又有五, 一曰
義兵, 二曰彊兵, 三曰剛兵, 四曰暴兵, 五曰逆兵."이라는 기록이 있다.

◎ 풍식(馮式) : '풍식'은 풍식(馮軾)이라고도 한다. 수레에 탔을 때 잡게 되는
수레 위쪽 전면에 놓여 있는 가로대를 뜻한다.

◎ 풍씨(馮氏) : =양헌풍씨(亮軒馮氏)

◎ 피변복(皮弁服) : '피변복'은 호의(縞衣)라고도 부르며, 주로 군주가 조회를
하거나 고삭(告朔)을 할 때 착용하는 복장이다. 흰색 비단으로 만들었으

며, 옷에 착용하는 관(冠) 또한 백색 사슴 가죽으로 만들었다. 『의례』「기석례(旣夕禮)」편에는 "薦乘車, 鹿淺幦, 干笮革靾, 載旜載皮弁服, 纓轡貝勒, 縣于衡."이라는 기록이 있고, 이에 대한 정현의 주에서는 "皮弁服者, 視朔之服."이라고 풀이했다.

◎ 하(嘏) : '하'자는 축복을 받는다는 뜻이다. 제사를 지내게 되면, 시동이 입가심 하는 술을 받은 다음, 술잔이 오가게 되는데, 그 일이 끝나게 되면 축관(祝官)에게 명령하여, 제주(祭主)에게 축복을 내려주도록 한다. 이 의식을 '하'라고 부른다. 시동의 명령을 받은 축관은 '하'를 하게 되는데, 그 말에서는 "황시(皇尸)가 나 축관에게 명하여, 효손인 그대에게 많은 복을 영원토록 내리게 하였다. 그대 효손으로 하여금, 하늘로부터 녹봉[祿]을 받게 하고, 많은 농토를 경작하게 할 것이며, 장수하여 천년만년 향유하도록 할 것이니, 폐망하는 일 없이 잘 이끌어가야 한다."라고 한다. 이것이 바로 '하'에 사용되는 말이다. 『의례』「소뢰궤식례(少牢饋食禮)」편에는 "卒命祝, 祝受以東, 北面于戶西, 以嘏于主人曰, "皇尸命工祝, 承致多福無疆于女孝孫. 來女孝孫, 使女受祿于天, 宜稼于田, 眉壽萬年, 勿替引之."라는 기록이 있다.

◎ 하간헌왕(河間獻王, ? ~ B.C. 130) : =유덕(劉德). 전한(前漢) 때의 인물이다. 성(姓)은 유(劉)이고, 이름은 덕(德)이다. 경제(景帝)의 아들이다. B.C.155년에 하간(河間) 지역의 왕으로 분봉을 받았기 때문에, '하간헌왕'이라고 부르는 것이다. 학문을 좋아하였고, 유학(儒學) 뿐만 아니라, 다른 학문에 대해서도 박학하였다. 민간으로부터 많은 서적들을 수집하였고, 학자들을 불러 모아서 많은 서적들을 편찬하였다.

◎ 하사(下士) : '하사'는 고대의 사(士) 계급은 상(上) · 중(中) · 하(下)의 세 부류로 구분되기도 하였는데, 하사(下士)는 사 계급 중에서도 가장 낮은 등급의 부류이다.

◎ 하상(下殤) : '하상'은 8~11세 사이에 요절한 자를 뜻한다. 『의례』「상복(喪服)」편에 "十一至八歲爲下殤."이라는 기록이 있다.

◎ 하순(賀循, A.D.260 ~ A.D.319) : 위진시대(魏晉時代) 때의 학자이다. 자(字)는 언선(彦先)이다.

◎ 하정(夏正) : '하정'은 하(夏)나라의 정월(正月)을 뜻한다. 이러한 뜻에서 파생되어 하나라의 역법(曆法)을 지칭하기도 한다. 하력(夏曆)을 기준으로 두었을 때, 은(殷)나라는 12월을 정월로 삼았으며, 주(周)나라는 11월을 정월로 삼았다. 『사기(史記)』「역서(曆書)」편에서는 "秦及漢初曾一度以夏曆十月爲正月, 自漢武帝改用夏正后, 曆代沿用."이라고 하여, 진(秦)나라와 전한초기(前漢初期)에는 하력에서의 10월을 정월로 삼았다가, 한무제(漢武帝)부터는 다시 하력을 따랐다고 전해진다. 또한 '하력'은 농력(農曆)이라고도 부르는데, '하력'에 기준을 두었을 때, 농사의 시기와 가장 잘 맞았기 때문이다. 따라서 역대 왕조에서 역법을 개정할 때에는 '하력'에 기준을 두게 되었다.

◎ 하창(賀瑒, A.D.452 ~ A.D.510) : 남조(南朝) 때의 학자이다. 남조의 제(齊)나라와 양(梁)나라에서 각각 활동하였다. 자(字)는 덕연(德璉)이다. 『예기신의소(禮記新義疏)』 등을 찬술하였다.

◎ 하축(夏祝) : '하축'은 하(夏)나라 때의 예법을 익혀서, 제사 등을 돕는 자이다. 하나라 때에는 충(忠)을 중심으로 가르쳤으므로, 그 예법은 봉양을 하는 것에 적합하다. 그렇기 때문에 음식과 관련된 일을 담당한다. 『의례』「사상례(士喪禮)」편에는 "夏祝鬻餘飯, 用二鬲, 于西牆下."라는 기록이 있고, 이에 대한 정현의 주에서는 "夏祝, 祝習夏禮者也. 夏人教以忠, 其於養宜."라고 풀이했다.

◎ 하휴(何休, A.D.129 ~ A.D.182) : 전한(前漢) 때의 금문경학자(今文經學者)이다. 자(字)는 소공(邵公)이다. 『춘추공양전해고(春秋公羊傳解詁)』를 지었으며, 『효경(孝經)』, 『논어(論語)』 등에 대해서도 주를 달았고, 『춘추한의(春秋漢議)』를 짓기도 하였다.

◎ 한유(韓愈, A.D.768 ~ A.D.824) : 당(唐)나라 때의 학자이다. 자는 퇴지(退之)이다. 저서로는 『창려선생집(昌黎先生集)』 등이 있다.

◎ 함(含) : '함'은 부의를 보낸다는 뜻이며, 또한 부의로 보내는 특정 물건을 가리키기도 하다. '함'은 시신과 함께 매장하게 될 주옥(珠玉)을 부의로 보내는 것이다. 『예기』「문왕세자(文王世子)」편에는 "族之相爲也, 宜弔不弔, 宜免不免, 有司罰之. 至于贈賻承含, 皆有正焉."이라는 기록이 있는데, 이에 대한 진호(陳澔)의 『집설(集說)』에서는 "含以珠玉."이라고 풀이했다. 또 '함'은 시신의 입에 곡식이나 화폐 등을 넣는 것을 의미하기도 한다.

◎ 함매(銜枚) : '함매'는 본래 병사들에 입에 물리던 나무판이다. 이것을 입에 물림으로써 큰 소리를 내거나 잡답을 하지 못하도록 하였다. 『주례』「하관(夏官)·대사마(大司馬)」편에는 "群司馬振鐸, 車徒皆作, 遂鼓行, 徒銜枚而進."이라는 기록이 있다.

◎ 함옥(含玉) : '함옥'은 고대의 상례에서, 죽은 자의 입에 넣는 옥을 뜻한다. 『주례』「천관(天官)·대재(大宰)」편에는 "大喪, 贊贈玉·含玉."이라는 기록이 있고, 이에 대한 정현의 주에서는 "含玉, 死者口實. 天子以玉."이라고 풀이했다.

◎ 함장(函丈) : '함장'의 '함(函)'자는 수용한다는 뜻이고, '장(丈)'자는 1장(丈)을 뜻하는 거리이다. 따라서 '함장'은 강학하는 자와 강학을 받는 자는 1장(丈)의 거리만큼 떨어져서 앉는다는 뜻이다. 후대에는 이 뜻에서 파생되어, 강학하는 좌석 및 스승을 뜻하는 용어로도 사용되었다. 『예기』「곡례상(曲禮上)」편에는 "若非飮食之客, 則布席, 席間函丈."이라는 용례가 있다.

◎ 합(合) : '합'은 용량을 재는 단위이다. 10분의 1승(升)이다. 『손자산경(孫子算經)』에서는 "十抄爲一勺, 十勺爲一合, 十合爲一升."이라고 했다. 즉 10초(抄)는 1작(勺)이 되고, 10작(勺)은 1합(合)이 되며, 10합(合)은 1승(升)이 된다는 뜻이다. 또 유향(劉向)의 『설원(說苑)』「변물(辨物)」편에서는 "千二百黍爲一龠, 十龠爲一合, 十合爲一升."이라고 했다. 즉 서(黍) 1,250개의 알갱이는 1약(龠)이 되고, 10약(龠)은 1합(合)이 되며, 10합(合)은 1승(升)이 된다는 뜻이다.

◎ 행주(行主) : '행주'는 군주의 행차에 함께 따라간 신주(神主)를 뜻한다. 공녜(公禰)와 같은 말이다. '공녜'는 수레에서 실려서, 군주를 따라다니게 되

는 신주를 뜻한다. 또한 그 수레를 지칭하기도 한다.

◎ 향국(享國) : '향국'은 천자가 제위(帝位)에 있었던 년 수를 뜻한다. 『서』「주서(周書)·무일(無逸)」편에는 "肆中宗之享國, 七十有五年."이라는 기록이 있고, 가의(賈誼)의 「과진론(過秦論)」에는 "延及孝文王, 莊襄王, 享國日淺, 國家無事."라는 기록이 있다.

◎ 향대부(鄕大夫) : '향대부'는 주대(周代)의 행정단위였던 향(鄕)을 담당하는 관리이다.

◎ 향례(饗禮) : '향례'는 연회의 한 종류이다. 또한 연회를 범칭하는 용어로도 사용된다. 본래 '향례'를 시행할 때에는 희생물을 통째로 바치지만, 그것을 먹지는 않는다. 또 술잔을 가득 채우지만, 마시지는 않으며, 자리에 서 있기만 하고, 앉지는 않는다. 또한 신분의 존비(尊卑)에 의거해서 술잔을 바치게 되는데, 정해진 술잔 바치는 회수가 끝나면, 의식을 끝낸다. 다만 숙위(宿衛)들과 기로(耆老) 및 고아들에게 향례를 할 때에는 술을 취할 때까지 마시게 하는 것을 법도로 삼았다.

◎ 향례(享禮) : '향례'는 본래 조빙(朝聘)을 하기 위해 사신을 간 신하가 그 나라의 군주에게 예물(禮物)을 바치는 의식을 뜻한다. 또한 연회를 범칭하는 용어로도 사용된다. 그리고 연회 중에서도 향례(享禮)는 연례(宴禮)보다 높은 의식으로, 초대한 손님을 접대하는 잔치를 뜻하기도 한다. 만약 천자가 제후를 초대하게 되면 '향례'를 베풀었고, 제후의 신하인 경(卿)을 초대하면 '연례'를 베풀었다. 그리고 '향례'에서는 희생물을 통째로 올렸지만, '연례'에서는 잘게 썰어서 올렸다.

◎ 향사례(鄕射禮) : '향사례'는 활쏘기를 하며 음주를 했던 의례(儀禮)이다. 크게 두 가지로 나뉘는데, 하나는 지방의 수령이 지방학교인 서(序)에서 사람들을 모아서 활쏘기를 익히며 음주를 했던 의례이고, 다른 하나는 향대부(鄕大夫)가 3년마다 치르는 대비(大比)라는 시험을 끝내고 공사(貢士)를 한 연후에, 향대부가 향로(鄕老) 및 향인(鄕人)들과 향학(鄕學)인 상(庠)에서 활쏘기를 익히고 음주를 했던 의례이다. 『주례』「지관(地官)·향대부(鄕大夫)」편에는 "退而以鄕射之禮五物詢衆庶."라는 기록이 있는데, 이에 대한 손이양(孫詒讓)의 『정의(正義)』에서는 "退, 謂王受賢能之

書事畢, 鄕大夫與鄕老, 則退各就其鄕學之庠而與鄕人習射, 是爲鄕射之禮."라고 풀이하였다.

◎ 향상(享嘗) : '향상'은 계절마다 지내는 시제(時祭)를 뜻한다. 『예기』「제법(祭法)」편에는 "遠廟爲祧, 有二祧, 享嘗乃止."라는 기록이 있고, 이에 대한 정현의 주에서는 "享嘗, 謂四時之祭."라고 했다.

◎ 향음례(鄕飮禮) : '향음례'는 '향음주례(鄕飮酒禮)'라고도 부른다. 주(周)나라 때에는 향학(鄕學)에서 3년마다 대비(大比)라는 시험을 치러서, 선발된 자들을 천거하였다. 이러한 행사를 실시할 때 향대부(鄕大夫)는 음주 연회의 자리를 만들어서, 선발된 자들에게 빈례(賓禮)에 따라 대접을 하며, 그들에게 술을 따라주었는데, 이 의식을 '향음례' 또는 '향음주례'라고 불렀다. 『의례』「향음주례(鄕飮酒禮)」편에 대한 가공언(賈公彦)의 소(疏)에서는 정현의 『삼례목록(三禮目錄)』을 인용하여, "諸侯之鄕大夫三年大比, 獻賢者能於其君, 以賓禮待之, 與之飮酒. 於五禮屬嘉禮."라고 풀이했다. 또한 일반적으로 음주를 즐기며 연회를 하는 것을 뜻하기도 한다.

◎ 허신(許愼, A.D.30 ~ A.D.124) : =허숙중(許叔重). 후한(後漢) 때의 학자이다. 자(字)는 숙중(叔重)이다. 『설문해자(說文解字)』의 저자로 널리 알려져 있으며, 다른 저서로는 『오경이의(五經異義)』가 있으나 산일되었다. 『오경이의』는 송대(宋代) 때 다시 편찬되었으나 진위를 따지기 힘들다.

◎ 헌(獻) : '헌'은 육향(六享)의 첫 번째 제사에 속하는 것으로, 단술을 따라서 바친다는 뜻으로, 희생물의 피와 생고기를 바치는 때를 의미한다.

◎ 헌원씨(軒轅氏) : '헌원씨'는 황제(黃帝)를 뜻한다. 헌원(軒轅)은 '황제'의 이름이 된다. 『사기(史記)』「오제본기(五帝本紀)」편에는 "黃帝者, 少典之子, 姓公孫, 名曰軒轅."이라는 기록이 있다. 즉 '황제'는 소전(少典)의 아들로, 성(姓)은 공손(公孫)이고, 이름은 '헌원'이다. 또한 황제가 '헌원'이라는 언덕에 거처했기 때문에, 이러한 이름이 생겼다는 주장도 있다.

◎ 헌주(獻主) : '헌주'는 연회 자리에서 사람들에게 술을 따라주는 자이다. 일반적으로 연회를 마련한 주인(主人)이 담당하였다. 그러나 군주가 주인인 경우, 그 예법을 낮출 필요가 있을 때, 재부(宰夫)를 시켜서 '헌주'로 삼고, 그를 시켜서 빈객(賓客)들에게 술을 따르게 했다.

◎ 헌준(獻尊) : '헌준'은 곧 희준(犧尊)을 뜻한다. 『주례』「춘관(春官)·사준이(司尊彝)」편에는 "其朝踐用兩獻尊."이라는 기록이 있는데, 이에 대한 정현의 주에서는 정사농(鄭司農)의 주장을 인용하여, 鄭司農云, 獻讀爲犧. 犧尊飾以翡翠."라고 풀이했고, 육덕명(陸德明)의 『경전석문(經典釋文)』에서는 "兩獻, 本或作戲, 注作犧, 同."이라고 풀이했다. 즉 '헌(獻)'자는 '희(戲)'자로도 기록하는데, 정현의 주에서는 '희(犧)'자로 기록하고 있다. '희존'은 비취(翡翠)로 장식한 술동이이다. 한편 임윤(林尹)의 주에서는 "獻尊, 六尊之一, 刻畫爲鳳凰之形 …… 詩孔疏引鄭志謂以鳳凰羽爲畫飾; 又引王肅禮器注, 謂爲犧牛及象之形, 鑿其背以爲尊. 按犧尊之說, 當以王肅爲最當. 今觀故宮博物館所藏之犧尊, 皆獸形, 鑿其背爲圓口, 上有蓋, 而以其腹爲容器. 犧爲衆之名, 固不必牛也."라고 풀이했다. 즉 '헌존'은 육존(六尊) 중 하나로, 봉황(鳳凰)의 형상을 새겨넣은 술동이이다. 『시』에 대한 공영달(孔穎達)의 소(疏)에서는 『정지(鄭志)』를 인용하여, 봉황의 날개를 그림으로 그려 넣은 것이라고 설명하고, 또한 『예기』「예기(禮器)」편에 대한 왕숙(王肅)의 주를 인용하여, '희생물로 사용되는 쇠[犧牛]' 및 코끼리[象]의 형상을 새겨서 만든 술동이라고 하였다. '희존'에 대한 주장들을 살펴봤을 때, 왕숙의 주장이 가장 타당한데, 현재 발굴되어 있는 '희존'을 살펴보면, 그 겉면에 모두 짐승의 형상이 새겨져 있고, 원형의 주둥이를 만들고, 그 위에는 덮개가 있다. '희(犧)'자는 희생물로 사용되는 동물들을 두루 가리키는 용어이므로, 소만을 뜻하는 용어로 풀이할 필요는 없다는 뜻이다.

◎ 혁로(革路) : '혁로'는 혁로(革輅)라고도 부른다. 천자가 사용하는 다섯 가지 수레 중 하나이다. 전쟁용으로 사용했던 수레인데, 간혹 제후의 나라에 순수(巡守)를 갈 때 사용하기도 하였다. 가죽으로 겉을 단단하게 동여매서 고정시키고, 옻칠만 하고, 다른 장식을 하지 않았기 때문에, '혁로'라고 부르는 것이다. 『주례』「춘관(春官)·건거(巾車)」편에는 "革路, 龍勒, 條纓五就, 建大白, 以卽戎, 以封四衛."라는 기록이 있고, 이에 대한 정현의 주에서는 "革路, 鞔之以革而漆之, 無他飾."이라고 풀이했다.

◎ 현관(玄冠) : '현관'은 흑색으로 된 관(冠)이다. 고대에는 조복(朝服)을 입

을 때 착용을 하였다. 『의례』「사관례(士冠禮)」편에는 "主人玄冠朝服, 緇帶素韠."이라는 기록이 있다.

◎ 현단(玄端) : '현단'은 고대의 예복(禮服) 중 하나이다. 흑색으로 만든 옷이다. 주로 제사 때 사용했으며, 천자 및 제후로부터 대부(大夫)와 사(士) 계급에 이르기까지 모두 이 복장을 착용할 수 있었다. '현단'은 상의와 하의 및 관(冠)까지 포함하는 용어이다. 한편 손이양(孫詒讓)의 주장에 따르면, '현단'은 의복에만 해당하는 용어이며, 관(冠)은 포함하지 않는다고 주장한다. 그리고 천자로부터 사 계급에 이르기까지 이 복장을 제복(齊服)으로 사용했다고 설명한다. 『주례』「춘관(春官)·사복(司服)」편에는 "其齊服有玄端素端."이라는 기록이 있는데, 손이양의 『정의(正義)』에서는 "玄端素端是服名, 非冠名, 蓋自天子下達至於士通用爲齊服, 而冠則尊卑所用互異."라고 풀이하였다. 그리고 '현단'은 천자가 평소 거처할 때 착용했던 복장을 가리키기도 한다. 『예기』「옥조(玉藻)」편에는 "卒食, 玄端而居."라는 기록이 있고, 이에 대한 정현의 주에서는 "天子服玄端燕居也."라고 풀이하였다.

◎ 현면(玄冕) : '현면'은 현의(玄衣)와 면류관을 뜻한다. 본래 천자 및 제후의 제사복장으로, 비교적 중요성이 덜한 제사 때 입는다. '현의' 중 상의에는 무늬가 들어가지 않고, 하의에만 불(黻)을 수놓는다. 『주례』「춘관(春官)·사복(司服)」편에는 "祭群小祀則玄冕."이라는 기록이 있고, 이에 대한 정현의 주에서는 "玄者, 衣無文, 裳刺黻而已, 是以謂玄焉."이라고 풀이했다.

◎ 현명(玄冥) : '현명'은 오행(五行) 중 수(水)의 기운을 주관하는 천상의 신(神)이다. 수(水)의 기운을 담당했기 때문에, 그 관부의 이름을 따서 수관(水官)이라고도 부르고, 관부의 수장이라는 뜻에서 수정(水正)이라고도 부른다. '오행' 중 수(水)의 기운은 각 계절 및 방위와 관련되어, '현명'은 겨울과 북쪽에 해당하는 신이라고도 부른다. 다만 수덕(水德)을 주관했던 상위의 신은 전욱(顓頊)이었고, '현명'은 '전욱'을 보좌했던 신이다. 한편 다른 오관(五官)의 신들과 달리, '현명'에 해당하는 인물에 대해서는 이견(異見)이 있다. 『예기』「월령(月令)」편에는 "其日壬癸, 其帝顓頊, 其神

玄冥."이라는 기록이 있는데, 이에 대한 정현의 주에서는 "玄冥, 少皞氏 之子曰脩, 曰熙, 爲水官."이라고 풀이한다. 즉 소호씨(少皞氏)의 아들 중 수(脩)와 희(熙)라는 인물이 있었는데, 이들은 생전에 수관(水官)이 되어 공덕(功德)을 쌓았고, 죽어서는 '현명'에 배향되었다고 설명한다. 『여씨 춘추(呂氏春秋)』「맹동기(孟冬紀)」편에는 "其日壬癸, 其帝顓頊, 其神 玄冥."이라는 기록이 있는데, 이에 대한 고유(高誘)의 주에서는 "玄冥, 官 也. 少皞氏之子曰循, 爲玄冥師, 死祀爲水神."이라고 풀이한다. 즉 '현 명'은 관직에 해당하는데, '소호씨'의 아들이었던 순(循)이 생전에 '현명'이 라는 관부의 수장을 지냈기 때문에, 그가 죽었을 때에는 수신(水神)으로 배향을 했다는 뜻이다.

◎ 현무(玄武) : '현무'는 북쪽 하늘의 별자리들을 총칭하는 용어이다. 하늘의 주요 별자리인 28수(宿) 중 북쪽 방위에 해당하는 두수(斗宿)·우수(牛 宿)·여수(女宿)·허수(虛宿)·위수(危宿)·실수(室宿)·벽수(壁宿) 등 7개의 별자리를 총칭한다. 이 일곱 별자리를 서로 연결하면, 거북이[武]의 형상이 되며, 검은색[玄]은 물[水]의 색깔에 해당하는데, 방위와 오행(五 行)을 연관시키면, 물은 북쪽에 해당하기 때문에, '현무'라고 부르는 것이 다.

◎ 현무(玄武) : '현무'는 검은색으로 만든 관(冠)의 테두리를 뜻한다.

◎ 현주(玄酒) : '현주'는 고대의 제례(祭禮)에서 술 대신 사용한 물[水]을 뜻한 다. '현주'의 '현(玄)'자는 물은 흑색을 상징하므로, 붙여진 글자이다. '현주' 의 '주(酒)'자의 경우, 태고시대 때에는 아직 술이 없었기 때문에, 물을 술 대신 사용했다. 따라서 후대에는 이 물을 가리키며 '주'자를 붙이게 된 것이 다. '현주'를 사용하는 것은 가장 오래된 예법 중 하나이므로, 후대에도 이러한 예법을 존숭하여, 제사 때 '현주' 또한 사용했던 것이며, '현주'를 술 중에서도 가장 귀한 것으로 여겼다. 『예기』「예운(禮運)」편에는 "故玄酒 在室, 醴醆在戶."라는 기록이 있는데, 이에 대한 공영달(孔穎達)의 소 (疏)에서는 "玄酒, 謂水也. 以其色黑, 謂之玄. 而太古無酒, 此水當酒 所用, 故謂之玄酒."라고 풀이했다.

◎ 협제(祫祭) : '협제'는 협(祫)이라고도 부른다. 신주(神主)들을 태조(太祖)

의 묘(廟)에 모두 모셔놓고 지내는 제사이다. 『춘추공양전』「문공(文公) 2년」에 "八月, 丁卯, 大事于大廟, 躋僖公, 大事者何. 大祫也. 大祫者何. 合祭也, 其合祭奈何. 毀廟之主, 陳于大祖."라는 기록이 있다.

◎ 형병(邢昺, A.D.932~A.D.1010) : 북송(北宋) 때의 학자이다. 자(字)는 숙명(叔明)이다. 예부상서(禮部尙書) 등을 지냈다. 저서로는 『논어정의(論語正義)』, 『이아정의(爾雅正義)』 등이 있다.

◎ 호관(縞冠) : '호관'은 백색의 명주로 만든 관(冠)이다. 상제(祥祭)나 흉사(凶事) 때 착용했다.

◎ 호사(虎士) : '호사'는 용맹한 사(士)를 뜻하는 말이다. 궁중의 호위를 담당했던 자들이다.

◎ 호성(弧星) : '호성'은 28수(宿)에 속하지 않지만, 28수 중 하나인 정수(井宿) 근처에 있는 별자리이다. 이리별이라고 부르는 낭성(狼星)의 동남쪽에 위치하며, 9개의 별들로 이루어져 있다.

◎ 호천상제(昊天上帝) : '호천상제'는 호천(昊天)과 상제(上帝)로 구분하여 해석하기도 하며, '호천상제'를 하나의 용어로 해석하기도 한다. 후자의 경우 '호천'이라는 말은 '상제'를 수식하는 말이다. 고대에는 축호(祝號)라는 것을 지어서 제사 때의 용어를 수식어로 꾸미게 되는데, '호천상제'의 경우는 '상제'에 대한 축호에 해당하며, 세분하여 설명하자면 신(神)의 명칭에 수식어를 붙이는 신호(神號)에 해당한다. 『예기』「예운(禮運)」편에는 "作其祝號, 玄酒以祭, 薦其血毛, 腥其俎, 孰其殽."라는 기록이 있고, 이에 대한 진호(陳澔)의 주에서는 "作其祝號者, 造爲鬼神及牲玉美號之辭. 神號, 如昊天上帝."라고 풀이했다. '호천'과 '상제'로 풀이할 경우, '상제'는 만물을 주재하는 자이며, '상천(上天)'이라고도 불렀다. 고대인들은 길흉(吉凶)과 화복(禍福)을 내릴 수 있는 능력을 갖추고 있었다고 생각하였다. 한편 '상제'는 오행(五行) 관념에 따라 동·서·남·북·중앙의 구분이 생기면서, 천상을 각각 나누어 다스리는 오제(五帝)로 설명되기도 한다. '호천'의 경우 천신(天神)을 뜻하는데, '상제'와 비슷한 개념이다. '호천'을 '상제'보다 상위의 개념으로 해석하여, 오제 위에서 군림하는 신으로 해석하는 경우도 있다.

◎ 화축(火畜) : '화축'은 동물들을 오행(五行)으로 배분했을 때, 화(火)에 해당하는 가축을 뜻한다. 말[馬]이나 양(羊)이 여기에 해당된다. 그 이유에 대해서 명대(明代)의 왕기(王圻)는 『삼재도회(三才圖會)』「조수삼(鳥獸三)·마(馬)」편에서 "馬, 火畜也, 火性健決躁速, 故易乾爲馬."라고 설명하였다. 즉 말이 '화축'에 해당하는데, 가축들 중에서 '화'의 성질을 가지고 있는 것들은 강건하고, 과감하고, 조급하고, 빠르다.

◎ 환규(桓圭) : '환규'는 조회 때 천자 및 각 신하들이 잡게 되는 육서(六瑞) 중의 하나이다. 공작이 잡던 규(圭)이다. 한 쌍의 기둥을 '환(桓)'이라고 부르는데, 이 무늬를 '규'에 새겼기 때문에, '환규'라고 부른다. '규'의 길이는 9촌(寸)으로 만들었다.

◎ 황간(黃幹, A.D.1152~A.D.1221) : =면재황씨(勉齋黃氏)·삼산황씨(三山黃氏)·장락황씨(長樂黃氏)·황면재(黃勉齋)·황직경(黃直卿). 남송(南宋) 때의 학자이다. 자(字)는 직경(直卿)이고, 호(號)는 면재(勉齋)이다. 주자(朱子)에게서 수학하였으며, 주자의 사위였다. 저서로는 『오경통의(五經通義)』 등이 있다.

◎ 황간(皇侃, A.D.488~A.D.545) : =황씨(皇氏). 남조(南朝) 때 양(梁)나라의 경학자이다. 『주례(周禮)』, 『의례(儀禮)』, 『예기(禮記)』 등에 해박하여, 『상복문구의소(喪服文句義疏)』, 『예기의소(禮記義疏)』, 『예기강소(禮記講疏)』 등을 지었지만, 현재는 전해지지 않는다. 그 일부가 마국한(馬國翰)의 『옥함산방집일서(玉函山房輯佚書)』에 수록되어 있다.

◎ 황시(皇尸) : '황시'는 본래 군주의 시동에게 붙이는 경칭이다. 또한 일반적으로 시동을 높여 부르는 용어로도 사용되었다.

◎ 황씨(皇氏) : =황간(皇侃)

◎ 황제(黃帝) : '황제'는 헌원씨(軒轅氏), 유웅씨(有熊氏)라고도 부른다. 전설시대에 존재했다고 전해지는 고대 제왕(帝王)이다. 소전(少典)의 아들이고, 성(姓)은 공손(公孫)이다. 헌원(軒轅)이라는 땅의 구릉 지역에 거주하였기 때문에, 그를 '헌원씨'라고도 부르는 것이다. 또한 '황제'는 희수(姬水) 지역에도 거주를 하였기 때문에, 이 지역의 이름을 따서 성(姓)을 희(姬)로 고치기도 하였다. 그리고 수도를 유웅(有熊) 땅에 마련하였기 때문

에, 그를 '유웅씨'라고도 부르는 것이다. 한편 오행(五行) 관념에 따라서, 그는 토덕(土德)을 바탕으로 제왕이 되었다고 여겼는데, 흙[土]이 상징하는 색깔은 황(黃)이므로, 그를 '황제'라고 부르는 것이다. 『역』「계사하(繫辭下)」편에는 "神農氏沒, 黃帝·堯·舜氏作, 通其變, 使民不倦."이라는 기록이 있는데, 이에 대한 공영달(孔穎達)의 소(疏)에서는 "黃帝, 有熊氏少典之子, 姬姓也."라고 풀이했다. 한편 '황제'는 오제(五帝) 중 하나를 뜻한다. 오행(五行)으로 구분했을 때 토(土)를 주관하며, 계절로 따지면 중앙 계절을 주관하고, 방위로 따지면 중앙을 주관하는 신(神)이다. 『여씨춘추(呂氏春秋)』「계하기(季夏紀)」편에는 "其帝黃帝, 其神后土."라는 기록이 있고, 이에 대한 고유(高誘)의 주에서는 "黃帝, 少典之子, 以土德王天下, 號軒轅氏, 死託祀爲中央之帝."라고 풀이했다.

◎ 황천(皇天) : '황천'은 천신(天神)을 높여 부르는 말로, 황천상제(皇天上帝)를 뜻한다. '황천상제'는 또한 상제(上帝), 천제(天帝) 등으로 지칭되기도 한다. 한편 '황천'과 '상제'를 별개의 대상으로 풀이하기도 한다.

◎ 황천상제(皇天上帝) : '황천상제'는 상제(上帝) 및 천제(天帝)를 뜻한다. 호천(皇天)은 천(天) 및 천신(天神)들을 총칭하는 말로, 상제(上帝)를 꾸며주는 수식어로 붙은 것이다. 한편 호천(皇天)과 상제(上帝)를 별개의 대상으로 풀이하기도 한다.

◎ 회동(會同) : '회동'은 제후들이 천자를 찾아뵙는 예법을 통칭하는 용어이다. 또한 각 계절마다 정기적으로 찾아뵙는 것을 회(會)라고 부르고, 제후들이 대규모로 찾아뵙는 것을 동(同)이라고 불러서, 구분을 짓기도 한다. 또 '회'는 정해진 시기 없이 특별한 일이 발생했을 때 찾아뵙는 것을 뜻하기도 한다. 각종 회견 등을 가리키는 용어로도 사용된다. 『시』「소아(小雅)·거공(車攻)」편에는 "赤芾金舃, 會同有繹."이라는 기록이 있는데, 이에 대한 모전(毛傳)에서는 "時見曰會, 殷見曰同. 繹, 陳也."라고 풀이했다.

◎ 후비(后妃) : '후비'는 천자의 부인 또는 비빈(妃嬪)을 뜻한다. 『예기』「곡례하(曲禮下)」편에는 "天子之妃曰后, 諸侯曰夫人, 大夫曰孺人, 士曰婦人, 庶人曰妻."라는 기록이 있다. 즉 천자의 부인은 후(后)라고 부르고,

제후의 부인은 부인(夫人)이라고 부르며, 대부(大夫)의 부인은 유인(孺人)이라고 부르고, 사(士)의 부인은 부인(婦人)이라고 부르며, 서인(庶人)들의 부인은 처(妻)라고 부른다. 비(妃)에 대해서 『이아』「석고(釋詁)」편에서는 "妃, 媲也."라고 하였다. 즉 '비'는 남자의 배필이라는 뜻으로, 신분적 구분 없이 일반적으로 부인에게 붙여 부르는 말이다. 한편 '후'자는 천자의 부인에게만 붙일 수 있는 명칭인데, 상하(上下)의 계층 구분 없이 사용할 수 있는 '비'자를 붙임으로써, '후비'는 천자의 부인과 비빈들을 통칭하는 말로 사용된 것이다.

◎ 후사(侯社) : '후사'는 제후(諸侯)가 자신을 위해 사(社)의 신을 제사지냈던 장소를 뜻한다. 궁성(宮城)의 우측에 있었으며, 자전(藉田)에 위치했다. 『예기』「제법(祭法)」편에서는 "諸侯爲百姓立社曰國社, 諸侯自爲立社曰侯社."라고 했는데, 이에 대한 공영달(孔穎達)의 소(疏)에서는 "其諸侯國社亦在公宮之右, 侯社在藉田."이라고 풀이했다.

◎ 후직(后稷) : '후직'은 전설상의 인물이다. 주(周)나라의 선조(先祖) 중 한 사람이다. 강원(姜嫄)이 천제(天帝)의 발자국을 밟고 회임을 하여 '후직'을 낳았는데, 불길하다고 생각하여 버렸기 때문에, 이름을 기(棄)로 지어졌다 한다. 이후 순(舜)이 '기'를 등용하여 농사를 담당하는 신하로 임명해서, 백성들에게 농사짓는 법을 가르쳤기 때문에, '후직'으로 일컬어지게 되었다. 『시』「대아(大雅)·생민(生民)」편에는 "厥初生民, 時維姜嫄. …… 載生載育, 時維后稷."이라는 기록이 있다. 한편 농사를 주관하는 관리를 '후직'으로 부르기도 한다.

◎ 후토(后土) : '후토'는 토지신을 뜻한다. 『주례』「춘관(春官)·대종백(大宗伯)」편에는 "王大封, 則先告后土."라는 기록이 있고, 이에 대한 정현의 주에서는 "后土, 土神也."라고 풀이했다.

◎ 훼사(毀事) : '훼사'는 길(吉)한 기운을 맞이하고, 재앙을 제거하기 위해, 희생물을 훼절(毀折)하여 지내는 제사를 뜻한다. 『주례』「지관(地官)·목인(牧人)」의 기록에 대해, 정현의 주에서는 "毀謂副辜侯禳毀除殃咎之屬."이라고 풀이했다.

◎ 흉례(凶禮) : '흉례'는 오례(五禮) 중 하나로, '흉례'는 재앙 등의 일에 봉착

했을 때, 애도를 표시하거나 구휼하는 예제(禮制)를 뜻한다. 또한 '흉례'는 상례(喪禮)를 지칭하는 용어로도 사용되었다.

◎ 희면(希冕) : =치면(締冕)

◎ 희준(犧尊) : =헌준(獻尊)

| 저자 소개 |

김재로金在魯, 1682~1759

· 조선 후기 때의 학자
· 본관은 청풍(淸風)이고 자는 중례(仲禮)이며 호는 청사(淸沙) · 허주자(虛舟子)이
  고 시호는 충정(忠靖)이다.

| 역자 소개 |

정병섭鄭秉燮

· 1979년 출생
· 2002년 성균관대학교 유교철학과 졸업
· 2004년 성균관대학교 대학원 유학과 석사
· 2013년 성균관대학교 대학원 유학과 철학박사
· 『역주 예기집설대전』을 완역하였다.
· 『의례』, 『주례』, 『대대례기』 번역과 한국유학자들의 예학 관련 저작들의 번역을
  계획 중이다.

譯註
禮記補註 ❾
儒行·大學·冠義·昏義·鄕飮酒義·射義·燕義·聘義·喪服四制

초판 인쇄   2018년 5월 2일
초판 발행   2018년 5월 15일

저   자 | 김 재 로(金在魯)
역   자 | 정 병 섭(鄭秉燮)
펴 낸 이 | 하 운 근
펴 낸 곳 | 學古房

주   소 | 경기도 고양시 덕양구 통일로 140 삼송테크노밸리 A동 B224
전   화 | (02)353-9908 편집부(02)356-9903
팩   스 | (02)6959-8234
홈페이지 | hakgobang.co.kr
전자우편 | hakgobang@naver.com, hakgobang@chol.com
등록번호 | 제311-1994-000001호

ISBN   978-89-6071-751-0 94150
          978-89-6071-718-3 (세트)

값 : 33,000원